제 4 판

기업법

안강현 저

박영사

제 4 판 머리말

　기업법 제3판이 출간된 지 1년 여 만에 소진된 즈음에 법무부가 2023년 8월 24일 상법 일부 개정안을 입법예고하였다. 이번 상법 개정안은 주주총회 소집통지와 투표 등의 전자화와 전자주주총회의 도입, 주식양도 제한시 주식매도 및 매수청구권 제도 개선 및 물적분할 반대주주에 대한 주식매수청구권 부여 등을 골자로 하고 있다. 한편 그동안 회사법 분야를 중심으로 다수의 판결들이 선고되었다.

　이에 상법 기타 법령개정과 대법원판결들을 수용하는 개정작업을 하여 제4판을 출간하게 되었다.

　제4판의 출판을 결정해주신 박영사의 안종만 회장님, 안상준 대표님, 조성호 이사님과 고된 편집작업을 맡아주신 김선민 이사님께 깊은 감사를 드린다.

2024년　1월　20일
연세대학교 법학전문대학원 연구실에서
저　자 씀

머 리 말

현대는 기업의 시대이다.

기업은 영리를 목적으로 한 조직 또는 개체(profit-oriented entity)이다. 과거 한 국가 내의 경제단위로 존재하여 오던 기업이 이제는 국경을 초월한 존재로서 이 세상의 상거래(business transactions)를 주도하고 있다. 14세기 지중해를 중심으로 한 스페인의 해상무역으로 본격화된 상업활동은 르네상스의 견인차가 되었고, 콜롬부스의 신대륙 발견으로 해상무역의 확대에 박차를 가하게 되었으며 이로 인하여 17-18세기 영국의 해가 지지 않는 해상무역의 장(章)이 활짝 열리게 된다. 이때의 상거래는 범선을 이용한 항구중심의 무역으로서 그 해상활동의 주체인 상인들은 개인적 신용과 자력에 의존하여 상업적 행위, 즉 해상매매를 위주로 한 상행위를 하였으나 자본이 축적됨에 따라 상인들은 해상매매를 벗어나 좀 더 규모가 크고 거대한 자본을 필요로 하는 상업활동을 고안하게 된다. 이 즈음에 이르러 상인들은 개인 규모의 인력과 자본력에 한계를 느끼게 되었고, 이에 한편으로는 인력의 상호보완을, 다른 한편으로는 자본의 집중을 통하여 각자 구상하는 상행위의 성공을 그리게 되었는데, 이것이 현대 세계경제를 주도하는 자본주의의 총아라고 하는 주식회사를 낳는 단초가 되었음은 두말할 나위가 없다.

이렇게 상행위의 주체는 개인상인으로부터 회사로 그 중심이 옮겨가고, 상행위도 해상운송을 수반한 항구 간의 물품매매와 같은 원초적 상태에서 용역·기술·자본거래로 확장된 한편 대금결제수단도 초기 물물

교환의 시대에서 금·은화와 같은 화폐유사의 수단을 거쳐 어음과 수표라는 신용수단 또는 거액의 결제수단을 창안해 내었다. 상인들이 이러한 변천과정 속에서 형성한 그들의 법을 상인법(lex mercatoria, law merchant)이라고 한다. 이는 근대국가 형성을 계기로 국내법에 많이 편입(incorpora-tion)되었으나 상인들은 여전히 그들의 상업적 활동의 필요에 따라 상관습을 만들어 사용하고 있으며, 각국은 이러한 상관습을 연구하여 국내법에 흡수하는 작업을 지속적으로 진행해 나가고 있다.

  기업법은 기업의 경제적 생활관계를 규율하는 목적을 가진 법이다. 기업은 곧 상인이고, 상인에는 개인상인과 회사상인이 있다. 그리고 기업이 영리를 목적으로 추구하는 활동, 즉 기업활동은 곧 상인의 활동이자 상인의 행위로서 상행위라 일컫는다. 따라서 기업법은 상인의 상행위를 규율하는 법이다. 이렇게 상인의 상행위를 규율하는 목적을 가지고 제정되어 시행되고 있는 법을 우리는 실질적 의의의 상법이라고 하는데 그 중에서도 가장 중요하고 핵심적 위치를 가지는 법이 바로 상법전이다. 이는 총 6편으로 구성되어 있다. 제1편(총칙)은 상인의 개념을 정의한 다음 개인상인과 회사상인을 불문하고 상인이 상행위를 영위해 나가기 위하여 공통적으로 사용하는 인적 조직(상업사용인)과 물적 조직 또는 수단(영업소·상호·상업장부·상업등기·영업양도)에 대하여 규정하고, 제2편(상행위)은 상인의 영업활동인 상행위에 대하여 규정하며, 제3편(회사)은 우리나라 상법이 인정하는 5종의 회사의 조직과 활동에 관한 규정을 담고 있다. 제4편(보험)·제5편(해상)·제6편(항공운송)은 제2편에 담기에는 너무 방대한 동시에 국민경제에 미치는 영향이 지대하거나 국가경제에 밀접하게 관련된 세 가지 상행위(보험·해상·항공운송)를 상세히 규정하고 있다. 즉, 상법전은 크게 분류할 때 개인상인과 회사상인에 공통한 규정인 제1편과 회사에 관한 제3편은 상행위의 주체인 상인에 관한 것이고, 나머지 2편·4편·5편·6편은 상행위를 규정한 것이다. 그리고 상인의 상행위의 결과 결제수단으로 주로 사용되는 어음과 수표는 별도의 법전인 어음법과 수표법이 각각 규율하고 있다.

　이 책은 우리나라의 기업에 관련한 많은 법 중의 핵심인 상법을 기업법체계로 풀이하고자 만든 것이다. 또한 이 책은 상법에 대한 기초지식이 없거나 미비한 수준부터 상당한 수준의 독자에 이르기까지 공히 도움이 되고자 기획되었다.

　독자들을 위하여 이 책의 구성체계에 대하여 간략히 설명하고자 한다. 이 책은 총 5편으로 구성되어 있다. 제1편에는 기업법의 핵심인 상법이 무엇인가에 대한 설명과 함께 기업법을 읽어나가는 데 있어서 필수적인 기초법지식(법 일반·민법·민사소송법 등)을 담았다. 이 기초법지식은 이 책을 읽어가면서 수시로 해당 용어를 찾아 그 의미를 파악하는 데 사용하면 될 것이다. 제2편에는 상법 제1편에 해당하는 상인에 대한 공통규정을 담았다. 제3편에는 기업활동의 핵심주체인 회사를 담았고, 제4편에는 상행위를 망라하여 소개하였다(여기에 상법 제2편, 제4편~제6편을 모두 담았다). 그리고 마지막 제5편에는 상인의 상행위의 결제수단인 어음과 수표에 관한 어음법과 수표법을 담았다. 이 책을 공인회계사시험용도로 사용하는 경우에는 제4편의 제4절을 제외하고 읽으면 될 것이다.

　이 책은 집필함에 있어서 기업법 이해에 필요한 필수적인 내용을 예와 표를 통하여 알기 쉽게 설명하였고, 시각효과를 위하여 여러 가지 샘플과 신문공고들을 다수 실었다. 판례와 학설을 포함한 상법의 많은 내용들을 compact하게 줄이면서도 쉽게 쓰려고 노력하다 보니 2년에 가까운 시일이 소요되었다. 부디 이 책이 기업법을 가까이 해보려는 독자들에게 많은 도움이 되기를 바라고, 부족한 부분이 있다면 조언해 주기를 바란다.

　이제 감사의 인사로 마무리하고자 한다.

　먼저 이 책이 세상에 나오기까지 힘써주신 박영사 안종만 회장님과 조성호 기획·마케팅총괄이사님 그리고 편집을 담당해주신 한현민 선생님께 감사드린다.

또한 이 책이 나오게 된 데는 훌륭한 제자들의 도움이 컸다. 특히 조달청에서 공공조달계약에 관련한 국가소송 등의 업무를 전담하고 있는 오유영 변호사, 법무법인(유한) 태평양에서 practice에 여념이 없는 김효정 변호사, 학업에 정진 중인 석사과정의 이하정 원생에게 감사하며 그들 모두의 대성을 기원한다. 그리고 귀한 자료를 흔쾌히 제공해주신 노용봉 선배님과 정승호 친우께 감사드린다.

끝으로 하나님께 감사드리며, 아내 최임희와 딸 홍은에게 이 지면을 빌려 사랑을 전한다.

2015년   7월   30일

연세대학교 법학전문대학원 연구실에서

안   강   현   씀

차   례

제2편 상인 — 기업의 주체

제3편 회 사

제 4 편 상 행 위

제 5 편　어음법과 수표법

표 색인

양식(공고 · 등기부 등) 색인

주요 참고문헌

김건식·노혁준·천경훈, 「회사법(제7판)」, 박영사, 2023.

김정호, 「회사법(제8판)」, 법문사, 2023.

김정호, 「어음·수표법(제2판)」, 법문사, 2015.

김준호, 「민법강의(제29판)」, 법문사, 2023.

김홍기, 「상법강의(제7판)」, 박영사, 2022.

김홍엽, 「민사소송법(제11판)」, 박영사, 2023.

박세민, 「보험법(제7판)」, 박영사, 2023.

송옥렬, 「상법강의(제12판)」, 홍문사, 2023.

안강현, 「상법총칙·상행위법(제8판)」, 박영사, 2023.

이시윤, 「신민사소송법(제16판)」, 박영사, 2023.

이종훈, 「회사법(제3판)」, 박영사, 2021.

이철송, 「상법총칙·상행위(제16판)」, 박영사, 2022.

이철송, 「어음·수표법(제15판)」, 박영사, 2022.

이철송, 「회사법강의(제31판)」, 박영사, 2023.

임재연, 「회사소송(제4판)」, 박영사, 2021.

임재연, 「회사법 I (개정8판)」, 박영사, 2022.

임재연, 「회사법 II (개정8판)」, 박영사, 2022.

임재호, 「상법총칙 상행위법(개정판)」, 법문사, 2015.

정경영, 「상법학쟁점(전정판)」, 박영사, 2021.

정동윤, 「상법(상)(제6판)」, 법문사, 2012.

정동윤, 「상법(하)(제4판)」, 법문사, 2011.

정찬형, 「상법강의(상)(제26판)」, 박영사, 2023.

정찬형, 「상법강의(하)(제23판)」, 박영사, 2022.

최기원, 「기업법개설(제17판)」, 박영사, 2017.

최기원, 「상법학신론(상)(제20판)」, 박영사, 2014.

최종현, 「해상법상론(제2판)」, 박영사, 2014.
한국상사법학회, 「주식회사법대계 Ⅰ」, 법문사, 2022.
한국상사법학회, 「주식회사법대계 Ⅱ」, 법문사, 2022.
한국상사법학회, 「주식회사법대계 Ⅲ」, 법문사, 2022.
홍복기·박세화, 「회사법강의(제8판)」, 법문사, 2021.

법령약어표

국제: 국제사법
독점규제: 독점규제 및 공정거래에 관한 법률
민: 민법
민소: 민사소송법
민집: 민사집행법
비송: 비송사건절차법
어: 어음법
상: 상법
상등: 상업등기법
상규: 상업등기규칙
상시법: 상법시행법
상시: 상법 시행령
선박: 선박법
선원: 선원법
수: 수표법
자시: 자본시장과 금융투자업에 관한 법률
헌: 헌법
형: 형법
형소: 형사소송법

[기업법의 서술대상과 순서]

　　현대의 기업들은 다종다양한 행위를 통하여 영리를 추구하고 있다. 기업은 연혁적으로 개인상인으로부터 시작되었으나 법인(legal entity)개념의 탄생으로 인하여 회사기업이 등장하게 된 이래 오늘날에는 회사기업이 세계의 상업적 활동(business transactions)을 주도하고 있다. 개인상인과 회사상인, 즉 기업이 이윤추구를 위하여 활동하는 각종의 영리행위(상인의 행위＝상행위)에 대하여 국가는 필요한 범위 내의 법률적 규율을 하게 되고 이를 위하여 수많은 관련법령들이 존재하는데, 그 중에서도 중심적 위치를 차지하는 것이 상법이다. 아래에서는 기업(개인기업과 회사기업)의 영리추구를 위한 각종의 상행위들을 규율하는 많은 법규 중에서 모법(母法)이라고 할 수 있는 상법에 대하여 살펴봄과 아울러 기업에 적용되는 민법을 비롯한 관련 법규정에 대하여 서술한 다음 상법상 기업을 가리키는 명칭인 상인(개인상인과 회사상인)과 상인의 인적보조자(상업사용인)와 물적 보조제도(상호, 상업등기, 상업장부), 현대사회에서 상행위를 주도하고 있는 회사에 대하여 살펴본 다음 상인의 활동인 상행위(보험, 해상 및 항공운송 포함)에 대하여 알아보고 마지막으로 상인의 상행위의 결제수단으로 개발되어 현재 상행위 여부를 불문하고 널리 사용되고 있는 어음과 수표에 대하여 서술하기로 한다.

기업법의 주대상 ＝ **상인**[개인상인＋회사(상인)]의 **상행위** ＋ 상행위의 **결제수단**

　[상법]　　　[총칙(1편)＋회사(3편)]　　[상행위(2편)＋보험(4편)]　　[어음법·수표법]
　　　　　　　　　　　　　　　　　　　해상(5편)＋항공운송(6편)]

제 1 편

서론 ─ 기업법과 기초지식

제 1 절 기업법(상법) 서설

　과거로부터 근대에 이르기까지는 개인상인의 상품매매를 중심으로
한 영리목적행위(소위 '장사')가 상업적 활동의 중심이었고, 국가는 이에
대하여 일반사인(一般私人)의 경제적 활동에 대한 규범인 민법과 구별되
는 법인 상인법, 즉 상법(商法)을 제정하여 이를 규율하여 왔다. 오늘날에
는 개인상인뿐 아니라 법인개념의 생성으로 탄생한 회사상인, 그 중에서
도 주식회사가 세계 각국의 상거래를 주도하고 있는 한편 상인들의 영리
추구행위는 상품판매에서 거대규모의 해상 또는 항공운송업에 이르는 다
양한 모습으로 발전되었는바 이러한 상인의 영리추구행위들을 총칭하여
상행위(商行爲)라 한다. 기업법은 기업의 조직과 활동을 규율하는 규범이
고, 기업은 개인상인과 회사상인을 합한 상인과 동의어이므로 기업법은
곧 상인의 조직과 활동을 규율하는 규범으로서의 상인법(商人法), 즉 상법
과 동의어가 되는 것이다.

I. 상법의 개념

1. 실질적 의의의 상법

상법은 실질적으로는 '기업에 관한 특별사법'으로 정의된다. 상법의 규율대상은 상인, 즉 기업이다. 중세 이전의 상인(merchant)이 자연인을 중심으로 한 개념인 한편 현대에는 법인을 중심으로 한 기업(enterprise)이 세계적 상거래(global business transactions)의 중심에 위치하게 되었으므로 이에 맞추어 상법도 과거 상인법(law merchant)에서 기업법(law of enterprise)으로 파악하게 되는 것이다. 이러한 상거래활동의 주체인 기업의 조직과 활동에 관한 규범의 총합을 실질적 의의의 상법이라 부른다.

(1) 상법은 '기업'에 관한 법규범이다. 기업은 계속적인 의도 하에 영리행위를 실현하는 독립된 경제단위로서 가계(家計)와는 별개의 개념이다. 같은 사람이 물건을 팔고 그 대가로 돈을 받는 경우에도 파는 사람이 계속 반복의 의사를 가진 경우가 있는 반면에 1회적인 처분의사로 행하는 경우가 있는데 전자의 경우에는 상행위에 해당되어 상법의 적용을 받는 반면에 후자의 행위는 민법의 적용을 받게 되는 차이가 있다.

(2) 상법은 민법에 대한 '특별법'이다. 1회적 내지 비반복적인 의사로써 하는 일반사인(一般私人)의 경제적 생활관계를 규율하는 민법에 대하여 상법은 영리목적으로 계속 반복적 의사로 하는 기업의 상행위를 규율하므로 이 점에서 민법에 대한 특별법으로서의 지위를 가진다.

(3) 상법은 '사법(私法)'이다. 상법은 기업질서를 구현하기 위하여 벌칙규정과 같은 공법적 규정도 일부 포함하고는 있으나 기업에 관한 사법적 규정이 주가 된다.

(4) 상법은 기업에 '관련'된 법이다. 상법이 기업과 기업 간의 법률관계만을 다루는 것은 아니며 일반사인도 상행위와 관련된 거래를 하는 경우 상법의 적용을 받고(상법1) 3조의 일방적 상행위), 원래는 상인이 아니어도

---

1) 이하 법명이 없으면 상법을 의미한다.

그 설비와 방법에 있어서 상인성이 인정되는 경우 상법의 적용을 받는다 (5조 1항의 의제상인).

2. 형식적 의의의 상법

형식적 의의의 상법은 '상법'이라는 명칭을 가진 제정성문법규를 말한다. 우리나라의 상법전은 1962년 1월 20일 법률 제1000호로 제정되었고, 현재 총칙·상행위·회사·보험·해상·항공운송의 6편으로 구성되어 있다. 이를 구체적으로 살펴보면 제1편 총칙과 제3편 회사의 일부 및 제5편 해상의 일부는 기업의 조직에 관한 규정이고, 제2편 상행위와 제3편 회사의 일부, 제4편 보험과 제5편 해상의 일부 및 제6편 항공운송은 기업의 활동에 관한 규정이다. 기업조직에 관한 규정은 대부분 강행규정인 반면 기업활동에 관한 규정은 대부분 임의규정이다. 한편 상법전과 별도의 법전으로 제정된 어음법(1962년 1월 20일 법률 제1001호로 제정)과 수표법(1962년 1월 20일 법률 제1002호로 제정)은 기업활동에 관련한 결제수단으로 많이 이용되는 어음과 수표에 대하여 각각 규정하고 있다.

3. 양자의 관계

기업에 관한 특별사법적 성질을 가지는 규정은 모두 실질적 의의의 상법에 속하나 그 모든 것이 형식적 의의의 상법전 안에 들어 있는 것이 아니고 연혁적 사정이나 입법기술상의 이유로 상법전이 아닌 다른 법전(예컨대 자본시장과 금융투자업에 관한 법률, 담보부사채신탁법 등)에 위치하고 있는 것이 적지 않다. 한편 형식적 의의의 상법, 즉 상법전은 모두 기업에 관련한 규정이다. 실질적 의의의 상법은 이론적·학문적으로 상법을 보는 것으로 통일성과 체계성을 중시하는 데 반하여 형식적 의의의 상법은 법정책적인 견지에서 실제성이나 편의성을 위주로 제정된 것이기 때문에 양자는 그 범위가 일치하지 않는다.

Ⅱ. 상법과 민법과의 관계

1. 상법과 민법과의 차이점

상법은 민법과 함께 사법체계를 지지하는 양대 축이다. 민법은 일반 사인, 즉 개인 또는 단체의 사법적 생활관계를 규율함에 반하여 상법은 개인상인이나 회사상인, 즉 기업의 생활관계를 규율하므로 일반법인 민법에 대하여 특별법의 지위를 가진다.

2. 민법과 상법의 관계

상법은 민법과의 관계에서 볼 때 네 가지로 분류할 수 있다.

(1) **민법의 예외규정**   민법의 원칙규정에 대하여 상법이 예외규정을 두는 경우가 있다. 일반민사채권의 10년시효(민 162조 1항)에 대한 5년의 일반상사채권시효(64조), 연5푼의 민사법정이율(민 379조)에 대한 연6푼의 상사법정이율(54조), 민사매매(민 563조~589조)에 대한 상사매매의 특칙규정(67조~71조)이 그 예이다.

(2) **상법 고유의 규정**   민법에 없는 상법의 고유규정으로서 예컨대 상호(18조~28조), 상업장부(29조~33조), 상업등기(34조~40조) 등이 그것이다.

(3) **민법제도의 변형**   민법에 기초를 두고 있는 것으로서 사단법인(민 31조~97조)에 대한 상법전 제2편의 회사, 대리인(민 114조)에 대한 지배인규정(11조)이 이에 해당된다.

(4) **민법규정의 적용**   사람의 능력(민 3조~17조), 물건(민 98조~102조), 법률행위(민 103조~154조), 기간(민 155조~161조), 사무관리(민 734조~740조), 부당이득(민 741조~749조), 불법행위(민 750조~766조) 등은 상사에도 그대로 적용된다.

Ⅲ. 상법의 법원(法源)

1. 상법의 법원의 의의와 종류

상법의 법원은 실질적 의의의 상법의 존재형식을 말한다. 상법의 법원으로는 상사제정법으로서의 상법전과 상사특별법령(상법시행법과 같은 부속특별법령과 은행법, 선박법, 항공법과 같은 독립특별법령으로 다시 나뉜다) 및 상사조약(헌 6조 1항 참조), 불문법인 상관습법이 있다. 회사의 정관(178조)과 같은 자치규정, 약관, 판례 및 조리(민 1조)의 법원성 여부에 대하여는 견해가 대립하는 한편 학설의 법원성은 부정된다. 판례는 선례기속력의 원칙(doctrine of stare decisis)을 인정하는 영미와 달리 우리나라에서는 법원성이 부정되나 그 사실상의 규범력은 크다고 할 것이다.

2. 상법의 법원적용의 순서

상법 제1조는 "상사에 관하여 본법에 규정이 없으면 상관습법에 의하고 상관습법이 없으면 민법의 규정에 의한다."라고 규정한다. 이 규정의 앞부분에 대하여는 제정법인 상법이 상관습법에 우선한다는 해석과 불문법인 상관습법의 상법에 대한 개폐적 효력을 인정하고 있다는 해석이 대립하고, 뒷부분에서는 상사에 관하여 불문법인 상관습법이 제정법인 민법에 우선함을 선언하고 있다. 자치규정은 법의 강행규정에 위반하지 않는 한 우선적용되고, 특별법은 일반법에 우선하므로 상사에 관한 법원적용순서는 다음과 같다.

〈상사에 관한 법원적용순위〉

```
(상사자치규정) → 상사특별법령 및 상사조약 → 상법전 → (상관습법) → (상사판례)
                                        (상관습법)

→ (민사자치규정) → 민사특별법령 및 민사조약 → 민법전 → (민사관습법) →
                                        (민사관습법)

(민사판례) → (조리)

* 법원성 인정 여부나 순위에 다툼이 있는 경우 괄호 안에 표기함
```

Ⅳ. 상법의 이념과 특색 및 경향

1. 상법의 이념

상법이 추구하고자 하는 바는 기업을 유지·강화하고, 기업활동을 원활하게 함으로써 국민경제에 기여함에 있다.

(1) **기업의 유지·강화**　　이를 위하여 기업의 독립성 보장(예: 169조 이하의 회사제도), 인력의 보충(예: 10조 이하의 상업사용인제도), 자금조달의 원활(예: 주식회사의 수권자본제도), 위험의 분산·경감(예: 4편의 보험, 865조 이하의 공동해손)을 위한 제도 등이 있다.

(2) **기업활동의 원활**　　이를 위하여 공시(예: 34조 이하의 상업등기), 거래의 신속·간이화(예: 68조의 확정기매매의 해제의제), 거래의 안전(예: 24조의 명의대여자책임, 395조의 표현대표이사), 책임가중(예: 321조의 발기인의 자본금충실책임)을 위한 제도 등을 두고 있다.

2. 상법의 특색과 경향

상법은 다른 법과 비교할 때 영리성, 집단성, 정형성, 신속성, 기술성, 외관성 등의 특색을 가진다. 오늘날의 상법은 시간적으로는 시대의 변천과 경제의 발전에 따라 부단히 진보함으로써 유동적·진보적 경향을

보임과 동시에 공간적으로는 상거래의 기술성과 합리성으로 인하여 세계통일적 경향을 띤다. 이러한 유동적이고 진보적인 경향으로 인하여 상법이 민법에 비하여 자주 개정되고, 세계통일적 경향으로 인하여 상법 분야에 있어서 법의 국제적 통일운동이 활발히 추진되는 결과가 발생하게 된다.

Ⅴ. 상법의 효력

상법의 효력은 시간, 사람, 장소 및 사항의 네 가지 면에서의 상법의 적용범위를 말한다.

상법의 시간적 효력에 있어서는 시제법(경과규정)의 문제, 즉 법령 개정 전에 발생하여 개정 후에도 존속하고 있는 사항에 대하여는 형법과 달리 합리성을 위주로 하는 상법에서는 신법우선의 원칙이 적용되고(상시법 2조 1항 본문), 효력이 상이한 법규 사이에 시간적 선후관계가 있는 경우에는 "일반적 신법은 특별적 구법을 변경하지 아니한다."라는 원칙이 적용된다(상시법 3조).

상법은 한국인과 한국영토에 대하여 적용되는 것이 원칙이나 외국과 관련된 요소가 있는 법률관계에 대하여는 국제사법(2022. 1. 4. 전부개정, 2022. 7. 5. 시행)에 의하여 준거법이 결정되는 결과 상법의 인적 또는 장소적 범위가 제한 또는 확장될 수 있다. 또한 소상인에게는 지배인 등의 규정을 적용하지 않는다(9조).

공법인의 상행위에 대하여는 법령에 다른 규정이 없는 경우에 한하여 상법이 적용되고(2조), 당사자 쌍방이 상인인 경우에 한하여 적용되는 예외(58조의 상사유치권, 67조~71조의 상사매매)가 아닌 한 당사자 중 그 1인의 행위가 상행위인 때에는 전원에 대하여 상법을 적용함으로써(3조) 상법의 적용범위를 확장하고 있다.

제2절 기업법의 이해를 위한 기초법지식

제1관 법의 의의와 종류

Ⅰ. 법의 의의

법(法)은 국가에 의하여 강제력을 가지는 사회규범이다. 강제력을 가지는 점에서 도덕이나 종교 등의 다른 사회규범과 구별된다.

Ⅱ. 법의 종류

법은 그 기준에 따라 다음과 같이 분류된다.

1. 공법과 사법

공법과 사법의 구별은 명확하지는 않으나 일반적으로는 국가 또는 지방자치단체 상호간이나 국가 또는 지방자치단체와 개인 간의 관계를 규율하는 법을 공법(公法)이라고 하고, 이에 대하여 수평대등한 사인(私人) 간의 법률관계를 규율하는 법을 사법(私法)이라고 한다. 헌법·행정법규·형법·형사소송법·민사소송법은 공법으로, 민법·상법은 사법으로 분류되는 한편 노동법이나 경제법과 같이 사인(私人)간의 법률관계에 대한 국가의 강제력에 의한 통제를 규정하는 중간적 성격의 법도 존재하는데 이를 보통 사회법이라 부른다.

Cf. 위 법명들 중에서 행정법, 노동법 및 경제법이라는 명칭은 학문분류상 또는 강학상의 것이지 그러한 명칭의 법전이 실제로 존재하는 것은 아니다. 행정법은 국가 또는 지방자치단체와 개인 사이의 공권력작용관계를 규율하는 법규(예컨대 행정대집행법·국가배상법 등)를 총칭하여 부르는 이름이고, 노동법도 근로자와 사용자 사이의 근로관계를 규율하는 법규의 총칭(母法은 근로기준법이다)이며, 경제법도 사인(私人)의 경제활동에 대한 국가의 통제와 관여를 목적으로 한 법규의 총칭(母法은 독점규제 및 공정거래에 관한 법률이다)인 것이다.

2. 강행법과 임의법

법규정의 성격상 관련당사자의 의사와 무관하게 강제적용되는 법규를 강행법(강행규정)이라고 하고, 당사자가 그 법규정을 따르지 않아도 무관한 법규를 임의법(임의규정)이라고 한다. 임의법은 당사자가 명백히 달리 정하지 않은 경우 당사자의 의사를 보충한다(민 106조). 예컨대 이자제한법 제2조 제1항 및 동 시행령에 의한 금전소비대차의 최고이자율 연20%(2021. 4. 6. 기준)는 강행법이므로 당사자 사이에 연30%의 이율을 합의한 경우에는 20% 초과부분은 강행법 위반으로서 무효인 반면에 상법 제54조의 상행위로 인한 채무의 법정이율 연6푼은 임의법이므로 당사자 사이에 연15%의 이율약정을 하더라도 유효하다. 임의법은 그 사항에 관한 당사자의 합의가 없는 경우 보충적으로 적용되는 것으로 위의 예에서 상행위로 인한 금전소비대차계약에 관하여 당사자 사이에 이율약정을 하지 않은 경우 채무자는 연6푼에 의한 이자를 지급할 의무를 부담하게 된다.

3. 우열 및 제정기관의 차이에 의한 분류

한 국가의 법질서 유지를 위하여 존재하는 많은 법 중에서 국민에 의하여 제정되는 최고규범으로서 국민의 기본권과 통치구조를 규정한 헌법(憲法) 아래에 헌법상 대의기관인 국회에 의하여 제정되는 법률(法律), 법률을 시행하기 위하여 행정기관이 발령하는 명령(命令, 이에는 대통령에 의하여 발령되는 시행령과 시행령을 보충하기 위하여 각 부의 장관이 발령하는 시행규칙이 있음)이 있다. 지방자치단체의 경우에는 지방자치단체의 의회에서 제정하는 조례(條例)와 조례를 보충하기 위하여 지방자치단체의 장이 발령하는 규칙(規則)이 있다. 한편 조약(條約)은 국가간의 문서에 의한 합의로서 헌법에 의하여 체결·공포된 경우 그 내용에 따라 해당 국내법과 동일한 효력을 가지게 된다(헌 6조 1항).

제2관 기업에 관련한 민법규정

여기서는 기업법을 이해하는 데 필요한 민법규정을 발췌하여 소개한다. 그 서술은 민법전의 순서에 따른다.

〈민법 제1편 총칙〉

I. 신의성실의 원칙

우리 민법 제2조는 신의성실(信義誠實)의 원칙을 규정하고 있다. 이는 사인(私人)의 권리의 행사와 의무의 이행은 신의에 좇아 성실히 하여야 하며, 권리는 남용하지 못한다는 사법의 대원칙으로서 개별적 법해석과 집행에 있어서 근간이 된다.

II. 사   람

법률상 사람(人)에는 자연인과 법인이 있다.

III. 능   력

법률상 사람의 능력(能力)에는 다음 몇 가지가 있다.

1. 권리능력

권리능력(權利能力)은 권리를 취득하고 의무를 부담할 수 있는 법률상의 능력을 말한다. 모든 사람은 생존한 동안 권리능력을 가진다(민 3조). 법인은 자연인과는 달리 '정관의 목적범위 내'로 권리능력이 제한되는데(민 34조), 이 제한은 민법상 법인에만 적용될 뿐 상법상의 회사에는 적용되지 않는다는 견해가 있다(후술).

2. 행위능력

행위능력(行爲能力)은 단독으로 완전·유효한 법률행위를 할 수 있는 능력을 말한다. 우리 민법상 제한능력자, 즉 19세에 이르지 못한 미성년자(민 5조~8조)와 피한정후견인(민 12조~14조) 및 피성년후견인(민 9조~11조)을 제외하고 모두 행위능력을 가진다. 제한능력자의 법률행위는 취소할 수 있다(단, 그 취소범위는 제한능력자의 종류에 따라 차이가 있다).

3. 의사능력

의사능력(意思能力)은 시비선악을 판단할 수 있는 개인적 능력을 말한다. 뇌질환으로 인한 극심한 저지능자, 2~3세의 유아, 약물중독 등으로 인한 정상적인 판단이 불가능한 사람 등은 의사무능력자로서 과실책임의 원칙상 이들의 행위는 무효이다. 의사능력은 개인마다 차이가 있으므로 문제된 개별적 행위에 대하여 그 유무를 판단하여야 한다.

Cf. 과실책임의 원칙: 행위의 결과에 대한 책임을 지우기 위하여는 행위자에게 행위 당시 고의 또는 과실이 존재하였을 것이 요구된다. 이러한 과실책임(過失責任)의 원칙은 자신의 행위의 결과를 예측할 수 있었던 경우에만 책임을 물을 수 있다는 근대사법의 원칙 중의 하나이다.

4. 불법행위능력·책임능력

불법행위능력(不法行爲能力)은 불법행위로 인한 손해배상책임을 질 수 있는 능력을 말한다. 일반적으로 불법행위능력이라는 용어는 법인에 대하여 사용하고(민 35조 1항), 자연인에 대하여는 책임능력(責任能力)이라는 표현을 사용한다(민 753조·754조).

Ⅳ. 법   인

1. 법인의 의의

법인(法人)은 자연인에 의하여는 목적을 달성하기 어려운 사업을 수행할 수 있게 하기 위하여 사람의 결합(사단법인의 경우)이나 특정한 재산(재단법인의 경우)에 대하여 자연인과 같이 법률관계의 주체로서의 지위를 인정한 것이다.

2. 법인의 종류

(1) **사단법인과 재단법인**   일정한 사업목적을 위한 인적 결합을 사단법인(社團法人), 출연된 재산을 재단법인(財團法人)이라고 한다. 우리 민법상 영리사단법인과 비영리사단법인 및 비영리재단법인의 설립이 허용된다.

(2) **영리법인과 비영리법인**   학술(學術), 종교(宗敎), 자선(慈善), 기예(技藝), 사교(社交) 기타 영리 아닌 사업을 목적으로 하는 사단 또는 재단을 비영리법인(非營利法人)이라 한다(민 32조). 여기서의 '영리'는 법인이 수익사업으로 인하여 취득한 이익을 구성원에게 분배하는 것을 의미하므로, 수익사업을 영위하여도 그 이익을 분배하지 않는다면 비영리법인이다(예: 자선단체의 기부금 마련을 위한 바자회 개최). 재단법인은 구성원이 없으므로 본질적으로 비영리법인이다. 한편 영리법인(營利法人)은 상행위를 영리목적으로 하는 상사회사(商事會社)와 상행위가 아닌 행위를 영리목적으로 하는 민사회사(民事會社)의 두 종류로 나뉜다. 설립에 있어서 민법의 비영리법인은 허가주의를 취하고(민 32조), 상법의 영리법인, 즉 회사는 준칙주의(準則主義)를 취한다(민 39조 1항).

(3) **공법인과 사법인**   공법인(公法人)은 특정한 공공목적을 위하여 설립된 법인이고, 사법인(私法人)은 사적 목적을 위하여 설립된 법인이다. 예컨대 한국은행은 효율적인 통화정책의 수립과 집행이라는 공공의 목적

을 위하여 한국은행법이라는 법률에 근거하여 설립되고 운영되는 공법인이다. 한편 민법에 의하여 설립되는 비영리법인과 상법에 의하여 설립되는 회사들은 사법인이다.

(4) **내국법인과 외국법인**　　설립준거법(設立準據法), 즉 국내법과 외국법 중 어느 법에 의하여 설립되었는지 여부에 따라 내국법인(內國法人)과 외국법인(外國法人)으로 구별한다. 상법은 외국법인인 외국회사에 대한 규정을 두고 있다(614조~621조).

Ⅴ. 물　　건

1. 물건의 의의

물건(物件)은 유체물 및 전기 기타 관리할 수 있는 자연력을 말한다(민 98조).

2. 물건의 종류

(1) **부동산과 동산**　　토지 및 그 정착물을 부동산(不動産)이라 하고, 부동산 이외의 물건(動産)을 동산이라 한다(민 99조). 우리나라 법제에서는 토지와 건물은 별개의 부동산으로 취급한다.

Note: 부동산 이외의 물건은 동산이라고 하여(민 99조 2항), 어음이나 수표 등과 같은 유가증권도 물건으로 보아서는 아니 된다. 유가증권은 권리를 지편(紙片)에 표창시킨 것으로서 물건이 아니라 채권이다. 금전은 일종의 동산이기는 하나 개성이 없는 가치 그 자체이기 때문에 동산으로 취급하기 어려운 부분이 있다(선의취득에 관한 민 250조 단서 참조).

(2) **천연과실과 법정과실**　　물건의 용법에 의하여 수취하는 산출물(예: 과일나무의 열매, 젖소의 우유 등)을 천연과실(天然果實)이라고 하고, 물건의 사용대가로 받은 금전 기타의 물건(예: 금전소비대차의 이자, 아파트 월세 등)

을 법정과실(法定果實)이라 한다.

Ⅵ. 법률행위

1. 법률행위의 의의

법률행위(法律行爲)는 일정한 법률효과의 발생을 목적으로 하는 한 개 또는 수 개의 의사표시를 불가결의 요소로 하는 법률요건이다. 예컨대 갑이 을에게 돈 100만원을 주겠다는 증여의 의사표시(1개의 의사표시)를 하면 갑은 을에게 돈 100만원을 지급할 의무를 부담하고, 을은 갑에게 돈 100만원을 청구할 권리가 발생하게 된다. 또 A와 B 사이에 A가 B에게 자동차를 파는 대신 B는 A에게 대금 2,000만원을 지급하기로 하는 매매계약(2개의 의사표시)을 체결한 경우 A에게는 대금지급청구권과 자동차인도의무, B에게는 자동차인도청구권과 대금지급의무라는 법률효과(권리의 무관계의 창설 또는 변경)가 발생하게 된다.

2. 법률행위의 성립요건과 효력발생요건

유효한 법률행위가 되기 위하여는 성립요건과 효력요건을 모두 갖추어야 한다. 법률행위의 성립요건은 당사자, 목적(내용)과 의사표시이다. 즉, 법률행위가 성립요건을 갖추어 완전한 효력을 발생하기 위하여는 당사자가 행위능력을 갖고, 목적이 확정되고 가능하며 적법하고 사회적 타당성이 있으며, 의사표시의 의사와 표시가 일치하고 하자(瑕疵)가 없어야 한다. 법률행위의 성립요건을 결한 경우 그 법률행위는 불성립 또는 부존재가 되며, 효력발생요건을 결여하면 무효인 법률행위 또는 취소할 수 있는 법률행위가 된다. 효력발생요건과 관련한 몇 가지를 살펴본다.

(1) **반사회질서의 법률행위**   첩계약과 같은 인륜에 반하는 행위, 범죄행위에 대한 대가지급약속과 같은 정의관념에 반하는 행위, 신체포기각서나 죽을 때까지 이혼하지 않겠다는 약속과 같은 개인의 생명·신체·자유에 대한 중대한 침해를 가져오는 행위, 지나친 사행행위와 같이

선량한 풍속 기타 사회질서에 위반한 사항을 내용으로 하는 법률행위를 반사회질서의 법률행위라고 하며 이는 무효이다(민 103조).

(2) **불공정한 법률행위**   불공정한 법률행위는 일방 당사자의 궁박, 경솔 또는 무경험을 이용한 객관적으로 급부와 반대급부 간 불균형한 거래를 말한다. 폭리행위라고도 하며 무효이다(민 104조).

3. 법률행위의 종류

법률행위는 기준에 따라 여러 가지로 분류되나 기업과 관련한 중요한 두 가지 분류에 대하여만 살펴본다.

(1) 단독행위 · 계약 · 합동행위 ― 의사표시의 결합 또는 방향성에 따른 분류

1) 단독행위   단독행위(單獨行爲)는 일방당사자의 의사표시만으로 성립하는 법률행위로서 일방행위(一方行爲)라고도 한다. 단독행위는 상대방 없는 단독행위(예: 유언, 권리의 포기 등)와 상대방 있는 단독행위(예: 해제 · 해지 · 상계 · 취소 · 추인 · 채무면제 등)로 나누어진다.

2) 계   약   계약(契約)은 일정한 사법상 법률효과의 발생을 목적으로 하는 당사자 간의 합의에 의하여 성립하는 법률행위이다.

3) 합동행위   합동행위(合同行爲)는 회사설립행위와 같이 구심적으로 방향을 같이 하는 2개 이상의 의사표시의 합치에 의하여 성립하는 법률행위이다.

(2) 채권행위 · 물권행위 · 준물권행위 ― 행위 후 이행의 문제가 남는지 여부에 따른 분류

1) 채권행위   채권행위(債權行爲)는 채권의 발생을 목적으로 하는 법률행위로서 장차 그 채권에 상응하는 채무의 이행 문제가 남는다. 예컨대 사과 10상자를 50만원에 사고파는 매매계약이라는 채권행위가 성립하면 그에 기하여 매도인에게는 매매대금채권(50만원)이, 매수인에게는 매매목적물인 사과 10상자에 대한 인도채권이 각각 발생하는데 이에 따

라 후일 매수인은 매도인에게 매매대금 '50만원의 지급', 역으로 매도인
은 매수인에게 매매목적물 '사과 10상자의 인도'라는 이행의무를 부담하
게 된다. 채권행위는 이행의 문제를 남긴다는 점에서 그러한 문제가 없
는 물권행위·준물권행위와 구별된다.

　　2) 물권행위　　　　물권행위(物權行爲)는 직접 물권변동을 목적으로 하
는 법률행위이다. 물권행위는 처분행위로서 이행의 문제를 남기지 않으
며(예컨대 아파트 매매계약이라는 채권행위를 한 후 매도인은 매수인으로부터 매매대금
을 전액 수령함과 동시에 아파트의 소유권을 매수인에게 넘겨주기 위하여 소유권이전등
기에 필요한 제반 서류를 교부하여야 한다. 이때의 '서류의 교부'행위가 바로 물권행위로
서 이를 통하여 매매당사자 사이에 소유권의 이전이라는 물권변동의 효과가 발생하는 것
이다), 물권행위를 하기 위해서는 처분자에게 처분권한이 있어야 한다(물
권행위 당시 해당 물건에 대한 처분권한이 없는 경우 그 처분행위는 무효이다. 이에 반하
여 채권행위는 행위 당시 처분권한이 없더라도 이행기까지 이행을 하면 족하므로 예컨대
타인 소유의 아파트도 매매의 대상으로 할 수 있다. 민 569조 참조).

　　3) 준물권행위　　　　준물권행위(準物權行爲)는 물권 이외의 권리의 변
동을 직접 가져오는 법률행위로서 그 예로 채권양도·채무면제 등이 있
다. 주식회사에서 나올 주식의 양도도 이에 속한다.

4. 법률행위의 해석

　　(1) 법률행위의 해석의 의의　　　　법률행위의 해석은 의사와 표시가
불일치하여 당사자의 법률행위의 목적(내용)이 불명확한 경우에 이를 확
정하는 것이다. 법률행위는 의사표시로 구성되어 있으므로 법률행위의
해석은 의사표시의 해석이라고 할 수 있다.

　　(2) 법률행위해석의 기준　　　　당사자가 그 표시행위에 부여한 객관적
의미를 합리적으로 해석하기 위한 기준 몇 가지를 살펴본다.

　　1) 당사자의 목적　　　　이는 당사자가 그 법률행위에 의하여 달성하고
자 하는 목적이다.

2) **사실인 관습**   사실인 관습은 특정지역이나 분야에서 계속되고 반복되어온 거래의 관행이다. 법령 중의 선량한 풍속 기타 사회질서에 관계없는 규정(임의규정)과 다른 관습이 있는 경우에 당사자의 의사가 명확하지 아니한 때에는 그 관습에 의한다(민 106조).

3) **임의규정**   임의규정은 법령 중의 선량한 풍속 기타 사회질서에 관계없는 규정을 말한다. 당사자가 임의규정과 다른 의사를 표시한 때에는 그 의사에 의한다(민 105조).

4) **신의성실의 원칙**   당사자의 목적 · 사실인 관습 · 임의규정으로도 법률행위의 내용을 확정할 수 없는 경우에는 신의성실의 원칙에 따라 해석하여야 한다.

Ⅶ. 의사표시

1. 의사표시의 의의

의사표시(意思表示)는 일정한 법률효과의 발생을 원하는 의사를 외부에 나타내는 행위이다. 예컨대 매매계약을 체결하고자 하는 매도인의 의사표시는 '내 물건의 소유권을 이전하는 대신 대금청구권을 취득하려는 의사'이다. 의사표시는 어떠한 동기에 의하여 ① 일정한 효과를 의욕하는 의사(내심의 효과의사)를 결정하고, ② 이 의사를 발표하려는 의사(표시의사)를 가지며, ③ 그 의사의 발표로서의 가치를 가진 행위(표시행위)를 통하여 외부에 표현된다(이는 표현된 효과의사로서 내심의 효과의사에 대응하여 '표시상의 효과의사'라 한다). 의사표시에 관하여 내심의 효과의사와 표시상의 효과의사가 일치하지 않은 경우에 어떤 의사를 표의자의 의사로 판단할 것인가의 문제가 발생한다. 동기와 내심의 효과의사 및 표시의사는 주관적인 것으로 표의자만이 알고 있으며 상대방은 알 수 없는 한편 의사표시가 상대방과의 교섭수단이라는 점을 고려한다면 의사표시의 본질은 표시행위와 표시상의 효과의사에 있다고 보아야 한다.

2. 의사와 표시의 불일치

내심의 효과의사와 표시상의 효과의사가 불일치하는 경우 두 가지의 이론이 대립한다. 표의자 보호를 위하여 내심의 효과의사를 기준으로 하는 주관주의 또는 의사주의이론과 거래안전을 위하여 표시상의 효과의사를 중시하는 객관주의 또는 표시주의이론이다. 우리 민법은 의사주의를 원칙으로 하고 이에 표시주의를 가미한 절충주의를 취하고 있다.

(1) **진의 아닌 의사표시**   진의 아닌 의사표시는 표시상의 효과의사에 상응하는 내심의 효과의사가 없음을 표의자 자신이 알면서 한 의사표시이다. 심리유보(心裡留保) · 단독허위표시(單獨虛僞表示) · 비진의표시(非眞意表示)라고도 한다. 예컨대 자신의 자동차를 팔 생각이 없으면서도 판다고 하는 것과 같다. 이는 의사와 표시의 불일치를 표의자 자신이 알고 있는 점에서 그것을 모르는 착오(錯誤)와 다르다. 진의 아닌 의사표시는 원칙적으로 표시한 대로의 법률효과가 생긴다(민 107조 1항 본문). 그와 같은 표의자를 보호할 필요가 없기 때문이다. 그러나 농담을 한 때처럼 상대방이 표의자의 진의가 아님을 알았거나 알 수 있었을 경우에는 무효가된다(민 107조 1항 단서). 다만 이 무효는 선의의 제3자에 대하여는 대항할 수 없다(민 107조 2항). 상법은 거래안전을 위하여 진의 아닌 의사표시를 유효로 보는 경우가 있다(302조 3항, 425조 1항).

> Cf. 법률용어로서의 선의 · 악의 · 과실: 법학에서 선의와 악의는 도덕적 평가와는 무관한 개념으로 어떤 사실에 대하여 알고 있었는지 모르고 있었는지를 의미하는 용어이다. 선의(善意)는 부지(不知), 어떤 사실을 알지 못한 것을 말하고, 악의(惡意)는 지(知), 어떤 사실을 아는 것을 말한다. 선의와 악의를 구별하는 이유는 악의자는 특정한 사실을 알고 있었으므로 그 사실에 의하여 예측하지 못한 손해를 입을 염려가 없어 법이 그를 보호할 필요가 없으나, 선의자는 특정한 사실을 알지 못하였기 때문에 그 사실에 의하여 예측하지 못한 손해를 입을 염려가 있

으므로 그를 보호할 필요가 있다. 한편 과실(過失)은 어떠한 사실을 인식할 수 있었음에도 불구하고 부주의에 의하여 인식하지 못한 것을 말한다. 과실은 고의(故意)와 함께 불법행위의 구성요건이 된다(민 750조). 과실은 그 부주의의 정도에 따라 중과실(중대한 과실)과 경과실(가벼운 과실)로 나뉘고, 과실이 없는 경우를 무과실(無過失)이라고 하는데 무과실의 경우에도 법적 책임을 지는 경우가 있다(예: 민법 758조 1항의 공작물소유자의 책임).

(2) **통정허위표시** 통정허위표시(通情虛僞表示)는 표의자가 상대방과 통정하여 행한 진의 아닌 허위의 의사표시이다. 예컨대 강제집행을 면하기 위하여 친구와 짜고 그에게 재산을 양도하는 경우이다. 표의자가 의사와 표시의 불일치를 인식하고 있다는 점에서 진의 아닌 의사표시(민 107조)와 같지만 상대방과의 통정에 대한 합의가 있다는 점에서 다르다. 통정허위표시는 원칙적으로 무효이나(민 108조 1항), 거래안전을 위하여 선의의 제3자에 대하여 그 무효를 주장할 수 없게 하고 있다(민 108조 2항).

(3) **착   오** 착오(錯誤)로 인한 의사표시는 표의자가 내심의 의사와 표시의 내용이 일치하지 않는 것을 알지 못하고 행한 의사표시이다. 착오는 (주관적) 인식과 (객관적) 사실의 불일치로서 내용·표시 또는 표시기관·동기의 착오로 나뉜다. 착오로 인한 의사표시는 그 착오가 법률행위의 내용의 중요부분에 대한 것이고, 표의자의 중대한 과실에 기인한 것이 아닌 때에는 취소할 수 있으나, 그 취소로 선의의 제3자에게 대항하지 못한다(민 109조). 상법은 대량으로 이루어지는 거래에 있어서 착오에 의한 취소를 제한하고 있다(320조, 427조).

3. 하자 있는 의사표시

하자(瑕疵) 있는 의사표시는 의사와 표시가 일치하기는 하나 의사결정과정에 있어서 하자가 있는 경우로서 사기·강박에 의한 의사표시가 그것이다. '사기'는 사람을 기망(欺罔)하여 착오에 빠지게 하는 행위이고,

'강박'은 위법하게 해악(害惡)을 표시하여 외포(畏怖: 무서움)상태에 빠지게 하는 행위이다. 상대방에 의하여 직접 사기 또는 강박이 이루어진 경우 그 의사표시를 취소할 수 있으나, 상대방이 아닌 제3자가 사기 또는 강박을 행한 경우에는 상대방이 사기 또는 강박사실을 알았거나 알 수 있었을 경우에만 취소할 수 있으며, 위의 취소로써 선의의 제3자에게 대항하지 못한다(민 110조 1항~3항).

4. 의사표시의 효력발생시기와 수령능력 및 공시송달

(1) **효력발생시기**　　상대방 있는 의사표시는 상대방에게 도달한 때에 그 효력이 발생하고(민 111조 1항, 도달주의), 그 통지를 발송한 후 사망하거나 제한능력자가 되어도 의사표시의 효력에 영향이 없다(민 111조 2항). 한편 상법은 주주총회소집통지에 관하여 발송주의를 취하고 있다(363조 1항 본문).

(2) **의사표시의 수령능력**　　의사표시의 효력을 주장하기 위하여는 의사표시를 수령할 수 있는 자에 의하여 수령되었을 것을 요한다. 따라서 제한능력자가 의사표시를 받은 경우에는 그 의사표시로써 대항할 수 없다(민 112조 본문). 단, 제한능력자의 법정대리인이 의사표시의 도달사실을 안 경우에는 대항할 수 있다(민 112조 단서).

(3) **의사표시의 공시송달**　　표의자가 과실 없이 상대방을 알지 못하거나 상대방의 소재를 알지 못하는 경우의 보충적 송달방법으로 공시송달을 허용한다(민 113조).

> Cf. 공시송달: 공시송달(公示送達)은 민사소송법상의 송달방법의 하나로서 법원사무관 등이 송달할 서류를 보관하고 그 사유를 법원게시판에 게시하는 등 대법원규칙에 따라서 하는 송달방법이다(민소 195조). 이 경우 국내에서의 첫 공시송달은 위의 게시 등의 방법에 따른 실시일로부터 2주일 후 효력이 발생하고, 같은 당사자에게 하는 그 뒤의 공시송달은 실시한 다음 날부터 효력이 생긴다(민소 196조 1항).

Ⅷ. 대 리

1. 대리의 의의

대리(代理)는 타인(대리인)이 본인을 위하여 의사표시를 하거나 또는 의사표시를 수령함으로써 본인에게 그 법률효과가 생기게 하는 제도이다. 예를 들면, 갑이 을로부터 자동차를 매입하는 경우 갑과 을 사이에 매매계약을 체결하여야 갑은 을에 대하여 자동차의 이전을 청구할 수 있고, 을은 갑에게 자동차대금을 청구할 수 있는 것이 원칙이다. 그런데 어떠한 경우에도 법률효과를 받고자 하는 당사자(위의 예에서 갑 또는 을)만이 계약을 체결하여야 한다면 당사자가 계약을 직접 체결할 수 없는 경우(당사자가 제한능력자이거나 외국출장 중인 경우 등)에는 그 사유가 소멸될 때까지는 계약을 체결할 수 없게 되는 불편이 발생할 수 있다. 이를 위하여 타인인 병이 갑 또는 을의 이름으로 법률행위를 대신하되 그 법률효과는 병에게 발생하는 것이 아니라 병이 대신한 갑 또는 을에게 발생하는 제도를 창안하였고, 이를 대리라고 한다. 즉, 대리제도는 사인(私人)의 자치(自治)를 보충하거나 확장하는 기능을 한다.

Note: 대리인과 구별할 개념으로 사자가 있다. 사자(使者, assistant)는 본인의 의사를 상대방에게 전달하는 자이다. 대리인은 본인으로부터 수여된 대리권의 범위 내에서 독립하여 의사결정을 하는데 반하여 사자는 본인의 보조자로서 대리권이 없다.

2. 대리의 종류

대리를 위하여는 대리권이 부여되어야 하는데 이 대리권이 법률의 규정에 의하여 부여되는 경우를 법정대리(예: 민 5조 등), 본인의 대리인간의 대리권수여행위에 의하여 부여되는 경우를 임의대리라고 한다. 또 대리인이 그의 명의로 본인의 대리인을 선임하는 복대리(復代理)도 있다(민 123

조). 그 외 무권대리와 표현대리도 있으나 이에 관하여는 따로 서술한다.

3. 대리의 요건

대리행위의 효과가 본인에게 귀속되기 위하여는 대리인에게 대리권이 부여되고 그 대리권의 범위 내에서 본인을 위하여 하는 행위라는 것이 표시되어야 한다(민 114조). 이것이 현명주의(顯名主義)로서 우리 민법의 원칙이다. 그러나 대리가 빈번히 발생하는 상법 영역에서는 본인을 위한 것임을 밝히지 않아도 본인에 대하여 효력이 있다(비현명주의: 48조 본문).

4. 대리의 효과

대리행위로 인한 법률효과는 직접적으로 본인에게 귀속되어 본인 자신이 그 법률행위를 한 것과 같이 된다. 대리효과가 본인에게 귀속되기 위하여 본인에게 권리능력이 있을 것을 요하나 의사능력 내지 행위능력까지 요하지는 않는다. 또한 대리인은 행위능력자임을 요하지 아니한다(민 117조).

5. 무권대리

무권대리(無權代理)는 대리행위의 다른 요건은 갖추었으나 대리행위자에게 그 행위에 관한 대리권이 없는 경우를 말한다. 무권대리는 본인에게 대리인의 무권대리행위에 대한 책임을 물을 만한 사유, 즉 귀책사유가 없는 경우와 있는 경우로 나누어진다. 전자는 무권대리의 원칙적 모습으로 협의의 무권대리라고도 하고, 후자는 무권대리의 예외적 경우로서 표현대리라고 한다. 협의의 무권대리인이 한 계약은 본인이 추인하지 않는 한 본인에 대하여 효력이 없으며(민 130조), 상대방은 무권대리인에 대하여 계약을 이행할 책임 또는 손해배상책임을 물을 수 있다(민 135조 1항). 만약 본인이 위 계약을 추인하면 원래 대리권이 존재하였던 것과 마찬가지의 효력이 생기는데 이를 추인(追認)의 소급효라고 한다(민 133조 본문).

6. 표현대리

표현대리(表見代理)는 무권대리 중 본인에게 무권대리행위의 책임을 물을 수 있는 사유가 존재하는 경우를 말한다. 즉, 무권대리인에게 대리권이 존재하는 것과 같은 외관이 있고, 이를 본인이 제공한 한편 상대방으로서는 대리권이 존재한다고 믿을 만한 정당한 사유가 있는 경우를 협의의 무권대리와 구별하여 표현대리(表見代理, 표견대리라고 읽기도 한다)라고 한다. 민법은 ① 본인이 제3자에 대하여 타인에게 대리권을 수여함을 표시하였으나 사실은 수여하지 아니한 경우(민 125조), ② 대리권이 수여되었으나 그 범위를 넘어 대리행위를 한 경우(민 126조), ③ 이전에 존재하였던 대리권이 소멸한 후에 대리행위를 한 경우(민 129조)의 세 가지를 규정하고 제3자에게 정당한 이유가 있는 경우 본인이 책임을 지도록 한다. 상법에도 표현책임에 관한 규정이 있다(14조의 표현지배인, 395조의 표현대표이사).

> Cf. 외관책임(외관주의): 외관이 사실과 어긋나는 경우에도 그러한 외관을 만들어낸 자에게 외관을 신뢰한 자의 행위에 대한 책임을 지우는 제도이다. 이는 독일에서 유래하였고, 영미의 금반언(禁反言, estoppel)의 원칙과 유사하다. 위의 표현대리책임규정도 외관주의에 근거한다.

7. 자기계약 · 쌍방대리

자기계약(自己契約)은 하나의 계약에 있어서 당사자 일방이 상대당사자의 대리인이 되는 것이다. 예컨대 A가 그의 아파트 매도를 B에게 맡겼는데 B가 A를 대리하여 매도하는 한편 B 자신이 본인으로서 위 아파트를 매수하는 경우이다. 쌍방대리(雙方代理)는 하나의 계약에서 동일인이 양 당사자의 대리인이 되는 것이다. 예컨대 갑이 매도인이 되려는 S와 매수인이 되려는 P 양자의 대리인이 되어 아파트매매계약을 체결하는 경우이다. 자기계약의 경우에는 대리인 자신의 이익만을, 쌍방대리의 경우에는 어느 한 당사자의 이익만을 추구할 위험이 있으므로 본인의 허락이 없는 한 원칙적으로 금하되, 그러한 위험이 없는 채무의 이행과 같은 행위는 허용한다(민 124조). 상법에서도 일정한 경우 이를 허용한다(199조, 287조의11, 564조 3항).

Ⅸ. 무효와 취소

1. 법률행위의 무효

법률행위의 무효(無效)는 당해 법률행위의 중대하고 명백한 하자로 인하여 법률요건을 결하게 됨으로써 당사자가 의도한 효과가 처음부터 발생하지 않는 것이다. 법률행위의 무효는 누구나 언제나 어떠한 방법으로나 주장할 수 있고, 추인하더라도 효력이 생기지 않으나, 당사자가 그 무효임을 알고 추인한 경우에는 새로운 법률행위로 본다(민 139조). 무효의 절대성은 거래의 안전을 위하여 제한되는 경우가 있다(상대적 무효: 민 107조 2항, 108조 2항 등). 무효는 전부무효와 일부무효로 나뉜다(민 137조). 무효의 원인으로는 의사능력의 흠결 · 통정허위표시(민 108조 1항) · 반사회질서행위(민 103조) · 불공정한 법률행위(민 104조) 등이 있다. 무효인 법률행위에 기하여 이행이 이루어진 경우 부당이득반환으로 해결하게 된다(민 741조 이하).

2. 법률행위의 취소

법률행위의 취소(取消)는 일단 유효하게 성립한 법률행위에 일정한 사유(취소사유)가 존재하는 경우 일정한 자(취소권자)의 의사표시에 따라 그 행위의 효력을 행위 당시부터 소급적으로 소멸시키는 것이다. 취소사유는 제한능력(민 5조 2항, 10조 1항, 13조 4항 본문) · 착오(민 109조) · 사기와 강박(민 110조)이다(민 140조). 취소된 법률행위는 처음부터 무효인 것으로 보나, 취소가 있기 전까지는 유효하며 추인(민 143조) 또는 취소기간의 경과(민 146조)로써 완전히 유효하게 되는 점에서 무효의 경우와 다르다. 취소는 의사표시로써 가능하고 다른 형식을 요하지 아니하나 일정한 경우 소로써만 하여야 한다(예: 민 406조의 채권자취소권의 행사, 상 184조의 회사설립취소,

376조의 주주총회결의취소 등). 취소의 효과는 절대적 무효인 것이 원칙이지만 거래안전을 위하여 제3자에게 대항하지 못하게 하는 경우도 있다(상대적 무효: 민 109조 2항, 110조 3항 등). 취소된 법률행위는 처음부터 무효인 것으로 보므로 이미 이행된 부분은 부당이득으로 반환하여야 하나 제한능력자의 보호를 위하여 제한능력자는 그 행위로 인하여 받은 이익이 현존하는 한도에서만 상환할 책임이 있다(민 141조).

> Cf. 의사표시의 철회와 계약의 해제: 철회(撤回)는 법률행위의 효과가 발생하기 전에 그 효과의 발생을 방지하는 의사표시이고, 해제(解除)는 일단 유효하게 성립한 계약의 효력을 소멸케 하는 의사표시이다.

Ⅹ. 조건과 기한

1. 조건과 기한의 의의

법률행위가 성립하면 효력이 발생하는 것이 원칙이나 경우에 따라서는 당사자들이 법률행위를 하면서 그 효력의 발생 또는 소멸을 '장래의 일정한 사실'에 의존하게 하는 경우가 있다. 여기서 '장래의 일정한 사실'의 발생 여부가 불확실한 경우를 '조건(條件)', 확실한 경우를 '기한(期限)'이라 한다. 조건과 기한을 법률행위의 일부로 부가된 것이라는 의미에서 법률행위의 부관(附款)이라고 부르기도 한다.

2. 조건과 기한의 종류

(1) **조건의 종류**(정지조건과 해제조건)   법률행위의 효력발생을 장래의 불확실한 사실에 의존하게 하는 조건을 정지조건(停止條件), 법률행위의 효력소멸을 장래의 불확실한 사실에 의존하게 하는 조건을 해제조건(解除條件)이라 한다. 예컨대 '2022년 내에 운전면허를 취득하면' 자동차를 사주겠다고 약속하는 경우는 정지조건, 두 필지의 토지를 매수하면서 '만약 공장부지 및 도로부지에 편입되지 못하는 필지가 있는 경우에는'

원래의 가격으로 매도인에게 반환하기로 약정하는 경우는 해제조건의 예가 된다.

(2) 기한의 종류

1) 시기와 종기   법률행위의 효력발생 또는 채무이행의 시기(時機)를 장래의 확정적 사실의 발생에 의존케 하는 기한을 시기(始期), 법률행위의 효력소멸을 의존케 하는 기한을 종기(終期)라 한다. 예컨대 임대차기간을 "2022. 1. 1.부터 2022. 12. 31.까지로 한다."라고 정한 경우 '2022. 1. 1.'은 시기, '2022. 12. 31.'은 종기이다.

2) 확정기한과 불확정기한   발생하는 시기(時機)가 확정되어 있는 기한을 확정기한(確定期限), 발생시기가 확정되어 있지 않는 경우를 불확정기한(不確定期限)이라 한다. '2022. 5. 1.부터'는 확정기한, '갑이 사망하였을 때'는 불확정기한의 예이다.

3. 기한의 이익

기한(期限)의 이익은 기한이 도래하지 않음으로써 당사자가 얻는 이익이다. 무료로 물건을 보관시키는 무상임치의 경우 기한의 이익은 채권자(임치인)에게 있고, 이자부소비대차계약의 경우에는 채권자와 채무자 양자에게 기한의 이익이 있다(채권자는 이자이익, 채무자는 원금미반환). 기한의 이익의 귀속주체가 불명한 경우 채무자의 이익을 위한 것으로 추정한다(민 153조 1항). 기한의 이익은 포기할 수 있으나 상대방의 이익을 해하지 못한다(민 153조 2항). 따라서 이자부로 빌린 돈을 기한 전에 변제할 경우는 그로 인한 채권자의 손해를 배상하여야 한다(예: 은행 대출금에 대한 조기상환수수료).

XI. 기 간

1. 기간의 의의

기간(期間)은 일정한 시점에서 다른 시점까지의 시간적인 간격이다.

기간은 시간의 경과(예: 2주일)로서 일정한 시점을 가리키는 기일과 다르다. 시효나 연령과 같이 기간에는 법률상 일정한 효과가 주어지므로 민법에 일반적인 계산방법을 정하고 법령, 재판상의 처분 또는 법률행위에 다른 정한 바가 없으면 이에 의하도록 한다(민 155조).

2. 기간의 계산

기간을 시, 분, 초로 정한 때에는 즉시로부터 기산하고(민 156조), 일, 주, 월 또는 연으로 정한 때에는 오전 영시로부터 시작하지 않는 한 초일은 산입하지 않는다(초일불산입의 원칙, 민 157조). 나이는 출생일을 산입하여 만(滿) 나이로 계산하고, 연수(年數)로 표시하되, 1세에 이르지 아니한 경우에는 월수(月數)로 표시할 수 있다(민 158조). 기간을 일, 주, 월 또는 연으로 정한 때에는 기간말일의 종료로 기간이 만료한다(민 159조). 기간을 주, 월 또는 연으로 정한 때에는 역에 의하여 계산한다(민 160조 1항). 주, 월 또는 연의 처음으로부터 기간을 기산하지 아니하는 때에는 최후의 주, 월 또는 연에서 그 기산일에 해당한 날의 전일로 기간이 만료한다(민 160조 2항). 예컨대 4월 20일 오후 3시에 '지금부터 2개월'이라고 하면 4월 21일부터 기산하여 6월 20일에 만료된다. 월 또는 연으로 정한 경우에 최종의 월에 해당 일이 없는 때에는 그 월의 말일로 기간이 만료한다(민 160조 3항). 기간의 말일이 토요일 또는 공휴일에 해당한 때에는 기간은 그 다음날로 만료한다(민 161조).

XII. 소멸시효

1. 소멸시효의 의의와 구별개념

(1) 의   의   소멸시효(消滅時效)는 권리자가 그의 권리를 행사할 수 있음에도 불구하고 일정한 기간(시효기간)동안 그 권리를 행사하지 않는 상태가 계속한 경우에 그의 권리를 소멸시키는 제도이다.

(2) 구별개념

1) 취득시효와의 구별　취득시효(取得時效)는 마치 권리자처럼 행사하고 있는 사실상태가 일정한 기간(시효기간)동안 계속된 경우에 권리행사의 시작부터 권리자이었던 것으로 인정하는 제도로서, 일정기간의 경과로써 권리가 없어지는 소멸시효와 구별된다.

2) 제척기간과의 구별　제척기간(除斥期間)은 어떤 권리에 대한 법률상의 존속기간이다. 민법상 하자담보책임(민 582조)과 상법상 개입권(17조 4항) 등이 그 예이다. 법질서의 조속한 안정을 위하여 인정되고, 일정기간 내에 행사하지 않으면 해당 권리가 소멸하는 점에서 소멸시효와 공통하나 소멸시효와는 달리 소급효가 없고, 정지나 중단이 없으며, 소송상 원용을 요하지 않고, 미리 포기할 수 있다.

2. 소멸시효가 적용되는 권리와 소멸시효기간

소멸시효의 대상이 되는 권리는 채권 및 (소유권 이외의) 재산권이다(민 162조). 소멸시효는 권리를 행사할 수 있는 때로부터 진행하며(민 166조 1항), 그 기간은 권리의 종류에 따라 다르다. 일반채권과 판결 등에 의하여 확정된 채권은 10년(민 162조 1항, 165조 1항·2항)이고, 채권 및 (소유권 이외의) 재산권은 20년이다(민 162조 2항). 3년 또는 1년의 단기소멸시효기간(민 163조, 164조)도 있다. 상행위로 인한 채권은 5년(상 64조)이다. 소멸시효의 단축·경감은 가능하나 배제·연장·가중은 불가하다(민 184조 2항).

3. 소멸시효의 중단과 정지

소멸시효는 청구, 압류·가압류·가처분, 승인에 의하여 중단된다(민 168조 1호~3호). 소멸시효가 중단되면 중단까지에 경과한 시효기간은 산입하지 않고 중단사유가 종료한 때부터 새로이 진행한다(민 178조 1항). 소멸시효는 제한능력자(민 179조, 180조 1항), 혼인의 종료(민 180조 2항), 상속재산(민 181조), 천재 기타 사변(민 182조) 등의 사유로 정지한다. 소멸시효가 정지되면 정지기간 동안 진행을 멈추었다가 정지기간이 종료된 때로부터 남은 기간이 진행된다.

4. 소멸시효완성의 효과

소멸시효기간이 완성되면 그 기간이 만료한 때에 그 기산일에 소급하여 소멸하나(민 167조), 소송에서는 변론주의 원칙상 시효이익을 받겠다는 항변의 제출이 있어야 판결의 근거로 삼을 수 있다. 소멸시효의 이익은 미리 포기하지 못한다(민 184조 1항).

〈민법 제 2 편 물권〉

Ⅰ. 물권변동

1. 물권법정주의

물권법정주의(物權法定主義)는 물권은 법률 또는 관습법에 의하는 외에는 임의로 창설하지 못한다는 원칙이다(민 185조). 채권법은 계약자유의 원칙이 지배하므로 매매나 임대차와 같이 계약법에 규정된 계약이 아닌 새로운 종류의 계약에 의하여 새로운 채권을 만들어낼 수 있는 데 반하여 물권법정주의가 지배하는 물권법상의 물권들은 한정적인 점에 차이가 있다.

2. 물권변동

변동의 객체인 부동산과 동산에 대하여 각각 법률행위 또는 법률에 의한 물권변동이 있다.

(1) **부동산물권변동**   법률행위에 의한 부동산물권변동은 등기(登記)하여야 효력이 발생하며(민 186조), 법률의 규정에 의한 부동산물권취득은 등기를 하지 않아도 효력이 발생하지만, 등기를 하지 않으면 처분하지 못한다(민 187조).

(2) **동산물권변동**   법률행위에 의한 동산물권변동은 인도(引渡)하여야 효력이 발생하며(민 188조 1항), 인도에는 아래의 네 가지 방법이 있다. 한편 법률의 규정에 의한 동산물권변동에는 취득시효(민 246조), 무주물선점(민 252조 1항), 유실물습득(민 253조), 매장물발견(민 254조) 등이 있다.

1) **현실인도**   현실인도(現實引渡)는 점유의 이전이다. 양도인의 지배 하에 있는 동산을 양수인의 지배 하에 현실적으로 옮기는 것을 말한다.

2) **간이인도**   간이인도(簡易引渡)는 양도인이 인도할 동산을 양수인이 이미 점유하고 있는 경우 의사표시만으로 점유를 이전하는 것이다(민 188조 2항). 예컨대 을이 갑으로부터 빌려쓰고 있는 자동차를 갑으로부터 매입하는 경우 갑과 을 사이에 양도의 의사표시만으로써 인도한 것으로 하고 현실적 인도절차를 생략하는 것이다.

3) **점유개정에 의한 인도**   점유개정(占有改定)에 의한 인도는 예컨대 매도인 소유의 동산을 매수인에게 팔고 난 이후에도 매도인과 매수인 사이의 임대차계약에 의하여 매도인이 그 동산을 계속 임차하는 경우와 같이 양도인이 양도 이후에는 양수인을 위하여 점유한다는 의사표시를 함으로써 인도의 효력이 생기는 인도방법이다(민 189조). 이 경우 그 동산에 대한 매도인의 점유형태는 양도 전까지는 자주점유, 양도 이후부터는 타주점유가 된다.

4) **목적물반환청구권의 양도에 의한 인도**   목적물반환청구권의 양도에 의한 인도는 예컨대 A가 창고업자인 B에게 임치 중인 냉동육을 C에게 매도하는 경우 A가 B로부터 냉동육을 찾아 C에게 인도하는 대신에 A가 B에 대하여 가지는 냉동육반환청구권을 C에게 양도함으로써 인도하는 경우와 같이 양도인이 제3자를 통하여 간접점유 중인 동산을 양도하는 경우에 양도인이 그 제3자에게 대한 반환청구권을 양수인에게 양도함으로써 그 동산을 인도하는 제도이다(민 190조). 상법상 화물상환증, 창고증권 및 선하증권의 물권적 효력(133조, 157조, 861조)과 관련된다.

Ⅱ. 점 유 권

1. 점유의 의의

점유(占有)는 물건에 대한 사실상의 지배상태를 말한다.

2. 점유의 종류

점유는 그 기준에 따라 여러 가지로 분류된다.

(1) **자주점유·타주점유**   점유자가 그 물건에 대하여 소유자로서의 의사를 가지고 점유하는 경우 자주점유(自主占有)라고 하고, 타인이 소유권을 가짐을 전제로 하여 점유하는 경우에는 타주점유(他主占有)가 된다. '소유의 의사'는 점유취득의 원인사실에 따라 객관적으로 결정된다. 따라서 물건의 매수인은 물론 절취범도 자주점유자인 반면 임차인은 설령 빌린 물건을 반환할 의사가 없다고 하더라도 타주점유자가 된다. 소유의 의사 유무를 가리기 곤란한 경우에는 점유자는 소유의 의사로 점유한 것으로 추정하므로(민 197조 1항), 그 점유가 타주점유라는 사실은 이를 주장하는 상대방이 입증책임을 진다.

(2) **선의점유·악의점유**   이는 점유자가 본권(本權) 없이 점유하는 경우를 전제로 한 분류이다. 점유자가 본권(소유권, 임차권, 전세권 등 법률상 점유를 정당화시키는 권리) 없이 점유함에 있어서 본권이 없음에도 불구하고 있는 것으로 믿고 점유하는 경우를 선의점유(善意占有), 본권이 없음을 알고도 또는 그 유무를 의심하면서 점유하는 경우를 악의점유(惡意占有)라고 한다. 점유자의 선의는 법률상 추정된다(민 197조 1항).

(3) **과실 있는 점유·과실 없는 점유**   이는 선의점유를 전제로 한 분류로서 본권이 있다고 믿은 데 있어서 과실이 있는지 여부에 따라 과실 있는 점유와 과실 없는 점유로 나눈다. 선의취득의 경우 과실 없는 점유가 요구되며(민 249조), 점유의 무과실은 추정되지 않으므로 무과실을 주장하는 자가 입증책임을 부담한다.

(4) **평온·공연한 점유**   폭력(暴力)에 의하지 않는 점유가 평온(平穩)한 점유이고, 은비(隱秘)하지 않은 점유가 공연(公然)한 점유이다. 선의취득의 경우 평온, 공연한 점유를 요건으로 한다. 점유의 평온과 공연은 법률상 추정된다(민 197조 1항).

(5) **하자 있는 점유**   하자(瑕疵) 있는 점유(민 199조 2항 참조)는 악의·과실·폭력·은비(隱秘)에 의한 점유를 말한다.

3. 점 유 권

물건에 대한 사실상의 지배상태에 대하여 일정한 권리가 부여되는데 이를 점유권이라 한다(민 192조 1항). 따라서 점유상태의 보호를 위하여 점유의 침탈에 대하여 물건의 반환 등의 권리가 인정되고(민 204조, 205조, 206조), 물권으로서의 점유권의 양도(민 196조)와 상속(민 193조)도 인정된다.

Ⅲ. 소 유 권

1. 소유권의 개념

소유권(所有權)은 물건에 대한 지배권으로서 그 범위는 물건 전체, 즉 물건의 사용가치(사용 및 수익)와 교환가치(처분) 양자에 미친다(민 211조). 지상권·지역권·전세권과 같은 용익물권이나 유치권·질권·저당권과 같은 담보물권은 물건의 사용가치나 교환가치의 어느 한 쪽에만 미치므로 이들을 제한물권이라 부르는 데 반하여 소유권은 완전한 물권이다. 소유권의 내용과 한계는 법률로 정하여진다(헌 23조 1항, 민 211조).

2. 소유권의 취득

(1) **취득원인**   소유권은 법률행위 또는 법률의 규정에 의하여 취득된다. 법률행위에 의한 소유권의 취득은 예컨대 매매와 같은 법률행위에 의한 부동산 또는 동산의 취득으로서 부동산의 경우에는 소유권이전등기(민 186조), 동산의 경우에는 인도(민 188조~190조)로써 각각 소유권을

취득한다. 법률의 규정에 의한 소유권의 취득원인은 상속, 공용징수, 경매 외에도 취득시효(민 245조~247조), 선의취득(민 249조), 무주물선점(민 252조), 유실물습득(민 253조) 등이 있다. 아래에서는 유가증권과 관련이 있는 선의취득에 관하여 본다.

(2) **선의취득**   동산의 점유자가 과실 없이 양도인이 무권리자임을 알지 못하고 그로부터 동산을 양수한 경우 그 동산에 대한 소유권을 취득하게 되는 것을 선의취득이라 한다(민 249조). 따라서 예컨대 단과대학 학생회가 주최한 바자회에서 중고노트북을 적정가격에 매수한 경우 그 노트북이 훔친 물건이더라도 구매자는 그 노트북에 대한 소유권을 취득하게 되는 것이다. 이는 점유에 공신력을 인정하는 결과로서 점유의 공신력이 인정되지 않는 부동산에는 이 제도가 없다.

3. 공동소유

하나의 물건을 2인 이상의 사람이 공동으로 소유하는 것을 공동소유(共同所有)라고 한다. 우리 민법은 공유·합유·총유의 세 가지 공동소유 형태를 규정하고 있다.

(1) **공   유**   공유(共有)는 하나의 물건에 대한 하나의 소유권이 지분에 의하여 수인의 소유로 되는 형태를 공유라고 한다(민 262조 1항). 공유자들이 물건을 공동으로 소유하는 관계상 지분 비율에 따라서만 사용, 수익할 수 있고, 공유물 자체를 처분하거나 변경함에는 다른 공유자 전원의 동의를 받아야 하는 등의 제한(민 263조 후단, 264조)이 있으나, 공유자의 '지분'은 단독소유권과 같은 성질을 가지므로 자신의 지분을 처분할 경우에는 다른 공유자들의 동의를 요하지 않는다(민 263조 전단). 공동소유 형태 중에서 가장 개인적인 모습으로서 로마법에서 유래한 것이다.

(2) **합   유**   합유(合有)는 법률의 규정 또는 계약에 의하여 수인이 조합체로서 물건을 소유하는 형태이다(민 271조 1항). 합유에 있어서도 공유와 같이 지분의 개념은 인정되나 조합의 형식으로 물건을 공동으로

소유하므로 합유자 전원의 동의 없이는 합유물의 처분 또는 변경은 물론
이고 지분의 처분도 하지 못한다(민 272조 본문, 273조 1항). 아래의 총유와
함께 단체성이 강한 게르만법에서 유래된 공동소유형태이다.

(3) **총 유**   총유(總有)는 법인이 아닌 사단의 사원이 집합체로서
물건을 소유하는 형태이다(민 275조 1항). 총유의 경우 총유물의 관리·처
분의 권능은 사단 자체에 귀속되고, 총유물의 사용·수익의 권능은 사단
의 구성원인 사원 자격을 전제로 하여 인정된다(민 276조, 277조). 총유에서
는 지분의 개념 자체가 인정되지 않는다. 즉, 물건은 법인이 아닌 사단
자체가 소유하고, 사원은 그 사단의 구성원인 동안 물건의 사용, 수익할
수 있을 뿐이다.

(4) **준공동소유**   물건에 대한 공동소유에 착안하여 소유권 이외의
재산권(저당권 등의 물권·주식·저작권·특허권·채권)을 수인이 공동으로 소유
하는 것을 준공동소유(準共同所有)라고 한다. 준공유, 준합유, 준총유의 세
가지가 있다.

〈공유·합유·총유 비교표〉

	공유	합유	총유
공동소유자 간의 인적결합	무관련	조합체	권리능력 없는 사단 (문중 또는 교회 등)
지분의 개념	인정	인정	없음
지분의 처분	자유(민 263조 전단)	합유자 전원의 동의 요함(민 273조 1항)	사용·수익권의 양도나 상속 불가(민 277조)
공동소유의 대상 물건 자체의 처분·변경	공유자 전원의 동의 (민 264조)	합유자 전원의 동의 (민 272조 본문)	사원총회의 결의 (민 276조 1항)
대상물건의 사용	지분 비율로 사용 (민 263조 후단)	조합계약에 따름 (민 271조 2항)	정관 기타의 규약에 따름(민 276조 2항)
분할청구	공유물분할청구 가능(민 268조)	불가(민 273조 2항)	불가

Ⅳ. 담보물권

담보물권(擔保物權)에는 우리 민법에 규정되어 있는 유치권, 질권 및 저당권의 세 가지 외에 판례상 인정되는 양도담보가 있다.

1. 유 치 권

민법상의 유치권(留置權)은 타인의 물건 또는 유가증권을 점유한 자가 그 물건이나 유가증권에 관하여 생긴 채권이 변제기에 있는 경우에 변제를 받을 때까지 그 물건 또는 유가증권을 유치할 수 있는 권리이다(민 320조 1항). 예컨대 수리센터에 컴퓨터의 고장수리를 맡긴 경우 수리대금을 지급받을 때까지 수리센터는 컴퓨터를 유치할 수 있는 것이다. 유치권은 민법뿐 아니라 상법에서도 인정되나 그 당사자나 유치목적물, 피담보채권 및 목적물과 피담보채권 사이의 관련성 등에서 차이가 있다(상세한 것은 상사유치권에서 본다).

2. 질   권

질권(質權)은 채권자가 그의 채권의 담보로서 채무자 또는 제3자(물상보증인)로부터 받은 물건 또는 재산권을 채무의 변제가 있을 때까지 유치함으로써 채무의 변제를 간접적으로 강제하는 동시에 변제가 없는 때에는 그 목적물로부터 우선적으로 변제를 받는 권리이다(민 329조, 345조). 예컨대 갑이 병으로부터 돈을 빌리면서 갑이 보유하고 있는 X주식회사의 주식을 담보로 제공하거나 또는 갑의 친구인 정이 그의 고가의 보석반지를 담보로 제공한 경우 채무자인 갑이 채권자인 병에게 빌린 돈을 다 갚을 때까지 채무자 소유의 위 주식 또는 제3자인 정(물상보증인) 소유의 위 보석반지를 유치할 수 있고, 만약 갑이 변제기에 돈을 갚지 않으면 병은 위 주식이나 위 보석반지를 환가하여 우선적으로 변제받게 된다. 이 경우 채무자 갑을 질권설정자, 채권자 병을 질권자, 채무 없이 담보를 제공한 제3자 정을 물상보증인이라 한다. 질권은 목적물에 따라 동산질권과 권리질권으로 나뉘는데 후자의 '권리'는 주로 채권, 주주권 및 지식재산권이 해당된다(주식의 입질에 대하여는 회사편에서 살펴본다).

3. 저 당 권

저당권(抵當權)은 채무자 또는 제3자(물상보증인)가 채무의 담보로 제공한 부동산을 점유함이 없이 관념적으로만 지배하고 변제기에 채무의 변제가 없는 경우 그 부동산으로부터 우선변제를 받는 담보물권이다(민 356조). 질권과 저당권의 공통한 효력 중의 하나로 담보목적물의 가치가 금전 기타 물건으로 변한 때 그 가치변형물 위에 효력이 미치는데 이를 물상대위(민 342조, 355조, 370조)라고 한다.

〈유치권·질권·저당권의 비교〉

	유치권	질권	저당권
담보물	동산과 부동산	동산과 재산권	부동산
유치적 효력	있음	있음	없음
우선변제력	사실상 인정	인정	인정

4. 양도담보

양도담보(讓渡擔保)는 채무자 또는 제3자(물상보증인) 소유의 물건의 소유권을 채권자에게 이전하고 채무자가 변제를 하지 않는 경우에는 채권자는 그 물건으로부터 우선변제를 받게 되고, 채무자가 변제를 하는 경우에는 그 물건의 소유자에게 반환하는 방법에 의한 담보이다. 판례에 의하여 유효성이 인정된 담보제도이다. 이 또한 주식의 양도담보에서 살펴본다.

〈민법 제 3 편 채권〉

〈제1장 총칙〉

I . 채권의 의의와 발생원인

1. 채권의 의의

채권(債權)은 특정채권자가 특정채무자에 대하여 특정한 행위를 청구할 수 있는 권리이다. 그리고 채권자가 이러한 채권을 행사하면 채무자가 그 청구내용대로 이행하여야 할 의무를 부담하게 되는데 이를 채무(債務)라고 하며, 특정채권자와 특정채무자 사이의 이와 같은 관계를 채권채무관계라고 한다. 채권의 목적은 예컨대 승용차를 인도하는 것과 같은 채무자의 행위이지 물건(예에서 승용차) 자체가 아니다. 이러한 채무자의 행위를 급부(給付)라고 한다. 급부에는 예컨대 돈을 받으면 화물을 운송한다는 것과 같이 어떠한 행위를 하여야 하는 것(작위: 作爲)과 채권자의 영업소 반경 몇 킬로미터 이내에서는 동종영업을 하지 않는다는 것과 같이 어떠한 일을 하지 않는 것(부작위: 不作爲)이 있다.

2. 채권과 물권의 차이

물권은 특정 독립된 물건에 대한 직접적이고 배타적인 지배를 내용으로 하는 권리이므로 그 효력은 대세적(對世的)인 데 반하여 채권은 특정인에게 특정한 급부를 청구하는 대인적(對人的)인 권리로서 채무자 이외의 자에 대하여는 청구할 수 없는 상대적인 권리라는 점에 차이가 있다. 예컨대 갑의 소유인 시계는 세상의 누구에 대하여도 그 소유권을 주장할 수 있는 반면 자동차딜러인 병으로부터 자동차를 사기로 하고 자동차대금을 지급한 정은 병에게만 자동차의 인도를 청구할 수 있는 것이지 다른 자동차딜러에게 그러한 청구를 할 수는 없다. 한편 물권과 채권 양자 모두 재산권의 일종이라는 점에서는 같다.

3. 채권의 발생원인

채권의 발생원인은 여러 가지이나 그 중에서도 가장 빈도가 높은 것이 계약이다. 계약에는 매매를 위시하여 다종다양한 형태의 계약이 있는데 민법과 상법은 민사와 상사의 각 영역에서 많이 체결하는 계약형태에 대한 규정을 두고 있다. 계약 이외의 채권의 발생원인에는 불법행위, 사무관리, 부당이득 그리고 단독행위가 있다.

Ⅱ. 채권의 효력

1. 채권의 효력 일반

채권의 효력은 기본적 효력과 채무불이행에 대한 효력으로 나눌 수 있다. 기본적 효력은 채권자가 채무자에 대하여 일정한 급부를 청구하는 것을 내용으로 하는 권리로서 채무자에 대한 청구력과 채무자의 급부를 수령하고 이를 적법하게 보유하는 급부보유력으로 나뉜다. 채무자가 채무의 내용에 좇아 채무내용을 실현하는 과정을 채무의 이행이라고 하는데 이 채무의 이행으로써 채권은 만족을 얻어 소멸하게 된다. 만약 채무자가 채무의 내용에 좇은 이행을 하지 않는 경우에는 국가권력의 발동을 통하여 채무내용의 실현을 강제할 수 있는데 이는 채무불이행에 대한 채권의 효력의 문제이다. 한편 채무의 이행을 보장하는 방법으로 현실적 이행강제와 손해배상의 두 가지가 있다. 이하 채무불이행과 그에 대한 구제방법에 대하여 살펴본다.

2. 채무불이행

채무자가 채무의 내용에 좇은 이행을 하지 아니하는 경우를 채무불이행(債務不履行)이라 한다(민 390조). 채무불이행은 세 가지 종류로 나뉜다.

(1) 이행지체   이행지체(履行遲滯)는 채무가 이행기에 있고 그 이행이 가능함에도 불구하고 채무자가 그에게 책임 있는 사유(귀책사유)로 채

무의 내용에 좇은 이행을 하지 않는 것이다. 이행지체에 대한 구제방법으로 채무의 강제이행(민 389조)이나 계약의 해제(민 544조 본문) 그리고 손해배상(민 390조)이 인정된다.

　(2) **이행불능**　　이행불능(履行不能)은 채권이 성립한 후에 채무자에게 책임 있는 사유로 이행이 불능으로 되는 것이다. 이에 대하여는 계약의 해제(민 546조), 손해배상(민 390조)이 인정된다.

　(3) **불완전이행**　　불완전이행(不完全履行)은 채무자가 채무의 이행으로서 이행을 하였으나 채무자에게 책임 있는 사유로 채무의 내용에 좇은 이행이 이루어지지 않은 경우이다. 완전이행이 가능한 경우 완전이행청구권(가분적 급부의 일부미이행인 경우에는 추완청구권), 계약해제권, 손해배상이 인정된다.

　　Cf. 채권자지체: 채권자지체(債權者遲滯) 또는 수령지체(受領遲滯)는 채무의 이행에 있어서 급부의 수령 기타 채권자의 협력을 필요로 하는 경우에 채무자가 채무의 내용에 좇은 제공을 하였음에도 불구하고, 채권자가 이를 수령하지 않는 등 협력을 하지 않음으로써 이행이 지연되는 상태이다. 채권자지체의 경우 채권자가 이행을 받을 수 없거나 받지 아니한 때에는 이행의 제공 있는 때로부터 지체책임을 진다(민 400조).

3. 채무불이행에 대한 구제방법

　(1) **개　　관**　　채무불이행에 대한 구제방법으로 강제이행(민 389조)과 손해배상(민 390조)의 두 가지가 인정된다.

　(2) **강제이행**　　강제이행(强制履行)은 채무자가 채무의 이행이 가능함에도 불구하고 이행하지 않는 경우 채권자가 국가권력에 의하여 강제적으로 채권의 내용인 급부를 실현하는 것이다. 강제이행의 방법에는 세 가지가 있다.

　1) **직접강제**　　이는 채무자로부터 채무의 내용인 금전이나 유체물

을 빼앗아 채권자에게 교부하는 것으로 '주는 채무'에 한하여 인정된다
(민 389조 1항 본문). 그 절차와 방법은 민사집행법이 규정한다(민집 257
조~259조).

2) 대체집행　　이는 '하는 채무' 중에서 예컨대 담장철거와 같이
제3자가 대신하여도 채권자에게 주는 경제적·법률적 효과에 차이가 없
는 대체적 작위채무에 대하여 이를 제3자에게 이행하도록 하고 그 비용
을 채무자로부터 추심하는 방법으로서 그 절차와 방법은 민사집행법에
따른다(민집 260조, 민 389조 2항 후단 및 3항).

3) 간접강제　　'하는 채무' 중에서 대체집행이 허용되지 않는 부대
체적 작위채무에 있어서 채무자가 임의로 이행하지 않는 경우 채무자에
게 배상금의 지급을 명하는 등의 수단을 사용하여 채무자에게 심리적 압
박을 가함으로써 채무자로 하여금 그 채무의 내용을 실현하도록 하는 방
법이다(민집 261조).

(3) 손해배상

1) 손해배상의 의의　　손해배상(損害賠償)은 법률의 규정에 따라 피
해자 이외의 자가 불법한 원인으로 타인에게 발생한 손해를 전보(塡補)하
는 것이다. 손해배상청구권의 발생원인에는 채무불이행과 뒤에서 설명하
는 불법행위의 두 가지가 있다.

2) 채무불이행으로 인한 손해배상의 요건　　채무불이행으로 인한 손
해배상청구권의 발생요건으로 ① 채무자의 귀책사유로 인한 채무불이행
에 의하여, ② 채권자에게 손해가 발생하고, ③ 채무불이행과 손해 사이
에 인과관계가 있을 것을 요한다.

3) 손해배상의 방법과 범위　　손해배상은 다른 의사표시가 없으면
금전으로 배상하고(민 394조), 그 범위는 통상의 손해를 한도로 하며(민 393
조 1항), 특별한 사정으로 인한 손해는 채무자가 그 사정을 알았거나 알
수 있었을 때에 한하여 배상책임을 진다(민 393조 2항). 이 부분은 불법행
위로 인한 손해배상에도 같다(민 763조).

4) **손해배상액의 예정**   손해배상액의 예정은 채무불이행의 경우 손해발생을 예정하여 채권자와 채무자 사이의 계약으로 그 지급배상액을 미리 정해두는 것이다. 예컨대 물품의 인도가 지연되는 경우 매1일마다 금100만원씩을 배상하기로 하거나 인도기일을 어기면 금1,000만원을 배상하기로 약정하는 것이다. 예정액이 부당히 과다한 경우에는 법원은 감액할 수 있으나(민 398조 2항), 부당히 과소하다고 하여 증액할 수는 없다.

5) **과실상계**   과실상계(過失相計)는 채무불이행에 있어서 채권자에게도 과실이 있었던 때에는 공평의 견지에서 손해배상의 범위를 정함에 있어 채권자의 과실을 참작하는 것이다(민 396조). 불법행위에도 인정된다(민 763조).

Ⅲ. 책임재산의 보전방법

1. 개   관

채권은 채무자의 임의이행이 없는 경우 종국적으로는 금전에 의한 손해배상으로 목적을 달성하게 되는데 이를 위하여는 채무자의 재산을 확보하는 것이 중요하다. 채권의 확보를 위하여는 위에서 본 담보물권제도를 이용하여 채권자평등의 원칙을 깨뜨려서 다른 채권자에 우선하여 지급받는 방법을 모색할 수도 있는 한편 채무자의 재산의 감소를 막는 방법도 있는데 이에는 채권자대위권과 채권자취소권의 두 가지 제도가 있다.

2. 채권자대위권

채권자대위권(債權者代位權)은 채권자가 자신의 채권을 보전하기 위하여 그의 채무자에게 속하는 권리를 대신 행사할 수 있는 권리이다(민 404조 1항 본문). 예컨대 채권자 갑이 그의 채무자 병에 대하여 채권을 가지고 있는 한편 병은 그의 채무자인 정에 대한 채권 외에 달리 재산이 없는 때 갑이 병의 정에 대한 채권을 대신 지급받아 병의 재산에 보태는 경우이

다. 부양청구권이나 인격권과 같이 채무자의 일신에 전속한 권리는 대위
행사할 수 없고(민 404조 단서), 채권자의 채권의 기한 도래 전에는 법원의
허가 없이 보존행위 이외의 채무자의 권리를 대위행사할 수 없다(민 404조
2항). 이 권리는 재판상은 물론 재판 외에서도 행사할 수 있다.

3. 채권자취소권

채권자취소권(債權者取消權)은 채무자가 채권자를 해함을 알면서 행한
법률행위(사해행위)를 취소하고 채무자의 재산을 회복시키는 채권자의 권
리이다(민 406조 1항). 예컨대 갑으로부터 돈을 차용 중인 병이 갑에 대한
채무를 회피할 의도로 그의 유일한 재산인 부동산을 정에게 증여하여 무
자력이 된 때 갑이 위 증여행위(사해행위)를 취소하고 그 부동산을 병에게
회복시키는 것이다. 채권자취소권은 신분행위가 아닌 재산권을 목적으로
한 법률행위에 대하여만 행사할 수 있고, 채권자대위권과는 달리 반드시
법원에 그 행위의 취소 및 원상회복을 청구하여야 한다(민 406조 1항 본문).
또한 사해행위가 있는 경우에도 그 행위로 인하여 이익을 받은 자나 전
득한 자가 그 행위 또는 전득 당시에 채권자를 해함을 알지 못한 경우에
는 채권자취소권을 행사하지 못한다(민 406조 1항 단서). 채권자취소권은 취
소원인을 안 날로부터 1년, 법률행위 있은 날로부터 5년 내에 제기하여
야 한다(민 406조 2항). 채권자취소권 행사의 결과 행위의 취소와 원상회복
이 이루어질 경우 이는 모든 채권자의 이익을 위하여 효력을 가진다(민
407조).

Ⅳ. 인적 담보제도

채권의 담보는 채권을 확실하게 회수하는 수단인데 이에는 인적 담
보와 물적 담보가 있다. 물적 담보는 유치권, 질권, 저당권 및 양도담보
등으로 이미 살펴본 바와 같으므로 아래에는 인적 담보에 대하여 알아본
다. 인적 담보제도에는 연대채무와 보증채무가 있다.

1. 연대채무

연대채무(連帶債務)는 수인의 채무자가 동일한 내용의 급부에 관하여 각각 독립하여 전부의 급부를 하여야 할 채무를 부담하고, 그 중 한 사람의 채무자가 전부의 급부를 하면 모든 채무자의 채무가 소멸하는 다수당사자의 채무이다(민 413조). 연대채무자 1인에게 생긴 사유가 모든 채무자에게 효력을 가지는 사유(절대적 효력사유)에는 변제, 대물변제, 공탁, 상계, 채권자지체, 이행의 청구, 경개, 면제, 혼동 및 소멸시효의 완성 등이 있다. 연대채무자간에는 일정한 부담부분이 있으므로 어느 연대채무자가 변제 기타 자기의 출재로 공동면책이 된 때에는 다른 연대채무자의 부담부분에 대하여 구상권을 행사할 수 있다(민 425조 1항). 한편 민법이 규율하는 이러한 연대채무에 속하지 않는 채무로서 부진정연대채무(不眞正連帶債務)가 있다. 부진정연대채무는 변제, 대물변제, 공탁, 상계와 같이 채권의 목적을 달성하는 사유 외에는 다른 채무자에게 영향을 미치지 않고 원칙적으로 부담부분이 없어 구상권이 발생하지 않는다(공동불법행위 제외)는 점에서 연대채무와 다르다. 이는 채권자의 강력한 보호를 위하여 고안된 개념이다.

2. 보증채무

보증채무(保證債務)는 채무자(주채무자)가 채무를 이행하지 않는 경우 채무자를 대신하여 그 이행책임을 지는 제3자(보증인)의 채무이다. 이는 채권자와 보증인 사이에 체결되는 보증계약에 의하여 성립하는 채무로서, 주채무자가 그 채무의 이행을 하지 않는 경우 보증인이 이를 이행할 책임을 짐으로써 주채무에 대한 채권을 담보하는 것이다. 보증채무에는 (단순)보증채무와 연대보증채무의 두 가지가 있다.

(1) **통상의 보증채무**(단순보증채무)   통상의 보증채무는 주채무자가 채무를 이행하지 않는 경우에야 비로소 보증인이 책임을 지는 것, 즉 보

충성이 전제된다. 따라서 채권자가 주채무자에게 채무이행을 청구하지
않고 바로 보증인에게 채무이행을 청구한 때에는 보증인은 주채무자의
변제자력이 있는 사실 및 그 집행이 용이할 것을 증명하여 먼저 주채무
자에게 청구할 것과 그 재산에 대하여 집행할 것을 항변할 수 있다. 이를
보증인의 최고·검색의 항변권이라 한다(민 437조 본문). 보증인이 주채무
자를 대신하여 채무이행을 한 경우에는 주채무자에게 그 상환을 청구할
수 있는 권리, 구상권(求償權)을 가진다. 보증인이 수인 있는 경우 주채무
를 균등한 비율로 분할한 부분에 대해서만 채무를 부담하는데 이를 보증
인의 분별(分別)의 이익이라고 한다.

(2) **연대보증**   연대보증(連帶保證)은 보증인이 주채무자와 연대하
여 채무를 부담함으로써 주채무의 이행을 담보하는 보증채무이다. 이 또
한 보증채무의 일종이므로 통상의 보증과 같이 부종성을 가진다. 따라서
주채무가 무효 또는 취소되면 연대보증인도 책임을 면한다. 그러나 연대
보증은 연대보증인이 주채무자와 연대하여 책임을 부담하는 결과 보충성
이 없다. 따라서 연대보증인은 최고·검색의 항변권을 가지지 않는다(민
437조 단서). 또한 연대보증인이 수인인 경우 분별의 이익을 가지지 않는다.

Ⅴ. 채권의 양도와 채무의 인수

1. 채권의 양도

(1) 의   의   채권양도(債權讓渡)는 채권을 그 동일성을 유지하면서
이전하는 계약이다. 채권의 이전이 일어나는 사유는 여러 가지(예: 변제자의
대위, 전부명령, 유언 등)이나 계약에 의한 채권의 이전만을 채권양도라고 한
다. A가 B로부터 받을 돈이 10만원이 있고, C에게 줄 돈이 10만원이 있는
경우 A의 B에 대한 10만원의 채권을 C에게 이전하는 A와 C 사이의 계약
을 채권양도라고 하는 것이다. 모든 채권을 양도할 수 있는 것은 아니고,
그 성질상 양도불가능한 경우(예: 임차권 등)가 있는데 이 경우 양도는 무효
이다. 또 당사자간의 약정으로 채권의 양도를 금할 수도 있다. 이러한 양

도금지약정은 유효하나 다만 이를 위반하여 제3자에게 양도하더라도 그 양도로써 선의의 제3자에게는 대항하지 못한다(민 449조 2항 단서). 이는 후술하는 상호계산(상 72조 이하)의 제3자에 대한 효력에 관련된다.

　(2) **방　　법**　　채권양도의 방법은 채권에 따라 다르다. 채권자가 특정된 채권, 즉 지명채권의 양도에는 양도인인 채권자가 채무자에게 통지하거나 채무자로부터의 승낙을 받아야 한다(민 450조 1항). 채무자에게 채권양도의 사실을 알게 하여 대비하게 하기 위함이다. 채권이 증권면에 표창되어 있는 채권, 즉 어음이나 수표와 같은 증권적 채권의 경우에는 원칙적으로 지시채권(指示債權)은 배서교부(민 508조), 무기명채권(無記名債權)은 교부로써 양도한다(민 523조).

2. 채무의 인수

　채무인수(債務引受)는 채무를 그 동일성을 유지하면서 그대로 인수인에게 이전하는 것을 목적으로 하는 계약이다. 채무인수의 결과 구채무자의 채무가 존속하는 경우를 병존적 채무인수, 구채무자의 채무가 소멸하는 경우를 면책적 채무인수라 한다. 예컨대 갑이 을에게 10만원의 채무를 부담하고 있는데 병이 을의 갑에 대한 위 채무를 인수함에 있어서 갑의 동의 하에 을의 갑에 대한 채무를 소멸시키면 면책적 채무인수, 을의 갑에 대한 채무부담 외에 병도 같은 내용의 채무를 갑에게 추가하여 부담하게 되는 경우에는 병존적 채무인수이다. 이는 후술하는 영업양도의 효과(상 41조 이하)에 관련된다.

Ⅵ. 채권의 소멸

1. 개　　관

　채권의 소멸은 채권이 객관적으로 존재하지 않게 되는 것이다. 채권의 소멸원인으로 민법은 채권편에 변제·대물변제·공탁·상계·경개·면제·혼동의 일곱 가지를 규정하고 있으나, 그 외에 채무자에게 책임 없는 사유에 인한 이행불능도 채권의 소멸원인이 된다.

2. 변   제

(1) 의   의   변제(辨濟)는 채무의 내용인 급부를 실현하는 채무자 측의 행위이다. 예컨대 채무자가 빌렸던 원리금 전액을 갚는 행위, 아파트매매계약에 따라 소유권이전등기를 해주는 행위 등을 말한다. 변제로써 채권자는 목적을 달성하고 채권은 소멸하게 된다. 변제행위로써 채무가 소멸하기 위해서는 그 변제, 즉 채무의 이행이 채무의 내용에 좋은 것이어야 하는데 이를 위하여는 주체(변제자와 변제수령권자)·객체(변제대상)·장소 및 시기의 네 가지 측면에서 적합하여야 하고, 그렇지 못한 때에는 채권자는 그 수령을 거절할 수 있고, 채권은 소멸되지 않는다.

(2) **변제의 주체**(변제자 및 변제수령권자)   변제자는 채무자이나, 채무의 성질이나 당사자의 의사표시로써 허용하지 않는 경우를 제외하고 제3자도 변제할 수 있다(민 469조 1항). 이해관계 없는 제3자는 채무자의 의사에 반하여 변제하지 못한다(민 469조 2항). 변제수령권자는 유효하게 변제를 수령할 수 있는 자로서 원칙적으로 채권자이나, 채권자가 아니더라도 수령권한이 있는 경우가 있다. 예컨대 채권의 준점유자(예컨대 예금통장과 인장소지자, 민 470조)나 영수증소지자(민 471조)에 대하여 선의·무과실로 변제한 경우 사실은 그에게 변제수령권이 없더라도 거래의 안전을 위하여 유효한 것으로 한다.

(3) **변제대상**(변제의 목적물)   변제의 대상은 채무의 내용에 따라 정해지는데 그 중 변제대상이 물건의 인도인 경우에 대하여 민법은 몇 가지 특칙을 두고 있다. 채권의 목적이 특정물의 인도인 때에는 채무자는 이행기의 현상대로 그 물건을 인도하여야 하고(민 462조), 변제목적물이 불특정물인 경우 채무자가 타인의 물건을 인도하거나 양도능력이 없는 소유자가 물건을 인도한 때에는 채권자의 보호를 위하여 다시 유효한 변제를 하지 아니하면 그 물건의 반환을 청구하지 못한다(민 463조, 464조).

(4) **변제의 장소**　　변제장소는 1차적으로 채무의 성질(예: 점포인테리어공사채무의 경우 해당 점포) 또는 당사자의 의사표시에 의하여 정하여지나 (민 467조 1항), 만약 정하여지지 않을 경우 ① 특정물의 인도는 채권 성립 당시에 그 물건이 있던 장소(민 467조 1항), ② 특정물 인도 이외의 채무변제는 채권자의 현주소에서 하되(지참채무), 영업에 관한 채무인 때에는 채권자의 현영업소에서 하여야 한다(민 467조 2항).

(5) **변제의 시기**　　변제시기는 당사자의 의사표시, 급부의 성질 또는 법률의 규정(민 603조, 613조 등)에 의하여 정하여지나, 이들 표준에 의하여 정할 수 없는 채권은 결국 채권이 발생함과 동시에 이행기에 있다고 해석한다. 특별한 사정이 없으면 채무자는 변제기 전이라도 변제할 수 있으나 그로써 상대방이 손해를 입는 때에는 배상하여야 한다(민 468조). 변제시간은 일반적으로 정함이 없으나 영업시간이 정하여져 있는 때 (예: 은행, 백화점 등)에는 그 시간 내에 이행하여야 한다(63조).

(6) **변제의 비용**　　변제비용(예: 운송비, 보관비 등)은 다른 의사표시가 없으면 채무자의 부담으로 하나 채권자의 주소이전 기타의 행위로 인하여 변제비용이 증가된 때에는 그 증가액은 채권자의 부담으로 한다(민 473조).

3. 대물변제

대물변제(代物辨濟)는 채무자가 부담하고 있는 본래의 급부에 갈음하여 다른 급여를 현실적으로 함으로써 채권을 소멸시키는 채권자와 변제자 사이의 계약이다. 예컨대 금100만원의 지급채무에 갈음하여 채권자의 승낙을 받아 금목걸이를 인도하는 경우이다. 이때의 '변제자'는 채무자에 한하지 않는다. 대물변제는 현실적으로 이루어져야 채권의 소멸을 가져오는 것이므로 그 법적 성질은 요물계약(要物契約)이다.

4. 공　　탁

공탁(供託)은 금전·유가증권 기타의 물건을 공탁소에 임치하는 계약이다. 공탁제도는 여러 목적으로 이용되나 여기의 공탁은 변제대용으로서의 공탁, 즉 변제공탁을 말한다. 이는 변제자가 채무의 이행에 갈음하여 변제목적물을 공탁소에 임치하고, 채무를 면하는 제도이다. 민법은 변제공탁의 요건과 방법 및 효과를 규정하고(민 487조~491조), 공탁법은 그 절차를 규정하고 있다. 변제에 채권자의 수령을 요하는 경우 변제자가 변제의 제공을 하였음에도 불구하고 채권자가 그 수령을 거절하거나 또는 수령할 수 없는 때에는 변제자는 채무불이행에 의한 책임을 면하는 한편 채권자는 수령지체에 빠지게 된다. 그러나 그렇다고 하여 채무 자체는 소멸하지 않으므로 언제까지나 채무에 의한 구속상태에 놓이게 되는데 이는 공평에 반하므로 이러한 경우 변제자를 위하여 공탁제도를 마련하였다. 이에 따라 변제자는 목적물을 공탁함으로써 그 채무를 면할 수 있게 된다(민 487조).

5. 상   계

상계(相計)는 채권자와 채무자가 서로 동종의 채권·채무를 가지는 경우에 그 채권과 채무를 대등액에 있어서 소멸케 하는 일방적 의사표시이다(민 492조 1항 본문). 예컨대 갑이 병에 대하여 금100만원의 외상판매채권을 가지고 있고, 병은 갑에게 금70만원의 외상판매채권을 가지고 있는 경우 갑 또는 병이 상대방에 대한 일방적 의사표시로써 금70만원의 쌍방의 채권·채무를 소멸시키는 것이다(상계로써 갑의 병에 대한 금30만원의 채권만 남게 된다, 민 493조 2항).

6. 경   개

경개(更改)는 채무의 요소를 변경함으로써 신채무를 성립시키는 동시에 구채무를 소멸케 하는 계약이다(민 500조). 경개에는 채무의 중요부분을 변경하는 것이 필요하며, 채권의 목적이나 채권자 또는 채무자의 변경이 수반되어야 한다. 예컨대 갑이 병에게 차용금100만원의 채무를 부담하고 있는데, 정이 갑의 부탁을 받아 병과 사이에 갑의 병에 대한 채무를 소멸시키는 대신 두 달 뒤에 정이 병에게 금100만원을 갚기로 계약하는 경우를 들 수 있다(채무자변경으로 인한 경개, 민 501조).

7. 면   제

면제(免除)는 채권자의 채무자에 대한 일방적 의사표시에 의하여 채권을 무상으로 소멸시키는 행위이다(민 506조). 이는 채권의 포기(소위 빚탕 감행위)로서 채무면제라고도 한다.

8. 혼   동

혼동(混同)은 채권과 채무가 동일인에게 귀속하는 법률사실이다(민 507조). 예컨대 아버지 병이 자녀 갑에게 사업자금을 빌려주었다가 회수하지 못한 상태에서 사망한 경우 갑이 유일한 상속인으로서 병의 갑에 대한 채권을 상속하게 된 경우 자기가 자기에게 채권을 보유한다는 것은 무의미하므로 이 경우 채권·채무의 소멸을 인정함으로써 권리의무관계를 간소화할 수 있다. 물권의 경우에도 혼동이 발생하는 경우가 있다(민 191조).

〈제2장 계약〉

I. 계약 일반

1. 계약의 의의

계약(契約)은 사법상(私法上) 일정한 법률효과의 발생을 목적으로 하는 당사자 간의 합의에 의하여 성립하는 법률행위이다. 계약은 법률상의 구속력(binding force)을 요소로 하며 이때의 '구속력'은 국가권력에 의한 강제적 실현가능성을 의미한다.

2. 계약자유의 원칙과 제한

계약자유의 원칙은 국가는 당사자 간의 계약에 간섭할 수 없고, 국가는 계약에 따라 발생한 채권채무를 인정하며 그 실현에 조력해야 한다는 근대 시민법의 원칙으로 이는 계약체결 여부, 상대방 선택, 계약내용결정 및 체결방식의 네 영역에서의 자유를 의미한다. 그러나 자본주의의 심화로 인하여 경제적 약자를 부당하게 압박하는 부작용이 노정됨으로써 이 원칙에 대한 제한의 필요성이 제기되게 되었다.

Cf. 부합계약: 부합계약(附合契約, adhesion contract)은 운송, 보험, 은행거래 등 사업자가 일방적으로 작성하고 대부분 그에게 유리한 계약내용(약관)에 의하여 계약이 체결되는 경우로서 내용결정의 자유에 대한 제한이 된다. 이러한 폐단을 규제하기 위하여 약관의 규제에 관한 법률이 마련되었다.

3. 계약의 종류

(1) **전형계약과 비전형계약**   민법전 제3편 제2장에 규정되어 있는 15종의 계약을 전형계약(典型契約) 또는 유명계약(有名契約)이라고 하고, 그 외의 계약을 비전형계약(非典型契約) 또는 무명계약(無名契約)이라고 한다.

(2) **쌍무계약과 편무계약**   쌍무계약(雙務契約)은 계약당사자 간에 서로 '대가적 의미'를 가지는 채무를 부담하는 계약으로 매매, 교환, 임대차, 도급 등이 그 예이고, 편무계약(片務契約)은 당사자 일방만이 채무를 부담하거나[예: 증여(단, 증여를 계약으로 보는 입장을 전제한다)] 쌍방이 서로에 대하여 채무를 부담하더라도 서로 대가적 의미를 가지지 않는 경우(예: 사용대차)를 말한다. 이는 계약의 효과를 기준으로 한 분류이다.

(3) **유상계약과 무상계약**   계약의 쌍방당사자가 서로 대가적 의미

를 가지는 출연(出捐) 또는 출재(出財)를 하는 계약을 유상계약(有償契約), 그렇지 않은 경우를 무상계약(無償契約)이라고 한다. 매매(민 563조)의 경우 매도인은 재산권을 이전하는 출연을 하고, 매수인은 대금을 지급하는 출연을 하므로 매매는 유상계약이고, 사용대차(민 609조)의 경우 사용대주가 사용차주에게 무상으로 사용, 수익하게 하므로 이는 무상계약이다.

(4) **계속적 계약과 일시적 계약**　계속적 계약과 일시적 계약은 급부의 '시간적 계속성' 유무에 의한 분류이다. 소비대차, 임대차, 위임, 임치 등은 계속적 계약이고, 1회성 증여·현장매매 또는 1회성 매매 등은 일시적 계약이다.

(5) **예약과 본계약**　예약(豫約)은 장래 일정한 계약을 체결할 것을 미리 약정하는 계약이고, 이에 의하여 장차 체결될 계약을 본계약(本契約)이라 한다. 예약에 의하여 당사자는 서로에 대하여 본계약을 체결할 의무를 부담하고, 이에 위반한 때에는 예약상의 채무불이행책임을 지게 된다. 예약은 본계약체결채무를 발생시키는 것이므로 항상 채권계약이나, 본계약은 반드시 채권계약에 한하지 않고, 물권계약(예: 저당권설정계약)이나 가족법상의 계약(예: 혼인)일 수도 있다.

Ⅱ. 계약의 성립

계약은 원칙적으로 청약과 승낙의 합치에 의하여 성립하나 예외적으로 의사실현 또는 교차청약에 의하여 성립하기도 한다.

1. 계약성립의 원칙적 모습 — 청약(請約)과 승낙(承諾)의 합치에 의한 계약의 성립

(1) **청　약**　　청약(請約)은 이에 대응하는 승낙과 결합하여 계약을 성립시킬 것을 목적으로 하는 일방적 의사표시이다. 이는 승낙만 있으면 계약을 성립시킬 수 있는 확정적인 의사표시인 점에서 '청약의 유인(invitation to offer)'과 구별된다. 청약에 의하여 피청약자는 승낙권(power of acceptance)을 갖게 된다. 청약은 상대방에게 도달한 때로부터 효력이 생긴다(도달주의). 자동판매기의 설치와 같은 불특정인에 대한 청약은 불특정인이 알 수 있는 때로부터 그 효력이 발생한다. 대륙법상 청약은 효력이 발생한 이후에는 이를 철회하지 못하는데 이를 '청약의 구속력'이라고 한다. 한편 영미법에서는 청약은 원칙적으로 철회가능하다.

(2) **승　낙**　　승낙(承諾)은 청약에 응하여 계약을 성립시킬 목적으로 피청약자가 청약자에 대하여 하는 의사표시이다. 승낙이 있다고 하기 위하여는 승낙의 사실과 승낙의 통지가 필요하다. 승낙은 청약과 마찬가지로 청약자에게 도달함으로써 효력을 발생한다.

2. 계약성립의 예외적 모습

(1) **의사실현에 의한 계약의 성립**　　청약자의 의사표시나 관습에 의하여 승낙의 통지가 필요하지 아니한 경우에는 계약은 의사실현행위, 즉 승낙의 의사표시로 인정되는 사실이 있는 때에 성립한다(민 532조). 유료주차장에 주차하는 행위, 수퍼마켓에서 물건을 카트에 담는 행위 등이 의사실현행위의 예이다.

(2) **교차청약**　　당사자 간에 동일한 내용의 청약이 상호교차된 경우에는 양청약이 상대방에게 도달한 때에 계약이 성립한다(민 533조).

Ⅲ. 계약의 효력

1. 계약의 효력 일반

성립한 계약은 내용이 확정되고, 그 실현이 가능하며, 적법하고 사회적 타당성이 있는 경우 효력이 발생한다. 계약의 효력은 개개 계약의 내

용에 따르나 아래에서는 쌍무계약에 관련된 동시이행의 항변권과 위험부
담, 그리고 쌍무계약의 특수한 형태인 제3자를 위한 계약에 대하여 설명
한다.

2. 동시이행의 항변권

동시이행(同時履行)의 항변권(抗辯權)은 쌍무계약의 채권자가 채무자
에게 채무의 이행을 청구한 때에 채권자가 그의 채무를 이행할 때까지
채무자 자신의 채무의 이행을 거절할 수 있는 권리이다. 공평의 견지에
서 인정된 제도이다. 예컨대 아파트임대차계약기간이 종료된 경우 임대
인이 임차보증금을 되돌려 줄 때까지 임차인은 아파트명도를 거절할 수
있다.

3. 위험부담

위험부담(危險負擔)은 쌍무계약의 당사자 쌍방의 책임 없는 사유로 당
사자 일방의 채무가 이행불능이 된 경우의 불이익을 말한다. 예컨대 갑
의 경주용자동차를 병에게 5천만원에 팔기로 매매계약을 체결하였는데
전혀 예상치 못한 낙뢰로 자동차가 대파되어 매도인인 갑이 그의 자동차
인도채무를 이행할 수 없게 된 경우에 매수인 병의 대금 5천만원의 지급
채무는 어떻게 되는가의 문제이다. 우리 민법은 채무자위험부담주의(민
537조)를 채택하여 이 경우 자동차인도채무자인 갑이 자동차 파손의 위험
을 부담하므로 결국 병은 자동차대금을 지급하지 않아도 된다.

4. 제3자를 위한 계약

제3자를 위한 계약은 계약당사자가 아닌 제3자로 하여금 계약당사자
의 일방에 대하여 직접 채권을 취득하게 하는 것을 목적으로 하는 계약
이다. 예컨대 갑이 자동차딜러인 병과 사이에 자동차대금은 갑이 병에게
지급하되 자동차는 정에게 인도하도록 계약하는 경우이다. 이 경우 갑을

채권자 또는 요약자(要約者), 병을 채무자 또는 낙약자(諾約者), 정을 수익
자라고 한다. 이는 타인을 위한 보험계약(639조)과 관련이 있다.

IV. 계약의 해지와 해제

1. 계약의 해지　　계약의 해지(解止)는 임대차, 고용과 같은 계속적
채권관계에 있어서 계약의 효력을 장래에 향하여 소멸케 하는 일방적 행
위이다(민 543조·550조). 그리고 이러한 일방적 의사표시에 의하여 계약을
해지할 수 있는 권리를 해지권이라 한다.

2. 계약의 해제　　계약의 해제(解除)는 유효하게 성립하고 있는 계
약의 효력을 당사자 일방의 의사표시에 의하여 그 계약이 처음부터 있지
않았던 것과 같은 상태에 복귀시키는 것이다(민 543조·548조). 그리고 이
러한 일방적 의사표시에 의하여 계약을 해소시키는 권리를 해제권이라
한다.

V. 계약의 종류

민법상 전형계약 중에서 상법과 관련이 있는 몇 가지 계약을 살펴
본다.

1. 매　　매

매매(賣買)는 당사자 일방(매도인)이 재산권을 상대방에게 이전할 것을
약정하고 상대방(매수인)이 그 대금을 지급할 것을 약정함으로써 성립하
는 계약이다(민 563조). 유상계약의 전형(典型)이다.

2. 소비대차

소비대차(消費貸借)는 당사자 일방(대주)이 금전 기타 대체물의 소유권
을 상대방에게 이전할 것을 약정하고 상대방(차주)은 그와 같은 종류, 품질
및 수량으로 반환할 것을 약정함으로써 성립하는 계약이다(민 598조).

3. 임 대 차

임대차(賃貸借)는 당사자 일방(임대인)이 상대방에게 목적물을 사용, 수익하게 할 것을 약정하고 상대방(임차인)이 이에 대하여 차임을 지급할 것을 약정함으로써 성립하는 계약이다(민 618조).

4. 고   용

고용(雇傭)은 당사자 일방(노무자)이 상대방에 대하여 노무를 제공할 것을 약정하고 상대방(사용자)이 이에 대하여 보수를 지급할 것을 약정함으로써 성립하는 계약이다(민 655조). 상업사용인(10조~17조)과 관련이 있다.

5. 도   급

도급(都給)은 당사자 일방(수급인)이 어느 일을 완성할 것을 약정하고 상대방(도급인)이 그 일의 결과에 대하여 보수를 지급할 것을 약정함으로써 성립하는 계약이다(민 664조).

6. 여행계약

여행계약(旅行契約)은 당사자 한쪽이 상대방에게 운송, 숙박, 관광 또는 그 밖의 여행 관련 용역을 결합하여 제공하기로 약정하고 상대방이 그 대금을 지급하기로 약정함으로써 성립하는 계약이다(민 674조의2).

7. 위   임

위임(委任)은 당사자 일방(위임인)이 상대방에 대하여 사무의 처리를 위탁하고 상대방(수임인)이 이를 승낙함으로써 성립하는 계약이다(민 680조). 합명회사 · 합자회사의 업무집행사원, 유한책임회사의 업무집행자 및 주식회사 · 유한회사의 이사와 해당 회사와의 사이에 위임계약관계가 존재한다. 민법상 위임은 무상이 원칙(민 686조 1항)임에 반하여 상법상 위임은 유상이 원칙이다(61조).

8. 임   치

임치(任置)는 당사자 일방(임치인)이 상대방에 대하여 금전이나 유가증권 기타 물건의 보관을 위탁하고 상대방(수치인)이 이를 승낙함으로써 성립하는 계약이다(민 693조). 창고업(155조)과 관련이 있다.

9. 조   합

조합(組合)은 2인 이상이 상호출자하여 공동사업을 경영할 것을 약정함으로써 성립하는 계약이다(민 703조). 이는 합자조합, 합명회사 및 유한책임회사 및 주식회사의 발기인조합과 관련이 있다.

〈제3장 법정채권〉

Ⅰ. 법정채권 일반

채권의 발생원인 중 중요한 것으로 계약과 법률의 규정 두 가지가 있다. 계약채권에 대하여는 위에서 살펴보았고, 아래에서는 법률의 규정에 의한 채권, 즉 법정채권에 대하여 설명한다. 당사자의 의사표시에 의하여 발생하는 계약채권과 달리 법정채권은 일정한 사실의 발생시 법률에 따라 채권이 발생하는 점에 차이가 있다. 법정채권의 발생원인에는 사무관리, 부당이득 및 불법행위의 세 가지가 있다.

Ⅱ. 사무관리

사무관리(事務管理)는 법률상 의무 없이 타인을 위하여 그의 사무를 처리하는 행위이다(민 734조). 예컨대 주인의 보호를 벗어나 차에 친 애완견을 동물병원에 데리고 가서 치료해주는 행위이다. 이 제도가 인정되는 이유는 타인의 이익을 증진하는 것이 사회연대·상호부조의 정신에 부합하기 때문이다. 사무관리자에게는 비용상환청구권이 인정되고(민 739조), 그가 과실 없이 손해를 입은 때에는 본인의 현존이익의 한도에서 손해배상을 청구할 수도 있다(민 740조).

Ⅲ. 부당이득

부당이득(不當利得)은 법률상 원인 없이 부당하게 재산적 이득을 얻고 이로 말미암아 타인에게 손해를 준 자에 대하여 그 이득의 반환을 명하는 제도이다(민 741조). 정의와 공평에 근거한 제도이다. 예컨대 타인의 땅에 권원 없이 건축물을 짓고 일정기간 거주한 사람은 그 땅의 임대료에 상당하는 이득을 본 것이므로, 그 이득만큼의 금전을 부당이득으로서 땅주인에게 반환하여야 하는 것이다.

Ⅳ. 불법행위

불법행위(不法行爲)는 고의 또는 과실로 타인에게 손해를 주는 위법한 행위이다. 불법행위자는 피해자에게 그 행위로 인하여 발생한 손해를 배상하여야 한다(민 750조). 예컨대 기분이 상했다는 이유로 사람을 때려 상해를 입히는 행위, 부주의한 운전으로 사람을 차로 치어 죽거나 다치게 하는 행위 등이 불법행위의 전형적인 예이다. 불법행위는 자기책임원칙에 따라 가해불법행위자가 손해배상책임을 부담하여야 하나 피해자의 두터운 보호를 위하여 예외적으로 불법행위자가 아닌 사람에게 손해배상책임을 지게 하는 경우가 있는데 이를 특수불법행위라고 한다. 사용자책임(민 756조)도 그 중의 하나이다. 사용자는 피용자가 그 사무집행에 관하여 제3자에게 손해를 가한 때 그 피용자의 선임 및 사무감독에 상당한 주의를 하였거나 또는 상당한 주의를 하여도 손해가 있을 경우임을 입증하지 못하면 손해를 배상할 책임을 진다. 이 경우 피용자의 책임과 사용자의 책임의 관계는 부진정연대책임이다.

〈제4장 상속과 유언〉

I. 상   속

상속(相續)은 사람의 사망으로 인하여 일정한 자(상속인)가 사망자(피상속인)의 재산상 법률관계를 포괄적으로 승계하는 것이다(민 997조 이하). 피상속인이 공동상속인의 상속분을 지정하지 않은 경우 민법에 의한 법정상속분은 상속순위에 따라 결정되는데 같은 순위의 상속인이 수인인 경우 상속분은 균등하며, 배우자의 상속분은 직계비속과 공동상속시에는 직계비속의 상속분의 5할, 직계존속과 공동상속시에는 직계존속의 상속분의 5할을 각 가산한다.

II. 유   언

유언(遺言)은 유언자의 사망과 동시에 일정한 법률효과를 발생시키는 것을 목적으로 일정한 방식에 따라서 하는 상대방 없는 단독행위이다(민 1060조 이하). 우리 민법상 자필증서, 녹음, 공정증서, 비밀증서 및 구수증서의 다섯 가지 방식에 의한 유언이 인정된다.

제3관 기업에 관련한 민사소송법 기타 규정

I. 민사소송의 의의와 형사소송과의 비교

민사소송은 사권(私權)의 존부(存否)·확정을 목적으로 하는 재판절차이다. 한편 형사소송은 사인(私人)에 대한 국가의 형벌권의 존부·확정을 목적으로 하는 재판절차이다.

II. 전속관할

전속관할은 법정관할 중에서 재판의 적정·공평 등 고도의 공익적 요구에 기하여 특정법원만이 배타적으로 관할권을 가지게 한 것이다. 다

수인의 이해관계가 교차하는 회사소송(186조, 376조 2항, 380조)은 전속관할
이다. 전속관할은 법원의 직권조사사항이며, 당사자간의 합의(민소 29조)
나 피고의 변론(민소 30조)에 의하여 다른 법원에 관할권이 생기지 않는다.

Ⅲ. 공동소송

1. 의   의

공동소송은 1개의 소송절차에 수인의 원고 또는 피고가 관여하는 소
송형태이다(민소 65조 이하). 공동소송은 다수당사자간의 관련분쟁을 동일
절차 내에서 동시에 심리함으로써 분쟁의 통일적 해결에 도움이 된다는
장점이 있다.

2. 종   류

공동소송은 공동소송인간에 합일확정을 필요로 하는가의 여부에 따
라 통상공동소송과 필수적 공동소송으로 나뉜다.

(1) **통상공동소송**   통상공동소송은 공동소송인 사이에 합일확정
의 필요가 없는 공동소송으로 공동소송인 사이에서 승패가 일률적으로
될 필요가 없는 공동소송형태이다(민소 66조).

(2) **필수적 공동소송**   필수적 공동소송은 공동소송인 사이에 합일
확정이 필수적인 공동소송이다(민소 67~69조 참조). 공동소송인 사이에 소
송의 승패를 일률적으로 할 필요가 있고, 본안판결의 결과가 서로 다르
게 되는 것이 법률상 허용되지 않는 경우이다. 이는 다시 소송공동이 강
제되느냐의 여부에 따라 고유필수적 공동소송과 유사필수적 공동소송으
로 분류된다. 고유필수적 공동소송의 예로서 회사관계소송 중에서 소수
주주에 의한 이사해임의 소(385조 2항)에는 회사와 이사를 공동피고로 하
여야 하는 경우를 들 수 있다.

Ⅳ. 소의 종류

원고가 소를 제기함에 있어 선택할 수 있는 소(訴)의 종류에는 다음 세 가지가 있다.

1. 이행의 소

이행의 소는 이행청구권의 확정과 피고에 대한 이행명령을 요구하는 소이다. 소의 대부분을 차지하고, 이행의 소를 인용하는 판결은 집행권원이 되어 이에 기하여 강제집행을 할 수 있게 된다. 이행의 소의 인용판결, 즉 이행판결은 이행청구권의 존재를 확정하는 확인판결에 집행력을 더한 의미를 가지고, 이행의 소를 기각하는 판결은 청구권의 부존재를 확정하는 확인판결의 의미를 가진다.

2. 확인의 소

확인의 소는 권리 또는 법률관계의 존재·부존재의 확정을 요구하는 소이다(단, 민소 250조의 예외가 있다). 소유권확인 등의 권리관계의 존재의 확정을 목적으로 하는 경우를 적극적 확인의 소, 채무부존재확인 등의 부존재의 확정을 목적으로 하는 경우를 소극적 확인의 소라고 한다. 이 소는 당사자간에 다툼이 있는 법률관계를 관념적으로 확정하여 법률적 불안을 제거하려는 데 목적이 있다. 회사법상의 주주총회결의무효 또는 부존재확인의 소가 그 예이다(380조).

3. 형성의 소

형성의 소는 법률관계의 변동을 요구하는 소이다. 과거의 법률관계의 확정·실현을 위한 선언적 효과를 목적으로 하는 위의 두 가지 소와 달리 창설적 효과를 목적으로 한다. 이 소는 명문의 규정으로 허용되는 경우에만 인정되고, 대세적 효력을 가지기 때문에 법률관계의 안정을 위하여 제소권자나 제소기간을 명문으로 한정하는 경우가 많다(예: 376조의 주주총회취소의 소).

V. 입증책임

1. 의   의

입증책임(증명책임, 거증책임)은 소송상 어떤 사실이 입증되지 않을 때 당사자 일방이 받는 패소의 불이익이다. 예컨대 대여금청구사건에서 '금전을 대여하였다는 사실'이 입증되지 않을 때 대여사실이 없었던 것으로 취급하여 원고에게 청구기각판결을 하게 되는 것이다.

2. 추   정

입증이 곤란한 경우 입증책임의 일반론을 완화하는 대책 중의 하나로 추정이 있다. 추정(推定)은 어느 사실에서 다른 사실을 추인하는 것이다. 추정에는 사실상의 추정과 법률상의 추정이 있다. 사실상의 추정은 경험칙을 적용하여 행하는 추정이고(예: 매도증서의 보관사실로부터 매수사실의 추정), 법률상의 추정은 법규화된 경험칙, 즉 추정규정에 의한 추정이다. 전자의 경우 반증으로 그 추정력이 번복됨에 반하여 후자의 경우 반대사실의 입증(본증)이 있어야 번복된다. 법률상의 추정은 다시 사실추정과 권리추정으로 나뉜다. 사실추정은 전제사실이 있을 때 추정사실이 있는 것으로 추정하는 것이고(예: 23조 4항의 '일정지역 내에서 동종영업으로 타인이 등기한 상호를 사용하는 자'는 '부정한 목적으로 사용하는 것'으로 추정한다), 권리추정은 전제사실이 있을 때 일정한 권리를 추정하는 것이다(예: 336조 2항의 주권의 점유자는 적법한 소지인으로 추정한다).

VI. 당사자의 행위에 의한 소송의 종료

소송의 종료에는 판결에 의한 종료 외에 당사자의 행위에 의한 종료가 있다.

1. 소의 취하

소의 취하는 원고가 제기한 소의 전부 또는 일부를 철회하는 법원에 대한 단독적 소송행위이다. 이에 의하여 소송계속은 소급적으로 소멸되고(민소 267조 1항), 소송은 종료된다.

2. 청구의 포기·인낙

청구의 포기는 변론 또는 준비절차에서 원고가 자신의 소송상의 청구가 이유없음을 자인하는 법원에 대한 일방적 의사표시이고, 청구의 인낙은 피고가 원고의 소송상의 청구가 이유있음을 자인하는 법원에 대한 일방적 의사표시이다. 이를 조서에 기재하면 확정판결과 동일한 효력이 생기며(민소 220조), 소송은 종결된다.

3. 재판상의 화해

이에는 제소전화해(민소 385조~389조)와 소송상화해가 있다. 제소전화해는 소제기 전에 지방법원 단독판사 앞에서 하는 화해이고, 소송상화해는 소송계속 중 변론기일 또는 변론준비기일에서 하는 화해라는 점만 차이가 있으나 양자 모두 소송물인 권리관계의 주장을 상호 양보하여 소송을 종료시키기로 하는 합의인 점에서 차이가 없다. 따라서 양자 모두 조서(제소전화해조서, 변론조서 또는 변론준비기일조서)에 기재되면 확정판결과 같은 효력을 가진다(민소 220조).

Ⅶ. 기 판 력

판결이 선고되면 그와 동시에 판결법원에 대한 관계에서 생기는 기속력, 판결의 확정에 의하여 당사자에 대한 관계에서 생기는 형식적 확정력, 법원 및 당사자에 대한 관계에서 생기는 실질적 확정력(기판력) 외에 집행력, 형성력 등의 효력이 따른다.

1. 의   의

기판력 또는 실질적 확정력은 확정판결의 판단에 부여되는 통유성 내지는 구속력이다. 즉, 확정된 종국판결에 있어서 청구에 대한 판결내용은 당사자와 법원을 규율하는 새로운 규준으로서의 구속력을 가지며, 뒤에 동일사항이 문제되면 당사자는 그에 반하는 소송을 하지 못하고(불가쟁), 법원도 그와 모순·저촉되는 판단을 해서는 아니 된다(불가반).

2. 범   위

기판력은 소송물에 대하여 행한 일정시점에서의 판단으로서(시적 범위), 일정한 사항에 대하여(객관적 범위), 일정한 사람(주관적 범위)을 구속한다.

(1) **시적범위**(표준시)   소송자료를 제출할 수 있는 마지막 시점인 사실심의 변론종결시가 표준시가 된다.

(2) **객관적 범위**   확정판결은 주문에 포함된 것에 한하여 기판력을 가진다(민소 216조 1항).

(3) **주관적 범위**   확정판결은 당사자, 변론을 종결한 뒤의 승계인(변론 없이 한 판결의 경우에는 판결을 선고한 뒤의 승계인) 또는 그를 위하여 청구의 목적물을 소지한 사람에 대하여 효력이 미치고(민소 218조 1항), 다른 사람을 위하여 원고나 피고가 된 사람에 대한 확정판결은 그 다른 사람에 대하여도 효력이 미친다(민소 218조 3항).

제 2 편

상인 — 기업의 주체

제1절 상인의 의의

Ⅰ. 서   설

기업은 투하자본을 증식시키기 위하여 경영활동을 하는 경제적 주체인데 이러한 기업과 관련된 생활관계에서 발생하는 권리의무관계를 처리하기 위하여 법적 주체가 필요하게 된다. 이러한 필요에 따라 고안된 개념이 상인(商人)이다. 기업활동의 주체로서의 상인에는 개인상인과 회사상인이 있다.

Ⅱ. 상인개념을 정하는 입법주의

상인개념을 정함에 있어서 상행위개념과 이를 어떻게 관련시킬 것인가에 대하여는 세 가지 입법주의가 있다. ① 실질적으로 일정한 행위(상행위)를 하는 자를 상인으로 하는 실질주의, ② 행위의 종류와 내용과는 무관하게 일정한 형식을 갖추고 상인적 방법에 의하여 영업을 하는 자를 상인으로 하는 형식주의 및 ③ 실질주의에 형식주의를 가미한 절충주의가 있다. 우리 상법은 제4조에서 영업적 상행위(46조)개념을 기초로 하여 상인개념을 정하는 실질주의와 제5조에서 상행위와 무관하게 영업의 설비 또는 조직에 착안하여 상인성을 인정하는 형식주의를 가미한 절충주의의 입장을 취하고 있다.

Ⅲ. 상인의 종류

1. 당연상인(고유상인)

당연상인(當然商人)은 자기명의로 상행위를 영업으로 하는 자이다(4조). 자기명의(自己名義)로 상행위를 한다는 것은 그 행위의 결과 발생하는 법률상 권리의무의 주체가 된다는 뜻이다. 권리의무의 주체가 되는 이상 상행위를 자신이 직접 하여야 하는 것은 아니고 타인을 대신 시켜도 무방하나, 반대로 영업에 직접 종사하더라도 아르바이트생과 같이 타인명의로 상행위를 하는 자는 상인이 아니다. 여기의 '상행위'는 상법 제46조 제1호 내지 제22호에 한정적으로 열거되어 있는 상행위를 말한다. '영업으로 한다'는 것은 이익을 목적으로 일정한 계획에 따라서 동종의 행위를 계속적으로 반복하는 것을 말한다.

2. 의제상인(擬制商人)

의제상인은 상법 제46조의 상행위에 해당하지 않는 행위를 점포 기타 유사한 설비를 갖추고 상인적 방법으로 영업을 하는 자(설비상인)와 상행위를 하지 않는 회사(민사회사)를 말한다(5조). 설비상인의 예로는 양계업자가 계란을 판매하는 행위와 같이 상법 제46조에 해당하지 않는 행위를 설비를 갖추어 영업행위를 하는 경우를 들 수 있다. '상인적 방법'은 당연상인이 통상적으로 사용하는 경영방법을 뜻하며, 장부체계, 상호사용, 보조자 고용 등 기업의 전체적인 모습을 기준으로 판단하여야 한다.

3. 소상인(小商人)

소상인은 자본금액이 1천만원에 미치지 못하는 상인으로서 회사가 아닌 자이다(상시 2조). 이때의 자본금액은 영업재산의 현재 가격으로 산

정한다. 소상인에게는 지배인, 상호, 상업장부와 상업등기에 관한 규정을
적용하지 않는다(9조).

제 2 절 상인자격의 취득과 상실

Ⅰ. 총   설

1. 상인자격

상인자격은 권리능력자가 상법 제4조와 제5조의 요건을 구비함으로
써 취득하는 자격이다. 권리능력은 법이 부여하는 것임에 반하여 상인자
격은 자신의 의사에 의하여 취득하는 차이가 있기는 하지만 민법상의 권
리능력자는 상법상으로 모두 상인자격을 가질 수 있다.

2. 영업능력

상인자격이 있는 자가 단독으로 완전·유효한 영업활동을 할 수 있
는 능력을 영업능력이라고 한다. 이는 민법상의 행위능력에 대응하는 것
이다. 자연인 중 제한능력자는 영업능력이 제한되나(6조~8조), 법인은 권
리능력의 범위 내에서 전면적인 행위능력이 있으므로 영업능력이 문제되
지 않는다.

Ⅱ. 자연인의 상인자격

1. 상인자격의 취득

자연인은 생존한 동안 권리능력이 있으므로 자기의 의사에 기하여
상법 제4조의 상행위 또는 제5조 제1항의 영업행위를 개시함으로써 상인
자격을 취득한다. 여기서 언제 상행위 또는 영업행위를 개시하였다고 볼
것인가가 문제된다. 다수설과 판례는 '영업의 개시'는 기본적 상행위의

개시가 아니라 영업을 위한 준비행위, 즉 개업준비행위를 개시한 때를 포
함한다고 한다. 여기서의 개업준비행위는 점포의 구입, 영업의 양수, 상업
사용인의 고용, 영업재산의 구입 등 영업의사의 존재를 객관적으로 인식
할 수 있는 행위를 의미한다.

2. 상인자격의 상실

자연인의 상인자격은 영업의 폐지나 양도 또는 사망으로 상실된다.
사망의 경우 상속인이 피상속인의 상인자격을 상속한다는 견해가 있으나
피상속인이 상인활동 중에 취득 또는 부담한 채권 또는 채무가 상속되는
것이지 상인자격 자체가 승계되는 것이 아니다.

Ⅲ. 법인의 상인자격

1. 상인자격의 취득

영리법인은 회사로서(169조), 이는 상행위를 영업으로 하는 상사회사
와 상행위 이외의 행위를 영리의 목적으로 하는 민사회사로 구분된다.
상사회사는 당연상인이고(4조), 민사회사는 의제상인이나(5조 2항) 모두 상
인으로서 그 상인자격은 상행위 또는 영업행위의 개시 여부와 상관없이
회사가 성립함으로써 취득한다(172조). 즉, 회사는 태생적 상인으로서 상
인자격의 취득시기와 법인격의 취득시기가 일치한다. 학술·종교·자선
등을 목적으로 하는 비영리공익법인은 공익을 달성하기 위한 수단으로서
영업을 하는 경우 상인자격이 인정된다(반대 있음). 사법인 중에서 협동조
합·노동조합과 같이 특수형태의 법인으로서 구성원들의 이익을 위한 단
체(중간법인)는 사업목적이 특정되어 있고 영리사업성이 인정되지 않으므
로 상인자격이 부정된다. 한국농어촌공사 등과 같이 법인존립의 목적이
특정되어 있는 공법인은 상인자격이 인정되지 않으나, 국가나 지방자치
단체와 같은 일반적 공법인은 상인자격이 인정된다.

2. 상인자격의 상실

법인의 상인자격은 청산종결의 등기가 이루어진 때(단, 그 등기에도 불구하고 청산사무가 종료되지 않은 경우에는 청산을 사실상 종결한 때)에 법인격 소멸과 함께 상인자격을 상실한다.

제 3 절   상업사용인 — 상인의 인적보조자

Ⅰ. 총   설

기업규모가 확대되면 상인 혼자서 모든 영업활동을 담당하지 못하게 되므로 물적 확대와 더불어 인적 보조자를 필요로 하게 된다. 상인을 보조하는 자로서는 특정상인에 종속하여 기업의 내부에서 보조하는 자와 독립한 상인으로서 기업의 외부에서 보조하는 자가 있다. 상업사용인은 전자에 속하고, 대리상·중개인·위탁매매인 등은 후자에 속한다. 상법은

〈기업의 설비〉

기업	인적 설비	기업의 경영자	개인기업	상인(영업주)		
			회사기업	대표기관(代表機關)		
		기업의 보조자	종속적 보조자	대외적 활동 (경영보조자)	상업사용인	상법
				대내적 보조 (기술보조자)	노동자·기사	민법·노동법
			독립적 보조자	특정인 보조	대리상	
				불특정인 보조	중개인·위탁매매인·운송주선인·창고업자 등	
			보호적 보조자	친권자·후견인		
			기관적 보조자	이사·업무집행사원		
			관리적 보조자	선박임차인·상호차용인·영업임차인		
	물적 설비	자본·영업소·상호·상업장부				

상업사용인을 총칙편에, 대리상 등의 독립보조상인에 대하여는 상행위편
에 각각 규정하고 있다.

Ⅱ. 상업사용인의 의의와 종류

상업사용인(商業使用人)은 특정상인에게 종속하여 상시 경영상의 노
무(대외적인 영업상의 업무)에 종사하는 자이다. 상인의 대외적인 영업활동을
보조하기 위하여는 대리권이 있어야 하므로 대리권이 없는 사용인은 상
업사용인이 아니다. 상법은 대리권의 범위를 기준으로 하여 상업사용인
을 ① 지배인, ② 부분적 포괄대리권을 가진 상업사용인 및 ③ 물건판매
점포의 사용인으로 나누고 있다.

1. 지 배 인

(1) **지배인의 의의**   지배인(支配人)은 영업주에 갈음하여 영업에
관한 재판상 또는 재판 외의 모든 행위를 할 수 있는 자이다(11조). 지배
인의 대리권을 지배권이라고 하며 지배인인가 여부는 명칭과는 상관없이

서울지방법원 상업등기소

등기번호	0166870		
지배인의 성명, 주소와 주민등록번호			
1. 지배인의 성명과 주민등록번호, 주소			
김성일 500000-1000001			
서울 동대문 휘경 183-229			
연 월 일 년 월 일		등기연월일 년 월 일	
영업주의 성명, 주소와 주민등록번호			
강영준 400000-1000002			
서울 강남구 논현동 222-19			
연 월 일 년 월 일		등기연월일 년 월 일	

지배인을 둔 장소 서울 강남구 청담동 129-11	1997. 02. 01. 변경
	1997. 05. 13. 등기

〈지배인등기부(예시)〉

오로지 실질적인 지배권의 유무에 따라 결정된다.

(2) **선임과 해임** 　　지배인은 영업주 또는 지배인 선임권한이 부여된 대리인이 선임한다. 지배인은 특별한 수권이 없으면 그 영업주를 위하여 다른 지배인을 선임할 수 없다. 회사의 지배인은 일정한 내부절차(예: 주식회사의 경우 393조 1항의 이사회 결의)를 거쳐 대표기관이 선임한다. 지배인선임행위의 법적 성질은 상대방의 수령을 요하는 단독행위로 본다. 지배인의 수는 제한이 없다. 지배인의 자격은 자연인에 한정되나 행위능력자임을 요하지 아니한다(민 117조). 지배인은 회사의 감사를 겸할 수 없으나 업무집행사원이나 이사는 겸할 수 있다. 지배인은 대리권의 소멸로 인하여 종임되고, 영업의 존속을 전제로 하므로 영업주의 영업폐지·회사의 해산에 의하여도 종임된다.

(3) **등　기** 　　지배인의 선임과 그 대리권의 소멸은 등기사항이다(13조, 상등 50조·51조). 지배인의 등기는 대항요건에 불과하므로, 지배인은 선임사실로써 지배권을 취득하고, 종임사실로써 지배권을 상실한다.

(4) **지배인의 권한**(지배권) 　　지배권은 영업주를 대신하여 특정한 영업에 관한 재판상 또는 재판 외의 행위를 할 권한이다. 지배권은 특정한 영업 전반에 걸친 포괄적인 권한이며, 그 범위는 객관적으로 법정되어 있으므로 영업주도 임의로 이를 신축할 수 없다. 이러한 지배권의 포괄획일성은 거래의 안전을 기하려는 데 그 취지가 있다.

1) **지배권의 포괄성** 　　지배인의 권한은 특정 영업에 관한 재판상 또는 재판 외의 모든 행위에 미친다. 지배권은 영업의 존재를 전제로 하여서만 인정되는 것이므로 영업의 폐지·양도와 같은 영업 자체의 처분행위는 할 수 없다. 어떤 행위가 영업주의 영업에 관한 것인가 아닌가는 지배인의 행위 당시의 주관적인 의사와는 관계없이 그 행위의 객관적 성질에 따라 추상적으로 판단되어야 한다(외형설). 따라서 지배인의 행위가 객관적으로 보아 영업에 관한 행위로 판단되는 이상 그 행위가 사실상 지배인 자신의 이익을 위한 경우(지배권남용행위)에도 그 행위의 상대방인

제3자가 그 사실을 알았거나(악의) 알 수 있었던(중대한 과실) 사정이 없는 한 그 행위는 영업주에 대하여 효력이 있다(판례는 이 경우 민 107조 1항 단서를 유추적용한다). 지배권은 특정영업을 단위로 인정되므로 영업주가 수개의 영업을 하는 경우에는 각 영업마다 지배인을 선임하여야 한다. 단, 1인의 지배인이 수개의 영업을 위한 지배인을 겸하는 것은 무방하다.

  2) 지배권의 획일성(정형성)   지배권은 그 범위가 객관적으로 법정되어 있으므로 영업주가 이에 내부적으로 제한을 가하여도 그 제한으로써 선의의 제3자에게 대항할 수 없다. 여기의 '선의'에는 지배권남용행위와 마찬가지로 중대한 과실은 제외된다. 영업주가 지배인에게 한 내부적 제한은 유효하므로 위반시 영업주는 지배인을 해임하거나 손해배상을 청구할 수 있다.

  (5) 공동지배인   수인의 지배인이 있는 경우에도 지배인은 각자 단독으로 지배권을 행사하는 것이 원칙인데, 이와 달리 영업주가 수인의 지배인이 공동으로만 지배권을 행사하게 한 경우를 공동지배인이라고 한다(12조 1항). 지배권의 남용방지를 위한 제도이다. 따라서 공동지배인간 그 권한의 포괄적 위임은 금지되고, 개별적 위임도 불가피성이 인정되는 경우에 한정되어야 한다. 재판상의 행위나 어음·수표행위도 공동으로 하여야 한다. 그러나 수동대리의 경우에는 예외적으로 그 중 1인에게만 하더라도 영업주에게 효력이 있다(12조 2항). 이 경우에는 대리권남용의 우려가 없고, 거래상의 편의를 기하여야 할 필요가 있기 때문이다. 공동지배인에 관한 사항은 등기사항이다(13조 2문).

  (6) 표현지배인(表見支配人)   실제로는 지배권이 없으면서 외관상 지배권이 있는 것과 같은 명칭을 사용한 경우, 이를 알지 못하는 선의의 제3자에 대하여 지배인과 동일한 권한이 있는 것으로 보는데 이를 표현지배인이라 한다. 거래안전을 위한 제도로서 금반언 또는 외관주의를 구체화한 것이다. 표현지배인이 ① 영업주의 명시적 또는 묵시적 허락 하에 ② 본부장, 지점장과 같은 명칭을 사용하여 영업에 관한 행위(재판상

행위는 제외)를 한 경우 ③ 선의의 제3자에게는 지배인과 동일한 권한을
가진 것으로 본다(14조). 즉, 영업주가 그 책임을 부담한다. 판례는 이상
의 세 가지 요건 외에 표현지배인이 인정되기 위하여 본점 또는 지점이
영업소로서의 실체를 구비할 것을 요한다.

2. 부분적 포괄대리권을 가진 상업사용인

부분적 포괄대리권을 가진 상업사용인은 영업의 특정한 종류 또는
특정한 사항에 대하여 재판 외의 모든 행위를 할 수 있는 권한을 위임받
은 사용인이다(15조). 팀장, 부장, 과장, 계장, 대리 등이 대체로 이에 해
당한다. 부분적 포괄대리권을 가지고 있는지 여부는 여러 사정을 고려하
여 거래통념에 따라 객관적으로 판단하여야 한다. 이 대리권은 지배권과
달리 특정한 종류 또는 특정한 사항에 한정된 것이기는 하나 그 부분에
대하여는 포괄적인 권한이므로 이를 제한하여도 선의의 제3자에게 대항
하지 못한다(15조 2항, 11조 3항). 영업주와 그 지배인은 물론 소상인도 이
를 선임할 수 있으며, 지배인과 달리 등기사항이 아니다. 거래의 안전을
위하여 부분적 포괄대리권을 가진 상업사용인에 대하여도 상법 제14조
의 표현지배인 규정을 유추적용하여야 한다는 학설이 있으나 판례는 영
업주의 책임을 지나치게 확대한다는 이유로 부정한다.

3. 물건판매점포의 사용인

물건을 판매하는 점포의 사용인은 선의의 상대방에 대하여 그 판매
에 관한 모든 권한이 있는 것으로 본다(16조). 여기의 '물건을 판매하는
점포'는 영업주가 판매하기 위하여 물건을 진열하고 있거나 구입 또는
수령하는 장소로서 일반인이 출입할 수 있는 곳을 말한다. 판매대리권한
이 의제되기 위하여는 거래가 점포에서 체결되었거나 적어도 점포에서
개시될 것을 요한다. 점포의 사용인은 영업주와의 고용계약을 요하지는
않으나(예: 가족이나 임시직원), 외무사원은 해당되지 않는다. 영업주에게 법

적 효과를 귀속시키기 위하여는 상업사용인에게 대리권이 있어야 하는 것이 원칙이나 예컨대 백화점(물건판매점포)의 회계담당직원과 같이 판매에 대한 대리권 수여가 없었던 경우에도 선의의 제3자에 대한 관계에서는 대리권이 있다고 의제함으로써 거래안전을 보호하려는 것이다. 이는 외관주의의 반영으로서 공중접객업소, 도서대여점포 등의 사용인이나 은행창구직원에게도 유추적용된다.

Ⅲ. 상업사용인의 의무

1. 의무 개관

상업사용인은 영업주의 영업에 관한 대리권을 가지고 각종의 영업활동에 종사하는 가운데 알게 된 영업주의 영업비밀 및 고객관계를 이용하여 영업주의 이익을 해할 가능성이 있다. 이에 상법은 영업주와 상업사용인 사이의 인적신뢰관계를 유지하고 영업주의 이익을 보호하기 위하여 상업사용인에게 경업의무를 규정하고 있다.

2. 경업·겸직금지의무

(1) 의   의   경업·겸직금지의무는 영업주의 이익보호를 위한 부작위의무로서, 이에는 경업행위금지의무와 특정지위취임(겸직)금지의무의 두 가지가 있다. 이는 대리상(89조), 합명회사의 사원(198조), 합자회사의 무한책임사원(269조, 198조), 유한책임회사의 업무집행자(287조의10), 주식회사와 유한회사의 이사(397조, 567조) 및 영업양도인(41조)에게도 인정되나 상업사용인의 그것이 가장 범위가 넓다.

(2) 내   용

1) 경업행위금지   상업사용인은 영업주의 허락 없이 자기 또는 제3자의 계산으로 영업주의 영업부류에 속한 거래를 하지 못한다(17조 1항 전단). 영업주와 상업사용인 간의 이익충돌방지에 중점이 있으므로 여기서 금지되는 거래는 영업주와 이익충돌이 우려가 있는 행위이다. 따라서

약관에 의하여 정형화된 행위와 영업부류에 속하지 않는 행위는 제외되나, 이익충돌의 염려가 있는 이상 근무시간 이외에도 이 의무는 인정되고, 누구의 명의로 하는 행위이든 누구의 계산으로 하든 불문한다.

2) **특정지위취임금지**(겸직금지) 상업사용인은 영업주의 허락 없이 회사의 무한책임사원, 이사 또는 다른 상인의 사용인이 되지 못한다(17조 1항 후단). 이는 사용인의 노력분산을 막기 위한 것이므로 취임이 금지되는 지위는 영업주의 업종과 동종이든 이종(異種)이든 가리지 않는다(이 점에서 주식회사와 유한회사의 이사와 차이가 있다: 397조 1항, 567조).

(3) **의무위반의 효과**

1) **위반행위의 효력** 상업사용인이 이 의무를 위반한 때에도 그 행위(거래 또는 취임)가 무효가 되는 것은 아니며, 이는 상대방이 영업주의 허락이 없었음을 안 경우에도 같다.

2) **경업행위금지에 위반한 경우** 사용인이 경업행위를 한 경우에는 계산의 주체가 누구인지에 따라 효과가 다르다. 즉, 사용인 자신의 계산으로 한 것인 때에는 영업주는 이를 영업주의 계산으로 한 것으로 볼 수 있고, 제3자의 계산으로 한 것인 때에는 영업주는 사용인에 대하여 이로 인한 이득의 양도를 청구할 수 있다(17조 2항). 이를 개입권(탈취권)이라 한다. 개입권은 형성권으로서 사용인에 대한 의사표시만으로 효력이 발생한다. 개입권행사의 효과는 채권적이므로 영업주가 당사자가 되는 것이 아니라 사용인이 취득한 권리 또는 물건을 영업주에게 양도할 의무를 부담하며, 또한 영업주도 위 거래로 인하여 사용인이 부담한 채무를 인수하고 지출한 비용을 상환하는 의무를 부담하게 되는 것이다. 개입권은 영업주가 그 거래를 안 날로부터 2주간을 경과하거나 그 거래가 있은 날로부터 1년을 경과하면 소멸한다(제척기간, 17조 4항). 영업주는 개입권행사 외에 사용인과의 고용계약을 해지하거나 사용인에게 손해배상을 청구할 수 있다(17조 3항).

3) **특정지위취임금지에 위반한 경우** 상법에 규정이 없다. 영업주

는 사용인의 해임과 손해배상을 청구할 수 있다(민 661조, 750조).

제4절 상인의 물적 설비

I. 총 설

기업에는 그 주체가 되는 상인과 그의 인적보조자(상업사용인) 외에 물적 설비가 필요하다. 기업의 물적 설비로는 영업소, 자본, 상호 및 상업장부 등이 있는데 자본에 관하여는 회사편에서 규정하고 있으므로 여기서는 영업소와 상호 및 상업장부에 대하여 살펴본다.

II. 영 업 소

1. 영업소의 의의와 수

영업소(營業所, office)는 기업의 존재와 활동을 공간적으로 통일하는 일정한 장소, 즉 기업경영의 본거로서, 자연인의 주소(민 18조)에 해당한다. 상인이 하나의 영업을 경영하는 경우에도 그 영업소는 2개 이상 가질 수 있다. 이 경우 영업 전반을 총괄하는 주된 영업소가 본점(main office)이고, 본점의 지휘명령에 따라 영업활동을 하는 곳이 지점(branch office)이다.

2. 영업소의 법률상 효과

(1) 일반적 효과　　영업소는 ① 특정물인도 외의 영업에 관한 채무의 이행장소(민 467조 2항 단서), ② 증권채권의 변제장소(민 516조 전단, 526조), ③ 재판적의 결정기준(민소 5조 1항), ④ 상업등기소의 결정기준(34조) 및 ⑤ 소송서류의 송달장소(민소 183조 1항)가 된다.

(2) 지점의 법률상 효과　　지점은 법률상 본점에 종속되나 어느 정도 독립성을 가지는 점에서 다음과 같은 법률상 효과가 인정된다. ① 지점에 한정하여 지배인을 둘 수 있고(10조, 13조), ② 지점거래의 채무이행장소가 되며(56조), ③ 본점소재지에서 등기할 사항은 지점소재지에서도

등기하여야 하고(35조), ④ 주식회사의 경우 재무제표 및 영업보고서와 감사보고서 등은 지점에도 비치하여야 한다(448조).

Ⅲ. 상 호

1. 상호의 의의

상호(商號)는 상인이 영업상 자기를 표시하기 위하여 사용하는 명칭이다(18조). '상인'의 명칭이므로 비상인(예: 상호보험회사)의 명칭은 상호가 아니다. '영업상'의 명칭이므로 아호나 펜네임, 예명 등은 상호가 아니다. 상호는 '명칭'이므로 문자로 표시되고 발음될 수 있는 것이어야 한다. 따라서 기호나 도형은 상호가 될 수 없다. 상인이 상인 '자신'을 표시하기 위한 명칭인 점에서 상인이 자기의 '상품'이나 '서비스'를 표시하기 위하여 사용하는 상표(trademark)나 서비스표(service mark)와 구별된다.

서울지방법원 상업등기소

등기번호	001234

상 호 한국칼라

영업소 서울 중구 명동 31

상호사용자의 성명, 주소와 주민등록번호
김한국 601208-1040215 서울 중구 북창동 80 연 월 일   년 월 일   등기연월일   년 월 일

영 업 의   종 류
1. 칼라필름 사진현상 인화업

〈개인상인의 상호등기부(예시)〉

2. 상호의 선정

(1) **입법주의**   상호와 기업의 실체가 어느 정도로 합치될 것을 요구하는지에 따라 상호자유주의(영국, 미국), 상호진실주의(프랑스) 및 절충

주의가 있다. 절충주의는 새로운 상호에 관하여는 실체와의 합치를 요하나 기존 영업의 양수나 상속의 경우에는 종전 상호의 사용을 허용한다.

(2) **상법상의 상호선정**　　상법은 상인은 그 성명 기타의 명칭으로 상호를 정할 수 있다(18조)고 규정하여 상호자유주의의 원칙을 선언하는 한편 일반대중의 오인방지와 거래안전을 위하여 몇 가지 제약을 가하고 있다(절충주의). 즉, ① 회사의 상호에는 그 종류에 따라 합명회사, 합자회사, 유한책임회사, 주식회사 또는 유한회사의 문자를 사용하여야 하고(19조), ② 회사가 아니면 상호에 회사임을 표시하는 문자를 사용하지 못하며(회사의 영업을 양수한 경우에도 같다, 20조), ③ 동일한 영업에는 단일상호를 사용하여야 하고(21조 1항), ④ 부정한 목적으로 타인의 영업으로 오인할 수 있는 상호를 사용하지 못하며(23조 1항), ⑤ 타인에게 자기의 성명 또는 상호를 사용하여 영업을 할 것을 허락한 자는 자기를 영업주로 오인하여 거래한 제3자에 대하여 그 타인과 연대하여 변제할 책임을 부담한다(명의대여자책임, 24조).

(3) **상호의 수**　　동일한 영업에는 단일상호를 사용하여야 한다(상호단일의 원칙, 21조 1항). 상호단일의 원칙은 영업을 단위로 하는 것이므로 개인상인이 수개의 영업을 하는 경우에는 그 각 영업에 관하여 별개의 상호를 가질 수 있으나, 회사는 수개의 영업을 영위하는 때에도 1개의 상호만을 사용할 수 있다. 회사의 상호는 자연인의 이름과 같이 회사의 인격을 표시하는 유일한 명칭이기 때문이다. 개인상인이든 회사이든 수개의 영업소를 가지고 있는 경우 지점의 상호에는 본점과의 종속관계를 표시하여야 한다(21조 2항).

3. 상호의 등기와 가등기

(1) **상호의 등기**　　상호는 상인은 물론 일반대중과의 이해관계가 크므로 이를 공시하기 위한 상호등기제도를 마련하고 있다. 개인상인은 임의적으로 상호등기부에 등기할 수 있도록 하는 한편 회사의 경우 상호

는 설립등기사항이므로(180조 1호, 179조 2호 등) 회사등기부에 필수적으로 등기하여야 한다.

(2) **상호의 가등기**   상호의 가등기(假登記)는 상호의 본등기를 할 요건이 갖추어지기 전에 장래의 상호등기의 보전을 위하여 미리 하는 등기이다. 상법상 타인이 등기한 상호는 동일한 행정구역 내에서는 등기하지 못하는데(22조) 이로 인하여 사실은 먼저 상호를 정하였음에도 불구하고 타인의 상호등기로 인하여 그 상호를 사용치 못하는 폐해를 제거하기 위하여 이 제도를 도입하였다. 이는 설립에 상당기간이 소요되는 유한책임회사, 주식회사 및 유한회사의 경우에 그 효용이 크다. 상호가등기는 회사 성립 전에는 ① 유한책임회사, 주식회사 또는 유한회사를 설립하는 경우(22조의2 1항)에만 허용되나, 회사 성립 후에는 회사의 종류에 무관하게 ② 상호나 목적 또는 상호와 목적을 변경하고자 하는 경우(22조의2 2항)와 ③ 본점을 이전하고자 하는 경우(22조의2 3항)에 허용된다. 상호가등기의 구체적인 절차는 상업등기법과 상업등기규칙에 규정되어 있다. 상호의 가등기는 본등기와 동일한 등기배척력을 가진다(22조의2 4항, 22조).

4. 상호의 보호

(1) **상호권의 의의와 법적 성질**   상호에 관한 권리, 즉 상호권은 상호사용권과 상호전용권으로 구분된다. 상호사용권은 상인이 자기가 선정한 상호를 타인의 방해를 받지 않고 사용할 수 있는 권리이고, 상호전용권은 타인이 부정한 목적으로 자기와 동일 또는 유사한 상호를 사용하는 것을 배척할 수 있는 권리이다. 양자 모두 상호등기의 유무와 관계없이 인정된다. 상호권은 상인의 영업상의 신용·명성 등의 기초가 되는 한편 영업과 일체가 되어 재산적 가치를 가지므로 그 법적 성질은 인격권적 성질을 포함하는 재산권으로 본다. 따라서 법률상 양도나 상속 및 압류의 대상이 된다.

(2) 상호권의 내용

1) 상호사용권   상호사용권은 등기 여부에 관계없이 인정된다. 누구든지 부정한 목적으로 타인의 영업으로 오인할 수 있는 상호를 사용하지 못하는데(23조 1항) 이에 위반하여 상호를 사용하는 자가 있는 경우에 미등기상호권자도 그러한 상호의 폐지와 손해배상청구를 할 수 있으나, 다만 등기상호의 경우와 달리 ① 위반사용자에게 부정한 목적이 있음과 ② 그 사용으로 인하여 손해를 받을 염려가 있음을 증명하여야 한다(23조 1항·2항).

2) 상호전용권   상호전용권 또한 상호가 등기되었는가 여부에 상관없이 상호를 적법하게 선정하여 사용하는 자에게 인정되나 다만 상호를 등기하면 세 가지 점에서 권리가 강화된다. 즉, ① 손해를 받을 염려가 없는 경우에도 상호폐지청구가 가능하고(23조 2항), ② 위반사용자에게 부정한 목적이 있는 것으로 추정되며(23조 4항), ③ 타인이 등기한 상호는 동일한 특별시·광역시·시·군에서 동종영업의 상호로 등기하지 못한다 (22조).

5. 상호권의 양도와 상속 및 압류

상호권은 재산권의 성질도 가지므로 등기의 전후를 불문하고 양도할 수 있으나, 다만 영업을 폐지하거나 영업과 함께 하는 경우에 한하여 양도할 수 있다(25조 1항). 상호권의 양도는 당사자 사이에는 의사표시의 합치만으로 효력이 발생하나 등기상호의 경우에는 제3자에 대한 대항요건으로서 등기가 필요하다(25조 2항). 또한 상호권의 상속 및 압류도 가능하다.

6. 상호의 폐지와 변경

상호를 등기한 자가 그 상호를 폐지 또는 변경하였을 경우 이를 등기하여야 함에도 불구하고 2주간 내에 그 등기를 하지 않은 때에는 이해관계인은 그 등기의 말소를 청구할 수 있다(27조). 한편 상호폐지 여부는 판단이 곤란하므로 상호를 등기한 자가 정당한 사유 없이 2년간 그 상호를 사용하지 않을 때에는 상호를 폐지한 것으로 간주한다(26조).

7. 명의대여자의 책임

명의대여자(名義貸與者)는 타인에게 자기의 성명 또는 상호를 사용하여 영업을 할 것을 허락한 자를 말한다. 상법 제24조는 명의대여자의 사법상 책임을 규정하여 자기를 영업주로 오인하여 거래한 제3자에 대하여 명의대여자로 하여금 그 타인과 연대하여 변제할 책임을 지우고 있는데 이는 외관주의 및 표시에 의한 금반언의 법리의 구현이다. 이는 명의대여자가 명의차용자에게 명의대여자의 성명 또는 상호를 사용하여 영업을 할 것을 명시적 또는 묵시적으로 허락하고, 제3자가 명의차용자의 영업을 명의대여자의 영업으로 오인한 경우에 명의대여자에게 명의차용자와 연대하여 명의차용자가 선의의 제3자에게 지는 영업상의 채무를 변제할 책임을 지게 하는 것이다. 이 경우 명의대여자와 명의차용자의 책임은 부진정연대채무관계에 있다.

Ⅳ. 상업장부

1. 의의와 기능

상업장부는 상인이 그 영업상의 재산 및 손익의 상황을 명백히 하기 위하여 상법상의 의무로 작성하는 장부이다. 상업장부는 재산의 상황과 영업의 성과를 밝힘으로써 개인상인이나 회사의 지급능력과 신용의 자료를 제공하여 상인이 장래의 계획을 수립하는 데에 기초를 제공한다.

2. 상업장부의 종류

상업장부에는 회계장부와 대차대조표의 2종이 있다.

(1) **회계장부**　　회계장부는 거래와 기타 영업상의 재산에 영향이 있는 사항을 기재하는 장부로서 대차대조표 작성의 기초가 되는 회계기

록이다(29조 1항, 30조 1항). 이는 그 성격·기능 및 형태에 따라 거래를 발생순서별로 분개하여 기록하는 분개장과 거래를 계정과목별로 기재하는 원장 및 하나의 거래에 대하여 1장의 종이로 기록하는 전표로 구분되고, 전표는 다시 입금전표(적전표), 출금전표(청전표), 대체전표(흑전표)로 나뉜다.

(2) 대차대조표 대차대조표는 일정한 시기에 있어서의 기업의 자산과 부채 및 자본을 게기하여 기업의 재무상태를 총괄적으로 표시하는 장부이다. 국제회계기준(Internationl Financial Reporting Standards, IFRS)에서는 재무상태표(statement of financial position)라는 표현을 사용한다.

〈재무상태표〉

3. 상업장부에 관한 의무

(1) 상업장부의 작성의무와 작성원칙 소상인을 제외한 상인은 상업장부를 작성하여야 하는데(29조 1항, 30조 2항, 9조), 그 작성에 관하여는 상법에 규정한 것을 제외하고는 일반적으로 공정·타당한 회계관행에 의한다(29조 2항).

(2) 상업장부의 보존의무 상인은 10년간 상업장부와 영업에 관한 중요서류를 보존하여야 한다. 다만, 전표 또는 이와 유사한 서류는 5년간 이를 보존하여야 한다(33조 1항). 보존기간의 기산점은 상업장부에 있어서는 장부를 폐쇄한 날(결산을 마감한 날)이고, 영업에 관한 중요서류의 보존에 있어서는 그 서류를 수령한 날이다. 보존방법에 대하여는 특별한 정

함이 없으나 마이크로필름 기타의 전산정보처리조직에 의하여 이를 보존할 수 있고, 이 경우 필요한 사항은 대통령령으로 정한다(33조 3항·4항).

(3) **상업장부의 제출의무**   법원은 신청에 의하여 또는 직권으로 소송당사자에게 상업장부 또는 그 일부분의 제출을 명할 수 있다(32조).

4. 상업장부의 작성·보존의무위반의 효과

이에 관하여 특별한 규정은 없다. 다만 회사에 있어서 회계장부 및 대차대조표의 기재사항에 부실한 기재가 있거나 기재하여야 할 사항의 누락이 있는 경우나 장부를 갖추어 두지 아니한 경우에는 벌칙이 적용된다(635조 1항 9호·24호). 한편 개인상인의 경우에는 이러한 벌칙이 없다.

제 5 절   상업등기 — 기업의 공시방법

Ⅰ. 상업등기의 의의와 효용

1. 상업등기의 의의와 종류

상업등기는 상법의 규정에 의하여 법원의 상업등기부에 하는 상인에 관한 사실의 등기이다(34조). 상업등기부에는 상호등기부·무능력자등기부·법정대리인등기부·지배인등기부·합자조합등기부·합명회사등기부·합자회사등기부·유한책임회사등기부·주식회사등기부·유한회사등기부·외국회사등기부의 11종류가 있다(상등 11조 1항).

2. 효   용

상업등기는 상인의 영업에 있어서 중요한 법률관계의 성립·변경·소멸에 관한 여러 가지 사항을 일반대중에게 공시함으로써, 상인의 법률관계를 명확히 하고 거래의 안전을 도모하기 위하여 고안된 제도이다. 이는 이해관계인이 많은 회사에서 특히 중요한 의미를 가진다.

Ⅱ. 상업등기사항

상업등기의 대상인 사항을 상업등기사항이라고 한다. 어떠한 사항을 상업등기사항으로 할 것인가는 입법정책의 문제로서 상업등기사항은 그 기준에 따라 여러 가지로 분류할 수 있다.

1. 절대적 등기사항·상대적 등기사항

이는 등기의무에 따른 분류이다. 반드시 등기하여야 할 사항을 절대적 등기사항, 당사자의 의사에 따라서 등기할 것인지 여부를 결정할 수 있는 사항을 상대적(임의적) 등기사항이라 한다. 지배인의 등기(13조) 등 대부분의 등기사항은 절대적 등기사항이며, 개인상인의 상호는 상대적 등기사항이다. 상대적 등기사항도 일단 등기한 이상 그 사항이 변경 또는 소멸한 경우에는 반드시 등기를 하여야 한다(40조). 즉, 절대적 등기사항으로 되는 것이다.

2. 설정적(창설적) 등기사항·면책적(해소적) 등기사항

이는 등기의 효력에 따른 분류이다. 등기를 함으로써 어떠한 법률관계를 설정(창설)시키는 사항을 설정적(창설적) 등기사항이라고 하는데 상호를 등기함으로써 등기배척권(22조)이 생기는 것이 그 예이다. 한편 등기를 함으로써 기존의 법률관계가 해소되는 경우 그 등기사항을 면책적(해소적) 등기사항이라고 하는데 지배인의 해임등기(13조)에 의하여 영업주와의 대리관계 소멸을 제3자에게 대항할 수 있는 효력이 생기는 것이 그 예이다. 등기사항의 대부분이 여기에 속하므로 상업등기의 실익은 면책적 등기사항의 경우에 더 크다고 할 수 있다.

3. 등기사항에 관한 통칙

상법은 총칙편에서 등기사항에 관한 두 가지 규정을 두고 있다.

(1) **지점의 등기**   본점의 소재지에서 등기할 사항은 법률에 다른 규정(예: 13조)이 없으면 지점의 소재지에서도 등기하여야 한다(35조). 제3자가 지점을 통하여 본점의 영업주와 거래하는 일이 많기 때문이다.

(2) **변경·소멸의 등기**   등기한 사항에 변경이 있거나 그 사항이 소멸한 때에는 당사자는 지체없이 변경 또는 소멸의 등기를 하여야 한다(40조).

Ⅲ. 상업등기의 절차

1. 등기의 신청과 방식

등기할 사항은 당사자의 신청에 의하여 영업소의 소재지를 관할하는 법원의 상업등기부에 등기한다(신청주의: 34조, 상등 22조 1항). 다만 촉탁등기(비송 93조, 98조 등)와 직권등기(상등 76조)의 경우는 예외로 한다. 상업등기는 당사자의 신청에 의하여 등기공무원이 해당 상업등기부(상등 11조 1항)에 등기사항을 기록함으로써 한다(34조, 40조, 상등 8조). 등기절차는 상업등기법 및 상업등기규칙에 따른다.

2. 등기관의 심사권

당사자의 상업등기신청에 대하여 등기관은 그 신청이 적법하지 않다고 인정되는 때에는 이유를 적은 결정으로 이를 각하하여야 한다(상등 26조). 이 경우 등기관이 그 신청의 적법 여부를 판단함에 있어서 어느 정도까지 심사할 권한과 의무를 가지는가에 대하여 ① 등기관은 형식적 적법성만을 심사하고 등기사실의 실질적 진실성에 대하여는 조사할 의무도 권한도 없다는 형식적 심사주의(우리 판례의 입장이다), ② 형식적 적법성 외에 신청사항의 실질적 진실성까지 심사하여야 한다는 실질적 심사주의, ③ 등기사항의 진실성에 대하여 의심할 사정이 있는 경우에는 진실성을 심사하여야 한다는 절충주의가 대립한다.

3. 등기의 공시

상업등기의 목적이 상인의 영업에 관한 중요한 사항을 일반대중에게 알리는 데 있으므로 등기사항은 공시하여야 한다. 따라서 상업등기부는 원칙적으로 누구든지 열람 및 증명서의 발급을 신청할 수 있다(상등 15조 1항). 이러한 개별적 공시방법 외 일반적 공시방법인 공고제도는 1995년 상법 개정시 폐지되었다.

Ⅳ. 상업등기의 효력

상업등기의 효력에는 모든 상업등기에 공통한 '일반적 효력', 일정한 등기사항에 주어지는 등기 자체의 효력인 '특수적 효력' 및 공신력이 인정되는 '부실등기의 효력'이 있다.

1. 일반적 효력

상법 제37조 제1항의 효력은 등기 전후를 기준으로 하여 나누어 볼 수 있는데 등기 전에는 일반 제3자의 보호에 중점을 두고, 등기 후에는 등기한 상인의 보호에 중점을 두고 있다.

(1) 등기 전의 효력(소극적 공시력)　　등기할 사항을 등기하기 전에는 악의의 제3자에게는 대항할 수 있으나, 선의의 제3자에게는 대항하지 못한다(37조 1항). 이를 소극적 공시력(消極的 公示力)이라고 한다. 예컨대 영업주가 지배인을 해임하였으나 아직 해임등기를 하지 않은 사이에 그가 선의의 제3자와 영업주의 영업에 관하여 체결한 계약의 효력이 영업주에게 미치지 않는다고 주장할 수 없다. 이러한 소극적 공시력에 의하여 법정등기사항의 등기가 촉진되고 선의의 제3자가 보호되는 효과가 있다. 여기서의 '등기할 사항'에는 절대적 등기사항은 물론 상대적 등기사항도 포함되나 설정적 등기사항에 대하여는 적용될 여지가 없다. 그리고 '선의'에 관하여는 선의이면 과실 여부를 불문한다는 견해와 중과실은 제외

된다는 견해가 대립한다. 선의·악의의 판단은 거래시를 기준으로 결정하고 입증책임은 제3자의 악의를 주장하는 자가 부담한다.

(2) **등기 후의 효력**(적극적 공시력)   등기할 사항을 등기한 후에는 선의의 제3자에게도 대항할 수 있다. 등기 후에는 제3자의 악의가 의제되는 것이다. 이를 적극적 공시력(積極的 公示力)이라 한다. 예컨대 영업주가 지배인을 해임하고 해임등기를 경료한 후에 지배인이었던 자가 제3자와 사이에 영업주의 영업에 관한 행위를 한 경우 영업주는 지배인해임사실에 대한 선의의 제3자에게 대하여도 책임을 부담하지 않는다(다른 책임사유가 없음을 전제로 함). 다만 제3자가 정당한 사유로 등기사항을 알지 못한 때에는 예외이나 이때의 '정당한 사유'는 천재지변 등의 객관적 사유로 엄격히 한정된다. 그리고 정당한 사유로 알지 못하였다는 사실에 대한 입증책임은 제3자가 부담한다.

(3) **상법 제37조의 적용범위**   상법 제37조는 대등한 관계의 거래에 적용되는 것이 원칙이다. 따라서 조세의 부과처분을 하는 국가는 해당되지 않으며, 불법행위·부당이득·사무관리와 같은 비거래관계에는 적용되지 않는다. 회사의 조직법상의 행위와 같은 내부적인 문제는 진실한 법률관계에 따라서 해결되어야 할 것이므로 적용되지 않는다. 소제기 또는 소장의 수령과 같은 소송행위는 소송행위의 1회성의 원칙에 따라 적용된다고 본다.

2. 특수적 효력

다음 몇 가지 등기의 경우에는 제3자의 선의·악의, 제3자가 등기내용을 알지 못한 데 대하여 정당한 사유가 있었는지 여부를 불문하고 등기 그 자체만으로 모든 제3자에게 대항할 수 있게 된다.

(1) **창설적 효력**(創設的 效力)   등기에 의하여 새로운 법률관계가 형성 또는 설정되는 효력을 말한다. 회사는 본점소재지에서 설립등기를 함으로써 성립하고(172조), 회사의 합병도 본점소재지에서 합병등기를 함

으로써 그 효력이 생긴다(234조, 269조, 287조의41, 530조 2항, 603조). 이 경우 상법 제37조가 적용될 여지가 없다.

(2) **배타적 효력**(排他的 效力)　　상호의 등기(22조, 23조)와 상호양도의 등기(25조)에 있어서 타인의 등기를 배척하는 효력을 말한다. 이것은 제3자의 선의·악의에 따라 그 효력이 좌우되지 않는다. 상호등기의 배타적 효력은 개별 법규정에 의하여 발생하는 것이며 상법 제37조와는 관련이 없다.

(3) **보완적 효력**(補完的 效力)　　등기에 의하여 그 전제되는 법률사실에 존재하는 하자가 보완되는 효력을 말한다. 주식회사 성립 후에는 주식인수인이 주식청약서의 요건 흠결을 이유로 하여 그 인수의 무효를 주장하거나 사기·강박 또는 착오를 이유로 하여 그 인수를 취소하는 것이 제한되는 것(320조 1항)이 이에 해당한다.

(4) **면책적 효력**(免責的 效力)　　등기에 의하여 책임이 면제되는 것을 말한다. 합명회사와 합자회사의 사원의 퇴사등기(225조, 269조)가 이에 해당한다.

3. 부실등기의 효력

상업등기에는 공신력(公信力)이 없으므로 그 등기를 믿고 거래한 자가 뜻하지 않은 불이익을 받을 경우 상업등기의 효용은 대단히 감소될 것이다. 이에 상법은 선의의 제3자를 보호하기 위하여 제39조를 두어 고의 또는 과실로 인하여 사실과 상위한 등기를 한 경우 그 등기를 신뢰한 자에게 대항하지 못하도록 규정하고 있다. 이는 금반언 또는 외관법리의 표현이다.

제 6 절 영업양도 ― 기업주체의 변경

Ⅰ. 영업의 의의

영업이라는 용어는 주관적 의의와 객관적 의의의 두 가지 뜻으로 쓰이고 있다. '주관적 의의의 영업'은 상인의 영업활동, 즉 영리를 목적으로 계속·반복적으로 하는 일정 행위의 전체를 말하는 한편 '객관적 의의의 영업'은 상인의 영업활동의 기초가 되는 조직적 재산을 말한다. 영업양도에 있어서의 영업은 객관적 의의의 그것으로서 이는 일정한 영업목적을 위하여 조직화된 유기적 일체로서의 기능재산(적극적 재산과 소극적 재산)을 뜻하는 것으로서 단골관계 등의 경제적 가치가 있는 사실관계도 포함한다.

Ⅱ. 영업양도

1. 영업양도의 개념

영업양도는 객관적 의의의 영업의 양도로서 일정한 영업목적에 의하여 조직화된 유기적 일체로서의 기능적 재산인 영업재산을 그 동일성을 유지시키면서 일체로서 이전하는 채권계약이다(영업재산양도설). 영업주가 경영하던 특정영업을 개개의 영업재산별로 해체하는 경우 조직적 재산으로서의 가치를 상실하게 되는데 이는 영업주에게는 물론 국민경제적으로도 불이익하다. 따라서 기업유지의 정신에서 영업양도를 인정하고 있다.

2. 회사합병과의 구별

영업양도와 회사합병은 시장독점·경쟁방지 등을 위한 기업의 목적에 이용되는 공통점이 있는 반면 다음과 같은 차이가 있다.

〈영업양도와 회사합병의 비교〉

	영 업 양 도	회 사 합 병
제도의 근거	채권계약으로서 개인법상의 제도	2개 이상의 회사가 합병계약에 의하여 하나의 회사로 되는 조직(단체)법상의 제도
당사자 자격	회사와 개인상인	회사만
요 식 성	불요식계약	기재사항이 법정되어 있는 합병계약서의 작성이 요구됨
등 기	개개 재산의 이전 외 불요	합병등기에 의하여 포괄적으로 이전되며 효력발생요건임
법인격 소멸 여부	불소멸	해산회사는 소멸
이전절차	개별적인 이전절차 필요	포괄적으로 이전
경업·겸직금지의무	양도인에게 인정	없음
무효의 주장방법	일반원칙에 따라서	반드시 소(訴)로써

3. 영업양도의 절차

영업양도는 양도인과 양수인 사이의 계약에 의하여 이루어지는데 개인상인의 경우에는 그의 의사결정만으로 족하나 회사의 경우에는 정관의 변경을 수반하는 것이 보통이고 사원 또는 주주에게 중대한 이해관계가 있는 사항이므로 내부적으로 신중한 절차가 요구된다.

(1) 양도인이 회사인 경우   합명회사, 합자회사 및 유한책임회사에 있어서는 해산 전에는 정관변경의 사유이므로 총사원의 결의를 요하고(204조, 269조, 287조의16), 해산 후에는 총사원 과반수의 결의를 요하며(257조, 269조, 287조의45), 주식회사 또는 유한회사에 있어서는 해산의 전후를 불문하고 주주총회 또는 사원총회의 특별결의를 요한다(374조 1항 1호, 434조, 576조 1항, 585조). 그리고 주식회사가 영업을 양도하는 경우에는 양도반대주주의 주식매수청구권이 인정되므로(374조의2) 이에 필요한 절차를 밟아야 한다.

(2) 양수인이 회사인 경우   합명회사, 합자회사 및 유한책임회사의 경우 상법에 아무런 규정이 없으나 물적 회사에 비하여 인적 요소가

강할 뿐 아니라 영업양수에 있어서 정관상의 목적이나 자본액 등의 변경이 대부분 수반되는 사정을 고려할 때 타인의 영업의 전부 또는 일부 양수에 총사원의 동의(204조, 269조, 287조의16)가 필요하다고 본다. 주식회사와 유한회사에 있어서 회사의 영업에 중대한 영향을 미치는 다른 회사의 영업 전부 또는 일부의 양수에는 주주총회 또는 사원총회의 특별결의를 요한다(374조 1항 3호, 576조 1항).

우림공고 제2005-01호

◀건설업 양도·양수 공고▶

우림종합건설(주)(대표 한욱태)이 보유하고 있는 일반 건설업을 양도하고자 건설산업규칙 제18조 및 건설산업기본법 시행규칙 제18조 4항의 규정에 의거 다음과 같이 공고하오니 이해관계가 있는 자는 아래 기한내에 의견서를 서면으로 제출하여 주시기 바랍니다.

2005년 10월 18일

우 림 종 합 건 설(주)

1. 양도할 건설업의 종류
   토목건축공사업 제12-0084호
2. 양 도 일 : 2005년 10월 21일경
3. 이해관계인 의견 제출
   기   간 : 2005년 11월 17일
   제출장소 : 전북 전주시 완산구 효자동 2가 141-9
   우림종합건설(주)(063-236-5609)
4. 양 도 자
   대 표 자 : 한 욱 태
   상   호 : 우림종합건설(주)
   소 재 지 : 충청북도 단양군 도전리 505
5. 양 수 자
   대 표 자 : 김 영 순
   주   소 : 전북 전주시 완산구 삼천동 1가 289-5
   흥건삼천2차 아파트 201동 301호

〈영업양도·양수 공고(예시)〉

(3) 영업양도의 자유와

제한   상법상 영업의 양도·양수는 원칙적으로 자유이나 가맹업의 경우 가맹상의 영업양도에 가맹업자의 동의를 받도록 하는(168조의9) 외에 은행법(55조 1항 3호), 독점규제 및 공정거래에 관한 법률(9조 1항 4호) 등 특별법상 제한규정이 있다.

4. 영업양도의 효과

영업양도의 효과는 크게 당사자 사이의 효과와 제3자에 대한 효과의 두 부분으로 나누어 볼 수 있다.

(1) 당사자 사이의 효과

1) 영업재산이전의무(적극적 의무)   양도인은 양수인에게 영업재산

과 경영자 지위를 이전하여야 한다. 이전하여야 할 재산의 범위는 계약에 따라 정하여질 것이나 계약에서 별도의 정함이 없는 경우에는 영업에 속한 일체의 재산을 이전하여야 한다. 물건과 권리 외에 고객관계·영업비결 등 재산적 가치 있는 사실관계도 당연히 포함된다. 영업양도는 영업을 이전할 의무를 발생시키는 채권계약이고, 포괄적 승계가 이루어지는 합병과 달리 영업을 일체로 이전하는 방법이 없으므로 개별적인 이전절차를 취하여야 한다. 따라서 동산은 인도(민 188조), 상호와 부동산은 등기(25조 2항, 민 186조), 특허권·상표권에 있어서는 등록(특허법 101조 1항, 상표법 96조 1항), 지시채권에 있어서는 배서·교부(민 508조, 어 12조~14조)에 의하여 이전한다. 그밖에 채무인수에 대한 조치, 영업상의 비밀(예: 음식조리법 등)의 전수, 구입선 또는 고객선 소개를 하여야 한다.

2) 경업·겸직금지의무(소극적 의무)　　　영업양도의 실효성 확보를 위하여 양도인은 다른 약정이 없으면 동일한 특별시·광역시·시·군과 인접 특별시·광역시·시·군에서 10년간 당연히 동종영업을 하지 못한다(41조 1항). 이때 '동종영업을 하지 못한다'는 것은 영업소의 설치 유무를 불문하고 동종영업에 속하는 거래를 하지 못한다는 뜻이다. 특약으로 이 의무를 면제하거나 완화 또는 강화할 수 있으나 강화에 대하여는 20년을 넘지 않아야 한다는 제한이 있고(41조 2항) 이 제한을 넘는 특약은 초과부분에 한하여 무효가 된다. 이 의무를 무한정 인정할 경우 개인의 자유를 부당하게 속박할 우려가 있기 때문이다.

(2) 제3자에 대한 효과

1) 영업상의 채권자에 대한 관계

(가) 양수인이 양도인의 상호를 속용하는 경우　　　영업양수인이 양도인의 상호를 계속 사용하는 경우에는 양도인의 영업으로 인한 제3자의 채권에 대하여 양수인도 변제할 책임이 있다(42조 1항). 이는 외관법리의 한 표현이다. 판례는 채권자의 선의를 요건으로 한다. '양도인의 영업으로 인하여 발생한 채무'는 영업상의 활동에 관하여 발생한 모든 채무를 말

한다. 따라서 거래상의 채무, 거래상의 채무불이행으로 인한 손해배상채무뿐만 아니라 거래와 관련한 부당이득 및 불법행위로 인한 손해배상채무 등 일체의 채무를 포함한다. 그리고 영업양도 당시에 그 변제기가 도래하였는가의 여부, 양수인이 그 채무의 존재를 알고 있었는가의 여부는 묻지 아니한다. 양수인의 책임은 ① 양수인이 영업양도를 받은 후 지체없이 양도인의 채무에 대한 책임이 없음을 등기한 때 또는 ② 양도인과 양수인이 지체없이 제3자에 대하여 그 뜻을 통지한 때에는 인정되지 아니한다(42조 2항).

(나) 양수인이 양도인의 상호를 속용하지 아니하는 경우 이 경우 채권자의 신뢰는 없을 것이므로 양수인은 양도인의 영업상 채무에 대하여 책임을 부담하지 않는 것이 원칙이다. 다만 양수인이 그 채무를 인수할 것을 광고한 때에는 양수인도 변제할 책임이 있다(44조). 이는 금반언의 법리에 의한 것이다.

(다) 양도인의 채무의 소멸 양도인의 제3자에 대한 채무는 영업양도(상호속용) 또는 광고 후 2년(제척기간)이 경과하면 소멸한다.

2) 영업상의 채무자에 대한 관계

(가) 양수인이 상호를 속용하는 경우 양수인이 양도인의 상호를 속용하는 경우에는 채권의 양도가 없더라도 양도인의 영업으로 인한 채권에 대하여 채무자가 선의이며 중대한 과실 없이 양수인에게 변제한 때에는 그 효력이 있다(43조).

(나) 양수인이 상호를 속용하지 아니하는 경우 이 경우에 대하여는 상법에 아무런 규정이 없으므로 민법의 일반원칙에 의하여야 한다. 채권양도의 대항요건이 구비된 경우에는 양수인에게 변제하여야 하고, 그 요건이 구비되지 않은 경우에는 양도인에게 변제하여야 한다.

제 3 편

회 사

제1절 서 론

Ⅰ. 회사의 경제적 기능과 사회적 책임

1. 공동기업과 회사

상법은 기업의 생활관계를 규율하는 법이고, 그 생활관계의 주체인 기업의 형태에는 개인기업(개인상인)과 공동기업이 있다. 상행위의 초기단계에는 개인기업이 주도하였으나 개인의 자본이나 능력에는 한계가 있어 대규모의 사업에는 적절치 않다는 점에서 필연적으로 공동기업형태가 탄생하게 되었다. 이렇게 태어난 공동기업의 형태는 민법상의 조합, 상법상의 익명조합이나 회사 및 선박공유 등 여러 가지이나 그 중에서도 회사는 다수인의 자본과 노력을 결합하여 경영에 투입하고, 기업의 손실 발생시에는 다수인에게 분담시킴으로써 기업활동의 위험을 분산시킬 수 있는 이점이 있다는 점에서 공동기업 중 가장 중요한 형태로 평가된다.

2. 회사의 연혁

회사의 발생 초기에는 2인 이상의 자본(capital)과 인력(manpower)을 단순결합하는 형태인 합명회사의 모습을 띠었으나 합명회사에 일부의 유한책임사원이 가입하는 형태의 합자회사가 고안되었고, 다시 유한책임을 통하여 거대자본을 흡수할 수 있는 주식회사의 형태가 출현하여 현대에 가장 대표적인 회사형태가 되었다. 한편 회사의 내부적 사정에 따라서는 주식회사의 소규모·폐쇄적 형태인 유한회사의 형태도 이용되었고, 최근에는 합명회사의 경영의 유연성과 주식회사의 유한책임성을 결합한 형태인 유한책임회사가 탄생하게 되었다. 합명회사는 이탈리아·독일 등의 가족단체에 그 기원을 두고 있는 가장 오래된 형태이고, 합자회사는 10세기 이후 해상무역의 코멘다(commenda)계약에서 유래한 것이다. 코멘다계약은 자본가가 해상기업가 또는 선장에게 금전·상품·선박 등을 맡기고 무역을 통하여 취득한 이익을 분배하는 계약이다. 주식회사는 1602년 네덜란드의 동인도회사의 주식과 유한책임제도에 기원하고, 유한회사는 19세기 말 영국의 사회사(private company)와 독일의 유한책임회사에서 유래된 것이다. 유한책임회사는 경제계의 요청에 의하여 미국의 유한책임회사(Limited Liability Company)를 모델로 하여 2011년 상법 개정시에 도입한 제도이다.

3. 회사제도의 남용과 규제

회사제도 특히 주식회사제도는 개인기업의 한계를 극복하고 자본과 인력의 집합을 통한 규모의 경제력을 발휘할 수 있는 장점이 있으나 회사의 법인격과 그 회사를 움직이는 기관인 자연인의 책임의 별개성을 악용하여 실질상의 개인기업의 책임 면탈의 도구가 되거나 경영진과 대주주와의 결탁과 일반소주주들의 정보에의 차단으로 인하여 일반주주나 회사채권자의 이익을 해하는 폐단도 나타나는 수가 있다. 이러한 회사제도의 남용을 규제하는 방법으로 해산명령(176조)이나 법인격부인이론 등이 모색되고 있다.

4. 회사의 공공성과 사회적 책임

회사는 영리단체이기는 하나 대형회사는 국가적으로 볼 때 국가경제의 중핵을 담당하는 존재로서 국민재산의 관리자로 볼 수 있고, 대부분의 국민에게 근로처를 제공하는 점에서 소득의 근원이 되며, 상품이나 서비스의 수요자인 동시에 공급자로서 경제의 중요한 역할을 맡고 있다. 이런 측면에서 회사는 단순히 그 소유자의 기업에 그치는 것이 아니라 사회적·공공적 성격을 겸유하는 존재로서의 의미를 가지므로, 이에 따른 책임도 수행하여야 할 것이다.

Ⅱ. 회사법의 개념과 특성 및 법원

1. 회사법의 개념

회사법은 실질적 의의의 회사법과 형식적 의의의 회사법으로 강학상 분류된다. 실질적 의의의 회사법은 공동기업형태 중 회사기업의 조직과 경영을 규율하는 법이다. 그 대부분은 회사의 설립·운영·해산에 있어서 구성원·채권자 간의 사법적 규정이나 회사관계소송·벌칙·비송사건 등 공법적 규정도 포함된다. 형식적 의의의 회사법은 '회사'라는 명칭을 사용한 성문법전으로 그 규정의 실질이 회사에 고유한 것인가를 불문한다. 상법전 제3편 회사가 이에 해당한다.

2. 회사법의 특성

회사법은 상법의 일부이기는 하나 회사라는 특수한 공동기업형태를 규율함을 목적으로 하는 법이라는 점에서 상법이 갖는 일반적 특수성 외에 다음과 같은 특색을 가진다.

(1) 단체법적 성질   회사법은 회사라는 단체의 조직과 활동에 관한 규범이므로 대부분의 규정이 단체법에 속한다. 따라서 개인법에서와는 다른 원리, 즉 다수결원리·법률관계의 획일적 확정·사원평등의 원칙

등에 의하여 지배된다.

(2) **영 리 성**　　회사는 영리단체이다. '영리'는 활동에 의하여 얻은 수익을 구성원인 사원에게 분배하는 것을 말한다. 회사법은 이에 관하여 이익배당, 청산시 잔여재산의 분배, 주식에 관한 규정을 두고 있다.

(3) **강 행 성**　　기업의 조직 및 활동에 관하여 사원·채권자·근로자·국가 등 다수인의 이해관계를 합리적으로 조정하고, 법률관계를 획일적으로 확정할 필요가 있기 때문에 대부분 강행규정이다.

3. 회사법의 법원(法源)

다수인의 이해관계가 교착하는 회사의 법률관계를 명확히 하기 위하여는 제정법(성문법)이 실효적이므로, 이것이 회사법의 법원 중에서 가장 중요한 의미를 가진다. 제정법에는 상법전 제3편 회사규정(형식적 의의의 회사법)과 상법시행법·자본시장과 금융투자업에 관한 법률·담보부사채신탁법·주식회사의 외부감사에 관한 법률 등의 특별법령이 있다. 회사의 정관은 법원성을 갖지는 못하지만 회사관계에서 회사의 본질이나 강행규정에 반하지 않는 한 법령에 우선하여 정관이 적용되는 경우가 많다. 한편 회사규정이 자족적인 점에서 회사에 관한 상관습법은 거의 발견되지 않는다. 민법(회사법의 법원은 아님)과 조리는 보충적으로 적용된다.

Ⅲ. 회사의 의의

상법상 회사는 상행위나 그 밖의 영리를 목적으로 하여 설립한 법인이다(169조). 즉, 회사의 요소로 다음 사항들이 논의된다.

1. 상 인 성

회사는 상행위를 할 경우 상법 제4조에 의하여, 상행위를 하지 않을 경우에도 상법 제5조 제2항에 의하여 상인성을 가진다. 또 자연인과 달리 성립시(172조)부터 상인성을 가진다.

2. 영 리 성

회사는 영리를 목적으로 하므로 영리법인이다(169조). 상행위를 목적으로 하는 회사를 상사회사, 상행위 외의 영리를 목적으로 하는 회사를 민사회사라고 하나 상법의 적용을 받는 점에서 동일하므로 구별의 실익이 없다. '영리를 목적으로 한다'는 의미는 영리행위를 목적으로 할뿐 아니라 영리행위에 의하여 얻은 이익을 그 사원에게 분배하는 것까지를 의미한다(이익분배설). 회사는 영리행위만을 해야 하는 것은 아니며 사회사업과 같은 비영리행위도 할 수 있다.

3. 법 인 성

(1) 의   의   상법은 모든 회사를 법인으로 규정하고 있다(169조). '법인'은 그 명의로 권리의무의 주체가 될 수 있는 지위 내지 자격으로서 외부관계에서 독립한 인격체로 나타나는 문제이다. 법인으로서의 회사는 자연인과 마찬가지로 주소를 가져야 하는데, 회사의 주소는 본점소재지에 있는 것으로 한다(171조). 회사에 법인격을 부여할 것인지 여부는 입법정책의 문제이나 우리나라는 단체의 법률관계를 간명히 처리하기 위하여 인적회사에도 법인격을 인정한다. 법인의 속성으로는 ① 법인명의로 권리의무의 귀속주체가 되고, ② 독립한 상호와 주소를 가지며, ③ 법인명의로 소송당사자가 되고, ④ 법인의 재산과 사원의 재산이 구별되며, ⑤ 법인 자체에 대한 집행권원에 의하여서만 법인재산에 대하여 강제집행할 수 있다는 것이다. 여러 회사 중에서 이러한 법인성이 가장 뚜렷이 나타나는 것은 주식회사인데 그 남용에 따른 폐단을 방지하고자 나타난 것이 법인격부인론이다.

(2) 법인격부인론

1) 의   의   법인격부인론(法人格否認論)은 정의와 형평의 관념에 비추어 회사의 법인격이 남용된 특정한 경우에 한하여 그 회사의 독립적

인 법인격을 부인하고 그 배후에 있는 사원과 회사를 법률상 동일시함으로써 법인격남용에서 오는 폐단을 시정하고자 하는 이론이다. 미국의 판례법에서 최초로 제기되었다. 근거로는 미국은 대리, 도구이론, 독일의 투시이론, 일본의 형해론 등이 있고, 우리나라에서는 민법 제2조의 권리남용 또는 신의칙, 법인개념의 내재적 한계 등이 제시된다.

2) 요　건　　특정주주가 회사를 완전히 지배하여 회사는 형식에 불과하고 회사의 영업은 실질적으로 특정주주의 개인영업에 불과할 것(지배 또는 형태요건)과 회사의 무자력으로 인하여 회사채권자가 변제 받지 못할 것(자본불충분 또는 공정요건)을 요건으로 한다.

3) 효　과　　이를 주장할 수 있는 자는 회사채권자에 한한다. 이 이론이 적용되면 문제된 당해 사안에 관하여만 법인격이 부인된다. 그리고 집행을 위해서는 지배사원에 대한 별도의 집행권원을 얻어야 한다.

4. 사 단 성

(1) 상법상 회사의 사단성 폐기 여부　　'사단(社團)'은 공동목적을 가진 복수인의 결합체이다. 2011년 4월 개정 전 상법 제169조는 회사를 사단으로 규정하고 있었다. 이에 대하여 인적회사의 실질은 조합임에도 불구하고 사단으로 보아야 하는지, 그리고 주식회사의 경우 1인설립과 1인회사의 존속이 가능함에도 불구하고 이를 사단이라 할 수 있는지 여부에 관한 의문이 제기되어 왔었다. 이에 따라 위 개정시에 회사의 의의에서 '사단'을 삭제하였다. 그러나 지주회사(독점규제법 2조 7호)와 같은 특이한 형태의 주식회사는 논외로 하더라도 주식회사는 사람의 결합체로서의 모습이 통상적이라는 점에서 보면 여전히 사단성을 요소로 한다고 할 수 있고, 인적회사의 경우에도 사단의 개념을 조합을 포함하여 넓게 공동목적을 가진 인적 결합체로 파악한다면 이를 사단이라 함에 무리가 없다고 본다.

(2) 1인회사

1) 개   념   1인회사는 주주 또는 사원이 1인인 주식회사, 유한회사, 유한책임회사를 말한다. 합명회사와 합자회사는 2인 이상의 사원을 회사의 성립요건(178조, 269조) 및 존속요건(227조 3호, 269조)으로 규정하고 있어 1인회사의 설립 및 존속이 차단되어 있으나, 주식회사와 유한회사 및 유한책임회사는 1인설립이 가능하고(288조, 543조 1항, 287조의2), 1인의 주주 또는 사원으로 존속이 가능하기 때문이다(517조 1호, 609조 1항 1호, 287조의38 2호).

2) 이용실태와 폐해   1인회사는 ① 개인기업을 법인화하여 책임을 한정하고, 세제혜택을 받기 위하여, ② 주식의 포괄적 교환과 이전에 의하여 완전모자회사관계가 성립되는 경우(360조의2, 360조의15), ③ 모회사가 외국에 현지법인인 자회사를 설립하여 유리한 법적용을 받기 위하여 이용된다. 또한 책임회피 또는 채권자 사해의 수단으로 악용되는 경우도 있다.

3) 1인회사의 사단성 여부   사단은 적어도 2인 이상의 구성원을 전제로 하는 개념이므로 1인회사는 사단성이 부정된다는 입장도 있으나 1인회사의 설립과 존속이 가능한 회사의 경우 인적 결합보다는 자본적 결합에 중심이 있는 회사형태이고(특히 주식회사의 경우 더욱 그러하다), 주식 또는 지분의 양도로 구성원의 수가 언제든지 복수로 될 가능성이 있는 잠재적 사단으로 본다면 굳이 사단성을 부정할 이유는 없을 것이다.

4) 1인회사의 법률관계   1인회사의 법률관계는 주로 주식회사에서 문제된다. 유한책임회사나 유한회사의 경우에는 그 성질상 법의 규제를 비교적 덜 받는 자율적 운영이 가능한 회사형태이기 때문이다. 1인주식회사도 주식회사인 이상 회사의 기관 및 자본금구성, 제3자 보호와 관련된 규정 등은 그대로 적용되는 것이 원칙이다. 그러나 주주가 1인이기 때문에 복수주주간의 이해관계를 조정하는 규정은 수정적용될 수 있다. 예컨대 주주총회의 소집절차를 생략하고 1인주주의 출석으로 전원출석총회가 가능하다(다만, 법률관계의 명확을 위하여 의사록은 작성되어야 한다). 이사의

자기거래의 경우 상법 제398조가 회사의 이익 외에 채권자의 이익도 보호하는 규정이라는 점에서 볼 때 승인을 요한다고 할 것이다. 1인주주와 1인회사는 별개의 인격이므로 1인주주가 범죄적 방법으로 회사에 손해를 끼친 때에는 배임이나 횡령 등 범죄가 성립한다.

Ⅳ. 회사의 종류

상법은 합명회사·합자회사·유한책임회사·주식회사·유한회사의 5종류의 회사형태를 인정하고 있다(170조). 이는 회사의 채무에 대한 사원의 책임(유한 또는 무한책임, 직접 또는 간접책임 등)에 따른 것이다. 강학상 인적회사와 물적회사의 분류가 있는데 이는 회사신용의 기초가 사원 개개인의 인적 신용인가 아니면 몰개성적인 회사재산인가에 따른 것이다. 이 기준에 의할 때 합명회사와 합자회사는 인적회사, 주식회사·유한회사는 물적회사로 분류되고, 유한책임회사는 대내적으로는 인적회사, 대외적으로는 물적회사인 중간형태라고 할 수 있다.

1. 합명회사

합명회사(合名會社)는 2인 이상의 무한책임사원, 즉 회사재산으로써 회사의 채무를 완제할 수 없는 때 각 사원이 직접 회사채권자에 대하여 연대하여 무한책임을 지는 사원만으로 구성된 회사이다. 개인기업의 단순결합에 가까운 합명회사는 기관의 분화가 생기지 않고 각 사원이 스스로 기관을 겸하여 업무를 집행하며 또 회사를 대표한다(200조, 207조). 즉, 자기기관·당연기관·전부기관으로서 '기업의 소유와 경영이 합일'되어 있는 상태이다. 사원의 인적 신용에 치중하는 합명회사는 물적 신용의 기초인 출자에 관하여는 자유로우므로 금전·현물·노무·신용 등의 출자가 가능하다(196조, 272조, 287조의4 1항 참조). 사원의 지위의 교체는 엄격히 제한되어 지분의 양도, 입사·퇴사는 총사원의 동의를 요한다(197조, 179조 3호, 204조). 법률상 형식은 사단이나 그 실질은 조합이므로 내부관계에 관하여는 정관이나 상법에 다른 규정이 없으면 조합에 관한 민법의 규정을 준용한다(195조).

2. 합자회사

합자회사(合資會社)는 합명회사와 같은 책임을 부담하는 무한책임사원과 유한책임사원으로 구성된 이원적 조직의 회사이다(268조). 이원적 구성면에서 익명조합(78조)이나 합자조합(86조의2)과 유사하나, 합자회사는 법인이고(169조) 익명조합은 영업자의 단독기업이며, 합자조합은 조합이므로 법인격이 없다는 점에서 근본적으로 구별된다. 유한책임사원은 회사채권자에 대하여 정관에서 정한 출자액의 한도 내에서만 책임을 부담한다(279조). 유한책임사원은 재산출자만을 할 수 있다(272조). 유한책임사원은 회사의 업무집행권이나 회사대표권이 없고(278조), 감시권이 있을 뿐이다(277조). 지분의 양도에는 무한책임사원 전원의 동의로 족하고(276조), 지분의 상속도 허용된다(283조 1항). 소수의 사원으로 구성되고 인적 신뢰를 바탕으로 하는 점에서 합명회사와 유사하므로 합자회사에는 다른 규정이 없는 한 합명회사의 규정을 준용한다(269조).

3. 유한책임회사

유한책임회사(有限責任會社)는 회사에 대하여만 자신의 출자금액을 한도로 책임을 지는 간접·유한의 책임을 지는 사원만으로 이루어진 회사이다(287조의3 3호, 287조의4 2항, 287조의7). 이 점에서 주식회사와 유사하나 유한책임회사의 자본금은 주식과 달리 일정한 단위로 분할되지 않는다. 유한책임회사의 업무집행권은 정관에서 업무집행자로 정한 사원 또는 사원 아닌 자에게 있고(287조의12 1항), 그 업무집행자가 동시에 회사대표권을 가진다(287조의19). 유한책임회사의 지분의 양도에는 정관에서 달리 정하지 않으면 업무집행자는 다른 사원 전원의 동의, 업무를 집행하지 않는 사원은 업무집행사원 전원의 동의 또는 업무집행사원이 없는 경우에는 사원 전원의 동의를 받아야 한다(287조의8). 유한책임회사는 대내적으로는 조합성(폭넓은 사적 자치), 대외적으로는 주식회사적 요소(사원의 유한책임)를 가지는 인적회사와 물적회사의 중간적 회사형태이다.

4. 주식회사

주식회사(株式會社)는 사원인 주주의 출자로서 구성되는 자본금을 가지고, 자본금은 균일한 단위인 주식에 의하여 분할되며, 주주는 그가 인수한 주식의 인수가액을 한도로 회사에 대하여만 책임을 지는 회사이다. 주주는 회사에 대하여 인수가액을 납입할 의무가 있을 뿐(295조, 303조, 331조), 회사채권자에 대하여 직접 책임을 부담하지 않는 간접·유한의 책임을 진다. 이 점에서 합자회사의 유한책임사원과 구별된다. 주식회사 중에서 ① 집행임원 비설치회사의 경우에는 업무집행권은 이사회(393조)와 대표이사(389조 3항, 209조)에게, 대표권은 대표이사(389조)에게 있고, ② 집행임원 설치회사의 경우에는 업무집행권은 집행임원(408조의4)에게, 대표권은 대표집행임원(408조의5)에게 있으며, 주주는 주주총회를 통하여 회사의 중요사항에 관한 결정에 참여할 뿐으로(361조), 소유와 경영이 분리되어 있다. 회사의 업무집행과 회계에 대한 감독기관으로서 감사 또는 감사위원회가 필요기관으로 법정되어 있다. 주식의 양도는 정관에 다른 규정이 없는 한 그 자유가 보장된다(335조 1항). 5종의 회사 중 가장 강한 자본단체이다.

5. 유한회사

유한회사(有限會社)는 사원의 균등액 단위의 출자로 이루어진 자본금을 가지고, 사원은 회사에 대하여 출자의무만을 부담(553조)할 뿐 회사채권자에 대하여는 아무런 책임을 지지 않는 회사이다. 간접·유한의 책임인 점에서 합명회사와 다르고, 주식회사와 유사하나 자본금결손에 대한 연대책임을 지는 점(550조, 593조)과 회사의 조직이 합명회사와 비슷한 간이성을 띠고 있는 점이 다르다. 유한회사의 대표권과 업무집행권은 이사에게 있으므로(562조, 564조), 사원이 그 지위에서 회사의 대표행위 및 업무집행을 할 수 없는 것은 주식회사와 같다. 유한회사의 지분의 양도는 주식회사와 같이 원칙적으로 자유이다(556조).

V. 회사의 능력

1. 회사의 권리능력

회사는 법인이므로(169조) 자연인과 같이 일반적으로 권리능력을 가지나 현실적으로 다음과 같은 제한을 받는다.

(1) **성질상의 제한**   회사는 자연인이 아니므로 생명·신체나 상속·친족상의 권리를 가질 수 없다. 또한 신체적 활동을 전제로 하는 지배인 등 상업사용인이 될 수 없다. 그러나 회사는 유증을 받을 수 있고, 각종 재산권을 비롯한 상호권·명예권 등의 인격권을 가진다. 다른 회사의 주주·유한책임사원이 될 수 있다. 회사가 다른 회사의 이사나 감사, 즉 기관이 될 수 있는가에 대하여 견해가 나뉘나 신체적 활동이 요구되는 직무의 성격상 부정하여야 할 것이다.

(2) **법률상의 제한**   회사는 법률에 의하여 법인격을 부여받는 이상 법에 의하여 권리능력이 제한될 수 있음은 당연하다. 이러한 제한은 대개 정책적 차원에서 고려되는 것으로서 예컨대 상법 제173조가 회사가 다른 회사의 무한책임사원이 되지 못하도록 한 것은 회사가 자기의 위험 외에 다른 회사의 모든 위험을 부담하는 것이 기업유지와 제3자 보호의 정책적 견지에서 허용할 수 없기 때문이다. 그리고 청산중의 회사는 청산의 목적범위 내로 권리능력이 제한된다(245조, 269조, 287조의45, 542조 1항, 613조 1항).

(3) **목적상의 제한**

1) **문제의 소재**   민법 제34조는 법인은 정관으로 정한 목적의 범위 내에서 권리와 의무의 주체가 된다고 하여 정관의 목적에 의하여 법

인의 권리능력을 제한하고 있는데 이 규정이 영리법인인 회사에도 적용되는가 하는 문제이다. 이러한 제한은 영국법상의 Ultra Vires Doctrine에서 유래하였다.

2) 제한(긍정)설   민법 제34조는 법인 일반에 적용되는 통칙이므로 회사에도 당연히 적용 또는 유추적용(민법의 규정은 비영리법인에 관한 규정이므로 영리법인인 회사에는 유추적용)된다는 입장이다. 이 견해에서는 '목적'은 정관과 상업등기부에 의하여 공시되므로 거래상대방이 알 수 있는 한편 회사사원은 회사재산이 정관상의 목적을 위하여 사용되는 것을 전제로 하여 출자하는 것이므로 그 목적에 한정되어야 한다는 것이다. 이 설에 의할 경우 회사의 대표기관이 정관에서 정한 목적을 넘어서 한 행위는 회사의 권리능력 범위 외의 행위가 되어 회사의 행위로는 효력이 생기지 않는다.

3) 제한부정설   민법 제34조는 비영리법인에 관한 규정이기 때문에 영리법인인 회사에 대하여는 적용할 수 없다는 입장이다. 정관에 기재된 목적은 추상적이어서 불명확하고 거래당사자가 정관을 일일이 열람하는 것은 아니므로 이로써 회사의 권리능력을 제한할 경우 거래안전의 보호에 반한다고 한다. 정관에 기재된 목적은 내부적으로 대표기관의 권한을 제한한다고 보는 입장이다.

4) 판   례   우리 판례는 제한설을 취하나 그 목적의 범위를 넓게 해석하여 "목적수행에 직접·간접으로 필요한 행위를 모두 포함하며, 목적수행에 필요한지 여부도 행위의 객관적 성질에 따라 추상적으로 판단하여야 한다."는 입장이다.

2. 의사능력·행위능력

회사는 법인이므로, 회사의 구체적인 의사나 행위는 기관인 자연인을 통하여 나타나는데 회사에 행위능력과 그 전제가 되는 의사능력이 있는가 하는 문제는 법인본질론과 관련된다. 법인의제설에 의하면 회사의 의사능력과 행위능력은 부정되고, 회사는 대리를 통하여서만 법률행위를 할 수 있다고 한다. 그러나 오늘날의 통설인 법인실재설에 의하면 회사는 기관을 통하여 스스로 행위할 수 있으므로 당연히 의사능력과 행위능력을 가진다. 즉, 기관의 의사와 행위가 회사의 의사와 행위가 되는 것이다. 이를 대표관계라고 한다. 다만, 대표에 대하여는 특별한 규정이 없으므로 대리에 관한 규정이 준용된다(민 59조 2항).

3. 불법행위능력

회사의 행위능력이 인정되는 한 그 당연한 귀결로서 회사의 불법행위능력도 인정되어야 한다. 회사의 불법행위능력에 관하여는 특별규정이 있다(210조, 269조, 287조의20, 389조 3항, 567조). 회사의 대표기관이 아닌 사용인이 사무집행과 관련하여 제3자에게 불법행위를 한 경우는 회사는 사용자책임을 진다(민 756조).

4. 공법상의 능력

회사는 그 성질에 반하지 않는 한 공법상의 권리능력을 가진다. 소송법상 당사자능력과 소송능력이 있고(민소 51조, 형소 27조), 행정소송제기권·청원권 등을 가지며, 납세의무를 부담한다. 형법상의 범죄능력은 부정된다.

Ⅵ. 회사의 설립

1. 회사설립에 관한 입법주의

회사설립에 대한 입법주의로는 자유설립주의·특허주의·면허주의(허가주의)·준칙주의(단순준칙주의와 엄격준칙주의)가 있다. 우리 상법은 회사설립의 요건을 세세히 규정하고, 회사설립관여자인 발기인 등에게 엄격한 책임을 부담하게 하는 엄격준칙주의를 취하고 있는데, 이는 대부분의 국가들이 채택하고 있는 입법례이다.

2. 설립절차

회사의 설립은 회사라는 법인을 창설하는 절차이다. 이는 실체형성
절차와 설립등기로 2분된다. 실체형성절차는 인적회사(합명회사와 합자회사)
에서는 정관의 작성과 사원의 확정이고[사원의 인적 사항이 정관의 절대적 기재
사항이므로(179조 3호, 270조) 정관작성으로 사실상 사원이 확정된다], 물적회사는
거기에 출자의 이행과 기관의 구성이 더하여진다. 실체형성절차 후 설립
등기에 의하여 회사의 설립절차가 종료됨과 동시에 회사라는 법인격이
탄생한다. 인적회사는 사원 전원이 정관을 작성함으로써 실체형성절차가
끝나고, 물적회사와는 달리 출자의 이행이나 기관의 구성이 필요없다. 왜
냐하면 정관의 작성 시점에서 이미 사원이 확정됨과 동시에 회사를 운영
할 기관(무한책임사원: 자기기관)이 구성되고, 사원들이 회사채무에 대하여
직접책임을 지므로 회사 설립 전 출자의 이행이 이루어지지 않아도 되기
때문이다. 이에 반하여 물적회사, 특히 주식회사는 발기인의 정관작성에
서 시작하여, 특히 모집설립의 경우에는 주주의 모집, 주식의 청약과 배
정, 주금납입, 검사절차, 창립총회를 거쳐 설립등기에 이르기까지 복잡한
절차가 요구되고, 설립관여자에게 엄격한 책임이 부과되어 있다. 유한회
사 및 유한책임회사는 사원이 정관을 작성하고 출자의무를 이행함으로써
실체형성절차가 완료된다.

3. 설립행위의 법적 성질

회사의 설립행위는 회사의 설립절차의 주요부분으로서 사원이 될 자
의 법률행위로서 이루어진다. 이러한 설립행위는 회사라는 법인격을 탄
생시키기 위한 일련의 행위와 절차를 동적·발전적으로 파악하는 개념으
로서 그 법적 성질에 대하여는 계약설, 단독행위설, 합동행위설 등의 대
립이 있으나 회사의 창설이라는 공동목적을 위하여 행하여지는 복수인의
의사표시의 합치이므로 합동행위로 보는 것이 타당하다.

4. 정관의 작성

(1) **정관의 의의와 법적 성질**　　　정관(定款)은 실질적으로는 회사의 조직·활동 또는 사원의 지위를 정하는 근본규칙을 가리키고, 형식적으로는 그러한 규칙을 기재한 서면을 의미하는데 회사설립에 있어서 작성되는 정관(원시정관)은 이 양자를 포함한다. 정관은 최초에는 먼저 규칙을 정하고 이를 서면화하나 그 후의 변경은 규칙의 변경만을 의미하므로 서면의 변경이 없어도 효력이 있다. 정관의 법적 성질에 대하여는 계약설과 자치법설의 대립이 있으나 전자가 타당하다.

(2) **정관의 효력**　　　정관은 이를 작성한 사원이나 발기인은 물론이고 그 이후에 가입한 사원, 주주 그리고 회사기관도 구속하나 강행법규에 어긋난 정관규정은 효력이 없다. 정관은 제3자를 구속하지는 않으며 회사의 행위가 정관에 위반한 경우 무효가 되나 제3자 보호를 위하여 제한되는 경우가 있다(209조 2항, 389조 3항). 정관의 해석문제는 자치법설의 입장에서는 법의 해석문제가 되어 상고이유가 되나 계약설의 입장에서는 사실인정의 문제에 그쳐 상고이유가 되지 않는다.

(3) **정관의 작성**　　　이는 요식행위이므로 법정사항을 기재하고 작성자들이 기명날인 또는 서명하여야 하는데 그 구체적인 기재사항은 회사의 종류마다 다르므로 관련되는 부분에서 논한다.

5. 실체형성절차

모든 회사의 설립에 공통한 정관의 작성을 제외한 나머지 실체형성절차는 회사의 종류마다 그 내용이 상이하므로 각 회사별로 논한다.

6. 설립등기

(1) **의　　의**　　　법정요건에 따라 실체형성절차를 마치면 설립등기를 함으로써 회사가 성립하게 된다. 설립등기는 회사의 성립요건이다(172조).

설립등기는 회사설립에 관한 법률관계를 명확히 하고 거래안전을 보호하기 위한 것으로, 등기사항은 회사에 따라 법정되어 있다(180조, 271조, 287조의5, 317조, 549조).

(2) 효   력   설립등기를 함으로써 법인격을 취득하고 권리능력을 가지게 된다(창설적 효력). 그 외 부수적 효력으로서 회사의 상호가 등기상호로서 보호받게 되고, 주식회사에 있어서 주권발행제한과 권리주 양도제한이 해제되며(355조, 319조), 주식인수의 무효나 취소의 주장이 제한된다(320조 1항).

7. 회사설립의 하자(무효 · 취소)

(1) 의   의   회사설립의 하자는 회사가 설립등기를 마침으로써 유효하게 성립한 외관을 갖추고는 있으나 실질적으로는 그 설립절차에 중대한 하자가 있는 경우이다. 이는 실체형성절차는 있으나 설립등기가 없는 '회사의 불성립'이나 실체형성 없이 설립등기만 있는 '회사의 부존재'와 구별된다(회사의 불성립과 부존재는 그 주장에 대하여 아무런 제한이 없다). 회사설립의 하자에는 사원의 의사무능력과 같은 '주관적 하자'와 법령 · 정관 위배의 설립행위와 같은 '객관적 하자'가 있다. 회사설립무효의 원인은 주관적 하자와 객관적 하자이나, 회사설립취소의 원인은 주관적 하자에 한한다.

(2) 회사설립하자를 다루는 상법의 특징   상법은 회사설립에 하자가 있는 경우 회사의 단체적인 성질과 거래안전을 고려하여 무효 · 취소에 관한 법의 일반적인 원칙을 수정하여 회사설립의 무효 · 취소를 소(訴)만으로써 주장할 수 있게 하고, 소의 당사자 · 제소기간 · 소의 절차 · 판결의 효력에 대하여 특별규정을 두고 있다. 다만, 주식회사는 자본단체인 성격에 비추어 설립취소가 인정되지 않고, 무효원인 중에서도 객관적인 무효원인만 인정되고, 주관적인 무효원인은 인정되지 않는다.

(3) 소의 원인   상법이 명문으로 규정하고 있지 않으나 법규정의

취지로 보아 다음과 같은 원인들을 들 수 있다.

1) 무효원인   객관적 하자(정관 부작성, 정관의 필요적 기재사항의 흠결 또는 위법기재 등)와 주관적 하자(사원의 의사무능력 등)가 무효의 원인이 된다.

2) 취소원인   행위무능력자가 법정대리인의 동의 없이 설립행위를 하거나, 사기·강박·착오에 의한 설립행위(184조 2항, 269조, 287조의6, 552조 2항, 민 140조), 채권자를 해할 것을 알고 회사를 설립한 때(185조, 269조, 287조의6, 552조 2항) 등과 같은 주관적 하자만이 원인이 된다.

(4) **소의 당사자**

1) 무효의 소   합명회사와 합자회사의 경우 사원(184조 1항, 269조), 유한책임회사의 경우 사원 및 업무집행자(287조의6), 주식회사의 경우 주주·이사·감사(328조 1항), 유한회사의 경우 사원·이사·감사(552조 1항)가 원고이고, 피고는 회사이다.

2) 취소의 소   원고는 '그 취소권이 있는 자'(184조 1항, 269조, 287조의6, 552조 1항)이고, 채권자 사해설립의 경우에는 '그 채권자'(185조, 269조, 287조의6, 552조 2항)이다. 피고는 회사이나, 채권자 사해설립의 경우에는 '그 사원과 회사'가 공동피고가 된다(185조, 269조, 287조의6, 552조 2항). 주식회사에는 취소의 소가 없다.

(5) **제소기간**   설립무효·취소의 소는 회사성립의 날로부터 2년 내에 제기하여야 한다(184조 1항, 269조, 287조의6, 328조 1항, 552조 1항).

(6) **소의 절차**   설립무효·취소의 소는 본점소재지의 지방법원의 관할에 전속한다(186조, 269조, 287조의6, 328조 2항, 552조 2항). 설립무효·취소의 소가 제기된 때에는 회사는 지체없이 공고하여야 한다(187조, 269조, 287조의6, 328조 2항, 552조 2항). 수개의 설립무효의 소 또는 설립취소의 소가 제기된 때에는 법원은 이를 병합 심리하여야 하며(188조, 269조, 287조의6, 328조 2항, 552조 2항), 설립무효·취소의 소의 심리 중에 원인이 된 하자가 보완되고 회사의 현황과 제반사정을 참작하여 설립을 무효 또는 취소하는 것이 부적당하다고 인정한 때에는 법원은 그 청구를 기각할 수 있

다(189조, 269조, 287조의6, 328조 2항, 552조 2항).

(7) 판결의 효력

1) 원고승소의 경우

(가) **대세적 불소급효**　　설립무효·취소의 판결은 제3자에 대하여도 그 효력이 있다(형성력). 그러나 판결확정 전에 생긴 회사와 사원 및 제3 자간의 권리의무에 영향을 미치지 아니한다(불소급효: 190조, 269조, 287조의6, 328조 2항, 552조 2항). 이 불소급효로 인하여 회사의 성립일부터 판결확정 일까지 '사실상의 회사'의 존재가 인정되는데 이는 기존상태존중주의를 반영한 결과이다.

(나) **등　기**　　설립무효·취소의 판결이 확정된 때에는 본점과 지점의 소재지에서 등기하여야 한다(192조, 269조, 287조의6, 328조 2항, 552 조 2항).

(다) **회사의 계속**　　합명회사·합자회사 및 유한책임회사에 있어서 설립무효·취소의 판결이 확정된 경우에 그 무효나 취소의 원인이 특정 한 사원에 한한 것인 때에는 다른 사원 전원의 동의로써 회사를 계속할 수 있다(194조 1항, 269조, 287조의6). 이 경우 그 무효 또는 취소의 원인이 있는 사원은 퇴사한 것으로 간주하는데(194조 2항, 269조, 287조의6), 이로 인 하여 사원이 1인으로 된 때에는 새로 사원을 가입시켜서 회사를 계속할 수 있다(194조 3항, 229조 2항, 269조, 287조의6). 회사를 계속하는 경우 이미 회사의 해산등기를 하였을 때에는 본점소재지에서는 2주간 내, 지점소재 지에서는 3주간 내에 회사의 계속등기를 하여야 한다(194조 3항, 229조 3항, 269조, 287조의6). 물적회사에는 회사의 계속이 인정되지 않는다.

(라) **청　산**　　설립무효·취소의 판결이 확정된 때에는 해산의 경우 에 준하여 청산하여야 한다(193조 1항, 269조, 287조의6, 328조 2항, 552조 2항). 이는 무효·취소판결의 소급효를 인정하지 않은 결과이다. 이 경우 법원 은 사원 기타의 이해관계인의 청구에 의하여 청산인을 선임할 수 있다 (193조 2항, 269조, 287조의6, 328조 2항, 552조 2항).

2) 원고패소의 경우   원고가 패소하면 민사소송법의 일반원칙이 적용된다. 즉, 패소의 효력은 당사자 사이에서만 기판력이 있으므로 다른 제소권자는 다시 소를 제기할 수 있다. 설립무효·취소의 소를 제기한 자가 패소한 경우에 악의 또는 중대한 과실이 있는 때에는 회사에 대하여 연대하여 손해를 배상할 책임이 있다(191조, 269조, 287조의6, 328조 2항, 552조 2항). 이는 무모하게 소를 제기하여 회사 법률관계를 혼란시킨 책임을 묻는 동시에 남소를 방지하려는 취지에서 둔 규정이다. 따라서 재량기각의 경우에는 적용이 없다.

Ⅶ. 회사의 합병

1. 의의와 종류 및 법적 성질

(1) 의   의   회사의 합병(amalgamation)은 2개 이상의 회사가 상법의 규정에 따라 청산절차를 거치지 않고 하나의 회사로 합쳐짐에 따라 기존회사의 전부 또는 일부가 소멸하고 회사재산이 포괄적으로 신설회사 또는 존속회사에 이전되는 효과를 가져오는 법률요건이다. 청산절차를 밟지 않고 회사의 소멸효과가 발생하는 점에서 다른 회사 해산사유와 구별되고, 포괄적으로 권리의무가 이전되는 점에서 영업양도와 차이가 있다.

(2) 종   류   합병에는 하나의 회사만이 존속하고 나머지 회사는 모두 소멸하는 흡수합병(merger)과 당사회사 전부가 소멸하고 신설회사를 설립하는 신설합병(consolidation)의 두 가지가 있다.

(3) 법적 성질   합병의 법적 성질에 대하여 현물출자설, 재산합일설 및 인격합일설이 대립하나 2개 이상의 회사가 결합하여 하나의 회사가 되는 것을 내용으로 하는 조직법상의 특수계약으로 본다(인격합일설).

2. 합병의 자유와 제한

(1) 합병의 자유   회사는 자유로이 합병할 수 있는 것이 원칙이다

(174조 1항). 그러나 합병은 사실상 주식회사에서 이용된다.

(2) **합병의 제한**   상법상 ① 합병을 하는 회사의 일방 또는 쌍방이 주식회사, 유한회사 또는 유한책임회사인 경우에는 합병 후 존속하는 회사나 합병으로 설립되는 회사는 주식회사, 유한회사 또는 유한책임회사이어야 한다(174조 2항). 존속 또는 신설회사가 인적회사인 경우 사원의 책임이 무거워져 번잡한 절차를 밟아야 하기 때문이다. ② 해산후의 회사는 존립중의 회사를 존속회사로 하는 경우에 한하여 합병할 수 있다(174조 3항). 기업유지에 필요한 범위 내에서만 합병을 인정하는 취지이다. ③ 유한회사와 주식회사가 합병하여 주식회사가 존속 또는 신설회사로 될 때에는 법원의 인가를 얻지 아니하면 합병의 효력이 없고(600조 1항), 유한회사와 주식회사의 합병시에는 주식회사가 사채의 상환을 완료하지 않으면 유한회사를 존속회사나 신설회사로 하지 못한다(600조 2항). 전자는 주식회사의 엄격한 설립절차 잠탈을 막기 위한 것이고, 후자는 유한회사는 사채발행이 불가하기 때문이다. 기타 특별법상의 제한이 있다(예: 독점규제 9조 1항 3호 등).

3. 합병절차

(1) **합병계약**   합병은 그 조건과 비율, 존속 또는 신설회사의 정관 내용 등을 정하는 합병계약에 의하여 그 절차가 진행된다. 이 합병계약서의 내용에 대하여 존속 또는 신설회사가 인적회사인 경우에는 아무런 규정이 없으나, 주식회사나 유한회사인 경우에는 법정되어 있다(523조, 524조, 603조).

(2) **합병결의**(대내적 절차)   합병계약에 따라 합병결의를 하여야 한다. 인적회사 및 유한책임회사에서는 총사원의 동의(230조, 269조, 287조의41), 물적회사에서는 주주총회 또는 사원총회의 특별결의에 의한 승인(522조 3항, 598조)이 있어야 한다. 필요한 경우 종류주주총회(436조, 435조)의 결의도 얻어야 한다. 다만, 주식회사에 있어서 ① 소멸회사의 총주주의

동의가 있거나, 그 회사의 발행주식총수의 100분의 90 이상을 존속회사가 소유하는 경우 소멸회사의 합병승인총회를 여는 대신에 이사회의 승인으로 이를 갈음할 수 있고(간이합병: 527조의2 1항), ② 흡수합병에 있어서 존속회사가 합병으로 인하여 발행하는 신주 및 이전하는 자기주식의 총수가 발행주식총수의 100분의 10을 초과하지 아니하는 경우에는 존속회사의 주주총회의 승인은 이사회의 승인으로 갈음할 수 있다(소규모합병: 527조의3 1항 본문).

(3) 합병반대주주의 주식매수청구권

합병에 반대하는 주주는 회사에 대하여 주식의 매수를 청

〈소규모 합병 공고(예시)〉

구할 수 있다(522조의3, 의결권이 없거나 제한되는 주주도 포함된다). 단, 소규모합병의 경우에는 소규모교환(360조의10 7항, 360조의5)과 동일하게 주식매수청구권이 인정되지 않는다(527조의3 5항).

(4) 채권자보호절차(대외적 절차)　　합병은 회사재산의 변동을 초래하는 등 채권자의 이익에 중대한 영향을 미치므로 채권자보호절차를 요한다.

1) 합병 결의 전의 조처(주식·유한회사에서의 합병대차대조표의 공시)　　합병당사회사가 주식회사 또는 유한회사인 경우에는 이사는 합병계약서 승

인을 위한 주주총회 또는 사원 총회 회일의 2주 전부터 합병을 한 날 이후 6월이 경과하는 날까지 ① 합병계약서, ② 합병을 위하여 신주를 발행하거나 자기주식을 이전하는 경우에는 합병으로 인하여 소멸하는 회사의 주주에 대한 신주의 배정 또는 자기주식의 이전에 관하여 그 이유를 기재한 서면, ③ 각 회사의

〈합병에 따른 채권자 이의제출 공고(예시)〉

최종의 대차대조표와 손익계산서를 본점에 비치하여야 하며, 주주·사원 및 회사채권자는 영업시간 내에는 언제든지 위 각 서류의 열람을 청구하거나, 회사가 정한 비용을 지급하고 그 등본 또는 초본의 교부를 청구할 수 있다(522조의2, 603조). 흡수합병의 경우 소멸회사의 주주에게 제공하는 재산(523조 4호)에 존속회사의 모회사의 주식이 포함될 수 있고 이 경우 존속회사는 모회사의 주식을 취득할 수 있다(523조의2 1항, 삼각합병).

2) 합병 결의 후의 조처(회사채권자의 이의를 위한 공고·최고·변제·담보제공) 모든 회사는 합병결의가 있은 날로부터 2주간 내에 회사채권자에 대하여 합병에 이의가 있으면 일정기간(1월 이상) 내에 이를 제출할 것을 공고하고 알고 있는

〈흡수합병보고의 공고(예시)〉

채권자에 대하여는 따로따로 이를 최고하여야 한다. 채권자가 위 기간 내에 이의를 제출하지 아니한 때에는 합병을 승인한 것으로 보며, 이의를 제출한 채권자가 있는 경우에는 회사는 그 채권자에 대하여 변제 또는 상당한 담보를 제공하거나 이를 목적으로 하여 상당한 재산을 신탁회사에 신탁하여야 한다(232조, 269조, 287조의41, 527조의5 1항·3항, 603조). 이 절차를 밟지 않은 경우에는 합병무효의 원인이 된다.

(5) **그 밖의 절차** 회사의 합병으로 인하여 신회사를 설립하는 경우에는 정관의 작성 기타 설립에 관한 행위는 각 회사에서 선임한 설립위원이 공동으로 하여야 하는데, 설립위원의 선임은 인적회사와 유한책임회사에 있어서는 총사원의 동의, 물적회사에 있어서는 주주총회 또는 사원총회의 특별결의에 의한다(175조 2항, 230조, 287조의41, 434조, 585조). 합병의 형식적 절차로서 존속회사 또는 신설회사가 주식회사 또는 유한회사인 경우에 흡수합병의 경우에는 보고총회(526조)를, 신설합병의 경우에는 창립총회(527조)를 열어 총회에 대한 보고를 하여야 하나 이사회의 공고로써 총회에 대한 보고에 갈음할 수 있다(526조 3항, 527조 4항). 유한회사의 경우에는 이사회가 없으므로 사원총회를 열어야 한다.

(6) **합병등기** 합병등기는 합병의 효력발생요건으로서 본점소재지에서 등기하여야 한다(234조, 269조, 287조의41, 528조 1항, 603조).

4. 합병의 효과

흡수합병의 경우에는 존속회사 이외의 모든 회사는 소멸하고, 신설합병의 경우에는 당사회사의 전부가 소멸한다(227조 4호, 269조, 287조의38 1호, 517조 1호, 609조 1항 1호). 존속회사 또는 신설회사는 소멸회사의 모든 권리의무(공법상의 의무도 포함)를 포괄적으로 승계하고(235조, 269조, 287조의41, 530조 2항, 603조), 소멸회사의 사원은 존속회사 또는 신설회사의 사원이 되는 것이 원칙이다. 합병은 해산사유이나(227조 4호, 269조, 287조의38 1호, 517조 1호, 609조 1항 1호) 청산절차를 거치지 않는다.

5. 합병의 무효

(1) **합병무효의 원인**　　상법에 규정이 없으나, 해석상 ① 합병에 관한 제한규정(174조 2항·3항, 600조) 위반, ② 합병계약의 하자 또는 합병계약서의 법정요건의 흠결, ③ 상법의 합병절차(합병결의·채권자보호절차) 무시, ④ 합병비율의 현저한 불공정 등을 들 수 있다.

(2) **합병무효의 소**　　합병무효의 주장은 소(訴)만으로 할 수 있으며, 이는 형성의 소이다. 원고는 인적회사 및 유한책임회사에서는 각 회사의 사원, 청산인, 파산관재인 또는 합병을 승인하지 아니한 회사채권자에게 한하고(236조 1항, 269조, 287조의41), ② 물적회사에서는 각 회사의 주주(사원)·이사·감사·청산인·파산관재인 또는 합병을 승인하지 아니한 채권자에 한한다(529조 1항, 603조). 피고는 존속회사 또는 신설회사이다. 제소기간은 합병등기가 있은 날로부터 6월이다(236조 2항, 269조, 287조의41, 529조 2항, 603조). 기타사항은 설립무효의 소의 규정을 준용한다(240조, 186조~191조, 269조, 287조의41, 530조 2항, 603조).

(3) **합병무효판결의 효력**　　합병무효판결 확정시 본점과 지점의 소재지에서 존속회사는 변경등기, 소멸회사는 회복등기, 신설회사는 해산등기를 하여야 한다(238조, 269조, 287조의41, 530조 2항, 603조). 이는 법률관계의 획일을 기하기 위하여 제3자에 대하여도 효력이 생기나(대세적 효력), 판결확정 전에 생긴 존속회사 또는 신설회사와 사원 및 제3자 사이의 권리의무에는 영향을 미치지 아니한다(불소급효: 240조, 190조, 269조, 287조의41, 530조 2항, 603조). 따라서 합병무효판결확정 전의 존속회사 또는 신설회사의 권리의무의 처리가 문제된다(사실상의 회사). 이 경우 대외적으로는 채무는 연대로 하고 재산은 합병당사회사의 공유로 하며, 대내적으로는 그 부담부분은 각 회사의 협의로 정하되 협의가 이루어지지 않을 경우에는 청구에 의하여 합병 당시의 각 회사의 재산상태 기타의 사정을 참작하여 법원이 결정한다(239조, 269조, 287조의41, 530조 2항, 603조).

Ⅷ. 회사의 조직변경

1. 의   의

회사의 조직변경은 회사가 그 법인격의 동일성을 유지하면서 법률상의 조직을 변경하여 다른 종류의 회사로 되는 것이다. 이는 기존회사를 다른 회사로 변경하는 경우에 기존회사를 해산하고 다른 종류의 회사를 설립하는 번잡함과 경제적 부담을 줄이기 위한 기업유지정신을 반영한 제도이다. 조직변경은 성질이 유사한 회사간에만 인정된다.

2. 합명회사에서 합자회사로의 조직변경

(1) 절   차   합명회사는 총사원의 동의로 일부사원을 유한책임사원으로 하거나 유한책임사원을 새로 가입시켜서 합자회사로 변경할 수 있다(242조 1항). 합명회사의 사원이 1인으로 되어 해산사유가 발생한 경우에 새로 사원을 가입시켜 회사를 계속하는 경우에도 합자회사로 조직변경할 수 있다(229조 2항, 242조 2항).

(2) 등   기   합명회사를 합자회사로 변경한 때에는 본점소재지에서는 2주간 내, 지점소재지에서는 3주간 내에 합명회사에 있어서는 해산등기, 합자회사에 있어서는 설립등기를 하여야 한다(243조).

(3) 책   임   무한책임사원에서 유한책임사원이 된 자는 본점에서 등기를 하기 전에 생긴 회사채무에 대하여는 등기 후 2년 내에는 무한책임사원의 책임을 면하지 못한다(244조).

3. 합자회사에서 합명회사로의 조직변경

(1) 절   차   합자회사는 사원 전원의 동의로 유한책임사원을 무한책임사원으로 변경하거나(286조 1항), 유한책임사원 전원이 퇴사한 경우 무한책임사원 전원의 동의로 합명회사로 조직변경할 수 있다(286조 2항).

(2) 등   기   본점소재지에서는 2주간 내, 지점소재지에서는 3주

간 내에 합자회사에 있어서는 해산등기를, 합명회사에 있어서는 설립등
기를 하여야 한다(286조 3항).

(3) 책   임   사원의 책임이 강화되었으므로 합자회사로의 조직변
경과는 달리 회사채권자를 보호하는 규정을 둘 필요가 없다.

4. 유한책임회사 또는 유한회사에서 주식회사로의 조직변경

(1) 절   차   유한책임회사는 총사원의 동의, 유한회사는 총사원
의 일치에 의한 총회의 결의에 의하여 주식회사로 조직변경할 수 있다
(287조의43 2항, 607조 1항 본문). 다만, 유한책임회사나 유한회사는 그 결의
를 정관으로 정하는 바에 따라 정관변경의 특별결의로 할 수 있다(287조의
44, 607조 1항 단서, 585조). 이 조직변경은 법원의 인가를 받아야 효력이 있
다(287조의44, 607조 3항). 조직변경시 발행하는 주식의 발행가액의 총액은
회사에 현존하는 순재산액을 초과하지 못한다(287조의44, 607조 2항). 이 조
직변경에는 채권자보호절차를 밟아야 한다(287조의44, 608조, 232조, 607조).

(2) 등   기   유한책임회사 또는 유한회사의 해산등기와 주식회
사의 설립등기를 하여야 한다(287조의44, 607조 5항, 606조).

(3) 책임과 권리관계   조직변경시 회사에 현존하는 순재산액이 조
직변경으로 발행하는 주식의 발행가액 총액에 부족할 때에는 조직변경
결의 당시의 유한책임회사의 업무집행자(유한회사의 이사), 감사 및 사원은
연대하여 회사에 그 부족액을 지급할 책임이 있다(287조의44, 607조 4항 전
문). 이때 유한책임회사의 업무집행자(유한회사의 이사)와 감사의 책임은 총
사원의 동의로 면제할 수 있으나, 사원의 책임은 면제하지 못한다(287조의
44, 607조 4항 후문, 550조 2항, 551조 2항·3항). 종전의 유한책임회사 또는 유한
회사의 지분에 대한 등록질권자는 회사에 대하여 주권교부청구권이 있고
(287조의44, 607조 5항, 340조 3항), 종전의 지분에 대하여 설정된 질권은 물상
대위가 인정된다(287조의44, 607조 5항, 601조 1항, 339조).

5. 주식회사에서 유한책임회사 또는 유한회사로의 조직변경

(1) 절   차   주식회사는 총주주의 동의(일치)에 의한 총회의 결의로 유한책임회사 또는 유한회사로 조직변경할 수 있다(287조의43 1항, 604조 1항 본문). 사채의 상환을 완료하지 아니한 경우에는 완료시까지 조직변경할 수 없다(287조의44, 604조 1항 단서). 유한책임회사와 유한회사는 사채발행이 허용되지 않기 때문이다. 이 조직변경에는 채권자보호절차를 밟아야 한다(287조의44, 608조, 232조).

(2) 등   기   본점소재지에서는 2주간, 지점소재지에서는 3주간 내에 주식회사에 있어서는 해산등기, 유한책임회사 또는 유한회사에 있어서는 설립등기를 하여야 한다(287조의44, 606조).

〈조직변경 공고(예시)〉

(3) **책임과 권리관계**   조직변경시에는 회사에 현존하는 순재산액보다 많은 금액을 자본금의 총액으로 하지 못한다. 만약 회사에 현존하는 순재산액이 자본금의 총액에 부족하는 때에는 조직변경의 결의 당시의 이사와 주주는 회사에 대하여 연대하여 그 부족액을 지급할 책임이 있다(287조의44, 605조 1항). 이때 이사의 책임은 총사원의 동의로 면제할 수 있으나, 주주의 책임은 면제하지 못한다(287조의44, 605조 2항, 550조 2항, 551조 2항·3항). 종전의 주식에 대하여 설정된 질권은 변경 후의 지분에 대하여 물상대위가 인정된다(287조의44, 604조 4항, 601조).

6. 조직변경의 무효

이에 대하여 상법에 규정이 없으나, 회사설립무효의 소를 유추적용하여야 할 것이다. 단, 조직변경의 무효판결이 확정되면 회사설립무효의 경우와는 달리 해산에 준하여 청산을 할 것이 아니라 변경 전의 회사로 복귀한다고 볼 것이다.

Ⅸ. 회사의 해산

1. 해산의 의의와 효과

회사의 해산(dissolution)은 법인격의 소멸의 원인이 되는 법률요건이
다. 해산은 회사의 소멸 자체를 가져오는 법률요건은 아니므로 해산사유
가 발생된 후에는 청산절차가 개시되어 회사는 청산의 목적범위 내에서
존속한다. 회사의 법인격은 청산이 종료된 때 비로소 소멸한다. 회사가
해산된 때에는 합병과 파산의 경우 외에는 그 해산사유가 있는 날로부터
본점소재지에서는 2주간 내, 지점소재지에서는 3주간 내에 해산등기를
하여야 한다(228조, 269조, 287조의39, 521조의2, 613조 1항).

2. 해산사유

(1) **합명회사의 해산사유**   ① 존립기간의 만료 기타 정관으로 정
한 사유의 발생, ② 총사원의 동의, ③ 사원이 1인으로 된 때, ④ 합병,
⑤ 파산, ⑥ 법원의 명령 또는 판결로 인하여 해산한다(227조).

(2) **합자회사의 해산사유**   합명회사의 해산사유(269조, 227조) 이외
에 무한책임사원 또는 유한책임사원 전원이 퇴사한 때에 해산된다(285
조 1항).

(3) **유한책임회사의 해산사유**   합명회사의 해산사유 중 사원이 1
인으로 된 때는 해산사유가 아니고, 사원이 없게 된 경우에 해산사유라
는 점을 제외하고는 합명회사와 같다(287조의38).

(4) **주식회사의 해산사유**   ① 존립기간의 만료 기타 정관으로 정
한 사유의 발생, ② 합병, ③ 파산, ④ 법원의 명령 또는 판결, ⑤ 회사의
분할 또는 분할합병, ⑥ 주주총회의 특별결의에 의하여 해산한다(517조,
518조). 주식회사에는 휴면회사의 해산의제가 있다. 휴면회사는 영업을
사실상 폐지하였음에도 불구하고 해산등기를 하지 않아 등기부상에만 존

재하는 회사이다. 휴면회사의 해산
의제는 법원행정처장이 최후의 등기
후 5년이 경과한 회사에 대하여 영
업을 폐지하지 않았다는 신고할 것
을 공고한 후에 공고일로부터 2월
이내에 미신고한 때 그 신고기간 만
료시에 그 회사가 해산한 것으로 보
는 제도이다(520조의2). 해산의제일로
부터 3년이 경과한 때에 청산종결된
것으로 본다(청산의제, 520조의2 4항).

채권신고공고

본 회사는 2005년 12월 28일 임시주주총회에서
해산 결의되었으므로 본 회사에 대하여
채권이 있는 분은 2006년 2월 28일까지
그 채권액을 본 회사에 신고해 주시기 바라며,
만일 위 기간 내에 신고가 없으면
청산에서 제외됩니다.

2006년 1월 31일

주식회사 래원무역
서울시 동대문구 장안동 457-1번지

대표청산인 **이병윤**
경기도 과천시 주암동 70-7번지

위와 같이 2006년 1월 31일자 동아일보에 공고하였습니다.

〈해산결의에 따른 채권신고 공고(예시)〉

(5) 유한회사의 해산사유 ① 존립기간의 만료 기타 정관으로 정한 사유의 발생, ② 합병, ③ 파산, ④ 법원의 명령 또는 판결, ⑤ 사원총회의 특별결의에 의하여 해산한다(609조). 유한책임회사나 주식회사와 마찬가지로 사원이 1인으로 되어도 해산사유가 아니다.

3. 법원의 해산명령과 해산판결

(1) **법원의 해산명령**　　　법원의 해산명령은 공익상 회사의 존속을 허용할 수 없는 경우에 법원이 이해관계인이나 검사의 청구에 의하여 또는 직권으로 회사의 해산을 명하는 제도(176조)로서 준칙주의의 폐단을 시정하기 위한 것이다. 해산명령사유는 ① 회사의 설립목적이 불법한 때, ② 정당한 사유 없이 설립 후 1년 내 영업을 미개시하거나 1년 이상 영업을 휴지하는 때 및 ③ 이사 또는 회사의 업무집행사원이 법령 또는 정관에 위반하여 회사의 존속을 허용할 수 없는 행위를 한 때이다. 위 사유에 해당하는 때에는 법원은 이해관계인이나 검사의 청구에 의하여 또는 직권으로 회사의 해산을 명할 수 있다(176조 1항). 법원의 해산명령에 관한 절차는 비송사건절차법 제90조 이하에 의한다. 이 재판의 확정에 의

하여 회사는 해산한다(227조 6호, 269조, 287조의38 1호, 517조 1호, 609조 1항 1호). 이에 대하여 즉시항고를 할 수 있으며 이는 집행정지의 효력이 있다 (비송 91조).

(2) **법원의 해산판결**   법원의 해산판결은 사원의 이익을 보호하기 위하여 사원의 청구에 의하여 법원의 판결로써 회사를 해산시키는 제도이다. 그 사유로는 인적회사와 유한책임회사는 사원간의 극심한 불화와 같은 부득이한 사유가 있는 때(241조, 269조, 287조의42)이고, 물적회사는 ① 회사의 업무가 현저한 정돈(停頓) 상태를 계속하여 회복할 수 없는 손해가 생긴 때 또는 생길 염려가 있는 때 또는 ② 회사재산의 관리 또는 처분의 현저한 실당으로 인하여 회사의 존립을 위태롭게 한 때로서 부득이한 사유가 있는 때(520조 1항, 613조 1항)이다. 해산판결의 청구권자는 인적회사와 유한책임회사는 '각 사원'(241조 1항, 269조, 287조의42), 물적회사는 '발행주식총수(자본금)의 100분의 10 이상의 주식(출자좌수)을 가진 주주(사원)'이며, 피고는 회사이다(520조 1항, 613조 1항). 이 소(訴)는 형성의 소로서 본점소재지를 관할하는 지방법원의 전속관할에 속한다(241조 2항, 186조, 269조, 287조의42, 520조 2항, 613조 1항). 해산판결이 확정되면 회사는 해산하며 청산절차에 들어가게 된다. 원고패소의 경우 원고가 악의 또는 중대한 과실이 있으면 회사에 연대하여 손해배상책임을 부담한다(241조 2항, 191조, 269조, 287조의42, 520조 2항, 613조 1항).

4. 회사의 계속

(1) 의   의   회사의 계속(繼續)은 일정한 해산사유로 인하여 해산된 회사가 법의 규정에 의하여 다시 존속 중인 회사로 돌아가는 것(229조, 269조, 285조 2항, 287조의40, 519조, 520조의2 3항, 610조 1항)으로 기업유지의 이념에서 인정되는 제도이다.

(2) **회사계속의 사유 및 절차**

1) **합명회사**   ① 존립기간의 만료 기타 정관으로 정한 사유의 발

생이나 ② 총사원의 동의로 해산된 경우 사원의 전부 또는 일부의 동의로 회사를 계속할 수 있고(이 때 동의하지 아니한 사원은 퇴사한 것으로 본다, 229조 1항), 또 ③ 사원이 1인으로 된 경우 새로 사원을 가입시켜서 회사를 계속할 수 있다(229조 2항, 227조 3호).

2) 합자회사 합명회사와 동일하나(229조 1항, 269조), 무한책임사원 또는 유한책임사원 전원의 퇴사로 인하여 해산되는 경우 잔존한 무한책임사원 또는 유한책임사원의 전원의 동의로 새로 유한책임사원 또는 무한책임사원을 가입시켜서 회사를 계속할 수 있다(285조 2항).

3) 유한책임회사 ① 존립기간의 만료 기타 정관으로 정한 사유의 발생이나 ② 총사원의 동의로 해산된 경우 사원의 전부 또는 일부의 동의로 회사를 계속할 수 있다(이 때 동의하지 아니한 사원은 퇴사한 것으로 본다, 287조의40, 229조 1항).

4) 주식회사 ① 존립기간 만료 기타 정관에 정한 사유의 발생 또는 ② 주주총회의 특별결의에 의하여 해산된 경우와 ③ 해산이 의제된 휴면회사의 경우에는 주주총회의 특별결의에 의하여 회사를 계속할 수 있다(519조, 520조의2 3항).

5) 유한회사 ① 존립기간 만료 기타 정관에 정한 사유의 발생 또는 ② 사원총회의 특별결의에 의하여 해산한 경우 사원총회의 특별결의로써 회사를 계속할 수 있다(610조 1항).

(3) 회사계속의 등기 이미 회사의 해산등기를 한 경우 일정기간 내에 회사의 계속등기를 하여야 한다(229조 3항, 269조, 285조 3항, 287조의40, 521조의2, 611조).

(4) 회사계속의 효과 회사의 계속에 의하여 해산한 회사는 해산 전의 상태로 복귀하나 해산의 효과를 소급적으로 배제하는 것은 아니다. 회사의 계속이 있으면 청산인의 활동은 종료되고 존립중의 회사의 기관들로 교체되어야 할 것이다. 해산한 회사와 복귀한 회사는 동일성을 가지므로, 해산에 의하여 청산의 목적범위 내로 줄어들었던 권리능력도 다

시 회복하게 된다.

X. 회사의 청산

1. 청산의 의의

회사의 청산은 회사가 합병 또는 파산 이외의 사유로 인하여 해산한 경우에 회사의 법률관계를 정리하여 회사의 법인격을 소멸시키는 절차이다. 이는 법원의 감독을 받는다(비송 118조 1항). 해산 후 청산중에 있는 회사를 청산회사라고 하며, 청산의 목적범위 내에서 존속한다(245조, 269조, 287조의45, 542조 1항, 613조 1항).

2. 청 산 인

(1) 선 임

1) 인적회사와 유한책임회사 ① 사원이 1인으로 되거나 해산명령 또는 해산판결을 받아 해산된 때에는 법원이 사원 기타의 이해관계인이나 검사의 청구에 의하여 또는 직권으로 청산인을 선임한다. ② 기타의 사유로 해산된 때에는 1차적으로 총사원 과반수의 결의로 청산인을 선임한다(251조 1항, 269조, 287조의45). 만약 자치적으로 선임되지 않을 경우에는 인적회사는 업무집행사원, 유한책임회사는 업무집행자가 청산인이 된다(251조 2항, 269조, 287조의45).

2) 물적회사 합병·분할·분할합병 또는 파산의 경우를 제외한 해산의 경우 정관에 다른 정함이 있거나 주주(사원)총회에서 타인을 선임하지 않으면 이사가 청산인이 된다(531조 1항, 613조 1항). 만약 위의 규정에 의한 청산인이 없는 경우에는 법원이 이해관계인의 청구에 의하여 청산인을 선임한다(531조 2항, 613조 1항).

(2) 해 임

1) 인적회사와 유한책임회사 사원이 선임한 청산인은 총사원 과반수의 결의로 해임할 수 있고(261조, 269조, 287조의45), 청산인의 직무집행에

의 현저한 부적임 또는 중대한 임무
위반의 경우 법원이 사원 기타의 이
해관계인의 청구에 의하여 해임할 수
있다(262조, 269조, 287조의45).

　2) 물적회사　　법원이 선임한
경우 외에는 언제든지 주주(사원)총회
의 결의로 이를 해임할 수 있고(539조
1항, 613조 2항), 청산인의 직무집행에의
현저한 부적임 또는 중대한 임무위반
의 경우 발행주식의 총수(자본금)의 100
분의 3 이상에 해당하는 주식(출자좌
수)을 가진 주주(사원)는 법원에 그 청
산인의 해임을 청구할 수 있다(539조 2
항, 613조 2항).

　(3) 청산직무　　청산인의 직무
는 ① 현존사무의 종결(퇴직금 지급 등을

〈잔여재산 분배 공고(예시)〉

포함), ② 채권의 추심과 채무의 변제, ③ 재산의 환가처분 및 ④ 잔여재
산의 분배이다(254조, 269조, 287조의45, 542조 1항, 613조 1항).

3. 청산의 방법

　(1) **임의청산**　　임의청산은 정관 또는 총사원의 동의로 회사재산의
처분방법을 정하는 것이다. 인적회사가 해산하는 경우(사원이 1인으로 된 때
와 해산명령 및 판결에 의한 해산의 경우는 제외)에는 이 방법에 의하는 것이 원
칙이다(247조 1항 전문·2항, 269조). 이 경우에도 채권자보호절차를 취하여야
한다(248조, 249조, 269조).

　(2) **법정청산**　　법정청산은 법정절차에 따른 청산절차이다. 이는
물적회사 및 유한책임회사가 해산한 경우 또는 인적회사에서 임의청산에

의하지 않는 경우에 사용되는 방법으로 회사채권자와 사원을 보호하기 위하여 상법에 상세한 규정을 두고 있다(250조 이하, 269조, 287조의45, 531조 이하, 613조 1항).

4. 청산의 종결

법정청산의 경우 모든 청산사무를 종료하였을 때에 청산인은 총사원(인적회사 및 유한책임회사) 또는 주주(사원)총회(물적회사)의 승인을 얻은 후 청산종결의 등기를 하여야 한다(263조 1항, 264조, 269조, 287조의45, 540조 1항, 542조 1항, 613조 1항). 실제 청산이 종결되지 않은 상태에서 청산종결의 등기가 먼저 이루어진 경우에도 그 등기에는 공신력이 없으므로 법인격 소멸의 효력이 발생하지 않고, 청산이 사실상 종결된 때 그 효력이 발생한다.

제2절 주식회사

Ⅰ. 주식회사의 개념

주식회사(株式會社)는 사원인 주주의 출자로 구성되는 자본금을 가지고, 자본금은 주식으로 균일하게 분할되며, 주주는 그가 보유한 주식의 인수가액을 한도로 회사에 대하여 출자의무를 부담할 뿐 회사채무에 대하여는 직접 책임을 지지 않는 형태의 회사이다. 주식회사의 세 가지 개념요소는 자본금, 주식, 유한책임이다.

1. 자 본 금

자본금은 여러 가지 의미로 사용되나 사원의 출자에 의하여 이루어지는 일정한 기금인 수액이며, 회사재산을 회사에 보유시키는 최소한도를 표시하는 것이다. 주식회사에서 자본금은 액면주식을 발행하는 경우에는 원칙적으로 '발행주식의 액면총액'이고(451조 1항), 무액면주식을 발행하는 경우에는 '주식 발행가액의 2분의 1 이상의 금액으로서 이사회(주주총회가 신주발행사항을 결정하는 경우 주주총회)에서 자본금으로 계상하기로 한 금액의 총액'이다(451조 2항). 단, 액면주식의 발행시 상환주식의 상환(345조)과 자기주식의 소각(343조 1항 단서)의 두 가지 경우에 있어서는 예외적으로 위 자본금의 정의와 어긋나게 된다(후술). 자본금은 등기에 의하여 공시되는 추상적·관념적인 개념으로서 증자 또는 감자에 의한 일정한 절차가 없는 한 불변인 반면에 '재산'은 구체적·현실적 개념으로서 회사의 경영상태나 화폐가치의 등락에 따라 항상 변동하는 것이다(가변성). 또 자본금은 액면주식 발행의 경우 회사가 발행'한' 주식의 총액인 점에서, 회사가 발행'할' 주식의 총액을 의미하는 '수권자본(授權資本)'과도 구별된다.

2. 주   식

주식(株式)은 두 가지 의미를 가지는데 자본금의 구성단위와 사원인 주주의 권리의무(주주권)가 그것이다. 그 외에 주주권을 표창하는 유가증권을 주식이라고 하는 수도 있으나 이는 주권(株券)으로 구분하여 사용하여야 한다(335조 3항, 336조 등).

3. 주주의 유한책임

주주는 그가 인수한 주식의 인수가액을 한도로 회사에 대하여 출자의무를 부담할 뿐 회사채무에 관하여 회사채권자에게 직접 책임을 지지 않는다. 이 점에서 직접 회사채권자에 대하여 책임을 지는 합자회사의 유한책임사원과 구별된다.

Ⅱ. 주식회사의 설립

1. 주식회사설립의 특색과 방법

(1) 설립의 특색   인적회사의 경우에는 정관의 작성에 의하여 사

원과 그 출자액이 확정되고, 그 사원들은 회사채권자에 대하여 직접 책임을 지며, 무한책임사원들이 업무집행을 하므로(자기기관성), 정관작성 시에 실체형성절차가 종료됨에 반하여 주식회사의 설립은 다음과 같은 특색을 가진다. 설립사무담당자가 사원이 아니라 발기인이고(288조), 사원은 정관의 작성이 아니라 별도의 주식인수절차에 의하여 확정되며(293조, 302조), 자본금은 회사채권자에 대한 유일한 담보이므로 회사성립 전에 출자이행을 완료시키고(295조, 303조~307조), 원칙적으로 사원이 아닌 제3자기관(타인기관)에 의하여 운영되므로 회사성립 전에 기관의 구성절차를 밟으며(296조, 312조), 설립절차에 관하여 강행규정을 두어 설립경과에 대한 엄격한 조사(298조~300조, 313조, 314조)와 발기인 등 설립관여자에 대한 엄격한 책임을 부과하고 있다(321조~327조).

(2) **방   법**   주식회사 설립에는 발기설립과 모집설립의 두 가지 방법이 있다. 발기설립은 설립 시에 발행하는 주식의 총수를 발기인이 인수함으로써 설립하는 방법이고, 모집설립은 설립 시에 발행하는 주식의 총수 중 일부를 발기인이 인수하고 나머지 주식은 주주를 모집하여 인수시켜 설립하는 방법이다.

〈발기설립과 모집설립 절차 비교〉

설립사항 \ 설립방법	발기설립	모집설립
정관의 작성과 공증인의 인증	289조, 292조	
주식발행사항의 결정	발기인 전원의 동의(291조)	
주식의 인수	발기인이 전부인수(295조 1항)	발기인이 일부인수, 나머지 주주 모집(301조)
주식인수방법	서면인수(293조)	주식청약서·주식배정(302조)
출자의 이행	인수가액의 전액납입·현물출자 완료(295조 1항·2항)	좌 동(305조)
주금납입기관	은행 기타 금융기관(295조	은행 기타 금융기관(주식청약서에

	1항 후문)	기재)(302조 2항 9호, 305조 2항)
납입금보관자의 변경 · 책임	보관자 또는 납입장소 변경시 법원의 허가 필요(306조)	
	보관자의 책임(318조)	
실권절차		필요(307조)
임원(이사 · 감사) 선임기관	발기인(296조)	창립총회(312조)
창립총회		필요(308조)
설립절차의 검사 기관	이사 · 감사 또는 공증인이 발기인에게 보고(298조 1항~3항)	발기인이 창립총회에 보고(311조) 이사 · 감사가 창립총회에 보고(313조)
	변태설립사항: 법원이 선임한 검사인이 조사, 법원에 보고(299조 1항) 또는 공증인 또는 감정인이 조사 또는 감정결과를 법원에 보고(299조의2)	변태설립사항: 법원이 선임한 검사인이 조사, 총회에 보고(310조 1항) 또는 공증인 또는 감정인이 조사 또는 감정결과를 창립총회에 보고(310조 3항, 299조의2)
변태설립사항의 변경권	법원(300조)	창립총회(310조, 314조)
설립등기	172조, 317조	

2. 발기인 · 발기인조합 · 설립중의 회사

(1) **발 기 인**　　　발기인은 실질적으로는 회사설립사무에 종사하는 자이나, 상법상으로는 정관에 발기인으로 성명 · 주민등록번호 및 주소를 적고 기명날인 또는 서명한 자(289조 1항)이다. 회사설립에 관한 책임 소재를 명확히 하기 위하여 실제 설립사무에 종사하느냐는 불문한다. 발기인이 아니면서 회사설립에 관여한 자는 유사발기인으로서 책임을 지는 경우가 있다(327조). 발기인의 자격에는 제한이 없으므로, 법인도 발기인이 될 수 있다. 발기인의 지위는 성질상 양도될 수 없으며 사망하더라도 상속되지 아니한다. 발기인의 수는 1인 이상이면 된다(288조). 발기인은 1주 이상의 주식을 인수하여야 한다(293조, 302조 2항 4호).

(2) **발기인조합**　　　2인 이상의 발기인이 주식회사를 설립하는 경우 그들 사이에 설립할 회사의 내용 · 각 발기인이 인수할 주식의 수 · 설립

절차를 진행할 자·설립비용을 부담할 자 또는 그 비율 등을 정하게 되는데 이를 발기인조합계약이라 하고, 이렇게 구성된 조합을 발기인조합이라고 한다. 회사의 설립과정 중에는 설립중의 회사와 발기인조합이 병존하게 되나 양자는 전혀 별개의 존재이다. 발기인조합은 민법상 조합이므로, 조합에 관한 민법 규정(민 703조 이하)의 적용을 받으며, 설립에 필요한 발기인의 일련의 행위는 조합계약의 이행으로서 행하여진다.

(3) **설립중의 회사**

1) **의의와 법적 성질**   설립중의 회사는 발기인에 의한 정관작성 및 주식인수에서 시작하여 설립등기에 의하여 성립할 때까지의 미완성의 회사이다. 이는 주식회사의 설립절차가 다른 회사와는 달리 비교적 장기간에 걸쳐 여러 단계로 진행됨에 따라 설정한 강학상의 개념이다. 설립중의 회사는 회사의 전신(前身)으로서, 그 법적 성질은 권리능력 없는 사단이다. 이 단체에는 구성원(주식인수인), 근본규칙(정관), 집행기관(발기인)이 있다. 이것이 설립절차의 진행에 따라 구성원과 재산 및 영업에 필요한 기관을 순차적으로 갖추어 감으로써 회사의 실체가 완성되고 설립등기에 의하여 법인격을 취득하여 회사가 성립하게 된다. 그러므로 설립중의 회사와 성립한 회사는 실질적으로 동일한 존재이다. 따라서 발기인이 설립중의 회사를 위하여 취득부담한 권리의무는 성립후의 회사에 그대로 귀속하게 된다.

〈설립중의 회사〉

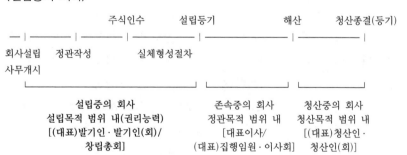

2) 성립시기   설립중의 회사의 성립시기에 대하여 ① 정관작성시설, ② 발기인인수시설(발기인이 정관을 작성하고 1주 이상의 주식을 인수한 때) 및 ③ 총액인수시설(성립 후 회사의 실체를 갖춘 시기)이 대립하나 발기인의 주식인수 시에 장래의 회사조직이 확정되고 그 인적·물적 기초의 일부가 확정되며 장차 주식회사로 발전할 단체가 형성된 것으로 볼 수 있으므로 ②설이 타당하다.

3) 설립중의 회사와 발기인조합의 관계   발기인조합과 설립중의 회사는 별개의 존재이다. 다만, 설립중의 회사의 구성원이며 집행기관인 발기인과 발기인조합의 조합원은 인적범위가 같다. 발기인에 의한 정관의 작성·주식의 인수·설립사무의 집행 등은 설립중의 회사로서는 그 근본규칙의 제정·설립행위·기관의 활동이 되지만 발기인조합으로서는 조합계약의 이행행위가 된다. 발기인의 행위는 ① 설립중의 회사의 명의, ② 발기인조합의 명의, ③ 발기인 개인의 명의로 이루어지는데 ①의 경우 그것이 발기인의 권한에 속하는 경우 그 효과는 설립중의 회사에 속하고, ②의 경우에는 발기인조합에 귀속하며, ③의 경우에는 발기인 개인에게 그 효과가 귀속된다. 따라서 ②, ③의 경우의 권리의무를 회사에 귀속시키기 위해서는 권리의 양수, 채무의 인수 등의 특별한 이전행위가 있어야 하며, 성립후의 회사에 의한 추인은 인정되지 않는다고 본다. 발기인의 권한범위에 대하여 ① 회사설립 그 자체를 목적으로 하는 행위(예: 정관의 작성, 주식의 인수, 주금납입에 관한 행위 등), ② ①의 행위 외에 회사의 설립에 필요한 행위(예: 설립사무소의 임차, 창립총회의 회의장소의 임차 등) 및 ③ 개업준비행위까지 할 수 있다는 견해들이 있으나 발기인의 본래의 임무가 회사의 설립이라는 점에서 볼 때 ②설이 타당하다(개업준비행위는 권한범위 외인 것이 원칙이나 상법 290조 3호에서 명문으로 허용하는 재산인수는 정관에 기재한 경우 가능하다).

3. 정관의 작성

(1) **정관의 작성방법**   서면으로 정관을 작성하여 발기인이 기명날인 또는 서명하고(289조 1항), 공증인의 인증을 받음으로써 효력이 발생한다(292조 본문).

(2) **정관의 기재사항**   법률상의 효력에 따라 절대적·상대적 및 임의적 기재사항으로 나눌 수 있다.

1) **절대적 기재사항**   이는 정관에 반드시 기재되어야 하는 사항으로서 만약 누락되거나 또는 부적법한 기재가 이루어진 경우에는 정관 자체가 무효로 된다. ① 목적, ② 상호, ③ 회사가 발행할 주식의 총수, ④ 1주의 금액(액면주식의 경우에는 100원 이상으로 균일하여야 한다, 329조 3항·2항), ⑤ 회사의 설립 시에 발행하는 주식의 총수, ⑥ 본점의 소재지, ⑦ 회사가 공고를 하는 방법, ⑧ 발기인의 성명·주민등록번호 및 주소 이상 8가지이다(289조 1항).

2) **상대적 기재사항**   이는 기재하지 아니하여도 정관 자체의 효력에는 영향이 없으나 정관에 기재하지 않은 때에는 그 효력이 인정되지 않는 것이다. 상법은 제290조에 회사설립 시의 일반적인 사항(변태설립사항)을 규정하고, 그 밖의 개별적 사항들은 해당 법조문에서 규정하고 있다.

㈎ **변태설립사항**   이는 회사설립시에 발기인에 의하여 남용될 경우 회사의 재산적 기초를 해칠 우려가 있어 반드시 정관에 기재하여야만 효력이 있는 것으로 상법이 규정하고 있는 사항이다(290조). 변태설립사항이 있는 경우 주식청약서에도 기재하여야 하고(302조 2항 2호), 법원 선임의 검사인의 조사(299조, 310조)를 받게 하며 경우에 따라서는 법원 또는 창립총회가 이를 변경할 수 있다(300조, 314조).

가) 발기인이 받을 특별이익과 이를 받을 자의 성명(290조 1호)   회사 설립을 위한 공로에 대하여 회사가 발기인에게 주는 이익(예: 이익배당, 신주인수권에 관한 우선권·회사의 설비이용권 등)으로서 발기인에게 부여된 이후

에는 재산권으로서 양도 또는 상속의 대상이 될 수 있다. 소유주식에 대한 확정이자의 지급, 주금액의 납입면제, 무상주 등의 교부는 주식회사의 자본단체적 성질상 불허된다. 이 특별이익은 발기인이 회사설립행위의 노고에 대한 대가로 받는 보수와는 구별된다.

나) 현물출자(290조 2호)　　금전 이외의 출자를 말한다. 현물출자를 하는 자의 성명과 그 목적인 재산의 종류, 수량, 가격과 이에 대하여 부여할 주식의 종류와 수를 기재하여야 한다.

다) 재산인수(290조 3호)　　발기인이 회사를 위하여 회사의 성립을 조건으로 하여 특정인으로부터 특정재산을 양수할 것을 내용으로 하는 계약이다. 회사성립 후에 양수할 것을 약정한 재산의 종류, 수량, 가격과 그 양도인의 성명을 기재하여야 한다. 이는 현물출자의 탈법행위로 악용되는 것을 방지하기 위하여 변태설립사항으로 규정한 것이다. 위법한 재산인수의 무효는 회사뿐 아니라 양도인도 주장할 수 있다. 정관에 기재되지 않아 무효인 재산인수를 회사설립 후 주주총회의 특별결의로써 사후추인할 수 있다는 판례가 있으나 이는 변태설립사항을 규정한 취지에 반한다(요건을 갖춘 경우 사후설립을 이용하여야 할 것이다).

라) 회사가 부담할 설립비용과 발기인이 받을 보수액(290조 4호)　　발기인이 설립중의 회사의 기관으로서 회사설립을 위하여 지출한 비용으로서 설립사무소의 임료, 정관·주식청약서 등의 인쇄비, 주주모집광고비, 통신비, 비품비, 인건비 등이 이에 해당한다. 개업준비비용은 정관에 기재된 재산인수 외에는 포함될 수 없다.

　(내) **상법에 규정되어 있는 상대적 기재사항**　　주식양도제한(335조 1항 단서), 명의개서대리인(337조 2항), 수종의 주식발행(344조 2항), 주권불소지 제도의 채택(358조의2 1항), 주주총회의 결의방법(368조 1항), 주주의 신주인수권의 배제(418조 2항) 등이 있다.

　3) 임의적 기재사항　　절대적·상대적 기재사항 이외의 사항으로서 법의 강행규정이나 사회질서 또는 주식회사의 본질에 반하지 않는 한 정

관에 기재함으로써 효력을 발생하는 사항을 말한다. 주권의 종류·주식의 명의개서절차·정기총회소집의 시기·회사의 영업연도·이사 및 감사의 수 등이 있다.

4. 주식발행사항의 결정

회사설립시 주식발행에 관한 주요사항은 정관에 기재하나 설립시에 발행하는 ① 주식의 종류와 수, ② 액면주식의 경우에 액면 이상의 주식을 발행할 때에는 그 수와 금액, ③ 무액면주식을 발행하는 경우에는 주식의 발행가액과 주식의 발행가액 중 자본금으로 계상하는 금액은 정관으로 달리 정하지 아니하면 발기인 전원의 동의로 이를 정하여야 한다(291조). 그 외의 사항은 정관의 규정에 의하거나 발기인의 과반수의 결의로써 정할 수 있다. 회사 성립 후에는 신주발행사항은 이사회가 다수결에 의하여 정한다(416조, 391조 1항).

이상의 절차까지는 발기설립과 모집설립에 공통하나 나머지 실체형성절차는 발기설립과 모집설립의 경우가 같지 않다.

5. 주식의 인수

(1) 발기설립의 경우

발기인은 서면으로 회사설립 시에 발행하는 주식의 총수를 인수하여야 한다(293조). 이 주식인수의 법적 성질은 합동행위이다.

(2) 모집설립의 경우

발기인이 회사의 설립 시에 발행하는 주식의 일부를 인수하고(적어도 1주 이상의 주식은 인수하여야 한다) 나머지는 주주를 모집한다. 그 방법은 공모이든, 연고모집이든 상관없다. 상법은 응모주주의 보호를 위하여 주식인수는 주식청약서에 의하도록 하고(302조 1항), 그 기재사항을 법정하고 있다(302조 2항 1호~10호). 주식인수의 청약은 다수인이 관계하는 자본단체의 설립에 관한 행위이기 때문에 의사표시에 관한 특칙을 두고 있다. 즉,

비진의의사표시의 무효원칙(민 107조 1항 단서)이 주식인수의 청약에는 적용되지 않고(302조 3항), 창립총회에 출석하여 권리를 행사한 후 또는 회사성립 후에는 주식청약서의 요건흠결 또는 의사표시의 하자를 이유로 하여 주식인수의 무효 또는 취소를 주장하지 못한다(320조 2항·1항). 주식인수의 청약에 대하여 주식청약서 등에 기재된 배정방법에 따라 배정하고, 이러한 정

〈주식배정 관련 공고(예시)〉

함이 없는 경우에는 자유로이 배정할 수 있다(배정자유의 원칙). 청약에 대한 배정이 있으면 주식인수가 성립하고 이때 청약인은 주식인수인이 되며 배정받은 주식의 수에 따라서 인수가액을 납입할 의무를 부담한다(303조). 이 주식인수의 법적 성질은 설립중의 회사의 입사계약으로 본다.

6. 출자의 이행

(1) **발기설립의 경우**　　발기인이 주식의 총수를 인수한 때에는 지체없이 각 주식에 대하여 그 인수가액의 전액을 납입을 맡은 은행 기타 금융기관에 납입하여야 한다(295조 1항 전문). 현물출자를 하는 발기인은 납입기일에 지체없이 출자의 목적인 재산을 인도하고 등기, 등록 기타 권리의 설정 또는 이전을 요할 경우에는 이에 관한 서류를 완비하여 교부하여야 한다(295조 2항).

Cf. 가장납입: 위와 같이 출자는 현실납입되어야 하나 종래 가장납입이 탈법행위로 사용되어 왔다. 가장납입은 회사설립시 주식인수대금을 실

제 납입함이 없이 형식적으로만 납입한 것처럼 가장하여 자본충실의
원칙을 해하는 경우이다. 이에는 ① 발기인이 납입취급은행으로부터 차
재하여 납입을 가장하고 동시에 변제 시까지는 그 예금을 인출하지 않
기로 하는 것[통모가장납입, 예합(預合)]과 ② 발기인이 다른 곳에서 차재
하여 납입은행에 예입하고, 회사성립 후 인출하여 차입선에게 반환하
는 것[위장납입, 견금(見金)]이 있다. 예합은 '통모'라는 점에 무효라는 것
이 통설이나(상법 제318조의 납입보관자의 책임규정으로 예합의 여지는 봉쇄되
었음) 견금에 대하여는 학설은 ① 현실적 주금납입이 있고, 회사채권자
보호는 발기인의 책임에 의하여 해결할 수 있으므로 유효라는 입장과
② 주금납입의 효력은 자본충실이라는 실질적 요건의 충족 여부에 따
르는 것이지 형식에 의하여 좌우되는 것이 아니므로 무효라는 입장으
로 나누어진다. 한편 판례는 실제 금원의 이동이 있고 회사설립이라는
집단적 절차가 발기인의 내심적 사정에 의하여 좌우되는 것은 부당하
다는 이유로 유효설을 취한다. 참고로 발기인 등의 납입가장죄에 대하
여는 상법 제628조 제1항의 벌칙규정이 있다.

(2) **모집설립의 경우**   주식의 총수가 인수된 때에는 발기인은 지
체없이 주식인수인에 대하여 각 주식에 대한 인수가액의 전액을 납입시
켜야 하고(전액납입주의: 305조 1항), 그 납입은 주식청약서에 기재한 납입장
소에서 하여야 한다(305조 2항). 현물출자의 이행은 발기설립의 경우와 같
다(305조 3항, 295조 2항). 주식인수인이 인수가액의 납입을 하지 아니한 때
에는 발기인은 일정한 기일을 정하여 그 기일 내에 납입을 하지 아니하
면 그 권리를 잃는다는 뜻을 기일의 2주간 전에 그 주식인수인에게 통지
하여야 한다(실권예고부 최고: 307조 1항). 그 기일 내에 납입의 이행을 하지
아니한 때에는 주식인수인은 그 권리를 잃으며, 발기인은 다시 그 주식
에 대한 주주를 모집할 수 있다(307조 2항). 이로 인하여 손해가 있으면 그
주식인수인에 대하여 손해배상을 청구할 수 있다(307조 3항).

7. 이사·감사의 선임

(1) **발기설립의 경우**   금전출자의 납입과 현물출자의 이행이 완료된 때에는 발기인은 지체없이 의결권의 과반수로 이사와 감사를 선임하여야 한다(296조 1항). 발기인의 의결권은 그 인수주식의 1주에 대하여 1개로 한다(296조 2항). 발기인은 의사록을 작성하여 의사의 경과와 그 결과를 기재하고 기명날인 또는 서명하여야 한다(297조).

(2) **모집설립의 경우**   출자이행절차가 완료된 때에 발기인은 지체없이 창립총회를 소집하여야 한다(308조 1항). 창립총회는 주식인수인으로 구성되는 설립중의 회사의 의결기관이며, 주주총회의 전신이다. 창립총회의 결의는 출석한 주식인수인의 의결권의 3분의 2 이상이며 인수된 주식의 총수의 과반수에 해당하는 다수로 한다(309조). 창립총회에서는 이사와 감사를 선임하여야 한다(312조).

8. 설립경과의 조사

(1) **발기설립의 경우**   이사와 감사는 취임 후 지체없이 회사의 설립에 관한 모든 사항이 법령 또는 정관의 규정에 위반되지 아니하는지의 여부를 조사하여 발기인에게 보고하여야 한다(298조 1항). 변태설립사항이 있는 경우에는 이사는 그 조사를 위하여 검사인의 선임을 법원에 청구하여야 하고(298조 4항), 조사 후 검사인은 그 결과를 법원에 보고하여야 한다(299조 1항). 변태설립사항에 대한 검사인의 조사가 공증인 또는 감정인의 감정으로 갈음되는 경우(299조의2 전문)에는 검사인의 선임을 청구할 필요가 없으며, 변태설립사항의 조사 또는 감정을 담당한 공증인 또는 감정인이 법원에 보고한다(299조의2 2문). 변태설립사항이 부당한 때의 변경권은 법원에 있다(300조 1항).

(2) **모집설립의 경우**   설립경과의 조사를 원칙적으로 이사·감사가 하고(313조 1항), 변태설립사항이 있는 경우 공증인 또는 감정인의 조

등기번호	236532
등록번호	110111-2365321

상 호	주식회사 국민은행	. . . 변경 . . . 등기
본 점	서울특별시 영등포구 국제금융로8길 26(여의도동)	2018. 03. 08. 본점이전 2018. 03. 16. 등기
공고방법	서울특별시에서 발행되는 서울신문과 동아일보에 게재한다. 다만, 불가항 력으로 인하여 서울신문 또는 동아일보에 게재할 수 없을 때에는 조선일 보와 중앙일보 순으로 게재한다.	2011. 01. 27. 변경 2011. 02. 01. 등기
1주의 금액	금 5,000 원	. . . 변경 . . . 등기
발행할 주식의 총수	1,000,000,000 주	. . . 변경 . . . 등기

발행주식의 총수와 그 종류 및 각각의 수		자본금의 액	변 경 연 월 일 등 기 연 월 일
발행주식의 총수	404,379,116 주		2011. 03. 02. 변경
보통주식	404,379,116 주	금 2,021,895,580,000 원	2011. 03. 02. 등기

목 적
1. 은행법이 규정하는 은행업무 2. 은행법 기타 법령이 허용하는 기타업무 3. 금융혁신지원 특별법에 의해 지정된 혁신금융서비스(전기통신사업) <2019. 07. 24 추가   2019. 08. 06 등기>

임원에 관한 사항
사외이사 유○○ 651015-******* 　2015 년 03 월 26 일 취임   2015 년 04 월 01 일 등기 　2019 년 03 월 21 일 중임   2019 년 04 월 01 일 등기
사외이사 권○○ 570806-******* 　2017 년 10 월 26 일 취임   2017 년 10 월 30 일 등기 　2019 년 03 월 21 일 중임   2019 년 04 월 01 일 등기
감사위원 권○○ 570806-******* 　2017 년 10 월 26 일 취임   2017 년 10 월 30 일 등기 　2019 년 03 월 21 일 중임   2019 년 04 월 01 일 등기
사내이사 허○ 611219-******* 　2017 년 11 월 21 일 취임   2017 년 11 월 21 일 등기
대표이사 허○ 611219-******* 서울특별시 동작구 신대방1가길 38 　2017 년 11 월 21 일 취임   2017 년 11 월 21 일 등기
사외이사 임○○ 551125-******* 　2018 년 03 월 22 일 취임   2018 년 04 월 03 일 등기
사내이사 주○○ 560117-******* 　2019 년 01 월 01 일 취임   2019 년 01 월 10 일 등기
감사위원 주○○ 560117-******* 　2019 년 01 월 01 일 취임   2019 년 01 월 10 일 등기
사내이사 김○○ 620520-******* 　2019 년 01 월 01 일 취임   2019 년 01 월 10 일 등기
사외이사 안강현 600915-******* 　2019 년 03 월 21 일 취임   2019 년 04 월 01 일 등기
감사위원 안강현 600915-******* 　2019 년 03 월 21 일 취임   2019 년 04 월 01 일 등기
사외이사 석○○ 640201-******* 　2019 년 03 월 21 일 취임   2019 년 04 월 01 일 등기

기 타 사 항
1. 합병 　2003년 10월 1일 서울 종로구 내수동 167 국민신용카드 주식회사를 합병 　　　　　　　　　　　2003 년 10 월 06 일 경정 1. 회사분할 　일부를 분할하여 서울특별시 종로구 내수동 167 주식회사 케이비국민카드를 설립 　　　　　　　　　　　2011 년 03 월 02 일 등기

전 환 사 채
1. 제2회 해외 후순위 전환사채 　2002년 11월 30일 전부주식전환 　　　　　　　<2002 년 03 월 02 일 등기>

회사성립연월일	2001 년 11 월 01 일

〈주식회사등기부(예시)〉

사 또는 감정으로 갈음되는 것은 발기설립과 동일하다(310조 3항). 다만, 변태설립사항의 조사를 위한 검사인 선임청구의 주체가 발기인인 점(310조 1항)과 변태설립사항이 부당한 경우의 변경권이 창립총회에 있는 점(314조 1항)이 다르다.

9. 설립등기

주식회사의 설립등기는 모집설립의 경우에는 검사인의 조사보고와 법원의 변경처분절차가 종료한 날로부터, 모집설립의 경우에는 창립총회 종결일 또는 변태설립사항의 변경절차가 종료한 날로부터 2주간 내에 하여야 한다(317조 1항). 설립등기사항은 상법 제317조 제2항 제1호~제12호에 규정되어 있는 사항이다. 주식회사는 설립등기에 의하여 법인격을 취득하여 회사로 성립한다(상업등기의 창설적 효력, 172조). 이것이 설립등기의 본질적 효력으로서 설립중의 회사는 소멸하고, 주식인수인은 주주가 된다. 그 밖에 부수적 효력으로서 ① 주식인수의 무효·취소의 주장이 제한되고(320조 1항, 상업등기의 보완적 효력), ② 주권발행이 허용되며(355조 1항·2항), ③ 권리주 양도제한이 해제되고(319조), ④ 발기인 등에 대한 자본충실책임과 손해배상책임 발생의 기준점이 된다(321조, 322조).

10. 회사설립에 관한 책임

⑴ **발기인의 책임**　　이는 회사가 성립한 경우와 불성립한 경우로 나누어진다.

1) 회사가 성립한 경우

㈎ **회사에 대한 책임**

가) **자본금충실책임**(인수·납입담보책임)　　회사설립 시에 발행한 주식으로서 회사성립 후에 아직 인수되지 아니한 주식이 있거나 주식인수의 청약이 취소된 때에는 발기인이 이를 공동으로 인수한 것으로 본다(인수담보책임: 321조 1항). 이 경우 발기인이 공동으로 인수한 주식에 대하여는

공유관계가 성립하고, 연대하여 납입할 의무를 부담한다(333조 1항). 또 회
사성립 후 인수는 완료되었으나 금전출자의 납입을 완료하지 아니한 주
식이 있는 때에는 발기인은 연대하여 그 납입을 하여야 한다(납입담보책임:
321조 2항). 이 경우 연대하여 납입한 주식에 대하여는 발기인이 아니라
그 주식에 대한 주식인수인이 주주가 되며, 납입한 발기인은 주식인수인
에 대하여 회사를 대위하여 권리를 행사할 수 있고(민 481조), 다른 발기인
에 대하여 자신의 부담부분을 초과한 부분에 대한 구상권을 가진다(민
425조 1항). 이 책임은 회사의 자본금충실과 기업유지를 위하여 상법이 인
정하는 특수한 무과실책임이므로, 총주주의 동의로도 면제할 수 없다. 현
물출자 미이행의 경우 납입담보책임을 부정하는 견해와 사업목적수행에
불가결한 현물인 경우에는 설립무효사유로 보고, 그렇지 않은 경우 기업
유지를 위하여 금전으로 납입할 수 있다는 견해가 대립한다.

　　나) 손해배상책임　　　발기인이 회사의 설립에 관하여 그 임무를 해
태한 때에는 그 발기인은 회사에 대하여 연대하여 손해를 배상할 책임이
있다(322조 1항). 이는 상법이 인정하는 특별한 손해배상책임인 동시에 과
실책임으로서 임무를 해태한 발기인들만이 연대하여 부담한다. 이 책임
은 회사가 불성립한 경우에는 성립하지 않는다.

　　㈏ 제3자에 대한 책임　　　발기인이 악의 또는 중대한 과실로 인하여
그 임무를 해태한 때에는 그 발기인은 제3자에 대하여도 연대하여 손해
를 배상할 책임이 있다(322조 2항). 이 또한 상법이 인정하는 특수한 손해
배상책임이다.

　　2) 회사가 불성립한 경우　　　회사가 성립하지 못한 경우에는 발기인
이 그 설립에 관한 행위에 대하여 연대하여 책임을 지며, 회사의 설립에
관하여 지급한 비용은 발기인이 부담한다(326조). 이 책임은 발기인 전원
에게 상법상 인정되는 연대책임이며, 과실의 유무를 불문한다. 이때의
'불성립'은 법률상으로는 물론이고 사실상으로도 성립하지 아니한 경우
를 말한다. 따라서 설립무효판결이 확정된 경우에는 회사 불성립이 되지

않는다. 구체적으로는 주식인수인에 대한 금전 또는 현물출자의 반환 등 원상회복의무가 그 내용이 될 것이다.

(2) **이사·감사·공증인·감정인의 책임**   이사와 감사는 설립중의 회사의 감사기관으로서 설립경과를 조사하여 발기인 또는 창립총회에 보고하여야 할 임무를 부담하고 있는데(298조 1항, 313조 1항), 이 임무를 해태하여 회사 또는 제3자에게 손해를 생기게 한 때에는 임무를 해태한 이사·감사는 회사 또는 제3자에 대하여 손해를 배상할 책임을 지고, 이 경우 발기인도 책임을 질 때에는 그 이사, 감사와 발기인은 연대하여 손해배상책임을 진다(323조). 공증인 또는 감정인이 변태설립사항을 조사 또는 감정하는 데 과실이 있는 경우 회사에 대하여는 위임계약불이행책임을 져야 할 것이나 제3자에 대하여는 규정이 없으므로 상법 제323조를 유추적용하여 손해배상책임을 부담한다고 본다.

(3) **검사인의 책임**   법원이 선임한 검사인이 악의 또는 중대한 과실로 인하여 그 임무를 해태한 때에는 회사 또는 제3자에 대하여 손해를 배상할 책임이 있다(325조).

(4) **유사발기인의 책임**   주식청약서 기타 주식모집에 관한 서면에 성명과 회사의 설립에 찬조하는 뜻을 기재할 것을 승낙한 자는 발기인과 동일한 책임이 있다(327조). 이는 금반언의 법리에 따른 책임이다. 유사발기인은 설립에 관한 임무가 있을 수 없으므로 임무해태를 전제로 한 손해배상책임은 성립될 수 없다. 따라서 ① 회사성립의 경우 자본금충실의 책임과 ② 회사 불성립의 경우 주식인수인에 대한 원상회복의무 및 설립비용에 대한 책임만을 부담한다.

Ⅲ. 주식과 주주

1. 주식의 의의와 종류

(1) **주식의 의의**   주식은 ① 자본금의 구성단위와 ② 주주권(사원으로서의 지위)의 두 가지 의미를 가지고 있다.

1) **자본금의 구성단위**   자본금은 주식으로 분할되는데, 액면주식의 1주의 금액은 100원 이상으로 균일하여야 한다(329조 3항·2항). 주금액은 균일하여야 하므로 한 개의 주식을 다시 분할하여 그 일부분의 주주를 인정할 수는 없다(주식불가분의 원칙). 한 개의 주식을 수인이 공유할 수는 있으나, 이 경우 수인이 공동으로 주식을 인수한 자는 연대하여 납입할 책임이 있으며(333조 1항), 공유자는 주주의 권리를 행사할 자 1인을 정하여야 한다(333조 2항).

2) **주주권**   주식은 주주의 회사에 대한 법률상의 지위, 즉 주주권의 의미를 가지는데 이는 주식을 단위로 하여 인정된다(지분복수주의). 상법상 주주의 책임은 그가 가진 주식의 인수가액을 한도로 하고(331조), 인수가액은 회사설립등기 전, 즉 주주가 아니라 주식인수인인 시점에 전액 납입하여야 하므로 회사성립과 함께 비로소 등장하는 개념인 '주주'는 아무런 의무를 부담하지 않는다(이 점에서 '주주'유한책임이 아니라 '주식인수인'유한책임이 정확한 표현이다).

(2) **주식의 종류**

1) **액면주식·무액면주식**   액면주식은 주식의 권면금액이 주권에 기재되어 있는 주식이고(액면주식 발행 시 1주의 금액은 정관의 절대적 기재사항이다, 289조 1항 4호), 무액면주식은 주식권면에는 물론 정관에도 발행가격이 기재되지 않는 주식이다. 회사는 액면주식과 무액면주식 중 한 종류만을 발행할 수 있는데, 무액면주식을 발행하기 위하여는 정관의 정함이 있어야 한다(329조 1항).

2) **기명주식·무기명주식**   이는 주주의 성명이 주권과 주주명부에 기재되는지 여부에 따른 분류이다. 2014년 개정 전까지 상법은 두 가지 형태의 주식을 인정하되 기명주식발행을 원칙으로 하고, 정관에 규정이 있는 경우에 한하여 무기명주식의 발행을 허용하였다(개정 전의 상법 352조 1항·2항 및 357조 1항). 무기명주식은 1963년 시행된 제정상법에서부터 존재하였으나 현재까지 발행 사례가 없을 뿐 아니라 소유자 파악이 곤란하

여 양도세 회피 등이 탈법행위의 수단이 된다는 지적에 따라 무기명주식 제도를 폐지하여 주식을 기명주식으로 일원화하였다.

3) 종류주식

⑺ 의 의   종류주식(種類株式)은 이익의 배당, 잔여재산의 분배, 주주총회에서의 의결권의 행사, 상환 및 전환 등에 관하여 내용이 다른 종류의 주식이다(344조 1항). 회사가 종류주식을 발행하는 경우에는 정관으로 각 종류주식의 내용과 수를 정하여야 하고(344조 2항), 주식청약서(302조 2항 4호) · 신주인수권증서(420조의2 2항 3호) · 주주명부(352조 1항 2호) · 주권(356조 6호)에 기재하고, 상업등기부에 등기하여야 한다(317조 2항 3호). 회사가 종류주식을 발행하는 때에는 정관에 다른 정함이 없는 경우에도 주식의 종류에 따라 신주의 인수, 주식의 병합 · 분할 · 소각 또는 회사의 합병 · 분할로 인한 주식의 배정에 관하여 특수하게 정할 수 있다(344조 3항). 회사가 종류주식을 발행한 경우에 정관을 변경함으로써 어느 종류주식의 주주에게 손해를 미치게 될 때에는 주주총회의 결의 외에 그 종류주식의 주주의 총회의 결의가 있어야 한다(435조 1항). 이하 상법이 규정하고 있는 종류주식에 대하여 살펴본다.

⑷ **이익배당 또는 잔여재산분배에 관한 종류주식**(344조의2)   회사가 이익의 배당에 관하여 내용이 다른 종류주식을 발행하는 경우에는 정관에 그 종류주식의 주주에게 교부하는 배당재산의 종류, 배당재산의 가액의 결정방법, 이익을 배당하는 조건 등 이익배당에 관한 내용을 정하여야 하고(344조의2 1항), 회사가 잔여재산의 분배에 관하여 내용이 다른 종류주식을 발행하는 경우에는 정관에 잔여재산의 종류, 잔여재산의 가액의 결정방법, 그 밖에 잔여재산분배에 관한 내용을 정하여야 한다(344조의2 2항). 이익배당이나 잔여재산분배에 관한 내용이 다른 주식을 발행할 때 그 표준이 되는 주식을 보통주, 보통주보다 유리한 취급을 받는 주식을 우선주, 보통주보다 불리한 취급을 받는 주식을 후배주(後配株), 우선주와 후배주를 결합한 주식을 혼합주라고 한다.

㈐ **의결권의 배제·제한에 관한 종류주식**(344조의3)   회사가 의결권이 없는 종류주식이나 의결권이 제한되는 종류주식을 발행하는 경우에는 정관에 의결권을 행사할 수 없는 사항과, 의결권행사 또는 부활의 조건을 정한 경우에는 그 조건 등을 정하여야 한다(344조의3 1항). 의결권의 배제·제한에 관한 종류주식의 총수는 발행주식총수의 4분의 1을 초과하지 못하며, 만약 초과하여 발행된 경우에는 회사는 지체없이 그 제한을 초과하지 아니하도록 하기 위하여 필요한 조치를 하여야 한다(344조의3 2항).

㈑ **주식의 상환에 관한 종류주식**(345조)   발행 당시부터 일정기간 후 회사의 이익으로써 소각될 것이 예상되어 있는 주식을 상환주식(償還株式)이라 한다. 상환주식은 상환이 예정되어 있다는 점에서 사채(社債)와 유사하나 이익이 있는 경우에만 상환된다는 점에서 구별된다. 상법상 상환주식은 두 가지 형태가 인정되는데 ① 회사가 정관으로 정하는 바에 따라 회사의 이익으로써 소각할 수 있는 형태(회사상환주식)와 ② 주주가 정관으로 정하는 바에 따라 회사에 대하여 상환을 청구할 수 있는 형태(주주상환주식)이다. 회사상환주식의 경우 회사는 정관에 상환가액, 상환기간, 상환의 방법과 상환할 주식의 수를 정하여야 하고(345조 1항 후문), 주주상환주식의 경우 회사는 정관에 주주가 회사에 대하여 상환을 청구할 수 있다는 뜻, 상환가액, 상환청구기간, 상환의 방법을 정하여야 한다(345조 3항 후문). 상환주식은 종류주식에 한정하여 발행할 수 있다(345조 5항).

㈒ **주식의 전환에 관한 종류주식**(346조)   종류주식을 발행하는 경우에 다른 종류의 주식으로 전환할 수 있는 전환권이 인정된 주식을 전환주식(轉換株式)이라고 한다. 상법상 전환권이 주주에게 인정된 주주전환주식과 회사에게 인정된 회사전환주식의 두 가지가 인정된다. 주주전환주식의 경우 회사는 정관으로 전환의 조건, 전환의 청구기간, 전환으로 인하여 발행할 주식의 수와 내용을 정하여야 하고(346조 1항), 회사전환주식의 경우 회사는 전환의 사유, 전환의 조건, 전환의 기간, 전환으로 인하여 발행할 주식의 수와 내용을 정하여야 한다(346조 2항). 전환주식의 발

행에 관한 사항은 주식청약서 · 신주인수권증서에 적어야 하고(347조), 주
주명부(352조 2항) · 주권(356조 6호)에 기재하여야 한다. 전환으로 인하여
신주식을 발행하는 경우에는 전환전의 주식의 발행가액을 신주식의 발행
가액으로 하며(348조), 주식의 전환은 주주가 전환을 청구한 경우에는 그
청구한 때에, 회사가 전환을 한 경우에는 주권제출기간이 끝난 때에 그
효력이 발생한다(350조 1항).

2. 주 주

(1) **주주의 의의**   주주는 주식의 귀속주체로서 주식회사의 사원이
다. 주주자격에는 제한이 없으므로 법인도 주주가 될 수 있다. 주주는 주
식보유비율에 따라 대주주 · 소주주, 취득동기에 따라 투자주주 · 투기주
주 등으로 구분된다. 보통 자신의 이름으로 주식을 인수하므로 그가 주
주가 되는 점에 문제가 없으나 타인(허무인 포함)의 명의로 주식을 인수하
는 경우 주식인수대금의 납입의무자가 누구인지, 그리고 그 경우 누가
주주가 되는지(주주의 확정문제) 두 가지 문제가 발생한다. 먼저 상법은 타
인명의의 주식인수도 유효함을 전제로, 가설인의 명의로 주식을 인수하
거나 타인의 승낙없이 그 명의로 주식을 인수한 자는 주식인수인으로서
의 책임이 있고(332조 1항), 타인의 승낙을 얻어 그 명의로 주식을 인수한
자는 그 타인과 연대하여 납입할 책임이 있다고 규정한다(332조 2항). 다
음으로 이 경우 누가 주주가 되는지 여부에 대하여는 다수설과 종전의
판례는 실질적인 주식인수인, 즉 명의차용인을 주주로 파악하였으나 대
법원은 타인의 승낙을 얻어 주식을 인수한 경우에는 명의자를 주식인수
인으로 보아야 한다고 입장을 변경하였다(대법원 2017. 12. 5. 선고 2016다
265351 판결, 허무인 또는 타인의 승낙없이 주식을 인수한 경우에는 실제출자자가 주주
의 지위를 취득함).

(2) **주주(주식)평등의 원칙**

1) **의의와 기능**   주주평등의 원칙은 주주가 주주의 자격에 기한

법률관계에 관하여 그가 가진 주식의 수에 따라서 평등한 대우를 받아야한다는 원칙이다. 이는 사람의 평등이 아니라 주식의 평등(자본적 평등), 종류주식의 경우 종류적 평등을 의미한다. 이는 회사법상의 근본원칙으로서정관이나 주주총회 또는 이사회의 결의로 침해할 수 없다(강행규정). 이 원칙은 다수결의 원리의 남용으로부터 소수주주를 보호하는 기능을 한다.

2) 근 거   주식회사의 자본단체법상 형평의 이념을 바탕으로한 것이다. 성문의 규정은 없으나 종류주식(344조) · 의결권(369조 1항) · 이익배당의 기준(464조) · 잔여재산의 분배(538조) 등은 모두 이 원칙을 전제로 한 것이다.

3) 적용범위   이는 회사와 주주간에 적용되는 원칙이므로, 주주 상호간 또는 주주와 제3자간에는 적용되지 않는다. 또 회사와 주주간이더라도 주주의 자격에 기한 법률관계가 아닌 회사와 주주간의 거래에는 적용이 없다. 회사는 주주명부상의 주주에 대하여 평등하게 대우하면 되고, 명의주주가 실질상의 주주가 아니라도 무방하다. 주주가 그 지위에 따라 회사에 대하여 가지는 법률관계(예: 배당결의 전의 추상적 이익배당청구권)에 적용되고, 그 법률관계에 기하여 발생한 독립된 구체적인 채권(예: 배당결의 후의 구체적인 배당청구권)에는 적용이 없으므로 구체적인 경우 주주가 그가 받을수 있는 이익을 포기하는 것은 가능하고, 이 경우 이 원칙의 적용은 없다.

4) 내 용   ① 기회의 평등으로서 현실적으로 해당 주주가 향유할 것인지 여부는 불문하고, ② 비례적 평등으로서 주식수에 비례한 상대적 평등이며, ③ 종류적 평등으로서 같은 종류의 주식 사이에서만 적용되고, ④ 객관적 평등으로서 회사의 선의 · 악의는 불문한다.

5) 예 외   ① 종류주식(344조), ② 의결권의 배제 · 제한에 관한종류주식(344조의3), ③ 소수주주권(402조, 403조 1항 등), ④ 감사선임결의에있어서 발행주식 총수의 100분의 3을 초과하는 수의 주식을 가진 주주가그 초과하는 주식에 관하여는 의결권을 행사하지 못하는 것(409조 2항) 등은 이 원칙에 대한 예외이다.

6) **위반의 효과**　　권리침해를 받은 주주의 동의가 없는 한 회사의 선의·악의 불문하고 효력이 없다.

(3) **주주의 의무**　　주주는 인수한 주식의 인수가액을 한도로 출자 의무를 부담할 뿐이므로(331조) 회사에 대하여 의무를 부담하지 않는다. 또한 회사채권자에 대하여도 책임을 부담하지 않는 것이 원칙이다. 그러나 예외적으로 법인격부인의 법리, 회사채무에 대한 연대보증 등에 의하여 그 책임을 부담하는 경우가 있다.

(4) **주 주 권**

1) **의　의**　　주주권은 회사에 대한 주주의 권리로서 주주권의 행사는 주주명부에 적법하게 주주로 기재되어 있는 자만이 행사할 수 있다(156~157면의 전원합의체판결 참조). 주주는 주주권이라는 사원권을 원천으로 하여 회사에 대하여 여러 가지 구체적이고 개별적인 권리를 가진다. 이 권리는 법률에 의하거나 정관에 의하여 생겨나는 단체법상의 권리이므로 일반채권과는 달리 그 자체는 주권과 분리하여 양도나 강제집행의 대상이 되지 않으며 시효에도 걸리지 않는다. 그러나 이와는 달리 주주권에 의하여 구체적으로 확정된 채권(예: 확정된 이익배당청구권)은 추상적인 이익배당청구권에서 유출된 것이기는 하나 주주의 지위에서 분리되어 양도 또는 압류의 대상이 된다.

2) **분　류**

㈎ **자익권·공익권**　　이는 권리행사의 목적과 내용에 따른 분류이다. 자익권은 주주가 회사로부터 경제적 이익 등 재산적 이익을 받는 것을 목적으로 하는 권리로서 주식전환청구권(346조), 신주인수권(418조), 이익배당청구권(462조), 잔여재산분배청구권(538조) 등이며 모두 단독주주권이다. 공익권은 회사 또는 주주 공동의 이익을 위하여 회사의 운영에 관여하는 권리인데 이에는 권리행사의 방법에 따라 설립무효의 소권(328조), 주주총회의결권(369조), 신주발행무효의 소권(429조) 등의 단독주주권과 주주제안권(363조의2), 주주총회소집청구권(366조), 대표소송제기권(403조),

다중대표소송제기권(406조의2), 이사의 위법행위유지청구권(402조) 등의 소수주주권이 있다.

(나) **단독주주권·소수주주권**   이는 일정 비율의 주식소유가 권리행사의 요건으로 되어 있느냐에 따른 구별이다. 단독주주권은 1주의 주식을 가진 주주라도 행사할 수 있는 권리이고, 소수주주권은 발행주식총수의 일정 비율 이상의 주식을 가진 주주만이 행사할 수 있는 권리이다. 소수주주권은 단독주주의 주주권행사남용을 막기 위한 것으로 주주 단독으로 또는 2인 이상의 주주가 그 주식수를 합하여 일정 비율을 형성하는 경우에도 행사할 수 있다. 소수주주권 행사의 비율은 각 권리마다 달리 규정되어 있는데 예컨대 이사의 위법행위유지청구권(402조)과 대표소송제기권(403조) 및 다중대표소송제기권(406조의2)은 각 1%, 주주제안권(363조의2), 주주총회소집청구권(366조), 이사해임청구권(385조 2항)과 감사해임청구권(415조, 385조 2항)은 각 3%이다.

(다) **고유권·비고유권**   정관규정 또는 주주총회의 결의에 의하여 박탈 가능한지 여부에 따라 고유권과 비고유권으로 나눈다. 주주의 이익배당청구권과 잔여재산분배청구권 등은 고유권의 예이고, 신주인수권(418조 2항)은 비고유권에 속한다.

3. 주   권

(1) **의의와 기능**   주권(株券)은 주주의 지위, 즉 주주권을 표창하는 기명식 유가증권이다. 주권의 소지에 의하여 회사의 주주임을 나타낼 수 있으며, 주식의 양도를 촉진하는 기능을 한다.

(2) **법적 성질**   주권은 권리의 이전에만 주권의 소지를 요하므로 불완전유가증권이다. 이미 존재하는 권리를 표창하는 점에서 비설권증권, 주권이 아니라 정관 등에 따라 주주의 권리내용이 결정되므로 비문언증권, 주권의 기재사항이 법정되어 있으나(356조) 법정기재사항이 누락되어도 본질적인 것이 아니면 무효가 되지는 않는 점에서 완화된 요식증

권, 주권의 효력이 주권의 유효한 발생 등 원인관계의 존부에 의하여 좌
우되므로 요인증권, 주주권의 행사에 주권의 제시가 필요없다는 점(주주
명부로 인식)에서 비제시증권이다.

(3) **권리양도와 행사방법**   주식의 양도에 있어서 주권의 교부로써
당사자간에는 양도의 효력이 발생하나(336조 1항), 주식의 이전으로써 회
사에 대항하고, 권리를 행사하기 위하여는 주주명부에 취득자의 성명과
주소를 기재(명의개서)하여야 한다(337조 1항).

(4) **발   행**   주권은 요식증권으로서 법정사항(356조 1호~6의2호)을
기재하고 대표이사가 기명날인 또는 서명하여야 한다(356조). 주권은 회
사성립 후 또는 신주의 납입기일 후 지체없이 발행하여야 한다(355조 1항).
회사의 성립 전이나 신주의 납입기일 전에는 주권을 발행하지 못하며(355
조 2항), 이에 위반하여 발행한 주권은 무효이고, 발행한 자에 대하여 손
해배상을 청구할 수 있다(355조 3항). 주권발행시기를 위반한 회사의 이사
는 과태료의 제재를 받는다(635조 1항 19호). 주권의 효력발생시기에 대하
여는 ① 주권은 회사가 작성한 때, 즉 주주의 성명이 주권에 기재된 때에
효력이 발생한다는 작성시설(창조설), ② 회사가 작성한 주권을 그의 의사
에 따라 누구에게든(주주 이외의 자에게도) 교부하면 주권의 효력이 발생한
다는 발행시설, ③ 회사가 주권을 작성하여 주주에게 교부한 때, 즉 송부
한 주권이 주주에게 도달한 때 주권의 효력이 발생한다는 교부시설(통설
과 판례)의 대립이 있다. ①설과 ②설에 따를 경우 주권이 주주에게 교부
되기 전에 도난되거나 분실되어 제3자가 선의취득한 경우에 주주는 그가
알지도 못하는 사이에 주주권을 잃게 된다고 하는 부당한 결과를 초래하
므로 교부시설이 옳다.

(5) **불소지제도**   주권불소지는 주주의 주권분실위험에 대비하여
주주의 뜻에 따라 주권을 소지하지 않을 수 있도록 하는 제도이다. 이는
정관에 금하는 규정이 없는 경우 인정된다(358조의2 1항). 주주는 그 주식
에 대하여 주권의 소지를 하지 아니하겠다는 뜻을 회사에 신고할 수 있

다(358조의2 1항). 신고를 할 수 있는 주주는 주주명부상의 주주에 한하고 명의개서 하지 않은 주주는 불가하다. 불소지신고의 시기나 방식에는 제한이 없다. 불신고의 시기는 주권 발행 전후를 불문한다. 주주명부의 폐쇄기간 중에도 가능하다. 주권이 발행된 후에 신고할 경우에는 주권을 회사에 제출하여야 한다(358조의2 3항). 불소지의 신고가 있으면 회사는 지

〈주권(예시)〉

(앞면)

(뒷면)

체없이 주권을 발행하지 않는다는 뜻을 주주명부와 그 복본에 기재하고, 그 사실을 주주에게 통지하여야 한다(358조의2 2항 전문). 이 경우 회사는 주권을 발행할 수 없다(358조의2 2항 후문). 불소지신고에 따라 주권이 제출되면 회사는 이를 무효로 하거나, 명의개서대리인에게 임치하여야 하는데(358조의2 3항), 이는 회사의 선택에 따른다. 주주는 언제든지 회사에 대하여 주권의 발행 또는 반환을 청구할 수 있다(358조의2 4항).

(6) **주권의 상실과 선의취득** 주권이 훼손된 경우 주주는 그 주권을 회사에 제출하여 신주권의 교부를 받을 수 있으나, 분실·도난 등으로 주권을 상실한 경우 주주의 권리행사를 위하여 주권을 재발행할 필요가 있다. 그러나 한편 상실된 주권은 선의의 제3자가 선의취득할 가능성이 있으므로(359조) 무조건 재발행할 수는 없다. 그러므로 상법은 주권상실의 경우 민사소송법의 공시최고절차(민소 475조 이하)를 거쳐 제권판결을 얻어 주권을 무효로 한 다음에 주권의 재발행청구를 인정하고 있다(360조 2항).

(7) **주식의 전자등록** 주식의 전자등록은 주권을 발행하는 대신 정관으로 정하는 바에 따라 유가증권 등의 전자등록 업무를 취급하는 기관(전자등록기관)의 전자등록부에 주식을 등록하는 것을 말한다(356조의2 1항). IT기술의 발전과 유가증권의 무권화 추세에 부응하여 권리의 내용을 전자적 방식으로 기록하고, 그 기록에 공시적 기능을 부여하는 것이다. 이는 유가증권(65조 2항), 신주인수권증서(420조의4), 채권(478조 3항), 신주인수권증권(516조의7)의 전자등록에 준용된다. 주식의 전자등록은 정관의 규정이 있어야 하고, 회사가 정관으로 전자등록을 채택한 경우에는 주권을 발행할 수 없다. 전자등록의 절차·방법 및 효과, 전자등록기관에 대한 감독, 그 밖에 주식의 전자등록 등에 필요한 사항은 주식·사채 등의 전자등록에 관한 법률로 정한다(356조의2 4항). 전자등록부에 등록된 주식의 양도나 입질은 전자등록부에 등록하여야 효력이 발생한다(356조의2 2항). 즉, 지명채권양도방식에 따른 양도나 입질은 효력이 없다. 전자등록부에 주식을 등록한 자는 그 등록된 주식에 대한 권리를 적법하게 보유한 것으

로 추정하며, 이러한 전자등록부를 선의로, 그리고 중대한 과실 없이 신뢰하고 전자등록에 따라 권리를 취득한 양수인 또는 질권자는 그 권리를 적법하게 취득한다(356조의2 3항). 주식의 전자등록은 주권의 발행을 대신하고 주식의 양도와 입질의 유효요건이 되는 것에 불과할 뿐으로서 전자등록을 가지고 회사에 대하여 명의개서의 효력을 주장할 수는 없다(전자등록은 전자등록기관이 관리하고, 주주명부는 회사가 작성·보관한다).

4. 주주명부

(1) 의　의　　주주명부(株主名簿)는 주주와 주권에 관한 사항을 명백히 하기 위하여 상법의 규정에 따라서 작성·비치하는 장부이다(352조, 396조).

(2) 기재사항과 비치·공시

주주의 성명과 주소 등을 기재하여야 하며(352조 1항), 이사는 이를 회사의 본점에 비치하여야 하는데 명의개서대리인을 둔 때에는 주주명부나 그 복본을 명의개서대리인의 영업소에 비치할 수 있다(396조 1항). 주주와 회사채권자는 영업시간 내에 언제든지 그 열람 또는 등사를 청구할 수 있다(396조 2항). 주주명부의 복본(複本)은 명의개서대리인제도를 채택함으로써 도입된 것으로 주주명부와 동일한 효력을 가진다.

(3) 효　력

1) 추정력(자격수여적 효력)　주식의 양수인이 주주명부에 명의개서를

〈주주님께〉

명의개서대리인 선임공고

당사 정관 11조에 의거 다음과 같이 명의개서대리인을 선임공고하오니 주주여러분께서는 양지하시기 바랍니다

- 아　　래 -

1. 명의개서대리인 선임 내용

○ 성명 : 한국예탁결제원

○ 사무취급장소 :

　서울 영등포구 여의도동 34-6 한국예탁결제원 증권대행부

○ 대행업무의 범위

　주식의 명의개서 관련업무

　주권의 발행 및 교부관련 업무

　기타 대행업무

2. 업무취급개시일 : 2009년 4월 3일

2009년 4월 2일

🆖 LG하우시스

대표이사 한명호

〈명의개서대리인 선임 공고(예시)〉

하면 이후 적법한 주주로 (사실상) 추정되어 (회사의 반증이 없는 한) 실질적 권리자라는 것을 증명하지 않고도 주주로서의 권리를 행사할 수 있다.

2) 면 책 력   회사는 주주명부에 기재된 자를 주주로서 취급하면 그가 사실은 진정한 주주가 아닌 경우에도 악의 또는 중과실이 없는 한 책임을 면한다. 따라서 주주 또는 질권자에 대한 회사의 통지 또는 최고는 주주명부에 기재한 주소 또는 그 자로부터 회사에 통지한 주소로 하면 된다(353조 1항).

3) 대 항 력   주식의 양수인은 주주명부에 그의 성명과 주소를 기재함으로써 회사에 대하여 그가 주주임을 대항할 수 있다(337조 1항). 과거에는 이러한 대항력은 주주가 회사에 대하여 주주임을 대항하는 것이므로, 회사가 명의개서를 하지 않은 주식양수인을 주주로 인정하는 것은 무방하다는 것이 통설과 판례의 입장이었으나 대법원은 아래 판결을 통하여 회사도 주주명부에의 명의개서에 구속되므로 주주명부에 기재되지 아니한 자를 주주로 인정할 수 없다는 입장으로 변경하였다.

* 대법원 2017. 3. 23. 선고 2015다248342 전원합의체판결

[다수의견] 상법이 주주명부제도를 둔 이유는, 주식의 발행 및 양도에 따라 주주의 구성이 계속 변화하는 단체법적 법률관계의 특성상 회사가 다수의 주주와 관련된 법률관계를 외부적으로 용이하게 식별할 수 있는 형식적이고도 획일적인 기준에 의하여 처리할 수 있도록 하여 이와 관련된 사무처리의 효율성과 법적 안정성을 도모하기 위함이다. 이는 회사가 주주에 대한 실질적인 권리관계를 따로 조사하지 않고 주주명부의 기재에 따라 주주권을 행사할 수 있는 자를 획일적으로 확정하려는 것으로서 … (중략) … 주주명부상의 주주만이 회사에 대한 관계에서 주주권을 행사할 수 있다는 법리는 주주에 대하여만 아니라 회사에 대하여도 마찬가지로 적용되므로, 회사는 특별한 사정이 없는 한 주주명부에 기재된 자의 주주권 행사를 부인하거나 주주명부에 기재되지 아니한 자의 주주권 행사를 인정할 수 없다. … (중략) … 주주명부

에 기재를 마치지 않고도 회사에 대한 관계에서 주주권을 행사할 수 있
는 경우는 주주명부에의 기재 또는 명의개서청구가 부당하게 지연되거
나 거절되었다는 등의 극히 예외적인 사정이 인정되는 경우에 한한다.

4) 기   타   주식의 등록질의 효력(340조)과 주권불소지기재의 효
력(358조의2 2항)이 있다.

(4) 전자주주명부   회사는 정관으로 정하는 바에 따라 전자문서로
주주명부를 작성할 수 있는데 이를 전자주주명부라고 한다(352조의2 1항).
이 명부에는 주주명부에 기재할 사항 외에 전자우편주소를 적어야 한다
(352조의2 2항). 전자주주명부의 비치·공시 및 열람의 방법에 관하여 필요
한 사항은 대통령령(상시 11조)으로 정한다(352조의2 3항).

(5) 주주명부의 폐쇄와 기준일

주식은 유통되어 주주가 항상 변
동되므로 회사의 의결권, 이익배당
등의 권리를 행사할 자를 확정할 필
요가 있는데 이를 위하여 도입된 제
도가 주주명부의 폐쇄와 기준일이
다. 이 두 제도는 병용할 수 있다.

1) 주주명부의 폐쇄   주주명
부의 폐쇄는 주주 또는 질권자로서
권리를 행사할 자를 정하기 위하여
일정기간 주주명부의 기재의 변경을
정지하는 제도이다(354조 1항). 이 기
간은 3월을 초과하지 못한다(354조 2
항). 회사가 주주명부폐쇄기간을 정
한 때에는 그 기간의 2주간 전에 이
를 공고하여야 한다. 그러나 정관으

> **임시주주총회 기준일 및
> 주주명부 폐쇄기간
> 설정 공고**
>
> 상법 제354조 및 당사 정관 제 16조
> 3항에 의거 2018년 8월 29일 임시
> 주주총회 개최를 위하여 2018년 8월
> 1일 현재 주주명부에 기재되어 있는
> 주주에게 의결권을 부여하며, 권리주
> 주 확정을 위해 2018년 8월 2일부터
> 2018년 8월 5일까지 주식의 명의개
> 서, 질권의 등록 및 그 변경과 말소, 신
> 탁재산의 표시 및 말소 등 주주명부의
> 기재사항변경을 정지함을 공고합니다.
>
> 2018년 7월 17일
>
> 서울특별시 영등포구 여의대로 128
>
> **주식회사 엘지**
> 대표이사 하현회

〈기준일 및 명의개서정지 공고(예시)〉

로 그 기간을 정한 때에는 공고가 필요 없다(354조 4항). 회사가 공고를 하지 않거나 공고일수가 부족한 경우에는 그 폐쇄설정이 무효가 된다. 주주명부의 폐쇄에 의하여 폐쇄 직전 주주명부에 주주로서 기재되어 있는 자가 주주권을 행사할 자로 확정된다.

2) 기 준 일 기준일은 회사가 일정한 날을 정하여 그 날에 주주명부에 기재된 주주 또는 질권자를 권리행사자로 확정하는 제도이다(354조 1항). 등록일이라고도 한다. 이는 주주 또는 질권자로서의 권리를 행사할 날에 앞선 3월 내의 날로 정하여야 한다(354조 3항). 회사가 기준일을 정한 때에는 정관으로 정한 때를 제외하고는 그 날의 2주간 전에 이를 공고하여야 한다(354조 4항). 회사가 공고를 하지 않거나 공고일수가 부족한 경우는 기준일이 무효가 된다.

(6) **예탁결제와 실질주주명부** 금융투자업자나 보험회사, 증권회사 등은 한국예탁결제원에 고객의 주권을 예탁한 상태에서 한국거래소를 통하여 장부상으로 고객의 주식을 거래한다. 한국예탁원에의 주권예탁은 주권의 분실과 같은 위험에 대비함과 동시에 신속한 이행을 담보하기 위한 것이다. 한국예탁결제원은 이 목적을 위하여 예탁받은 주권에 대하여 해당 주권의 발행회사의 주주명부에 그의 이름으로 명의개서를 하는(자시 314조 2항) 한편 위 주권에 대한 실질주주의의 회사에 대한 권리행사를 위하여 주권의 발행회사(또는 명의개서대리인)에 대하여 실질주주(고객)에 관한 사항을 기재한 장부를 작성·비치하게 하는데 이를 실질주주명부라고 한다(자시 316조 참조).

5. 주식의 양도

(1) 의 의 주식의 양도는 사원의 지위를 표상하는 주식을 당사자 사이의 법률행위에 의하여 이전하는 것이다(사원권설의 입장). 주식양도행위는 원인행위인 매매·증여 등의 채권계약의 이행행위로서 하는 이전행위이며, 준물권행위이다. 주식양도는 보통 주권을 통하여 이루어지므

로 주식양도의 문제는 주권양도의 문제가 된다.

(2) 주식양도자유의 원칙과 제한

1) 주식양도자유의 원칙 상법은 주주의 투하자본회수를 보장하기 위하여 주식양도자유의 원칙을 인정한다(335조 1항 본문). 다만, 정관이 정하는 바에 따라 주식의 양도에 관하여 이사회의 승인을 얻도록 할 수 있다(335조 1항 단서). 이러한 제한을 허용한 것은 회사에 따라 주주 구성의 폐쇄성을 원하는 경우가 있기 때문이다. 주식양도의 제한은 정관에 의한 이사회 승인에 한정되는 것이므로 주주간의 합의로 주식의 양도를 제한하는 경우 회사에 대하여 그 합의의 효력을 주장하거나 회사가 그 효력을 원용할 수 없다.

2) 주식양도의 제한 주식양도는 정관 또는 법률(상법 또는 특별법)에 의하여 제한된다.

(가) **정관에 의한 제한** 정관에 의하여 주식양도를 제한함에는 정관에 이사회의 승인을 얻어야 한다는 규정을 두어야 하고, 이를 사전에 공시하여야 한다(예컨대 주권의 경우 356조 6호의2 등). 정관상의 제한을 위반하여 한 주식양도는 회사에 대하여 효력이 없으나(335조 2항), 당사자 사이에는 유효하다(판례, 335조의7 참조). 주식양도에 대한 이사회의 승인은 주주 또는 주식양수인이 서면으로 청구할 수 있는데 이사회가 승인을 거절한 경우 회사에 대하여 양도상대방의 지정 또는 주식의 매수를 청구할 수 있으며, 이때의 매도·매수가액은 협의가 이루어지지 않을 경우 법원에 그 결정을 청구할 수 있고, 법원은 회사의 재산상태 그 밖의 사정을 참작하여 공정한 가액으로 산정하여야 한다(335조의2~335조의7). 주주가 회사에 대한 매수청구 후 그 매수가액이 법원에 의하여 결정되기 전에도 회사는 주주 주장의 매수가액의 일부를 주주에게 지급하거나 공탁할 수 있으며, 이때 그 범위에서 지연손해금의 지급을 면한다(335조의6 4항).

(나) **권리주의 양도제한** 권리주는 회사의 성립(172조) 또는 신주의

효력발생(423조 1항) 전의 주식인수인의 지위를 말한다. 이러한 권리주의 양도는 회사에 대하여 효력이 없다(319조). 이는 회사설립시 또는 신주발행시 사무처리의 번잡과 투기를 피하기 위한 것이다.

(다) **주권발행 전의 주식양도제한**   회사성립 후 또는 신주발행 후에도 주권발행 전에 한 주식의 양도는 회사에 대하여 효력이 없다(335조 3항 본문). 다만 회사성립 후 또는 신주의 납입기일 후 6월이 지나면 주권발행이 없어도 주식을 양도할 수 있다(335조 3항 단서).

(라) **자기주식의 취득제한**

가) 자기주식 취득에 대한 입법의 변화   자기주식(自己株式)의 취득은 회사가 발행한 주식을 유상으로 취득하는 것을 말한다. 이는 회사의 계산, 즉 손익이 회사에 귀속됨을 요하고, 명의나 명의개서 여부는 불문한다. 2011년 4월 상법 개정 전에는 회사가 자기주식을 취득할 경우 자기가 자기의 구성원이 되는 논리적 모순이 있을 뿐 아니라 유상취득의 경우 특정주주에게 출자를 환급하는 결과가 되는 동시에 주주평등원칙에도 반하며, 회사재산의 감소로 인하여 다른 주주 및 회사채권자에게 피해를 주는 등의 폐단을 이유로 자기주식의 취득을 원칙적으로 금지하였었다. 그러나 2011년 4월 상법 개정 시 주식보유비율에 따라 자기주식을 유상취득하는 경우 주주에 대한 이익배당과 사실상 차이가 없고 주주평등원칙위반의 문제도 발생하지 않으며, 배당가능이익으로 취득하는 경우 회사채권자의 이익을 해하지 않는다는 점 등을 이유로 자기주식취득을 원칙적으로 허용하였다.

나) 자기주식의 취득방법   이에는 ① 배당가능이익에 의한 취득과 ② 특정목적에 의한 취득이 있다. 배당가능이익에 의한 취득은 배당가능이익의 범위 내에서 미리 주주총회의 결의로 취득할 주식의 종류와 수, 취득가액 총액한도 및 1년 내의 취득기간을 결정하여 자기의 명의와 계산으로 거래소에서 또는 대통령령으로 정하는 방법으로 취득하여야 한다(341조 1항~3항). 특정목적에 의한 취득은 ㉠ 회사의 합병 또는 다른 회사

의 영업 전부의 양수로 인한 경우, ㉡ 회사의 권리를 실행함에 있어 그 목적을 달성하기 위하여 필요한 경우, ㉢ 단주(端株)의 처리를 위하여 필요한 경우, ㉣ 주주가 주식매수청구권을 행사한 경우에 허용된다(341조의2 1호~4호). 그 외 특별법상 자기주식취득이 허용되는 경우(예: 자시 69조)가 있고, 해석상 ⓐ 무상취득, ⓑ 위탁매매인인 회사가 주선행위로서 자기주식을 취득하는 경우, ⓒ 신탁회사가 수탁자로부터 자기주식을 수탁받는 경우, ⓓ 채무이행의 담보로써 회사가 자기주식을 점유하는 경우에도 자기주식취득이 허용된다.

다) 취득금지위반의 효과   회사가 배당가능이익이 없음에도 불구하고 또는 자기주식취득이 허용되지 않는 경우에도 불구하고 자기주식을 취득한 경우 그 사법상의 효력에 대하여 ① 강행규정에 위반한 행위로서 절대적 무효설, ② 원칙적으로 무효이나 거래안전을 위하여 선의의 제3자에게는 대항할 수 없다는 상대적 무효설 및 ③ 거래안전의 차원에서 취득 자체의 효력에는 영향이 없다는 유효설이 대립한다. 자본금충실원칙 차원에서 절대적 무효설이 타당하다(판례 同旨). 무효설의 경우 양수인인 회사뿐 아니라 양도인도 그 무효를 주장할 수 있다. 위 규정에 위반하여 회사의 계산으로 자기주식을 취득한 경우에 이사 등은 회사(399조, 408조의8 1항) 또는 제3자(401조, 408조의8 2항)에 대하여 손해배상책임을 지고, 형벌의 제재를 받는다(625조 2호).

라) 자기주식의 지위   회사가 자기주식을 취득한 경우 그 주식에 대한 의결권을 행사할 수 없다(369조 2항). 의결권을 제외한 나머지 공익권도 그 성질상 인정될 수 없다고 본다. 자익권에 대하여도 전면적 휴지설이 타당하다. 자기주식이 제3자에게 이전되는 순간 모든 주주권이 부활한다.

마) 자기주식의 처분 및 소각   회사가 취득한 자기주식에 대하여 처분 또는 소각의 두 가지 방법을 규정하고 있다. 즉, 회사가 보유하는 자기주식을 처분하는 경우 처분할 주식의 종류와 수, 처분가액과 납입기

일 및 주식을 처분할 상대방 및 처분방법에 대하여 정관에 규정이 없으면 이사회가 결정하고(342조), 이사회의 결의에 의하여 회사가 보유하는 자기주식을 소각할 수 있다(343조 1항).

㈑ 자회사에 의한 모회사 주식취득의 제한   다른 회사(자회사)는 그 회사의 발행주식총수의 100분의 50을 초과하는 주식을 가진 회사(모회사)의 주식을 취득할 수 없다(342조의2 1항). 나아가 모회사와 자회사 또는 자회사가 또 다른 회사(손회사)의 발행주식총수의 100분의 50을 초과하는 주식을 가지고 있는 경우 손회사는 모회사의 자회사가 되어 모회사의 주식을 취득할 수 없다(342조의2 3항). 단, ① 주식의 포괄적 교환, 주식의 포괄적 이전, 회사의 합병 또는 다른 회사의 영업전부의 양수로 인한 때와 ② 회사의 권리를 실행함에 있어 그 목적을 달성하기 위하여 필요한 때는 예외로 하나 그 경우에도 자회사는 그 주식을 취득한 날로부터 6월 이내에 모회사의 주식을 처분하여야 한다(342조의2 1항·2항). 그리고 주식의 포괄적 교환시 완전자회사가 되는 회사의 주주, 흡수합병시 소멸회사의 주주 및 분할합병시 분할회사의 주주에게 각 제공하는 재산이 완전모회사가 되는 회사, 존속회사 및 분할승계회사의 모회사주식을 각 포함하는 경우 그 지급을 위하여 모회사주식을 취득할 수 있으나(360조의3 6항, 523조의2 1항, 530조의6 4항) 이 경우에도 주식교환효력발생일, 합병효력발생일 및 분할합병효력발생일로부터 6개월 이내에 모회사주식을 처분하여야 한다(360조의3 7항, 523조의2 2항, 530조의6 5항). 자회사가 예외적으로 모회사의 주식을 취득한 경우 자기주식을 취득한 경우와 같이 주주권이 전면적으로 휴지된다고 본다.

(3) 주식양도의 방법과 대항요건

1) 주권발행 전 또는 전자등록부에 등록된 주식   회사성립 후 또는 신주의 납입기일 후 6월이 경과하여 주권 없이 주식을 유효하게 양도할 수 있는 경우(335조 3항 단서) 그 양도방법에 대하여 상법에 규정이 없으므로 민법의 일반원칙에 의한다. 즉, 지명채권양도에 대한 당사자간의 합의

로써 양도하고, 회사에 대항하기 위하여 양도인이 회사에 통지하거나 회사의 승낙을 받아야 한다(민 450조). 회사에 대하여 주주권을 행사하기 위한 대항요건으로 명의개서를 요한다(337조 1항). 한편 전자등록부에 등록된 주식의 양도는 전자등록부에 등록하여야 효력이 발생한다(356조의2 2항).

2) 주권발행 후   주권발행 후의 주식의 양도는 주권의 교부로써 한다(336조 1항). 주권의 교부는 주식양도의 효력발생요건이다. 주식양도를 회사에 대항하기 위하여는 주주명부에의 명의개서를 요한다(337조 1항).

3) 명의개서   명의개서(名義改書)는 주식양수인의 성명과 주소를 주주명부에 기재하는 것(337조 1항)이다. 이로써 주식양도로 회사에 대항할 수 있다. 명의개서청구권자는 양수인이고, 그 상대방은 회사이다. 주권의 점유자는 적법한 소지인으로 추정되므로(336조 2항), 주권을 제시하고 명의개서를 청구하면 회사는 그가 적법한 소지인이 아님을 증명하지 못하는 한 명의개서에 응하여야 한다. 명의개서는 주주명부와 같이 대항력(337조 1항), 추정력 및 면책력(353조 1항)을 가진다. 회사의 명의개서업무의 번잡을 피하고 명의개서의 신속한 처리를 위하여 회사는 정관이 정하는 바에 의하여 명의개서대리인을 둘 수 있다. 명의개서대리인은 회사를 위하여 명의개서사무를 대행하는 자이다(337조 2항 전문). 명의개서대리인이 주식양수인의 성명과 주소를 주주명부의 복본에 기재한 때에는 주주명부에 명의개서가 있는 것으로 본다(337조 2항 후문). 명의개서대리인은 전자등록기관 또는 전국적인 점포망을 갖춘 은행으로서 자본시장과 금융투자업에 관한 법률 시행령 소정의 물적 설비와 이해상충방지체계를 구축하고 있어야 한다(자시 365조 2항).

6. 주식의 담보제도

주식은 재산적 가치를 가지는 것이므로 담보가 될 수 있다. 주식을 담보로 이용하는 방법으로는 주식의 입질과 양도담보의 두 가지가 있다.

(1) **주식의 입질**   주식의 입질은 주식을 질권의 목적으로 하는 것

이다.

   1) 약 식 질   약식질은 질권설정합의와 질권자에 대한 주권의 교부로써 성립한다(338조 1항). 질권자가 그 질권으로 회사나 제3자에게 대항하기 위하여는 주권을 계속하여 점유하여야 한다(338조 2항). 단기나 비밀을 요하는 금융에 주로 이용된다. 주식의 약식질권자는 권리질권자와 같이 유치권(민 355조, 335조), 우선변제권(민 355조, 329조), 전질권(민 355조, 336조) 및 물상대위권(민 355조, 342조)을 가진다. 특히 상법은 주식의 소각, 병합, 분할 또는 전환이 있는 때에는 이로 인하여 종전의 주주가 받을 금전이나 주식에 대하여도 종전의 주식을 목적으로 한 질권을 행사할 수 있도록 하여 질권자의 물상대위의 목적물의 범위를 확대하고 있다(339조). 단, 금전의 지급 또는 주권의 교부 전에 이를 압류하여야 한다(민 342조 후문).

   2) 등 록 질   등록질은 약식질의 성립요건인 합의와 주권의 교부 외에 질권자의 성명과 주소를 주주명부에 덧붙여 쓰고 그 성명을 주권에 적음으로써 성립한다(340조 1항). 등록질도 제3자에게 대항하기 위하여는 주권의 계속 점유를 필요로 한다. 전자등록부에 등록된 주식의 입질은 전자등록부에 등록하여야 효력이 발생한다(356조의2 2항). 등록질권자는 약식질권자의 모든 권리 외에 강화된 물상대위권을 가진다. 즉, 금전의 지급 또는 교부 전의 압류는 불필요하며 회사로부터 직접 그 목적물을 지급 받을 수 있다(340조 1항). 만약 질권자의 채권의 기한이 도래하지 않은 때에는 질권자는 회사로 하여금 그 금액을 공탁하게 할 수 있으며, 이 경우에 질권은 그 공탁금에 존재한다(340조 2항, 민 353조 3항). 물상대위의 목적물이 주식인 경우에는 그 주식에 대한 주권의 교부를 회사에 대하여 직접 청구할 수 있다(340조 3항).

   (2) 주식의 양도담보   주식의 양도담보는 채권을 담보하기 위하여 주권의 소유권을 채권자에게 이전하고 채무이행 시에 주권의 반환을 청구할 수 있는 관습법상 인정되는 제도이다. 이에는 당사자간의 양도담보

의 합의와 주권의 교부에 의하여 이루어지는 약식양도담보와 주주명부에 양도담보권자의 명의로 개서하는 등록양도담보가 있다. 회사나 제3자에 대한 대항요건은 주권의 계속적 점유이다. 양도담보권자의 권리는 질권자와 동일하다. 전자등록된 주식(356조의2)은 주권이 없으므로 약식양도담보의 설정은 불가능하나 전자등록부에 주식양도를 등록하고 양도담보권자 명의로 주주명부의 명의개서를 함으로써 등록양도담보의 설정은 가능할 것이다.

7. 주식매수선택권

(1) 의   의   주식매수선택권은 일정한 요건을 갖춘 회사의 임직원이 미리 정한 가액(행사가액)에 회사의 주식을 취득할 수 있는 권리이다. 1999년 상법 개정시 유능한 경영인력 확보 및 임직원의 경영성과 향상을 촉진하기 위한 목적으로 미국의 stock option제도를 도입하였다.

(2) 부여요건

1) 부여주체   상법상 주식매수선택권을 부여할 수 있는 회사는 모든 주식회사이다(340조의2 1항).

2) 부여대상자   비상장회사의 경우 회사의 설립 · 경영 및 기술혁신 등에 기여하거나 기여할 수 있는 회사의 이사, 집행임원, 감사 또는 피용자로서(적극적 요건: 340조의2 1항), 의결권 없는 주식을 제외한 발행주식총수의 100분의 10 이상의 주식을 가진 주주나 이사 · 집행임원 · 감사의 선임과 해임 등 회사의 주요 경영사항에 대하여 사실상 영향력을 행사하는 자 및 그 배우자와 직계존비속이 아닌 자(소극적 요건)이어야 한다. 소극적 요건은 이 제도의 남용을 방지하기 위한 것이다(340조의2 2항). 상장회사의 경우에는 위의 자 외에도 대통령령으로 정하는 관계회사의 이사, 집행임원, 감사 또는 피용자도 그 대상자가 될 수 있다(542조의3 1항).

3) 부여방식   회사는 행사가액으로 ① 주식매수선택권자가 신주를 인수하거나(신주인수권방식) ② 자기주식을 매수하거나(자기주식교부방식)

또는 ③ 행사가액이 주식의 실질가액보다 낮은 경우에 그 차액을 금전으로 지급하거나 그 차액에 상당하는 자기의 주식을 양도하는(주가차액교부방식) 세 가지 중 하나의 방식으로 주식매수선택권을 부여할 수 있다(340조의2 1항).

4) 부여한도　　주식매수선택권의 부여로 발행할 신주 또는 양도할 자기의 주식은 회사의 발행주식총수의 100분의 10을 초과할 수 없다(340조의2 3항). 이는 과도한 주식매수선택권의 부여에 의하여 주주의 이익이 침해될 가능성을 방지하기 위한 것이다.

5) 행사가액　　주식매수선택권의 행사가액은 ① 신주를 발행하는 경우에는 자본금충실을 위하여 주식매수선택권의 부여일을 기준으로 한 주식의 실질가액과 주식의 권면액(무액면주식을 발행한 경우에는 자본금으로 계상되는 금액 중 1주에 해당하는 금액을 권면액으로 본다) 중 높은 금액 이상이어야 하고, ② 자기주식을 양도하는 경우에는 주식매수선택권의 부여일을 기준으로 한 주식의 실질가액 이상이어야 한다(340조의2 4항).

(3) 부여절차　　주식매수선택권을 부여하기 위하여 다음의 절차를 요한다.

1) 정관의 규정　　주식매수선택권을 부여하기 위하여 정관에 주식매수선택권에 관한 법정사항을 기재하여야 한다(340조의3 1항 1호~5호).

2) 주주총회의 특별결의　　주식매수선택권을 부여받을 자의 성명 등 법정사항을 주주총회의 특별결의로 정하여야 한다(340조의3 2항, 340조의2 1항, 434조). 상장회사의 경우에는 정관규정에 따라 발행주식총수의 100분의 10의 범위에서 대통령령으로 정하는 한도까지 이사회가 법정사항을 결의할 수 있다(542조의3 3항).

3) 부여계약의 체결　　회사는 주주총회 결의에 의하여 주식매수선택권을 부여 받은 자와 계약을 체결하고 상당한 기간 내에 그에 관한 계약서를 작성하여야 한다(340조의3 3항).

4) 비치 및 열람　　회사는 위 계약서를 주식매수선택권의 행사기간

이 종료할 때까지 본점에 비치하고 주주로 하여금 영업시간 내에 이를 열람할 수 있도록 하여야 한다(340조의3 4항).

(4) 행   사

1) 행사기간   주식매수선택권은 주식매수선택권에 관한 법정사항을 정하는 주주총회결의일부터 2년 이상 재임 또는 재직하여야 이를 행사할 수 있다(340조의4 1항). 상장회사의 경우 대통령령으로 예외를 규정할 수 있는데 이 예외는 주식매수선택권을 부여받은 자가 사망하거나 그 밖에 본인의 책임이 아닌 사유로 퇴임하거나 퇴직한 경우(정년에 따른 퇴임이나 퇴직은 이에 포함되지 않음)이다(542조의3 4항, 상시 30조 5항). 행사기간은 정관에 기재하고(340조의3 1항 4호), 주주총회의 특별결의를 거쳐야 한다(340조의3 2항 4호).

2) 행사방법   주식매수선택권은 주식매수선택권자의 일방적 의사표시에 의하여 행사한다(형성권). 이 권리는 주주명부폐쇄기간 중에도 행사할 수 있으나, 그 기간 중의 총회의 결의에 관하여는 의결권을 행사할 수 없다(340조의5, 350조 2항).

3) 행사효과   주식매수선택권자가 그 권리를 행사하면 회사는 그 부여방법에 따른 의무를 부담한다. 주식매수선택권자가 주주가 되는 시기는 ① 신주인수권방식의 경우에는 행사가액을 납입한 때(340조의5, 516조의10 전문), ② 자기주식교부방식의 경우에는 행사가액을 납입한 때, ③ 주가차액교부방식 중 자기주식을 교부하는 경우에는 주식매수선택권을 행사한 때이다.

(5) 기   타

1) 양도제한   주식매수선택권은 이를 양도할 수 없다. 다만, 주식매수선택권을 행사할 수 있는 자가 사망한 경우에는 그 상속인이 이를 행사할 수 있다(340조의4 2항).

2) 공   시   회사는 설립등기에 있어서 주식매수선택권에 관한 사항을 등기하여야 하고(317조 2항 3의3호), 그 변경이 있는 경우 변경등기

를 하여야 한다(317조 4항, 183조). 신주인수권방식의 경우 신주발행으로 인하여 자본금이 증가하게 되므로 회사는 주식매수선택권을 행사한 날이 속하는 달의 마지막 날부터 2주 내에 본점소재지에서 변경등기를 하여야 한다(340조의5, 351조).

3) 취   소   비상장회사의 경우 정관규정에 취소에 관한 사항이 기재된 경우 이사회의 결의로 주식매수선택권의 부여를 취소할 수 있다(340조의3 1항 5호). 상장회사의 경우 취소사유는 법정되어 있다(상시 30조 6항 1호~4호).

8. 주식의 소각

(1) 의   의   주식의 소각은 회사의 존속 중에 특정한 주식을 절대적으로 소멸시키는 회사의 행위이다. 특정한 주식을 소멸시키는 점에서 주식 전부의 소멸을 가져오는 회사의 해산과 다르고, 주식이 아니라 주권만을 소멸시키는 주권의 제권판결(360조)과 다르며, 주식인수인의 자격만을 실효시키는 실권절차(307조)와도 상이하다. 이는 회사존속 중의 유일한 주식의 소멸원인이다.

(2) 종   류   주식의 소각에는 ① 자본금감소의 방법에 의한 소각(343조 1항 본문)과 ② 주주에게 배당할 이익으로 소각하는 경우가 있다. ①의 경우 소각되는 주식만큼 자본금이 감소하므로 반드시 채권자보호절차를 밟아야 하나 ②의 경우에는 이익이 소각의 재원이어서 자본금이 감소하지 않으므로 그 절차를 취할 필요가 없다. 이익으로 소각하는 경우에는 특정주식을 대상으로 하는 상환주식의 상환(345조)에 의한 소각과 주식 일반에 대하여 평등하게 소각하는 경우(343조 1항 단서)가 있다. 자본금감소에 의한 소각은 뒤의 자본금감소에서 설명하기로 하고, 상환주식의 상환은 이미 설명하였으므로 이하에는 배당가능이익으로써 취득한 자기주식의 소각을 설명한다.

〈주식의 소각〉

주식의 소각	자본금감소의 규정에 의하는 경우(343조 1항 본문): 채권자보호절차가 요구됨		
	이익으로 소각하는 경우(채권자보호절차 불요)	특정주식을 대상	상환주식(345조)의 상환
		일반주식을 대상	배당가능이익으로써 취득한 자기주식소각(341조, 343조 1항 단서)

(3) **배당가능이익으로써 취득한 자기주식의 소각**　　회사는 배당가능이익으로써 취득한(341조) 자기주식을 소각할 수 있다. 그 취득을 위하여는 직전 결산기의 대차대조표상 이익이 현존하여야 하고(341조 1항 단서), 해당 영업연도의 결산기에 이익이 예상되어야 한다(재원상 제한). 그리고 취득할 수 있는 주식의 종류 및 수 등에 대하여 미리 주주총회의 결의(이사회의 결의로 이익배당을 할 수 있다고 정관으로 정하고 있는 경우에는 이사회의 결의)가 있어야 하고(절차상 제한, 341조 2항), 거래소에서 시세가 있는 주식의 경우에는 거래소에서 취득하고, 주식의 상환에 관한 종류주식의 경우 외에 각 주주가 가진 주식 수에 따라 균등한 조건으로 취득하는 것으로서 대통령령으로 정하는 방법에 의하여야 한다(방법상 제한, 341조 1항 1호·2호). 이렇게 취득한 자기주식은 이사회의 결의에 의하여 소각할 수 있다(343조 1항 단서).

Ⅳ. 기　　관

1. 총　　설

　주식회사는 독립된 사회적 실재로서 그 자체의 의사를 결정하고 행위하여야 한다. 그러나 법인인 까닭에 실제로 그 자신의 의사를 결정하고 그에 따라 행위할 수는 없으므로, 결국 그 의사와 행위는 회사조직 내부의 일정한 지위에 있는 자에 의하여 결정되고 실행된다. 이와 같은 회사의 의사를 결정하고 그에 따라 집행하는 회사조직상의 지위를 기관(機關)이라 한다.

　현행 상법상 주식회사의 기관은 크게 필요기관과 임시기관으로 나누어진다. 필요기관에는 일정한 사항에 대하여 주주의 총의에 의한 회사의 의사결정기관인「주주총회」가 있고, 업무집행기관으로서 집행임원 비설치회사의 경우에는「이사회」와「대표이사」, 집행임원설치회사의 경우에는「이사회」와「(대표)집행임원」이 있으며, 감사기관으로서「감사」또는「감사위원회」가 있다. 임시기관으로는「검사인」이 있고, 특별법인 주식회사의 외부감사에 관한 법률에 의한「감사인」이 있다.

2. 주주총회

　(1) 의　　의　　　주주총회는 주주의 총의에 의하여 회사의 기본적인 의사를 결정하는 주식회사의 필요적 기관이다. 주주총회의 결의권한은 상법 또는 정관에 정한 사항에 한정되어 있으므로(361조), 만능의 기관이라고 볼 수는 없으나 상법상 주주총회의 권한사항이 회사의 존폐와 관련된 중요한 사항인 동시에 이사와 감사의 선임·해임권이나 정관변경권 등을 가지고 있어 이러한 점에서 최고기관이라 할 수 있다. 주주총회의 존재형식을 강조하여 상설기관이라는 견해와 활동형식을 강조하여 비상설기관이라는 견해가 있으나 정기 또는 임시로 소집에 의하여 구성되는 비상설기관이라고 할 것이다.

　(2) 권　　한　　　주주총회는 상법 또는 정관에 정하여진 사항에 한하여 결의할 수 있다(361조). 상법에서 주주총회의 권한사항으로 규정한 것은 주주의 이익에 중대한 영향을 주는 사항으로서 ① 이사·감사의 선임(382조 1항, 409조 1항)과 같이 출자자의 지위에서 당연히 행사하는 기관구성에 관한 권한, ② 이사의 보수결정(388조)과 같이 자의적 집행을 방지하기 위한 업무감독권한, ③ 주식의 포괄적 교환(360조의3 1항), 주식의 포괄적 이전(360조의16 1항), 정관변경(433조), 합병(522조), 조직변경(604조 1항), 회사해산(518조)과 같이 회사조직에 대한 중대한 변화에 관한 권한 및 ④ 주식배당(462조의2 1항 본문)과 같이 회사재산에 관한 권한이 있다. 이러한

권한은 정관을 통하여도 이사회 등 다른 기관에 위임할 수 없다. 주주총
회의 권한은 정관에 의하여 확장될 수 있다. 상법 제416조 단서에 있는
'정관으로 주주총회에서 결정하기로 정한 경우'와 같은 경우이다. 이러한
명문규정이 없는 경우, 예컨대 상법 제469조 제1항은 이사회의 결의에
의하여 사채를 발행할 수 있다고 규정하는데 이를 정관규정으로 주주총
회의 권한사항으로 할 수 있는가에 대하여 주주총회의 최고기관성 또는
권한분배의 자율성을 들어 긍정하는 견해와 명문규정 없이는 불가하다는
견해가 대립한다.

(3) 소   집

1) 소집권자   주주총회의
소집은 원칙적으로 이사회가 결
정하고(362조) 대표이사가 소집절
차를 실행한다. 자본금 총액이 10
억원 미만인 회사는 각 이사가
소집기능을 담당한다(383조 6항, 1
항 단서). 예외적으로 소수주주
(366조 1항, 542조의6 1항), 법원의
명령(467조 3항), 감사 또는 감사
위원회(412조의3 1항, 415조의2 7항)
에 의하여 소집될 수 있다.

2) 소집시기   주주총회는
소집시기에 따라 정기총회와 임
시총회로 나뉜다. 정기총회는 매
년 1회 일정한 시기(매결산기)에
소집하여야 한다(365조 1항). 연 2
회 이상의 결산기를 정한 회사는
매기에 총회를 소집하여야 한다

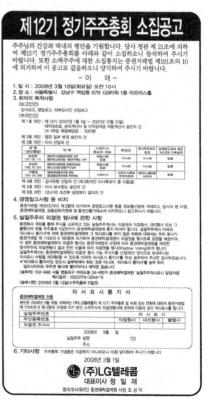

〈정기주주총회 소집 공고(예시)〉

(365조 2항). 임시총회는 필요할 때 마다 수시로 소집하나(365조 3항), 소집이 강제되는 경우도 있다(467조 3항).

3) 소집지·소집장소·전자주주 총회   정관에 다른 정함이 없으면 본점소재지 또는 이에 인접한 지에 소집하여야 한다(364조 1항). 회사는 정관에 다른 정함이 없으면 주주가 소집지에 직접 출

〈임시주주총회 소집 공고(예시)〉

석하는 방식으로 주주총회를 개최한다(364조 2항). 소집지 내의 소집장소에 대하여 규정이 없으나 이는 소집권자가 선량한 관리자의 주의로써 정하여야 한다. 즉, 모든 주주를 수용할 수 있고, 의안이나 의제에 대한 토론과 표결이 가능한 장소이어야 한다. 상법은 근래 디지털 테크놀로지 발전에 따른 기업비용부담 경감을 위하여 전자주주총회를 도입하였는데, 정관 규정에 따라 병행전자주주총회(주주의 선택에 따라 직접 출석 또는 전자통신수단에 의한 출석을 허용) 또는 완전전자주주총회(모든 주주가 전자통신수단에 의하여만 출석가능, 정관규정으로 이 방식만의 총회를 개최하는 것은 허용되지 않음. 364조의2 1항 단서)를 허용하였다. 회사가 전자주주총회를 개최하는 경우 소집통지에 전자주주총회를 개최한다는 뜻과 출석방법 등을 포함하여야 하며(364조의2 3항), 전자주주총회에 출석한 주주 등은 소집지에 직접 출석한 것으로 본다(364조의2 2항). 전자통신수단과 전자주주총회 개최요건 등은 대통령령으로 정하며(364조의2 4항), 전자주주총회의 운영, 출석과 의결권행사 등에 대하여는 상법 제368조의5와 제368조의6에 규정을 두고 있다.

4) 소집절차   ① 주주에 대한 소집통지(364조의2에 따른 전자통신수단에 의한 주주총회 포함)는 회일의 2주 전에 서면 또는 대통령령이 정하는 바

에 따라 각 주주의 동의를 받아 전자문서로 통지를 발송하여야 하나 그 서면통지가 주주명부상 주주의 주소에 계속 3년간 도달하지 아니한 경우에는 회사는 해당 주주에게 총회의 소집을 통지하지 아니할 수 있다(363조 1항). 통지서에는 회의의 목적사항을 적어야 하며(363조 2항), 특히 중요한 의안(정관변경·합병계약의 승인·자본금감소)에 대하여는 의안의 요령 또는 주요내용까지 기재하여야 한다(433조 2항, 522조 2항, 438조 3항). 상장회사가 총회를 소집하는 경우 대통령령으로 정하는 수 이하의 주식(의결권 있는 발행주식총수의 100분의 1 이하의 주식, 상시 31조 1항)을 소유하는 주주에게는 정관으로 정하는 바에 따라 회일의 2주 전에 주주총회를 소집하는 뜻과 회의의 목적사항을 둘 이상의 일간신문에 각각 2회 이상 공고하거나 대통령령으로 정하는 바에 따라 전자적 방법(상시 31조 2항의 전자공시시스템)으로 공고함으로써 소집통지를 갈음할 수 있다(542조의4 1항). ② 자본금 총액이 10억원 미만인 회사가 총회를 소집하는 경우에는 회일의 10일 전에 각 주주에게 서면 또는 각 주주의 동의를 받아 전자문서로 통지를 발송할 수 있다(363조 3항). ③ 의결권 없는 주주에게는 통지를 생략할 수 있는 것이 원칙이나(363조 7항 본문), 그 회의의 목적사항에 주식의 포괄적 교환(360조의5) 또는 이전(360조의22), 영업양도 등(374조의2), 합병(522조의3) 또는 분할합병(530조의11), 물적분할(530조의12)에 따라 반대주주의 주식매수청구권이 인정되는 사항이 포함되는 경우에는 생략할 수 없다(363조 7항 단서). ④ 총회의 연기나 속행은 일단 총회가 성립한 후 총회의 결의에 의하여 이루어지는 것이므로(372조 1항), 다시 소집절차를 밟을 필요가 없다(372조 4항). 이 속회 또는 연기회는 상법 제363조에 따라 소집된 총회와 다른 방식으로 개최할 수 있다(372조 1항 후문). 전자주주총회에서 전자통신의 장애 등으로 인하여 의사진행에 현저한 지장이 생긴 때에는 총회의 결의 또는 의장의 직권으로 회의를 속행 또는 연기할 수 있다(372조 2항). 위 규정에 따라 속행 또는 연기되는 경우 주주는 상법 제363조에 따라 소집된 총회에 출석했던 방식과 다른 방식으로 속회 또는 연기회에 출석할 수 있다(372조 3항). ⑤ 소집절차 없이 주주 전원이 출석하여 결의한 경우(전원출석총회)도 어느 주주의 이익을 해하는 것이 아니므로 유효하고, 마찬가지로 1인회사의 경우 주주 1인이 출석하면 전원총회로 성립한다. ⑥ 총주주의 동의에 의하여 소집절차 없이 총회를 개최하였으나 전원이 출석하지 않은 경우도 유효하다(자본금 총액이 10억원 미만인 회사의 경우에는 명문의 규정을 두고 있다, 363조 4항 1문 전단).

(4) **주주제안권**　　이는 주주가 주주총회의 의제(정관변경이나 이사선임과 같은 회의의 목적사항)나 의안('배당우선주의 우선배당율을 2%에서 3%로 정관을 변경'하거나 '갑을 이사로 선임한다'는 구체적인 결의안)을 제안할 수 있는 권리이다. 우리 상법은 소수주주권으로 이를 인정하고 있는데(363조의2) 주주의 의결권과 함께 공익권에 해당한다. 의결권 없는 주식을 제외한 발행주식 총수의 100분의 3 이상에 해당하는 주식을 가진 주주는 이사에게 주주총회일(정기주주총회의 경우 직전 연도의 정기주주총회일에 해당하는 그 해의 해당일)의 6주 전에 서면 또는 전자문서로 일정한 사항을 주주총회의 목적사항으로 할 것을 제안할 수 있고(363조의2 1항), 그가 제출하는 의안의 요령을 총회 소집통지에 기재할 것을 청구할 수 있다(363조의2 2항). 주주제안이 있는 경우 이사는 이를 이사회에 보고하고, 이사회는 주주제안의 내용이 법령 또는 정관을 위반하는 경우와 그 밖에 대통령령(상시 12조)으로 정하는 경우를 제외하고는 이를 주주총회의 목적사항으로 하여야 하며, 주주제안자의 청구가 있는 때에는 주주총회에서 당해 의안을 설명할 기회를 주어야 한다(363조의2 3항).

3. 주주의 의결권

(1) **의의와 성질**　　주주의 의결권은 주주가 주주총회에 출석하여 결의에 참가할 수 있는 권리이다. 이는 주주의 공익권 중 가장 중요한 것으로서, 법률에 의하지 않고는 정관이나 주주총회의 결의에 의하여 박탈 또는 제한할 수 없으며, 주주가 미리 포기할 수 없다.

(2) 의결권의 수

1) 1주1의결권의 원칙   의결권은 1주마다 1개로 한다(369조 1항). 이는 강행규정으로 복수의결권은 부인된다. 또한 가부동수인 경우 부결된 것으로 보아야 하며, 결정투표(casting vote)나 추첨결정은 인정되지 않는다.

2) 예   외   상법상 예외는 다음과 같다.

(가) 무의결권 또는 의결권이 제한되는 종류주식   이러한 종류주식의 수는 발행주식총수에 산입되지 않는다(371조 1항, 344조의3 1항).

(나) 자기주식   회사가 가진 자기주식은 의결권이 없다(369조 2항). 자기주식의 수는 발행주식총수에 산입하지 아니한다(371조 1항).

(다) 상호보유주식   회사, 모회사 및 자회사 또는 자회사가 다른 회사의 발행주식의 총수의 10분의 1을 초과하는 주식을 가지고 있는 경우 그 다른 회사가 가지고 있는 회사 또는 모회사의 주식은 의결권이 없다(369조 3항). 위 요건의 해당 여부는 실제 의결권을 행사하는 총회일을 기준으로 하고, 명의개서 여부와 무관하게 실제 소유주식수를 기준으로 판단한다(판례). 회사가 다른 회사의 발행주식총수의 10분의 1을 초과하여 취득한 때에는 그 다른 회사에 대하여 지체없이 이를 통지하여야 한다(342조의3). 상호보유주식의 수는 발행주식총수에 산입하지 아니한다(371조 1항).

(라) 특별이해관계인의 주식   총회의 결의에 관하여 특별한 이해관계가 있는 자는 의결권을 행사하지 못한다(368조 3항). 여기의 '특별이해관계'는 특정한 주주가 주주의 입장을 떠나서 개인적으로 가지는 이해관계로서 가능한 한 좁게 해석하여야 한다(개인법설). 따라서 회사가 소송을 하는 상대가 그 회사의 주주인 경우, 이사의 보수나 공로금의 결정 또는 이사와 감사의 책임면제에 있어서 당사자인 이사 또는 감사가 주주인 경우, 회사와의 영업양도계약에서의 당사자 일방이 주주인 경우 등에 있어서는 의결권이 없다. 그러나 주주의 입장에서 이해관계를 가지는 경우, 예컨대 이사 또는 감사의 선임·해임결의에 있어서의 당사자인 주주는

특별이해관계인이 아니다. 특별이해관계가 있는 주주가 행사할 수 없는
의결권의 수는 출석한 주주의 의결권의 수에 산입하지 아니한다(371조 2
항). 특별이해관계인이 결의에 참가한 경우 결의취소의 원인이 된다.

㈐ **감사 또는 감사위원회 위원의 선임 또는 해임시**　　비상장회사의
감사 선임시 의결권 없는 주식을 제외한 발행주식의 총수의 100분의 3(정
관에서 더 낮은 주식 보유비율을 정할 수 있으며, 정관에서 더 낮은 주식 보유비율을 정
한 경우에는 그 비율로 한다)을 초과하는 수의 주식을 가진 주주는 그 초과하
는 주식에 관하여 의결권을 행사하지 못한다(409조 2항). 최근 사업연도
말 현재의 자산총액이 2조원 이상인 상장회사(542조의11 1항 본문, 상시 37조
1항)의 감사위원회위원을 선임 또는 해임할 때에는 상장회사의 의결권 없
는 주식을 제외한 발행주식총수의 100분의 3(정관에서 더 낮은 주식 보유비율
을 정할 수 있으며, 정관에서 더 낮은 주식 보유비율을 정한 경우에는 그 비율로 한다)을
초과하는 수의 주식을 가진 주주(최대주주인 경우에는 사외이사가 아닌 감사위원
회위원을 선임 또는 해임할 때에 그의 특수관계인, 그 밖에 대통령령으로 정하는 자가 소
유하는 주식을 합산한다)는 그 초과하는 주식에 관하여 의결권을 행사하지
못하며(542조의12 4항), 이러한 의결권제한은 최근 사업연도 말 자산총액이
2조원 미만의 상장회사가 감사를 선임하거나 해임할 때에 준용한다(이 경
우 주주가 최대주주인 경우에는 그의 특수관계인, 그 밖에 대통령령으로 정하는 자가 소
유하는 주식을 합산한다, 542조의12 7항). 이 경우 행사할 수 없는 주식의 의결
권 수는 출석한 주주의 의결권의 수에 산입하지 아니한다(371조 2항).

㈑ **주주명부폐쇄기간 중에 전환된 주식**　　주부명부폐쇄기간 중에 전
환된 주식의 주주는 그 기간 중의 총회의 결의에 관하여는 의결권을 행
사할 수 없다(350조 2항).

(3) **의결권의 행사방법**　　주주는 주주명부상의 명의개서로서 의결
권을 행사할 수 있다. 그 외 상법이 인정하는 대리행사·불통일행사·서
면행사·전자적 방법에 의한 행사가 있다.

1) **대리행사**　　주주는 대리인으로 하여금 그 의결권을 행사하게 할

수 있다(368조 2항 전문). 대리인의 자격에는 제한이 없으므로 무능력자나 법인도 가능하나 회사 자신이 될 수는 없다. 대리인의 자격을 주주에 한정하는 정관규정은 제3자의 교란으로부터 회사를 보호하려는 취지에서는 유효하나 그 경우에도 법인주주인 경우 그 직원(국가 또는 지방공공단체인 경우 공무원 또는 직원), 개인주주인 경우 그 가족에게는 대리행사가 허용되어야 한다(제한적 유효설). 1인의 주주가 복수의 대리인으로 하여금 의결권을 공동행사하게 할 수 있는가에 대하여는 견해가 대립한다. 의결권 대리행사를 위하여 대리인은 대리권을 증명하는 서면 또는 대통령령으로 정하는 전자문서를 총회에 제출하여야 한다(368조 2항 후문). 이 대리권은 총회별로 수여될 필요는 없고, 수회의 총회에 대한 포괄적 수여가 가능하다. 대리인은 특별한 사정이 없는 한 그 의결권 행사의 취지에 따라 제3자에게 그 의결권의 대리행사를 재위임할 수 있다. 의결권대리행사의 권유는 총회의 정족수를 채우기 위하여 이루어지나 악용의 소지도 있다.

　　2) 불통일행사　　　주주가 2 이상의 의결권을 가지고 있는 때에는 이를 통일하지 아니하고 행사할 수 있다(368조의2 1항 전문). 의결권의 불통일행사는 실질주주의 의사를 반영하기 위한 것이다. 주주가 불통일행사를 하는 경우 주주총회일의 3일 전에 회사에 대하여 서면 또는 전자문서로 그 뜻과 이유를 통지하여야 한다(368조의2 1항 후문). 회사는 주주가 주식의 신탁을 인수하였거나 타인을 위하여 주식을 가지고 있는 경우(예: 위탁매매인, 주식공유자 등) 외에는 주주의 의결권의 불통일행사를 거부할 수 있다(368조의2 2항). 회사의 적법한 거부에도 불통일행사하는 경우 모두 무효가 된다.

　　3) 서면행사　　　주주는 이사회의 결의로 총회에 출석하지 아니하고 주주총회일 전에 서면에 의하여 의결권을 행사할 수 있다(368조의3 1항). 회사는 총회의 소집통지서에 주주가 서면에 의한 의결권 행사에 필요한 서면과 참고자료를 첨부하여야 한다(368조의3 2항). 자본금 총액이 10억원 미만인 회사는 주주 전원의 동의가 있을 경우에는 소집절차 없이 주주총

회를 개최할 수 있고, 서면에 의한 결의로써 주주총회의 결의를 갈음할 수 있으며, 결의의 목적사항에 대하여 주주 전원이 서면으로 동의를 한 때에는 서면에 의한 결의가 있는 것으로 본다(363조 4항). 이 서면결의는 주주총회의 결의와 같은 효력이 있고(363조 5항), 이에 대하여는 주주총회에 관한 규정을 준용한다(363조 6항). 서면 또는 전자적 방법에 의하여 의결권을 행사한 주주는 정관에 다른 정함이 있는 경우를 제외하고는 총회에 출석하여 의결권을 행사할 수 없다(368조 4항).

4) 전자적 방법에 의한 행사　　회사는 이사회의 결의로 주주가 총회에 출석하지 아니하고 전자적 방법으로 주주총회일 전에 의결권을 행사할 수 있음을 정할 수 있다(368조의4 1항). 이 경우 회사는 총회 소집통지를 할 때 이러한 내용을 통지하여야 한다(368조의4 2항). 동일한 주식에 관하여 전자적 방법 또는 서면에 의하여 의결권을 행사하는 경우 어느 하나의 방법을 선택하여야 한다(368조의4 4항).

5) 이익공여의 금지　　회사는 누구에게든지 주주의 권리행사와 관련하여 재산상의 이익을 공여할 수 없다(467조의2 1항). 주주권 행사의 공정성을 확보하기 위한 것이다. 회사가 특정의 주주에 대하여 무상으로 재산상의 이익을 공여하거나 유상으로 공여한 경우에도 회사가 얻은 이익이 공여한 이익에 비하여 현저하게 적은 경우 주주의 권리행사와 관련하여 공여한 것으로 추정하며 이를 위반한 경우 그 이익을 회사에 반환하여야 한다(467조의2 2항·3항 전문). 이에 대하여는 대표소송에 관한 규정이 준용된다(467조의2 4항).

(4) 의사와 결의

1) 의　　사　　주주총회는 회의체이므로 의사의 운영을 담당하는 의장이 필요하다. 주주총회의 의장은 정관에서 정함이 없는 때에는 총회에서 선임한다(366조의2 1항). 의장의 자격에는 제한이 없다. 의장은 총회의 질서유지와 의사정리를 담당하므로, 고의로 의사진행을 방해하기 위한 발언·행동을 하는 등 현저히 질서를 문란하게 하는 자에 대하여 그

발언의 정지 또는 퇴장을 명할 수 있다(366조의2 2항·3항). 총회의 의사에
는 의사록을 작성하여야 하는데, 의사록에는 총회의 개최방식, 의사의
경과요령과 그 결과를 기재하고 의장과 출석한 이사가 기명날인 또는 서
명하여야 한다(373조 1항·2항). 이 의사록은 본점과 지점에 비치되어야 하고,
영업시간 내에 주주와 회사채권자의 청구에 따라 열람 또는 등사될 수 있다
(396조 1항 전문·2항).

2) 결   의

(가) **결의의 법적 성질**   주주총회결의는 주주 각자의 의사표시에 다
수결의 원칙을 적용한 결과 형성된 주주총회의 의사표시로서 결의의 성
립이 선언된 때로부터 회사와 주주를 포함한 관계인에 대하여 법적 구속
력을 가진다. 일반적으로 총회결의는 회사 내부의 의사결정이고, 그 집행
은 대표이사·집행임원 등이 한다.

(나) **결의요건**   주주총회의 결의요건에는 다음의 네 가지가 있다.

가) 보통결의   보통결의는 출석한 주주의 의결권의 과반수와 발행
주식 총수의 4분의 1 이상의 수로써 한다. 상법이나 정관에서 특별결의
또는 특수결의사항으로 정한 이외의 모든 사항이 여기에 속한다(368조 1
항). 이사의 선임(382조 1항), 이사·감사·청산인의 보수(388조, 415조, 542조
2항), 검사인의 선임(366조 3항, 367조, 542조 2항) 등이 그 예이다. 보통결의
사항에는 본래는 이사회의 권한사항이나, 정관으로 주주총회의 권한사항
으로 할 수 있는 사항이 있다. 대표이사의 선임(389조 1항), 신주발행의 결
정(416조), 준비금의 자본금전입(461조 1항 단서), 전환사채·신주인수권부사
채의 발행사항의 결정(513조 2항 단서, 516조의2 2항 단서)이 이에 속한다. 정
관으로 이 요건을 가중할 수 있으나(단, 특별결의요건을 한도로 함), 완화에 대
하여는 사적 자치를 근거로 한 긍정설과 최소한의 단체결의요건이라는
부정설이 대립한다.

* 대법원 2017. 1. 12. 선고 2016다217741 판결

<u>상법 제368조 제1항은 주주총회의 보통결의 요건에 관하여 "총회의 결의는 이 법 또는 정관에 다른 정함이 있는 경우를 제외하고는 출석한 주주의 의결권의 과반수와 발행주식총수의 4분의 1 이상의 수로써 하여야 한다."라고 규정하여 주주총회의 성립에 관한 의사정족수를 따로 정하고 있지는 않지만, 보통결의 요건을 정관에서 달리 정할 수 있음을 허용하고 있으므로, 정관에 의하여 의사정족수를 규정하는 것은 가능하다.</u>

나) 특별결의　　특별결의는 출석한 주주의 의결권의 3분의 2 이상의 수와 발행주식 총수의 3분의 1 이상의 수로써 한다(434조). 이사의 해임(385조 1항), 영업의 전부 또는 중요한 일부의 양도 등(374조 1항 1호~3호), 사후설립(375조) 등이 그 예이다. 특별결의사항의 중대성에 비추어 정관으로 이 요건을 가중할 수는 있으나, 완화할 수는 없다고 본다.

Cf. 판례는 (상법 374조 1항 1호의 영업양도가 아닌) 단순한 영업용 재산의 양도라고 하더라도 그 처분으로 말미암아 회사 영업의 전부 또는 일부를 양도하거나 폐지하는 것과 같은 결과를 가져오는 경우에는 주주총회의 특별결의가 필요하다는 입장이다.

다) 특수결의　　특수결의는 주주 전원의 동의 또는 총주주의 일치에 의한 총회의 결의를 요한다. ① 주주 전원의 동의는 발기인·이사·감사·청산인의 회사에 대한 책임면제(324조, 400조, 415조, 542조 2항), ② 총주주의 일치에 의한 총회의 결의는 주식회사의 유한책임회사로의 조직변경(287조의43 1항), 주식회사의 유한회사로의 조직변경(604조 1항)에 각각 요구된다.

라) 기타 결의요건　　모집설립, 신설합병, 분할 또는 분할합병시의 창립총회의 결의는 출석한 주식인수인의 의결권의 3분의 2 이상이며 인

수된 주식의 총수의 과반수에 해당하는 다수로써 한다(309조, 527조 3항, 530조의11 1항 본문).

Cf. 초다수결(supermajority voting)의 가부: 정관으로 상법상의 결의요건 보다 더욱 엄격한 다수결(예: 출석한 주주의 의결권의 90% 이상이며 발행주식총수의 70%)을 요구할 수 있는지에 대하여 견해가 대립하나 이를 허용할 경우 소수파주주에게 거부권을 인정하여 다수주주의 의결권을 침해하는 결과가 초래되므로 부정함이 타당하다.

(5) **주주총회결의 반대주주의 주식매수청구권**   주주총회의 결의에 반대하는 주주의 투하자본회수책으로서 상법은 ① 회사의 영업의 전부양도 등(374조의2), ② 회사합병(522조의3, 530조 2항), ③ 회사분할합병(530조의11 2항, 522조의3), ④ 물적분할(530조의12 2항), ⑤ 주식교환(360조의5), ⑥ 주식이전(360조의22)에 반대하는 경우 및 ⑦ 회사로부터 주식양도승인거부의 통지를 받은 경우(335조의2 4항, 335조의6)에 주식매수청구권을 인정한다. 이는 형성권으로서 정관으로 이를 박탈하지 못한다. 결의반대주주의 주식매수청구권이 인정되는 행위에 관한 주주총회의 소집통지를 하는 때에는 주식매수청구권의 내용, 행사방법, 주식의 매수가액과 그 산정근거를 명시하여야 하고, 산정자료 등을 본점에 비치하여야 하며, 주주는 그 자료 등을 열람 또는 등사를 청구할 수 있다(374조 2항·3항). 결의반대주주(의결권이 없거나 제한되는 주주 포함)는 주주총회 전에 회사에 대하여 서면으로 그 결의에 반대하는 의사를 통지하고, 그 총회의 결의일로부터 20일(매수청구기간) 내에 주식의 종류와 수를 기재한 서면으로 회사에 대하여 주식매수를 청구할 수 있다(374조의2 1항). 주식의 매수는 회사가 그 반대주주에게 명시한 매수가액을 전부 지급(일정한 경우 공탁을 포함)하지 않는 경우를 제외하고 해당 행위의 효력발생일에 효력이 발생하며(374조의2 2항; 효력발생일 이후에는 민법에 따른 공탁금 회수가 불가함, 374조의2 6항),

회사가 그 효력발생일까지 명시가액의 전부를 반대주주에게 지급한 경우에도 반대주주는 효력발생일로부터 2개월 이내에 법원에 대하여 매수가액의 결정을 청구할 수 있고 법원이 결정한 매수가액이 명시가액보다 높은 경우 회사는 그 차액과 지연손해금을 반대주주에게 지급하여야 한다(374조의2 3항). 회사가 효력발생일까지 명시가액의 전부 또는 일부를 반대주주에게 지급하지 아니한 경우에는 반대주주 또는 회사는 법원에 대하여 매수가액의 결정을 청구할 수 있고, 회사는 법원이 정한 매수가액과 지연손해금을 반대주주에게 지급하여야 한다(374조의2 4항 본문). 법원이 매수가액을 결정하는 경우 회사의 재산상태 그 밖의 사정을 참작하여 공정한 가액으로 산정하여야 한다(374조의2 5항).

(6) **종류주주총회**   회사가 종류주식을 발행한 경우(344조 1항·2항) 주주총회 또는 이사회의 결의에 의하여 어느 종류주식의 주주에게 손해를 미치게 될 때 주주총회 또는 이사회의 결의 외에 그 종류주식의 주주의 총회(종류주주총회)의 결의를 요한다. 구체적으로는 ① 정관변경(435조 1항), ② 주식의 종류에 따라 특수하게 정하는 경우(344조 3항)와 회사의 분할 또는 분할합병, 주식교환, 주식이전 및 회사의 합병으로 인하여 어느 종류의 주주에게 손해를 미치게 될 경우(436조) 및 ③ 회사의 분할 또는 분할합병으로 인하여 분할 또는 분할합병에 관련되는 각 회사의 주주의 부담이 가중되는 경우(530조의3 6항)가 있다. 종류주주총회의 결의는 특정 주주총회 또는 이사회 결의의 효력발생요건이고, 그 결의요건은 특별결의의 요건과 같다(이는 정관으로 가중 또는 완화하지 못한다). 종류주주총회는 주주총회와 같은 기관은 아니나 유사점이 많으므로 종류주주총회의 소집·의사·결의에 대하여는 주주총회의 규정을 준용한다(435조 3항, 다만 의결권 없는 종류의 주식에 관한 것 제외).

(7) **주주총회결의의 하자**

1) 개   설   주주총회의 결의가 외형상 성립하면 이를 기초로 다수인의 이해관계가 형성되므로 절차상 또는 내용상의 하자(흠)가 있는 경

우 이를 일반원칙에 의하여 처리하여서는 법률관계의 안정을 기할 수 없다. 이에 회사의 법률관계의 획일적 취급과 주주 등 이해관계인의 보호를 위하여 회사법상 특별한 네 가지 형태의 소로써 결의의 하자를 주장할 수 있게 하였다.

2) **결의취소의 소**　　총회의 소집절차 또는 결의방법이 법령 또는 정관에 위반하거나 현저하게 불공정한 때 또는 그 결의의 내용이 정관에 위반한 때에 제기할 수 있다(376조 1항). ① 총회의 소집절차 또는 결의방법이 법령 또는 정관에 위반한 경우로는 총회소집통지를 일부 주주에게 발송하지 않은 경우, 2주간의 기간을 두지 않고 소집통지를 발송한 경우, 대표이사가 이사회의 결의 없이 소집한 경우 등이 있고, ② 총회의 소집절차 또는 결의방법이 현저하게 불공정한 경우로는 소집장소가 출석주주를 수용할 수 없는 좁은 건물인 경우, 주주가 출석할 수 없는 시각에 소집한 경우, 폭력으로 결의를 성립시킨 경우 등이며, ③ 결의내용이 정관에 위반한 경우로는 정관소정의 정원을 초과한 이사의 선임결의 등이다. 이 밖에 개개의 주주의 의결권의 행사에 있어서 그 주관적인 사유로 인하여 취소된 경우(제한능력, 사기, 강박, 착오)는 결의의 효력에 영향이 없다. 원고는 주주·이사 또는 감사에 한정된다. 주주는 주주명부에 등재된 주주로서, 결의시점이 아니라 제소시점에 주주이면 되며, 무의결권주주도 포함된다. 이사·감사도 제소 당시 이사·감사이어야 하나 하자 있는 결의에 의하여 해임당한 이사·감사는 제소권이 인정된다. 소를 제기한 자는 변론종결시까지 그 지위를 유지하여야 한다. 소는 결의의 날로부터 2월내에 회사를 피고로 하여 제기되어야 한다. 소의 성질은 형성의 소이다. 이사 또는 감사가 아닌 주주가 소를 제기한 때에는 법원은 회사의 청구에 의하여 상당한 담보를 제공할 것을 명할 수 있다(377조 1항). 법원은 결의의 내용, 회사의 현황과 제반사정을 참작하여 그 취소가 부적당하다고 인정한 때에는 그 청구를 기각할 수 있다(379조; 189조의 설립무효 또는 취소의 경우와는 달리 하자의 보완을 전제하지 않음). 주주총회결의취소의 판결은

대세적 효력이 있고, 소급효가 인정된다(376조 2항, 190조 본문). 결의사항이 등기된 경우에 결의취소의 판결이 확정된 때에는 본점과 지점의 소재지에서 등기하여야 한다(378조). 원고패소판결의 효력은 민사소송법의 일반원칙에 따라 당사자 사이에만 미친다(민소 218조 1항). 이 경우 원고에게 악의 또는 중과실이 있는 때에는 회사에 대하여 연대하여 손해배상책임을 진다(376조 2항, 191조).

3) **결의무효확인의 소**　　　총회의 결의내용이 법령에 위반한 때에 그 무효확인의 소를 제기할 수 있다(380조 전단). 결의내용이 법령에 위반한 예로는 주주유한책임의 원칙에 위반한 결의, 주주평등의 원칙에 위반한 결의, 결의의 내용 자체가 선량한 풍속 기타 사회질서에 위반한 경우 등이 있다. 결의취소와는 달리 당사자에 대한 규정이 없으므로, 무효확인에 관하여 정당한 법률상의 이익이 있는 자이면 원고가 될 수 있는 한편 피고는 회사에 한정된다. 제소기간의 제한도 없으므로 언제든지 소제기가 가능하다. 소의 성질은 확인의 소이다(반대 있음). 소의 절차와 판결의 효력은 결의취소의 소와 같으나 다만 법원의 재량에 의한 기각(379조)은 인정되지 않는다.

4) **결의부존재확인의 소**　　　총회의 소집절차 또는 결의방법에 총회결의가 존재한다고 볼 수 없을 정도의 중대한 하자가 있는 경우 결의부존재확인의 소를 제기할 수 있다(380조 후단). 예컨대 총회를 개최한 사실이 전혀 없거나 사실상 결의가 없었음에도 불구하고 의사록에는 결의가 있는 것같이 기재되어 있는 경우 등이 이에 해당한다. 소의 성질과 절차 등은 무효확인의 소와 같다.

5) **부당결의취소·변경의 소**　　　주주가 총회의 결의에 관하여 특별한 이해관계가 있음으로 말미암아 의결권을 행사할 수 없었던 경우에 그 결의가 현저하게 부당하고 그 주주가 의결권을 행사하였더라면 이를 저지할 수 있는 정도의 주식을 보유한 때에는 소로써 그 결의의 취소 또는 변경을 구할 수 있다(381조 1항). 이는 다른 주주에 의한 횡포가능성을 막기

위하여 인정된 제도로서 형성의 소이다. 이 소는 특별한 이해관계가 있어 의결권을 행사할 수 없었던 자만이 결의일로부터 2월 내에 제기할 수 있다. 피고는 회사이다. 절차와 효력은 결의취소의 소의 경우와 같으나 법원의 재량기각은 인정되지 않는다(381조 2항).

4. 이사 · 이사회 · 대표이사 · 집행임원

(1) **총 설**   주식회사의 업무집행담당기관은 집행임원의 설치 여부에 따라 차이가 있다. 집행임원비설치회사의 경우에는 업무에 관한 의사결정은 이사회가 하고(393조 1항), 이사회의 구성원 중에서 선정된 대표이사가 그 의사결정에 따른 업무를 집행하고 회사를 대표하며(389조, 209조), 대표이사의 업무집행은 이사회에 의하여 감독된다(393조 2항). 집행임원설치회사의 경우에는 이사회는 업무에 관한 중요한 사항에 대한 의사결정만을 하고(408조의2 3항 4호), 이사회 구성원이 아닌 자를 집행임원으로 선임하여 회사의 업무집행과 회사의 상무에 관한 의사결정을 하도록 하며(408조의2 3항 1호, 408조의4 1호 · 2호), 회사의 대표는 대표집행임원이 하고(408조의5 1항 · 2항), 이사회가 집행임원의 업무집행을 감독한다(408조의2 3항 2호). 집행임원비설치회사의 이사는 업무에 관한 의사결정기관인 이사회의 구성원이자 대표이사 자격의 전제이며, 특히 대표이사는 회사대표로서 업무를 집행하는 기관인 한편 집행임원설치회사의 집행임원은 회사의 업무집행과 함께 상무에 관한 의사결정을 하는 기관이므로 회사업무에 관련한 그들의 고의나 부주의가 끼치는 영향이 중대하고 또한 회사의 비밀과 정보를 개인적 이익을 위하여 악용할 소지가 있어 상법은 이사와 집행임원의 주의의무와 책임을 강조하고 그 위반에 관한 제재수단도 마련하고 있다.

(2) 이 사

1) 의 의   이사(director)는 회사의 업무집행에 관한 의사결정과 업무감독권을 가지는 이사회의 구성원이다. 자본금 총액이 10억원 미만

으로서 1명 또는 2명의 이사를 둔 회사의 경우에는 각 이사가 회사를 대표하고 이사회의 기능을 담당한다(383조 1항 단서·6항). 이사의 기관성을 부정하는 것이 다수설이며, 회사와 이사와의 관계는 위임이므로 민법의 위임에 관한 규정을 준용한다(382조 2항).

> Cf. 대표이사가 아닌 이사는 원칙적으로 회사의 업무집행권 및 대표권이 없다. 그러나 정관이나 회사내부규정으로 일정한 이사에게 내부적으로 업무집행권한을 수여하는 경우가 있는데 이를 업무담당이사라고 부른다.

2) 사외이사　　사외이사는 상무에 종사하지 않는 이사로서 일정한 결격요건에 해당하지 않는 자를 말한다(382조 3항). 사외이사제도는 회사경영에 대한 독립적이고 객관적인 입장에서의 감시 및 경영진의 전문성 보완기능을 위하여 마련된 것으로서 상장회사의 경우 일정한 경우를 제외하고는 이사 총수의 4분의 1 이상을 사외이사로 하여야 한다(542조의8 1항 본문). 사외이사도 상법상의 이사이므로 선관의무, 충실의무 외에 경업·겸직금지의무, 자기거래의 제한, 감사에 대한 보고의무 등을 부담하고, 회사 및 제3자에 대한 책임도 진다. 또한 이사회의 구성원으로서 이사회 소집권이 있고 각종의 소권도 가지나, 주식 또는 사채청약서의 작성 등 업무집행을 전제로 하는 사항에 대하여는 권한이 없다.

3) 자격과 선임

⑺ 자　격　　사외이사가 아닌 이사의 자격에는 원칙적으로 제한이 없다. 정관으로 이사가 가질 주식의 수를 정할 수 있는데(자격주), 다른 규정이 없으면 이사는 그 수의 주권을 감사 또는 감사위원회에 공탁하여야 한다(387조, 415조의2 7항). 법인은 성질상 이사가 될 수 없다고 본다. 지배인 등 회사의 사용인도 이사가 될 수 있다. 감사는 회사 및 자회사의 이사의 직무를 겸하지 못한다(411조). ① 회사의 상무에 종사하는 이사·집행임원 및 피용자 또는 최근 2년 이내에 회사의 상무에 종사한 이사·

감사·집행임원 및 피용자, ② 최대주주가 자연인인 경우 본인과 그 배우
자 및 직계 존속·비속, ③ 최대주주가 법인인 경우 그 법인의 이사·감
사·집행임원 및 피용자, ④ 이사·감사·집행임원의 배우자 및 직계 존
속·비속, ⑤ 회사의 모회사 또는 자회사의 이사·감사·집행임원 및 피
용자, ⑥ 회사와 거래관계 등 중요한 이해관계에 있는 법인의 이사·감
사·집행임원 및 피용자, ⑦ 회사의 이사·집행임원 및 피용자가 이사·
집행임원으로 있는 다른 회사의 이사·감사·집행임원 및 피용자(382조 3
항 1호~7호)는 사외이사가 되지 못하며, 상장회사의 사외이사는 위의 결격
사유 외에 상법 제542조의8 제2항 제1호 내지 제7호의 결격사유에도 해
당되지 않아야 한다.

　　(나) **선임기관**　　　　이사는 주주총회에서 선임하고(382조 1항), 보통결의
에 의한다. 이는 주주총회의 전속적 권한사항이다.

　　(다) **선임방법**(집중투표제)　　　　이사의 선임방법에 대하여 상법은 집중투
표제를 채택하여 소수주주의 의사가 반영되도록 하고 있다. 집중투표제
는 2인 이상의 이사를 선임하는 경우에 주주가 1주마다 선임할 이사의
수와 동일한 의결권을 가지는 제도이다. 2인 이상의 이사의 선임을 목적
으로 하는 총회의 소집이 있는 때에는 의결권 없는 주식을 제외한 발행
주식 총수의 100분의 3 이상에 해당하는 주식을 가진 주주는 정관에서
달리 정하는 경우를 제외하고는 회사에 대하여 집중투표의 방법으로 이
사를 선임할 것을 청구할 수 있다(382조의2 1항). 이 청구는 주주총회일의
7일 전까지 서면 또는 전자문서로 하여야 하고(382조의2 2항), 청구가 있는
경우에 이사의 선임결의에 관하여 각 주주는 1주마다 선임할 이사의 수
와 동일한 수의 의결권을 가지며, 그 의결권은 이사 후보자 1인 또는 수
인에게 집중하여 투표하는 방법으로 행사할 수 있다(382조의2 3항). 이 방
법으로 이사를 선임하는 경우에는 투표의 최다수를 얻은 자부터 순차적
으로 이사에 선임되는 것으로 한다(382조의2 4항). 상장회사의 특례가 있다
(542조의7).

4) 이사의 원수·임기　　　이사는 3인 이상이어야 한다(383조 1항 본문). 자본금 총액이 10억원 미만인 회사는 이사의 수를 1명 또는 2명으로 할 수 있다(383조 1항 단서). 이사의 임기는 3년을 초과하지 못하나 정관으로 그 임기 중의 최종의 결산기에 관한 정기주주총회의 종결에 이르기까지 연장할 수 있다(383조 2항·3항).

5) 이사의 보수　　　이사의 보수는 이사의 직무집행의 대가로서 지급되는 것이다. 이에 대하여 정관에 그 액을 정하지 아니한 때에는 주주총회의 결의로 이를 정한다(388조). 이사의 퇴직위로금과 실적급은 보수에 포함된다(판례).

* 대법원 2020. 6. 4. 선고 2016다241515, 241522 판결

상법 제388조는 "이사의 보수는 정관에 그 액을 정하지 아니한 때에는 주주총회의 결의로 이를 정한다."라고 규정하고 있고, 위 규정의 보수에는 연봉, 수당, 상여금 등 명칭을 불문하고 이사의 직무수행에 대한 보상으로 지급되는 모든 대가가 포함된다. 이는 이사가 자신의 보수와 관련하여 개인적 이익을 도모하는 폐해를 방지하여 회사와 주주 및 회사채권자의 이익을 보호하기 위한 강행규정이다.

6) 이사선임결의의 하자　　　이사선임결의에 하자가 있다는 이유로 그 결의의 무효나 취소의 소가 제기된 경우 법원은 당사자의 신청에 의하여 가처분으로써 이사의 직무집행을 정지할 수 있고 또는 직무대행자를 선임할 수 있다(407조 1항 전문). 급박한 사정이 있는 때에는 본안 소송의 제기 전에도 그 처분을 할 수 있다(407조 1항 후문). 법원은 당사자의 신청에 의하여 가처분을 변경 또는 취소할 수 있다(407조 2항). 직무대행자의 지위는 임시적이므로 가처분에서 달리 정하거나 또는 법원의 허가를 얻지 않은 한 회사의 상무에 속하지 아니한 행위를 하지 못하나(408조 1항), 직무대행자가 권한을 초과하는 행위를 한 경우 거래의 안전을 위하여 회사는 선의의 제3자에 대하여 책임을 진다(408조 2항).

7) 종   임

㈎ **일반적 종임사유**   이사와 회사는 위임관계에 있으므로(382조 2
항) 이사는 언제든지 사임할 수 있으며(민 689조 1항), 또 이사의 사망·파
산·성년후견개시 또는 회사의 파산으로 인하여 종임이 된다(민 690조).
그밖에 임기만료·정관 소정의 자격의 상실 또는 회사의 해산에 의하여
종임한다.

㈏ **해임결의와 해임판결**   ① 주주총회의 해임결의: 회사는 주주총
회의 특별결의에 의하여 언제든지 이사를 해임할 수 있다(385조 1항 본문).
이사의 임기를 정한 경우에 정당한 사유 없이 그 임기만료 전에 해임한
때에는 그 이사는 회사에 대하여 해임으로 인한 손해배상을 청구할 수
있다(385조 1항 단서). ② 소수주주에 의한 해임청구: 이사가 그 직무에 관
하여 부정행위 또는 법령이나 정관에 위반한 중대한 사실이 있음에도 불
구하고 주주총회에서 그 해임을 부결한 때에는 발행주식 총수의 3/100
이상에 해당하는 주식을 가진 주주는 총회의 결의가 있은 날로부터 1월
내에 그 이사의 해임을 법원에 청구할 수 있다(385조 2항). 법률관계의 합
일적 확정을 위하여 이 소는 회사와 이사를 공동피고로 하여야 할 것이다.

㈐ **이사결원의 경우**   법률 또는 정관에 정한 이사의 원수를 결한
경우에는 임기의 만료 또는 사임으로 인하여 퇴임한 이사(해임된 이사는 불
포함)는 새로 선임된 이사가 취임할 때까지 이사로서의 권리의무를 가지
게 된다(386조 1항). 필요하다고 인정할 때에는 법원은 이사, 감사 기타의
이해관계인의 청구에 의하여 일시이사의 직무를 행할 자를 선임할 수 있
다(386조 2항 전문).

(3) **이 사 회**

1) 의   의   이사회(board of directors)는 이사 전원으로 구성되어,
회사의 업무에 관한 의사를 결정하고 직무집행을 감독하는 권한을 가진
필요상설의 기관이다. 자본금 총액이 10억원 미만인 회사가 1명 또는 2명
의 이사를 둔 경우에는 이사회가 존재하지 않는다(383조 1항 단서, 4항~6항).

2) 소   집

㈎ **소집권자**   소집권은 각 이사에게 있지만 이사회의 결의로 특정 이사만을 소집권자로 할 수 있다(390조 1항). 이 경우 소집권자로 지정되지 않은 다른 이사는 소집권자인 이사에게 이사회 소집을 요구할 수 있고, 소집권자인 이사가 정당한 이유 없이 이사회 소집을 거절하는 경우에는 다른 이사가 이사회를 소집할 수 있다(390조 2항). 집행임원과 감사도 소집청구권이 있다(408조의7, 412조의3).

㈏ **소집절차**   이사회를 소집함에는 회일의 1주간 전에 각 이사 및 감사에 대하여 통지를 발송하여야 하나, 그 기간은 정관으로 단축할 수 있다(390조 3항). 이사회가 소집되면 업무집행에 관한 제반사항을 부의할 것이 예상되므로 이사회의 소집통지에는 주주총회의 경우와는 달리 의제나 의안을 기재할 필요가 없다. 이사 및 감사 전원의 동의가 있는 때에는 소집절차 없이 언제든지 회의할 수 있다(390조 4항).

3) 권   한   이사회의 권한은 집행임원비설치회사와 집행임원설치회사에 따라 차이가 있다.

㈎ **집행임원비설치회사**   ① 업무집행에 관한 회사의 의사결정: 상법이나 정관에 의하여 주주총회의 권한사항을 제외한 회사의 모든 업무집행에 관한 의사를 결정한다. 상법이 규정하고 있는 것으로는 주주총회의 소집(362조), 간이영업양도 등 승인(374조의3 1항), 중요한 자산의 처분 및 양도, 대규모 재산의 차입, 지배인의 선임 또는 해임과 지점의 설치·이전 또는 폐지(393조 1항), 대표이사의 선정과 공동대표의 결정(389조 1항·2항), 이사의 경업행위의 승인 및 개입권의 행사(397조 1항·2항), 회사의 사업기회 이용승인(397조의2 1항), 이사와 회사 간의 거래에 대한 승인(398조), 신주발행(416조), 재무제표와 영업보고서의 승인(447조, 447조의2 1항), 준비금의 자본금전입(461조 1항), 중간배당(462조의3 1항), 사채발행(469조 1항), 전환사채의 발행(513조 2항), 신주인수권부사채의 발행(516조의2 2항), 간이합병의 승인(527조의2 1항), 소규모합병의 승인(527조의3 1항) 등이다. ② 대표

이사의 직무집행에 대한 감독: 이사회는 이사의 직무집행을 감독한다(393 조 2항). 이사회의 업무결정사항은 대표이사가 집행하므로 결국 이사회의 대표이사의 업무집행감독권을 규정한 것이 된다. ③ 자본금총액이 10억 원 미만으로서 이사가 1명 또는 2명인 회사의 경우에는 이사회가 없으므 로 이사회의 권한을 사항에 따라 각 이사(정관에 따라 대표이사를 정한 경우에 는 그 대표이사) 또는 주주총회가 가진다(383조 4항~6항).

(내) **집행임원설치회사**　　① 업무집행에 관한 회사의 의사결정: 상법 상 규정된 이사회 권한사항에 대한 회사의 의사결정은 집행임원비설치회 사와 동일하다. ② 기타 이사회의 권한사항: 집행임원설치회사의 이사회 는 ㉠ 집행임원과 대표집행임원의 선임·해임, ㉡ 집행임원의 업무집행 감독, ㉢ 집행임원과 집행임원 설치회사의 소송에서 집행임원 설치회사 를 대표할 자의 선임, ㉣ 집행임원에게 업무집행에 관한 의사결정의 위 임(상법에서 이사회 권한사항으로 정한 경우 제외), ㉤ 집행임원이 여러 명인 경 우 집행임원의 직무 분담 및 지휘·명령관계, 그 밖에 집행임원의 상호관 계에 관한 사항의 결정 및 ㉥ 정관에 규정이 없거나 주주총회의 승인이 없는 경우 집행임원의 보수 결정에 대한 권한을 가진다(408조의2 3항).

4) 결　의

(개) **결의방법**　　이사회의 결의는 이사 과반수의 출석(출석정족수)과 출석이사의 과반수(의결정족수)로 하여야 한다(391조 1항 본문). 이 결의요건 은 정관으로 가중할 수 있다(391조 1항 단서). 가부동수인 경우 특정이사에 게 결정권을 준다는 정관규정은 결의요건의 완화를 인정하지 않는 상법 의 취지에 비추어 무효로 본다. 회사의 사업기회 및 이사 등과 회사간의 거래에 대한 이사회의 승인은 이사 3분의 2 이상을 요건으로 규정하고 있다(397조의2 1항 후문, 398조 본문 중 2문). 직접 출석하여 토의하고 결의하 여야 하므로, 서면결의(회람 포함)나 대리인에 의한 결의는 무효이다. 정관 으로 배제하지 않는 한 음성동시 송수신 원격통신수단에 의한 결의참가 가 허용된다(이 경우 직접 출석한 것으로 본다, 391조 2항). 화상회의도 당연히

유효하다. 특별한 이해관계가 있는 이사는 의결권을 행사하지 못한다(391조 3항, 368조 3항). 대표이사의 해임결의에 관하여는 견해가 대립하나, 선임결의 시에는 특별이해관계인에 해당하지 않는다. 책임투표의 원칙상 무기명투표도 불가하다(399조 2항 참조). 총회의 경우와 같이 속행 또는 연기를 의결할 수 있다(392조, 372조).

(나) **결의의 하자**   이사회 결의에 절차상 또는 내용상 하자가 있는 경우 그 결의는 당연히 무효가 된다. 이에 대하여는 상법에 아무런 규정을 두고 있지 않으므로 민법의 일반원칙에 의하게 된다. 따라서 이해관계인은 언제든지 어떤 방법으로든지 그 무효를 주장할 수 있고, 민사소송법에 따른 무효확인의 소를 제기할 수도 있다(민사소송법에 의하는 이상 대세적 효력은 없다. 민소 218조 1항).

5) 의 사 록   이사회의 의사에 관하여는 의사록을 작성하여야 하며(391조의3 1항), 의사록에는 의사의 안건, 경과요령, 그 결과, 반대하는 자와 그 반대이유를 기재하고 출석한 이사 및 감사가 기명날인 또는 서명하여야 한다(391조의3 2항). 이사회에 참석한 이사가 결의에 이의를 한 때에는 의사록에 그 사실을 기재하여야 하며, 이의를 한 기재가 없는 자는 그 결의에 찬성한 것으로 추정한다(399조 3항). 주주는 영업시간 내에 이사회의사록의 열람 또는 등사를 청구할 수 있다(391조의3 3항). 회사는 이 청구에 대하여 이유를 붙여 이를 거절할 수 있는데(391조의3 4항 전문), 이는 이사회 내의 정보유출을 막기 위한 것이다. 이 경우 주주는 법원의 허가를 얻어 이사회의사록의 열람 또는 등사할 수 있다(391조의3 4항 후문).

6) 이사회 내 위원회

(가) **의의와 입법취지**   이사회 내 위원회는 정관에 의하여 설치되고, 이사회로부터 위임받은 사항에 대하여 이사회의 권한을 행사하는 기관이다(393조의2 1항·2항). 이 위원회는 특히 대형 주식회사의 경우 특정 중요사항에 대하여 위원회로 하여금 전문적·객관적·효율적으로 검토하여 그 결과를 이사회에 보고하도록 할 경우 운영의 효율을 기할 수 있는 장

점을 살리기 위하여 도입하였다.

(ㄴ) **구   성**   위원회는 2인 이상의 이사로 구성한다(393조의2 3항). 단, 감사위원회는 3인 이상의 이사로 구성한다(415조의2 2항 본문). 위원회의 설치와 폐지는 정관의 규정에 따라 이사회의 결의에 의한다. 법률 또는 정관에 정한 수를 결한 경우에는 임기의 만료 또는 사임으로 인하여 퇴임한 위원은 새로 선임된 위원이 취임할 때까지 위원의 권리의무가 있다(393조의2 5항, 386조 1항). 위원회 위원의 선임과 해임은 정관 또는 상법에서 정한 이사회결의방법에 의하나, 감사위원회 위원의 해임에 관한 이사회의 결의는 이사 총수의 3분의2 이상의 결의로 하여야 한다(415조의2 3항).

(ㄷ) **위원회의 권한 및 이사회의 권한위임의 한계**   위원회의 권한은 이사회에 의하여 위임된 사항에 한정된다. 이사회는 ① 주주총회의 승인을 요하는 사항의 제안, ② 대표이사의 선임 및 해임, ③ 위원회의 설치와 그 위원의 선임 및 해임, ④ 정관에서 정하는 사항은 위임하지 못한다(393조의2 2항 1호~4호).

(ㄹ) **운   영**   위원회의 소집과 결의방법 · 의사록 작성의무 · 연기와 속행은 이사회와 같다(393조의2 5항, 390조, 391조, 391조의3, 392조). 위원회는 결의된 사항을 각 이사에게 통지하여야 한다. 이 경우 이를 통지받은 각 이사는 이사회의 소집을 요구할 수 있으며, 이사회는 위원회가 결의한 사항에 대하여 다시 결의할 수 있다(393조의2 4항). 단, 감사위원회가 결의한 사항에는 재결의할 수 없다(415조의2 6항, 393조의2 4항 후단).

(4) 대표이사

1) **의   의**   대표이사는 집행임원비설치회사에서 대외적으로 회사를 대표하고 대내적으로 업무집행을 담당하는 주식회사의 필요 · 상설기관이다. 집행임원비설치회사에서 이사회는 업무집행에 관한 의사결정을 하고, 대표이사는 이사회에서 결정된 업무를 집행하고 회사를 대표한다. 대표이사는 이사회로부터 독립된 기관으로 본다(독립기관설). 한편 1명 또는 2명의 이사를 둔 자본금 총액 10억원 미만의 회사의 경우 이사회가

없으므로 각 이사(정관에 따라 대표이사를 정한 경우에는 그 대표이사)가 회사 업무에 대한 의사결정을 하고 업무를 집행하고 회사를 대표한다(383조 6항).

2) 선 임   대표이사는 이사 중에서 이사회의 결의로 선임하는 것이 원칙이나, 정관에 의하여 주주총회에서 선정할 것을 정할 수 있다(389조 1항). 대표이사의 인원수는 제한이 없다. 대표이사를 선임한 경우에는 등기하여야 한다(317조 2항 9호).

3) 종 임   대표이사는 이사의 지위를 전제로 하므로 이사의 자격을 상실하면 당연히 대표이사의 지위도 상실한다. 그러나 대표이사의 지위를 떠나도 이사의 자격을 당연히 상실하는 것은 아니다. 언제든지 이사회의 결의에 의하여 대표이사의 지위만을 해임할 수 있다. 또한 대표이사는 언제든지 그 직을 사임할 수 있다(단, 382조 2항, 민 689조 2항). 종임은 변경등기사항이다(183조). 법률 또는 정관에 정한 대표이사의 원수를 결한 경우에는 임기의 만료 또는 사임으로 인하여 퇴임한 대표이사는 새로 선임된 대표이사가 취임할 때까지 대표이사의 권리의무가 있다(389조 3항, 386조 1항). 필요에 따라 법원에 임시대표이사를 선임할 것을 청구할 수 있다(389조 3항, 386조 2항).

4) 권 한

(개) 업무집행권   대표이사는 주주총회와 이사회가 결의한 사항을 집행하고, 이사회가 구체적으로 위임한 사항과 상무(일상적 업무)에 관한 사항을 결정·집행할 권한을 가진다.

(내) 회사대표권

가) 대표권의 범위   대외적으로 회사를 대표한다. 그 범위는 회사의 영업에 관한 재판상 또는 재판 외의 모든 행위에 미치며, 이 권한을 제한하여도 선의의 제3자에게 대항하지 못한다(대표권의 포괄획일성, 389조 3항, 209조 2항). 다만, 회사와 이사 간의 소에 관하여는 회사를 대표할 권한이 없다. 이 경우 감사 또는 감사위원회의 대표위원이 회사를 대표한다(394조 1항 전문, 415조의2 7항·4항).

나) 대표권의 행사방법　　대표이사가 2인 이상이어도 각자 단독으로 회사를 대표하고 업무를 집행하는 것이나(각자대표), 수인의 대표이사가 공동으로 회사를 대표할 것을 정할 수 있다(공동대표이사: 389조 2항).

다) 부적법한 대표행위　　① 대표이사의 불법행위: 대표이사가 그 업무집행으로 인하여 타인에게 손해를 가한 때에는 회사와 연대하여 그 손해를 배상할 책임이 있다(389조 3항, 210조). ② 전단적 행위(위법한 행위): 대표권은 법률 또는 회사 내부적으로 제한되는 경우가 있는데 이를 위반한 대표이사의 행위를 위법한 대표행위 또는 강학상 전단적 대표행위라고 한다. ㉮ 법률상 제한의 경우: 예컨대 법률상 주주총회(374조 1항 1호의 영업양도 등) 또는 이사회(393조 1항의 중요한 자산의 처분 및 양도 등)의 결의가 요건인 경우가 있다. 대법원은 ⓐ 주주총회 결의가 없는 대표행위는 상대방의 선의 여부와 무관하게 무효이고(학설의 다수설이기도 함), ⓑ 이사회 결의 없는 대표이사의 대외적 거래행위에 대하여는 아래의 내부적 제한과 같이 취급하는데(반대 학설 있음), 이는 이사회의 결의를 요구하는 근거가 상법 제393조 제1항인지 아니면 정관 등 내부규정인지에 따라 상대방을 보호하는 기준을 달리한다면 법률관계가 불분명하게 될 수밖에 없다는 등을 이유로 한다(아래 전원합의체판결의 다수의견). 한편 이사회의 결의가 없는 지배인의 선임(393조 1항)은 내부적 행위로서 무효이다(대표행위가 아님). 그리고 상법 제393조 제1항의 이사회결의 외에 예컨대 신주발행(416조), 이사와 회사와의 거래(398조), 사채발행(469조) 등과 같이 상법이 개별행위에 대하여 이사회의 결의를 요하도록 한 경우에는 그 행위의 특성에 따라 효력을 논한다. ㉯ 내부적 제한의 경우: 예컨대 대표이사가 일정금액 이상의 채무보증행위를 하기 위하여는 이사회의 사전승인을 받도록 하는 경우와 같이 거래의 규모 또는 종류를 정하여 정관이나 이사회 규정 등에서 이사회결의를 거치도록 하는 경우이다. 이에 위반한 대표행위는 무효이나 상법 제389조 제3항, 제209조 제2항에 따라 선의의 제3자에게 대항하지 못하며, 판례는 이 경우 선의에는 경과실까지 보호된다고

한다. 상대방의 악의나 중과실의 입증은 회사가 하여야 한다. 대표행위가 무효가 되는 경우 회사만 이를 주장할 수 있을 뿐 회사 이외의 자(거래상대방 포함)는 무효를 주장할 수 없다.

* 대법원 2021. 2. 18. 선고 2015다45451 전원합의체 판결
[다수의견] 주식회사의 대표이사는 대외적으로는 회사를 대표하고 대내적으로는 회사의 업무를 집행할 권한을 가진다. 대표이사는 회사의 행위를 대신하는 것이 아니라 회사의 행위 자체를 하는 회사의 기관이다. 회사는 주주총회나 이사회 등 의사결정기관을 통해 결정한 의사를 대표이사를 통해 실현하며, 대표이사의 행위는 곧 회사의 행위가 된다. 상법은 대표이사의 대표권 제한에 대하여 선의의 제3자에게 대항하지 못한다고 정하고 있다(상법 제389조 제3항, 제209조 제2항).
대표권이 제한된 경우에 대표이사는 그 범위에서만 대표권을 갖는다. 그러나 그러한 제한을 위반한 행위라고 하더라도 그것이 회사의 권리능력을 벗어난 것이 아니라면 대표권의 제한을 알지 못하는 제3자는 그 행위를 회사의 대표행위라고 믿는 것이 당연하고 이러한 신뢰는 보호되어야 한다. 일정한 대외적 거래행위에 관하여 이사회 결의를 거치도록 대표이사의 권한을 제한한 경우에도 이사회 결의는 회사의 내부적 의사결정절차에 불과하고, 특별한 사정이 없는 한 거래 상대방으로서는 회사의 대표자가 거래에 필요한 회사의 내부절차를 마쳤을 것으로 신뢰하였다고 보는 것이 경험칙에 부합한다. 따라서 회사 정관이나 이사회 규정 등에서 이사회 결의를 거치도록 대표이사의 대표권을 제한한 경우(이하 '내부적 제한'이라 한다)에도 선의의 제3자는 상법 제209조 제2항에 따라 보호된다.
거래행위의 상대방인 제3자가 상법 제209조 제2항에 따라 보호받기 위하여 선의 이외에 무과실까지 필요하지는 않지만, 중대한 과실이 있는 경우에는 제3자의 신뢰를 보호할 만한 가치가 없다고 보아 거래행위가 무효라고 해석함이 타당하다. …(중략)… 대표이사의 대표권을 제한하는 상법 제393조 제1항은 그 규정의 존재를 모르거나 제대로 이해하지 못한 사람에게도 일률적으로 적용된다. 법률의 부지나 법적 평가에 관

한 착오를 이유로 그 적용을 피할 수는 없으므로, 이 조항에 따른 제한은 내부적 제한과 달리 볼 수도 있다. 그러나 주식회사의 대표이사가 이 조항에 정한 '중요한 자산의 처분 및 양도, 대규모 재산의 차입 등의 행위'에 관하여 이사회의 결의를 거치지 않고 거래행위를 한 경우에도 거래행위의 효력에 관해서는 위에서 본 내부적 제한의 경우와 마찬가지로 보아야 한다.

③ 대표권남용행위: 대표권남용행위는 대표이사가 대표권을 가지는 사항에 관하여 자기 또는 (회사가 아닌) 제3자의 이익을 위하여 그 권한을 행사하는 대표행위이다. 이는 주관적으로는 회사 이외의 자의 이익을 위하는 의도 하에, 객관적으로는 대표이사의 권한 내에서 행위하는 것이다. 이러한 행위는 객관적으로 대표권의 범위 내에 속하는 이상 거래안전을 위하여 유효한 대표행위가 된다. 다만, 상대방이 대표권의 남용행위임을 알았거나 알 수 있었을 경우에는 회사는 그 무효를 주장할 수 있는데 그 논거로는 심리유보설(판례), 내부적 제한설, 권리남용설, 상대적 무효설이 제기된다.

5) 공동대표이사　　대표이사를 선정하는 경우에 수인의 대표이사가 공동으로 대표할 것을 정할 수 있다(389조 2항). 이 경우 공동대표이사들의 상대방에 대한 의사표시(능동대표)는 공동으로 하여야 유효하게 된다. 그러나 상대방으로부터 의사표시를 수령하는 경우(수동대표)는 공동대표이사 중 1인에게 하면 효력이 있다(389조 3항, 208조 2항). 공동대표이사의 경우 그 1인에 대한 대표권 위임의 가부에 관하여 포괄적 위임은 제도의 취지상 불가하나 특정사항에 대한 개별적 위임은 허용되어야 할 것으로 본다. 공동대표이사는 등기사항이다(317조 2항 10호).

6) 표현대표이사

㈎ 의　의　　표현대표이사는 회사의 대표이사가 아니면서도 대표이사로 믿을 만한 외관을 가진 자이다. 상법은 이러한 외관의 작출에 있어서 회사의 귀책사유가 있는 경우에 그 외관을 신뢰한 제3자에 대하여

회사가 책임을 지도록 하고 있다(395조). 이는 외관주의 또는 금반언의 법리의 반영이다.

⒩ 요　　건　　① 외관의 존재: 거래통념상 회사를 대표하는 권한을 가진 것으로 인식될만한 명칭을 사용한 경우이어야 한다. 상법 제395조에는 사장, 부사장, 전무, 상무가 예시되어 있으나 그 외에도 회장, 이사장 등도 포함된다. 이사가 아닌 경우에도 본조가 유추적용된다(판례). ② 외관의 부여(회사의 귀책사유): 회사가 표현대표이사의 명칭사용을 허락한 경우이어야 한다. 따라서 임의로 명칭을 사용한 경우에는 적용되지 않는다. 명시적 허락의 경우에는 문제가 없으나 묵시적 허락에 대하여는 견해가 대립한다. 판례는 대표이사나 이사회 의결정족수에 해당하는 이사 또는 적어도 과반수의 이사가 묵시적으로 허용한 경우 외관의 부여가 있다고 한다. ③ 외관의 신뢰(제3자의 선의): 상대방은 선의의 제3자이어야 한다. 제3자의 정당한 신뢰를 보호하기 위한 것이므로 중과실은 악의로 보아야 한다. 악의의 입증책임은 회사가 부담한다.

⒟ 효　　과　　표현대표이사의 행위에 대하여 회사가 책임을 진다. 회사는 제3자에 대하여 권리를 취득하고 의무를 부담한다. 이 경우 민법의 무권대리에 관한 규정(민 130조 이하)은 적용되지 않는다. 어음행위에 있어서는 표현대표이사도 어음상의 권리자에 대하여 어음채무를 부담한다(어음법 8조 1문). 회사가 이 책임을 부담한 경우 손해가 있을 때에는 표현대표이사에게 배상을 청구할 수 있다.

⒠ **적용범위**　　본조는 표현대표이사가 대표이사의 '권한 내'에 속하는 '대표행위'를 한 경우에 적용된다. 대표행위에 국한되므로 대내적 업무집행행위 또는 대표이사가 할 수 없는 행위(예: 이사 선임)는 포함되지 않는다. 본조는 법률행위와 준법률행위 및 수동적 대표행위에 적용되나, 거래안전을 위한 본조의 취지상 표현대표이사의 불법행위에는 적용되지 않는다. 또한 조세의 부과 및 징수와 같은 공법상의 행위나 소송행위에도 적용이 없다. 법률상 대표행위에 주주총회나 이사회 결의가 필요한

경우에는 그 결의가 없었음에 대한 선의·무중과실의 요건까지 구비하여야 본조가 적용된다. 대표권의 남용, 대표권에 대한 내부적 제한에 대하여도 마찬가지이다. 본조는 표현대표이사가 자기 명칭을 사용한 경우는 물론 적법한 대표이사의 명칭을 사용한 경우에도 적용된다. 제3자의 신뢰는 이때에도 보호할 필요가 있기 때문이다.

(마) **상업등기의 효력과의 관계**　　　대표이사의 성명은 등기사항(317조 2항 9호)이고, 등기할 사항을 등기하면 선의의 제3자에 대하여 대항할 수 있다(37조 1항의 반대해석). 따라서 회사로서는 대표이사로 등기된 자 외에는 대표이사가 아니라고 주장할 수 있는 한편 본조는 등기와는 무관하게 표현대표이사제도를 규정하고 있어 양자의 관계가 문제된다. 이에 대하여는 본조는 회사와의 거래 시마다 대표이사를 확인하는 것이 가혹하고 거래실정에 맞지 않는 점을 고려한 상법 제37조의 예외규정이라는 견해와 본조는 상법 제37조가 규정하는 등기의 공시력과는 별개의 차원에서 외관을 보호하려는 취지라는 견해(이차원설)가 대립한다.

(바) **공동대표이사에의 유추적용의 가부**　　　공동대표이사 중의 1인이 단독대표권이 있는 것처럼 외관을 작출하고, 그에 대하여 회사의 귀책사유가 있는 경우 본조를 유추적용하여 회사가 책임을 진다고 본다(판례).

(5) **집행임원**

1) **의　　의**　　　집행임원은 집행임원설치회사에서 회사의 업무집행과 정관 또는 이사회의 결의에 의하여 위임받은 업무집행에 관한 의사를 결정하고, 1인인 경우에는 대표집행임원으로서 회사를 대표하는 기관이다(408조의2 1항, 408조의4, 408조의5 1항 단서). 집행임원이 2인 이상인 경우 업무집행과 의사결정은 각자 하나(408조의4 1호·2호), 회사의 대표는 이사회 결의로 선임된 대표집행임원이 한다(408조의5 1항 본문). 이사를 1명 또는 2명 둔 자본금 총액 10억 미만의 회사에서는 이사회가 없으므로 집행임원을 설치할 수 없다.

2) **집행임원설치회사와 집행임원의 관계**　　　위임관계로서 민법상 위

임에 관한 규정이 준용된다(408조의2 2항).

3) 선임과 해임, 원수, 자격과 임기 집행임원과 대표집행임원의 선임 및 해임은 이사회가 한다(408조의2 3항 1호). 집행임원의 수나 자격에 제한이 없다. 회사 또는 자회사의 감사는 집행임원이 될 수 없다고 본다(411조 참조). 집행임원의 임기는 정관에 다른 규정이 없으면 2년을 초과하지 못한다(408조의3 1항). 집행임원과 대표집행임원은 등기사항이다(317조 2항 8호·9호). 집행임원 선임결의의 무효 또는 취소, 집행임원해임의 소 등에 관하여는 이사의 경우와 같다(408조의9).

4) 권   한 ① 업무집행권과 의사결정권: 집행임원은 집행임원설치회사의 업무집행과 정관이나 이사회의 결의에 의하여 위임받은 업무집행에 관한 의사결정을 한다. 집행임원이 2인 이상인 경우에도 회의체를 구성하는 것이 아니라 각자 그 권한을 행사한다. ② 회사대표권: 대표집행임원이 회사를 대표한다. 집행임원이 1인인 경우에는 그가 대표집행임원이 되고, 2인 이상인 경우에는 이사회결의로 대표집행임원을 선임한다(408조의5 1항). 대표집행임원에 관하여 상법에 다른 규정이 없으면 주식회사의 대표이사에 관한 규정을 준용하고, 표현대표이사규정도 준용한다(408조의5 2항·3항).

(6) 이사·집행임원의 의무(이사·집행임원과 회사와의 관계)

1) 총   설 이사는 회사에 대하여 선관의무와 같은 일반적 의무 외에 경업·겸직금지의무와 같은 상법상의 구체적인 의무를 부담하며, 판례상 인정되는 감시의무도 부담한다. 집행임원설치회사의 집행임원은 회사에 대하여 이사와 동일한 의무와 책임을 지므로(408조의8, 408조의9), 이 (6)항의 의무부터 (9)항의 이사는 집행임원을 포함하는 개념으로 사용한다.

2) 일반적 의무

(가) 선관주의의무 회사와 이사와의 관계는 위임관계(382조 2항, 408조의2 2항)이므로 이사는 회사에 대하여 선량한 관리자의 주의의무를 부담

한다(민 681조).

(나) **충실의무**   이사는 법령과 정관의 규정에 따라 회사를 위하여
그 직무를 충실하게 수행하여야 한다(382조의3, 408조의9). 선관주의의무와
충실의무와의 관계에 대하여 견해가 대립한다. 동질설은 양자가 본질적
으로 동일한 것으로서 선관의무를 구체화한 것이 충실의무라고 한다. 이
질설은 선관의무는 이사가 직무수행에 있어 기울여야 할 주의의 정도에
관한 규정이고, 충실의무는 이사가 그 지위를 이용하여 자기 또는 제3자
의 이익을 추구하여서는 아니된다는 내용을 규정한 것이라고 한다. 이질
설의 입장에서는 경업·겸직금지의무, 회사기회유용 및 자기거래 금지의
무는 충실의무의 발현인 한편 비밀유지의무, 보고 및 감시의무는 선관주
의의무에 속한다고 한다. 이에 의하면 경영판단의 원칙은 충실의무위반
에는 적용되지 않는다.

   * 이사의 회사에 대한 책임과 경영판단의 원칙(business judgment rule):
   회사의 이사가 선량한 관리자의 주의를 다하여 그 권한 내의 행위를
   하였다면 그 행위의 결과 회사에 손해를 끼쳤다고 하더라도 회사에 대
   하여 그 개인적인 책임을 부담하지 않는다는 원칙이다. 미국의 판례법
   에서 발달된 이론이다.

3) 상법상 의무
(가) **경업·겸직금지의무**   이사는 이사회(이사가 1명 또는 2명인 회사는
주주총회, 383조 4항)의 승인이 없으면 자기 또는 제3자의 계산으로 회사의
영업부류에 속한 거래를 하지 못하고(경업금지), 동종영업을 목적으로 하
는 다른 회사의 무한책임사원이나 이사가 되지 못한다(겸직금지)(397조 1
항). 상법은 이사의 경업·겸직금지의무에 대하여 이사의 자기거래에 관
한 상법 제398조의 개시의무를 명시하지 않으나 판례는 이를 인정한다.
경업금지는 상업사용인과 같으나 겸직금지는 동종영업을 하는 회사의 무
한책임사원이나 이사가 되지 못하는 점에서 업종을 불문하고 회사의 무

한책임사원이나 이사가 되지 못하는 상업사용인(17조 1항)과 다르다. 경업 또는 겸직 승인을 구하는 이사는 특별이해관계 있는 이사이므로, 당해 이사회의 승인결의에서 의결권을 행사할 수 없고(391조 3항, 368조 3항), 해당 이사의 의결권의 수는 출석한 이사의 의결권의 수에 산입하지 아니한다(391조 3항, 371조 2항). 이사가 경업금지에 위반하여 거래를 한 경우에 회사는 이사회의 결의로 그 이사의 거래가 자기의 계산으로 한 것인 때에는 이를 회사의 계산으로 한 것으로 볼 수 있고, 제3자의 계산으로 한 것인 때에는 그 이사에 대하여 이로 인한 이득의 양도를 청구할 수 있다(개입권: 397조 2항). 개입권은 형성권이다. 이는 거래가 있은 날로부터 1년(제척기간)을 경과하면 소멸한다(397조 3항). 이사가 겸직금지의무를 위반한 때에는 회사는 그 이사를 해임할 수 있으며(385조 1항), 손해가 있는 경우에는 배상을 청구할 수 있다.

    (나) **회사기회유용금지의무**   이사는 이사회의 승인 없이 현재 또는 장래에 회사의 이익이 될 수 있는 사업기회를 자기 또는 제3자의 이익을 위하여 이용하여서는 아니 된다(397조의2 1항 전문, 408조의9). 여기의 사업기회는 ① 직무를 수행하는 과정에서 알게 되거나 회사의 정보를 이용한 사업기회와 ② 회사가 수행하고 있거나 수행할 사업과 밀접한 관계가 있는 사업기회를 의미한다(397조의2 1항 1호·2호). 이사회의 승인(이사가 1명 또는 2명인 회사는 주주총회의 보통결의에 의한 승인, 383조 4항)은 이사 3분의 2 이상의 수로써 하여야 하며, 이때 승인을 구하는 이사는 특별이해관계인이므로 재적이사의 수에서 제외하여야 한다. 상법에 명문의 규정은 없으나 이사의 자기거래(398조)의 경우와 같이 미리 이사회에서 해당 사업기회에 관한 중요한 사실을 밝힐 개시의무가 있다는 견해도 있다. 이 의무를 위반한 이사의 행위는 유효하므로 그 행위로 인하여 회사에 손해를 발생시킨 이사 및 승인한 이사는 연대하여 손해를 배상할 책임이 있으며 이로 인하여 이사 또는 제3자가 얻은 이익은 손해로 추정한다(397조의2 2항).

(다) 자기거래금지의무

가) 자기거래의 의의　　자기거래는 이사가 자기 또는 제3자의 계산으로 회사와 거래하는 것이다. 예컨대 이사가 회사와 회사재산의 매매계약을 체결하거나 회사로부터 금전을 차용하는 계약을 체결하는 것이다. 자기거래를 허용할 경우 회사의 이익을 희생시키면서 이사 개인의 사리를 도모할 가능성이 있다. 이에 상법은 이사회의 사전승인을 받은 경우에만 자기거래를 허용하고 있다. 이사가 자기 또는 제3자의 계산으로 회사와 거래를 하기 위하여는 미리 이사회에서 해당 거래에 관한 자기의 이해관계 및 그 거래에 관한 중요한 사실들을 개시하여야 하고 그렇게 개시된 상태에서 이사회가 그 거래가 이익상반거래로서 공정한 것인지를 심의하여야 한다. 만일 이러한 사항들이 이사회에 개시되지 아니한 채 단순히 통상의 거래로서 이를 허용하는 이사회의 결의가 이루어진 경우에는 상법 제398조 전문이 규정하는 이사회의 승인이 있다고 할 수 없다. 이사회의 승인(이사가 1명 또는 2명인 회사는 주주총회의 보통결의에 의한 승인, 383조 4항)은 이사 3분의 2 이상의 수로써 하여야 하며(이때 승인을 구하는 이사는 특별이해관계인이므로 재적이사의 수에서 제외하여야 함), 그 거래의 내용과 절차는 공정하여야 한다(398조 본문, 408조의9). 이 의무의 부담자는 ① 이사 또는 주요주주(542조의8 2항 6호), ①의 배우자 및 직계존비속, ①의 배우자의 직계존비속 그리고 이들이 단독 또는 공동으로 의결권 있는 발행주식 총수의 100분의 50 이상을 가진 회사 및 그 자회사, 이들이 위 회사와 합하여 의결권 있는 발행주식총수의 100분의 50 이상을 가진 회사이다(398조 1호~5호). 한편 상장회사에 대하여는 따로 상세한 규정을 두고 있다(542조의9).

나) 적용범위　　모든 자기거래가 이에 해당하는 것은 아니고, 이사와 회사 간의 이해충돌이 발생할 염려가 있는 행위만 제한된다. 따라서 형식적으로는 이사와 회사 간의 거래이더라도 실질적으로는 이해충돌의 염려가 없는 경우, 예컨대 회사에 대하여 이자나 담보제공 등 아무런 대가

가 없는 금전대여나 증여, 채무의 이행 등은 해당되지 않는다. 반대로 실질적으로 이해충돌의 염려가 있는 거래이면 형식상 회사와 이사간의 거래(직접거래)뿐 아니라 형식적으로는 회사와 제3자의 거래(간접거래: 예컨대 이사의 타은행 대출에 대한 회사의 보증행위)이든 불문한다. 어음행위도 포함한다.

다) 의무위반의 효력   위 의무에 위반한 행위의 효력에 대하여 무효설, 상대적 무효설 및 유효설이 대립한다. 대내적으로는 무효이고, 대외적으로는 선의의 제3자에 대하여는 유효라는 견해가 회사의 이익보호와 거래의 안전을 조화시킨 견해로서 타당하다(판례). 중과실은 악의와 같이 평가되고, 악의의 입증책임은 회사가 부담한다. 회사만이 무효를 주장할 수 있고, 당해 이사나 제3자는 주장하지 못한다.

㈑ **비밀유지의무**   이사는 재임 중 뿐만 아니라 퇴임 후에도 직무상 알게 된 회사의 영업상 비밀을 누설하여서는 아니된다(382조의4, 408조의9).

㈒ **보고의무**   ① 이사회 보고의무: 이사는 3월에 1회 이상 업무의 집행상황을 이사회에 보고하여야 한다(393조 4항, 408조의6 1항). 또한 이사는 대표이사로 하여금 다른 이사 또는 피용자의 업무에 관하여 이사회에 보고할 것을 요구할 수 있다(393조 3항, 408조의6 3항). 집행임원은 이사회의 요구가 있으면 언제든지 이사회에 출석하여 요구한 사항을 보고하여야 한다(408조의6 2항). 이사가 1명 또는 2명으로 된 회사(383조 1항 단서)는 이사회가 없으므로 이 의무가 없다. ② 감사 또는 감사위원회 보고의무: 이사는 회사에 현저하게 손해를 미칠 염려가 있는 사실을 발견한 때에는 즉시 감사에게 이를 보고하여야 한다(412조의2, 415조의2 7항, 408조의9). 감사가 수인 있는 경우 1인에 대한 보고로 족하다. 감사를 선임하지 아니한 자본금 총액 10억 미만인 회사에서는 주주총회에 보고하여야 한다(409조 4항·6항).

㈓ **감시의무**   이는 판례상 인정되는 의무로서 이사가 다른 이사의 업무집행에 대한 감시의무를 부담하는 경우가 있다. 대표이사는 다른 이사의 직무집행에 대하여 감시의무를 부담하고, 공동대표이사는 다른 공

동대표이사의 직무집행에 대하여 감시의무를 부담한다. 대표이사가 아닌 업무담당이사의 다른 이사(대표이사를 포함)에 대한 감시의무도 인정된다. 대표이사가 아니면서 업무도 담당하지 않는 평이사는 다른 이사의 업무집행이 위법함을 알았거나 또는 알 수 있었던 경우에만 감시의무를 부담한다. 집행임원설치회사에 있어서 집행임원은 다른 집행임원(대표집행임원 포함)에 대한 감시의무가 없다. 집행임원은 수인이 있는 경우에도 각자 업무집행을 하기 때문이다(408조의4). 대표집행임원은 다른 집행임원의 직무집행을 감시할 의무가 있고, 공동대표집행임원은 다른 공동대표집행임원의 직무집행을 감시할 의무가 있다. 또한 집행임원설치회사의 사외이사는 집행임원에 대한 감시의무를 부담한다.

(7) 이사·집행임원의 책임

1) 회사에 대한 책임

(가) 손해배상책임　　이사가 고의 또는 과실로 법령 또는 정관에 위반한 행위를 하거나 그 임무를 게을리한 경우에는 그 이사는 회사에 대하여 연대하여 손해를 배상할 책임이 있다(399조 1항, 408조의8 1항). 다수설과 판례는 이 책임의 법적 성질을 이사가 회사에 대하여 부담하는 위임계약상의 채무(선관주의의무)불이행으로 인한 책임으로 파악한다(특수책임이라는 반대 견해 있음). 배상원인의 예로는 경업금지 또는 자기거래제한규정에 위반한 경우, 은행의 이사가 채무자의 자력을 충분히 조사하지 않고 대출한 경우 등을 들 수 있다. 이 책임은 해당 이사는 물론이고 그 행위가 이사회의 결의에 의한 것인 때에는 그 결의에 찬성한 이사도 책임이 있다(399조 2항). 이때 결의에 참가한 이사로서 이의를 한 기재가 의사록에 없는 자는 그 결의에 찬성한 것으로 추정한다(399조 3항). 책임부담자가 2인 이상일 경우 연대책임이다. 이 책임은 주주 전원(의결권이 없거나 제한되는 종류주식이 발행된 경우 그 주주 포함, 344조의3)의 동의로 면제할 수 있고(400조 1항, 408조의9), 정기총회에서 재무제표 등을 승인한 후 2년 내에 다른 결의가 없는 경우 책임이 면제된다(이사의 부정행위는 제외, 450조). 이

책임은 정관으로 정하는 바에 따라 일정 범위 초과부분에 대하여 면제가 능하나 이사의 고의 또는 중과실로 인하거나 경업·겸직금지위반(397조), 회사기회유용(397조의2) 및 자기거래위반(398조)의 경우에는 적용되지 않는다(400조 2항, 408조의9; 이는 이사회의 승인 유무와 무관). 이 책임의 시효는 10년이다.

(ㄴ) **자본금충실책임**　　신주의 발행으로 인한 변경등기가 있은 후에 아직 인수하지 아니한 주식이 있거나 주식인수의 청약이 취소된 때에는 이사가 이를 공동으로 인수한 것으로 본다(428조 1항). 인수가 의제된 주식에 대하여 이사는 납입책임을 부담한다. 이 책임은 무과실책임으로 총주주의 동의로도 면제하지 못한다. 집행임원은 이 책임을 부담하지 않는다.

2) **제3자에 대한 책임**

(ㄱ) **책임규정**　　이사가 고의 또는 중대한 과실로 그 임무를 게을리한 때에는 그 이사는 제3자에 대하여 연대하여 손해를 배상할 책임이 있다(401조 1항, 408조의8 2항).

(ㄴ) **법적 성질**　　이 책임의 성질에 대하여는 회사경영에 대한 광범위한 권한을 가지는 이사에게 엄중한 책임을 물어 제3자를 보호하기 위하여 상법이 인정하는 특별한 손해배상책임의 발생원인이라는 법정책임설(판례)과 본질적으로는 불법행위책임이나 이사의 업무가중을 고려하여 경과실을 제외한 것이라는 특수불법행위책임설이 대립한다. 이와 관련하여 주주가 동시에 이사이기도 한 소규모주식회사에서 법인격부인론의 대체적 기능을 행한다는 견해도 있다.

(ㄷ) **책임원인**　　고의 또는 중대한 과실로 임무를 게을리한 때는 주식청약서·사채청약서·재무제표 등에 대한 허위기재, 지급가능성이 없는 어음의 발행, 회사재산의 횡령으로 인한 회사채권자에 대한 채무지급불능 등을 예로 들 수 있다.

(ㄹ) **제3자의 범위**　　제3자의 범위에는 회사채권자는 물론 주주(주식인수인 포함)도 포함된다.

㈒ **손해의 범위**　　이사의 임무해태로 인하여 제3자가 입은 직접손해(예: 허위기재한 재무제표를 믿고 주식을 취득한 경우 등)는 물론 간접손해(예: 회사재산의 횡령으로 인한 회사채권자의 채권추심 불능 등)도 포함된다. 판례는 주주의 간접손해는 이에 해당되지 않는다고 한다.

㈓ **불법행위책임과의 관계 및 시효**　　법정책임설에 의하면 이 책임과 민법 제750조의 불법행위의 요건이 동시에 충족되는 경우에는 양 책임이 경합하고, 시효는 10년이다. 특수불법행위설에 의하면 이 책임만 성립하며, 그 시효는 3년이 된다.

㈔ **책임의 부담자 및 회사의 책임과의 관계**　　임무를 해태한 이사가 수인인 경우에는 연대하여 책임을 지고(401조 1항), 그 행위가 이사회의 결의에 의한 것인 때에는 그 결의에 찬성한 이사도 동일한 책임을 지게 되며 그 결의에 참가한 이사로서 이의를 한 기재가 없는 자는 그 결의에 찬성한 것으로 추정된다(401조 2항, 399조 2항·3항). 이는 이사의 회사에 대한 책임의 경우와 같다. 회사도 제3자에 대하여 손해배상책임을 지는 경우에는 이사와 회사는 제3자에 대하여 부진정연대책임을 부담한다.

(8) **업무집행지시자 등의 책임**　　상법은 법률상의 이사(de jure director) 이외에 사실상 이사와 같은 기능을 하거나 이사의 업무집행에 영향을 미치는 자에게 이사와 같은 책임을 지도록 함으로써 기업경영에 대한 책임을 강화하고 있다. 즉, ① 회사에 대한 자신의 영향력을 이용하여 이사에게 업무집행을 지시한 자(예: 1인주주 또는 지배주주가 이사에게 지시하는 경우)와 ② 이사의 이름으로 직접 업무를 집행한 자(지배주주 등이 직접 이사의 이름으로 업무집행을 하는 경우)(①과 ②를 배후이사라고 함) 및 ③ 이사가 아니면서 명예회장·회장·사장·부사장·전무·상무·이사 기타 회사의 업무를 집행할 권한이 있는 것으로 인정될 만한 명칭을 사용하여 회사의 업무를 집행한 자(표현이사라고 함)도 이사와 마찬가지로 회사 및 제3자에 대한 책임을 지게 된다(401조의2, 408조의9). 회사에 대한 책임의 경우 회사가 그 책임을 추궁하지 않는 경우 대표소송 또는 다중대표소송의 상대방이

될 수 있다(401조의1 1항 본문; 403조, 406조의2).

(9) 이사·집행임원의 업무집행에 관한 주주의 직접감독

1) 개　관　　주주는 투자자로서 회사의 업무집행에 대한 감독권을 가진다. 이는 주주총회를 통하여 간접적으로 행사하는 것이 일반적이지만 예외적인 경우에는 소수주주권으로서 직접적으로 행사할 수 있다. 주주의 직접감독권에는 사전조처로서의 위법행위유지청구권과 사후조처로서의 대표소송이 있다.

2) 위법행위유지청구권　　이는 이사가 법령 또는 정관에 위반한 행위를 하여 이로 인하여 회사에 회복할 수 없는 손해가 생길 염려가 있는 경우 발행주식의 총수의 100분의 1 이상에 해당하는 주식을 가진 주주가 회사를 위하여 이사에 대하여 그 행위를 유지(留止)할 것을 청구할 수 있는 권리이다(402조, 408조의9). 영미법의 Injunction제도를 도입한 것이다. 상장회사의 경우에는 6개월 전부터 계속하여 발생주식 총수의 10만분의 50(대통령령으로 정하는 상장회사의 경우에는 10만분의 25) 이상에 해당하는 주식을 보유하여야 한다(542조의6 5항). 감사 또는 감사위원회(415조의2 7항)도 이 청구권을 행사할 수 있다. 행사방법에는 제한이 없으므로 소송 이외의 방법으로도 가능하다.

3) 대표소송

(개) 의　의　　이는 소수주주가 회사를 위하여 이사의 책임을 추궁하기 위하여 제기하는 소송이다(403조, 408조의9). 이는 회사가 인적 관계로 인하여 이사에 대한 책임을 추궁하지 않는 경우 주주가 회사를 대신하여 이사에 대한 책임을 추궁하는 사후적인 수단이다. 미국법의 Representative Suit제도를 도입한 것으로 제3자의 소송담당에 속한다.

(내) 대표소송이 인정되는 이사의 책임범위　　이에 관하여 견해가 대립하나 이사가 회사에 대하여 부담하는 모든 채무로서 상법 제399조(408조의8 1항·3항) 및 제428조의 책임뿐만 아니라 이사와 회사 간의 거래상 발생한 채무의 이행청구까지 포함한다고 본다. 그 채무는 이사의 지위에

있는 동안에 부담한 것에 한하나, 일단 발생한 이상 퇴임 후에도 제기할 수 있다.

⒟ 대표소송의 당사자

가) 원   고   소제기 시에 발행주식총수의 1/100 이상에 해당하는 주식을 가진 주주가 원고가 될 수 있다. 이러한 주식비율은 소제기 시에만 갖추면 되고 제소 후 감소하여도 제소의 효력에는 영향이 없으나 발행주식을 보유하지 않게 된 경우(판례는 주식매도과 같은 자발적 처분과 주식의 포괄적 교환·이전과 같은 비자발적 경우를 구별하지 않음)에는 원고적격을 상실한다(403조 5항). 의결권 없는 종류주식의 주주도 포함한다. 상장회사의 경우 6개월 전부터 계속하여 발행주식총수의 1만분의 1 이상에 해당하는 주식을 보유한 자가 제기할 수 있다(542조의6 6항·9항·10항).

나) 피   고   이사(403조 1항) 또는 이사이었던 자(이하 같음), 집행임원(408조의9), 발기인(324조), 업무집행지시자(401조의2), 감사(415조), 청산인(542조 2항)이다.

⒣ 절   차   먼저 이사의 책임을 추궁할 소송을 제기할 것을 회사에 대하여 이유를 기재한 서면으로 청구할 수 있고, 회사가 그 청구를 받고도 30일 내에 소를 제기하지 아니한 때 그 주주는 즉시 회사를 위하여 소를 제기할 수 있으나, 위 기간이 경과함으로써 회사에 회복할 수 없는 손해가 생길 염려가 있는 때에는 즉시 소를 제기할 수 있다(403조 1항~4항). 이 소는 회사의 본점소재지의 지방법원의 관할에 전속한다(403조 7항, 186조). 회사가 위 주주의 청구에 따라 소를 제기하거나 주주가 소를 제기한 경우 당사자는 법원의 허가를 얻지 아니하고는 소의 취하, 청구의 포기·인낙·화해를 할 수 없다(403조 6항). 회사는 주주의 소에 참가할 수 있으며(공동소송참가, 민소 83조), 주주는 소를 제기한 후 지체없이 회사에 대하여 소송고지를 하여야 한다(404조 1항·2항).

⒤ 효   력   판결의 효력은 회사에 미치며, 회사에 대하여 직접 급부할 것을 청구하게 된다. 이 경우 그로 인하여 이익을 받게 된 회사에

대하여 소송비용 및 그 밖에 소송으로 인하여 지출한 비용 중 상당한 금액의 지급을 청구할 수 있다(405조 1항 전문). 원고가 패소한 경우 판결의 효력이 회사에도 미치기 때문에 회사는 별소를 제기할 수 없다. 원고주주가 악의인 때 손해배상을 청구할 수 있다(405조 2항).

(ᄇ) 재심의 소   대표소송이 제기된 경우에 원고와 피고의 공모로 인하여 소송의 목적인 회사의 권리를 사해할 목적으로써 판결을 하게 한 때에는 회사 또는 주주는 확정한 종국판결에 대하여 재심의 소를 제기할 수 있다(406조 1항).

4) 다중대표소송

(ᄀ) 의의와 입법연혁   다중대표소송(이중대표소송)은 모회사 발행주식총수의 100분의 1 이상에 해당하는 주식을 가진 주주가 자회사의 이사의 책임을 추궁하는 소이다(406조의2 1항, 542조의6 7항). 미국은 판례법상 이중대표소송(double derivative suit)을 인정하여 온 한편 우리나라의 경우에는 실정법적 근거가 없었으나 2020년 상법 개정시 이를 신설하였다. 원래 모회사와 자회사는 별개의 법인격이지만 자회사 이사의 유책행위로 인한 손실은 결국 모회사에 귀속된다는 점에서 모회사의 주주로 하여금 자회사의 이사에 대한 책임을 물을 수 있는 제도를 도입한 것이다.

(ᄂ) 다중대표소송이 인정되는 이사의 책임범위   자회사 이사의 책임범위는 대표소송(403조 이하)의 경우와 같다. 이 규정은 발기인(324조)·업무집행지시자 등(401조의2)·집행임원설치회사의 집행임원(408조의9)·감사(415조)·청산인(542조 2항)의 책임을 추궁하는 경우에도 적용된다.

(ᄃ) 다중대표소송의 당사자

1) 원 고   모회사 발행주식총수의 100분의 1 이상에 해당하는 주식을 가진 주주(의결권이 없는 종류주식의 주주도 포함)가 원고가 될 수 있다. 원고가 제소를 한 후 모회사가 보유한 자회사의 주식이 자회사 발행주식총수의 100분의 50 이하로 감소한 경우에도 제소의 효력에는 영향이 없다(단, 발행주식을 보유하지 아니하게 된 경우를 제외한다, 406조의2 4항). 이와 별도

로 상장회사의 경우 6개월 전부터 계속하여 상장회사 발생주식총수의 1만분의 50 이상에 해당하는 주식을 보유한 자가 제기할 수 있다(542조의6 7항·10항; 정관에서 단기의 주식 보유기간과 낮은 주식 보유비율을 정할 수 있다. 542조의6 8항).

2) 피   고   자회사의 이사(406조의2 1항) 또는 이사이었던 자(이하 같음), 그리고 집행임원(408조의9), 자회사의 발기인(324조), 업무집행지시자(401조의2), 감사(415조), 청산인(542조 2항) 등이다.

㈐ 절   차   먼저 자회사 이사의 책임을 추궁할 소송을 제기할 것을 자회사에 대하여 이유를 기재한 서면으로 청구할 수 있고, 자회사가 그 청구를 받은 날로부터 30일 내에 소를 제기하지 아니한 때 그 주주는 즉시 자회사를 위하여 소를 제기할 수 있으나 위 기간의 경과로 인하여 회사에 회복할 수 없는 손해가 생길 염려가 있는 경우에는 즉시 소를 제기할 수 있다(406조의2 1항~3항, 403조 2항·4항). 이 소는 자회사의 본점소재지의 지방법원의 관할에 전속한다(406조의2 5항). 자회사가 주주의 청구에 따라 소를 제기하거나 주주가 소를 제기한 경우 당사자는 법원의 허가를 얻지 아니하고는 소의 취하, 청구의 포기·인낙·화해를 할 수 없다(406조의2 3항, 403조 6항). 자회사는 주주의 소에 참가할 수 있으며(공동소송참가, 민소 83조), 주주는 소를 제기한 후 지체없이 자회사에 대하여 소송고지를 하여야 한다(406조의2 3항, 404조 1항·2항).

㈑ 효   력   판결의 효력은 자회사에 미치며, 자회사에 대하여 직접 급부할 것을 청구하게 된다. 이 경우 그로 인하여 이익을 받게 된 자회사에 대하여 소송비용 및 그 밖에 소송으로 인하여 지출한 비용 중 상당한 금액의 지급을 청구할 수 있다(406조의2 3항, 405조 1항 전문). 원고가 패소한 경우 판결의 효력이 자회사에도 미치기 때문에 회사는 별소를 제기할 수 없다. 원고주주가 악의인 때 손해배상을 청구할 수 있다(406조의2 3항, 405조 2항).

㈒ 재심의 소   대표소송이 제기된 경우에 원고와 피고의 공모로

인하여 소송의 목적인 회사의 권리를 사해할 목적으로써 판결을 하게 한 때에는 회사 또는 주주는 확정한 종국판결에 대하여 재심의 소를 제기할 수 있다(406조의2 3항, 406조 1항).

5. 감사 · 감사위원회 · 검사인 기타

(1) 감   사

1) 의   의   감사(auditor)는 회사의 회계 및 업무의 감사를 주된 임무로 하는 주식회사의 필요상설기관이다(412조). 주주총회나 이사회가 회의체임에 반하여 감사는 수인인 경우에도 개별적 · 독립적으로 그 권한을 행사하는 점에 차이가 있다. 단, 자본금의 총액이 10억원 미만인 회사의 경우에는 감사는 임의기관이다(409조 4항). 최근 사업연도 말 현재의 자산총액이 1천억원 이상인 상장회사 중 감사위원회가 설치되지 않는 한 상근감사, 즉 주주총회 결의에 의하여 회사에 상근하면서 감사업무를 수행하는 감사를 1명 이상 두어야 한다(542조의10 1항 본문, 상시 36조 1항).

2) 자   격   감사의 자격에는 제한이 없다(단, 상장회사의 상근감사의 결격사유에 대하여는 542조의10 2항, 상시 36조 2항). 정관으로 주주로 한정할 수 있다. 감사는 성질상 자연인에 한한다(반대 있음). 감사(監事) 지위의 독립성과 감사(監査)의 공정성을 기하기 위하여 회사 및 자회사의 이사 또는 지배인 기타의 사용인의 직무를 겸하지 못한다(411조).

3) 원수 · 임기 · 보수   감사의 수는 제한이 없고, 2인 이상의 감사가 있는 경우에도 각자 독립하여 권한을 행사한다. 임기는 취임 후 3년 내의 최종의 결산기에 관한 정기총회의 종결시까지로 한다(410조). 보수는 이사의 경우와 같다(415조, 388조).

4) 선   임   감사는 주주총회에서 보통결의로 선임한다(409조 1항). 이때 의결권없는 주식을 제외한 발행주식의 총수의 100분의 3(정관에서 더 낮은 주식 보유비율을 정할 수 있으며, 정관에서 더 낮은 주식 보유비율을 정한 경우에는 그 비율로 한다)을 초과하는 수의 주식을 가진 주주는 그 초과하는 주식에

관하여 제1항의 감사의 선임에 있어서는 의결권을 행사하지 못하며(409조 2항), 행사할 수 없는 주식의 의결권 수는 출석한 주주의 의결권의 수에 산입하지 아니한다(371조 2항). 이로 인하여 결의요건 충족이 곤란할 경우를 대비하여 전자투표를 실시하는 회사는 출석한 주주의 의결권의 과반수로써 감사의 선임을 결의할 수 있도록 하였다(409조 3항).

5) 종 임 위임관계의 종료로 종임되고(민 689조, 690조), 주주총회의 특별결의에 의하여 해임됨으로써(415조, 385조 1항 본문) 종임되는 것은 이사와 같다. 다만, 감사는 이사와 달리 주주총회에서 감사의 해임에 관하여 의견을 진술할 수 있다(409조의2). 상장회사의 경우 감사의 해임에도 선임시와 같이 최대주주 등의 의결권이 제한된다(542조의12 7항).

6) 감사의 권한

(가) 직무 및 회계감사권 감사는 이사의 직무의 집행을 감사한다(412조 1항). 회계감사권은 직무감사권의 일부이다. 감사권의 범위에 대하여 이사회의 이사의 직무집행에 대한 감독권(393조 2항)과 관련하여 견해가 대립한다. 이사회는 이사의 직무집행의 적법성·타당성·합목적성 등 업무집행 전반을 감독하고, 감사는 직무집행의 적법성에 한하여 감사하나 명문으로 타당성감사를 인정한 경우(413조, 447조의4 2항 5호·8호)에는 타당성감사를 할 수 있다고 본다. 자본금 총액이 10억원 미만으로서 감사를 선임하지 아니한 회사의 경우 주주총회가 감사의 업무를 수행한다(409조 6항).

(나) 기타의 권한 그 밖에 영업보고요구권·업무재산상태조사권(412조 2항), 이사회출석·의견진술권(391조의2 1항), 이사·회사 간의 소에 관한 회사대표권(394조 1항), 이사의 위법행위유지청구권(402조), 주주총회소집청구권(412조의3), 자회사조사권(412조의5), 각종의 소권(328조, 376조, 429조, 445조, 529조) 등을 가진다.

7) 감사의 의무 감사와 회사 간의 관계는 위임관계이므로(415조, 382조 2항), 감사는 수임인으로서 직무권한의 행사에 있어서 선관자의 주

의로써 하여야 할 의무를 부담함은 이사의 경우와 같다. 다만, 감사는 업무집행을 담당하는 것이 아니므로 충실의무(382조의3), 경업·겸직금지의무(397조), 회사기회유용금지의무(397조의2) 및 자기거래금지의무(398조)를 부담하지 않는다. 감사는 선관의무 외에도 이사의 위법행위보고의무(391조의2 2항), 비밀유지의무(415조, 382조의4), 주주총회에 대한 의견진술의무(413조), 감사록의 작성의무(413조의2 1항), 감사보고서의 작성·제출의무(447조의4)를 부담한다.

8) 감사의 책임   감사가 그 임무를 해태한 때에는 그 감사는 회사에 대하여 연대하여 손해를 배상할 책임이 있다(414조 1항). 이 책임의 면제에는 이사의 경우와 같이 총주주의 동의가 있어야 한다(415조, 400조). 임무해태가 악의 또는 중대한 과실로 인한 것일 때에는 제3자에 대하여 연대하여 손해배상책임을 진다(414조 2항). 이러한 감사의 책임은 상근과 비상근을 구별하지 아니한다. 감사가 회사 또는 제3자에 대하여 손해배상책임을 지는 경우에 이사(또는 집행임원)도 그 책임이 있는 때에는 그 감사와 이사(또는 집행임원)의 책임은 연대책임이 된다(414조 3항, 408조의8 3항). 감사는 업무집행을 하지 않으므로 이사의 경우와 같은 위법행위유지청구제도는 없으나, 감사의 책임추궁에 관하여 대표소송제도는 인정되어 있다(415조, 403조~407조).

(2) 감사위원회

1) 의의와 설치   감사위원회(audit committee)는 감사에 갈음하여 감사의 역할을 하는 이사회 내 위원회 중의 하나의 기관이다. 회사는 정관이 정한 바에 따라 감사에 갈음하여 이사회 내 위원회(393조의2)로서 감사위원회를 설치할 수 있는데 이 경우 감사를 둘 수 없다(415조의2 1항). 최근 사업연도 말 현재의 자산총액이 2조원 이상인 상장회사(542조의11 1항, 상시 37조 1항 본문)는 감사위원회를 의무적으로 설치하여야 한다(542조의11 1항).

Cf. 현행 상법상 당해회사의 상장 여부 및 상장회사의 경우에도 자산 총액을 기준으로 감사와 감사위원회, 상근감사 등의 설치의무 유무가 달라진다. 감사를 선임할 의무가 없는 자본금 총액 10억 미만의 회사를 제외하고(409조 4항), 비상장회사를 A, 상장회사 중에서 최근 사업연도 말 현재의 자산총액이 1천억원 미만을 B, 1천억원 이상 2조원 미만을 C, 2조원 이상을 D로 분류할 경우 ① A와 B는 감사를 1명 이상 필수적으로 두어야 하나, 임의적으로 감사위원회를 둘 수 있으며, 이 경우 감사는 두지 못한다(409조 1항, 415조의2 1항). ② C는 감사위원회를 설치하지 않는 한 상근감사를 1명 이상 두어야 한다(542조의10 1항). ③ D는 감사를 둘 수 없고 필수적으로 감사위원회를 설치하여야 한다(542조의11 1항).

2) 구성과 운영   감사위원회는 3명 이상의 이사로 구성하며, 사외이사가 위원의 3분의 2 이상이어야 한다(415조의2 2항). 감사위원회는 그 결의로 위원회를 대표할 자를 선정하여야 하는데 이 경우 수인의 위원이 공동으로 위원회를 대표할 것을 정할 수 있다(415조의2 4항). 감사위원회는 회사의 비용으로 전문가의 조력을 구할 수 있다(415조의2 5항). 감사위원회가 결의한 사항에 대하여는 이사회는 다시 결의할 수 없다(415조의2 6항, 393조의2 4항 후단). 그 밖에 감사위원회에 대하여 감사의 규정을 준용한다(415조의2 7항).

3) 선임과 해임   감사위원회위원은 이사 중에서 이사회의 결의로 선임한다(415조 1항 1문, 393조의2 1항 3호). 해임결의는 이사 총수의 3분의 2 이상이어야 하는데(415조의2 3항) 이는 감사위원회위원의 독립성 보장을 위한 것이다. 최근 사업연도 말 자산총액이 2조원 이상인 상장회사의 경우에는 주주총회만 감사위원회위원의 선임 및 해임권을 가진다(542조의12 1항). 이를 구체적으로 보면 주주총회에서 이사를 선임한 후 선임된 이사 중에서 감사위원회위원을 선임하여야 하고[단, 감사위원회위원 중 1명(정관에서 2명 이상으로 정할 수 있으며, 정관으로 정한 경우에는 그에 따른 인원으로 한다)은

주주총회 결의로 다른 이사들과 분리하여 감사위원회위원이 되는 이사로 선임하여야 한다, 542조의12 2항 단서], 감사위원회위원의 해임은 상법 제434조에 따른 주주총회의 특별결의에 의한다(이 경우 542조의12 2항 단서에 따른 감사위원회위원은 이사와 감사위원회위원의 지위를 모두 상실한다, 542조의12 3항). 위와 같이 주주총회가 감사위원회위원을 선임 또는 해임할 때에는 상장회사의 의결권 없는 주식을 제외한 발행주식총수의 100분의 3(정관에서 더 낮은 주식 보유비율을 정할 수 있으며, 정관에서 더 낮은 주식 보유비율을 정한 경우에는 그 비율로 한다)을 초과하는 수의 주식을 가진 주주(최대주주인 경우에는 사외이사가 아닌 감사위원회위원을 선임 또는 해임할 때에 그의 특수관계인, 그 밖에 대통령령으로 정하는 자가 소유하는 주식을 합산한다)는 그 초과하는 주식에 관하여 의결권을 행사하지 못한다(542조의12 4항, 이 항은 상장회사가 감사를 선임 또는 해임할 때에 준용한다. 542조의12 7항). 전자투표를 실시하는 경우 출석한 주주의 의결권의 과반수로써 감사위원회위원의 선임을 결의할 수 있는 것은 감사의 경우와 같다(542조의12 8항).

(3) **검 사 인**   검사인은 회사의 설립절차 또는 업무와 재산상태를 조사할 임무를 담당하는 주식회사의 임시적 감사기관이다. 그 기능은 감사와 비슷하나 일시적 선임이고, 직무권한범위도 선임되는 경우에 따라 다르다. 자격에는 제한이 없으나 직무의 성질상 자연인에 한하며 당해 회사의 이사·감사 및 사용인은 될 수 없다. 원수에도 제한이 없고, 임기는 그 직무의 종결시이다. 법원이 선임하는 경우로는 ① 변태설립사항 조사(298조 4항 본문, 310조 1항), ② 주주총회 소집절차나 결의방법 조사(367조 2항), ③ 액면미달발행 시 재산상태조사(417조 3항), ④ 신주발행시 현물출자의 검사(422조 1항 본문), ⑤ 회사의 업무와 재산상태조사(467조 1항)가 있고, 주주총회가 선임하는 경우로는 ① 소수주주에 의하여 소집된 임시주주총회의 회사의 업무와 재산상태조사(366조 3항), ② 이사가 제출한 서류와 감사의 보고서 조사(367조 1항)가 있다. 변태설립사항의 조사를 위하여 법원에 의하여 검사인이 선임된 경우에 악의 또는 중대한 과실로 인

하여 그 임무를 해태한 때에는 회사 또는 제3자에 대하여 손해를 배상할 책임이 있다(325조). 그 외의 책임에 관하여는 상법에 규정이 없으므로 일반원칙에 따른다.

(4) **준법지원인**   준법지원인은 대통령령으로 정하는 상장회사의 임직원이 그 직무를 수행할 때 준법통제에 관한 기준 및 절차(준법통제기준)를 준수하는지 여부를 점검하여 그 결과를 이사회에 보고할 의무를 부담하는 자이다(542조의13). 최근 사업연도 말 현재의 자산총액이 5천억 원 이상인 상장회사(단, 다른 법률에 따라 내부통제기준 및 준법감시인을 두어야 하는 상장회사는 제외, 상시 39조)는 준법지원인을 1명 이상 두어야 한다(542조의13 2항). 준법지원인의 임기는 3년이고 상근으로 한다(542조의13 6항). 준법지원인은 선량한 관리자의 주의로 그 직무를 수행하여야 하며(542조의13 7항), 재임 중뿐만 아니라 퇴임 후에도 직무상 알게 된 회사의 영업상 비밀을 누설하여서는 아니된다(542조의13 8항). 위 상장회사는 준법지원인이 그 직무를 독립적으로 수행할 수 있도록 하여야 하고, 임직원은 준법지원인이 그 직무를 수행할 때 자료나 정보의 제출을 요구하는 경우 이에 성실하게 응하여야 한다(542조의13 9항).

(5) **외부감사인**   주식회사의 외부감사에 관한 법률에 따라 주권상장법인 등 일정한 기준에 해당되는 주식회사는 그 회사로부터 독립된 외부의 감사인에 의한 감사를 받아야 한다(위 법 4조). 이는 외부의 감사인에 의한 회계감사를 통하여 회계처리를 적정하게 하도록 함으로써 이해관계인을 보호하기 위한 것이다(위 법 1조).

(6) **준법감시인**   일정 기준의 금융회사의 내부통제기준의 준수 여부를 점검하고 위반시 이를 조사하여 필요하다고 판단하는 경우 조사결과를 감사위원회 또는 감사에게 보고하는 등의 내부통제 관련 업무를 총괄하는 사람이다(금융회사의 지배구조에 관한 법률 25조 1항, 자시 335조의8 3항~6항 등).

V. 신주의 발행

1. 회사의 자금조달방법 개관

회사가 자금을 조달하는 방법에는 신주와 사채의 발행(전환사채·신주인수권부사채 포함)이 있고 신주의 발행에는 통상의 신주발행과 특수한 신주발행이 있다. 신주의 발행은 자기자본, 사채의 발행은 타인자본의 조달이라는 점에서 차이가 있으나, 자금조달의 기동성을 위하여 양자 모두 이사회의 결의에 따라 발행할 수 있다(416조 본문, 469조 1항). 특수한 신주발행은 주식분할(329조의2), 준비금의 자본금전입(461조), 주식배당(462조의2), 전환주식의 전환(346조), 전환사채의 전환(513조), 신주인수권부사채권자의 인수권행사(516조의9), 흡수합병(523조), 회사분할(530조의5·6), 주식의 포괄적 교환(360조의2)의 경우에 이루어지는데 이는 해당부분에서 각각 설명한다.

2. 통상의 신주발행

(1) 의   의   통상의 신주발행은 회사 성립 후 회사의 자금조달을 주목적으로 수권주식의 범위 내에서 주식을 발행하는 것을 말한다. 상법은 자금조달의 기동성을 위하여 수권자본제를 채택하여 신주발행은 이사회에서 자유로이 할 수 있도록 하고 있다(정관으로 주주총회에서 결정하기로 정한 경우에는 예외이다, 416조 단서). 신주발행에 관하여 이사회에 강력한 권한을 부여하는 반면에 그 권한의 남용을 막고 주주의 정당한 이익을 보호하기

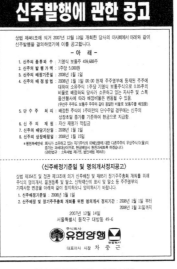

〈신주발행 공고(예시)〉

위하여 ① 수권주식의 범위 내에서만 신주발행을 할 수 있도록 하고(289
조 1항 3호, 416조), ② 주주에게 신주인수권을 인정하며(418조 1항), ③ 신주
의 위법·정관위반 또는 현저한 불공정발행에 대한 주주의 발행유지청구
권을 인정하고(424조), ④ 이사와 통모하여 불공정한 가액으로 신주를 인
수한 경우의 책임(424조의2)에 대하여 규정하였다.

(2) 신주인수권

1) 의   의   신주인수권은 신주를 발행하는 경우에 다른 사람에
우선하여 신주를 인수할 수 있는 권리이다. 이는 주주의 신주인수권과
제3자의 신주인수권으로 분류된다.

⑷ 주주의 신주인수권

가) 의   의   이는 주주가 그가 가진 주식 수에 따라서 신주의
배정을 받을 권리이다(418조 1항). 이렇게 주주자격에 따라 인정되는 신주
인수권을 추상적 신주인수권이라고 하고, 이에 터잡아 이사회의 결의로
써 주주 또는 제3자에게 신주인수권을 줄 것을 정한 때 이를 구체적 신
주인수권이라고 한다(이는 마치 주주권의 내용인 추상적인 이익배당청구권으로부터
구체적인 배당금지급청구권이 생기는 것과 같다). 전자는 주식과 분리하여 양도
하지 못하나, 후자는 채권적 권리로서 주식과 별도로 신주인수권증서에
의하여 양도할 수 있다. 신주발행의 경우에는 주식배정자유의 원칙이 적
용되지 않는다.

나) 신주인수권의 대상과 그 예외   주주는 원칙적으로 장래에 발행
될 모든 신주(미발행주식과 정관변경으로 증가될 수권주식)에 대하여 신주인수권
을 가진다. 그러나 신주배정절차와 납입이 이루어지지 않고, 신주를 받을
자가 성질상 미리 정해져있는 특수한 신주발행의 경우에는 예외적으로
신주인수권의 대상이 되지 않는다.

다) 신주인수권의 제한   주주의 신주인수권은 법률(자시 165조의7 1
항 등), 정관(418조 2항)에 의하여 제한될 수 있다. 그리고 회사가 취득하여
보유 중인 자기주식(341조, 341조의2), 자회사가 취득하고 있는 모회사의 주

식(342조의2 1항 1호·2호), 실권주, 단주의 경우도 해석상 신주인수권이 제
한된다.

라) 신주인수권과 현물출자   설립시의 현물출자는 변태설립사항으
로서 정관에 기재하여야 유효하다(290조). 한편 상법 제416조 제4호에 의
하면 신주발행시의 현물출자에 대하여는 정관에 규정이 없는 것은 이사
회가 결정하도록 규정되어 있다. 이에 이사회결의(정관으로 주주총회에서 결
정하기로 정한 경우에는 주주총회의 결의)만으로 주주의 신주인수권을 무시하고
현물출자를 받을 수 있다는 취지의 대법원판결이 있는 한편 이에 반대하
여 현물출자에 의한 신주발행의 경우에도 상법 제418조 제2항의 요건을
갖추어야 한다는 하급심판결이 있다.

마) 신주인수권과 주주평등의 원칙   추상적 신주인수권은 물론 구
체적 신주인수권도 주주의 자격을 전제로 하는 것이므로 주주평등의 원
칙에 따라야 하며, 이에 반하는 정관규정이나 총회 또는 이사회의 결의
는 무효이다. 다만 ① 회사가 수종의 주식을 발행하는 때에는 주식의 인
수에 관하여 특수한 정함을 할 수 있고(344조 3항), ② 회사가 자기주식을
가지고 있는 경우(341조, 341조의2) 및 ③ 자회사가 모회사주식을 가지고
있는 경우(342조의2 1항)에는 신주인수권이 없다. 단주(端株)의 경우에는 정
관에 규정이 있으면 그에 따르고, 정관규정이 없는 경우에는 이사회가
그 처분을 결정할 수 있다고 본다.

(나) 제3자의 신주인수권   이는 주주 이외의 제3자가 우선적으로 신
주의 배정을 받을 수 있는 권리이다. 신주의 발행이 주주의 이해관계에
영향을 미치므로 구주주에게만 인정할 경우 필요한 자금을 전부 확보하
지 못할 가능성이 있으므로 예외적으로 주주 이외의 제3자에게도 신주
인수권을 부여할 수 있도록 하고 있다. 따라서 이는 ① 신기술의 도입,
재무구조의 개선 등 회사의 경영상 목적을 달성하기 위하여 필요한 경우
에 한하여, ② 정관에 근거규정이 있는 때에만 인정된다(418조 2항). 그리
고 주식청약서에도 기재하여야 한다(420조 5호). 제3자에게 신주인수권을

부여하기 위하여는 그 대상 및 주식의 종류와 수 등에 대하여 정관에 구체적인 근거규정을 두어야 하나 그 대상은 정관에 특정하지 않고 예컨대 임원·종업원 정도로 규정하였다가 신주발행시 이사회에서 제3자의 범위를 구체적으로 정할 수도 있다. 정관의 규정만으로 제3자가 당연히 신주인수권을 취득하는 것이 아니라 회사와의 구체적인 계약이 있어야 한다. 즉, 이 권리는 계약상의 권리이다. 여기서의 '제3자'는 주주 이외의 자이나 주주자격을 떠나서 신주인수권이 부여된 자도 포함된다.

2) 양 도

㈎ 주주의 신주인수권의 양도

가) 양도의 필요성　　추상적인 신주인수권은 독립성이 인정되지 않으므로 주식과 분리하여 양도·처분할 수 없으나, 구체적 신주인수권은 주식과는 별개의 채권적 권리이므로 주식과 독립하여 양도·처분할 수 있고, 주가하락의 염려가 있거나 주식인수대금이 없는 경우에 주주의 이익보호를 위하여 경제적 가치가 있는 신주인수권의 양도를 인정할 필요가 있다.

나) 양도의 요건　　구체적 신주인수권은 정관 규정 또는 이사회의 결의(정관에서 주주총회에서 결정하기로 정한 경우에는 주주총회의 결의)로 양도할 수 있음을 정한 경우에만 양도할 수 있다(416조 5호). 이에 위반한 양도는 회사에 대하여 효력이 없다고 본다(반대 있음).

다) 양도의 방법　　신주인수권의 양도는 신주인수권증서의 교부에 의하여서만 행한다(420조의3 1항).

라) 신주인수권증서　　신주인수권증서는 주주의 신주인수권을 표창하는 유가증권이다. 신주발행사항 중 신주인수권을 양도할 수 있음을 정한 경우 회사는 주주의 청구 또는 배정일 2주간 전에 신주인수권증서를 발행하여야 한다(420조의2, 416조 5호·6호). 이는 기명식 또는 무기명식으로 발행할 수 있고, 소정사항을 기재하고 이사가 기명날인 또는 서명하여야 한다(420조의2 2항).

(내) 제3자의 신주인수권의 양도

이에 관하여 상법에 규정이 없으므로 ① 정관의 규정에 따른 제3자와 회사간의 특별한 관계에서 인정되는 권리이므로 양도할 수 없다는 견해, ② 계약상의 권리이므로 양도할 수 있다는 견해 및 ③ 회사가 승인한 경우에만 양도할 수 있다는 견해가 대립한다.

〈신주발행가액 확정 공고(예시)〉

(3) 신주발행의 절차

1) 신주발행사항의 결정 정관으로 주주총회에서 결정하기로 정한 경우 외에는 ① 신주의 종류와 수, ② 신주의 발행가액과 납입기일, ③ 무액면주식의 경우에는 신주의 발행가액 중 자본금으로 계상하는 금액, ④ 신주의 인수방법, ⑤ 현물출자를 하는 자의 성명과 그 목적인 재산의 종류, 수량, 가액과 이에 대하여 부여할 주식의 종류와 수, ⑥ 주주가 가지는 신주인수권을 양도할 수 있는 것에 관한 사항 및 ⑦ 주주의 청구가 있는 때에만 신주인수권증서를 발행한다는 것과 그 청구기간에 관하여 정관에 규정이 없는 것은 이사회가 결정한다(416조).

2) 신주배정일의 지정·공고

주주가 신주인수권을 가지는 경우에 회사는 일정한 날을 정하여 그 날(배정일로서 354조 1항의 기준일의 일종이다)을 기준으로 주주명부에 기재된 주주가 그 주식수에 따라서 신주의 배정을 받을 권리를 가진다는 뜻과 신주인수권을 양도할 수 있을 경우에는 그 뜻을, 그 날의 2주간 전에 공고하여야 한다(418조 3항 본문·1항). 신주배정일까지 명의개서를 하지 않아 주식양도인에게 배정된 신주(예컨대 신주배정일 이전에 A가 가지고 있던 주식을 B에게 양도하였으나 명의개서를 하지 않아 A에게 신주가 배정된 경우로서 이를 협의의 실기주라고 한다)에 대한 권리는 공평의 견지에서 양수인에게 귀속되어야 할 것이다.

> Cf. 양수인이 양도인에 대하여 신주의 반환을 청구할 수 있는 근거로 부당이득설, 사무관리설 및 준사무관리설이 대립한다. 판례는 이와 달리 양도인이 신주인수대금을 납입하였다면 그가 신주를 취득한다고 한다. 한편 협의의 실기주 외에 주식양수인이 이익배당금, 합병교부금 등 각 배정일까지 명의개서를 하지 않아 권리를 행사할 수 없게 된 경우를 광의의 실기주(失期株) 또는 실념주(失念株)라고 하며, 이 경우 양수인은 양도인에게 그가 수령한 배당금 등을 부당이득의 법리에 의하여 반환청구할 수 있다.

3) 신주인수권자에 대한 청약최고　　회사는 신주인수권자에 대하여 그 인수권을 가지는 주식의 종류 및 수와 일정한 기일(청약기일)까지 주식인수의 청약을 하지 아니하면 그 권리를 잃는다는 뜻을 청약기일의 2주간 전에 통지(실권예고부최고)하여야 한다(419조 1항·2항). 그 기일까지 주식인수의 청약을 하지 아니한 때에는 신주인수권자는 그 권리를 상실한다(419조 3항, 이를 실권주라고 한다).

4) 주식인수의 청약　　현물출자의 경우를 제외하고 주식인수의 청약을 하고자 하는 자는 주식청약서 2통에 인수할 주식의 종류 및 수와 주소를 기재하고 기명날인 또는 서명하여야 한다(425조, 302조 1항). 신주인수권증서를 발행한 경우에는 신주인수권증서에 의하여 주식의 청약을 한다(420조의5 1항 전문). 신주인수권증서를 상실한 경우 주식청약서에 의하여 그 청약을 할 수 있으나 신주인수권증서에 의한 청약이 있는 때에는 그 효력을 잃는다(420조의5 2항).

5) 신주의 배정과 인수　　신주의 청약에 대하여 대표이사가 배정하면 주식인수가 성립한다. 주식인수의 법적 성질은 주식인수의 청약과 배정에 의하여 성립하는 입사계약이다. 신주가 배정된 주식인수인의 지위,

즉 권리주의 양도는 당사자간에는 효력이 있으나 회사에 대하여는 효력
이 없다(425조, 319조).

　6) 출자의 이행　　주식인수인은 납입기일에 그 인수한 주식에 대한
인수가액의 전액을 납입하여야 한다(421조 1항). 이 경우 신주의 인수인
은 회사의 동의 없이 납입채무와 주식회사에 대한 채권을 상계할 수 없
다(421조 2항). 현물출자자는 납입기일에 지체없이 출자의 목적인 재산을
인도하고 등기, 등록 기타 권리의 설정 또는 이전을 요할 경우에는 이
에 관한 서류를 완비하여 교부하여야 한다(425조, 295조 2항). 그 밖의 납입
에 관한 사항은 모집설립에 관한 규정을 준용한다(425조, 305조 2항, 306조,
318조).

　7) 현물출자의 검사　　현물출자가 있는 경우에는 이사는 그 사항을
조사시키기 위하여 법원에 검사인의 선임을 청구하여야 한다(422조 1항 전
문). 이 경우 공인된 감정인의 감정으로 검사인의 조사에 갈음할 수 있다
(422조 1항 후문). 법원은 검사인의 조사보고서 또는 감정인의 감정결과를
심사하여 현물출자사항을 부당하다고 인정한 때에는 이를 변경하여 이사
와 현물출자를 한 자에게 통고할 수 있다(422조 3항). 이 변경에 불복이 있
으면 주식의 인수를 취소할 수 있으나 법원의 통고 후 2주간 내에 주식
의 인수를 취소한 현물출자를 한 자가 없는 때에는 법원의 통고에 따라
변경된 것으로 본다(422조 4항·5항).

　8) 신주발행의 효력발생　　신주인수인이 납입 또는 현물출자의 이
행을 한 때에는 납입기일의 다음 날에 신주발행의 효력이 생기고 그 신
주인수인은 이 날부터 주주가 된다(423조 1항). 실권주는 미발행주식이 되
어 차회 이후의 발행분으로 된다. 회사의 설립시(321조)나 신주발행의 변
경등기 후(428조)와는 달리 이 경우에는 인수와 납입이 있는 범위 내에서
신주발행의 효력이 발생하므로, 이사가 실권주에 대하여 인수나 납입책
임을 지지 않는다. 실무상 실권주 발생시 미발행분으로 유보하거나 제3
자에게 배정하는데 이는 이사회결의에 일임하여왔고, 대법원도 이를 유

효하다고 하였으나 주권상장법인의 경우에는 원칙적으로 발행을 철회하도록 규정하고 있다(자시 165조의6 2항 본문).

9) 등 기 신주발행의 효력이 발생하면 발행주식총수와 자본금 총액이 증가하므로 일정기일 내에 본점과 지점의 소재지에서 각각 변경 등기를 하여야 한다(317조 4항, 183조). 이 등기는 이미 효력이 발생하고 있는 신주의 발행과 이에 따른 자본금의 증가를 공시하는 것에 불과한 것이고, 신주발행의 효력발생요건은 아니다.

10) 인수의 무효 주장·취소의 제한 신주의 발행으로 인한 변경등기를 한 날로부터 1년을 경과한 후에는 신주를 인수한 자는 주식청약서 또는 신주인수권증서의 요건의 흠결을 이유로 하여 그 인수의 무효를 주장하거나 사기, 강박 또는 착오를 이유로 하여 그 인수를 취소하지 못한다. 그 주식에 대하여 주주의 권리를 행사한 때에도 같다(427조).

11) 이사의 인수담보책임 신주발행으로 인한 변경등기가 있은 후에 아직 인수하지 아니한 주식이 있거나 주식인수의 청약이 취소된 때에는 이사가 이를 공동으로 인수한 것으로 본다(428조 1항). 이는 무과실책임으로서 회사설립의 경우의 발기인의 인수·납입담보책임에 대응한다. 또한 회사에 손해가 있으면 배상책임을 진다(428조 2항).

12) 신주의 액면미달발행(할인발행) 회사설립 시에는 자본금충실의 원칙상 액면미달발행이 금지되나(330조 본문) 이 원칙을 고수할 경우 자금조달이 어려울 수 있으므로 엄격한 요건 하에 예외적으로 인정한다. 액면미달발행을 위하여는 ① 회사성립일로부터 2년을 경과한 후에, ② 주주총회의 특별결의가 있어야 하고(주식의 최저발행가액도 정하여야 한다, 417조 2항), ③ 법원의 인가를 얻어야 하며, ④ 인가를 얻은 후 1월 내에 발행하여야 한다(417조 1항·4항 전문).

⑷ 위법·불공정한 신주발행에 대한 조처

1) 총 설 이사회의 위법 또는 불공정한 신주발행에 대한 구제방법으로 상법은 주주의 신주발행유지청구권(424조)과 통모인수인의 책임

(424조의2) 및 신주발행무효의 소(429조)를 두고 있다.

2) 신주발행의 유지청구권   이는 회사가 법령 또는 정관에 위반하거나 현저하게 불공정한 방법에 의하여 주식을 발행함으로써 주주가 불이익을 받을 염려가 있는 경우에 주주가 회사에 대하여 그 발행을 유지(留止)할 것을 청구하는 권리이다(424조). 단독주주권이다. 법령 또는 정관에 위반하거나 현저하게 불공정한 방법에 의하여 신주가 발행된 경우에도 주주에 대한 불이익의 염려가 없는 한 이를 행사하지 못하며, 다만 그로 인하여 회사에 회복할 수 없는 손해가 생길 염려가 있으면 일정 비율의 주식보유 주주가 이사에 대하여 그 발행행위의 유지를 청구할 수 있을 따름이다(402조). 청구권자는 신주발행으로써 직접 불이익을 받을 염려가 있는 주주에 한한다. 소 또는 재판 외에서도 청구권을 행사할 수 있고, 가처분도 가능하다. 다만, 신주발행의 사전중지를 목적으로 하는 것이므로 신주발행의 효력발생일(423조 1항) 이전에 행사하여야 한다. 이 청구를 무시한 신주발행이라고 하여 당연히 무효로 되는 것이 아니나(이사가 책임질 경우가 있다, 401조), 법원의 유지판결이나 가처분이 있음에도 불구하고 이에 반하여 신주발행을 한 경우에는 신주발행무효의 소(429조)의 원인이 된다.

3) 통모주식인수인의 책임   이사와 통모하여 현저하게 불공정한 발행가액으로 주식을 인수한 자는 회사에 대하여 공정한 발행가액과의 차액에 상당한 금액을 지급할 의무가 있다(424조의2 1항). 이 책임은 실질적으로는 회사의 자본금충실을 위한 추가출자의무로서의 성질을 가지고 있는 것이므로 주주유한책임의 예외가 된다. 현저하게 불공정한 발행가액으로 신주를 발행한 이사는 회사에 대하여 손해배상책임을 지게 되는데(399조), 이것과 통모인수인의 책임은 부진정연대채무관계에 있다. 이사와 통모한 인수인의 책임추궁에 있어서는 이사의 책임을 추궁하는 경우와 같이 소수주주에 의한 대표소송이 인정되고 있다(424조의2 2항, 403조~406조).

4) 신주발행무효의 소   신주발행의 무효는 신주발행이 법령이나
정관에 위반한 하자가 있어 이를 이유로 이미 발행된 주식의 전부를 무
효로 하는 것으로서, 개개의 주식인수의 무효와 구별된다. 신주발행에 무
효의 원인이 있는 경우에 무효의 일반원칙에 따라서 누구나 언제나 어떤
방법으로나 그 무효를 주장하게 될 경우 회사법률관계의 안정을 해하므
로 이는 소에 의하여만 주장할 수 있도록 하였다. 신주발행무효의 원인
은 상법상 규정이 없으나 그 파장을 고려하여 가급적 제한하여야 한다.
이러한 차원에서 볼 때 정관 소정의 발행예정주식의 총수를 초과하여 신
주를 발행한 경우, 정관에서 인정되어 있지 않은 종류의 주식을 발행한
경우, 정관에 인정된 신주인수권을 전면적으로 무시하고 주식을 발행한
경우, 소정의 절차를 밟지 아니하고 액면미달로 발행한 경우 등을 생각
해볼 수 있다. 이사회의 결의 없이 신주발행을 한 경우 무효설과 유효설
이 대립한다. 판례는 기본적으로 거래안전을 고려하는 입장이지만 경영
권 방어를 위하여 발행되고, 그렇게 발행된 신주가 신주를 인수한 측에
의하여 보유되고 있는 경우에는 무효로 판단하고 있다. 신주발행을 위한
이사회의 결의 또는 주주총회의 결의에 하자가 있는 경우 신주발행의 효
력 발생 전에는 결의하자의 소를 제기할 수 있으나 신주발행의 효력이
발생한 후에는 이러한 결의하자는 신주발행무효의 소에 흡수된다(흡수설:
판례). 그러나 신주발행절차 중의 하나가 아니라 그 전제요건(예: 수권주식
총수의 증가를 위한 정관변경결의)에 하자가 있는 경우에는 신주발행의 효력
발생 후에도 양소는 별개로 제기할 수 있다(병합심리 가능). 이 소는 주주·
이사 또는 감사만이 제기할 수 있고, 신주발행일로부터 6월 내에 소를 제
기하여야 하며(429조), 피고는 회사가 된다. 소의 성질은 형성의 소이다.
확정된 신주발행무효판결은 대세적 효력을 가지며, 신주는 장래에 대하
여 효력을 잃는다(불소급효, 431조 1항). 이 경우 회사는 신주의 주주에 대하
여 납입한 금액을 반환하여야 한다(432조 1항).

Ⅵ. 정관의 변경

1. 정관변경의 의의

정관변경(alteration of memorandum)은 실질적 의의의 정관, 즉 회사의 기본적 규칙의 변경을 말하며 형식적 의의의 정관, 즉 정관인 서면의 변경을 의미하는 것이 아니다. 여기의 '변경'에는 기존정관 중 일부규정의 변경, 삭제 및 새로운 규정의 추가 등이 모두 포함되며, 규정의 실질적인 변경뿐만 아니라, 문언만의 변경, 즉 형식상의 변경도 포함한다. 정관을 변경하여도 회사의 동일성은 유지된다.

2. 정관변경의 자유와 범위

정관변경은 원칙적으로 자유이며 절대적 기재사항이나 기타의 사항이라도 무방하지만, 그 내용이 주식회사의 본질이나 강행법규에 반할 수는 없으며, 주주의 고유권이나 주주평등의 원칙을 침해하지 못한다. 원시정관에서 정관변경을 불허한다고 규정한 경우 이는 주식회사의 본질에 반하여 무효이므로 정관변경을 할 수 있다.

3. 정관변경의 절차

(1) **주주총회의 특별결의**　　이 결의는 출석한 주주의 의결권의 3분의 2 이상의 수와 발행주식총수의 3분의 1 이상의 수로써 한다(434조). 정관의 변경에 관한 의안의 요령은 주주총회소집의 통지에 기재하여야 한다(433조 2항, 363조).

(2) **종류주주총회의 결의**　　회사가 종류주식을 발행한 경우에 정관을 변경함으로써 어느 종류주식의 주주에게 손해를 미치게 될 때에는 주주총회의 결의 외에 그 종류주식의 주주총회의 결의가 있어야 한다(435조 1항). 그리고 주식의 종류에 따라 특수하게 정하는 경우와 회사의 분할 또는 분할합병, 주식교환, 주식이전 및 회사의 합병으로 인하여 어느 종

류의 주주에게 손해를 미치게 될 경우에도 그 종류주주총회의 결의가 있어야 한다(436조). 종류주주총회에는 의결권 없는 주식에 관한 것을 제외하고 주주총회에 관한 규정이 준용되며(435조 3항), 그 결의요건은 주주총회의 특별결의요건과 같다(435조 2항).

4. 정관변경의 효력

주주총회의 특별결의에 의하여 정관변경은 당연히 효력이 생기고 그 후에 이사에 의하여 서면인 정관이 고쳐지며, 또 정관의 규정이 등기사항이면 등기의 변경을 하게 되나 이는 모두 정관변경의 효력발생요건이 아니다. 정관변경에 관하여 조건부 또는 기한부로 결의된 경우에는 그 조건의 성취 또는 기한의 도래에 의하여 변경결의의 효력이 생기게 된다. 원시정관에는 공증인의 인증을 요하나, 정관의 변경에는 이를 요하지 않는다.

5. 정관변경의 특수한 경우

(1) 발행예정주식총수의 증감   '회사가 발행할 주식의 총수'는 정관의 절대적 기재사항이므로(289조 1항 3호), 발행예정주식총수를 증가하는 경우에는 정관을 변경하여야 한다(그 상한에는 제한이 없다). 또한 정관변경에 의하여 그 총수를 감소할 수 있다고 본다. 그러나 전환주식·전환사채·신주인수권부사채를 발행한 경우에는 그에 해당하는 부분은 유보하여야 한다.

(2) 액면주식에 있어서의 주금액의 변경

1) 인   상   액면주식을 발행하는 경우 '1주의 금액'은 정관의 기재사항으로 되어 있어(289조 1항 4호) 정관변경의 방법으로 이를 인상할 수 있는 것처럼 해석될 여지도 있으나 이를 인상함으로써 주주에게 추가 출자의무를 부과하게 되면 주주유한책임의 원칙에 반하므로 주주 전원의 동의를 얻어야 한다. 주식의 병합에 의한 주금액의 인상의 경우에는 단

주의 발생이 없는 경우는 총회의 특별결의로 가능하나, 단주가 발생하는 경우에는 주주평등의 원칙에 반하므로 주주 전원의 동의가 필요하다.

2) 인 하 정관변경절차에 의하여 '1주의 금액'을 인하하는 것은 가능하나, ① 주금액의 인하로 인하여 자본금감소의 문제가 발생할 경우에는 그 절차를 밟아야 한다(438조). ② 자본금감소가 발생하지 않는 주식분할(329조의2)의 경우에는

액면 분할에 따른 구주권 제출 안내

당사는 2006년 3월 7일 제17기 정기주주총회의 결의로 금5,000원의 주식 1주를 분할하여 금500원 주식 10주로 하기로 하였습니다. 이에 아래와 같이 신주권으로 교체 발행하오니 주권을 직접 소유하고 계신 주주님께서는 2006년 3월 9일부터 2006년 4월 8일까지 아래와 같이 구주권을 제출해 주시기 바랍니다.

- 아   래 -
1. 구주권 제출 기간 : 2006년 3월 9일부터 2006년 4월 8일
2. 신주권 교부예정일 : 2006년 4월 24일
3. 구주권제출 장소
   가. 일반 주주 : 주권 실물을 증권예탁원 본원 및 지원으로 제출
   나. 실질 주주 : 증권회사에서 주권을 위탁, 관리하고 있으므로 해당사항 없음
4. 필요 서류 : 구주권 실물, 신분증 및 사용 인감
2006년 3월 8일

포스데이타주식회사 ⓒOSDAQ
대 표 이 사 유 병 창
명의개서대리인 증권예탁결제원 사장 정 의 동

〈주식분할 관련 공고(예시)〉

정관변경의 결의로써 인하할 수 있다. 어떤 경우이든 주금액이 법정최저한인 100원 미만이어서는 아니된다(329조 3항).

Ⅶ. 자본금의 감소(감자)

1. 자본금감소의 의의

자본금감소는 회사의 자본금을 감소하는 것을 말한다. 자본금은 정관의 절대적 기재사항은 아니지만 회사재산을 확보하기 위한 기준이 되는 금액이고, 회사신용의 기초가 되므로 아무렇게나 감소하게 할 수는 없다. 따라서 상법은 자본금의 감소에는 주주의 이익과 회사채권자의 보호를 위하여 엄격한 절차를 밟게 하는데 이를 자본금감소제한의 원칙이라고 한다.

2. 자본금감소의 종류

자본금감소는 그 목적에 따라 두 가지로 나눌 수 있다.

(1) 실질상의 자본금감소   회사가 사업을 축소하는 경우 등에 쓰

이는 방법으로서 자본금이 감소하는 동시에 회사재산도 현실적으로 감소하게 된다.

(2) 명의(계산)상의 자본금감소　　회사에 손실이 있고 대차대조표상 결손이 있는 경우에 이익배당 등의 목적으로 이미 감소되어 있는 회사재산과 자본금을 일치시키기 위한 것이다. 통상의 감소는 이것을 말한다.

3. 자본금감소의 방법

액면주식의 경우에는 한 주의 액면금액(주금액)을 감소하는 방법과 발행주식수를 감소하는 방법 및 양자를 병용하는 방법이 있다. 또 무액면주식의 경우에는 자본금 자체를 감소하는 방법과 발행주식수를 감소하는 방법 및 양자를 병용하는 방법이 있다. 어떤 경우에도 주주평등의 원칙에 따라야 하나 종류주주총회의 승인결의가 있으면 차별할 수 있다.

(1) 주금액의 감소　　이에는 절기(切棄)와 환급의 두 가지가 있다. 전자는 회사의 결손분을 주주의 손실로 처리하고 주금액을 감소하는 방법으로 명의상의 감자에 사용하고, 후자는 주금액을 감소하여 그 감소액을 주주에게 반환하는 방법으로 실질상의 감자에 이용된다.

(2) 주식수의 감소　　이에는 주식의 소각과 주식의 병합이 있다. 전자는 회사가 특정주식을 소멸시키는 행위로서, 임의소각 · 강제소각, 유상소각 · 무상소각의 여러 조합이 있는데, 회사와 주주 사이의 합의에 의하여 대가를 지급하는 임의 · 유상소각이 일반적이다.

(3) 자본금의 감소　　무액면주식의 경우 단순히 자본금의 액을 낮추는 방법이다.

4. 자본금감소의 절차

(1) 주주총회의 특별결의　　자본금감소는 주주총회의 특별결의를

요하며, 총회의 소집통지에 의안의 주요내용을 적어야 한다(438조 1항·3항). 자본금감소의 결의에서는 그 감소의 방법을 정하여야 한다(439조 1항). 이 권한은 이사회에 일임할 수 없다. 주금액의 감소에 의하는 방법을 취하는 경우 감자의 결의 이외에 정관변경의 결의도 하여야 한다는 견해와 자본감소의 결의로써 갈음할 수 있다는 견해가 대립한다.

(2) **채권자보호절차**   회사는 자본금감소결의가 있은 날로부터 2주 내에 회사채권자에 대하여 감자에 이의가 있으면 일정기간(1

〈자본금감소 공고(예시)〉

월 이상) 내에 이의를 제출할 것을 공고하고, 알고 있는 채권자에 대하여는 따로따로 이를 최고하여야 한다(439조 2항 본문, 232조 1항). 사채권자가 이의를 함에는 사채권자집회의 결의가 있어야 한다. 이 경우에 법원은 이해관계인의 청구에 의하여 사채권자를 위하여 이의 제기 기간을 연장할 수 있다(439조 3항). 채권자가 위 기간 내에 이의를 제출하지 않으면 감자를 승인한 것으로 보고, 이의가 있으면 회사는 그 채권자에 대하여 변제 또는 상당한 담보를 제공하거나 이를 목적으로 하여 상당한 재산을 신탁회사에 신탁하여야 한다(439조 2항 본문, 232조 2항·3항).

(3) **자본금감소의 실행**(주식에 대한 조처)   이는 감자의 방법에 따라

〈주식병합 공고(예시)〉

다르다. 상법은 주식의 병합(440조~443조)과 강제소각(343조 2항)의 경우에
대하여만 규정하고 있으므로, 다른 경우에는 합리적인 방법에 의하여야
할 것이다. 주금액감소의 방법에 의할 경우에는 회사가 그 뜻을 주주에
게 통지하고, 구주권을 회사에 제출하게 하여야 하며, 신주권을 교부하여
야 할 것이고, 임의소각의 경우에는 회사가 주주와의 합의에 의하여 자
기주식을 감자수량에 달하기까지 취득하여 실효처분하여야 할 것이다.

5. 자본금감소의 효력

(1) **효력발생시기**　　감자의 효력은 위의 자본금감소의 절차가 종료
한 때에 생긴다. 자본금감소의 효력이 발생하면 변경등기를 하여야 하나
(317조 4항, 183조), 효력발생요건은 아니다.

(2) **미발행주식과의 관계**　　감자에 의하여 발행주식총수가 줄어드
는 경우 미발행주식수가 증가하지 않는다(반대 있음).

6. 자본금감소의 무효

(1) **서　　설**　　자본금감소는 회사·주주 및 채권자에게 중대한 영
향을 끼치므로 법률관계의 신중한 처리를 위하여 그 무효주장은 설립무
효의 소와 같이 소로써만 주장할 수 있다.

(2) **무효원인**　　감자절차 또는 내용에 중대한 하자가 있는 경우에
감자의 무효원인이 된다. 예컨대 채권자보호절차를 거치지 않았거나 주
주평등의 원칙을 준수하지 않은 경우이다.

(3) **무효의 소**　　주주·이사·감사·청산인·파산관재인 또는 감자
를 승인하지 아니한 채권자만이 소를 제기할 수 있고, 감자의 변경등기
가 있은 날로부터 6개월 내에 제기되어야 한다(445조). 피고는 회사이다.
형성의 소이다. 원고승소의 판결이 확정되면 감자는 무효가 되고 이는
소급효와 제3자적 효력을 가진다. 기타 설립무효의 소에 관한 규정을 대
부분 준용한다(446조). 감자결의취소의 소가 결과적으로 감자무효를 가져

오는 경우, 감자의 효력발생 전에는 감자무효의 소를 제기할 수 없으므로 주주총회결의취소의 소에 의하나 감자의 효력발생 후에는 주주총회결의취소의 소는 감자무효의 소에 흡수된다.

Ⅷ. 회사의 회계

1. 총   설

주식회사는 자본단체로서 그 재산이 주주의 배당의 원천이자 회사채권자의 유일한 담보이므로 공시된 자본금에 상당하는 수액이 적정하게 보전되어 있어야 한다. 이러한 요청에 응하여 상법은 회사의 회계(제7절)에서 상세한 규정을 두고 있다. 회사의 계산이 정당하게 행하여지는가의 여부는 주주·회사채권자 및 일반대중의 이익과 밀접한 관련이 있으므로 이 규정들은 대부분 강행규정으로 되어 있다.

2. 재무제표

(1) 의   의   재무제표는 회사의 재무상태, 경영성적(손익상황), 이익 또는 손실의 처리를 명확히 하기 위하여 작성하는 회사의 계산에 관한 장부이다. 이에는 대차대조표, 손익계산서, 그 밖에 회사의 재무상태와 경영성과를 표시하는 것으로서 대통령령으로 정하는 서류(자본변동표 등)가 있다(447조 1항, 상시 16조 1항). 한편 영업보고서는 특정영업연도의 영업상황을 문장식으로 기재한 보고서로서 재무제표에 속하지 않는다.

(2) 재무제표 등의 제출·공시·승인 – 회계절차

1) 원   칙   결산기가 되면 (대표)이사는 재무제표(대통령령으로 정하는 회사의 경우에는 연결재무제표, 447조 2항, 상시 16조 2항) 및 영업보고서를 작성하여 이사회의 승인을 얻어(447조, 447조의2), 정기총회 회일의 6주간 전에 이를 감사에게 제출하면(447조의3), 감사는 위 서류를 받은 날로부터 4주 내에 감사보고서를 작성, (대표)이사에게 제출하여야 한다(447조의4). (대표)이사는 정기총회 회일의 1주간 전부터 위 서류와 감사보고서를 본

제 57 기 결 산 공 고

(2018년 12월 31일 현재)

| 재무상태표 | | 연결재무상태표 | |

재무상태표

주식회사 엘지 (단위: 백만원)

계 정 과 목	금 액
I. 유 동 자 산	397,618
1. 현금및현금성자산	132,903
2. 금융기관예치금	250,600
3. 미수금및기타채권	9,730
4. 기타유동자산	4,485
II. 비 유 동 자 산	8,930,024
1. 기타금융자산	97,334
2. 장기미수금및기타채권	499
3. 종속기업투자	1,058,892
4. 관계기업및공동기업투자	6,943,881
5. 기타비유동자산	3,081
6. 유형자산	36,306
7. 투자부동산	772,903
8. 무형자산	17,128
자 산 총 계	9,327,642
I. 유 동 부 채	145,653
1. 미지급금및기타채무	112,297
2. 당기법인세부채	26,161
3. 기타유동부채	7,195
II. 비 유 동 부 채	83,248
1. 장기미지급금및기타채무	11,030
2. 순확정급여부채	3,848
3. 이연법인세부채	63,152
4. 기타비유동부채	5,218
부 채 총 계	228,901
I. 자 본 금	879,359
II. 자 본 잉 여 금	2,409,002
III. 기타자본항목	(-)2,385
IV. 기타포괄손익누계액	35,857
V. 이 익 잉 여 금	5,776,908
자 본 총 계	9,098,741
부 채 와 자 본 총 계	9,327,642

연결재무상태표

주식회사 엘지와 그 종속기업 (단위: 백만원)

계 정 과 목	금 액
I. 유 동 자 산	4,613,085
1. 현금및현금성자산	1,054,293
2. 금융기관예치금	348,699
3. 유동성파생상품자산	1,241
4. 매출채권	2,755,238
5. 기타채권	25,118
6. 당기법인세자산	6,957
7. 기타유동자산	305,391
8. 재고자산	116,148
II. 비 유 동 자 산	18,222,826
1. 기타금융자산	117,217
2. 장기매출채권	25,754
3. 장기기타채권	44,763
4. 관계기업및공동기업투자	14,478,228
5. 이연법인세자산	152,960
6. 기타비유동자산	9,419
7. 유형자산	1,877,748
8. 투자부동산	1,416,911
9. 무형자산	99,839
자 산 총 계	22,835,911
I. 유 동 부 채	3,039,531
1. 유동성파생상품부채	181
2. 매입채무	1,634,670
3. 기타채무	569,199
4. 단기차입금	72,956
5. 유동성장기차입금	161,526
6. 당기법인세부채	186,938
7. 유동성충당부채	52,430
8. 기타유동부채	361,631
II. 비 유 동 부 채	1,631,902
1. 장기기타채무	77,743
2. 장기차입금	1,285,055
3. 순확정급여부채	10,402
4. 이연법인세부채	213,536
5. 충당부채	5,025
6. 기타비유동부채	40,141
부 채 총 계	4,671,433
지배기업의 소유주에 귀속되는 자본	17,998,725
I. 자 본 금	879,359
II. 자 본 잉 여 금	2,365,545
III. 기타자본항목	(-)2,385
IV. 기타포괄손익누계액	(-)292,418
V. 이 익 잉 여 금	15,048,624
비지배지분	165,753
자 본 총 계	18,164,478
부 채 와 자 본 총 계	22,835,911

상기와 같이 공고함.

2019년 3월 27일

주식회사 엘지

대표이사 권 영 수

감사의견: 위 재무상태표·연결재무상태표를 포함한 제57기 재무제표·연결재무제표는 중요성의 관점에서 한국채택국제회계기준에 따라 작성되었습니다.

안진회계법인 대표이사 홍 종 성

〈 결산 공고(예시) 〉

점(5년간) 및 지점(등본을 3년간)에 비치하여, 주주와 회사채권자가 열람할 수 있게 한다(448조). (대표)이사는 정기총회에 재무제표를 제출하여 그 승인을 요구하여야 하고, 영업보고서는 총회에 제출하고 그 내용을 보고하여야 한다(449조 1항·2항). 총회에서 재무제표에 대한 총회의 승인을 얻은 때에는 (대표)이사는 지체없이 대차대조표를 공고하여야 한다(449조 3항). 정기총회에서 재무제표를 승인한 후 2년 내에 다른 결의(이사·감사에 대한 책임추궁결의)가 없으면 부정행위를 제외하고 이사와 감사의 회사에 대한 책임이 해제된다(450조).

2) 특　칙　　위 원칙에도 불구하고 ① 재무제표(또는 연결재무제표)가 법령 및 정관에 따라 회사의 재무상태 및 경영성과를 적정하게 표시하고 있다는 외부감사인의 의견이 있고, ② 감사(감사위원회 설치회사의 경우에는 감사위원) 전원의 동의가 있는 경우 회사는 정관규정에 따라 재무제표(또는 연결재무제표)를 이사회의 결의로 승인할 수 있다(449조의2 1항). 이사회가 승인한 경우 (대표)이사는 재무제표의 내용을 주주총회에 보고하여야 한다(449조의2 2항).

3. 준 비 금

(1) 의의와 종류　　준비금은 회사가 설정한 자본금액을 초과하는 금액을 장래 발생할지 모르는 필요에 대비하기 위하여 주주에게 배당하지 않고 회사에 적립해두는 금액으로서, 적립금이라고도 한다. 준비금에는 법정준비금과 임의준비금이 있다.

(2) 법정준비금　　이는 상법에 의하여 적립이 강제되는 준비금으로서 그 적립재원에 따라 이익준비금과 자본준비금으로 나뉜다. 이익준비금은 매결산기 이익의 일부를 적립하는 준비금이다. 회사는 그 자본금의 2분의 1이 될 때까지 매결산기 금전 및 현물에 의한 이익배당액의 10분의 1 이상을 이익준비금으로 적립하여야 한다(주식배당 제외, 458조). 자본준비금은 기업회계상의 자본거래에 의하여 생긴 자본잉여금을 재원으로 하

는 준비금이다. 이는 발생한 때 그 전액을 적립하여야 하며 한도가 없다. 법정준비금은 ① 자본금의 결손보전 충당(460조)과 ② 자본금전입(461조) 외에는 처분하지 못한다. 준비금의 자본금전입은 법정준비금의 전부 또는 일부를 자본금계정으로 이체하여 자본금을 증가하는 것이다. 이는 이사회(정관으로 주주총회에서 결정하기로 한 경우에는 주주총회)의 결의에 의하고, 그에 따라 증가하는 자본금액에 대하여 주주가 가지는 주식수에 따라 신주를 발행하여 주주에게 무상으로 교부하게 된다(461조 1항·2항). 자본금 전입이 이사회결의에 의한 경우에는 신주배정일, 주주총회의 결의에 의한 경우에는 결의가 있은 때로부터 신주의 주주가 된다(461조 3항·4항). 만약 적립된 법정준비금의 총액이 자본금의 1.5배를 초과하는 경우에 주주총회의 결의에 따라 그 초과한 금액 범위에서 자본준비금과 이익준비금을 감액할 수 있다(461조의2).

　(3) 임의준비금　　이는 회사가 정관 또는 주주총회의 결의에 의하여 자율적으로 적립하는 준비금이다. 법정준비금을 공제한 잔여이익에서 적립되며, 사용목적(예: 사업확장·주식의 소각·사채의 상환)이 미리 정하여져 있는 경우와 그렇지 아니한 경우(별도적립금)가 있다. 임의준비금의 사용·폐지·변경은 정관 또는 주주총회의 결의내용에 따른다.

　(4) 비밀준비금　　이는 대차대조표에 준비금의 명목으로 적립된 것은 아니나 실질적으로는 준비금의 성질을 가진 것이다. 예컨대 자산을

〈이익준비금과 자본준비금의 비교〉

	이익준비금	자본준비금
적립재원과 이유	본래 주주에게 이익배당할 수 있는 것을 회사에 유보하는 것	원래 이익으로 배당할 수 없는 성질
적립의 액	금전 또는 현물에 의한 이익배당액의 1/10까지	그 전액의 적립이 요구됨
적립의 한도	자본금의 1/2까지	무제한
적립의 시기	결산시	자본잉여금 발생시

과소평가하거나 부채를 과대평가한 차액이다. 비밀준비금은 회사의 손익
계산을 불분명하게 하고, 주주의 이익배당청구권을 침해하며, 탈세수단
으로 악용되는 폐단이 있다.

4. 이익의 배당

(1) 개   설   주식회사는 영리법인이므로(169조) 회사에 이익이
발생한 경우 출자자인 주주에게 이익을 분배하는 것이 원칙이다. 이러한
이익배당청구권은 주주의 고유권으로서 주주의 동의 없이는 박탈 또는
제한하지 못한다. 한편 주식회사는 그 보유재산만이 회사신용의 기초가
되는 자본단체이므로 채권자의 기대를 보호하고 운영자금의 감소로 회사
의 영업활동이 위축되는 것을 방지하기 위하여 이익없이 배당이 이루어
지는 것을 막을 필요가 있다. 이에 상법은 이익의 배당에 관하여 상세한
요건을 규정하고 있다. 상법상 이익의 배당방법으로 협의의 이익배당, 즉
현금배당 외에 주식배당과 현물배당이 인정되고, 배당시기에 있어서 중
간배당도 인정된다.

(2) **이익배당**(협의의 이익배당, 현금배당)

1) 의   의   이익배당은 회사의 영리활동으로 얻는 이익을 주주에
게 현금으로 분배하는 것이다. 넓은 의미(광의)의 이익배당에는 현금배당
(협의의 이익배당), 주식배당, 현물배당이 모두 포함되나 여기서의 이익배당
은 좁은 의미(협의)의 이익배당을 의미한다.

2) 요   건

(가) **배당가능이익의 존재**   회사는 대차대조표의 순자산액으로부터
① 자본금의 액, ② 그 결산기까지 적립된 자본준비금과 이익준비금의
합계액, ③ 그 결산기에 적립하여야 할 이익준비금의 액, ④ 대통령령으
로 정하는 미실현이익(상시 19조 1항)을 공제한 액을 한도로 하여 이익배당
을 할 수 있다(462조 1항).

(나) **주주총회 또는 이사회의 승인**   이익배당은 주주총회의 결의로

정하나 재무제표를 이사회가 승인하는 경우에는 이사회의 결의로 정한다
(462조 2항, 449조의2 1항).

3) 이익배당의 기준

(개) **주주평등의 원칙과 예외**   이익배당은 주주평등의 원칙에 의하
여 각 주주가 가진 주식수에 비례하여 지급한다(464조 본문). 실무상 차등
배당이 문제되는데 ① 소수주주보다 대주주가 저율의 배당을 받기로 한
결의는 대주주의 배당청구권의 일부포기로 유효하나(판례), ② 반대의 경
우는 주주평등의 원칙에 반한다. 대주주는 주주총회의 결의를 지배할 수
있다고 보기 때문이다. 회사가 이익의 배당에 관하여 내용이 다른 종류
의 주식을 발행한 경우에는 정관의 정함에 따라 차별배당할 수 있다(464
조 단서, 344조 1항).

(나) **일할배당·동액배당**   영업연도의 중간에 신주가 발행된 경우 그
결산기의 이익배당에 있어서 신주의 주주에게 실질적 평등에 따라 신주
의 효력발생일부터 결산일까지 일수를 계산하여 일할배당을 할 것인지
또는 형식적 평등에 따라 동액배당을 할 것인지는 회사가 자유로이 정
한다.

4) 이익배당금의 지급

(개) **배당금지급청구권**   정기총회 또는 이사회에서 이익잉여금처분
계산서를 포함한 재무제표를 승인하면, 주주권의 내용 중의 하나인 추상
적 이익배당청구권으로부터 구체적인 확정액의 이익배당청구권(금전채권)
이 발생한다. 이는 독립하여 양도·압류·전부명령의 대상이 되고, 총회
에서 확정된 때로부터 5년의 시효에 걸린다(464조의2 2항).

(나) **배당금지급시기**   주주총회나 이사회에서 배당금의 지급시기를
따로 정하면 그에 의하고, 따로 정하지 않은 경우에는 이익배당을 결의
한 날로부터 1개월 내에 지급하여야 한다(464조의2 1항).

5) 위법배당

(개) **의   의**   위법배당은 회사가 상법 제462조 제1항의 이익배당

의 요건에 위반하여 배당가능이익이 없음에도 배당하거나 배당가능이익
을 초과하여 배당한 경우이다.

(나) **반환청구권**　　　위법배당은 당연히 무효이므로 회사는 주주의 선
의·악의를 불문하고 주주에 대하여 위법배당액의 반환을 청구할 수 있다
(민 741조, 748조). 또 회사채권자도 배당한 이익을 회사에 반환할 것을 청구
할 수 있다(462조 3항). 이 경우 채권자는 이익배당 당시의 채권자임을 요
하지 않으며, 반환청구의 대상은 회사채권자의 채권액이 아니라 위법으로
배당한 전액이 된다. 반환청구는 반드시 소에 의할 필요는 없으나 소에
의할 경우 본점소재지의 지방법원에 제기하여야 한다(462조 4항, 186조).

(다) **이사·감사의 책임**　　　위법한 배당안을 작성·제출한 이사, 이사
회에서 승인결의에 찬성한 이사, 이를 정기총회에 제출한 이사는 회사에
연대하여 손해배상책임을 부담하고(399조), 고의 또는 중과실이 있는 경
우에는 제3자에게도 손해배상책임을 부담한다(401조). 감사도 위법한 배
당안에 대한 감사보고에 대하여 이사와 같은 책임을 진다(414조 1항·2항).

(3) **주식배당**

1) **의　　의**　　　주식배당은 회사가 이익배당의 전부 또는 일부를 새
로이 발행하는 주식으로써 하는 것이다. 따라서 회사가 보유하고 있는
자기주식을 교부하는 것은 주식배당이 아니다. 주식배당은 현금을 사내
에 유보하여 회사의 자금력을 높일 수 있다는 장점이 있다.

2) **성　　질**　　　주식배당의 성질에 대하여 이익배당설과 주식분할설
이 대립한다. 전자는 주식배당도 이익배당과 마찬가지로 배당가능이익이
전제되고, 회사가 현금배당을 하지 않는 만큼 회사재산이 증가하므로 회
사재산의 변동없이 주식수만 증가하는 주식분할과 다르다고 한다. 후자는
주식배당 전후에 있어서 실질적인 회사재산의 증가가 없다는 이유로 배당
가능이익의 자본금전입에 의한 신주의 무상교부에 지나지 않는다고 한다.
생각건대 형식에 있어서 이익배당의 절차를 취하고, 실질에 있어서 배당
가능이익의 존재를 전제로 하는 점에서 이익배당으로 보아야 할 것이다.

3) 요   건   주식배당을 하기 위하여는 ① 배당가능이익이 존재하고, ② 배당가능총액의 2분의 1을 초과하지 않아야 하며, ③ 미발행주식이 남아 있어야 하고, ④ 주주총회의 결의가 있어야 한다(462조의2 1항).

4) 절   차   주식배당을 위하여는 ① 주주총회에서 이익배당총액의 2분의 1을 초과하지 않는 범위 내에서 주식배당액수를 정하고(462조의2 1항), ② 주주와 주주명부에 기재된 질권자에게 그 주주가 받을 주식의 종류와 수를 통지하여야 하며(462조의2 5항), ③ 신주의 배당은 주식의 권면액으로 하고(종류주식을 발행한 때에는 그와 같은 종류의 주식으로 배당할 수 있다, 462조의2 2항), ④ 자본금의 증가에 대한 변경등기를 하여야 한다(317조 2항 2호·4항, 183조). ⑤ 자기주식에 대하여는 주식배당을 하지 못한다.

5) 효   과   주식배당을 받은 주주는 주식배당결의를 한 주주총회가 종결한 때부터 신주의 주주가 된다(462조의2 4항). 주식배당을 하면 신주가 발행되어 발행주식수가 증가하고, 그만큼 자본금도 증가한다.

6) 위법한 주식배당   위법한 주식배당에는 ① 신주발행요건을 갖추지 못한 경우와 ② 이익배당의 요건을 갖추지 못한 경우가 있다. 전자의 경우는 주식배당으로 정관에 정함이 없는 종류의 주식을 발행하거나 정관상의 수권주식의 한도를 넘어 발행한 경우 등이다. 이 경우 주식배당이 있기 전이면 신주발행유지청구의 소(424조)에 관한 규정을 유추적용하고, 주식배당 후에는 신주발행무효의 소(429조)에 관한 규정을 유추적용하여 소를 제기할 수 있을 것이다. 한편 후자의 경우, 즉 배당가능이익이 없음에도 주식배당을 한 경우 배당가능이익이 없음에도 주식배당을 하면 액면미달의 신주발행이 되는 결과가 되므로 무효로 본다. 회사는 신주의 반환청구를 할 수 있고(민 741조), 회사채권자의 배당이익반환청구권규정(462조 3항)도 유추적용된다. 위법한 주식배당으로 손해가 발생한 경우에는 이사·감사는 그에 대한 책임을 부담한다(399조, 414조).

(4) 현물배당   현물배당은 주식회사가 정관의 규정에 따라 영업이익을 금전 외의 재산으로 배당하는 것이다. 이를 위하여는 금전배당과

주식배당과 같이 배당가능이익이 있어야 하고, 정관의 근거를 요한다. 상법은 '현물'에 대하여 '금전 외의 재산'이라고만 규정하여 그 대상을 특별히 제한하고 있지 않다(보통 회사가 보유하고 있는 자기주식이나 타회사 주식, 사채 등이 현물배당의 대상이 된다). 현물을 배당하기로 결정한 회사는 주주가 현물배당 대신 금전의 지급을 회사에 청구할 수 있도록 한 경우에는 그 금액 및 청구할 수 있는 기간과 일정 수 미만의 주식보유주주에게 현물 대신 금전을 지급하기로 한 경우에는 그 일정 수 및 금액에 관한 사항을 정할 수 있다(462조의4 2항).

(5) **중간배당**   중간배당은 연 1회의 결산기를 정한 회사가 정관이 정하는 바에 따라 영업연도 중 1회에 한하여 이사회의 결의로 일정한 날을 정하여 그 날의 주주에 대하여 이익(금전 또는 현물)을 배당하는 것이다(462조의3 1항). 연 2회의 배당으로 투자의욕을 고취하기 위하여 마련한 제도이다. 중간배당을 결의하는 기관은 이사회이고, 이익을 재원으로 하지 않는 점에서 이익배당과 구별된다. 중간배당의 법적 성질은 기말 결산기의 이익을 예상한 선급(가지급)으로 본다. 중간배당의 형식적 요건으로서 연 1회의 결산기를 정한 회사로서, 정관규정에 따라 이사회의 결의가 있을 것을 요한다. 실질적 요건으로서는 직전 결산기의 대차대조표상 이익이 현존하여야 하고(462조의3 2항), 당해 결산기를 기준으로 이익이 예상되어야 한다(462조의3 3항). 당해 결산기에 이익이 없음에도 불구하고 중간배당을 한 경우 이사는 당해 결산기에 손실발생의 우려가 없다고 판단함에 있어 주의를 게을리하지 아니하였음을 증명하지 못하는 이상 회사에 대하여 연대하여 그 손실액(배당액이 그보다 적을 경우에는 배당액)을 배상할 책임이 있다(462조의3 4항). 중간배당은 이익배당은 아니나 경제적으로는 이익배당의 성격을 가지고 있으므로 이익배당에 관한 여러 규정을 준용하고 있다(462조의3 5항·6항).

5. 주주의 경리검사권

(1) **총   설**   주주가 위법행위유지청구권이나 대표소송 등의 권한을 행사하기 위하여는 회사의 업무와 재산상태에 대하여 상세하고 정확한 정보가 필요하다. 특히 이러한 필요는 경리부문에 관하여 지대하기 때문에 주주에게 여러 가지 검사권을 인정하고 있다.

(2) **재무제표·영업보고서·감사보고서 열람권**   주주는 영업시간 내에 언제든지 재무제표·영업보고서·감사보고서를 열람할 수 있으며 회사가 정한 비용을 지급하고 그 서류의 등본이나 초본의 교부를 청구할 수 있다(448조 2항). 이는 단독주주권이다.

(3) **회계장부열람권**   발행주식의 총수의 100분의 3 이상에 해당하는 주식을 가진 주주는 이유를 붙인 서면으로 회계의 장부와 서류(원시기록)의 열람 또는 등사를 청구할 수 있고, 회사는 그 청구가 부당함을 증명하지 아니하면 이를 거부하지 못한다(466조). 이는 남용의 위험성 때문에 소수주주권으로 규정하고 있다(상장회사의 경우에는 542조의6 4항).

(4) **업무·재산상태검사권**   원시기록의 조사에 따라 직접 회사의 업무나 재산의 상태를 조사할 필요가 있는 경우 발행주식총수의 100분의 3 이상에 해당하는 주식을 가진 주주에게 인정된다(467조 1항). 즉, 소수주주권이다. 회사의 업무집행에 관하여 부정행위 또는 법령이나 정관에 위반한 중대한 사실이 있음을 의심할 만한 사유가 있는 경우에 한하고, 회사의 업무와 재산상태의 조사는 소수주주의 청구에 의하여 법원이 선임한 검사인이 한다. 법원은 검사인의 조사결과보고에 의하여 필요하다고 인정한 때에는 대표이사에게 주주총회의 소집을 명할 수 있다(467조 1항~3항).

6. 회계에 관한 기타규정

(1) **회사의 이익공여의 금지**   회사는 주주의 권리행사와 관련하여 누구에게든지 재산상의 이익을 공여할 수 없고, 특정의 주주에 대하여

무상으로 재산상의 이익을 공여한 경우에는 주주의 권리행사와 관련한 것으로 추정하며, 회사가 위의 규정을 위반한 경우 그 이익을 공여받은 자로 하여금 이를 회사에 반환하게 하고, 이를 위하여 대표소송규정을 준용한다(467조의2). 이 규정은 회사가 부실경영이나 부정행위 등의 은폐, 회사임원의 선임편의 등을 도모하기 위하여 이른바 '총회꾼'에 대하여 금품을 제공하는 부조리를 없애고, 주주총회의 건전한 운영을 도모하기 위한 것이다.

(2) **사용인의 우선변제권**　　신원보증금의 반환을 받을 채권 기타 회사와 사용인간의 고용관계로 인한 채권이 있는 자는 회사의 총재산에 대하여 우선변제를 받을 권리가 있다(468조 본문). 사회정책적인 입장에서 사용인에게 우선변제권을 인정하고 있다. 그러나 이 우선변제권은 질권·저당권이나「동산·채권 등의 담보에 관한 법률」에 따른 담보권에 우선하지 못한다(468조 단서).

Ⅸ. 사　　채

1. 총　　설

(1) **사채의 의의**　　사채(社債)는 회사가 일반대중으로부터 영업에 필요한 장기의 자금을 집단적·대량적으로 조달하기 위하여 유가증권인 채권(債券)을 발행하는 형식을 통하여 부담하는 채무이다. 사채는 회사채(會社債)의 준말로서, 개인이 주는 빚을 의미하는 사채(私債)와는 다른 것이다. 상법은 주식회사에만 사채에 관한 규정을 두고 있다. 인적회사에는 금지규정은 없으나 사채발행을 하지 않고 있으며, 주식회사와 유한회사의 합병 및 주식회사의 유한회사(또는 유한책임회사)로의 조직변경에 있어서 사채상환의 완료를 전제하는 점(600조 2항, 604조 1항, 287조의44)에 비추어 유한책임회사와 유한회사는 사채발행이 불가능하다고 본다. 상법상의 사채는 무담보사채이므로 담보부사채에 대하여는 특별법인 담보부사채신탁법이 우선적용된다.

(2) **사채계약의 법적 성질**   사채의 발생원인이 되는 사채계약의
법적 성질에 대하여는 소비대차설, 소비대차에 유사한 무명계약설, 채권
(債券)매매설, 매출발행의 경우에는 채권매매이고 그 밖의 경우는 소비대
차와 유사한 무명계약이라는 설(다수설)이 대립한다.

(3) **사채의 종류**   사채는 사채권에 사채권자의 성명이 기재되어
있는지 여부에 따라 기명사채와 무기명사채로 나뉜다(상호전환이 가능하다,
480조). 그리고 일반적인 사채에 대하여 특수한 권리가 부여된 사채인 특
수사채가 있다. 상법상 특수사채에는 전환사채와 신주인수권부사채가 있
다. 또한 사채의 상환에 대하여 담보권이 설정되어 있는지 여부에 따라
무담보사채와 담보부사채로 나뉜다(기술).

(4) **사채와 주식의 비교**   사채와 주식은 ① 회사가 자금을 조달하
기 위하여 발행하고, ② 그 유통성을 위하여 유가증권으로 화체되며, ③
상법상 이사회가 그 발행을 결정하고(469조, 416조), ④ 인수에 있어서 일

〈주식과 사채의 비교〉

	주 식	사 채
회사경영에의 참여권	인정(무의결권주 제외)	불인정
배당의 확정성 등	불확정한 이익배당	확정적인 이자지급(이익 발생 불문)
반환	상환주식 외 회사존속 중에는 없음(회사해산시 잔여재산분배)	상환기한의 도래와 동시에 상환금액지급
회사해산시	사채 상환 완료 후에 잔여재산분배가능(542조 1항, 260조)	주주에 우선
분할납입의 가부	전액납입	분할납입허용(476조 1항)
납입상계의 허부	회사의 동의를 요함(421조 2항)	허용
표창유가증권	주권(株券)	사채권(社債券)
현물출자의 인부	인정	금전납입만이 인정(476조)
최저액의 법정	100원(329조 3항)	없음
자기주식과 자기사채	제한(341조, 341조의2)	제한 없음
입질에의 적용법규	특별규정(338조~340조)	민법의 일반원칙에 따름

정한 형식(사채청약서는 474조, 주식청약서는 420조)을 따라야 하며, ⑤ 주식과 기명사채에는 각각 대항요건을 구비하여야 하는 점(479조, 337조)에서 같으나, 사채는 타인자본이고(사채권자는 회사에 대한 채권자로서, 사채는 채무를 구성한다), 주식은 자기자본(회사의 주주가 된다)이라는 기본적인 차이에서 다음과 같은 차이가 비롯된다.

사채와 주식 간에는 이상과 같은 여러 차이가 있으나, 비참가적 우선주(344조) · 상환주식(345조) · 의결권의 배제 · 제한에 관한 종류주식(344조의 3)과 같은 주식의 사채화와 전환사채(513조 이하) · 신주인수권부사채(516조 의2 이하)와 같은 사채의 주식화를 통하여 실질적으로 양자가 접근하는 현상을 보이고 있다.

2. 사채의 발행

(1) **사채발행방법**   사채발행에는 공모(474조)와 총액인수(475조 전문)의 두 가지 방법이 있다. 공모는 일반대중으로부터 모집하는 것으로 이는 다시 사채발행회사(기채회사라고 한다)가 직접 일반대중으로부터 모집하는 직접모집(전문화된 현대사채시장에서는 거의 이용되지 않는다), 기채회사의 위임에 따라 금융전문가인 수탁회사가 모집하는 위탁모집(476조 2항), 수탁회사가 응모액부족액을 스스로 부담하는 인수(또는 도급)모집(475조 후문), 완성된 채권(債券)을 개별적으로 매출하는 매출발행의 네 가지로 나뉜다. 총액인수는 수탁회사가 기채회사와의 계약에 의하여 사채총액을 인수하는 것이다(475조 전문).

Cf. 위탁모집의 수탁회사는 자기명의로 사채모집의 주선을 영업으로 하는 자로서 준위탁매매인(113조)이 된다.

(2) **사채발행의 절차**

1) **이사회의 결정**   사채를 발행함에는 이사회의 결의가 있어야 한

다(469조 1항). 이사회는 정관으로 정하는 바에 따라 대표이사에게 사채의 금액 및 종류를 정하여 1년을 초과하지 아니하는 기간 내에 사채를 발행할 것을 위임할 수 있다(469조 4항). 이사회결의 없이 대표이사가 사채를 발행한 경우 거래안전을 위하여 유효하다고 본다.

  2) 사채계약의 성립   사채의 모집에 응하고자 하는 자는 사채청약서 2통에 그 인수할 사채의 수와 주소를 기재하고 기명날인 또는 서명하여야 한다(474조 1항). 총액인수와 인수모집의 경우에는 사채청약서가 필요없다. 사채청약서는 법정사항을 기재하여 이사가 작성한다(474조 2항). 청약에 대하여 기채회사 또는 수탁회사가 사채를 배정한 때에 사채계약이 성립한다.

  3) 사채의 납입   사채의 모집이 완료한 때에는 이사는 지체없이 인수인에 대하여 각 사채의 전액 또는 제1회의 납입을 시켜야 한다(476조 1항).

3. 사채의 유통

  (1) 채권(債券)   채권(債券)은 사채권(社債權)을 표창하는 유가증권이다. 이는 요식증권이며, 문언성·요인성·상환증권성 등을 가진다. 기명식과 무기명식으로 발행할 수 있다. 채권에는 법정사항을 적고 대표이사가 기명날인 또는 서명한다(478조 2항). 채권은 사채전액이 납입된 후에 발행된다(478조 1항). 회사는 채권(債券)을 발행하는 대신 정관으로 정하는 바에 따라 전자등록기관의 전자등록부에 채권(債權)을 등록할 수 있다. 이 경우 주식의 전자등록에 관한 상법 제356조의2 제2항부터 제4항까지의 규정을 준용한다(478조 3항).

  (2) 사채원부   사채원부는 사채 및 사채권자에 관한 사항을 명백히 하기 위한 회사의 장부(488조)로서 주주명부에 상응하는 것이다. 사채원부에의 기재는 기명사채의 이전의 대항요건이다(479조 1항).

  (3) 사채의 양도와 입질   ① 기명사채는 지시증권이 아니라 기명증권이므로 당사자간의 이전의 의사표시와 채권의 교부에 의하여 이전의

〈사채권(예시)〉

(앞면)

(뒷면: 이권)

효력이 발생한다. 그 양도로써 회사 기타 제3자에게 대항하기 위하여는 취득자의 성명과 주소를 사채원부에 기재하고 그 성명을 채권에 기재하여야 한다(479조 1항). 기명사채의 입질에 대하여 상법에 규정이 없으므로

민법의 권리질권의 입질방법에 의한다(민 346조·347조). ② 무기명사채의
양도에 대하여 상법에 규정이 없으므로 민법의 규정에 따라서 양수인에
게 채권을 교부하여야 효력이 발생한다(민 523조). 그 입질은 채권을 질권
자에게 교부함으로써 그 효력이 발생하고(민 351조), 질권자가 제3자에게
대항하기 위하여는 채권을 계속 점유하여야 한다.

(4) 선의취득   기명채권은 그 점유에 자격수여적 효력이 없으므로
(주권에 대한 336조 2항과 같은 추정규정이 사채에는 없다) 선의취득이 인정되지
않으나 무기명채권은 인정된다(65조 1항, 민 524조, 514조). 상법에 의하여 전
자등록부에 등록된 사채에 대하여는 선의취득이 인정된다(478조 3항, 356조
의2 3항).

4. 사채의 이자지급과 이권 및 사채의 상환

(1) 이자의 지급   사채에 대하여는 이자가 지급되며, 이율·지급방
법과 시기는 사채발행조건에서 정하여지고 사채청약서·채권·사채원부
에 기재된다(474조 2항 7호·8호, 478조 2항 2호, 488조 3호). 이자는 기명사채인
경우에는 사채원부에 기재된 사채권자에게 지급되고, 무기명사채에 있어
서는 이권의 소지인에게 이권과 상환하여 지급한다.

(2) 이권(利券)   이권(利券)은 기간(보통 3개월)별 이자청구권을 표창
하는 무기명 유가증권으로서 채권(債券)과 분리되어 독립하여 유통된다.
회사가 무기명사채를 조기상환하는 경우 지급기가 도래하지 않은 이권이
있게 되는데 그 이권이 흠결된 경우에는 회사는 사채권자에게 그 흠결된
이권에 상당하는 금액을 사채상환액으로부터 공제하여 지급하여야 한다
(486조 1항). 이는 흠결된 이권소지인이 이를 제시하는 경우 지급하기 위
한 조처이다(486조 2항).

(3) 사채의 상환   사채의 상환은 사채권자에 대하여 부담하는 채
무를 변제하는 것이다. 이 사채의 상환방법과 기한은 사채발행시의 발행조
건에서 정하여지고 사채청약서·채권·사채원부에 기재된다(474조 2항 8호,

478조 2항 2호, 488조 3호). 사채의 상환(償還)은 채권(債券)과 상환(相換)으로
한다. 기채회사는 자기사채를 취득할 수 있으므로 사채의 시장가격이 상환
가격보다 낮은 경우에는 기채회사가 자기사채를 시가로 매입하여 채권을
파훼함으로써 사채의 상환에 갈음하기도 한다(매입소각). 사채관리회사가
있는 경우 사채관리회사는 사채권자를 위하여 사채에 관한 채권을 변제받
거나 채권의 실현을 보전하기 위하여 필요한 재판상 또는 재판 외의 모든
행위를 할 수 있는데(484조 1항) 사채관리회사가 이 권한을 행사하여 기채
회사로부터 사채의 상환을 받은 때에는 기채회사의 상환의무는 소멸한다.

(4) 소멸시효   사채권자의 기채회사 및 사채관리회사에 대한 상환
청구권의 시효는 각각 10년이다(487조 1항·2항). 그리고 그 상환청구권에
대한 지연손해금도 마찬가지로 10년의 소멸시효에 걸린다. 사채의 이자
와 이권에 대한 청구권의 소멸시효는 각 5년이고(487조 3항), 사채의 이자
에 대한 지연손해금의 소멸시효기간은 5년이다.

5. 사채의 관리

(1) 총   설   사채권자의 공동의 이익을 위하여 상법은 사채관리
회사와 사채권자집회를 인정하고 있다.

(2) 사채관리회사   사채관리회사는 회사가 사채를 발행하는 경우
회사로부터 변제의 수령, 채권의 보전 그 밖에 사채의 관리를 위탁받은
회사이다(480조의2). 사채관리회사는 은행, 신탁회사 그 밖에 대통령령(상
시 26조)으로 정하는 자만이 될 수 있고, 사채의 인수인이나 기채회사와
특수한 이해관계가 있는 자로서 대통령령(상시 27조)으로 정하는 자는 배
제된다(480조의3 2항·3항). 사채관리회사는 사채권자를 위하여 사채에 관
한 채권을 변제받거나 채권의 실현을 보전하기 위하여 필요한 재판상 또
는 재판 외의 모든 행위를 할 수 있는 권한을 가진다(484조 1항). 사채관리
회사는 사채권자를 위하여 공평하고 성실하게 사채를 관리하여야 할 의
무(484조의2 1항)와 사채관리에 있어서 선량한 관리자의 주의를 기울일 의무

(484조의2 2항)를 부담한다. 사채관리회사가 둘 이상 있을 때에는 그 권한에 속하는 행위는 공동으로 하여야 한다(485조 1항).

(3) **사채권자집회**   사채권자집회는 동일한 종류의 사채권자에 의하여 구성되고, 사채권자에게 중대한 이해관계가 있는 사항에 관하여 의사를 결정하는 사채권자단체의 임시적 회의체이다. 이 집회는 상법에서 규정하고 있는 사항(439조 3항, 481조 등) 및 사채권자의 이해관계가 있는 사항에 관하여 결의할 수 있다(490조). 이 집회의 소집은 기채회사 또는 사채관리회사가 한다. 또한 해당 종류의 사채총액(상환받

〈사채권자집회 소집 공고(예시)〉

㈜STX 사채권자집회 소집 안내

주식회사 STX의 제88회 무보증 공모사채, 제96회 무보증 공모사채, 제97회 무보증 신주인수권부사채에 대한 사채권자집회를 아래와 같이 개최함을 안내 드립니다.

일 시	2013년 11월 27일 13:00 (제88회) 2013년 11월 27일 15:00 (제96회) 2013년 11월 27일 17:00 (제97회)
장 소	서울특별시 중구 남대문로5가 63번지 STX남산타워 3층 드림홀
참석대상	㈜STX 공모사채(제88회,제96회,제97회)의 사채권자
회의목적사항 (의안)	당사 발행 공모사채권 권리조정 案 [자세한 사항은 당사 홈페이지 www.stx.co.kr 전자공고를 확인하시기 바랍니다]

참고사항

Ⅰ. 지참서류
- 직접행사 : 등록필증을 공탁하였음을 증명하는 공탁서원본, 신분증
- 대리행사 : 등록필증을 공탁하였음을 증명하는 공탁서원본, 본인의 인감을 날인한 위임장, 본인의 인감증명서, 본인신분증의 사본, 대리인의 신분증

Ⅱ. 공탁에 관한 사항
- 사채권자께서는 집회 1주간전인 2013년 11월 19일까지 사채의 등록필증을 법원에 공탁하셔야 집회에서 의결권을 행사하실 수 있습니다.
- 기타 상기 사채권자집회와 관련한 자세한 사항은 당사의 홈페이지(www.stx.co.kr) 전자공고와 안내를 참고하여 주시기 바라며, 관련 문의사항은 아래 각 회차별 사채관리회사 및 당사(02-316-9752)에 문의하시기 바랍니다.

회 차	사채관리회사	문의처
제88회	동양증권	02-3770-0052
제96회	에이치엠씨투자증권	02-3787-2329
제97회	유진투자증권	02-368-6005

2013년 11월 07일
주식회사 STX
대표이사 추성엽

은 액 제외)의 10분의 1 이상에 해당하는 사채를 가진 사채권자도 주주총회의 경우와 마찬가지 방법으로 소집할 수 있다(491조 2항·3항, 366조 2항). 각 사채권자는 그가 가지는 해당 종류의 사채 금액의 합계액(상환받은 액 제외)에 따라 의결권을 가진다(492조 1항). 결의요건은 주주총회의 특별결의에 준하나 사채관리회사의 사임과 해임 등에는 출석한 사채권자의 의결권의 과반수로 결정할 수 있다(495조 1항·2항). 이 결의는 전원동의결의가 아니면 법원의 인가를 받음으로써 그 효력이 생기고(498조 1항 본문), 그 종류의 사채를 가진 모든 사채권자에게 효력이 있다(498조 2항). 사채권자집회는 해당 종류의 사채총액(상환받은 금액 제외)의 500분의 1 이상을 가진 사채권자 중에서 1인 또는 여러 명의 대표자를 선임하여 그 결의할 사항의 결정을 위임할 수 있다(500조 1항). 대표자가 수인인 때에는 그 결정은 그 과반수로 한다(500조 2항).

6. 특수한 사채

(1) 전환사채

1) 의 의 전환사채(轉換社債, convertible bond)는 사채권자에게 기채회사의 주식으로 전환할 수 있는 권리, 즉 전환권이 인정된 사채이다. 사채의 확실성과 주식의 투기성을 겸유함으로써 자금조달을 용이하게 한다. 전환사채는 타인자본을 자기자본화할 가능성을 가지는 것이므로 이것을 발행하는 경우에는 수권주식수 중에 이것에 상당한 미발행주식수를 전환기간 중에 보유해두어야 한다(513조 2항 3호). 전환사채를 발행함에는 정관으로 주주총회에서 결정하기로 정한 경우를 제외하고 이사회가 이를 결정한다(513조 2항).

2) 전환사채의 발행

⑺ 발행사항의 결정

가) 주주에게 발행하는 경우 정관으로 주주총회에서 결정하기로 한 경우를 제외하고는 이사회가 결정한다(513조 2항 본문).

나) 제3자에게 발행하는 경우 신기술의 도입, 재무구조의 개선 등 회사의 경영상 목적을 달성하기 위하여 필요한 경우에 한하여 주주 외의 자에게 전환사채를 발행할 수 있다(513조 3항, 418조 2항 단서). 그 내용은 정관에 규정이 없으면 주주총회의 특별결의로써 정한다(513조 3항 전문).

⑻ 발행절차

가) 배정일의 지정 · 공고 주주에게 전환사채의 인수권을 주기로 정한 때에는 그 인수권을 가진 주주는 그가 가진 주식의 수에 따라서 전환사채의 배정을 받을 권리가 있다(단수 제외, 513조의2 1항). 회사는 배정일을 정하여 공고하여야 한다(513조의2 2항, 418조 3항). 이 공고에 의하여 주식양수인이 명의개서를 하고 전환사채의 인수권을 행사할 수 있게 된다.

나) 실권예고부최고 신주배정의 경우와 같이 회사는 주주가 전환사채의 인수권을 가진 경우 각 주주에 대하여 그 인수권을 가지는 전환

사채에 관한 사항과 청약을 하지 아
니하면 그 권리를 잃는다는 뜻을 통
지하여야 한다. 이 공고에도 불구하
고 청약을 하지 않은 경우에는 인수
권자는 그 권리를 상실한다(513조의3
1항·2항, 419조 2항·3항).

(다) 발행의 공시   전환사채에
관하여는 사채청약서, 채권과 사채
원부에 ① 사채를 주식으로 전환할
수 있다는 뜻, ② 전환의 조건, ③

후순위 전환사채 채권자 여러분께
전환가액의 조정 공고

당사가 삼성캐피탈주식회사를 흡수합병함에 따라 삼성카드
제1037회 무보증 후순위 전환사채의 조정후 전환가액을
다음과 같이 공고합니다.

1) 전환가액의 조정
  가. 조정전 전환가: 24,000원
  나. 조정후 전환가: 21,282원
  다. 조정 사유: 당사가 삼성캐피탈을 흡수합병함에 따라 총액인수 및 매출계약서
      제3조15항 (라)목④호에 의거 전환가액을 조정함

2) 조정 방법 등의 세부사항은 금융감독원 전자공시시스템 참조

2004년 2월 2일
서울특별시 종로구 연지동 1-7
삼성카드주식회사 대표이사 유석렬

〈전환사채의 전환가액 조정 공고(예시)〉

전환으로 인하여 발행할 주식의 내용, ④ 전환을 청구할 수 있는 기간 및
⑤ 주식의 양도에 관하여 이사회의 승인을 얻도록 정한 때에는 그 규정
을 기재하여야 한다(514조 1항).

(라) **전환사채의 불공정한 발행**   회사가 법령 또는 정관에 위반하거
나 현저하게 불공정한 방법에 의하여 전환사채를 발행함으로써 주주가
불이익을 받을 염려가 있는 경우에는 그 주주는 회사에 대하여 그 발행
을 유지할 것을 청구할 수 있다(516조 1항, 424조). 이사와 통모하여 현저하
게 불공정한 발행가액으로 전환사채를 인수한 자는 회사에 대하여 공정
한 발행가액과의 차액에 상당한 금액을 지급할 의무가 있다(516조 1항, 424
조의2 1항). 이 경우 주주의 대표소송이 인정된다(516조 1항, 424조의2 2항, 542
조의6 6항). 이사는 회사 또는 주주에 대하여 손해배상책임을 진다(516조 1
항, 424조의2 3항). 이상은 신주발행에 관한 규정을 준용하나 신주발행무효
의 소에 관한 상법 제429조는 전환사채에 준용하지 않고 있다. 판례는
전환사채의 발행이 주식회사의 물적 기초와 기존 주주들의 이해관계에
영향을 미치는 점에서 신주발행과 유사하므로 상법 제429조가 유추적용
된다고 한다.

(마) **등 기**   회사가 전환사채를 발행한 때에는 사채납입이 완료

된 날로부터 2주간 내에 본점의 소재지에서 전환사채에 관한 법정사항을
등기하여야 한다(514조의2 1항·2항).

3) 전환사채의 전환

(개) **전환권의 의의**　　전환권은 사채권자를 주주로 그 지위를 변경시
키는 효력을 가지는 형성권이다. 회사는 사채권자로부터 적법한 전환권
행사, 즉 전환청구가 있으면 주식으로 전환하여야 한다.

(내) **전환의 청구**　　전환의 청구는 2통의 청구서에 채권을 첨부하여
전환기간 중에 회사에 제출함으로써 한다(515조 1항). 이 청구는 주주명부
폐쇄기간 중에도 가능하나 그 기간 중의 총회의 결의에 관하여는 의결권
을 행사할 수 없다(516조 2항, 350조 2항).

(대) **전환의 효력발생**　　전환청구를 한 때 효력이 발생한다. 사채권자
는 주주가 되고, 사채에 대신하여 주식이 발행된다(회사에 제출된 채권은 효
력을 상실한다). 이 경우 신주식의 발행가액은 전환 전의 사채의 가액으로
한다(516조 2항, 348조). 전환사채를 목적으로 한 질권은 전환으로 인하여
발행된 신주에 대하여 물상대위한다(516조 2항, 339조).

(래) **전환의 등기**　　전환으로 인하여 발행주식총수와 자본금액이 증
가하므로 그 변경에 관하여 본점소재지에서 등기하여야 한다(516조 2항,
351조).

(2) 신주인수권부사채

1) 의　　의　　신주인수권부사채는 사채발행 이후에 기채회사가 신
주를 발행하는 경우에 신주를 인수할 권리가 부여된 사채이다. 이 또한
전환사채와 마찬가지로 회사의 자금조달을 용이하게 하는 기능을 하나,
전환사채는 전환권의 행사로 인하여 사채가 소멸되는 반면에 신주인수권
부사채의 경우에는 신주인수권을 행사하더라도 사채는 존속하는 점에서
차이가 있다(구체적 차이는 아래의 표 참조). 이 사채의 종류는 분리형과 비분
리형의 두 가지가 있다. 분리형 신주인수권부사채는 사채권을 표창하는
채권(債券)과 신주인수권을 표창하는 신주인수권증권을 분리하여 발행하

〈전환사채와 신주인수권부사채의 비교〉

	전환사채	신주인수권부사채
사채의 존속 여부	전환권의 행사에 의하여 주식으로 바뀌므로 사채가 없어지게 된다	신주인수권의 행사에 의하여 별도로 신주의 발행가액의 전액이 납입되고(516조의9 1항) 사채는 그대로 존속(단, 대용납입의 경우는 사채가 소멸하므로 차이가 없음, 516조의2 2항 5호)
증권의 차이	채권과 전환권을 표상하는 별개의 증권이 없고 단일증권으로서의 채권(債券)만이 존재	분리형의 경우 채권과 함께 신주인수권증권이 발행된다
신주의 부여비율	전환으로 인한 신주의 발행가액 합계액이 사채의 발행가액과 동일	각 사채에 부여된 신주인수권의 행사로 인하여 발행할 주식의 발행가액의 합계액은 각 신주인수권부사채의 금액을 초과할 수 없으므로(516조의2 3항) 그 범위 내에서 자유로이 결정
현실적 자금 유입 여부	신주를 발행하여도 회사는 사채 상환의무를 면하는 데 그치고 현실적인 자금유입이 없다	대용납입을 제외하고는 신주발행가액의 전액이 납입되므로 현실적 자금조달이 있게 된다

는 형태이고, 비분리형 신주인수권부사채는 사채권과 신주인수권을 채권 (債券)에 표창하여 발행하는 형태이다. 전자의 경우에는 사채권과 분리하여 신주인수권을 양도할 수 있으나, 후자의 경우에는 불가능하다. 상법은 신주인수권만을 양도할 수 있음을 주주총회 또는 이사회가 정하는 경우에 채권과 함께 신주인수권증권을 발행하도록 규정하여(516조의2 2항 4호, 516조의5 1항) 비분리형을 원칙으로 하고 있다. 주권상장법인은 분리형을 발행할 수 없다(자시 165조의10 2항).

  2) 신주인수권부사채의 발행

  ㈎ **발행사항의 결정**

  가) 주주에게 발행하는 경우   정관으로 주주총회에서 결정하기로 한 경우를 제외하고는 이사회가 결정한다(516조의2 2항).

나) 제3자에게 발행하는 경우　　　신기술의 도입, 재무구조의 개선 등 회사의 경영상 목적을 달성하기 위하여 필요한 경우에 한하여 주주 외의 자에게 신주인수권부사채를 발행할 수 있다(516조의2 4항, 418조 2항 단서). 그 내용은 정관에 규정이 없으면 주주총회의 특별결의로써 정한다(516조의2 4항 전문).

　(내) **발행에 대한 제한**　　　각 신주인수권부사채에 부여된 신주인수권의 행사로 인하여 발행할 주식의 발행가액의 합계액은 각 신주인수권부사채의 금액을 초과할 수 없다(516조의2 3항). 이는 사채액에 비하여 과다한 신주인수권을 부여하는 것을 방지하여 기존의 주주의 이익을 보호하기 위한 것이다. 또한 신주인수권부사채를 발행하는 경우에는 사채에 부여된 신주인수권의 행사기간 중에는 수권주식수 중에 신주인수권의 행사에 발행하게 될 주식의 수를 유보하고 있어야 한다(516조의11, 516조 1항, 346조 4항).

　(대) **발행절차·공시·불공정발행·등기**　　　이는 전환사채의 경우와 같다(516조의11, 513조의2, 516조 1항).

　(래) **신주인수권부사채발행의 무효**　　　신주인수권부사채 발행은 사실상 신주발행과 유사하므로 신주발행무효의 소에 관한 상법 제429조가 유추적용되고, 신주인수권부사채에 부여된 신주인수권의 행사나 그로 인한 신주발행에 대해서도 상법 제429조를 유추적용하여 신주발행무효의 소로써 다툴 수 있다(판례).

　3) 신주인수권의 양도　　　비분리형의 경우 채권의 교부로 신주인수권이 양도된다. 그리고 분리형인 경우 회사는 채권과 더불어 신주인수권증권을 발행하여야 하며, 신주인수권의 양도는 신주인수권증권의 교부만으로 행하여진다(516조의5 1항, 516조의6 1항). 위 증권의 점유자는 적법한 권리자로 추정되며 선의취득이 인정된다(516조의6 2항, 336조 2항, 수 21조).

　4) 신주인수권의 행사

　(가) **행사권자**　　　비분리형의 경우 채권을 점유하고 있는 사채권자이

고, 분리형의 경우 신주인수권증권의 소지인이다.

(내) 행사방법   행사기간 내에 청구서 2통을 회사에 제출하고 신주의 발행가액의 전액을 납입하여야 한다(516조의9 1항). 청구서 제출시 분리형의 경우는 신주인수권증권을 첨부하고, 비분리형의 경우는 채권을 제시하여야 한다(516조의9 2항 본문).

(다) 대용납입   대용납입은 신주의 발행가액을 납입하는 대신에 상환할 사채금액으로 갈음하는 제도를 말한다(516조의2 2항 5호). 이때는 사채가 소멸하므로 분리형이든 비분리형이든 청구서에 채권을 첨부하여 신주인수권을 행사하여야

남광토건(주) 제77회 신주인수권부사채권자 신고 공고

남광토건주식회사는 현재 기업구조조정촉진법에 따른 워크아웃 진행 중에 있으며, 경영정상화를 위해 최선의 노력을 다하고 있습니다.

당사는 제77회 무기명식 이권부 무보증 신주인수권부사채의 사채권자와 경영상의 중요한 의사결정에 대해 협의하고자 하나, 위 채권이 공사채등록법상 등록채권으로서 실질적인 사채권자의 파악이 어렵습니다.

이에 다음의 기한동안 당사로 귀하의 사채권을 신고하여 주시길 부탁드립니다.

- 다 음 -

1. 신고방법 및 신고기한
   · 신고방법 : 우편, 방문, Fax
   · 신고기한 : 2011년 12월 12일 ~ 2011년 12월 22일

2. 제출서류
   · 채권잔고증명서 1부 (주소, 연락처 기재要)

3. 문의 및 접수처
   · 문의처 : 남광토건(주) 채권관리팀
   · 접수처 : 서울시 강동구 길동 459-3 휴다임타워 2층
     (Tel : 02-3011-0330, Fax : 02-3011-0359)
   ※ 제출서류는 상기 목적이외의 용도로는 절대 사용되지 않으며, 채권잔고증명서는 해당 증권사에 의뢰하시면 됩니다.

2011. 12. 12

남광토건주식회사 대표이사 이 동 철

⟨신주인수권부사채권자 신고 공고(예시)⟩

한다. 대용납입의 법적 성질에 대하여는 사채의 기한 전 상환에 의한 상환청구권과 납입의무와의 상계라는 입장과 사채와 주식의 성질 상이를 이유로 대물변제라는 입장이 있다. 전자의 입장을 취할 경우 주식인수인의 회사의 동의 없는 납입상계금지원칙(421조 2항)에 대한 중대한 예외라는 견해도 있으나 상법 제516조의2 제2항 제5호의 결정이 있는 경우에만 대용납입이 허용되므로 위 결정 자체가 회사의 동의로 보아야 할 것이다.

(라) 신주발행의 효력발생시기   전액납입시 또는 대용납입의 경우에는 청구서와 채권을 제출한 때 신주발행의 효력이 발생한다(516조의10).

(마) 변경등기   신주인수권의 행사가 있으면 등기사항인 신주인수권부사채의 총액이 감소하고, 회사의 발행주식의 총수 및 자본금의 총액

이 증가하므로 변경등기를 하여야 한다(516조의11, 351조).

X. 회사의 구조개편

1. 총   설

주식회사의 조직에 변화를 가져오는 구조개편의 방법에는 이미 회사법 통칙에서 살펴본 합병과 조직변경(115~124면) 외에도 회사의 분할, 주식의 포괄적 교환·이전 및 주식의 강제매도청구와 강제매수청구가 있다. 아래에서는 후3자에 대하여 살펴본다.

2. 회사의 분할

(1) 회사분할의 의의와 종류 및 법적 성질

1) 의   의   회사분할은 1개의 회사를 2개 이상의 회사로 분리하는 것이다. 이는 기업의 재조직(restructuring)의 방법 중의 하나로서 합병의 반대모습이다. 상법은 주식회사에 한하여 분할을 인정하고 있는데 이에 의하면 분할에 의하여 1개 또는 수개의 회사를 설립하거나(단순분할: 530조의2 1항), 또는 분할에 의하여 1개 또는 수개의 존립중의 회사와 합병하거나(분할합병: 530조의2 2항), 양자를 동시에 하는 것(혼합분할합병: 530조의2 3항)을 말한다.

2) 종   류   위의 단순분할·분할합병·혼합분할합병은 회사분할이 합병과 관련을 갖는지 여부에 따른 분류이고 이외에도 다음과 같은 것들이 있다. 이들의 여러 조합으로 다양한 유형의 회사분할이 이루어질 수 있다(예: 완전단순분할, 불완전분할합병 등).

(가) 완전분할·불완전분할   이는 분할회사가 소멸되는가 여부에 따른 분류로서 분할회사가 소멸하는 완전분할과 분할회사가 존속하는 불완전분할로 분류된다.

(나) 인적분할·물적분할   분할전회사의 주주가 분할후회사의 주주가 되는지 여부에 따른 분류이다. 분할부분에 해당하는 신주를 분할전회

사의 주주에게 배당하는 형태가 인적분할이고, 분할부분에 해당하는 신주를 분할전회사의 주주에게 배당하지 않고 분할전회사가 취득하는 형태를 물적분할이라고 한다(530조의12).

3) 법적 성질   회사법상의 특별한 제도로서 합병에 관한 규정이 원칙적으로 준용된다(530조의11).

(2) 회사분할의 자유와 제한

상법상 주식회사는 원칙적으로 자유로이 분할할 수 있다(530조의2, 530조의12). 다만, 해산후의 회사는 존립중의 회사를 존속회사로 하거나 새로 회사를 설립하는 경우에 한하여 분할 또는 분할합병할 수 있다(530조의2 4항).

(3) 회사분할의 절차

1) 분할계획서 또는 분할합병계약서의 작성   분할절차는 단순분할의 경우에는 분할계획서, 분할합병의 경우에는 분할합병계약서를 기초로 진행된다. 분할에 따른 법률관계(출자재산의 범위, 신설회사의 내용, 분할교부금 등)를 명확히 하기 위하여 분할계획서 또는 분할합병계약서의 기재사항은 법정되어 있다(530조의5, 530조의6).

2) 분할결의(대내적 절차)

분할계획서 또는 분할합병계약서는 주주총회의 특별결의에 의한 승인을 얻어야 한다(530조의3 1항·2항). 이 승인결의에는 의결권이 배제되는 주주(344조의3 1항)도 의결권을 가진다(530조의3 3항).

〈인적분할 관련 공고(예시)〉

회사의 분할 또는 분할합병으로 인하여 분할 또는 분할합병에 관련되는 각 회사의 주주의 부담이 가중되는 경우에는 이 결의 및 종류주주총회의 결의 외에 그 주주 전원의 동의가 있어야 한다(530조의3 6항). 분할합병의 경우에는 간이분할합병과 소규모분할합병이 인정되어 해당 주주총회의 승인은 이사회의 승인으로 갈음할 수 있다(530조의11 2항, 527조의2, 527조의3).

3) 분할합병·물적분할 반대주주의 주식매수청구권　　단순분할에는 주식매수청구권이 인정되지 않으나, 분할합병이나 일정 비율 이상의 물적분할에 반대하는 주주는 회사에 대하여 주식의 매수를 청구할 수 있다(530조의11 2항, 530조의12 2항, 522조의3).

4) 회사채권자의 보호(대외적 절차)　　회사분할에 있어서는 합병의 경우보다 채권자의 보호가 더 중요하다. 존속회사 또는 신설회사에 포괄적으로 재산이 이전되는 합병과 달리 자의적으로 중요한 재산을 자회사 또는 신설회사 등에 이전함으로써 채권자의 권리를 해할 가능성이 크기 때문이다.

　㈎ **분할결의 전의 절차**(분할대차대조표의 작성·비치·공시)　　분할회사의 이사는 승인주주총회의 회일의 2주 전부터 분할의 등기를 한 날 또는 분할합병을 한 날 이후 6월간 ① 분할계획서(단순분할의 경우) 또는 분할합병계약서(분할합병의 경우), ② 분할되는 부분의 대차대조표, ③ 분할합병의 경우 분할합병의 상대방 회사의 대차대조표, ④ 분할 또는 분할합병을 하면서 신주가 발행되거나 자기주식이 이전되는 경우에는 분할회사의 주주에 대한 신주의 배정 또는 자기주식의 이전에 관하여 그 이유를 기재한 서면을 본점에 비치하여야 한다(530조의7 1항). 분할합병의 경우 분할승계

물적분할에 따른 채권자 이의 제출 공고

채권자 각위

2006년 11월 28일 개최된 당사의 임시주주총회에서 당사는 상법 제530조의2의 규정에 의하여 당사의 스텐레스사업부문을 분할하여 신설법인을 설립하고 당사는 분할 후 존속하기로 결의하였는바, 상법 제530조의 9 제2항에 의거, 2006년 12월 31일자로 공인회계사의 검토를 받아 확정되는 채무를 기초로 하여, 신설회사는 신설회사로 이전되는 채무만을 부담하고, 존속회사는 신설회사가 부담하지 않는 채무만을 부담하기로 하였습니다.

이에 따라 상법 제530조의9 제4항과 제527조의 5 제1항의 규정에 의하여 당사는 분할사실을 통지하오니 본 건에 이의가 있으신 채권자께서는 2006년 11월 30일부터 2006년 12월 30일까지 당사에 이의를 제출하여 주시기 바랍니다.

2006년 11월 29일
서울특별시 금천구 시흥동 113-119

대한전선주식회사
대표이사 임종욱

〈물적분할 관련 공고(예시)〉

회사의 이사는 분할합병을 승인하는 주주총회의 회일의 2주 전부터 분할
합병의 등기를 한 후 6개월간 ① 분할합병계약서, ② 분할회사의 분할되
는 부분의 대차대조표, ③ 분할합병을 하면서 신주를 발행하거나 자기주식
을 이전하는 경우에는 분할회사의 주주에 대한 신주의 배정 또는 자기주식
의 이전에 관하여 그 이유를 기재한 서면을 본점에 비치하여야 한다(530조
의7 2항). 위 서면들에 대하여 주주 및 회사채권자는 영업시간 내에는 언
제든지 열람을 청구하거나 회사가 정한 비용을 지급하고 그 등본 또는
초본의 교부를 청구할 수 있다(530조의7 3항, 522조의2 2항). 분할합병의 경우
분할회사의 주주에게 제공하는 재산(530조의6 1항 4호)에 분할승계회사의
모회사의 주식이 포함될 수 있고 이 경우 분할승계회사는 모회사의 주식
을 취득할 수 있다(530조의6 4항, 삼각분할합병).

(나) **분할결의 후의 절차**(회사채권자의 이의를 위한 조치)   이는 단순분할
과 분할합병의 경우를 나누어 보아야 한다.

가) 단순분할의 경우   이 경우 신설회사가 분할회사의 분할 전의
채무를 분할회사와 연대하여 변제할 책임을 지는 경우에는 채권자가 손
해를 입을 염려가 없으므로 채권자의 이의권을 인정할 필요가 없다. 그
러나 신설회사가 분할회사의 채무 중에서 분할계획서에 승계하기로 정한
채무에 대한 책임만을 부담할 것을 정한 경우에는 연대책임이 아니어서
분할회사의 채권자가 불이익을 입을 염려가 있으므로 채권자의 이의권을
인정할 필요가 있다(530조의9 2항·4항). 따라서 회사는 분할계획서에 대한
주주총회의 승인결의가 있은 날부터 2주 내에 채권자에 대하여 분할에
이의가 있으면 1월 이상의 기간 내에 이를 제출할 것을 공고하고 알고
있는 채권자에 대하여는 따로따로 이를 최고하여야 한다(530조의9 2항·4항,
527조의5 1항). 채권자가 위 기간 내에 이의를 제출하지 아니한 때에는 분
할을 승인한 것으로 본다(527조의5 3항, 232조 2항). 이의를 제출한 채권자가
있는 때에는 회사는 그 채권자에 대하여 변제 또는 상당한 담보를 제공
하거나 이를 목적으로 하여 상당한 재산을 신탁회사에 신탁하여야 한다

(527조의5 3항, 232조 3항). 사채권자가 이의를 함에는 사채권자집회의 결의가 있어야 한다(530조의9 4항, 439조 3항).

나) 분할합병의 경우   이 경우 신설회사의 채무승계가 제한적이든 아니면 연대관계이든 상관없이 모든 채권자의 이의가 인정된다. 분할회사와 분할합병의 상대방회사가 연대책임을 지는 경우라도 상대방회사의 재산상태나 채무액에 따라 분할합병 전보다 채권자에게 불리한 경우도 있기 때문이다. 채권자에 대한 공고 또는 최고, 승인간주, 이의채권자에 대한 조치, 사채권자이의요건에 대하여는 단순분할과 같다(530조의11, 527조의5 1항·3항, 232조 2항·3항, 439조 3항).

〈분할합병 관련 공고(예시)〉

5) 그 밖의 절차   회사분할에 의한 회사의 설립에 관하여는 주식회사의 설립에 관한 규정을 준용한다(530조의4 본문). 분할에 의하여 설립되는 회사는 분할되는 회사의 출자만으로도 설립할 수 있다. 이 경우 검사인의 조사와 보고규정(299조)을 적용하지 않는다(530조의4 단서). 회사분할에 따라 주식분할(329조의2), 주식병합(440조~442조), 단주처리(443조)의 필요가 있는 경우에는 해당규정을 준용한다(530조의11 1항).

6) 분할등기   회사분할의 효력은 분할 또는 분할합병의 등기에 의하여 발생한다(530조의11 1항, 234조, 528조).

(4) 분할의 효력

1) 효력 일반   분할 또는 분할합병의 효력의 내용은 분할계획서 또는 분할합병계약서에서 정한 바에 의한다. 분할회사의 완전분할의 경우 해산·청산절차를 거치지 않고 소멸되고, 불완전분할의 경우에는 자본금과 영업목적 등이 변경될 수 있다.

2) 권리의무의 포괄승계   단순분할신설회사, 분할승계회사 또는 분

할합병신설회사는 분할회사의 권리와 의무를 분할계획서 또는 분할합병계약서에서 정하는 바에 따라 승계한다(530조의10). 이는 합병과 마찬가지로 포괄승계로서 개별적 재산이전절차나 채권자의 승낙이 요구되지 않는다.

3) 주주자격의 취득　　분할회사의 주주는 분할계획서 또는 분할합병계약서에서 정하는 바에 따라 신설회사 또는 분할승계회사의 주식을 취득한다. 물적분할의 경우에는 분할회사가 분할 또는 분할합병으로 인하여 설립되는 회사의 주식의 총수를 취득한다(530조의12).

4) 연대책임의 발생　　분할회사, 단순분할신설회사, 분할승계회사 또는 분할합병신설회사는 분할 또는 분할합병 전의 분할회사 채무에 관하여 연대하여 변제할 책임이 있다(530조의9 1항). 분할회사가 주주총회의 특별결의로 분할에 의하여 회사를 설립하는 경우에는 단순분할신설회사는 분할회사의 채무 중에서 분할계획서에 승계하기로 정한 채무에 대한 책임만을 부담할 것을 정할 수 있고(530조의9 2항 1문), 분할합병의 경우에 분할회사는 주주총회의 특별결의로 분할합병에 따른 출자를 받는 분할승계회사 또는 분할합병신설회사가 분할회사의 채무 중에서 분할합병계약서에 승계하기로 정한 채무에 대한 책임만을 부담할 것을 정할 수 있다(530조의9 3항 1문). 위 양 경우에 분할회사가 존속하는 때에는 분할로 인하여 설립되는 각 회사(분할의 경우 단순분할신설회사, 분할합병의 경우 분할승계회사 또는 분할합병신설회사)가 부담하지 아니하는 채무만을 부담하며(530조의9 2항 2문·3항 2문), 전자(분할)의 경우에는 사채권자이의요건과 채권자보호절차가 준용된다(530조의9 4항, 439조 3항, 527조의5).

5) 부수적 효력

⑺ **분할잉여금**　　회사는 분할잉여금을 자본준비금으로 적립하여야 하는데, 분할 또는 분할합병의 경우 소멸 또는 분할되는 회사의 이익준비금이나 그 밖의 법정준비금은 분할·분할합병 후 존속되거나 새로 설립되는 회사가 승계할 수 있다(459조).

⑻ **경업·겸직금지의무**　　회사분할에 의하여 영업이 양도되는 경우

상법 제41조의 영업양도인의 의무규정을 유추적용하여 분할회사는 이전한 영업에 관하여 경업·겸직금지의무를 부담한다고 해석하여야 할 것이다.

(5) **회사분할의 무효**   분할 또는 분할합병무효의 소에 대하여는 합병무효의 소에 관한 규정이 준용되므로(530조의11 1항, 529조), 무효의 원인과 소에 관한 내용은 합병의 경우와 동일하다.

3. 주식의 포괄적 교환·이전

(1) **개   관**   지주회사제도를 통한 기업의 구조조정을 활성화하기 위하여 2001년 상법 개정 시 주식의 포괄적 교환과 포괄적 이전을 신설하였다. 상법상 주식의 포괄적 교환과 이전은 완전모자회사관계의 설정을 전제로 한 기업결합의 형태인 점에서는 동일하나 전자는 기존의 회사 사이에 그러한 관계가 설정되는 반면 후자는 기존의 회사가 새로이 완전모회사를 신설하여 완전자회사가 되는 점에서 차이가 있다. 또한 양자 모두 기업의 물적 조직을 그대로 둔 상태에서 인적 조직만 이전시키기 위한 제도라는 점에서 공통하다.

(2) **주식의 포괄적 교환**

1) **의   의**   주식의 포괄적 교환(이하 '주식교환'이라 약칭)은 회사(완전모회사가 될 회사)가 다른 회사(완전자회사가 될 회사)의 발생주식의 총수를 포괄적으로 취득하여 완전모회사가 되고, 그 대가로서 완전모회사의 주식(360조의2 1항) 또는 완전모회사의 모회사 주식(360조의3 6항·3항 4호)을 완전자회사가 될 다른 회사의 주주에게 교부하는 것이다. 완전자회사가 되는 회사는 복수일 수 있다. 이 경우 완전자회사의 주주의 입장에서 보면 완전자회사의 주식을 완전모회사에게 이전하는 대신 그 회사(또는 그 회사의 모회사)의 주식을 받게 되므로 양 회사의 주식을 교환하는 것이 된다. 이때 완전모회사는 신주를 발행하거나 또는 자기주식을 교부하는 방식을 이용할 수 있고(360조의2 2항), 완전모회사의 모회사 주식을 취득하여 교부할 수도 있다(삼각주식교환, 360조의3 6항). 주식교환은 교환 후 기존의 회사

들이 모두 존속하는 점에서 적어도 한 회사는 소멸하는 흡수합병과 다르다. 또한 주식교환은 교환당사회사들의 주주총회의 특별결의를 통한 주식교환계약서의 승인(360조의3)이 있으면 그에 반대하는 주주도 주식매수청구권을 행사하지 않는 한 주식교환에 응해야 하므로 강제성을 가지는 점에 특색이 있다.

2) 법적 성질　　주식교환을 완전자회사에 대한 강제적 현물출자라고 파악하는 입장도 있으나 상법이 흡수합병과 유사한 절차를 규정하고 있는 점에서 흡수합병에 유사한 조직법적 행위로 본다(합병유사설).

3) 절　　차

(개) **주식교환계약서의 작성**　　주식교환을 위하여 법정사항(360조의3 3항 1호~7호 및 9호)을 기재한 주식교환계약서를 작성하여야 한다(360조의3 1항).

(내) **주주총회의 승인결의**

가) 원칙적 승인방법　　주식교환을 하는 회사는 주식교환계약서에 대하여 주주총회의 특별결의에 의한 승인을 받아야 하고(360조의3 1항·2항), 주식교환으로 종류주주에게 손해를 미치게 될 때에는 그 종류주주총회의 승인을 얻어야 하며(436조), 각 회사의 주주의 부담이 가중되는 경우에는 주주 전원의 동의가 있어야 한다(360조의3 6항). 상법 제360조의3 제1항의 규정에 의한 승인사항에 관하여 이사회의 결의가 있는 때 그 결의에 반대하는 주주(의결권이 없거나 제한되는 주주 포함)에게 주식매수청구권이 인정된다(360조의5 1항).

나) 예외적 승인방법

(ㄱ) **간이주식교환**　　완전자회사가 되는 회사의 총주주의 동의가 있거나 그 회사의 발행주식 총수의 100분의 90 이상을 완전모회사가 되는 회사가 소유하고 있는 때에는 완전자회사가 되는 회사의 주주총회의 승인은 이를 이사회의 승인으로 갈음할 수 있다(360조의9 1항). 이 경우 이에 반대하는 주주에게 주식매수청구권이 인정된다(360조의5 2항).

(ㄴ) 소규모주식교환

① 완전모회사가 되는 회사가 주식교환을 위하여 발행하는 신주 및 이전하는 자기주식의 총수가 그 회사의 발행주식총수의 100분의 10을 초과하지 않고, ② 완전자회사가 되는 회사의 주주에게 제공할 금전이나 그 밖의 재산의 가액이 제360조의4 제1항 제3호에서 규정한 최종 대차대조표에 의하여 완전모회사가 되는 회사에 현존하는 순자산액의 100분의 5를 초과하지 아니

〈소규모주식교환 공고(예시)〉

하며, ③ 완전모회사가 되는 회사의 발행주식 총수의 100분의 20 이상에 해당하는 주식을 가지는 주주가 소규모주식교환에 반대하는 의사를 통지하지 아니하는 경우에는 그 회사(완전모회사)에서의 주주총회의 승인은 이를 이사회의 승인으로 갈음할 수 있다(360조의10 1항·5항). 소규모주식교환 반대주주에게는 주식매수청구권이 인정되지 않는다(360조의10 7항). 소규모합병의 경우(527조의3 5항)와의 통일을 위한 것이다.

(다) **기타 절차**   주식교환서 기타 서류의 사전·사후공시(360조의4, 360조의12), 주권의 실효절차(360조의8) 및 단주처리(360조의11) 등의 절차가 있다.

(라) **변경등기**   주식교환의 경우 완전모회사의 변경등기를 하여야 한다(상규 146조). 완전자회사는 주주만의 변동이 있으므로 등기를 요하지

않는다.

4) 효   력

㈎ **효력발생일**   주식교환은 주식교환계약서에 기재된 '주식교환을 할 날'(360조의3 3항 6호)에 효력이 발생한다.

㈏ **완전모자관계의 창설**   완전자회사가 되는 회사의 주주가 가지는 그 회사의 주식은 완전모회사가 되는 회사에 포괄적으로 이전됨으로써 완전모회사관계가 창설된다. 완전모회사가 되는 회사가 완전자회사가 되는 회사의 주주에게 신주를 발행하여 교부하는 경우 완전모회사가 되는 회사의 자본금은 이를 위하여 발행되는 신주의 액면가액만큼 증가하게 된다(그러나 자기주식 또는 모회사의 주식을 이전한 경우에는 증가하지 않는다). 한편 완전자회사가 되는 회사의 기존의 주권은 실효된다.

㈐ **완전모회사의 이사·감사의 임기에 관한 특칙**   주식교환에 의하여 완전모회사가 되는 회사의 이사 및 감사로서 주식교환 전에 취임한 자는 주식교환계약서에 다른 정함이 있는 경우를 제외하고는 주식교환 후 최초로 도래하는 결산기에 관한 정기총회가 종료하는 때에 퇴임한다(360조의13). 이 또한 흡수합병의 경우(527조의4 1항)와 같은 취지의 규정이다. 완전자회사의 주주가 완전모회사의 주주가 되었으므로 새로 구성되는 주주총회에서 새로운 주주들의 의사를 반영할 필요가 있기 때문이다.

5) 주식교환무효의 소
상법은 주식교환에 하자(예: 주식교환계약서의 기재사항의 흠결, 승인결의의 부존재 등)가 있는 경우를 대비하여 법률관계의 획일적 확정을 위한 규정을 두고 있다. 즉, 주식교환의 무효는 각 회사의 주주·이사·감사·감사위원회의 위원 또는 청산인에 한하여 주식교환의 날부터 6월 내에 소만으로 이를 주장할 수 있다(360조의14 1항). 이 소는 완전모회사가 되는 회사의 본점소재지의 지방법원의 관할에 전속한다(360조의14 2항). 주식교환무효판결이 확정된 경우 대세적 효력을 가지며(360조의14 4항, 190조 본문), 완전모회사가 된 회사는 주식교환을 위하여 발행한 신주 또는 이전한 자기주식의 주주에 대하여 그가 소유하였던 완전자회사

가 된 회사의 주식을 이전하여야 한다(360조의14 3항). 기타 회사법상의 소
에 관한 여러 규정이 준용된다(360조의14 4항).

(3) 주식의 포괄적 이전

1) 의   의   주식의 포괄적 이전(이하 '주식이전'이라 약칭)은 회사
자신이 완전자회사가 되어 완전모회사를 설립하는 방법이다. 완전자회사
가 되는 회사의 주주가 소유하는 회사의 주식을 주식이전에 의하여 설립
하는 완전모회사에 이전하고 그 완전자회사가 되는 회사의 주주는 그 완
전모회사가 주식이전을 위하여 발행하는 주식의 배정을 받음으로써 완전
모회사의 주주가 되는 것이다. 주식교환의 경우와 마찬가지로 완전자회
사가 되는 회사는 복수일 수 있다(360조의16 1항 8호). 주식교환과 같이 강
제성을 가지므로 기존회사의 주주가 신회사를 설립함에 있어서 자신의
주식을 임의로 현물출자하는 것은 상법상의 주식이전이 아니다.

2) 법적 성질   완전자회사로 되는 회사의 주주가 신설되는 완전모
회사의 주주가 되므로 신설합병에 유사한 조직법적 행위라는 견해도 있
으나 완전자회사가 소멸되지 않는 점에서 신설합병과 다르며, 주식교환
과 같이 회사의 인적 조직을 별개의 회사에 이전·흡수시켜 회사조직의
변경을 가져오는 조직법상의 특수한 행위로 본다.

3) 절   차

㈎ 주식이전계획서의 작성   주식이전을 위하여 법정사항(360조의16
1항 1호~8호)을 기재한 주식이전계획서를 작성하여야 한다(360조의16 1항).

㈏ 주주총회의 승인결의   주식이전을 하고자 하는 회사(완전자회사가
되고자 하는 회사)는 주식이전계획서를 작성하여 주주총회의 특별결의에 의
한 승인을 받아야 한다(360조의16 1항·2항). 주식이전으로 인하여 어느 종
류의 주주에게 손해를 미치게 될 경우에는 종류주주총회의 결의가 있어
야 하고(436조), 주식이전에 관련되는 각 회사의 주주의 부담이 가중되는
경우에는 그 주주 전원의 동의가 있어야 한다(360조의16 4항). 주식이전에
관한 주주총회의 결의사항에 관하여 이사회의 결의가 있는 때에는 그 결

의에 반대하는 주주는 회사에 대하여 주식매수청구권을 행사할 수 있다(360조의22, 360조의5).

(다) **기타 절차** 주식이전계획서 등의 서류의 사전·사후공시(360조의17, 360조의22, 360조의12), 주권의 실효절차(360조의19) 및 단주처리(360조의22, 360조의11) 등의 절차가 있다.

(라) **설립등기** 주식이전의 경우 완전모회사의 설립등기를 하여야 한다(상규 147조).

4) 효 력

(가) **효력발생일** 주식이전은 이로 인하여 설립한 완전모회사가 그 본점소재지에서 상법 제360조의20의 규정에 의한 등기를 함으로써 그 효력이 발생한다(360조의21). 주식교환이 주식교환계약서에 기재된 주식교환일에 그 효력이 발생하는 것과 차이가 있다.

(나) **완전모자관계의 창설** 완전자회사가 되는 회사의 주주가 소유하는 그 회사의 주식이 완전모회사가 되는 회사에 포괄적으로 이전됨으로써 완전모회사관계가 창설된다. 완전자회사가 되는 회사의 주주는 그 완전모회사가 되는 회사가 주식이전을 위하여 발행하는 신주의 배정을 받음으로써 완전모회사의 주주가 된다(360조의15 2항).

(다) **완전모회사의 자본금의 한도액** 설립하는 완전모회사의 자본금은 주식이전의 날에 완전자회사가 되는 회사에 현존하는 순자산액에서 그 회사의 주주에게 제공할 금전 및 그 밖의 재산의 가액을 뺀 액을 초과하지 못한다(360조의18). 이는 완전모회사의 자본금충실을 위한 것이다.

5) 주식이전무효의 소 상법은 주식이전에 하자(예: 주식이전계획서의 기재사항의 흠결, 승인결의의 부존재 등)가 있는 경우를 대비하여 법률관계의 획일적 확정을 위한 규정을 두고 있다. 즉, 주식이전의 무효는 각 회사의 주주·이사·감사·감사위원회의 위원 또는 청산인에 한하여 주식이전의 날부터 6월 내에 소만으로 이를 주장할 수 있다(360조의23 1항). 이 소는 완전모회사가 되는 회사의 본점소재지의 지방법원의 관할에 전속한다(360조

의23 2항). 주식이전무효판결이 확정된 경우 대세적 효력을 가지며(360조의
23 4항, 190조 본문), 완전모회사가 된 회사는 주식이전을 위하여 발행한 주
식의 주주에 대하여 그가 소유하였던 완전자회사가 된 회사의 주식을 이
전하여야 한다(360조의23 3항). 기타 회사법상의 소에 관한 여러 규정이 준
용된다(360조의23 4항).

> Note: 주식교환무효판결의 경우 신주발행무효판결의 불소급규정이 준
> 용(360조의14 4항, 431조 1항)되는 반면에 주식이전무효판결의 경우에는
> 설립무효판결의 불소급규정이 준용된다(360조의23 4항, 190조 단서). 이는
> 주식교환무효의 경우에는 주식교환당사회사 모두가 법인격을 상실하지
> 않으나, 주식이전무효의 경우에는 설립무효의 경우와 같이 설립된 완
> 전모회사를 해산의 경우에 준하여 청산하여야 하기 때문이다(360조의23
> 4항, 193조 1항). 한편 주식이전무효판결이 확정되면 상법 제360조의23
> 제3항에 따라 완전모회사가 소유하였던 완전자회사주식을 이전하여야
> 하는 의무가 발생하나 만약 주식이전무효판결의 확정 전에 완전모회사
> 에게 채무가 발생한 경우 청산을 하게 되면 완전자회사주식을 환가하
> 여 회사채무를 변제하여야 하는 의무가 발생하는데 이 경우 회사채권
> 자의 권리가 우선한다고 본다.

4. 주식의 강제매도청구와 강제매수청구

(1) 서   설   2011년 4월 상법 개정시 지배주주와 소수주주로
구성되어 있는 회사에 있어서 지배주주로 하여금 소수주주의 관리비용을
절약하고 신속한 회사의 의사결정을 통하여 효율적인 경영을 꾀할 수 있
도록 하기 위하여 소수주주의 주식을 강제로 매입할 수 있도록 하는 한
편 소수주주로 하여금 출자금의 회수를 위하여 지배주주에 대하여 주식
매수청구를 할 수 있도록 하는 규정을 신설하였다.

(2) **지배주주의 주식매도청구권**   지배주주의 주식매도청구권은 회
사의 발행주식총수의 100분의 95 이상을 자기의 계산으로 보유하고 있는
주주(지배주주)가 회사의 경영상 목적을 달성하기 위하여 필요한 경우 회

사의 다른 주주(회사의 발행주식총수의 100분의 5 미만을 보유하고 있는 소수주주)에게 그가 보유하는 주식의 매도를 청구할 수 있는 권리이다(360조의24 1항). 이는 형성권으로서 회사의 경영상 목적을 달성하기 위하여 필요한 경우에 행사할 수 있는데(360조의24 1항), 이를 위하여는 미리 주주총회의 승인을 받아야 한다(3항). 지배주주는 매도청구의 날 1개월 전까지 ① 소수주주는 매매가액의 수령과 동시에 주권을 지배주주에게 교부하여야 한다는 뜻과 ② 교부하지 아니할 경우 매매가액을 수령하거나 지배주주가 매매가액을 공탁(供託)한 날에 주권은 무효가 된다는 뜻을 공고하고, 주주명부에 적힌 주주와 질권자에게 따로 그 통지를 하여야 한다(5항). 지배주주가 위의 요건을 갖추어 매도청구를 하면 소수주주는 매도청구를 받은 날부터 2개월 내에 지배주주에게 그 주식을 매도하여야 한다(6항). 이때 그 매매가액은 양자 간의 협의로 결정하나(7항) 매도청구를 받은 날부터 30일 내에 그 협의가 이루어지지 아니한 경우에는 매도청구를 받은 소수주주 또는 매도청구를 한 지배주주는 법원에 매매가액의 결정을 청구할 수 있고(8항), 이 경우 법원은 회사의 재산상태와 그 밖의 사정을 고려하여 공정한 가액을 산정하여야 한다(9항).

(3) 소수주주의 주식매수청구권　　소수주주의 주식매수청구권은 지배주주가 있는 회사의 소수주주가 지배주주에게 그 보유주식을 청구할 수 있는 권리(360조의25 1항)로서 역시 형성권이다. 소수주주는 지배주주에게 언제든지 주식매수를 청구할 수 있고, 이 경우 지배주주는 매수를 청구한 날을 기준으로 2개월 내에 매수를 청구한 주주로부터 그 주식을 매수하여야 한다(2항). 매매가액은 양자 간의 협의로 결정하나 매수청구일로부터 30일 내에 협의가 이루어지지 아니한 경우에는 양자 모두 법원에 대하여 매매가액의 결정을 청구할 수 있다(3항·4항). 법원은 위 가액결정시 회사의 재산상태와 그 밖의 사정을 고려하여 공정한 가액으로 산정하여야 한다(5항).

(4) 주식의 이전시기　　지배주주의 주식매도청구와 소수주주의 주

식매수청구에 있어서 지배주주가 매매가액을 소수주주에게 지급한 때에 주식이 이전된 것으로 본다(360조의26 1항). 매매가액을 지급할 소수주주를 알 수 없거나 소수주주가 수령을 거부할 경우에는 지배주주는 그 가액을 공탁할 수 있고, 이 경우 주식은 공탁한 날에 지배주주에게 이전된 것으로 본다(2항).

XI. 해산과 청산

이에 대하여는 회사법 통칙에서 살펴보았다(124~130면).

제 3 절 합명회사 · 합자회사 · 유한책임회사 · 유한회사

I. 합명회사

1. 의의와 경제적 기능

합명회사는 2인 이상의 무한책임사원만으로 구성된 회사이다. 합명회사는 중세시대 가업(家業)의 공동상속에서 유래된 회사형태로 오늘날에도 친척이나 친구 등 신뢰관계가 깊은 소수의 사람들이 자본력의 집중보다는 노동력의 결합과 보충에 중점을 두어 조직하는 경향이 크다. 합명회사도 회사로서 법인이기는 하지만(170조, 169조) 그 실체는 개인기업의 연합 또는 사원 상호간의 계약적 결합체이다. 그러므로 합명회사는 각자 업무를 집행하고 회사를 대표하게 되는 것이다. 이렇게 대내적으로는 조합적 성질을 가지므로 합명회사의 내부관계에는 민법상 조합의 규정을 준용한다(195조).

2. 설 립

합명회사의 설립은 2인 이상의 사원이 공동으로 법정사항(179조 1

호~6호)이 기재된 정관을 작성하여 본점소재지에서 설립등기를 함으로써 성립한다(178조·172조·180조). 정관에의 공증인의 인증은 요하지 아니한다 (292조 본문 및 543조 3항 참조).

3. 회사의 내부관계

(1) 총   설   회사의 내부관계는 회사와 사원 및 사원 상호간의 관계로서 출자, 회사의 업무집행, 사원의 의무, 손익분배에 관한 사항이다.

(2) 출   자   출자는 사원이 사원자격에서 회사의 사업수행을 위하여 회사에 대하여 이행하여야 하는 급부이다. 사원은 출자의무를 부담하며, 출자의 목적은 정관의 절대적 기재사항이므로 이를 변경하기 위하여는 정관변경절차(총사원의 동의, 204조)를 거쳐야 한다. 합명회사의 사원은 회사재산으로 회사채무를 완제할 수 없는 회사채무에 대하여 직접·연대·무한의 책임을 부담하기 때문에(212조 1항) 출자에 관하여는 비교적 자유롭다. 따라서 금전·현물·채권·신용·노무 등 출자의 목적에 제한이 없다(196조, 272조, 287조의4 1항 참조). 출자이행의 시기와 방법은 정관이 정하는 바에 의하고, 정관규정이 없으면 통상의 업무집행방법으로 정할 수 있다. 출자의무를 이행하지 않는 경우 민법상 채무불이행(민 390조)에 해당하는 외에 사원의 제명(220조 1항 1호), 업무집행권·대표권 상실의 원인(205조, 216조)이 된다.

(3) 지   분

1) 의   의   합명회사의 사원은 출자를 통하여 회사에 대한 권리를 가지게 된다. 회사의 재산은 사원의 출자로 구성되나 이는 사원 개인의 재산과 별개이다. 따라서 사원은 회사에 대하여 권리를 가지는 것이지 회사의 재산에 대하여 권리를 가지는 것이 아니다. 그러나 사원이 퇴사하거나 회사가 해산하는 경우에는 출자에 비례하여 환급을 받을 수 있으므로 사원의 회사재산에 대한 권리가 없다고는 할 수 없다. 이러한 사원의 권리, 즉 사원권에는 재산적인 측면이 있다. 사원권은 출자에 비례

하는 것이므로 이를 사원의 몫이라는 의미로 '지분'이라고 한다. 지분권
은 사원권, 즉 사원의 지위에서 회사에 대하여 가지는 여러 권리(예: 업무
집행권 · 회사대표권과 같은 공익권과 이익배당청구권과 같은 자익권)와 의무를 뜻하
기도 하고, 회사해산 또는 사원퇴사의 경우에 사원이 회사에 대하여 청
구하거나, 회사에 지급하여야 할 계산상의 수액을 의미하기도 한다. 합명
회사의 지분은 물적회사와 달리 단수주의(두수주의)에 의하는데 이는 조합
성에 기인한다(195조, 민 706조).

  2) 지분의 양도 · 입질 · 압류 및 상속   이 지분은 다른 사원의 동의를
얻어 양도(197조) 및 입질가능하고(197조 유추적용), 지분이 압류되는 경우
사원이 장래이익의 배당과 지분의 환급을 청구하는 권리에 대하여도 그
효력이 있다(223조). 인적 신뢰관계가 중요한 합명회사에서는 사원의 사
망은 퇴사원인이 되므로(218조 3호), 지분의 상속은 원칙적으로 허용되지
않으나 이를 정관으로 허용하는 경우에는 상속인은 상속의 개시를 안 날
로부터 3월 내에 회사에 대하여 승계 또는 포기의 통지를 발송하여야 하
고, 그 통지 없이 3월을 경과한 때에는 사원이 될 권리를 포기한 것으로
본다(219조).

  ⑷ **업무집행**

  1) 의   의   업무집행은 회사가 정관에 정한 목적사업을 달성하기
위하여 하는 법률상 또는 사실상의 행위이다. 이는 영업의 존재를 전제
로 하는 것이므로 정관변경, 영업양도, 해산 등은 해당되지 않는다.

  2) 업무집행기관   합명회사의 업무집행기관은 원칙적으로 각 사
원이다(자기기관성, 200조 1항). 그러나 정관으로 특정한 사원(1인 또는 수인)을
정한 때에는 그 사원만이 업무집행권을 가진다(201조 1항). 업무집행사원은
정당한 사유 없이 사임하지 못하며, 다른 사원의 일치가 아니면 해임하지
못한다(195조, 민 708조). 업무집행사원의 현저한 부적임이나 중대위반행위
가 있는 경우 법원은 사원의 청구에 의하여 업무집행권한의 상실을 선
고할 수 있다(205조).

3) 업무집행방법   업무집행은 각 사원 또는 정관으로 정한 업무집
행사원이 이를 행하고, 이에 대하여 다른 사원 또는 다른 업무집행사원
의 이의가 있는 때에는 곧 그 행위를 중지하고 총사원 또는 업무집행사
원 과반수의 결의에 의하여야 한다(200조, 201조). 정관으로 수인의 사원을
공동업무집행사원으로 정한 때에는 전원의 동의로 업무집행행위를 하여
야 한다(202조 본문). 지배인의 선임과 해임은 정관에 다른 정함이 없으면
업무집행사원이 있는 경우에도 총사원과반수의 결의에 의한다(203조).

4) 업무집행의 감시권   업무집행권이 없는 사원도 무한책임을 지
므로 회사의 업무와 재산상태를 언제든지 검사할 수 있다(195조, 민 710조).

(5) 사원의 경업·겸직금지의무와 자기거래제한

1) 경업·겸직금지의무   합명회사의 각 사원은 원칙적으로 업무집
행권을 가지므로 회사의 이익을 희생시키고 사리를 도모할 염려가 있다.
이에 사원과 회사간의 이익충돌을 방지하기 위하여 경업·겸직금지의무
를 규정하고 있다. 사원은 다른 사원의 동의가 없으면 자기 또는 제3자의
계산으로 회사의 영업부류에 속하는 거래를 하지 못하며(경업금지) 동종영
업을 목적으로 하는 다른 회사의 무한책임사원 또는 이사가 되지 못한다
(겸직금지)(198조 1항). 사원이 이에 위반하여 거래를 한 경우에 그 거래가
자기의 계산으로 한 것인 때에는 회사는 이를 회사의 계산으로 인한 것
으로 볼 수 있고, 제3자의 계산으로 한 것인 때에는 그 사원에 대하여 회
사는 이로 인한 이득의 양도를 청구할 수 있다(개입권, 198조 2항). 개입권
은 다른 사원과반수의 결의에 의하여 행사하여야 하며 다른 사원의 1인
이 그 거래를 안 날로부터 2주간을 경과하거나 그 거래가 있은 날로부터
1년을 경과하면 소멸한다(제척기간, 198조 4항). 이 경우 회사는 그 사원에게
손해배상을 청구할 수 있다(198조 3항).

2) 자기거래제한   자기거래는 사원이 자기 또는 제3자의 계산으로
회사와 거래하는 것이다. 이 또한 회사와의 이익충돌을 가져올 수 있기
때문에 다른 사원 과반수의 결의가 있어야 한다(199조 전문).

(6) **손익의 분배** 회사는 매 결산기에 대차대조표를 작성하여야 하는데(30조 2항), 이 대차대조표상 순자산액이 자본(사원의 출자총액)을 초과하는 경우 '이익'이라고 하고, 그 반대의 경우를 '손실'이라고 한다. 손익분배기준은 상법에 규정이 없으므로 정관 또는 총사원의 동의로 정할 수 있고, 그것도 없는 경우 민법의 조합에 관한 규정에 의하여 정한다(195조, 민 711조). 그 시기는 정관에 정한 바가 있으면 그에 의하고, 정관에 정함이 없으면 매 결산기에 한다.

(7) **정관변경** 정관은 회사의 본질이나 강행규정에 반하지 않는 한 총사원의 동의로 자유롭게 변경할 수 있다(204조).

4. 회사의 외부관계

(1) **총 설** 합명회사의 외부관계는 제3자에 대한 관계로서 회사의 제3자에 대한 관계(회사대표)와 사원의 제3자에 대한 관계(사원의 책임)로 나누어 볼 수 있다. 외부관계는 제3자의 이해와 관련되므로 그 규정은 강행적 성질을 가진다.

(2) **회사대표**(회사와 제3자의 관계)

1) **회사대표의 의의** 회사대표는 회사의 기관을 담당하는 자의 행위가 회사의 행위로 되는 관계이다. 이는 능동행위와 수동행위를 포함한다. 합명회사의 대표기관인 A가 B와 사이에 납품계약을 체결하였는데 합명회사측의 이행지체로 인하여 B가 적법하게 계약을 해제한 경우를 예로 들면 합명회사의 수인의 사원 중에서 A의 계약체결행위(능동행위)에 의하여 합명회사가 계약상의 의무를 부담하게 되고, B가 보낸 해제통지를 A가 수령(수동행위)함으로써 합명회사가 해제통지를 적법하게 수령한 것으로 되어 그에 따라 계약이 해제되는 법률효과가 발생하는 것이다.

2) **대표기관** 합명회사의 대표기관은 각 사원이다(207조 1문). 수인의 업무집행사원을 정한 경우에는 각 업무집행사원이 회사를 대표하는 것이 원칙이나 정관 또는 총사원의 동의로 그 중에서 특히 회사를 대표

할 자를 정할 수 있다(207조 2문·3문).

3) **대표기관의 권한**   회사대표사원은 회사의 영업에 관하여 재판상 또는 재판 외의 모든 행위를 할 권한을 가진다(209조 1항). 따라서 이 권한에 대한 제한으로써 선의의 제3자에게 대항하지 못한다(209조 2항).

4) **대표방법**   대표사원은 각자 단독으로 회사를 대표한다. 그러나 정관 또는 총사원의 동의로 공동대표를 둔 경우에는 공동으로만 대표권을 행사할 수 있다(능동대리, 208조 1항). 이 경우 제3자의 회사에 대한 의사표시는 공동대표의 1인에게만 하면 유효하다(수동대리, 208조 2항).

5) **대표권에 대한 제한**   회사가 사원에 대하여 또는 사원이 회사에 대하여 소를 제기하는 경우에 회사를 대표할 사원이 없을 때에는 다른 사원 과반수의 결의로 선정하여야 한다(211조). 이 경우 회사대표자는 사원이 아니어도 된다.

(3) **사원의 책임**(사원의 제3자에 대한 관계)

1) **의   의**   사원의 책임은 회사채권자에 대한 대외적 책임으로서 대내적으로 회사에 부담하는 출자의무와 구별된다. 합명회사의 모든 사원은 업무집행권·회사대표권의 유무, 출자의 종류를 불문하고 회사채권자에 대하여 직접·연대·무한·종속·보충책임을 진다. 이는 법률상의 책임으로서 정관으로 제한 또는 면제하지 못한다.

2) **책임부담자**   ① 회사성립 시부터 사원이 된 자는 물론 회사성립 후에 가입한 사원도 그 가입 전에 생긴 회사채무에 대하여 다른 사원과 동일한 책임을 진다(213조). ② 퇴사한 사원도 본점소재지에서 퇴사등기를 하기 전에 생긴 회사채무에 대하여는 등기 후 2년 내에는 다른 사원과 동일한 책임이 있다(225조 1항). ③ 지분을 양도한 사원도 퇴사사원과 같다(225조 2항). ④ 자칭사원, 즉 사원이 아닌 자가 타인에게 자기를 사원이라고 오인시키는 행위를 하였을 때에는 오인으로 인하여 회사와 거래한 자에 대하여 사원과 동일한 책임을 진다(215조).

3) **책임의 내용과 성질**   회사재산으로써 회사의 채무를 완제할 수

없는 때(회사의 채무초과) 또는 회사재산에 대한 강제집행이 주효하지 못한 때 각 사원은 회사채권자에 대하여 직접 연대무한책임을 진다(212조 1항·2항). 그러나 사원이 회사에 변제의 자력이 있으며 집행이 용이한 것을 증명한 때에는 책임을 지지 않는다(212조 3항). 합명회사도 법인이므로 평상시에는 회사 자신이 대외적 책임을 질뿐이고, 사원은 회사에 대하여 출자만 할 뿐이지만, 일단 회사에 채무초과 등의 사유가 발생하면 내부에 잠재했던 조합성이 나타나서 각 사원이 직접 회사채권자에게 책임을 지게 된다. 이 책임은 공동책임이므로 회사채권자는 사원 누구에 대하여도 그 전액을 청구할 수 있고, 자기 몫(지분)을 넘어서 변제한 사원은 다른 사원에 대하여 구상권을 행사할 수 있다(212조 1항, 민 425조). 이 책임은 주채무인 회사채무에 종속되므로 회사채무의 존재를 전제로 한다. 따라서 회사의 항변권을 원용할 수 있다(214조).

4) **책임이행의 효과와 시효**　　사원이 회사채무를 변제할 때에는 회사채무가 소멸한다. 변제한 사원은 회사에 대하여 구상권을 행사할 수 있으며(민 425조), 회사채권자의 권리를 대위할 수 있다(민 481조). 다른 사원에 대한 구상권행사는 이미 언급하였다. 이 책임은 본점소재지에서 해산등기를 한 후 5년이 경과하면 소멸한다(267조 1항).

5. 입사와 퇴사

(1) **입　사**　　입사는 회사성립 후에 원시적으로 사원자격을 취득하는 것이다. 지분의 승계취득은 포함되지 않는다. 입사는 입사사원과 회사 간의 합의에 의하여 효력이 생기는 사원권계약이다. 입사는 정관변경을 요하므로 총사원의 동의가 있어야 하며(179조 3호, 204조), 등기사항(180조 1호)의 변경을 가져오므로 등기하여야 한다(183조). 이 경우 사원의 수가 증가하므로 채권자보호절차는 필요가 없다.

(2) **퇴　사**　　퇴사는 회사의 존속 중에 특정 사원이 사원자격을 절대적으로 상실하는 것이다. 따라서 회사해산 후 청산종결 전의 퇴사는

인정되지 않는다. 이는 지분의 양도와 다르다. 퇴사의 원인에는 임의퇴사
(217조), 강제퇴사(224조), 법정퇴사(218조)가 있다. 퇴사의 경우 사원의 탈
퇴가 있으므로 정관변경이 있어야 하고(퇴사원인에 따른 퇴사이므로 총사원의
동의를 따로 요하지는 않는다) 그에 따라 변경등기를 하여야 한다(179조 3호·4
호, 180조 1호, 183조). 퇴사사원은 퇴사등기 후에도 2년간은 등기 전에 생긴
회사채무에 대하여 책임을 지고(225조 1항), 상호변경청구권(226조)과 지분
환급청구권(222조) 또는 손실분담금납입의무를 가진다.

Ⅱ. 합자회사

1. 의의와 경제적 기능

합자회사는 무한책임사원과 유한책임사원으로 구성된 회사이다(268
조). 합자회사는 10세기 이래 해상무역의 코멘다계약(commenda)계약에서
유래한다. 이는 해상기업가가 자본가로부터 금전·상품·선박 등을 맡아
무역활동을 하고 그 이익을 분배하기로 하는 계약이다. 이 계약은 이후
다시 accommandita와 participatio로 분화되어, 전자는 자본가와 기업가
가 결합하여 외부에 대한 단체를 이루는 형태로서 합자회사의 기원이 되
고, 후자는 자본가는 출자만 하고 기업가는 외부에 대하여 단독으로 권
리와 의무의 주체가 되는 형태로서 익명조합의 기원이 되었다. 합자회사
는 2원적 구성면에서 익명조합(78조)이나 합자조합(86조의2)과 유사하나,
합자회사는 법인이고(169조) 익명조합은 영업자의 단독기업이며, 합자조
합은 법인격이 없는 조합이라는 점에서 근본적으로 구별된다. 합자회사
의 무한책임사원은 합명회사의 그것과 같으므로, 상법은 합자회사에 대
하여 유한책임사원의 존재로 인하여 필요한 규정만을 두고 나머지는 합
명회사 규정을 준용하고 있다(269조).

2. 설   립

합자회사의 설립은 무한책임사원과 유한책임사원이 될 자 각 1명 이

상이 공동으로 정관을 작성하여 설립등기함으로써 성립한다(268조, 269조, 178조, 180조). 정관의 기재사항과 등기사항에 각 사원의 무한책임 또는 유한책임이 기재 또는 등기되어야 한다(270조, 271조 1항).

3. 회사의 내부관계

(1) **총 설**   합자회사의 내부관계에 관한 규정도 합명회사와 같이 임의규정이므로, 회사의 본질이나 강행규정에 반하지 않는 한 정관으로 달리 정할 수 있다.

(2) **출 자**   유한책임사원은 신용 또는 노무를 출자의 목적으로 하지 못하므로(272조), 금전 기타의 재산만 출자할 수 있다. 무한책임사원의 경우에는 합명회사와 같다.

(3) **업무집행**   유한책임사원은 회사의 업무집행이나 대표행위를 하지 못하므로(278조), 무한책임사원만이 한다(273조). 지배인의 선임과 해임은 업무집행사원이 있는 경우에도 무한책임사원 과반수의 결의에 의한다(274조).

(4) **감 시 권**   유한책임사원은 업무집행권은 없으나 감시권을 가진다. 즉, 영업년도 말에 있어서 영업시간 내에 한하여 회사의 회계장부 · 대차대조표 기타의 서류를 열람할 수 있고 회사의 업무와 재산상태를 검사할 수 있으며, 중요한 사유가 있는 때에는 언제든지 법원의 허가를 얻어 열람과 검사를 할 수 있다(277조). 업무집행권이 없는 무한책임사원의 감시권은 합명회사와 같다(195조, 민 710조).

(5) **경업과 자기거래**   무한책임사원은 합명회사의 경우와 같이 경업과 자기거래에 대한 제한이 있으나(269조, 198조, 199조), 유한책임사원에게는 그러한 제한이 없다. 경업자유에 대하여는 명문의 규정(275조)을 두고 있다.

(6) **손익의 분담**   합명회사와 같다. 유한책임사원은 출자가액을 한도로 대외적 책임과 손실을 부담하나, 내부관계에서는 정관규정에 의

하여 다른 손실분담을 정할 수 있다.

(7) **지분의 양도**   유한책임사원의 지분양도에는 무한책임사원 전원의 동의만 있으면 되며, 이는 지분양도에 따라 정관을 변경할 경우에도 같다(276조).

4. 회사의 외부관계

(1) **회사대표**   무한책임사원만이 회사를 대표할 수 있다(278조).

(2) **사원의 책임**   무한책임사원은 합명회사와 같다. 유한책임사원은 출자의 가액을 한도로 하여 직접·연대책임을 진다(279조 1항). 회사에 이익이 없음에도 불구하고 배당을 받은 금액은 변제책임을 정함에 있어서 이를 가산한다(279조 2항). 유한책임사원이 그 출자를 감소한 후에도 본점소재지에서 등기를 하기 전에 생긴 회사채무에 대하여는 등기 후 2년 내에는 책임을 면하지 못한다(280조). 유한책임사원이 무한책임사원으로 된 경우 변경 전에 생긴 회사채무에 대하여도 무한책임을 부담하고 (282조 전단, 213조), 무한책임사원이 유한책임사원으로 된 경우 변경등기 후 2년 내에는 무한책임을 벗어나지 못한다(282조 후단, 225조 1항). 유한책임사원이 자기를 무한책임사원이라고 오인시키거나 그 책임한도를 오인시킨 경우 무한책임사원 또는 그 책임한도와 동일한 책임을 진다(281조).

5. 입사와 퇴사

합명회사와 대체로 같다. 유한책임사원이 사망하거나 성년후견의 선고를 받은 경우에도 퇴사원인이 되지 않는다(283조 1항, 284조). 유한책임사원이 사망한 때에는 그 상속인이 지분을 승계하여 사원이 되고, 상속인이 수인인 때에는 권리행사자 1인을 정하여야 하며, 이를 정하지 않은 때에는 회사는 상속인 중의 1인에 대하여 통지 또는 최고하면 효력이 있다(283조).

〈합자회사의 무한책임사원과 유한책임사원의 비교〉

	무한책임사원	유한책임사원
책임	무한(269조, 212조)	유한(279조), 단 예외 있음(281조 1항)
노무 · 신용의 출자	가능	불가(272조)
업무집행권	있음(273조)	없음(278조)
업무감시권	있음(195조, 민 710조)	있음(277조)
회사대표권	있음(269조, 207조)	없음(278조)
업무집행이의권	있음(269조, 200조 2항)	없음
경업 · 겸직금지의무	있음(269조, 198조)	없음(275조)
지분양도	총사원의 동의 필요(269조, 197조)	무한책임사원 전원의 동의 필요 (276조)
사망 · 성년후견	퇴사(269조, 218조 3호 · 4호)	퇴사원인 아님(사망시 상속인 지분승계, 283조/ 성년후견개시심판에도 사원 지위 보유, 284조)

Ⅲ. 유한책임회사(有限責任會社)

1. 의의와 경제적 기능

유한책임회사는 자신의 출자금액을 한도로 책임을 지는 유한책임사원만으로 이루어진 회사이다. 이는 대내적으로는 조합성(폭넓은 사적 자치), 대외적으로는 주식회사적 요소(사원의 유한책임)를 가지는 혼합형 회사형태로서 합명회사의 바탕 위에 주식회사의 성격을 가미한 것이다. 기업실패의 위험부담을 최소화(유한책임)하면서 주식회사의 기관과 달리 자유로운 경영을 할 수 있는 형태의 창업을 위하여 미국의 유한책임회사(Limited Liability Company, LLC)를 모형으로 2011년 상법개정시 채택한 새로운 기업형태이다.

2. 설 립

유한책임회사의 설립절차는 정관의 작성과 출자의 이행 및 설립등기

의 순으로 진행된다. 출자의 이행이 이루어져야 설립이 완료되는 점에서
인적회사와 다르다.

(1) 정관의 작성   유한책임회사의 설립을 위하여 1인 이상의 사원
이 법정사항(287조의3 1호~4호)을 적은 정관을 작성하여야 한다(287조의2).
인적회사와 달리 1인의 사원에 의한 설립이 가능한 점에서 주식회사·유
한회사와 같다. 그러나 물적회사와 달리 정관의 인증을 요하지 않는다.

(2) 출자의 이행   사원은 정관의 작성 후 설립등기를 하는 때까지
금전이나 그 밖의 재산의 출자를 전부 이행하여야 한다(287조의4 2항). 인
적회사의 무한책임사원과는 달리 신용이나 노무를 출자의 목적으로 하지
못한다(287조의4 1항). 현물출자의 경우 납입기일에 지체없이 회사에 출자
의 목적인 재산을 인도하고, 등기, 등록, 그 밖의 권리의 설정 또는 이전
이 필요한 경우에는 이에 관한 서류를 모두 갖추어 교부하여야 한다(287
조의4 3항). 주식회사와 달리 현물출자에 대한 검사는 없다.

(3) 설립등기   본점소재지에서의 설립등기로써 유한책임회사는
성립한다(172조, 287조의5).

3. 회사의 내부관계

(1) 총   설   유한책임회사의 내부관계에 관한 상법규정은 당사자
자치를 존중하여 원칙적으로 임의규정이고, 정관이나 상법에 다른 규정
이 없으면 합명회사에 관한 규정을 준용한다(287조의18).

(2) 지   분   유한책임회사의 사원의 지분은 각 사원마다 1개(지분
단일주의)이나 그 크기는 출자가액에 비례한다(287조의18, 195조, 민 711조).
지분단일인 점에서 합명회사와 같고, 주식회사와 다르다. 지분의 양도에
는 정관에 다른 정함이 없으면 다른 사원의 동의를 받아야 한다(287조의8
1항·3항). 이는 업무집행사원이 없는 경우이고, 만약 업무집행사원이 있
고, 지분을 양도하려는 사원이 업무집행사원이 아닌 경우에는 업무집행
사원 전원의 동의만 있으면 지분양도가 가능하다(287조의8 2항). 유한책임

회사는 그 지분의 전부 또는 일부를 양수할 수 없으며, 취득하는 경우에는 그 지분은 취득한 때에 소멸한다(287조의9). 사원의 사망시 지분이 상속되지 않고 환급받게 된다(287조의25, 218조 3호). 지분에 대한 입질 및 압류는 가능하다.

(3) 업무집행

1) 업무집행기관   유한책임회사의 업무집행기관은 정관에 업무집행자로 기재된 자로서 법인도 될 수 있다(287조의3 4호). 법인이 업무집행자인 경우에는 그 법인은 해당 업무집행자의 직무를 행할 자를 선임하고, 그 자의 성명과 주소를 다른 사원에게 통지하여야 한다(287조의15 1항). 업무집행자는 사원이 아니어도 되며(287조의12 1항), 둘 이상의 업무집행자를 공동업무집행자로 정할 수도 있다(287조의12 3항).

2) 업무집행방법   업무집행자가 1명인 경우에는 물론이고 둘 이상이 있는 경우에도 각자 회사의 업무를 집행할 권리와 의무가 있다(287조의12 2항 전문). 업무집행자가 2인 이상인 경우 각 업무집행자의 업무집행행위에 대하여 다른 업무집행자의 이의가 있는 때에는 곧 그 행위를 중지하고 업무집행자 과반수의 결의에 의하여야 한다(287조의12 2항 후문, 201조 2항). 공동업무집행자는 그 전원의 동의가 없으면 업무집행행위를 하지 못한다(287조의12 3항).

3) 업무집행의 감시권   업무집행자가 아닌 사원은 합자회사의 유한책임사원과 같이 업무집행자에 대한 감시권을 가진다(287조의14, 277조).

(4) 업무집행자의 경업 · 겸직금지의무와 자기거래제한

1) 경업 · 겸직금지의무   업무집행자는 사원 전원의 동의를 받지 아니하고는 자기 또는 제3자의 계산으로 회사의 영업부류에 속한 거래를 하지 못하며, 같은 종류의 영업을 목적으로 하는 다른 회사의 업무집행자 · 이사 또는 집행임원이 되지 못한다(287조의10 1항). 업무집행자의 경업금지의무 위반시 회사는 개입권과 손해배상청구권을 행사할 수 있다(287조의10 2항, 198조 2항~4항).

2) **자기거래제한**　　　업무집행자는 다른 사원 과반수의 결의가 있는 경우에만 자기 또는 제3자의 계산으로 회사와 거래를 할 수 있고(287조의 11 전문), 이 경우 민법 제124조의 쌍방대리금지제한이 적용되지 않는다 (287조의11 후문).

(5) **정관변경**　　　정관에 다른 규정이 없는 경우 정관변경을 위하여 는 총사원의 동의를 요한다(287조의16).

4. 회사의 외부관계

(1) **총　설**　　　유한책임회사의 외부관계에 관한 상법규정은 거래안 전을 위하여 대부분 강행규정으로 되어 있다.

(2) **회사대표**(회사와 제3자의 관계)

1) **대표기관**　　　유한책임회사의 대표자는 업무집행자이다(287조의19 1항). 업무집행자가 둘 이상인 경우 정관 또는 총사원의 동의로 유한책임 회사를 대표할 업무집행자를 정할 수 있고(대표업무집행자, 287조의19 2항), 업무집행자가 공동으로 회사를 대표할 것을 정할 수도 있다(공동대표업무집 행자, 287조의19 3항). 회사가 사원(사원이 아닌 업무집행자 포함)에 대하여 또는 사원(사원이 아닌 업무집행자 포함)이 회사에 대하여 소를 제기하는 경우에 회 사를 대표할 사원이 없을 때에는 다른 사원 과반수의 결의로 대표할 사 원을 선정하여야 한다(287조의21).

2) **대표기관의 권한**　　　유한책임회사를 대표하는 업무집행자는 회 사의 영업에 관하여 재판상 또는 재판 외의 모든 행위를 할 권한이 있 고, 그에 대한 제한으로써 선의의 제3자에게 대항할 수 없다(287조의19 5 항, 209조).

3) **대표방법**　　　업무집행자는 2인 이상인 경우에도 각자 회사를 대 표한다(287조의19 1항). 공동대표업무집행자를 둔 경우에는 공동으로만 대 표권을 행사할 수 있으나, 제3자의 회사에 대한 의사표시는 공동대표 1 인에 대하여 함으로써 효력이 발생한다(287조의19 3항·4항).

(3) **사원의 책임**(사원과 제3자의 관계)   유한책임회사의 사원의 책임은 (상법에 다른 규정이 있는 경우 외에는) 그 출자금액을 한도로 한다(287조의7). 이러한 사원의 책임은 합명회사(212조)와는 크게 다르고, 주식회사 주주의 책임(331조)이나 유한회사 사원의 책임(553조)과 유사하다. '상법에 다른 규정이 있는 경우'로는 유한책임회사를 주식회사로 조직을 변경하는 경우 회사에 현존하는 순재산액이 조직변경으로 발행하는 주식의 발행가액의 총액에 부족한 때 그 부족액에 대하여 사원도 책임을 부담하는 규정(287조의44, 607조 4항)을 들 수 있다. 유한책임회사의 사원은 회사 성립 전에 그 출자를 전부 이행하므로(287조의4 2항) 성립 후에는 회사채권자에 대하여 변제책임이 없는 점에서 회사채권자에 대하여 직접변제책임을 지는 합자회사의 유한책임사원의 책임(279조 1항)과 구별된다.

(4) **대표소송**   사원은 회사에 대하여 업무집행자의 책임을 추궁하는 소의 제기를 청구할 수 있고(287조의22 1항), 이 소에 관하여는 주주의 대표소송규정을 준용한다(287조의22 2항).

5. 입사와 퇴사

(1) **입   사**   유한책임회사는 정관을 변경함으로써 새로운 사원을 가입시킬 수 있다(287조의23 1항). 새로이 가입하려는 사원이 출자를 이행한 후 정관을 변경한 때에는 정관변경시, 출자 전에 정관변경부터 이루어진 경우에는 출자완료시에 사원이 된다(287조의23 2항·3항, 287조의4 3항).

(2) **퇴   사**   유한책임회사의 경우 합명회사와 같이 사원의 퇴사를 규정하고 있다. 퇴사의 원인에는 임의퇴사(287조의24, 217조 1항), 강제퇴사(287조의29, 224조), 법정퇴사(287조의25, 218조)가 있다. 퇴사의 경우 사원의 탈퇴가 있으므로 정관변경이 있어야 하고(퇴사원인에 따른 퇴사이므로 총사원의 동의를 따로 요하지는 않는다) 그에 따라 변경등기를 하여야 한다(179조 3호·4호, 180조 1호, 183조). 퇴사사원은 지분환급청구권(287조의30)과 상호변경청구권(287조의31)을 가진다.

6. 회계 등

(1) 총 설 유한책임회사에 대하여는 물적회사적 요소를 반영하여 회계에 관한 규정을 두고 있다. 따라서 유한책임회사의 회계에는 먼저 상법 제287조의32 내지 제287조의37이 적용되고, 특칙이 없는 사항에 대하여는 상법총칙의 상업장부에 관한 규정(29조~33조)이 적용된다. 유한책임회사의 회계는 상법과 대통령령으로 규정한 것 외에는 일반적으로 공정하고 타당한 회계관행에 따른다(287조의32).

(2) 재무제표의 작성·비치 등 업무집행자는 결산기마다 대차대조표, 손익계산서, 그 밖에 유한책임회사의 재무상태와 경영성과를 표시하는 것으로서 대통령령으로 정하는 서류(상시 5조)를 작성하여야 한다(287조의33). 업무집행자는 위 서류를 본점에 5년간 갖추어 두어야 하고, 그 등본을 지점에 3년간 갖추어 두어야 한다(287조의34 1항). 사원과 유한책임회사의 채권자는 회사의 영업시간 내에는 언제든지 재무제표의 열람과 등사를 청구할 수 있다(287조의34 2항).

(3) 자본금의 액·자본금의 증감 유한책임회사의 자본금은 사원이 출자한 금전이나 그 밖의 재산의 가액이다(287조의35). 자본금의 증가는 새로운 사원의 입사에 의하여 발생한다. 자본금의 감소는 사원의 퇴사에 의한 환급이나 출자재산의 가치감소에 기인한다. 이 경우 정관의 절대적 기재사항인 자본금의 액(287조의3 3호)이 감소하므로 정관변경의 방법으로 자본금을 감소시킬 수 있다(287조의36 1항). 이때 감소 후의 자본금의 액이 순자산액 이상인 경우가 아니면 상법 제232조의 채권자보호절차를 거쳐야 한다(287조의36 2항, 232조).

(4) 잉여금의 분배 유한책임회사는 대차대조표상의 순자산액으로부터 자본금의 액을 뺀 잉여금을 분배할 수 있다(287조의37 1항). 잉여금이 없음에도 불구하고 분배한 경우에는 유한책임회사의 채권자는 그 잉여금을 분배받은 자에 대하여 회사에 반환할 것을 청구할 수 있다(287조의37 2

항). 잉여금 분배기준에 관하여 정관규정이 없으면 각 사원이 출자한 가액에 비례하여 분배한다(287조의37 4항). 잉여금의 분배청구방법 등 잉여금 분배에 관한 사항은 정관으로 정할 수 있다(287조의37 5항). 사원의 지분에 대한 압류는 잉여금 배당청구권에 대하여도 효력을 미친다(287조의37 6항).

Ⅳ. 유한회사

1. 의의와 경제적 기능

유한회사는 사원의 출자로 이루어진 자본금을 가지고, 자본금은 균등액의 출자좌수로 나누어지며, 사원은 원칙적으로 그 출자금액을 한도로 회사에 대하여만 책임을 지는 회사이다. 독일의 유한책임회사(BmbH)와 영국의 사회사(Private Company)에서 유래되었다. 이는 사원이 유한책임을 지면서도 주식회사와 같이 복잡한 조직이나 엄격한 규정에서 벗어나 간이한 조직과 유연한 운영을 기하고자 하는 필요에서 생겨난 것으로, 중소기업이나 비교적 소수의 사원으로 구성되는 회사에 적합한 형태이다.

2. 특　　색

유한회사의 특색으로는 자본단체성과 소규모폐쇄성을 들 수 있다.

(1) **자본단체성**　　유한회사는 사원의 출자에 의하여 형성되는 자본 중심의 단체이다. '자본금의 총액'은 정관의 절대적 기재사항이고(확정자본제, 543조 2항 2호), 자본금의 증감은 정관변경절차(584조~597조)에 의하며, 출자1좌의 금액은 100원 이상으로 균일하여야 한다(546조). 또한 자본금의 결손을 막기 위하여 법정준비금제도를 채택하고 있다(583조 1항, 458조~460조).

(2) **소규모폐쇄성**　　유한회사는 자본단체이기는 하나 출자자 상호간의 인적 신뢰를 중시하는 까닭에 주식회사에 비하여 소규모폐쇄성을 띠게 된다. 따라서 회사성립 당시의 사원 및 자본금증가결의에 동의한 사원이 자본금 결손에 대한 지급책임을 지고(550조, 551조, 593조), 자본금

증가에 있어서 출자인수인의 공모가 허용되지 않으며(589조 2항), 사채의
발행도 허용되지 않고(600조 2항), 사원의 지분의 증권화를 금지하고 있으
며(555조), 정관으로 지분의 양도를 제한할 수 있다(556조). 기관구성에 있
어서도 총사원의 동의가 있으면 소집절차없이 사원총회를 열 수 있고(573
조), 서면에 의한 사원총회의 결의가 가능하며(577조), 이사는 1인 이상이
면 되고(561조), 감사는 임의기관이다(568조 1항). 이러한 특성 때문에 공시
주의가 완화되고(대차대조표의 공고나 공고방법의 정관기재가 불필요함), 법원의
감독범위도 상당히 좁게 규정되어 있다(현물출자 등에 대한 검사인에 의한 조사

〈유한회사와 주식회사의 비교〉

		유한회사	주식회사
설립	설립방법	사원이 정관을 작성하여 설립(543조 1항)	발기설립과 모집설립
	현물출자조사	검사인에 의한 조사절차 없음(사원 등의 자본금충실책임, 550조·551조)	검사인의 조사(299조)
	설립취소제도	설립무효 외 설립취소 인정(552조)	설립무효의 소만 인정(328조)
자본금	수권자본제도	확정자본제(정관기재, 543조 2항 2호)	수권자본제(정관불기재, 등기사항; 289조 1항, 317조 2항 2호)
	자본금의 증감	정관변경 필요	정관변경 불요
	지분의 증권화	불인정(555조)	주권(355조, 356조)
기관	사원총회서면결의	허용(577조)	불허(단, 서면투표 인정: 368조의3 1항)
	이사의 임기	무제한	제한(3년, 383조 2항)
	이사의 최소원수	무제한	제한(3인 이상이 원칙, 383조 1항 본문)
	이사회제도	없음	있음(390조, 391조, 391조의3~393조의2)
기타	사채발행	불허(600조 2항, 604조 1항)	허용(469조)
	대차대조표 공고	불요	필요(449조 3항)

제도가 없음).

3. 설   립

(1) **총   설**   유한회사의 설립절차는 주식회사의 발기설립과 유사하다. 그러나 발기인이 없고, 검사인에 의한 조사제도가 없는 등 주식회사보다 대폭 간소화되어 있다.

(2) **정관의 작성**   유한회사의 설립절차는 1인 이상의 사원이 정관을 작성함으로써 개시된다(543조 1항). 정관은 공증인의 인증을 요한다(543조 3항, 292조). 정관에는 절대적 기재사항과 변태설립사항을 기재한다. 절대적 기재사항은 ① 상법 제179조 제1호 내지 제3호에 정한 사항(목적, 상호, 사원의 인적사항), ② 자본금의 총액, ③ 출자1좌의 금액, ④ 각 사원의 출자좌수 및 ⑤ 본점의 소재지이고(543조 2항 1호~5호), 변태설립사항은 현물출자, 재산인수, 설립비용이다(544조 1호~3호). 기타 유한회사의 본질이나 강행규정에 반하지 않는 사항을 기재할 수 있다(임의적 기재사항: 예컨대 이사의 수, 결산기 등).

(3) **이사 · 감사의 선임**   유한회사에는 주식회사의 발기인에 해당하는 자가 없으므로 이사(초대이사)를 정관규정 또는 사원총회를 통하여 선임하여야 한다(547조 1항). 감사를 두기로 한 때에도 같다(568조 2항).

(4) **출자의 이행**   이사는 사원으로 하여금 출자전액의 납입 또는 현물출자의 목적인 재산 전부의 급여를 시켜야 한다(548조 1항). 현물출자 재산의 등기나 등록 등에 관하여는 주식회사와 같다(548조 2항, 295조 2항).

(5) **설립등기**   유한회사의 설립등기는 출자전액의 납입 또는 현물출자의 이행이 있은 날로부터 2주간 내에 본점소재지에서 하여야 한다(549조 1항, 172조). 등기사항은 법정되어 있다(549조 2항 1호~7호).

(6) **설립에 관한 책임**   유한회사는 설립경과조사를 하지 않음으로써 발생할 수 있는 위험을 사원 등에 대하여 자본금충실의 책임을 지움으로써 대비하고 있다. 사원이 이 책임을 지는 경우 사원의 유한책임원

칙에 대한 예외가 된다.

1) 현물출자 등에 관한 회사성립시의 사원의 책임　　현물출자와 재산
인수의 대상재산의 회사성립 당시의 실가가 정관에 정한 가격에 현저하
게 부족한 때에는 회사성립 당시의 사원은 회사에 대하여 그 부족액을
연대하여 지급할 책임이 있다(550조 1항). 이 책임은 면제하지 못한다(550
조 2항).

2) 출자미필액에 대한 회사성립시의 사원 등의 책임　　회사성립 후에
출자금액의 납입 또는 현물출자의 이행이 완료되지 아니하였음이 발견된
때에는 회사성립 당시의 사원, 이사와 감사는 회사에 대하여 그 납입되
지 아니한 금액 또는 이행되지 아니한 현물의 가액을 연대하여 지급할
책임이 있다(551조 1항). 이러한 사원의 책임은 면제하지 못하고, 이사와
감사의 책임은 총사원의 동의가 없으면 면제하지 못한다(551조 2항·3항).

4. 사원의 지위

(1) 사원의 자격과 원수　　유한회사 사원의 자격에는 아무런 제한
이 없다. 자연인은 물론 법인도 될 수 있다. 그리고 그 원수(員數)도 제한
이 없다.

(2) 사원의 권리·의무

1) 권　　리　　유한회사의 사원은 자익권으로서 이익배당청구권(583
조 1항, 462조), 잔여재산분배청구권(612조), 자본금증가시의 출자인수권(588
조) 등을 가지며, 공익권으로서는 소수사원권인 총회소집청구권(572조),
대표소송권(565조 1항), 회계장부열람권(581조 1항) 등과 단독사원권인 의결
권(575조), 총회결의에 대한 소권(578조, 376조~381조), 회사의 설립무효 또
는 취소(552조 1항)·증자무효(595조 1항)·감자무효(597조, 445조)·합병무효
(603조, 529조 1항)의 소권 등이 있다.

2) 의　　무　　유한회사 사원의 의무는 출자의무뿐이고, 이는 출자
금액을 한도로 한다(553조). 다만, 예외적으로 회사설립이나 자본금증가

시에 자본금충실책임을 지는 경우(550조 1항, 551조 1항, 593조 1항)가 있는데 이에 대하여는 기술하였다.

(3) 사원의 지분

1) 지분의 의의   여기서의 지분은 유한회사의 출자자인 사원의 법률상 지위를 말한다. 주식회사에서 주식은 자본금의 구성단위로서의 의미와 주주의 회사에 대한 권리의무, 즉 주주권의 의미로 사용되는데, 유한회사에서는 전자의 의미로는 출자(좌수), 후자의 의미로는 지분이라고 표현한다(554조). 유한회사의 사원은 그 출자좌수에 따라 지분을 가진다(지분복수주의, 554조). 유한회사는 그 폐쇄성 · 비공개성으로 인하여 지분에 관하여 지시식 또는 무기명식의 유가증권을 발행하지 못한다(555조). 지분의 공유는 인정된다(558조).

2) 지분의 양도 · 상속   정관으로 지분의 양도를 제한하지 않는 한, 사원은 그 지분의 전부 또는 일부를 양도하거나 상속할 수 있다(556조). 지분의 양도는 당사자간의 의사표시로써 효력이 발생하나 양수인의 성명 · 주소와 그 목적이 되는 출자좌수를 사원명부에 기재하지 아니하면 이로써 회사와 제3자에게 대항하지 못한다(557조).

3) 지분의 입질   지분은 질권의 목적으로 할 수 있다(559조 1항). 정관으로 지분의 입질을 제한할 수 있으며, 지분의 입질은 질권자의 성명, 주소와 그 목적이 되는 출자좌수를 사원명부에 기재하지 아니하면 그 입질로서 회사와 제3자에게 대항하지 못한다(559조 2항, 556조, 557조). 사원명부에 등록한 질권자는 우선변제권을 가지며(560조 1항, 340조 1항), 물상대위가 인정된다(560조 1항, 339조). 유한회사의 자기지분취득과 질취, 처분 및 소각에 대하여는 주식회사의 자기주식의 경우와 같은 제한이 있다(560조 1항, 341조의2, 341조의3, 342조, 343조 1항).

5. 회사의 기관

(1) 총   설   유한회사의 필요적 기관에는 의사기관인 사원총회와

업무집행 및 회사대표기관인 이사가 있다. 감사는 임의적 기관이며, 임시
기관인 검사인이 있다.

(2) 사원총회

1) 사원총회의 의의   사원총회는 회사의 의사를 결정하는 최고의
필요상설기관이다. 이는 법령이나 유한회사의 본질에 반하지 않는 한 회
사의 영업에 관한 모든 사항을 결정할 수 있다. 한편 유한회사의 소규모
폐쇄적 성향으로 인하여 사원총회절차가 간소화되어 있는 점이 주식회사
와의 차이이다.

2) 소   집

㈎ 소집권자   사원총회는 정기총회이든 임시총회이든 불문하고
이사가 소집한다(571조 1항 본문). 이사가 수인인 경우에도 각 이사가 소집
권을 가진다. 정관으로 달리 정하지 않는 한 소수사원(자본금총액의 100분의
3 이상에 해당하는 출자좌수를 가진 사원)도 소집을 청구할 수 있고(572조 1항·2
항), 감사도 임시총회를 소집할 수 있다(571조 1항 단서). 그 외 법원의 명령
에 의하여 소집되는 경우도 있다(582조 3항).

㈏ 소집절차   사원총회를 소집할 때에는 사원총회일의 1주 전에
각 사원에게 회의의 목적사항을 적은 통지서를 발송하거나 각 사원의 동
의를 받아 전자문서로 회의의 목적사항을 적은 통지서를 발송하여야 한
다(571조 2항·3항, 363조 2항). 총사원의 동의가 있을 때에는 소집절차없이
총회를 열 수 있다(573조). 본점소재지 또는 이에 인접한 지에 총회를 소
집하여야 한다(571조 3항, 364조).

3) 의 결 권   사원은 출자1좌마다 1개의 의결권을 가지는 것이
원칙이나 정관으로 의결권의 수에 관하여 다른 정함을 할 수 있다(575조).

4) 결의사항   결의에는 보통결의, 특별결의 및 총사원의 일치에
의한 결의가 있는 외에 서면결의가 인정된다.

㈎ 보통결의   보통결의는 정관에 다른 규정이 없으면 총사원의
의결권의 과반수를 가지는 사원이 출석하고 그 의결권의 과반수로써 한

다(574조).

(ㄴ) **특별결의**   특별결의는 총사원의 반수 이상이며 총사원의 의결권의 4분의 3 이상을 가지는 자의 동의로 하는 결의이다. 정관변경(585조 1항), 영업양도 등(576조 1항, 374조 1항 1호~3호), 사후설립(576조 2항), 자본금 증가시 특정한 자에 대한 출자인수권 부여(587조) 등이 특별결의사항이다.

(ㄷ) **총사원의 동의 또는 총사원의 일치에 의한 결의**   출자미필액에 대한 이사 · 감사의 책임면제에는 총사원의 동의를 요하고(551조 3항), 정관에서 특별결의사항으로 정하지 않은 경우에 유한회사의 주식회사로의 조직변경에는 총사원의 일치에 의한 결의를 요한다(607조 1항).

(ㄹ) **서면결의**   총회의 결의를 하여야 할 경우에 총사원의 동의가 있는 때에는 서면에 의한 결의를 할 수 있다(577조 1항). 결의의 목적사항에 대하여 총사원의 서면으로 동의한 때에는 서면에 의한 결의가 있는 것으로 본다(577조 2항).

5) **주주총회규정의 준용**   의결권의 대리행사(368조 2항), 특별이해관계인의 의결권 행사제한(368조 3항), 자기지분에 대한 의결권제한(369조 2항), 총회의 연기 · 속행(372조), 총회의 의사록(373조), 총회결의 하자에 대한 4종의 소(376조~381조) 등의 주주총회에 관한 규정은 사원총회에 준용된다(578조).

(3) **이   사**

1) **의   의**   유한회사의 이사는 회사의 업무를 집행하고 회사를 대표하는 필요상설기관이다. 주식회사의 경우와 달리 이사회와 대표이사로 이원화되지 않고, 집행임원제도가 없다.

2) **선   임**   정관으로 이사를 정하지 않은 경우, 사원총회에서 선임한다(547조 1항). 이사의 임기 · 원수에는 제한이 없으나 감사는 이사가 될 수 없다(570조, 411조).

3) **해   임**   사원총회의 특별결의에 의한 해임 또는 소수사원에

의한 해임청구는 주식회사와 같다(567조, 385조).

4) 직무권한

(가) **업무집행**　　　이사는 회사의 업무를 집행할 권한이 있다. 이사가 수인인 경우에는 정관에 다른 정함이 없으면 회사의 업무집행, 지배인의 선임 또는 해임과 지점의 설치·이전 또는 폐지는 이사 과반수의 결의에 의한다(564조 1항).

(나) **대 표 권**　　　이사는 회사를 대표한다(562조 1항). 이사가 수인인 경우에 정관에 다른 정함이 없으면 사원총회에서 회사를 대표할 이사를 선정하여야 하고(562조 2항), 정관 또는 사원총회는 수인의 이사가 공동으로 회사를 대표할 것을 정할 수 있다(562조 3항). 회사가 이사에 대하여 또는 이사가 회사에 대하여 소를 제기하는 경우에는 사원총회는 그 소에 관하여 회사를 대표할 자를 선정하여야 한다(563조).

5) 의　　무　　　이사와 회사와의 관계는 위임관계이므로(570조, 382조 2항), 이사는 회사에 대하여 선관주의의무(민 681조)를 부담한다(567조가 382조의3을 준용하지 않으므로 충실의무는 부담하지 않는다). 경업·겸직금지의무(567조, 397조)와 자기거래금지의무(564조 3항)를 부담하나 그 승인권자가 이사회가 아니라 경업·겸직금지에 있어서는 사원총회, 자기거래에 있어서는 감사가 있는 때는 감사, 감사가 없는 때는 사원총회인 점에서 주식회사와 차이가 있다.

6) 책　　임　　　유한회사의 이사는 주식회사의 이사와 같이 회사 및 제3자에 대한 손해배상책임을 부담한다(567조, 399조~401조). 또한 이사는 출자미필액에 대한 책임(551조 1항), 자본금증가 후 미인수출자 등에 대한 책임(594조), 주식회사로의 조직변경시의 부족액에 대한 책임(607조 4항 전문)을 부담하는데 이 책임은 총사원의 동의로 면제할 수 있다(551조 3항, 594조 3항, 607조 4항 후문).

(4) 감사와 검사인

1) 감　　사　　　유한회사의 감사는 회계감사와 업무감사권을 가지는

유한회사의 임의기관이다. 유한회사는 정관에 의하여 1인 또는 수인의 감사를 둘 수 있다(568조 1항). 정관으로 감사를 두기로 한 경우 정관으로 감사를 정하지 않은 때에는 사원총회에서 선임하여야 한다(568조 2항, 547조). 감사의 임기·원수는 제한이 없다. 사원총회의 특별결의로 감사를 언제든지 해임할 수 있으나(570조, 385조 1항), 소수사원에 의한 감사해임청구제도는 없다. 기타 주식회사의 감사에 관한 규정이 대부분 준용된다(570조).

2) 검 사 인   검사인은 회사의 업무와 재산상태를 조사하는 임시기관이다. 검사인은 사원총회나 법원에 의하여 선임된다(578조, 367조, 582조).

6. 유한회사의 회계

(1) 총   설   유한회사도 자본단체이므로 채권자보호를 위하여 자본금충실이 요청되며, 기업경영의 합리화를 위하여 회사계산의 정확성이 요구된다. 따라서 유한회사의 회계에 관한 법규정은 주식회사의 경우와 거의 같다. 다만, 유한회사의 소규모성과 비공개성으로 인하여 주식배당, 현물배당, 사채발행이 인정되지 않고 대차대조표의 공고도 요구되지 않는 점에서 차이가 있다.

(2) 재무제표·영업보고서의 작성·비치·공시   이사는 매결산기에 대차대조표, 손익계산서 및 대통령령으로 정하는 서류(재무제표)와 영업보고서를 작성하여 본점에 일정기간 비치하여 사원과 회사채권자가 열람 및 등·초본의 교부를 할 수 있도록 하여야 한다(579조, 447조 1항 3호, 579조의2, 579조의3, 448조 2항).

(3) 이익배당   유한회사에서는 주식배당과 현물배당이 인정되지 않는다. 이익배당을 각 사원의 출자좌수에 따라 하는 것은 주식회사와 같으나 정관으로 다른 기준을 정할 수 있는 점(580조)은 주식회사와 다르다. 주식회사와 같이 중간배당도 가능하다(583조 1항, 462조의3).

(4) 기   타   소수사원(자본금의 100분의 3 이상에 해당하는 출자좌수를 가진 사원)은 회계장부와 서류의 열람 또는 등사를 청구할 수 있는데, 이

청구권은 정관으로 모든 사원에게 인정할 수 있다(581조 1항·2항 전문). 주식회사와 같이 소수사원의 법원에 대한 검사인선임청구권(582조 1항)과 회사피용자의 우선변제권이 인정된다(583조 2항, 468조). 주식회사와 달리 사원의 권리행사와 관련한 이익공여금지규정은 없다.

7. 정관의 변경(자본금의 증감)

(1) **총 설** 유한회사의 정관변경은 여러 경우에 이루어질 것이나, 상법은 특히 자본금의 증가와 감소에 관하여 규정을 두고 있다. 유한회사는 주식회사와 달리 확정자본제를 채택하고 있어서 자본금의 총액이 정관의 절대적 기재사항이므로(543조 2항 2호) 그 증가와 감소에 정관변경이 요구되는 까닭이다. 정관변경에는 사원총회의 특별결의가 있어야 하나(584조, 585조), 서면결의도 가능하다(577조).

(2) **자본금증가**

1) **의의와 방법** 자본금증가는 정관에서 규정하고 있는 자본금의 총액을 증가시키는 것이다. 그 방법으로는 ① 출자좌수를 늘리는 것, ② 출자 1좌의 금액을 증액하는 것 및 ③ 위의 양자를 병용하는 것이 있다. 출자 1좌의 금액을 증액하는 것은 사원유한책임의 원칙상 총사원의 동의를 요한다.

2) **절 차**

㈎ **사원총회의 특별결의** 자본금증가는 정관변경사항이므로 사원총회의 특별결의를 요한다. 이 결의에서는 정관이 다른 정함이 없더라도 ① 현물출자사항, ② 자본금증가 후에 양수할 것을 약정한 재산에 관한 사항 및 ③ 증가할 자본금에 대한 출자인수권을 부여할 자에 관한 사항을 정할 수 있다(586조 1호~3호).

㈏ **출자의 인수** 사원은 증가할 자본금에 대하여 그 지분에 따라 출자를 인수할 권리가 있다(588조 본문). 그러나 ① 정관 또는 사원총회의 결의에 의하여 특정인에게 인수권을 부여한 경우(586조 3호)와 ② 사원총

회의 특별결의에 의하여 장래 자본금을 증가할 때 출자인수권을 부여할
것을 약속하는 경우(587조)에는 사원의 출자인수권이 배제된다(588조 단
서). 출자의 인수를 하고자 하는 자는 인수를 증명하는 서면에 그 인수
할 출자의 좌수와 주소를 기재하고 기명날인 또는 서명하여야 한다(589조
1항).

　㈐ **출자의 이행**　　증가액에 해당하는 출자 전좌(全座)에 대한 인수
가 있으면 이사는 출자인수인으로 하여금 출자 전액의 납입 또는 현물출
자의 목적인 재산 전부의 급여를 시켜야 한다(596조, 548조 1항). 출자인수
인은 회사의 동의 없이 회사에 대하여 상계를 주장하지 못한다(596조, 421
조 2항).

　㈑ **등　　기**　　회사는 자본금증가로 인한 출자 전액의 납입 또는
현물출자의 이행이 완료된 날부터 2주 내에 본점소재지에서 자본금증가
로 인한 변경등기를 하여야 한다(591조). 이로써 자본금증가의 효력이 발
생한다. 그러나 출자자가 이익배당에 관하여 사원과 동일한 권리를 가지
는 시점은 출자의 납입의 기일 또는 현물출자의 목적인 재산의 급여의
기일로부터이다(590조).

　3) 자본금증가에 대한 책임　　자본금충실의 원칙상 상법은 자본금
증가 결의에 동의한 사원에게 변태설립사항(현물출자와 재산인수)의 부족액
에 대한 지급책임(593조 1항)과 이사·감사에게 자본금증가 후의 인수 및
가액지급책임(594조)을 각각 규정하고 있다.

　(3) 자본금감소　　자본금의 감소에도 사원총회의 특별결의를 요하
며, 이 결의에서 자본금감소의 방법을 정하여야 한다(597조, 439조 1항). 그
방법에는 ① 출자좌수의 감소, ② 출자 1좌의 금액의 감소 및 ③ 위 양자
의 병용의 세 가지가 있다. ①의 방법은 지분소각과 지분병합의 두 가지
가 있다. 자본금감소에는 채권자보호절차를 취하여야 한다(597조, 439조 2
항 본문, 232조). 자본금감소의 경우에 변경등기(183조, 549조 2항 2호, 543조 2항
2호·3호)를 하지만 자본금증가와는 달리 효력발생요건이 아니다(자본금감

소절차의 종료로써 효력이 발생한다).

(4) **증자 또는 감자무효의 소**   증자 또는 감자무효는 사원, 이사, 감사 등이 증자등기 또는 감자등기를 한 날로부터 6월 내에 소만으로 주장할 수 있다(595조 1항, 597조, 445조).

V. 외국회사

1. 외국회사의 의의

상법은 외국회사의 정의에 대하여 규정을 두고 있지 않다. 외국회사와 내국회사의 구별기준에 대하여는 종래 사원국적주의, 본점소재지주의, 영업중심지주의, 설립준거법주의 등 여러 학설이 대립하여 왔으나, 국내외의 통설인 설립준거법주의에 의하면 내국회사는 대한민국법에 의하여 설립된 회사이고, 외국회사는 외국법에 준거하여 설립된 회사로 정의된다. 상법 제617조의 '외국에서 설립된 회사'라는 표현도 같은 의미로 이해된다.

2. 외국회사의 법적 지위

외국회사는 다른 법률의 적용에 있어서는 법률에 다른 규정이 있는 경우 외에는 대한민국에서 성립된 동종 또는 가장 유사한 회사로 본다(621조). 따라서 외국회사도 내국회사와 동일한 권리능력을 가진다.

3. 외국회사에 대한 상법의 규정

아래의 규정들은 외국회사가 대한민국에서 영업을 하는 경우 이를 규율하기 위한 규정으로, 그 회사가 외국법상 법인인지 여부는 불문한다.

(1) **대표자·영업소의 설정과 등기**   외국회사가 대한민국에서 영업을 하려면 대한민국에서의 대표자를 정하고 대한민국 내에 영업소를 설치하거나 대표자 중 1명 이상이 대한민국에 그 주소를 두어야 한다(614조 1항). 이 경우 외국회사는 그 영업소의 설치에 관하여 대한민국에서 설립

되는 동종의 회사 또는 가장 유사한 회사의 지점과 동일한 등기를 하여
야 한다(614조 2항).

(2) **외국회사의 주권·채권의 발행**   외국회사가 대한민국에서 그
회사의 주권 또는 채권의 발행과 그 주식의 이전이나 입질 또는 사채의
이전을 하는 경우 그에 관한 상법의 여러 규정들이 준용된다(618조 1항).

(3) **대차대조표 등의 공고의무**   외국회사로서 상법에 따라 등기를
한 외국회사(대한민국에서의 같은 종류의 회사 또는 가장 비슷한 회사가 주식회사인
것만 해당한다)는 상법 제449조에 따른 재무제표의 승인과 같은 종류의 절
차 또는 이와 비슷한 절차가 종결된 후 지체없이 대차대조표 또는 이에
상당하는 것으로서 대통령령으로 정하는 것(상시 43조)을 대한민국에서 공
고하여야 한다(616조의2 1항).

(4) **영업소의 폐쇄와 청산**   외국회사가 영업소의 설치목적의 불법
등 상법 제176조의 해산명령과 같은 요건에 해당하는 경우에 대비하여
영업소의 폐쇄명령제도(619조 1항)를 두고, 이 경우 청산에 대하여 규정하
고 있다(620조).

Ⅵ. 벌   칙

회사제도를 남용하는 위반행위(회사범죄)에 대하여 민사책임 외에 형
벌이나 행정벌의 제재를 두고 있다(622조~637조의2).

제 4 편

상 행 위

제1절 서 론

Ⅰ. 상행위법의 의의와 특성

1. 상행위법의 의의

(1) **실질적 의의의 상행위법** 상법, 즉 기업법을 기업의 조직에 관한 법과 기업의 활동(거래)에 관한 법으로 나눌 경우 실질적 의의의 상행위법은 기업의 활동(거래)에 관한 특별사법을 의미한다.

(2) **형식적 의의의 상행위법** 형식적 의의의 상행위법은 상법전 제2편을 가리킨다. 이는 총 15장으로 구성되는데 제1장에는 상행위의 종류 및 민법에 대한 상행위 전체에 공통된 규정(통칙)을 두고 제2장에는 매매, 제3장에는 상호계산, 제4장에는 익명조합, 제4장의2에는 합자조합, 제5장에는 대리상, 제6장에는 중개업, 제 7 장에는 위탁매매업, 제8장에는 운송주선업, 제9장에는 운송업, 제10장에는 공중접객업, 제11장에는 창고업, 제12장에는 금융리스업, 제13장에는 가맹업, 제14장에는 채권매입업에 대하여 각각 규정하고 있다.

2. 상행위법의 특성

상행위법은 첫째, 민법에 대한 특별법으로서 유상성(55조 1항, 61조 등), 신속성(64조, 68조 등), 정형성 등의 특성을 가진다. 둘째, 기업조직에 관한 규정이 대부분 강행규정임에 반하여 기업활동에 관한 규정인 상행위법은 임의법규성을 가진다. 셋째, 기업활동이 오늘날 국제적으로 이루어지는 까닭에 기업조직법에 비하여 강한 국제적 통일성을 가진다.

Ⅱ. 상행위의 의의와 종류

1. 상행위의 의의

상행위는 실질적으로는 영리에 관한 행위(기업거래)이고, 형식적으로는 상법과 특별법(담보부사채신탁법 23조 2항)에서 상행위로 규정한 것을 말한다. 상행위의 성질은 채권행위이고, 물권행위는 그 이행행위에 지나지 않는다.

Cf. 채권행위와 물권행위: 예컨대 아파트매매계약(채권행위)을 체결하면 그 계약에 따른 매도인의 의무이행을 위하여 아파트의 소유권을 매수인에게 넘겨주는 행위(물권행위)를 하여야 하는데 이처럼 대부분의 물권행위는 채권행위의 이행행위로서 이루어진다. 상행위로서의 '매매'는 매도인과 매수인 간의 채권계약을 체결하는 행위를 의미하는 것이지, 그 이행행위로서 매매목적물의 소유권을 매수인에게 이전하는 물권행위나 매수인의 매도인에 대한 대금지급행위까지를 의미하는 것은 아니다.

2. 종 류

(1) 서 설 상법은 상행위로서 영업적 상행위(46조)·보조적 상행위(47조) 및 준상행위(66조)의 세 가지를 규정하고 있다. 이 중 영업적 상행위는 절대적 상행위와 함께 상인개념을 정하는 기초가 되므로 기본적 상행위라고 하고, 보조적 상행위는 상인의 개념이 먼저 정하여진 후에

이로부터 도출되는 것이므로 부속적 상행위라고도 한다.

(2) **기본적 상행위**   당연상인(4조) 개념의 기초가 되는 상행위로서, 영업적 상행위(상법 46조에 열거된 22개의 상행위)와 절대적 상행위(담보부사채신탁법 23조 2항의 제3자의 사채총액의 인수행위)가 이에 속한다. 상법 제46조 제1호의 '매매'는 '매도 또는 매수'를 말하며(반대 있음), 이때의 '매수'는 법률행위에 의한 유상의 승계취득을 의미하는 것이지 무상취득(예: 증여 등)이나 원시취득(예: 바다에서 생선을 잡거나 농산물을 재배하여 수확하는 원시생산업 등)은 해당되지 않는다.

(3) **보조적**(부속적) **상행위**   보조적 상행위는 물품판매점포상이 운영자금을 차용하는 행위와 같이 상인이 영업을 위하여 하는 행위를 말한다(47조 1항). 이는 상인의 영업목적인 행위와는 달리 그 자체로서 반드시 영리성을 가지는 것은 아니지만 영업을 위한 수단적 행위이므로 상법은 이를 상행위로 하고 상행위의 통칙규정을 적용하도록 한 것이다. 이때의 '상인'에는 제한이 없으므로 상인인 이상 의제상인, 소상인을 불문한다. 어떤 행위가 영업을 위하여 하는 행위인지 여부가 명백하지 않은 경우 거래의 안전을 위하여 상인의 행위는 영업을 위하여 하는 것으로 추정하고 있다(47조 2항). 위와 같은 추정을 번복하기 위하여는 주장자가 이를 입증하여야 한다.

(4) **준상행위**   준상행위(準商行爲)는 의제상인이 영업으로 하는 행위를 말한다(66조). 예컨대 농장주가 점포 등의 설비를 갖추고 상인적 방법으로 자신이 재배한 농산물을 판매하는 것을 영업으로 하는 경우(5조 1항) 또는 수산회사가 물고기를 포획ㆍ가공ㆍ판매하는 경우(5조 2항) 등이 이에 해당한다. 이러한 행위도 상행위법에 의하여 규율할 필요가 있으므로, 상법은 상행위에 관한 규정을 준용하고 있다.

(5) **일방적 상행위ㆍ쌍방적 상행위**   이는 행위의 당사자를 중심으로 한 구별이다. 일방적 상행위는 그 행위가 당사자 일방에게만 상행위가 되는 행위를 말하며, 쌍방적 상행위는 당사자의 쌍방에게 상행위가

되는 행위를 말한다. 예를 들면 소매상과 일반 소비자 간의 거래는 전자에 속하고, 도매상과 소매상의 거래는 후자에 속한다. 상법은 쌍방적 상행위에는 물론 일방적 상행위에 대하여도 적용된다(3조, 그러나 58조 및 67조~71조는 쌍방적 상행위에만 적용된다).

제 2 절　상행위법 통칙

Ⅰ. 민법 총칙편에 대한 특칙

1. 상행위의 대리와 위임

(1) 대리의 방식과 효과　　민사대리는 본인을 위한 것임을 표시하여야 그 대리행위의 효과가 본인에게 귀속되고, 만약 그 표시가 없는 경우에는 대리인 개인을 위한 것으로 본다(현명주의: 민 114조, 115조). 그러나 상행위의 대리에 있어서는 대리인이 본인을 위한 것임을 표시하지 아니하여도 그 행위는 본인에 대하여 효력이 발생한다(비현명주의: 48조 본문). 이는 상거래의 몰개성성과 신속·간이의 정신에서 나온 것이다. 이는 상대방이 본인을 위한 것임을 알지 못한 경우에도 적용되나 이 경우 상대방은 대리인에 대하여도 이행의 청구를 할 수 있다(48조 단서). 이는 상대방이 뜻하지 않은 피해를 입는 것을 방지하기 위한 규정이다. 엄격한 요식성을 요구하는 어음·수표행위의 대리에는 상법 제48조의 적용이 없다.

(2) 본인의 사망과 대리권의 존속　　민법의 경우 대리권은 본인의 사망에 의하여 소멸하나(민 127조 1호), 상법은 대리권 소멸로 인한 영업활동의 중단을 피하고 거래의 원활을 위하여 상행위의 위임에 의한 대리권은 본인의 사망으로 인하여 소멸하지 아니한다고 규정하고 있다(50조). 따라서 대리인은 당연히 본인의 상속인(들)의 대리인이 된다. 여기서의 '상행위의 위임에 의한 대리권'은 위임의 목적인 행위가 상행위라는 의미

가 아니라, 대리권을 수여하는 행위 자체가 상행위인 경우(예컨대 상인에 의
한 지배인의 선임으로 인하여 발생한 대리권)를 말한다.

(3) **상행위의 수임인의 권한**   민법 제681조에서 수임인에게 위임
의 본지에 따른 선량한 관리자로서의 주의로써 위임사무를 처리하도록
한 것과 별도로 상법은 상행위의 수임인에게 위임의 본지에 반하지 아니
한 범위 내에서 위임을 받지 아니한 행위를 할 수 있다고 규정하고 있다
(49조). 이를 민법상의 권한을 확장한 것으로 보는 견해도 있으나 민법의
원칙을 명확히 한 규정으로 보는 것이 타당하다. 상품의 매입위탁을 받
아 매입한 상품가격이 폭락하는 경우 그 손실을 최소화하기 위하여 즉시
전매하는 경우가 그 예이다.

2. 상사소멸시효

상법은 상행위로 인하여 발생한 채권에 대하여 일정한 예외(121조 1항
의 1년, 어 70조 1항의 3년 등)를 제외하고는 5년의 경과로 시효로 인하여 소
멸한다고 규정하고 있다(64조). 이는 민법의 경우 10년의 소멸시효(민 162
조 1항)를 정한 것에 대한 특칙으로서 상거래의 신속한 해결을 위한 것이
다. 여기의 '상행위'에는 쌍방적 상행위뿐만 아니라 일방적 상행위와 보
조적 상행위도 포함된다. 본조는 상행위로부터 생긴 채권뿐 아니라 상행
위를 기초로 발생한 부당이득반환채권 · 계약해제로 인한 원상회복청구
권 · 채무불이행에 기한 손해배상청구권에도 적용된다. 그러나 불법행위
로 인한 손해배상청구권에는 적용되지 않으며, 보증채무가 상사채무인
경우 주채무와 별도로 보증채무의 시효는 5년이 된다.

Ⅱ. 민법 물권편에 대한 특칙

1. 상사유치권(일반상사유치권)

(1) 의   의   상사유치권은 상인간의 상행위(쌍방적 상행위)로 인한
채권이 변제기에 있는 때에 당사자간에 다른 약정이 없으면 채권자가 그

변제를 받을 때까지 그 채무자에 대한 상행위로 인하여 자기가 점유하고 있는 채무자 소유의 물건 또는 유가증권을 유치할 수 있는 권리이다(58조). 이는 상인간의 거래에서 발생한 채권을 신속·간편하게 담보하려는 제도이다. 상사유치권에는 상법 제58조의 일반적인 상사유치권과 대리상(91조), 위탁매매인(111조, 91조), 운송주선인(120조), 육상운송인(147조, 120조), 해상운송인(807조 2항), 항공운송인(920조, 120조)에게 인정되는 특수한 상사유치권(특별상사유치권)이 있다.

(2) **성립요건**　　　민사유치권에 비하여 상사유치권은 ① 당사자의 '쌍방이 상인'이어야 하고, ② 피담보채권이 '쌍방적 상행위로 발생한 채권'으로서 변제기에 있어야 하며, ③ 유치목적물의 점유취득원인은 '채무자에 대한 상행위'로 인한 것이고, 목적물은 '채무자의 소유'이어야 하며, 목적물의 범위는 '물건 또는 유가증권'에 한하고, ④ 유치목적물과 피담보채권 사이의 견련성이 요구되지 않는다는 점에 차이가 있다.

(3) **효　　력**　　　상사유치권의 효력에 대하여 상법에 규정이 없으므로 민법 기타의 규정이 적용된다. 따라서 유치권자는 기본적인 권리인 유치권(민 320조) 외에도 경매·간이변제충당권(민 322조), 과실수취권(민 323조) 등을 가진다. 이 점은 특별상사유치권도 동일하다. 이러한 상사유치권은 당사자의 명시적 또는 묵시적 약정에 의하여 배제할 수 있다.

2. 유질계약의 허용(상사질권)

유질계약은 질권설정자가 채무변제기 전의 계약으로 질권자에게 변제에 갈음하여 질물의 소유권을 취득하게 하거나 법률에 정한 방법에 의하지 아니하고 질물을 처분할 것을 약정하는 계약이다. 민법에서는 경제적 약자인 채무자를 보호하기 위하여 유질계약을 금지한다(민 339조). 그러나 상법은 상행위의 전문가들인 상인에 대하여는 그러한 후견적 견지에서의 보호가 불필요하다고 보고 오히려 상사채권의 물적 담보를 강화하기 위하여 유질계약을 허용하고 있다(59조).

Ⅲ. 민법 채권편에 대한 특칙

1. 상사법정이율

상행위로 인한 채무의 법정이율은 다른 법률의 규정이나 당사자간의 약정이 없으면 연 6푼이다(54조). 상사법정이율이 민사법정이율인 연 5푼 (민 379조)보다 높은 이유는 상인의 경우 금전의 수요가 클 뿐 아니라 그 이용에 의하여 발생하는 이익도 크기 때문이다. 이때의 '상행위'에는 일 방적 상행위도 포함되며, 채무불이행으로 인한 손해배상채무와 같이 상 행위로 인한 채무가 동일성을 유지한 상태에서 변형된 경우도 포함된다. 그러나 불법행위로 인한 손해배상채무에는 적용이 없다.

2. 다수당사자의 채무

(1) **다수채무자의 연대책임**   민법상 채무자가 수인인 경우에 특별 한 의사표시가 없는 이상 각 채무자는 균등한 비율로 의무를 부담하나(분 할채무: 민 408조) 상법은 수인이 그 1인 또는 전원에게 상행위가 되는 행위 로 인하여 채무를 부담한 때에는 특약이 없는 한 연대하여 변제할 책임 이 있는 것으로 하였다(57조 1항). 이 조항의 취지는 상사거래에 있어서의 인적 담보를 강화하여 채무이행을 확실히 하고 거래의 안전을 도모함으 로써 상거래의 원활을 기하려는 것이다. 이 규정은 채무자들의 공동행위 에 의하여 채무를 부담하는 경우에 적용되는 것이므로, 그 채무가 채권 자에게 상행위가 되는 것은 무관하나 채권자에게만 상행위가 되는 때에 는 적용되지 않는다. 이때의 '채무'에는 상행위로 인한 채무와 동일성을 가지는 것, 예컨대 계약해제로 인한 원상회복채무나 채무불이행으로 인 한 손해배상채무 등이 포함된다.

(2) **상사보증인의 연대책임**   민법에 의하면 보증인은 최고·검색 의 항변권을 가지며(민 437조), 또 수인의 보증인이 각자의 행위로 보증채 무를 부담한 경우에도 각 보증인은 분별의 이익을 가지나(민 439조, 408조),

상법은 보증인이 있는 경우에 그 보증이 상행위이거나(예: 은행의 지급보증) 주채무가 상행위로 인한 것인 때(예: 상인의 영업자금 차용)에는 주채무자와 보증인이 연대하여 변제책임을 부담하도록 특칙을 두고 있다(57조 2항). 즉, 상사보증인은 최고·검색의 항변권을 가지지 않으며, 수인의 상사보증인간의 분별의 이익도 인정되지 않는다(반대 있음).

3. 상사채무의 이행

(1) **이행장소**   상법에는 이에 관한 규정이 없으므로 민법이 적용된다. 다만 지점거래로 인한 채무이행장소는 그 행위의 성질 또는 당사자의 의사표시에 의하여 특정되지 아니한 경우 특정물 인도 외의 채무이행은 그 지점을 이행장소로 본다(56조). 민법상 특정물인도는 그 채권 성립 당시 그 물건이 있던 장소, 특정물 인도 이외의 채무는 채권자의 현영업소 또는 현주소가 이행장소가 된다(지참채무의 원칙: 민 467조 1항·2항). 그러나 지시채권과 무기명채권 등 유가증권상의 채무의 이행장소는 증서에 변제장소를 정하지 않은 때에는 채무자의 현영업소 또는 현주소지로 한다(추심채무의 예외: 65조, 민 516조, 524조). 유가증권은 유통되므로 채무자로서는 현재 누가 권리자인지를 알 수가 없기 때문이다.

(2) **이행 또는 이행청구의 시기**   법령 또는 관습에 의하여 영업시간이 정하여져 있는 때에는 채무의 이행 또는 이행의 청구는 그 시간 내에 하여야 한다(63조). 은행, 백화점, 증권거래소 등과 같이 영업시간이 정하여져 있는 상인과의 거래에 있어서 이행 또는 이행청구가 가능한 시기를 명확히 하기 위한 규정이다.

4. 상사계약의 성립

(1) **청약의 효력**

1) **대화자간의 청약의 구속력**   대화자간의 계약의 청약은 상대방이 즉시 승낙하지 아니한 때에는 그 효력을 잃는다(51조). 이는 승낙기간이

없는 청약에 관한 규정으로, 승낙기간이 있는 경우에는 그 기간 내에 승낙의 통지를 받지 못한 때에는 그 청약은 실효되고(민 528조 1항), 그동안에는 청약의 철회를 하지 못한다.

2) 격지자간의 청약의 구속력　　이에 관하여 상법에 규정이 없으므로 민법에 의한다. 승낙기간이 있는 경우에는 청약자가 그 기간 내에 승낙의 통지를 받지 못한 때에 그 효력을 잃고(민 528조 1항), 승낙기간이 없는 경우에는 청약자가 상당한 기간 내에 승낙의 통지를 받지 못한 때에 그 효력을 잃게 된다(민 529조).

(2) **청약을 받은 상인의 의무**　　상법은 상인이 청약을 받은 경우 두 가지 의무를 부과하고 있다.

1) **낙부통지의무**　　상인이 상시 거래관계에 있는 자로부터 그 영업부류에 속한 계약의 청약을 받은 때에는 지체없이 낙부(諾否)의 통지를 발송하여야 하고 이를 해태한 때에는 청약을 승낙한 것으로 본다(53조).

2) **물건(송부품)보관의무**　　상인이 그 영업부류에 속하는 계약의 청약을 받은 경우에 견품 기타의 물건을 받은 때에는 그 청약을 거절한 때에도 청약자의 비용으로 그 물건을 보관하여야 한다(60조 본문). 그 물건의 가액이 보관비용을 상환하기에 부족하거나 보관으로 인하여 손해를 받을 염려가 있는 경우에는 보관할 의무가 없다(60조 단서).

5. 상사매매

(1) 의 의　　상사매매(商事賣買)는 당사자 쌍방이 상인으로 그 쌍방에게 상행위가 되는 매매이다. 따라서 비상인간의 매매나 상인과 소비자 간의 매매(소비자매매)에는 그 적용이 없다(3조가 적용되지 않는다). 민법의 매매에 관한 규정은 주로 매수인의 보호에 그 중점이 있으나, 상사매매에 관한 규정은 매도인의 보호와 거래의 안전·신속을 위한 것이다. 상사매매에 관한 상법의 규정은 임의규정이므로, 특약(보통거래약관) 또는 상관습법이 존재하는 경우 적용이 배제되거나 수정될 수 있다.

(2) **매도인의 공탁권과 경매권**(자조매각권)　　상사매매에 있어서 매수인이 목적물의 수령을 거부하거나 이를 수령할 수 없는 때에는 매도인은 그 물건을 공탁하거나 상당한 기간을 정하여 최고한 후 경매할 수 있는데 이를 공탁권·경매권(또는 자조매각권)이라고 한다. 이러한 공탁권과 경매권(자조매각권)의 행사시 지체없이 매수인에 대하여 그 통지를 발송하여야 한다. 경매권의 경우 매수인에 대하여 최고를 할 수 없거나 목적물이 멸실 또는 훼손될 염려가 있는 때에는 최고 없이 경매할 수 있다(67조 1항·2항). 매도인의 경매권(自助賣却權)은 예컨대 매매계약 후에 상품의 가격이 하락하여 매수인이 부당하게 목적물의 수령을 지체하는 경우에 매도인으로 하여금 신속히 인도의무를 면함과 아울러 대금채권을 회수할 수 있도록 하기 위하여 인정된 것이다. 경매는 공탁에 갈음하는 것이므로 매도인은 목적물을 경매한 대금에서 경매비용을 공제한 나머지 잔액을 공탁하여야 한다(67조 3항 본문). 그러나 그 대금의 전부나 일부를 매매대금으로 충당할 수 있다(67조 3항 단서). 민법상으로는 경매대금을 공탁만 할 수 있으나(민 490조), 직접 매매대금에 충당할 수 있도록 한 것은 중요한 차이점이다. 만약 경매대금을 매매대금에 충당하여도 부족액이 있는 경우에는 매도인은 매수인에 대하여 그 부족액을 청구할 수 있다.

(3) **확정기매매의 해제의제**　　매매의 성질 또는 당사자의 의사표시에 의하여 일정한 일시 또는 일정한 기간 내에 이행하지 아니하면 계약의 목적을 달성할 수 없는 매매를 확정기매매(確定期賣買)라고 한다(68조). 상인간의 확정기매매에 대하여 상법은 당사자의 일방이 이행시기를 경과한 때에는 상대방이 즉시 그 이행을 청구하지 아니하면 계약을 해제한 것으로 본다(68조). 확정기매매와 같은 민법의 정기행위의 경우에는 이행의 최고는 없더라도 계약해제의 의사표시는 하도록 하는데(민 545조), 상법은 더 나아가 계약해제의 의사표시 없이 계약을 해제한 것으로 보는 특칙을 둔 것이다. 이는 상거래의 신속과 매도인의 보호를 위한 것이다.

(4) **매수인의 목적물 검사와 하자통지의무**　　상사매매에 있어서 매

수인이 목적물을 수령한 때에는 지체없이 이를 검사하여야 하며 하자 또는 수량부족을 발견한 경우에는 즉시 매도인에게 그 통지를 발송하지 아니하면 목적물의 하자 또는 수량부족으로 인한 계약해제·대금감액 또는 손해배상을 청구하지 못한다. 매매의 목적물에 즉시 발견할 수 없는 하자가 있는 경우에 매수인이 6월 내에 이를 발견한 때도 같다(69조 1항). 단, 매도인이 악의인 경우에는 예외로 한다(69조 2항). 이는 매도인이 장기간 불안정한 입장에 놓이는 것을 방지하고 상거래의 신속한 처리를 위한 것이다. 이 특칙은 임의규정이므로 당사자 사이의 특약으로 배제할 수 있다.

(5) **매수인의 목적물보관·공탁과 경매의무**　　격지매매의 경우 매수인이 목적물의 하자 또는 수량부족을 이유로 계약을 해제한 때에도 매도인의 비용으로 매매의 목적물을 보관 또는 공탁하여야 한다(70조 1항 본문·3항). 그러나 그 목적물이 멸실 또는 훼손될 염려가 있는 때에는 법원의 허가를 얻어 경매하여 그 대가를 보관 또는 공탁하여야 한다(긴급매각권: 70조 1항 단서). 매수인에게 인도한 물건이 매매의 목적물과 상위하거나 수량이 초과한 경우에 그 상위 또는 초과한 부분에도 동일하다(71조). 이는 계약해제시 매매목적물의 불필요한 반송을 막아 반송비용을 덜고, 물건의 소재지에서 전매할 수 있도록 하여 매도인의 거래기회를 보호하기 위한 것이다. 매수인이 이 의무를 위반하면 매도인에 대하여 손해배상의무를 부담하며, 매수인은 매도인에게 이로 인한 비용청구 이외의 상당한 보수를 청구할 수 있다.

6. 상행위의 유상성(영리성)

(1) **체당금의 이자청구권**　　민법에서는 일반적으로 타인을 위하여 금전의 체당을 하여도 위임이나 임치의 경우가 아니면(민 688조 1항, 701조) 특약이 없는 한 이자를 청구할 수 없다. 그러나 상법은 상인이 그 영업범위 내에서 타인을 위하여 금전을 체당(替當)하였을 때에는 체당한 날 이

후의 법정이자를 청구할 수 있도록 하고 있다(55조 2항).

　　(2) 소비대차의 이자청구권　　　민법상 소비대차는 특약이 없는 한 무이자가 원칙이다(민 598조). 그러나 상인이 그 영업에 관하여 금전을 대여한 경우에는 이자의 특약이 없어도 법정이자(54조)를 청구할 수 있다(55조 1항).

　　(3) 보수청구권　　　민법상 위임, 임치 또는 사무관리에 있어서 특약이 없는 한 보수를 청구할 수 없다(민 686조 1항, 701조, 739조). 그러나 상인이 그 영업범위 내에서 타인을 위하여 행위를 한 때에는 유상의 특약이 없어도 이에 대하여 상당한 보수를 청구할 수 있다(61조).

7. 임치를 받은 상인의 책임

　　민법상 임치는 유상임치와 무상임치로 나누어 ① 전자의 경우에는 수치인에게 선량한 관리자의 주의의무(민 374조)를 부과하는 반면에 ② 후자의 경우에는 자기재산과 동일한 주의만을 규정하고 있다(민법 695조). 그러나 상법상 상인이 그 영업범위 내에서 물건의 임치를 받은 경우에는 보수를 받지 아니하는 때에도 선량한 관리자의 주의를 하여야 한다(62조). 이는 상거래의 수요에 부응하고 상인의 신용을 높이기 위한 것이다.

Ⅳ. 유가증권에 관한 규정

　　우리나라의 경우 유가증권 전반에 관한 포괄적인 입법은 존재하지 않는다. 가장 중요한 유가증권인 어음과 수표에 관하여는 어음법과 수표법이 있고, 민법에는 지시채권과 무기명채권에 관한 통칙규정이 있을 뿐이다(민 508조~526조). 상법은 민법과의 중복을 피하기 위하여 "금전의 지급청구권, 물건 또는 유가증권의 인도청구권이나 사원의 지위를 표시하는 유가증권에 대하여는 다른 법률에 특별한 규정이 없으면 「민법」 제508조부터 제525조까지의 규정을 적용하는 외에 「어음법」 제12조 제1항 및 제2항을 준용한다."라고 규정하고 있다(65조 1항). 그리고 그 외 화물상환증·선하증권·창고증권·주권·채권에 관하여는 각 관련되는 부분에 별도의 규정을 두고 있다. 또한 상법 제65조 제1항의 유가증권으로서 그 권리의 발생·변경·소멸을 전자등록하는 데에 적합한 유가증권에 대하여 전자등록제도를 도입하고 이에 관하여는 주식의 전자등록에 관한 상법 제356조의2 제2항부터 제4항의 규정을 준용하게 하였다(65조 2항).

V. 상호계산

1. 의의와 기능

상호계산(相互計算)은 상인간 또는 상인과 비상인 간에 상시 거래관계가 있는 경우에 일정한 기간의 거래로 인한 채권채무의 총액에 관하여 상계하고 그 잔액을 지급할 것을 약정하는 계약이다(72조). 예컨대 서울의 강남과 강북에서 꽃배달서비스업체를 경영하는 A, B가 각자의 영업지역의 꽃배달 주문을 받을 경우 이를 대행하고 그 수수료채권을 일정기간 장부상으로만 기재하였다가 서로에 대한 채권을 일괄정산하고 남은 잔액채권을 지급하기로 약정하는 경우이다. 은행간, 은행과 고객간, 생산자와 위탁매매인간, 상인과 대리상간 및 운송업자간 계속적인 금전지급 관계를 갖게 되는 경우 이용된다. 상호계산을 이용하면 결제가 신속·간단하게 이루어질 수 있고(결제의 편의성), 각자의 채무변제를 상호계산기간 종료시까지로 유예시키는 동시에 각자 채권에 대한 담보를 취득하는 효과도 있다(신용제공기능 및 담보기능). 이는 상법상의 독자적인 낙성계약으로서 단독행위인 민법상의 상계(민 492조)와 구별된다.

2. 요   건

상호계산에 계입될 수 있는 대상은 당사자 간에 상호계산기간(당사자가 임의로 정할 수 있으나 특약이 없으면 6월이다. 74조) 내에 거래로 인하여 발생하는 변제기가 도래한 채권·채무로서 거래의 종류는 불문하나 원칙적으로 금전채권에 한한다. 금전채무라도 즉시 또는 현실 이행되어야 할 채무(예: 주주의 주금납입채무)나 거래관계가 아닌 불법행위·부당이득·사무관리로 발생한 채권·채무는 제외된다.

3. 효   력

(1) 상호계산기간 중의 효력(소극적 효력)

1) 당사자 사이의 효력(상호계산불가분의 원칙)   상호계산계약의 결과 상호계산기간 내의 각 채권·채무는 독립성을 상실하며, 일정한 시기에 일괄하여 상계될 때까지 일종의 구속상태에 놓이게 되는데 이를 상호계산불가분의 원칙이라 한다. 이 때문에 당사자들은 각 채권을 개별적으로 행사하거나 양도할 수 없고, 상호계산 외의 타 채무와 상계하지도 못한다. 따라서 이 기간 중에는 시효도 진행되지 않고, 이행지체가 되지 않는다. 그러나 독립성을 상실한다고 하여 그 존재 자체가 상실되는 것은 아니므로 이 기간 중에도 확인소송을 제기하거나 해제권 등의 원인계약상의 권리행사를 하는 것은 무방하다. 다만, 어음 기타의 상업증권을 수수한 대가로서의 채권·채무를 계입한 경우에 그 증권상의 채무자가 변제하지 않았을 때에는 예외적으로 당사자는 그 대가를 상호계산으로부터 일방적으로 제거할 수 있다(73조).

2) 제3자에 대한 효력   상호계산불가분의 원칙이 제3자에게도 미치는가에 대하여 학설이 대립한다. 상호계산의 불가분성이 강행적 성격을 가진다는 것을 논거로 하여 위 원칙의 효력이 제3자에게도 미치므로 이에 위반한 양도·입질·압류는 제3자의 선의·악의를 불문하고 무효라는 견해가 있으나 상호계산의 불가분성은 당사자간의 계약에 의한 양도금지에 지나지 않으므로 그 약정에 반한 채권의 양도·입질은 선의의 제3자에 대하여 유효이고, 압류는 당사자간의 계약에 의하여 국가의 강제집행권이 미치지 못하는 재산을 만들어 낼 수는 없으므로 제3자의 선의·악의를 불문하고 유효하다고 본다.

(2) 상호계산기간 경과 후의 효력(적극적 효력)

1) 잔액채권의 확정 상호계산기간이 종료되면 상호계산기간 내에 발생한 채권·채무의 총액에 관하여 계산서를 작성, 승인한 후 총액에서 일괄상계함으로써 잔액채권이 확정된다. 잔액채권의 확정방법은 통상적으로 당사자의 일방이 채권·채무의 각 항목과 상계잔액을 기재한 계산서를 제출하고 상대방이 이를 승인하는 방법으로 한다. 승인은 명시 또는 묵시에 의하여도 가능하다. 승인으로 인하여 종래의 채권·채무가 소멸하고 이에 갈음하는 새로운 채권·채무가 발생한다(경개설의 입장).

2) 계산서 승인의 효과 당사자가 채권·채무의 각 항목을 기재한 계산서를 승인한 때에는 그 각 항목에 대하여 이의를 제기할 수 없게 된다(75조 본문). 이는 상호계산의 안정을 기하려는 취지의 규정이다. 그러나 승인된 계산서에 대하여 모든 이의를 봉쇄하는 것은 가혹하므로 착오(錯誤)나 탈루(脫漏)가 있는 때에는 예외로서 이의를 제기할 수 있다(75조 단서). 착오나 탈루의 경우 승인행위 자체의 효력을 다투어 잔액채권의 확정 자체에 이의를 제기할 수 있다는 입장(승인행위무효설)과 승인행위의 효력과는 무관하고 부당이득반환청구를 할 수 있을 뿐이라는 입장(부당이득설)이 대립한다. 개개 항목의 착오나 탈루가 아니라 승인행위 자체에 하자가 있는 경우(예: 사기, 강박 또는 착오에 의한 계산서 승인)에는 민법의 일반원칙에 따라 승인행위의 효력을 다툴 수 있다. 계산서의 승인은 경개적 효력을 가지므로 각 항목채권에 붙어있던 담보권은 원칙적으로 소멸하며, 특약 또는 관습이 없는 한 잔액채권의 담보가 되지 않는다. 상계로 인한 잔액에 대하여는 채권자는 계산폐쇄일 이후의 법정이자를 청구할 수 있고 또 이와 별도로 당사자는 각 항목의 상호계산에 편입한 날로부터 이자를 붙일 것을 약정할 수 있다(중리의 허용, 76조).

4. 종 료

상호계산은 그 존속기간의 만료 기타 계약의 일반적 종료원인에 의하여 종료된다. 그러나 각 당사자는 언제든지 상호계산을 해지할 수 있으며, 이 경우 즉시 계산을 폐쇄하고 잔액의 지급을 청구할 수 있다(77조).

VI. 익명조합

1. 의 의

익명조합(匿名組合)은 당사자의 일방(익명조합원)이 상대방(영업자)의 영업을 위하여 출자하고 상대방은 그 영업으로 인한 이익을 분배할 것을 약정하는 계약이다(78조). 영업자는 상인이어야 하며, 익명조합계약의 체결은 상인으로서는 영업을 위한 것이므로 보조적 상행위(47조)가 된다. 상인자격은 익명조합계약 당시에 존재하고 있어야 하는 것은 아니며 계약의 체결 자체가 영업자로서 개업을 위하여 하는 준비행위일 수 있다. 익명조합원은 상인임을 요하지 아니한다.

2. 법적 성질

익명조합은 그 명칭에 불구하고 법률상 영업자의 독자적 기업이고 조합(민법 703조)이 아니다. 법률상으로 단독기업인 점에서 경제상 및 법률상으로 공히 공동기업인 합자회사와도 다르다. 또한 영업상의 불확정한 이익의 분배를 요소로 하는 점에서 소비대차도 아니다. 이는 상법상 특수한 계약으로 파악되며, 유상·쌍무·낙성·불요식계약이다.

3. 효 력

(1) **내부관계**　　　이는 익명조합원과 영업자 사이의 법률관계이다.

1) 익명조합원의 의무

(개) **출자의무**　　　익명조합원은 영업자에 대하여 계약에서 정한 출자의무를 진다(78조). 출자는 금전 기타의 재산에 한정되며, 신용 또는 노무의 출자는 인정되지 않는다(86조, 272조 및 79조). 출자는 영업자에게 귀속하므로(79조) 재산권이전에 필요한 모든 행위(예컨대 등기·인도·명의개서 등)

를 하여야 한다. 익명조합도 유상계약이므로 익명조합원은 출자의 목적
물에 대한 담보책임을 지며(민 567조, 580조), 계약의 일반규정에 따른 위험
도 부담한다(민 537조). 익명조합의 영업자는 출자의무가 없다.

(ㄴ) **손실분담의무**　　이는 익명조합의 요소가 아니나(78조), 익명조합
도 경제적으로는 공동기업이므로 특약이 없는 한 익명조합원이 손실을
분담하는 약정이 있는 것으로 추정하여야 한다. 손실분담의 의미는 문자
그대로 분담일 뿐 손실을 전보하기 위하여 현실적으로 추가출자를 하여
야 한다는 것은 아니며, 손실이 출자액을 초과하여도 이미 받은 이익의
반환이나 출자의 증가의무는 없다(82조 2항).

(ㄷ) **지위불양도의무**　　익명조합은 당사자 사이의 인적 신뢰를 기초
로 하는 것이므로 익명조합원의 지위는 영업자의 동의나 특약이 없이 이
를 타인에게 일방적으로 양도하지 못한다. 영업자도 마찬가지이다.

2) 익명조합원의 권리

(ㄱ) **이익분배청구권**　　익명조합원은 계약에 따라 영업자에 대하여
그 영업으로 인한 이익의 분배를 청구할 수 있다(78조). 그러나 출자가 손
실에 의하여 감소된 때에는 이를 전보한 후가 아니면 이익배당을 청구하
지 못한다(82조 1항). 이때의 '이익'은 영업에 의하여 생긴 재산의 증가액
을 말하고 재산의 평가익(評價益, 예컨대 출자한 부동산의 가격상승으로 인한 증가
분)은 포함하지 않는다. 이 권리는 영업자에 대한 권리 가운데 가장 본질
적이고 핵심적인 것이다. 이익분배의 비율은 계약에 따르고 특약이 없는
경우에는 민법상 조합의 규정(민 711조 1항)을 유추하여 출자액의 비율에
의하게 되며, 이익 또는 손실의 어느 한 쪽에 대하여서만 비율을 정한 때
에는 그 비율은 다른 쪽에도 공통된 것으로 추정한다(민 711조 2항). 이익
의 유무는 매 영업연도를 기준으로 결정하며, 영업연도는 특약이 없으면
1년으로 보아야 할 것이다(30조 2항 참조).

(ㄴ) **영업집행청구권**　　익명조합원은 영업자에 대하여 계약의 본지
(本旨)에 따라 선량한 관리자의 주의로써(민 707조, 681조) 업무를 집행할 것

을 청구할 수 있다. 영업자가 자의로 영업을 개시하지 않거나 휴지·양도·변경하는 때에는 그에 대한 손해배상청구권과 계약의 해지권(83조 2항)을 가진다.

(다) 경업·겸직금지의무　　영업자는 선량한 관리자의 주의로써 업무를 집행하여야 하며, 될 수 있는 대로 많은 이익을 창출하여야 하므로 이에 배치되는 경업적 행위를 할 수 없다고 본다.

(라) 감 시 권　　익명조합원은 익명조합의 성질상 영업자의 경영에는 참가할 수 없으나(86조, 278조), 출자자로서 감시권을 가진다. 즉, 익명조합원은 영업연도 말에 영업시간 내에 한하여 회계장부·대차대조표 기타의 서류를 열람할 수 있고, 업무와 재산상태를 검사할 수 있으며 중요한 사유가 있는 때에는 익명조합원은 언제든지 법원의 허가를 얻어 위의 열람과 검사를 할 수 있다(86조, 277조).

(2) 외부관계

1) 영업자와 제3자의 관계　　익명조합은 경제적으로는 공동기업의 일종이지만 법률적으로는 영업자만이 영업의 주체로서 제3자와 법률관계를 가지는 것이다. 따라서 영업자의 영업행위로 인하여 생긴 모든 권리의무는 영업자에게만 귀속된다.

2) 익명조합원과 제3자의 관계　　익명조합원은 영업자의 행위에 관하여 제3자에 대하여 어떠한 권리나 의무가 없으며(80조) 책임을 지지도 않는다. 또 익명조합원은 영업자를 대리할 권한도 없다(86조, 278조). 그러나 익명조합원이 자기의 성명을 영업자의 상호 중에 사용하게 하거나 자기의 상호를 영업자의 상호로 사용할 것을 허락한 때에는 그 사용 이후의 채무에 대하여 영업자와 연대하여 변제할 책임이 있다(81조). 이는 명의대여자의 책임(24조)을 규정한 것으로서 금반언의 정신을 반영한 것이다.

4. 종   료

(1) 종료원인

1) 해   지   익명조합계약으로 조합의 존속기간을 정하지 아니하거나 어느 당사자의 종신까지 존속할 것을 약정한 때에는 각 당사자는 영업연도 말에 계약을 해지할 수 있다. 그러나 이 해지는 6월 전에 상대방에게 예고하여야 한다(83조 1항). 그러나 부득이한 사정이 있는 때에는 조합의 존속기간의 약정의 유무에 불구하고 각 당사자는 언제든지 계약을 해지할 수 있다(83조 2항).

2) 법정사유로 인한 당연종료   익명조합계약은 ① 영업의 폐지 또는 양도, ② 영업자의 사망 또는 성년후견개시, ③ 영업자 또는 익명조합원의 파산의 경우 당연히 종료한다(84조 1호~3호).

(2) 종료효과   익명조합계약이 종료되면 영업자는 익명조합원에게 그 출자의 가액을 반환하여야 한다(85조 본문). 그러나 출자가 손실로 인하여 감소된 때에는 그 잔액을 반환하면 된다(85조 단서). 현물출자는 금전으로 평가하여 그 가액을 반환하면 되고 목적물 자체를 반환할 필요는 없다.

Ⅶ. 합자조합

1. 의   의

합자조합(合資組合)은 조합의 업무집행자로서 조합의 채무에 대하여 무한책임을 지는 조합원과 출자가액을 한도로 하여 유한책임을 지는 조합원이 상호출자하여 공동사업을 경영할 것을 약정하는 계약이다(86조의 2). 최근 인적 자산의 중요성이 부각됨에 따라 이를 수용할 수 있는 공동기업형태, 즉 기업의 설립과 운영에 있어서의 자치의 폭을 넓히되, 주식회사와 같은 유한책임을 지는 기업형태가 요청되었는데 이에 따라 도입된 제도가 합자조합이다. 민법상 조합은 조합원 전원이 조합채무에 대하여 무한책임을 지는데 반하여 합자조합은 유한책임만을 부담하는 조합원이 있는 점, 합자회사는 법인이고 유한책임사원은 회사의 업무집행권이 없는데 반하여 합자조합은 법인격이 없고 유한책임조합원도 업무집행권을 가질 수 있다는 점에서 차이가 있다.

2. 법적 성질

상법은 합자조합의 설립과 운영을 위하여 민법상의 조합과는 다른 특칙들을 규정하고 있으므로 합자조합계약은 상법상 특수한 계약으로 파악하여야 할 것이다. 다만, 합자조합은 민법상 조합을 기초로 하고 있으므로 상법이나 합자조합계약에서 달리 규정함이 없는 경우에는 민법 중 조합에 관한 규정을 준용한다(86조의8 4항 본문).

3. 설립과 등기

(1) **설   립**   합자조합계약은 상법 제86조의3 제1호 내지 제13호에 기재된 사항(합자조합의 목적, 명칭 등 기재할 사항이 법정되어 있는 점에서 민법상의 조합과 차이가 있다)을 서면에 기재하여 조합원 전원이 기명날인하거나 서명함으로써 성립한다. 즉, 요식계약이다. 이는 합자조합의 구성원 간의 책임관계와 업무집행권의 귀속관계를 대내외적으로 명확히 하기 위한 것이다.

(2) **등   기**   업무집행조합원은 합자조합 설립 후 2주 내에 조합의 주된 영업소의 소재지에서 합자조합계약에 관련한 법정사항(86조의4 1항 1호·2호)을 등기하여야 하고, 등기 후 사항이 변경된 경우에는 2주 내에 변경등기를 하여야 한다(86조의4 2항·1항).

4. 효   력

(1) **내부관계**

1) **업무집행**   합자조합의 업무집행권은 원칙적으로 업무집행조합

원에 귀속한다(86조의5 1항). 그러나 합자조합계약에서 유한책임조합원에게도 업무집행권을 부여할 수 있다(86조의8 3항의 반대해석, 278조 참조). 업무집행조합원이 2인 이상인 경우 업무집행권은 조합계약에 다른 규정이 없는 한 각자 이를 행사할 수 있으나, 조합계약으로 공동업무집행조합원을 둘 수 있고(86조의3 9호), 업무집행조합원 중 일부 업무집행조합원만 합자조합의 업무를 집행하게 할 수 있다(86조의3 10호). 업무집행조합원은 선량한 관리자의 주의로써 합자조합의 업무를 집행하여야 한다(86조의5 2항·1항). 유한책임조합원에게는 원칙적으로 업무집행권이 인정되지 않으나 유한책임조합원도 합자조합의 영업에 이해관계를 가지고 있으므로 상법은 합자회사의 유한책임사원에게 인정되는 감시권을 합자조합의 유한책임조합원에게 인정하고 있다(86조의8 3항, 277조).

2) 출　　자　　합자조합의 조합원은 합자조합계약에서 정한 출자의무를 부담한다(86조의3 6호). 업무집행조합원은 신용 또는 노무를 출자의목적으로 할 수 있으나 유한책임조합원은 신용 또는 노무를 출자의 목적으로 하지 못한다(86조의8 3항, 272조). 그러나 합자조합계약에서 업무집행조합원의 신용 또는 노무출자를 금할 수 있고(86조의8 4항 본문), 유한책임조합원의 신용 또는 노무출자를 허용할 수도 있다(86조의8 3항의 반대해석). 합자조합의 조합원의 출자의 목적, 재산출자의 경우에는 그 가액과 이행한 부분은 등기사항이다(86조의4 1항 2호).

3) 손익분배　　상법은 합자조합의 손익분배에 관하여 규정하지 않고, 합자조합계약에서 정하도록 하고 있다(86조의3 7호). 합자조합의 손익분배비율에 대하여 합자조합계약에 아무런 정함이 없는 경우에는 합자조합원의 출자가액에 비례하여 이를 정한다(86조의8 4항 본문, 민 711조 1항).

4) 경업·겸직금지의무와 자기거래제한　　업무집행조합원은 다른 조합원의 동의가 없으면 자기 또는 제3자의 계산으로 합자조합의 영업부류에 속하는 거래를 하지 못하며 동종영업을 목적으로 하는 다른 회사의 무한책임사원 또는 이사가 되지 못한다(86조의8 2항, 198조 1항). 이 의무는

업무집행을 하는 조합원에게만 부과된다. 합자조합의 조합원은 다른 조합원 과반수의 결의가 있는 때에 한하여 자기 또는 제3자의 계산으로 합자조합과 거래를 할 수 있는데 이에 관하여는 합자조합계약으로 달리 정할 수 있다(86조의8 2항 단서, 86조의8 3항, 199조).

5) 지분의 양도　　업무집행조합원이 그 지분의 전부 또는 일부를 양도함에는 다른 조합원 전원의 동의를 받아야 한다(86조의7 1항). 유한책임조합원의 지분은 조합계약에서 정하는 바에 따라 양도할 수 있다(86조의7 2항). 유한책임조합원의 지분을 양수한 자는 양도인의 조합에 대한 권리·의무를 승계한다(86조의7 3항).

6) 지분의 입질과 압류　　조합원(업무집행조합원과 유한책임조합원을 불문한다)의 지분에 대한 입질과 압류도 가능하다. 조합원의 지분에 대한 압류는 그 조합원의 장래의 이익배당 및 지분의 반환을 받을 권리에 대하여 효력이 있다(86조의8 4항 본문, 민 714조).

7) 가　　입　　합자조합의 새로운 조합원으로 가입하는 것에 대하여는 규정이 없다. 합자조합계약에 이에 관하여 특별한 약정이 있는 경우에는 그에 의할 것이나 합자조합계약에 아무런 규정이 없는 경우에도 기존 합자조합원 전원의 동의에 의할 경우 가능한 것으로 본다.

8) 탈　　퇴　　합자조합원의 탈퇴에 관하여 상법에 아무런 규정을 두고 있지 않으므로 합자조합계약에 이에 관한 정함이 없는 경우에는 민법의 조합규정에 의하여야 할 것이다(86조의8 4항 본문). 이에는 조합원의 의사에 의한 임의탈퇴(민 716조)와 사망이나 파산 등의 경우와 같은 비임의탈퇴(민 717조)가 있다. 합자조합의 조합원의 탈퇴의 경우 합자조합계약에서 다른 규정을 두고 있지 않으면 민법 제719조에 의한다.

(2) 외부관계

1) 능　　력　　합자조합은 법인격이 없으므로 합자조합원이 출자한 재산은 합자조합의 재산이 아니라 조합원 전원의 합유(合有)가 되고(86조의8 4항 본문, 민 704조), 조합의 행위는 원칙적으로 조합원 전원(全員)의 명

의로 하여야 한다.

2) 대 리   업무집행조합원은 조합계약에 다른 규정이 없으면 각자가 합자조합의 업무를 대리할 권리와 의무가 있다(86조의5 1항). 업무집행조합원은 합자조합의 영업에 관하여 재판상 또는 재판 외의 모든 행위를 할 권한이 있고, 이에 대한 제한은 선의의 제3자에 대항하지 못한다(86조의8 2항, 209조). 유한책임조합원은 원칙적으로는 합자조합의 업무를 대리하지 못하나 합자조합계약에서 대리권을 부여하는 경우에는 합자조합의 영업에 관한 대리행위를 할 수 있다(86조의8 3항의 반대해석, 278조 참조).

3) 책 임   합자조합의 업무집행조합원은 조합의 재산으로 회사의 채무를 완제할 수 없는 때에는 연대하여 변제할 책임이 있다(86조의8 2항, 212조 1항). 즉, 업무집행조합원들은 합자조합의 채권자에 대하여 직접·연대·무한의 책임을 부담한다. 한편 유한책임조합원은 조합계약에서 정한 출자가액에서 이미 이행한 부분을 뺀 가액을 한도로 하여 조합채무를 변제할 책임을 지는데(86조의6 1항), 이 경우 합자조합에 이익이 없음에도 불구하고 배당을 받은 금액은 변제책임을 정할 때에 변제책임의 한도액에 더한다(86조의6 2항). 즉, 유한책임조합원은 합자조합의 채권자에 대하여 자신의 출자가액을 한도로 하여 직접·연대책임을 부담한다(업무집행권을 가지는 유한책임조합원도 마찬가지이다).

5. 해산과 청산

(1) 해 산   합자조합의 해산사유로는 ① 합자조합계약에서 정한 존속기간의 만료를 포함한 기타의 해산사유(86조의3 12호), ② 조합원 전원의 합의에 의한 해산, ③ 합자조합계약의 목적달성 또는 목적달성불능, ④ 업무집행조합원 또는 유한책임조합원의 어느 한 종류만 남게 된 때(86조의8 1항, 285조 1항), ⑤ 부득이한 사유로 인한 해산청구(86조의8 4항 본문, 민 720조)가 있다. 합자조합은 업무집행조합원 또는 유한책임조합원의 전원이 퇴사한 경우에 잔존한 유한책임조합원 또는 업무집행조합원 전원

의 동의로 새로 업무집행조합원 또는 유한책임조합원을 가입시켜서 합자
조합을 계속할 수 있다(86조의8 1항, 285조 1항·2항). 합자조합이 해산된 때
에는 파산의 경우 외에는 그 해산사유가 있은 날로부터 주된 영업소소재
지에서는 2주간 내, 지점소재지에서는 3주간 내에 해산등기를 하여야 한
다(86조의8 1항, 228조).

  (2) 청 산   합자조합에 해산사유가 발생하면 파산의 경우 외에
는 청산절차가 개시된다. 청산절차는 청산인에 의하여 이루어진다. 합자
조합의 청산인은 업무집행조합원(무한책임조합원만 해당) 과반수의 결의로
선임하고, 이를 선임하지 않을 때에는 업무집행조합원이 청산인이 된다
(86조의8 2항, 287조). 합자조합의 청산이 종결된 때에는 청산인은 조합원
전원의 승인이 있은 날로부터 본점소재지에서는 2주간 내, 지점소재지에
서는 3주간 내에 청산종결의 등기를 하여야 한다(86조의8 1항, 264조).

제 3 절 상행위법 각칙

Ⅰ. 대 리 상

1. 의   의

  대리상(代理商)은 일정한 상인을 위하여 상업사용인이 아니면서 상시
(常時) 그 영업부류에 속하는 거래의 대리 또는 중개를 영업으로 하는 자
이다(87조). 그 중에서 거래의 대리를 하는 자를 체약대리상, 거래의 중개
를 하는 자를 중개대리상이라 한다. 대리상은 대리의 인수(46조 10호) 또
는 중개에 관한 행위(46조 11호)를 영업으로 함으로써 당연상인의 자격을
취득한다(4조). 대리상은 '독립한 상인'인 점에서 상업사용인과 다르고,
'일정한 상인'을 위하여 거래의 대리 또는 중개를 하는 점에서 불특정 다
수인을 보조하는 중개인이나 위탁매매인과 다르다. 또 '상시' 보조하는

점에서 일시적인 대리인(48조~50조)과 구별된다.

2. 대리상의 법률관계

(1) 대리상과 본인의 관계

1) 대리상의 의무

(개) **선관주의의무**　　대리상과 영업주 사이의 관계는 양자 간의 대리상계약의 내용에 따라 정하여질 것이나 보통은 위임관계가 될 것이다. 따라서 대리상은 위임의 본지에 따른 선량한 관리자의 주의의무를 부담하게 된다(민 681조).

(나) **통지의무**　　대리상이 거래의 대리 또는 중개를 한 때에는 지체없이 본인에게 그 통지를 발송하여야 한다(발신주의, 88조).

(다) **경업·겸직금지의무**　　대리상은 본인의 허락 없이 자기나 제3자의 계산으로 본인의 영업부류에 속하는 거래를 하거나, 동종영업을 목적으로 하는 회사의 무한책임사원 또는 이사가 되지 못한다(89조 1항). 이는 대리상과 본인과의 이익충돌방지를 위한 것이다. 이 의무의 범위는 상업사용인보다는 좁고, 합명회사의 무한책임사원(198조) 및 주식회사의 이사(397조)의 그것과 같다.

2) 대리상의 권리

(개) **보수청구권**　　대리상은 상인이므로 민법상 위임과는 달리 본인을 위하여 한 행위에 관하여 상당한 보수를 청구할 권리를 가진다(61조, 민 686조와 비교).

(나) **특별상사유치권**　　대리상은 본인과 사이에 다른 약정이 없으면 거래의 대리 또는 중개로 인한 채권이 변제기에 있는 때에는 그 변제를 받을 때까지 본인을 위하여 점유하는 물건 또는 유가증권을 유치할 수 있다(91조).

(2) 대리상과 제3자의 관계　　체약대리상이 대리권의 범위 내에서 한 법률행위에 대하여는 본인만이 제3자에 대하여 권리와 의무를 부담하

고, 중개대리상은 대리권이 없이 중개만을 하므로 제3자와 아무런 법률
관계가 없다. 그러나 예외적으로 매매의 경우 매수인의 보호를 위하여
물건의 판매나 그 중개의 위탁을 받은 대리상은 매매목적물의 하자 또는
수량부족 기타 매매의 이행에 관한 통지를 받을 권한을 가진다(90조).

3. 대리상관계의 종료

(1) **종료원인**　　대리상과 본인인 영업주는 위임관계에 있으므로 민
법상의 위임종료원인이 있는 때(민 690조, 영업주 본인의 사망은 제외, 50조), 폐
업과 같은 본인의 영업종료의 경우에 대리상관계도 종료한다. 영업양도
의 경우에도 대리상관계가 종료될 수 있다. 당사자가 계약의 존속기간을
약정하지 아니한 때에는 각 당사자는 2월 전에 예고하고 계약을 해지할
수 있고(92조 1항), 존속기간의 약정 유무(有無)에 불문하고 부득이한 사정
이 있는 때에는 각 당사자는 언제든지 계약을 해지할 수 있다(92조 2항, 83
조 2항).

(2) **대리상관계 종료의 효과**

1) **대리상의 영업비밀준수의무**　　대리상은 계약의 종료 후에도 계약
과 관련하여 알게 된 본인의 영업상의 비밀을 준수하여야 한다(92조의3).

2) **대리상의 보상청구권**　　대리상의 활동으로 본인이 새로운 고객
을 획득하거나 영업상의 거래가 현저하게 증가하고 이로 인하여 계약의
종료 후에도 본인이 이익을 얻고 있으며, 대리상계약의 종료가 대리상에
게 책임 있는 사유로 인한 것이 아닌 경우 대리상은 본인에 대하여 상당
한 보상을 청구할 수 있다(92조의2 1항). 이 권리는 대리상관계의 종료 후
에 발생하는 것으로, 보상금액은 대리상계약의 종료 전 5년간의 평균연
보수액을 초과할 수 없으며, 그 존속기간이 5년 미만인 경우에는 그 기간
의 평균연보수액을 기준으로 한다(92조의2 2항). 이 청구권은 계약이 종료
한 날로부터 6월을 경과하면 소멸한다(제척기간, 92조의2 3항).

Ⅱ. 중 개 업

1. 중개인의 의의

중개인(仲介人)은 타인간의 상행위의 중개를 영업으로 하는 자이다(93
조). '중개'는 양 당사자 사이의 법률행위의 성립을 위하여 노력하는 사실
행위를 말한다. '중개를 영업으로 한다'는 의미는 중개라는 사실행위를
영업으로 한다는 것이 아니라 중개의 인수(법률행위: 중개행위를 할 것을 인수
하여 노력을 기울인 결과 당사자간에 법률행위가 성립한 때 보수를 지급받는 것)를 영
업으로 하는 것을 말한다. 중개인은 중개를 인수함으로써 당연상인이 된
다(46조 11호, 4조). 중개인은 '상행위'의 중개를 하는 점에서 상행위 아닌
행위의 중개(예: 혼인중매·비상인간의 토지나 건물의 매매 또는 임대차 등의 민사행
위의 중개)를 하는 민사중개인과 구별된다. 또 '불특정' 타인간의 법률행위
의 성립을 중개하는 점에서 '일정한 상인'을 위하여 계속적으로 중개하는
중개대리상과 구별된다.

2. 중개인의 기능

중개인은 시장상황, 상인의 신용상태, 상품의 감정 등 전문자료의 제
공과 함께 위탁자에게 조언함으로써 거래를 원활하게 하는 기능을 하는
데, 상사중개는 상품과 유가증권의 매매, 보험, 금융, 선박임대차 등의
영역에서 활용되고 있다.

3. 중개계약의 종류와 법적 성질

위탁자와 중개인 간의 계약을 중개계약이라 한다. 이에는 일방적(편
무적) 중개계약과 쌍방적(쌍무적) 중개계약의 두 가지가 있다. 전자의 경우
수탁자인 중개인은 적극적으로 주선할 의무가 없고, 중개노력의 결과 계
약이 성립한 경우 보수를 청구할 수 있는 것으로 도급에 유사한 특수한
계약이다. 후자는 수탁자인 중개인이 적극적으로 주선할 의무를 부담하

330 제 4 편 상 행 위

는 것이며, 비법률행위적인 사무의 위탁으로서 일종의 위임(민 680조)의
성질을 가지는 것으로 본다. 어느 중개계약이 일방적 중개계약인지 쌍방
적 중개계약인지는 각 계약의 구체적 내용을 살펴 판단하여야 할 것이나
특약이 없을 경우에 쌍방적 중개계약으로 보아야 할 것이다(반대 있음). 상
법의 중개인에 관한 규정(93조~100조)은 쌍방적 중개계약뿐만 아니라 일
방적 중개계약에도 적용된다.

4. 중개계약의 효과

(1) 개   관   상사실무상 쌍방적 중개계약이 대부분이므로 중개인
은 당연히 수임인으로서의 선량한 관리자의 주의의무를 진다. 한편 상법
의 중개업에 관한 대부분의 규정이 중개인의 중립성 원칙에 기초한 의무
에 관한 것으로, 중개인은 위탁자뿐 아니라 그 상대방에 대하여서도 의
무를 부담하는 동시에 권리를 가진다.

(2) 중개인의 의무

1) 견품보관의무   중개인이 그 중개한 행위에 관하여 견품(見品)을
받은 때에는 그 행위가 완료될 때까지 이를 보관하여야 한다(95조). 이는
견품매매에 있어서 발생할 수 있는 목적물의 품질에 관한 분쟁에 대비한
증거보전을 위한 것이다. 보관의 종기(終期)는 이의기간의 경과나 시효기
간의 만료 등으로 인하여 그 물건의 품질에 관한 분쟁이 발생하지 않는
것이 확실하게 되었을 시기이다. 보관의무가 종료된 때에는 특약(예: 중개
인에게 귀속 또는 임의처분허락 등)이 없는 한 견품을 그 소유자에게 반환하여
야 하며, 약정이 없는 한 보수를 청구할 수 없다.

2) 결약서교부의무   중개인의 중개행위의 결과 당사자간에 계약이
성립된 때에는 중개인은 지체없이 각 당사자의 성명 또는 상호, 계약년
월일과 그 요령을 기재한 서면을 작성하여 기명날인 또는 서명한 후 각
당사자에게 교부하여야 하는데(96조 1항), 이 서면을 결약서(結約書)라고 한
다. 결약서는 계약서나 계약성립의 요건이 아니며, 계약성립의 증거에 불

과하다. 중개인은 당사자가 즉시 이행하여야 하는 경우에는 지체없이 결약서를 작성하여 각 당사자에게 교부하여야 하고(96조 1항), 기한부 또는 정지조건부 계약과 같이 당사자가 즉시 이행함을 요하지 않는 경우에는 각 당사자로 하여금 결약서에 기명날인 또는 서명하게 한 후 그 상대방에게 교부하여야 한다(96조 2항). 만약 당사자의 일방이 결약서의 수령을 거부하거나 또는 결약서에 기명날인 또는 서명하지 아니하는 때에는 중개인은 지체없이 상대방에게 그 통지를 발송하여야 한다(96조 3항).

3) 장부작성과 등본교부의무　　중개인은 결약서에 기재할 사항(각 당사자의 성명 또는 상호, 계약년월일과 그 요령)을 장부에 기재하여야 한다(97조 1항). 이 장부를 통상 중개인일기장(仲介人日記帳)이라 한다. 중개인은 각 당사자의 청구가 있는 때에는 장부의 관계부분의 등본을 교부하여야 한다(97조 2항).

4) 성명·상호묵비의무　　당사자가 그 성명 또는 상호를 상대방에게 표시하지 아니할 것을 중개인에게 요구한 때에는 중개인은 그 상대방에게 교부할 결약서와 일기장의 등본에 이를 기재하지 못한다(98조).

5) 개입의무(이행담보책임)　　중개인이 임의로 또는 상법 제98조의 규정에 의하여 당사자 일방의 성명 또는 상호를 상대방에게 표시하지 아니한 때에는 상대방은 중개인에 대하여 이행을 청구할 수 있는데(99조), 상대방보호를 위하여 중개인에게 부담시킨 이 의무를 개입의무(이행담보책임)라고 한다. 중개인이 익명의 당사자의 의무를 대신 이행하더라도 자신이 계약당사자가 되는 것은 아니므로, 상대방에 대하여 반대급부를 청구할 수는 없고, 중개인이 이행을 하였을 경우 익명의 당사자에게 구상할 수 있을 뿐이다. 이 점에서 위탁매매인의 개입(107조)과 차이가 있다.

(3) 중개인의 권리

1) 보수청구권　　중개인은 상인이므로 특약의 유무에 불구하고 상당한 보수를 청구할 수 있다(61조). 이 보수를 중개료 또는 구전이라고 한다. 중개인의 보수청구권이 성립하기 위하여는 당사자간에 계약이 유효

하게 성립되고, 계약의 성립과 중개 사이에 인과관계가 있어야 하며, 결약서 교부의 절차(96조)가 종료되어야 한다(100조 1항). 중개인의 보수는 다른 약정이나 관습이 없는 한 당사자의 쌍방이 균분하여 부담한다(100조 2항). 이는 계약의 이행 여부나 일방적 위탁 여부를 불문한다(일방적 위탁의 경우 반대 있음). 중개비용은 당연히 보수에 포함되므로 특약이 없는 한 따로 비용의 상환을 청구할 수 없다.

2) 급부수령권한의 부존재   중개인은 당사자 사이의 계약의 성립을 중개할 뿐 계약의 당사자가 아니고 또 계약당사자의 대리인도 아니므로 중개인은 다른 약정이나 관습이 없는 한 중개행위에 관하여 당사자를 위하여 지급 기타의 이행을 받지 못한다(94조).

Ⅲ. 위탁매매업

1. 위탁매매인의 의의와 기능

위탁매매인(委託賣買人)은 자기의 명의로 타인의 계산으로 물건 또는 유가증권의 매매를 영업으로 하는 자이다(101조). '자기의 명의로'는 위탁매매인 자신이 매매계약의 당사자, 즉 권리의무의 주체가 된다는 뜻이고, '타인의 계산으로'는 매매의 경제적 효과, 즉 매매의 손익이 타인에게 귀속된다는 뜻이다. 또한 '물건 또는 유가증권의 매매를 영업으로 한다'는 것은 그러한 판매 또는 매입을 인수하는 것, 즉 주선(周旋)을 함을 영업으로 한다는 뜻으로, 이로써 위탁매매인은 상인이 된다(46조 12호). 위탁매매인이 위탁의 실행으로서 하는 매매계약 자체는 그의 영업을 위하여 하는 행위로서 보조적 상행위(47조)가 된다. 이때의 '물건'에는 부동산이 포함된다(반대 있음). 위탁매매는 지점설치에 따른 비용을 줄이고, 대리상의 권한남용의 우려를 배제하며, 위탁매매인의 전문지식과 경험을 활용할 수 있는 이점이 있어 오늘날 증권, 농수산물, 중고차, 골동품 등의 거래에 이용된다.

2. 위탁매매계약의 법적 성질

위탁자와 위탁매매인 사이의 위탁매매계약은 물건 또는 유가증권의 매매라는 법률행위를 하는 것을 위탁하는 계약이므로 유상의 위임계약이다(112조).

3. 위탁매매계약의 법률관계

(1) 개 관　　위탁매매인은 위탁매매계약에 따라 위탁자의 계산으로 자기명의로 제3자와 사이에 물건 또는 유가증권의 매매계약을 체결한다. 그러므로 위탁매매계약에 있어서는 위탁매매인과 위탁자와의 관계(내부관계)와 위탁매매인과 제3자의 관계 및 위탁자와 제3자의 관계(외부관계)가 문제된다.

(2) 위탁매매인과 위탁자의 관계(내부관계)

1) 위탁매매인의 의무

(가) 기본적 의무　　위탁매매인과 위탁자 사이의 관계는 위임관계이므로 위탁매매인은 수임인으로서 위탁매매계약의 본지에 따라 선량한 관리자의 주의로써 위탁사무, 즉 매매를 실행하여야 한다(민 681조).

(나) 위탁실행의 통지의무와 계산서 제출의무　　위탁매매인이 위탁받은 매매를 한 때에는 지체없이 위탁자에 대하여 그 계약의 요령과 상대방의 주소, 성명의 통지를 발송하여야 하며 계산서를 제출하여야 한다(104조).

(다) 지정가액준수의무　　위탁매매인은 위탁자가 가액을 지정한 때에는 그에 따라야 한다. 통상 판매위탁의 경우에는 최저가액을, 매수위탁의 경우에는 최고가액을 지정한다. 위탁자가 지정한 가액보다 염가로 매도하거나 고가로 매수한 경우에도 위탁매매인이 그 차액을 부담한 때에는 그 매매는 위탁자에 대하여 효력이 있다(106조 1항). 지정가액보다 고가로 판매하거나 저가로 매수한 경우 위탁매매인은 위탁자의 계산으로 매매하

는 것이므로 그 차액은 다른 약정이 없으면 위탁자의 이익으로 한다(106조 2항).

㈜ **이행담보책임**(개입의무) 위탁매매인은 위탁자를 위한 매매에 관하여 상대방이 채무를 이행하지 아니하는 경우에는 위탁자에 대하여 이를 이행할 책임이 있다(105조 본문). 이를 위탁매매인의 위탁자에 대한 이행담보책임 또는 개입의무라고 한다. 특수한 법정책임으로서 무과실책임이다. 이 책임은 당사자간의 다른 약정이나 관습이 있으면 배제할 수 있다(105조 단서).

㈜ **위탁물의 훼손·하자 등의 통지의무 및 처분권** 위탁매매인이 위탁매매의 목적물을 인도받은 후에 그 물건의 훼손 또는 하자를 발견하거나 그 물건이 부패할 염려가 있는 때 또는 가격저락의 상황(商況)을 안 때에는 지체없이 위탁자에게 그 통지를 발송하여야 한다(108조 1항). 이 경우에 위탁자의 지시를 받을 수 없거나 그 지시가 지연되는 때에는 위탁매매인은 위탁자의 이익을 위하여 적당한 처분을 할 수 있다(108조 2항). '적당한 처분'에는 목적물의 공탁·전매·경매 등이 포함된다.

2) 위탁매매인의 권리

㈜ **개 관** 위탁매매인은 위임에 관한 민법규정에 따라(112조) 위탁자에 대하여 비용선급청구권(112조, 민 687조), 비용상환청구권(112조, 민 688조)을 가지며 위탁사무처리에 필요한 비용을 체당한 때에는 그 체당금과 체당한 날 이후의 법정이자를 청구할 수 있다(55조 2항). 위탁매매인은 상인이므로 특약이 없더라도 위탁자를 위하여 한 매매에 대하여 상당한 보수를 청구할 수 있으나(61조), 이는 매매계약의 체결시가 아니라 매매계약의 이행이 완료된 때 행사할 수 있다(112조, 민 686조 2항).

㈜ **특별상사유치권** 위탁매매인에게는 대리상과 같은 유치권이 인정된다(111조, 91조).

㈜ **공탁권 및 자조매각권** 매수를 위탁받은 위탁매매인은 위탁자에 대한 관계에 있어서는 매도인과 유사한 지위에 있으므로 상법은 위탁

매매인에게 상인간의 매매에 있어서의 매도인의 공탁권과 자조매각권을
인정하고 있다(109조, 67조).

㈑ 개 입 권   위탁매매인이 거래소의 시세가 있는 물건 또는 유가
증권의 매매를 위탁받은 경우에는 직접 그 매도인이나 매수인이 될 수
있다(107조 1항 전문). 이를 개입권이라고 하며, 매매대가는 통지를 발송할
때의 거래소의 시세에 따른다(107조 1항 후문). 이 경우 위탁매매인은 개입
이라는 방법에 의하여 위탁사무를 처리한 것이므로 보수를 청구할 수 있
다(107조 2항).

3) 매수위탁자가 상인인 경우의 내부관계   상인인 위탁자가 그 영
업에 관하여 물건의 매수를 위탁한 경우에는 위탁자와 위탁매매인 간
의 관계에는 상사매매에 관한 제68조 내지 제71조의 규정을 준용한다
(110조).

⑶ 위탁매매인 또는 위탁자와 제3자와의 관계(외부관계)

1) 위탁매매인과 제3자의 관계   위탁매매인은 위탁자의 계산으로
자기의 명의로 매매를 하므로, 위탁자를 위한 매매로 인하여 제3자에 대
하여 직접 권리를 취득하고 의무를 부담하게 된다(102조). 따라서 통상의
매매에 있어서 매도인과 매수인 간의 관계와 같다.

2) 위탁자와 제3자의 관계   위탁자와 제3자 간에는 직접적인 법률
관계가 없으므로, 위탁자는 제3자에 대하여 아무런 권리를 가지지 않고
또 제3자가 위탁매매인에게 채무를 이행하지 않아도 위탁자는 제3자에
대하여 손해배상을 청구할 수 없다.

3) 위탁자와 위탁매매인의 채권자의 관계(위탁물의 귀속)   위탁매매인
이 위탁자로부터 받은 물건 또는 유가증권이나 위탁매매로 인하여 취
득한 물건, 유가증권 또는 채권은 위탁자와 위탁매매인 또는 위탁매매
인의 채권자 간의 관계에서는 이를 위탁자의 소유 또는 채권으로 본다
(103조).

4. 준위탁매매업

준위탁매매인은 자기명의로써 타인의 계산으로 매매 아닌 행위를 영
업으로 하는 자를 말한다(113조). 주선의 목적이 물건운송계약인 경우는
운송주선인으로서 여기서 제외된다(114조). 예로는 출판·광고·보험의 주
선업자나 여객운송의 주선업자 등이 있다. 이에 대하여는 위탁매매인에
관한 규정이 일반적으로 준용되나(113조), 주선의 목적물에 거래소의 시세
라는 것이 없으므로 개입권에 관한 규정(107조)은 준용되지 않고, 매매 아
닌 행위를 영업으로 하는 점에서 매매에 관한 규정(위탁물의 훼손·하자 등의
경우의 통지·처분에 관한 108조, 매수위탁에 관한 109조 및 매수위탁자가 상인인 경우
의 상사매매에 관한 110조)도 준용되지 않는다.

Ⅳ. 운송주선업

1. 운송주선인의 의의와 기능

운송주선인(運送周旋人)은 자기명의로 물건운송의 주선을 영업으로
하는 자이다(114조). 운송주선인과 위탁매매인은 그 주선의 대상행위가
물건운송계약과 물건 또는 유가증권의 매매라는 점에서 차이가 있으나
'주선'에는 공통하므로 운송주선인에 대하여는 운송주선업에 관한 규정
외에 위탁매매인에 관한 규정을 준용한다(123조). '운송'인 이상 육상, 해
상, 항공 및 복합운송을 불문하나 여객운송은 제외된다(준위탁매매인). 운
송주선인은 물건운송의 주선의 인수를 영업으로 함으로써 상인이 된다
(46조 12호, 4조). 운송주선업은 운송업과 더불어 물건의 매매에 관한 공간
적 장벽을 극복하는 기능을 한다. 운송수단이 다양화되고 운송거리가 멀
어짐에 따라 주선인의 필요성은 점차 증대되는 실정이다.

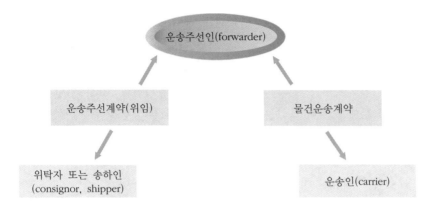

2. 운송주선계약의 법적 성질

위탁자(송하인)와 운송주선인 사이의 운송주선계약은 물건운송계약이라는 법률행위를 하는 것의 위탁이므로 위임계약에 속한다(123조, 112조, 민 680조).

3. 운송주선인의 의무

(1) 운송주선인의 의무

1) **일반적 주의의무**　　운송주선인은 운송주선계약에서 정한 바에 따라 선량한 관리자의 주의로써 운송의 주선을 실행하여야 한다(123조, 112조, 민 681조).

2) **개별적 의무**

(가) **지정운임준수의무**　　위탁자(송하인)가 운송주선인에 대하여 운임을 지정한 때에는 이를 준수하여야 한다. 위탁자가 지정한 운임보다 고가로 운송계약을 체결한 경우에도 운송주선인이 차액을 부담한 때에는 그 운송계약은 위탁자에 대하여 효력이 있다(123조, 106조 1항).

(나) **통지의무·계산서제출의무**　　운송주선인이 위탁받은 운송계약을 체결한 때에는 지체없이 위탁자에 대하여 그 계약의 요령과 운송인의

주소, 성명의 통지를 발송하여야 하며 계산서를 제출하여야 한다(123조, 104조).

(다) **운송물의 훼손·하자 등의 통지의무 및 처분권**　　운송주선인이 운송물을 인도받은 후에 그 운송물의 훼손 또는 하자를 발견하거나 그 운송물이 부패할 염려가 있는 때 또는 가격저락의 상황을 안 때에는 지체없이 위탁자에게 그 통지를 발송하여야 하고, 이 경우 위탁자의 지시를 받을 수 없거나 그 지시가 지연되는 때에는 운송주선인은 위탁자의 이익을 위하여 적당한 처분을 할 수 있다(123조, 108조).

(2) **운송주선인의 손해배상책임**

1) **책임원인**　　운송주선인은 자기나 그 사용인이 운송물의 수령, 인도, 보관, 운송인이나 다른 운송주선인의 선택 기타 운송에 관하여 주의를 해태하지 아니하였음을 증명하지 아니하면 운송물의 멸실, 훼손 또는 연착으로 인한 손해를 배상할 책임을 면하지 못한다(115조). 상법은 운송주선인의 손해배상책임에 관하여 과실책임주의를 취하는 동시에 무과실의 입증책임을 운송주선인에게 부담시키고 있다. 이 점은 운송인(135조·148조·795조·826조·913조·914조)이나 공중접객업자(152조 1항) 및 창고업자(160조)와 동일하다. 여기의 운송물의 '멸실'은 물리적 멸실 외에 도난·분실·무권리자에의 인도도 포함하며, '훼손'은 가치를 감소케 하는 물질적 손상을, '연착'은 약정된 일시 또는 보통 도착하는 일시보다 늦게 도착하는 경우를 말한다.

2) **책임의 성질**　　민법상으로도 이행보조자의 고의·과실은 채무자의 고의·과실로 보며(민 391조), 채무자가 무과실의 입증책임을 부담한다는 점에서(민 390조 단서) 상법 제115조는 민법의 일반원칙을 구체화한 주의적 규정으로 본다.

3) **손해배상범위**　　손해배상의 범위에 대하여는 육상물건운송인에 대한 상법 제137조와 같은 특별규정이 없으므로 민법의 일반원칙(민 393조)에 의한다.

4) 불법행위책임과의 관계   이 책임은 채무불이행책임이나 운송주선인이 자기나 그 사용인의 고의·과실로 인하여 운송물을 멸실·훼손한 경우에는 동시에 불법행위가 성립하게 된다. 이 경우 양 책임의 관계에 대하여 법조경합설의 입장도 있으나 피해자의 두터운 보호를 위하여 양 책임은 별개로 성립한다고 보는 것이 옳다(청구권경합설).

5) 고가물에 대한 책임   화폐·유가증권 기타의 고가물(高價物)에 대하여는 운송주선의 위탁시에 그 종류와 가액을 명시한 경우에 한하여 운송주선인이 손해배상책임을 진다(124조, 136조).

6) 책임의 소멸   이 책임은 운송주선인이나 그 사용인이 악의가 아닌 한 수하인이 운송물을 수령하거나 전부멸실의 경우에는 그 운송물을 인도할 날로부터 1년을 경과하면 소멸시효가 완성한다(121조). 악의인 경우에는 5년의 시효가 적용된다(64조 본문).

7) 면책약관   상법 제115조는 임의규정이므로 운송주선인이 고의인 경우를 제외하고 당사자간의 특약에 의하여 운송주선인의 손해배상책임을 감경 또는 면제할 수 있다.

4. 운송주선인의 권리

운송주선인의 권리로서 민법의 위임규정에 의한 것을 제외하고 다음과 같은 것이 있다.

(1) **보수청구권**   운송주선인은 운송계약을 체결하고 운송물을 운송인에게 인도한 때 보수를 청구할 수 있다(119조 1항). 운송주선계약에서 운임의 액을 정한 경우(확정운임운송주선계약)에는 통상 그 운임 속에 보수도 포함되어 있으므로, 운송주선인은 다른 약정이 없는 한 보수를 청구하지 못한다(119조 2항).

(2) **비용상환청구권**   운송주선인은 운송계약에 의하여 운송인에게 지급한 운임 기타의 지출비용을 위탁자에 대하여 청구할 수 있다(123조, 112조, 민 687조, 688조).

(3) **특별상사유치권**　　운송주선인은 운송물에 관하여 받을 보수, 운임 기타 위탁자를 위한 체당금이나 선대금에 관하여서만 그 운송물을 유치할 수 있다(120조).

(4) **개입권과 개입의제**　　운송주선인은 다른 약정이 없으면 자신이 직접 운송할 수 있는데 이를 개입권이라고 한다. 그 성질은 형성권이며 이 개입에 의하여 운송주선인은 운송인과 동일한 권리의무를 취득 또는 부담하게 된다(116조 1항). 운송주선인이 위탁자의 청구에 의하여 화물상환증을 작성한 때에는 직접운송하는 것으로 본다(116조 2항). 이 경우 개입의사가 있는 것으로 의제하는 것이다.

(5) **운송주선인의 채권의 소멸시효**　　운송주선인의 위탁자 또는 수하인에 대한 채권(보수청구권·비용상환청구권)의 소멸시효기간은 1년이다 (122조).

5. 수하인의 지위

운송주선계약의 당사자는 운송주선인과 위탁자(송하인)일 뿐 수하인 (受荷人), 즉 운송주선계약상 운송물의 수령인으로 기재된 자는 계약의 당사자가 아니다. 그러나 운송물의 이동과 계약이행의 정도에 따라 운송에 있어서 수하인과 운송인 사이의 관계와 마찬가지로 수하인과 운송주선인 사이에도 직접적인 법률관계가 생기게 된다. 즉, 운송물이 목적지에 도착한 때에는 수하인은 운송주선계약의 위탁자와 동일한 권리를 취득하고, 운송물이 도착지에 도착한 후 수하인이 그 인도를 청구한 때에는 수하인의 권리가 위탁자의 권리에 우선하며, 수하인이 운송물을 수령한 때에는 운송주선인에 대하여 보수 기타의 비용과 체당금을 지급할 의무를 부담하게 된다(124조, 140조, 141조).

Cf. '화'물(貨物)과 '하'물(荷物): 화(貨)와 하(荷)는 같은 뜻을 가진 다른 말이다. 무역실무계에서는 전자를 사용하여 화물, 수화물, 송화인, 수화인, 선화증권, 화환어음, 화환신용장이라고 쓰는 한편 법학에서는 후자를 더 많이 사용한다. 예컨대 하물(699조 등), 수하물(149조, 150조 등), 송하인(126조 등), 수하인(140조, 141조 등), 선하증권(852조 등), 하환어음, 하환신용장이라고 표기한다. 그러나 법전상으로도 화물명세서(126조), 화물상환증(128조), 해상화물운송장(863조), 항공화물운송장(915조)이라고 쓰기도 한다.

6. 순차운송주선

(1) **순차운송주선의 의의**　　순차운송주선은 수인의 운송주선인이 동일한 운송물의 운송에 관하여 순차적으로 주선을 하는 경우이다. 이는 부분운송주선, 하수운송주선 및 중간(중계)운송주선(협의의 순차운송주선)으로 분류된다. 부분운송주선은 위탁자가 수인의 운송주선인과 구간별로 운송주선계약을 체결한 경우로서 수개의 독립한 운송주선계약이 병존하며, 각 운송주선인은 각 구간에 대하여 독립적으로 책임을 부담한다. 하수운송주선은 최초의 운송주선인이 전구간의 운송을 주선한다. 따라서 다른 운송주선인은 최초의 운송주선인의 이행보조자에 불과하므로 최초의 운송주선인이 모든 책임을 부담한다. 중간운송주선은 중계운송을 요하는 경우, 운송주선인이 자기명의로 위탁자의 계산으로 중간운송주선인과 주선계약을 체결하는 것을 말하며, 상법에서 규정하고 있는 '순차로 운송주선을 하는 경우'는 이를 뜻한다.

(2) **중간운송주선인의 지위**　　순차운송주선의 경우에 후자는 전자에 갈음하여 그 권리(예컨대 보수청구권, 유치권 등)를 행사할 의무를 부담한다(117조 1항). 후자가 전자에게 변제한 때에는 전자의 권리를 취득한다(117조 2항). 운송주선인이 운송인에게 변제한 때에는 운송인의 권리를 취득한다(118조).

V. 운 송 업

1. 운송인의 의의

운송인(運送人)은 육상 또는 호천, 항만에서 물건 또는 여객의 운송을 영업으로 하는 자이다(125조). 여기의 '운송인'은 육상운송인만을 가리킨다. 해상운송은 해상편, 항공운송은 항공운송편에서 각 규정하고 있다. 운송의 객체는 '물건 또는 여객'이고, '운송'은 이를 공간적으로 이동시키는 것이다. 상법은 '운송을 영업으로 하는 자'라고 정의하나 운송행위 자체는 사실행위이어서 그로부터 상인성이 도출될 수는 없고, 법률행위인 '운송의 인수'를 영업으로 함으로써 당연상인이 되는 것이다(46조 13호, 4조).

2. 운송업의 기능

운송업은 운송주선업과 더불어 상품의 공간적 이동을 담당하는 영업으로 창고업과 함께 상인에게 불가결한 요소가 되고 있다.

3. 운송계약의 법적 성질

운송계약은 운송이라는 일의 완성을 목적으로 하는 것이므로 도급의 일종이다(민 664조). 그러나 이에 관한 상법의 규정은 거의 자족적(自足的)이므로 민법의 도급규정이 적용될 여지는 별로 없다.

4. 물건운송

(1) 운송계약의 체결

1) 운송계약의 당사자 물건운송계약의 당사자는 운송을 인수하는 운송인과 운송을 위탁하는 송하인이다. 송하인은 운송물의 소유자임을 요하지 아니한다. 운송주선인이 개재하는 경우에는 운송주선인이 운송계약상의 송하인이 된다. 송하인과 수하인은 동일인이어도 무방하다.

2) 운송계약의 체결 물건운송계약은 운송인과 송하인 사이에 체

결된다. 물건운송계약은 낙성·불요식의 계약이다. 물건운송계약이 체결되면 송하인은 화물명세서를 교부하고, 운송인은 송하인의 청구에 따라 화물상환증을 교부하게 된다(126조, 128조). 이 때 교부되는 화물명세서는 증거서면이고, 화물상환증은 운송물의 인도청구권을 표창하는 유가증권으로서 둘 다 계약 체결 후에 작성되는 것이므로 계약성립의 요건은 아니다.

(2) **물건운송인의 의무**

1) **총 설**   물건운송계약의 가장 본질적인 의무는 운송의무로서 이는 구체적으로 운송물의 수령·운송·운송 중의 보관 및 인도를 가리킨다. 이 의무 이외에 운송인은 다음과 같은 의무를 부담한다.

2) **화물상환증교부의무**   운송인은 송하인의 청구에 의하여 화물상환증을 교부하여야 한다(128조 1항).

3) **운송물의 보관과 처분의무**   운송인은 운송을 인수하는 것이므로 운송물을 수령 후 인도할 때까지 선량한 관리자의 주의로써 적절하게 보관하여야 한다(135조 참조). 또한 운송인은 송하인 또는 화물상환증의 소지인이 운송을 중지 또는 운송물의 반환 기타의 청구를 한 때에는 그에 따라야 한다(139조 1항 전문). 이를 운송인의 처분의무라고 한다. 운송인이 위와 같은 처분을 한 때에는 이미 운송한 비율에 따른 운임, 체당금과 처분으로 인한 비용의 지급을 청구할 수 있다(139조 1항 후문).

4) **운송물인도의무**   운송인은 도착지에서 운송물을 인도할 의무를 지는데 이 의무의 내용은 화물상환증의 발행 여부에 따라 다르다.

㈎ **화물상환증이 발행된 경우**   이 경우에는 운송물의 인도청구권은 화물상환증에 표창되어 이와 상환하지 않으면 운송물의 인도를 청구할 수 없고(129조), 화물상환증을 선의로 취득한 소지인에 대하여 운송인은 화물상환증에 적힌 대로 운송물을 수령한 것으로 보고 화물상환증에 적힌 바에 따라 운송인으로서 책임을 지며(131조 2항), 운송물에 대한 처분은 화물상환증으로써만 하여야 한다(132조). 실무상 화물상환증과 상환하지 않고 운송물을 인도하는 경우가 있으나(보증도 또는 공도), 그러한 상관

습이 있다고 하여 화물상환증의 정당한 소지인에 대한 운송인의 책임이 면제되는 것은 아니다.

(내) **화물상환증이 발행되지 않은 경우**　운송물이 도착지에 도착한 때에는 수하인은 송하인과 동일한 권리를 취득하는(140조 1항) 한편 수하인이 인도청구를 한 때에는 수하인의 권리가 우선하므로 운송인은 수하인에게 운송물을 인도하여야 한다(140조 2항).

(대) **수하인의 지위**　물건운송계약의 당사자는 송하인과 운송인일 뿐 수하인은 아니지만 운송의 공간적 진행에 따라 수하인도 운송인에 대하여 권리나 의무를 취득 또는 부담하게 된다. 다만, 화물상환증이 발행된 경우에는 운송인에 대한 권리는 증권에 흡수되므로 별도로 수하인의 지위를 논할 의미가 없다. ① 운송물 도착 전에는 수하인은 운송인에 대하여 아무런 권리가 없다. 송하인만이 운송계약상의 권리의무를 가지고, 운송물에 대한 처분권(139조 1항 전문)을 가진다. ② 운송물이 목적지에 도착한 때에는 수하인은 운송인에 대하여 송하인과 동일한 권리(예컨대 인도청구권, 손해배상청구권)를 가진다(140조 1항). ③ 운송물이 목적지에 도착한 후 수하인이 인도청구를 한 때에는 수하인의 권리가 송하인에 우선한다 (140조 2항). ④ 수하인이 운송물을 수령한 때에는 운송인에 대하여 운임 기타 운송에 관한 비용과 체당금을 지급할 의무를 부담한다(141조). 그러나 송하인의 운임 등의 지급의무가 소멸하는 것은 아니므로 양 채무는 부진정연대채무관계로 병존하게 된다.

5) 손해배상책임

(개) **책임원인**　운송인은 자기 또는 운송주선인이나 사용인, 그 밖에 운송을 위하여 사용한 자가 운송물의 수령, 인도, 보관 및 운송에 관하여 주의를 게을리하지 아니하였음을 증명하지 아니하면 운송물의 멸실, 훼손 또는 연착으로 인한 손해를 배상할 책임이 있다(135조).

(내) **책임의 법적 성질**　운송주선인의 경우(115조)와 같이 민법의 일반원칙을 구체화한 주의적 규정이다.

(다) **손해배상청구권자**   원칙적으로 송하인이나 운송물이 목적지에 도착하면 수하인도 이 권리를 취득하며, 화물상환증이 발행된 경우에는 증권소지인만이 이 청구권을 가진다.

(라) **배상액**(정액배상주의)   상법은 운송인의 손해배상책임에 관하여 손해의 유형과 귀책사유의 정도를 기준으로 손해배상액을 달리 규정하고 있다. ① 손해의 유형이 운송물의 멸실, 훼손 또는 연착이고, 이것이 운송인측의 고의나 중대한 과실로 인한 것이 아닌 경우에는 정액배상주의를 채택하여, 운송물이 전부멸실 또는 연착된 경우에는 인도할 날, 운송물이 일부멸실 또는 훼손된 경우에는 인도한 날의 각 도착지 가격에 의한다(137조 1항·2항). ② 손해의 유형이 운송물의 멸실, 훼손 또는 연착이더라도 운송인측의 고의나 중대한 과실로 인한 것이거나 손해의 유형이 운송물의 멸실, 훼손 또는 연착 외의 것인 경우(예: 화물상환증 교부지체로 인한 손해)에는 민법의 일반원칙에 따라 상당인과관계 있는 모든 손해를 배상하도록 하고 있다(민 393조). ③ 운송물의 멸실 또는 훼손으로 인하여 지급을 요하지 아니하는 운임 기타 비용은 위의 배상액에서 공제하여야 한다(137조 4항). 연착의 경우에는 통상 운임 기타 비용이 지급되기 때문에 제외된다.

〈육상물건운송인의 손해배상책임의 범위〉

손해의 유형	귀책사유의 정도	배상범위/ 근거법조	유형	내용	비고
멸실, 훼손, 연착	경과실	정액배상 (137조)	전부멸실, 연착	인도할 날의 도착지 가격(1항)	이중이득방지 (4항, 연착 제외)
			일부멸실, 훼손	인도한 날의 도착지 가격(2항)	
	고의 또는 중대한 과실	상당인과관계 있는 모든 손해의 배상 (특별손해 포함, 민 393조)			
멸실, 훼손, 연착 이외의 손해	고의 또는 과실	상당인과관계 있는 모든 손해의 배상 (특별손해 포함, 민 393조)			손익상계

㈃ **고가물에 대한 책임**　　화폐, 유가증권 기타의 고가물에 대하여는 송하인이 운송을 위탁할 때에 그 종류와 가액을 명시한 경우에 한하여 운송인이 손해를 배상할 책임이 있다(136조). '고가물'은 그 용적이나 중량에 비하여 그 성질 또는 가공정도 때문에 가격이 현저히 비싼 물건(예: 보석, 귀금속, 고급모피, 고급시계)을 말한다. 고가물의 명시는 운임의 산정과 관련하여 적어도 계약의 체결시까지 고지하여야 할 것이고, 그 방법은 제한이 없다. 고가물에 대한 명시가 없었던 경우 운송인의 고의에 의한 멸실 또는 훼손이 아닌 이상 고가물로서는 물론 보통물로서의 책임도 지지 아니한다. 보통물로서의 책임을 인정하려고 해도 용적·중량만으로는 배상액을 결정하기 어렵기 때문이다. 송하인이 고가물의 명시를 하지 않았는데 운송인이 이를 우연히 안 경우 ① 대량의 물건을 취급하는 운송업에서 우연히 알게 된 주관적 사정을 고려하는 것은 부적당하고 또 고가물의 명시를 촉구하는 의미에서 운송인은 면책된다는 견해, ② 고가물임을 안 이상 고가물로서의 주의를 게을리함으로써 생긴 손해에 대하여 고가물로서의 손해배상책임을 면하지 못한다는 견해 및 ③ 보통물로서의 주의를 게을리한 때에만 고가물로서의 손해배상책임을 진다는 견해가 대립하나 보통물로 운송을 위탁받았으므로 적어도 보통물로서의 주의는 기울여야 하고, 고가물임을 안 이상 손해액은 예상할 수 있으므로 고가물로서의 손해배상책임을 면할 수 없다는 ③설이 타당하다.

㈄ **불법행위책임과의 관계**　　운송주선인의 손해배상책임부분에서와 마찬가지로 청구권경합관계로 파악한다.

㈅ **손해배상책임의 소멸**　　운송인의 책임은 수하인 또는 화물상환증소지인이 유보없이 운송물을 수령하고 운임 기타의 비용을 지급한 때에는 소멸한다(146조 1항 본문). 그러나 운송물에 즉시 발견할 수 없는 훼손 또는 일부멸실이 있는 경우에는 운송물을 수령한 날로부터 2주간 내에 운송인에게 그 통지를 발송하지 않으면 운송인의 책임은 소멸한다(146조 1항 단서). 단, 운송인 또는 그 사용인이 악의인 경우에는 책임이 소멸하지

아니한다(146조 2항). 운송인이 운송물의 인도 후에 손해배상책임을 부담하는 경우에도 수하인이 운송물을 수령한 날(전부멸실의 경우에는 운송물을 인도할 날)로부터 1년을 경과하면 소멸시효가 완성한다(147조, 121조 1항·2항). 이 경우에도 운송인이나 그 사용인이 악의인 경우에는 그 적용이 없고, 5년의 일반상사시효가 적용된다(147조, 121조 3항, 64조 본문).

(아) **면책약관**　　육상운송인의 책임에 관한 상법의 규정은 강행법규가 아니므로 당사자 사이의 특약으로 책임을 감면할 수 있다. 이러한 면책약관(exception clause)에 의하여 계약불이행책임 외에 불법행위책임도 감면되는가에 대하여 청구권경합설의 입장에서는 이를 부정하고, 법조경합설의 입장에서는 인정한다. 한편 해상 및 항공운송에 있어서 운송인의 책임을 감면하는 당사자 사이의 특약은 효력이 없다(799조 1항, 903조).

(3) **물건운송인의 권리**

1) **운송물인도청구권**　　운송계약의 이행을 위하여 운송인은 송하인에게 운송물의 인도를 청구할 수 있다.

2) **화물명세서교부청구권**　　운송인은 송하인에 대하여 법정사항을 기재한 화물명세서를 교부하여 줄 것을 청구할 수 있다(126조 1항). 화물명세서는 송하인이 상법 제126조 제2항의 사항(1호~5호)을 기재하고 기명날인 또는 서명함으로써 작성하는 증거증권으로서, 운송인은 이에 의하여 운송의 준비를 할 수 있고, 수하인은 도착물을 확인할 수 있는 효용을 가진다. 송하인이 화물명세서에 허위 또는 부정확한 기재를 함으로써 손해를 끼친 때에는 운송인이 악의인 경우를 제외하고 운송인에 대하여 이로 인한 손해를 배상할 책임이 있다(127조). 이는 화물명세서 기재의 정확성을 담보하기 위한 규정이므로 무과실책임으로 보아야 한다.

3) **운임 및 비용상환청구권**　　운송인은 운송계약에서 운임을 정하지 않더라도 도착지에서 운송물을 인도한 때 당연히 운임을 청구할 수 있다(61조, 도급의 성질상 착급이 원칙이다). 운송물의 전부 또는 일부가 송하인의 책임없는 사유로 인하여 멸실한 때에는 운송인은 그 운임을 청구하지

못한다. 운송인이 이미 그 운임의 전부 또는 일부를 받은 때에는 이를 반환하여야 한다(134조 1항). 그러나 운송물의 전부 또는 일부가 그 성질이나 하자 또는 송하인의 과실로 인하여 멸실한 때에는 운송인은 운임의 전액을 청구할 수 있다(134조 2항). 송하인이 운송인에 대하여 운송의 중지, 운송물의 반환 기타의 처분을 청구한 경우에 운송인은 이미 운송한 비율에 따른 운임을 청구할 수 있다(139조 1항). 운송인이 운송에 관련한 필요비용으로서 운임에 포함되지 않은 것(예컨대 통관절차비용, 창고료, 보험료 등)을 지출한 경우 그 상환을 청구할 수 있다(141조 참조).

4) 특별상사유치권 운송인은 운임과 비용 등의 청구권을 확보하기 위하여 운송주선인의 경우와 같은 유치권을 행사할 수 있다(147조, 120조).

5) 운송물의 공탁·경매권

⑺ **공 탁 권** 운송인은 수하인을 알 수 없는 때 또는 수하인이 운송물의 수령을 거부하거나 수령할 수 없는 경우 운송물을 공탁하여 운송계약상의 의무를 면할 수 있다(142조 1항, 143조 1항). 운송인이 운송물의 공탁을 한 때에는 지체없이 송하인에게 그 통지를 발송하여야 한다(142조 3항, 143조 1항). '수하인'에는 화물상환증이 발행된 경우 화물상환증의 정당한 소지인도 포함된다.

⑴ **경 매 권** 운송인은 수하인을 알 수 없는 때 또는 수하인이 운송물의 수령을 거부하거나 수령할 수 없는 경우 경매할 수 있다. ① 수하인을 알 수 없는 때에는 운송인은 송하인에 대하여 상당한 기간을 정하여 운송물의 처분에 대한 지시를 최고하여야 하며, 최고하여도 그 기간 내에 지시를 하지 아니한 때에 운송물을 경매할 수 있다(142조 2항). ② 수하인이 운송물의 수령을 거부하거나 수령할 수 없는 때에는 운송인이 경매를 함에는 송하인에 대한 최고를 하기 전에 수하인에 대하여 상당한 기간을 정하여 운송물의 수령을 최고하여야 한다(143조 2항). 송하인·수하인에 대하여 최고를 할 수 없거나 운송물이 멸실 또는 훼손될 염려가 있는 때에는 위의 최고없이 경매할 수 있다(145조, 67조 2항). 운송인이 운

송물을 경매한 때에는 지체없이 송하인에게 그 통지를 발송하여야 한다
(142조 3항). ③ 송하인·화물상환증소지인 및 수하인을 알 수 없는 때에는
운송인은 권리자에 대하여 6월 이상의 기간을 정하여 그 기간 내에 권리
를 주장할 것을 공고하여야 한다. 위의 공고는 관보나 일간신문에 2회 이
상 하여야 한다. 운송인이 공고를 하여도 그 기간 내에 권리를 주장하는
자가 없는 때에는 운송물을 경매할 수 있다(144조). 운송물을 경매한 때에
는 그 대금에서 경매비용을 공제한 잔액을 공탁하여야 한다. 그러나 그
전부나 일부를 운임·체당금 등의 비용에 충당할 수 있다(145조, 67조 3항).

　　6) 운송인의 채권의 시효　　　운송인의 송하인 또는 수하인에 대한
채권은 1년간 행사하지 아니하면 소멸시효가 완성한다(147조, 122조).

5. 순차운송

　　(1) 의의와 유형　　　순차운송(順次運送)은 수인의 운송인이 동일한 운
송물을 동일한 조건 하에 순차적으로 운송하는 것이다. 이는 부분운송,
하수운송, 동일운송 및 공동운송(연대운송, 협의의 순차운송)으로 분류된다.
부분운송은 수인의 운송인이 각자 독립하여 각 특정구간의 운송을 인수
하는 경우로서 각 운송인이 각 구간에 대하여 독립적으로 책임을 부담한
다. 하수운송은 최초의 운송인이 전 구간의 운송을 인수하고 그 운송의
실행을 위하여 다른 운송인(하수운송인)과 운송계약을 체결하는 경우로서
하수운송인은 최초의 운송인의 이행보조자에 불과하므로 최초의 운송인
이 모든 책임을 부담한다. 동일운송은 수인의 운송인이 공동으로 전 구
간의 운송을 인수하되 내부적으로 각자의 담당구간을 정하는 경우로서
모든 운송인이 전 구간에 대하여 연대책임을 부담한다(57조 1항). 공동운
송(연대운송, 협의의 순차운송)은 송하인과 최초의 운송인 사이에 체결한 운
송계약에 따라 수인의 운송인이 통화물명세서에 의하여 순차적으로 각
구간에 관하여 운송을 인수하는 경우로서 상법 제138조에서 말하는 '수
인이 순차로 운송할 경우'는 이를 의미한다.

(2) 순차운송인의 법률관계

1) 순차운송인의 연대책임　　수인이 순차로 운송할 경우에는 각 운송인은 운송물의 멸실, 훼손 또는 연착으로 인한 손해를 연대하여 배상할 책임이 있다(138조 1항). 이 경우 어느 운송인의 과실에 의하여 손해가 발생하였는지를 파악하기 어렵기 때문이다. 운송인 중 1인이 손해를 배상한 때에는 그 손해의 원인이 된 행위를 한 운송인에 대하여 구상권이 있다(138조 2항). 그 손해의 원인이 된 행위를 한 운송인을 알 수 없는 때에는 각 운송인은 그 운임액의 비율로 손해를 분담한다. 그러나 그 손해가 자기의 운송구간 내에서 발생하지 아니하였음을 증명한 때에는 손해분담의 책임이 없다(138조 3항).

2) 순차운송인의 대위　　수인이 순차로 운송을 하는 경우에는 후자는 전자에 갈음하여 그 권리를 행사할 의무를 부담한다(147조, 117조 1항). 후자가 전자에게 변제한 때에는 전자의 권리를 취득한다(147조, 117조 2항). 이러한 순차운송인의 대위가 인정되는 순차운송인의 범위에 대하여 공동운송(협의의 순차운송)에 한한다고 본다.

6. 화물상환증

(1) 의　　의　　화물상환증(貨物相換證)은 육상물건운송인이 운송물을 수령하였다는 사실을 증명하고 목적지에서 증권소지인에게 이를 인도할 의무를 표창하는 유가증권이다. 이는 송하인의 청구에 의하여 운송인이 발행·교부하는 증서로서(128조 1항) 선하증권제도를 육상운송에 응용한 것이다.

(2) 경제적 기능　　화물상환증으로써 운송중의 화물을 담보로 금융의 편의를 얻거나 전매할 수 있는 이점이 있다.

(3) 법적 성질　　화물상환증은 그 발행이 운송계약의 성립요건은 아니나 일단 발행되면 그 증권상의 권리의 행사·이전에 증권의 점유 또는 이전을 요하는 불완전유가증권이다. 이는 기재사항이 법정되어 있는

점에서 요식증권(128조 2항)이고, 작성된 경우 이와 상환 없이는 운송물의 인도를 청구할 수 없으므로 상환증권(129조)이며, 기명식인 때에도 배서금지문언이 없는 한 배서에 의하여 양도할 수 있는 점에서 법률상 당연한 지시증권(130조)이고, 화물상환증의 선의의 소지인에 대하여 운송인은 증권에 적힌 바에 따라 책임을 지므로 문언증권(131조)이며, 작성된 경우 운송물에 관한 처분은 이 증권으로써 하여야 하므로 처분증권(132조)이다.

(4) 효   력

1) 채권적 효력

㈎ 의   의   화물상환증의 채권적 효력은 증권소지인과 운송인 간의 채권관계, 즉 증권소지인이 운송인에 대하여 운송계약상의 채무이행을 청구하고 그 불이행의 경우에는 손해배상청구를 할 수 있는 법적 지위이다.

㈏ **요인증권성과 문언증권성의 관계**   화물상환증은 운송물의 수령을 원인으로 하여 발행되는 요인증권인 동시에 문언증권성(131조)을 가진다. 따라서 운송인이 운송물을 수령하지 않고 화물상환증을 발행한 '공권(空券)'의 경우나 실제로 수령한 운송물과 증권에 기재된 문언이 불일치하는 '상위(相違)'의 경우 요인성과 문언성이 충돌하는 경우가 발생할 수 있다. 이때 ① 소지인이 송하인인 경우(본점과 지점 간과 같이 화물상환증소지인이 실질적으로 송하인과 동일한 경우 포함)에는 송하인은 운송인과 운송계약을 체결한 자이므로 운송계약에 의하는 것이 원칙이다. 즉, 요인성에 의한다. 따라서 공권의 경우에는 인도할 것이 없고, 상위의 경우에는 실제 위탁받은 운송물을 인도하면 된다. 그러나 만약 송하인이 화물상환증의 기재에 따른 운송물의 인도를 요구할 경우에는 문언성을 규정한 상법 제131조 제1항에 의하여 운송인과 송하인 사이에 화물상환증에 적힌 대로 운송계약이 체결되고 운송물을 수령한 것으로 추정하므로, 운송인이 공권 또는 상위를 주장하기 위하여는 본증으로써 이 추정을 복멸하여야 한다. 만약 반대사실을 입증하지 못할 경우에는 화물상환증에 적힌 바에

따라 운송인으로서 채무불이행책임을 진다. ② 소지인이 제3자인 경우에
도 원칙적으로 요인성에 의하여 해결한다. 그러나 선의의 소지인은 운송
계약에 관하여 화물상환증에 기재된 이상의 내용을 알지 못할 것이므로
문언성을 우선시켜 그를 보호하여야 할 것이다. 즉, 운송인은 화물상환증
을 선의로 취득한 소지인에 대하여 화물상환증에 적힌 대로 운송물을 수
령한 것으로 보고 화물상환증에 적힌 바에 따라 운송인으로서 책임을 진
다(131조 2항). 그러므로 공권이나 상위의 경우 운송인은 채무불이행책임
을 지게 될 것이다.

(다) 채권적 효력의 범위　　화물상환증의 문언성은 악의의 소지인에
게는 적용되지 않는다. 또한 증권작성행위의 하자(사기·강박·착오 등), 운
송물 자체에서 발생하는 사유(불가항력에 의한 운송물의 멸실 등)를 가지고 소
지인에게 대항할 수 있다.

2) 물권적 효력

(가) 의　　의　　화물상환증의 물권적 효력은 운송물 위의 물권의
설정·이전에 관하여 화물상환증이 가지는 효력을 말한다. 상법 제133조
는 "화물상환증에 의하여 운송물을 받을 수 있는 자에게 화물상환증을
교부한 때에는 운송물 위에 행사하는 권리의 취득에 관하여 운송물을 인
도한 것과 동일한 효력이 있다."라고 규정하고 있다.

(나) 발생요건　　화물상환증의 교부로써 물권적 효력이 발생하기 위
하여는 ① 운송인이 운송물을 수령하여 인도의무를 부담하여야 하고, ②
정당한 권리자에게 화물상환증이 교부되어야 하며, ③ 운송물이 존재하
고, 운송인이 운송물을 점유하여야 한다. 운송물이 멸실되거나 제3자에
의하여 선의취득된 경우에는 이 효력이 인정되지 않는다.

(다) 화물상환증의 물권적 효력의 이론구성　　상법 제133조가 '화물상
환증의 교부 = 운송물의 인도'라고 규정하고 있는 한편 우리 민법상으로
운송인과 같은 제3자가 점유하고 있는 동산(운송물)의 인도에는 목적물반
환청구권이라는 채권의 양도절차를 취하여야 하는데(민 190조, 450조) 이러

한 물권적 효력의 이론구성을 어떻게 하여야 할 것인지에 대하여 견해가
대립한다.

가) 절 대 설　　화물상환증의 교부는 민법 제190조의 목적물반환청
구권의 양도에 의한 점유이전과는 별도로 상법 제133조가 특별히 인정한
점유취득원인으로서, 화물상환증의 교부는 운송인의 점유와는 무관하게
절대적으로 운송물의 점유를 이전시킨다는 입장이다.

나) 엄정상대설　　상법 제133조는 점유취득의 특별원인을 규정한
것이 아니고, 목적물반환청구권의 양도에 의한 간접점유의 이전을 규정
한 민법 제190조의 예시에 불과하므로, 화물상환증의 교부로써 운송물의
간접점유를 이전하기 위하여는 민법 제190조의 인도방법을 취함과 아울
러 민법 제450조의 채권양도절차를 취하여야 한다는 입장이다.

다) 대 표 설　　상법 제133조를 민법 제190조를 강화한 특칙으로
보고, 운송인이 운송물을 직접·타주점유하는 것을 전제로 화물상환증은
운송물을 대표하는 것이므로, 민법 제450조의 채권양도절차를 취할 필요
없이 화물상환증의 교부만으로 운송물의 간접점유를 이전하는 것이 된다
는 입장이다.

라) 유가증권적 효력설　　대표설과 같으나 운송인의 횡령과 같은
운송물에 대한 자주점유의 경우에도 물권적 효력을 인정하는 점만 차이
가 있다.

마) 물권적효력부인설　　화물상환증에 물권적 효력이 존재하는 것
을 부정하고, 물권적 효력은 화물상환증의 채권적 효력의 반사적 효과에
지나지 않는다는 입장이다. 따라서 물권적 효력을 정한 상법 제133조는
목적물반환청구권의 양도방법으로서 화물상환증의 교부에 의한 운송물
인도청구권의 양도를 예시적으로 정한 것에 지나지 않는다고 한다.

바) 결론(대표설)　　운송물이 운송인에 의하여 정상적으로 간접점유
되고 있는 것을 전제로 하여 화물상환증이 그 운송물을 대표하므로 화물
상환증의 교부만으로 운송물을 인도할 수 있게 한 것이라는 대표설이 민

법 제190조에 대한 특칙으로서의 상법 제133조의 의미를 가장 정확하게 파악한 것으로 본다.

㈔ **물권적 효력의 내용** 화물상환증의 물권적 효력은 '운송물 위에 행사하는 권리의 취득'에 관하여만 인정된다. '운송물 위에 행사하는 권리'에는 운송물에 관한 소유권·질권·유치권 외에 위탁매매인의 처분권도 포함한다. 물권적 효력은 위와 같은 권리의 '취득'에 관하여만 인정된다. 즉, 권리취득의 효력발생요건 내지 대항요건에 관하여 인정되며 그외의 경우에는 물권적 효력이 발생하지 않는다. 예컨대 상인간의 매매에 있어서 매도인이 매수인에게 화물상환증을 교부하는 경우 권리의 취득에 관하여는 화물상환증의 교부로 인하여 물권변동의 효력발생요건으로서 운송물을 인도한 것과 동일한 효력이 발생하는 것이나, 그렇다고 하여 실제로 운송물을 수령한 것은 아니므로 매수인인 소지인이 화물상환증을 교부받았다고 하여 지체없이 상법 제69조에 따른 목적물의 검사 및 하자통지의무를 이행하여야 하는 것은 아니다. 화물상환증을 작성한 경우에는 운송물에 관한 처분은 화물상환증으로써 하여야 한다(처분증권성, 132조). 그러나 이 규정이 있다고 하여 이로써 운송물 자체의 선의취득이 전면적으로 부정되는 것은 아니다.

7. 여객운송

(1) 여객운송계약의 의의와 성립

1) **여객운송계약의 의의** 여객운송계약은 여객, 즉 자연인의 운송을 목적으로 하는 계약이다.

2) **여객운송계약의 성립과 승차권의 법적 성질** 여객운송계약은 운송인과 운송위탁자(보통은 여객 자신이나 아닌 경우도 있다) 사이에 체결되는 낙성·불요식의 계약이다. 승차권을 발행하는 경우에도 이는 계약의 성립요건이 아니다. 승차권은 운송채권을 표창하는 유가증권이며 무기명식인 경우 인도에 의하여 양도할 수 있다. 운송이 개시된 후 또는 개찰 후

에는 운송인은 특정인에게만 의무를 부담하고 이를 양도하지 못하며 단순한 증거증권이 된다.

(2) 여객운송계약의 효력

1) 여객운송인의 손해배상책임

(가) 여객의 손해에 대한 책임   운송인은 자기 또는 사용인이 운송에 관한 주의를 해태하지 아니하였음을 증명하지 아니하면 여객이 운송으로 인하여 받은 손해를 배상할 책임을 면하지 못한다(148조 1항). 이때의 '손해'는 운송채무불이행으로 인한 모든 손해로서 여객의 생명·신체상의 손해와 의복 등에 발생한 손해 및 연착으로 인한 손해 등이 포함된다. 상법은 여객운송으로 인한 손해배상의 액을 정함에는 법원은 피해자와 그 가족의 정상을 참작하여야 한다고 규정한다(148조 2항). 피해자와 그 가족의 정상을 참작한다는 것은 가족의 장래의 생계문제를 감안하여야 한다는 의미이므로, 이를 위하여 통상손해의 배상을 원칙으로 하는 민법 제393조에 대한 예외를 인정할 수 있다는 것이다. 따라서 당사자의 예견가능성과 무관하게 여객이 입은 특별손해를 인정할 수 있게 된다. 그리고 피해자의 정신적 손해에 대한 배상(위자료)도 포함하는 점에서 배상액이 도착지의 가격으로 정형화된 물건운송인의 정액배상책임(137조)과도 구별된다. 한편 상법 제148조 제2항의 '손해'는 여객의 사상(死傷)으로 인한 경우만을 의미하므로, 의복의 손해나 연착으로 인한 손해는 물론 피해자 가족의 정신적 손해에 대한 배상은 민법의 일반원칙에 의하여야 한다. 즉, 운송인의 행위가 채무불이행뿐 아니라 불법행위를 구성할 경우에 물적 손해와 아울러 가족의 위자료(민 752조)도 청구할 수 있다.

(나) 여객의 수하물에 대한 책임

가) 탁송수하물   운송인은 여객으로부터 인도를 받은 수하물에 관하여는 운임을 받지 아니한 경우에도 물건운송인과 동일한 책임이 있다(149조 1항). 즉, 운송인측이 운송에 관한 주의를 해태하지 아니하였음을 증명하지 아니 하는 이상 정액배상책임을 부담한다(135조, 137조). 수하물

이 도착지에 도착한 날로부터 10일 내에 여객이 그 인도를 청구하지 아니한 때에는 상사매매의 규정(67조)에 따라 그 수하물을 공탁 또는 경매할 수 있으며, 여객의 주소 또는 거소를 알지 못하는 경우에는 최고와 통지를 요하지 아니한다(149조 2항).

나) 휴대수하물　　운송인은 여객으로부터 인도를 받지 아니한 수하물의 멸실 또는 훼손에 대하여는 자기 또는 사용인의 과실이 없으면 손해를 배상할 책임이 없다(150조). 운송인측의 과실은 여객이 입증하여야 한다. 그 배상액에 대하여 규정이 없으나 민법의 일반원칙에 의할 경우 탁송수하물보다 운송인의 책임이 무겁게 되어 부당하므로 탁송수하물과 같이 상법 제137조에 의한다.

㈐ 손해배상책임의 소멸　　특별한 규정이 없으므로 여객의 손해배상책임에 관하여는 여객보호차원에서 일반상사시효인 5년이 적용된다(64조). 그러나 여객운송인의 수하물에 관한 손해배상책임은 물건운송인의 책임과 동일하게 보아야 할 것이다.

2) 여객운송인의 권리

㈎ 운임청구권　　여객운송인은 운송에 대한 보수로서 여객에 대하여 운임을 청구할 수 있다(61조).

㈏ 특별상사유치권의 인정 여부　　탁송수하물이 있는 경우에 여객 또는 그 수하물의 운임이 지급될 때까지 운송인이 그 수하물에 대하여 유치권을 가진다(147조, 120조의 유추적용, 반대 있음).

VI. 공중접객업

1. 공중접객업자의 의의

공중접객업자(公衆接客業者)는 극장, 여관, 음식점, 그 밖의 공중이 이용하는 시설에 의한 거래를 영업으로 하는 자이다(151조). 여기에는 호텔·목욕탕·이발관·기원·당구장·찻집·미장원·골프장·오락장　등이 포함된다.

2. 공중접객업자의 책임

(1) 임치를 받은 물건에 대한 책임   공중접객업자는 자기 또는 그 사용인이 고객으로부터 임치받은 물건의 보관에 관하여 주의를 게을리하지 아니하였음을 증명하지 아니하면 그 물건의 멸실 또는 훼손으로 인한 손해를 배상할 책임이 있다(152조 1항). 이는 운송주선인(115조)·육상운송인(135조)·창고업자(160조)의 책임과 같은 과실책임으로서 무과실의 입증책임은 공중접객업자가 진다. 이 책임은 고객으로부터 '임치'받은 물건에 대한 것이므로, 그 물건에 관하여 고객과 사이에 명시 또는 묵시의 임치계약이 체결되었어야 한다. 공중접객업자의 책임규정은 강행규정이 아니므로 당사자 사이의 특약에 의하여 감면할 수 있다. 그러나 고객의 휴대물에 대하여 책임이 없음을 알린 것만으로는 위 책임을 면하지 못한다(152조 3항).

(2) 임치를 받지 아니한 물건에 대한 책임   공중접객업자는 고객으로부터 임치받지 아니한 경우에도 그 시설 내에 휴대한 물건이 자기 또는 그 사용인의 과실로 인하여 멸실 또는 훼손되었을 때에는 그 손해를 배상할 책임이 있다(152조 2항). 이는 공중접객시설의 이용관계를 근거로 하여 법이 특별히 인정한 책임이다. 공중접객업자 또는 사용인의 과실은 고객이 입증하여야 한다.

(3) 고가물에 대한 책임   화폐, 유가증권, 그 밖의 고가물에 대하여는 고객이 그 종류와 가액을 명시하여 임치하지 아니하면 공중접객업자는 그 물건의 멸실 또는 훼손으로 인한 손해를 배상할 책임이 없다(153조). 그러나 그 멸실 또는 훼손에 대하여 공중접객업자측의 고의 또는 과실이 있는 경우 민법상의 불법행위에 의한 손해배상책임을 질 수 있다.

(4) 책임의 시효   공중접객업자의 위 책임은 공중접객업자가 임치물을 반환하거나 고객이 휴대물을 가져간 후 6개월이 지나면 소멸시효가 완성된다(154조 1항). 물건이 전부멸실된 경우에는 고객이 그 시설에서 퇴

거한 날부터 기산한다(154조 2항). 위의 책임시효규정은 공중접객업자나
그 사용인이 악의인 경우에는 적용하지 아니한다(154조 3항).

Ⅶ. 창 고 업

1. 창고업자의 의의

창고업자(倉庫業者)는 타인을 위하여 물건을 창고에 보관함을 영업으
로 하는 자이다(155조). 타인을 위하여 보관하는 것이므로 자기의 물건은
제외된다. 보관의 목적물은 물건이므로 동산에 한정된다. 화폐·유가증
권 기타의 고가물 또는 동물 같은 것도 보관의 대상이 될 수 있다. 창고
는 물건의 보관이 가능한 공작물이면 되고 반드시 지붕을 가진 건물이어
야 하는 것은 아니다(예컨대 노적장). '보관'은 물건을 창고에 넣어 관리하
는 것을 말한다. 창고업자는 물건의 보관 즉, 임치의 인수를 영업으로 하
며(46조 14호), 이로써 상인이 된다(4조).

2. 창고업의 기능

창고업은 운송업·운송주선업과 더불어 상품거래의 보조적 역할을
수행한다. 상인은 창고를 이용함으로써 직접 보관할 경우의 비용과 위험
을 줄일 수 있고, 창고증권을 이용함으로써 보관중인 물건을 적기에 처
분할 수 있다.

3. 창고임치계약의 법적 성질

창고임치계약은 물건의 보관의 인수를 목적으로 하는 낙성·불요식
의 유상계약이다. 창고업자가 발행하는 창고증권은 계약의 성립요건이
아니다.

4. 창고업자의 의무

(1) **임치물보관의무**   창고업자는 선량한 관리자의 주의로써 임치

물을 보관하여야 한다(62조). 임치물의 보관기간에 대하여는 특약이 있으면 이것에 의하고, 특약이 없는 때에는 부득이한 사유가 있는 경우를 제외하고는 임치물을 받은 날로부터 6월간은 보관하여야 한다(163조 1항, 164조). 6월 후 반환하는 경우에 임치물을 반환함에는 2주간 전에 예고하여야 한다(163조 2항).

(2) **창고증권교부의무**   창고업자는 임치인의 청구에 의하여 창고증권을 교부하여야 한다(156조).

(3) **임치물의 검사·견품적취·보존처분행위에 응할 의무**   창고업자는 임치인 또는 창고증권소지인의 요구가 있는 경우에는 영업시간 내에 언제든지 임치물의 검사 또는 견품의 적취에 응하여야 하며, 그 보존에 필요한 처분행위에도 응하여야 한다(161조).

(4) **임치물의 훼손·하자 등의 통지의무**   창고업자가 임치물을 인도받은 후에 그 물건의 훼손 또는 하자를 발견하거나 그 물건이 부패할 염려가 있는 때에는 지체없이 임치인에게 그 통지를 발송하여야 한다. 이 경우 임치인의 지시를 받을 수 없거나 그 지시가 지연되는 때에는 창고업자는 임치인의 이익을 위하여 적당한 처분을 할 수 있다(168조, 108조). 이는 위탁매매인의 경우와 유사하나 임치물의 가격저락의 상황을 안 때 임치인에게 통지할 의무는 없다고 본다. 위탁매매인과 창고업자의 입장은 다르기 때문이다.

(5) **임치물반환의무**   창고업자는 임치인의 청구가 있는 때에는 보관기간의 약정 유무에 불구하고 임치물을 반환하여야 한다(민 698조). 창고증권이 발행된 경우에는 그 소지인의 청구에 의하여, 그리고 그 소지인에게만 창고증권과 상환하여 임치물을 반환할 의무를 부담한다(157조, 129조).

(6) **손해배상의무**   창고업자는 자기 또는 사용인이 임치물의 보관에 관하여 주의를 해태하지 아니하였음을 증명하지 아니하면 임치물의 멸실 또는 훼손에 대하여 손해를 배상할 책임을 면하지 못한다(160조). 이

규정은 과실책임주의와 창고업자측의 과실을 추정하는 점에서 운송주선인(115조), 운송인(135조) 및 공중접객업자(152조 1항)의 손해배상책임과 같다. 임치물의 멸실에는 물리적 멸실 뿐만 아니라 도난당한 경우 또는 창고증권과 상환하지 아니하고 인도한 경우도 포함된다. 임치물의 멸실 또는 훼손으로 인하여 생긴 창고업자의 책임은 그 물건을 출고한 날로부터 1년이 경과하면 소멸시효가 완성한다(166조 1항). 위 기간은 임치물이 전부멸실한 경우에는 임치인과 알고 있는 창고증권소지인에게 그 멸실의 통지를 발송한 날로부터 기산한다(166조 2항). 창고업자의 책임의 소멸시효에 관한 규정은 창고업자 또는 그 사용인이 악의인 경우에는 적용하지 아니한다(166조 3항).

5. 창고업자의 권리

(1) **임치물인도청구권**　　창고임치계약은 낙성계약이므로 계약이 성립하면 창고업자는 임치인에 대하여 임치물의 인도를 청구할 권리를 가진다.

(2) **보관료청구권**　　창고업자는 특히 무상으로 임치를 인수한 경우 외에는 상당한 보수, 즉 보관료를 청구할 수 있다(61조). 이 보관료는 임치물을 출고할 때에 청구할 수 있으나, 보관기간 경과 후에는 출고 전이라도 청구할 수 있다(162조 1항). 임치물의 일부출고의 경우에는 창고업자는 그 비율에 따른 보관료를 청구할 수 있다(162조 2항). 보관료는 임치인이 부담하는 것이 원칙이나 창고증권이 발행된 경우에는 그 소지인이 부담한다.

(3) **비용상환청구권**　　창고업자가 임치물에 관한 보험료·수입세 등의 비용이나 체당금을 지출한 때에는 그 상환을 청구할 수 있다. 그 시기는 보관료의 경우와 같다(162조).

(4) **유 치 권**　　창고업자에게는 대리상(91조) 등과 같은 특별상사유치권이 인정되지 않는다. 따라서 창고업자는 보관료와 비용상환청구권에

관하여 임치물 위에 민법상의 유치권(민 320조)을 행사할 수 있고, 임치인이 상인인 경우 상인간의 유치권(58조)을 행사할 수 있다.

(5) **공탁권과 경매권**   임치인 또는 창고증권소지인이 임치물의 수령을 거부하거나 수령할 수 없는 경우에는 상사매매에서의 매도인과 같이 임치물을 공탁 또는 경매할 수 있다(165조, 67조 1항·2항).

(6) **손해배상청구권**   창고업자는 임치물의 성질 또는 하자로 인하여 손해를 입은 경우에 그 성질 또는 하자를 안 때를 제외하고 임치인에 대하여 손해배상을 청구할 수 있다(민 697조).

(7) **채권의 단기소멸시효**   창고업자의 임치인 또는 창고증권소지인에 대한 채권은 그 물건을 출고한 날로부터 1년간 행사하지 아니하면 소멸시효가 완성한다(167조).

6. 창고증권

(1) **의   의**   창고증권(倉庫證券)은 창고업자에 대한 임치물반환청구권을 표창하는 유가증권으로서 임치인의 청구에 의하여 창고업자가 교부한다(156조 1항).

(2) **입법주의**   창고증권에 관하여 ① 임치물의 양도와 입질을 단일증권에 의하도록 하는 단권주의, ② 양도를 위하여 예증권, 입질을 위하여 입질증권의 두 종류를 사용하도록 하는 복권주의 및 ③ 양자의 병용주의가 있는데, 우리나라는 단권주의를 택하고 있다.

(3) **법적 성질**   창고증권의 법적 성질은 화물상환증과 같으므로 그에 관한 규정이 준용된다(157조). 즉, 요식증권성(156조 2항)·요인증권성·문언증권성(131조)·법률상 당연한 지시증권성(130조)·상환증권성(129조)·처분증권성(132조)·인도증권성(133조)을 가진다.

(4) **발   행**   창고업자는 임치인의 청구에 의하여 창고증권을 교부하여야 한다(156조 1항). 창고증권소지인은 창고업자에 대하여 그 증권을 반환하고 임치물을 분할하여 각 부분에 대한 창고증권의 교부를 청구

할 수 있으며, 이 경우 임치물의 분할과 증권교부의 비용은 증권소지인
이 부담한다(158조 1항·2항). 창고증권은 요식증권으로서 상법 제156조 제
2항(1호~7호)에 기재사항이 법정되어 있다.

(5) 효 력   창고증권이 발행된 경우에는 임치물반환청구권은
증권에 표창되며, 증권과 상환으로써만 임치물의 인도를 청구할 수 있다
(157조, 129조). 창고증권은 문언증권이므로 화물상환증의 선의의 소지인에
대하여 운송인은 증권에 적힌 바에 따라 책임을 지며(157조, 131조: 채권적
효력), 창고증권에 의하여 임치물을 받을 수 있는 자에게 증권을 교부한
때에는 임치물 위에 행사하는 권리의 취득에 관하여 임치물을 인도한 것
과 같은 효력이 있다(157조, 133조: 물권적 효력). 창고증권은 처분증권이므로
임치물에 관한 처분은 이 증권으로써 하여야 한다(157조, 132조). 창고증권
의 효력은 화물상환증의 그것과 같다.

(6) 창고증권에 의한 입질과 일부출고   창고증권으로 임치물을 입
질한 경우에도 질권자의 승낙이 있으면 임치인은 채권의 변제기 전이라
도 임치물의 일부반환을 청구할 수 있다. 이 경우에는 창고업자는 반환
한 임치물의 종류, 품질과 수량을 창고증권에 기재하여야 한다(159조).

Ⅷ. 금융리스업

1. 금융리스업자의 의의와 기능

금융리스업자(lessor)는 금융리스이용자(lessee)가 선정한 기계, 시설,
그 밖의 재산(금융리스물건)을 공급자(supplier)로부터 취득하거나 대여받아
금융리스이용자에게 이용하게 하는 것을 영업으로 하는 자이다(168조의2).
리스이용자는 일정한 리스료의 지급으로 필요한 설비를 즉시 이용할 수
있으므로 그 물건의 구입자금을 융자받는 효과를 얻을 수 있다.

Cf. 운용리스: 리스는 이용목적에 따라 금융리스(finance lease)와 운용리
스(operating lease)로 나뉜다. 전자는 금융, 후자는 물건 자체의 사용을

주목적으로 한다. 운용리스는 금융리스 이외의 리스를 총칭하는데 리
스업자가 불특정한 다수의 리스이용자를 대상으로 기계 등을 임대하여
투하자본을 회수하는 것으로, 특정한 이용자를 대상으로 하는 금융리스
와 구별된다. 금융리스는 시설대여라고도 표현한다. 운용리스의 법적 성
격은 임대차계약이므로 상법에 달리 이에 관하여 규정할 필요가 없다.

2. 금융리스의 구조와 법적 성질

(1) **금융리스의 당사자**   금융리스에는 기본적으로 ① 금융리스물
건의 실사용자인 금융리스이용자(lessee), ② 금융리스료를 받고 금융리스
물건을 제공하는 금융리스업자(lessor) 및 ③ 금융리스물건을 공급하는 공
급자(supplier)의 세 당사자가 존재하게 된다.

(2) **금융리스의 구조**   금융리스거래는 보통 ① 금융리스이용자가
자신이 원하는 기계·설비 등을 선정한 후 그 물건에 대하여 금융리스업
자와 사이에 금융리스계약을 체결하고, ② 금융리스업자는 금융리스계
약에 따른 이행으로서 공급자와 금융리스물건에 대한 매매계약을 체결
하며, ③ 공급자는 금융리스물건을 금융리스이용자에게 인도하고, ④ 금
융리스업자는 공급자에게 금융리스물건의 대금을 지급하며, ⑤ 금융리스
이용자는 금융리스업자에게 금융리스료를 지급하는 과정을 거치게 된다.

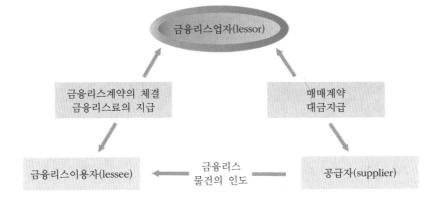

(3) **금융리스의 법적 성질**   금융리스는 매매, 소비대차 또는 임대차 기타 우리 민법상의 전형계약의 어느 것에도 일치하는 바가 없는 특수한 내용을 가지는 계약이므로 금융리스를 둘러싼 법률관계는 관련되는 여러 전형계약의 내용을 참고하여 사안에 따라 구체적·개별적으로 그 법률관계를 정립하여야 할 것이다. 금융리스계약은 낙성계약이므로 금융리스물건의 인도는 계약성립의 요건이 아니다.

3. 금융리스의 법률관계

(1) 금융리스이용자의 권리의무

1) 금융리스이용자의 권리

(가) **금융리스물건의 사용수익권**   금융리스이용자는 금융리스물건을 금융리스기간 동안 약정한 방법에 따라 사용·수익할 권리가 있다. 이는 금융리스계약의 본질적인 내용이다. 사용장소는 약정된 곳이어야 하고, 금융리스업자의 동의 없이 이전하여서는 아니된다.

(나) **금융리스계약의 해지**   금융리스이용자의 일방적 해지를 허용하면 금융리스업자에게 예측하지 못한 손해를 줄 수 있으므로 특약이 없는 한 금융리스이용자는 금융리스기간 중 금융리스계약을 해지할 수 없는 것이 원칙이다. 그러나 해지를 봉쇄하는 것은 부당하므로 손해배상을 전제로 해지를 인정한다. 즉, 금융리스이용자는 중대한 사정변경으로 인하여 금융리스물건을 계속 사용할 수 없는 경우에는 3개월 전에 예고하고 금융리스계약을 해지할 수 있다(168조의5 3항 전문). 이 경우 금융리스이용자는 계약의 해지로 인하여 금융리스업자에게 발생한 손해를 배상하여야 한다(168조의5 3항 후문).

(다) **재금융리스와 매수청약권**   금융리스이용자는 금융리스기간이 만료한 때에 사전 약정에 따라 재금융리스계약체결의 청약을 할 수 있고, 금융리스물건의 매수를 청약할 수 있다.

2) 금융리스이용자의 의무

㈎ **금융리스물건의 수령·수령증교부의무**   금융리스이용자는 금융리스물건을 수령하여 약정한 장소에 설치하고 검사를 마친 후 금융리스업자에게 금융리스물건수령증을 발급하여야 한다. 이 수령증을 발급한 경우에는 금융리스계약당사자 사이에 적합한 금융리스물건이 수령된 것으로 추정한다(168조의3 3항).

㈏ **금융리스료지급의무**   금융리스이용자는 금융리스계약에서 정한 시기에 금융리스물건을 수령함과 동시에 금융리스료를 지급하여야 한다(168조의3 2항).

㈐ **금융리스물건유지관리·수선의무**   금융리스이용자는 금융리스물건을 수령한 이후에는 선량한 관리자의 주의로 금융리스물건을 유지 및 관리하여야 하므로(168조의3 4항), 필요한 경우 자신의 부담으로 금융리스물건에 대한 수선을 행하여야 한다.

㈑ **표지부착의무 및 통지의무**   금융리스이용자가 금융리스물건을 인도받은 때에는 지체없이 금융리스물건에 대하여 금융리스업자의 소유임을 나타내는 표지를 부착하도록 하는 것이 일반적이다. 제3자가 금융리스물건에 대한 권리주장 또는 강제집행을 할 경우 그러한 사실을 통지하여야 한다.

㈒ **금융리스물건불양도의무**   금융리스이용자는 금융리스물건을 타인에게 양도하지 못한다.

㈓ **금융리스물건반환의무**   금융리스기간이 종료한 경우 금융리스이용자는 금융리스물건을 금융리스업자에게 반환하여야 한다.

⑵ **금융리스업자의 권리의무**

1) **금융리스업자의 권리**   금융리스업자는 금융리스이용자에 대하여 금융리스료지급청구권, 금융리스기간 종료시의 금융리스물건반환청구권, 금융리스이용자의 채무불이행에 따른 금융리스계약해지권 등 금융리스이용자의 의무에 대응하는 각종의 권리를 가진다.

2) 금융리스업자의 의무

⑺ 금융리스물건수령조치의무　　금융리스업자는 금융리스이용자가 금융리스계약에서 정한 시기에 금융리스계약에 적합한 금융리스물건을 수령할 수 있도록 하여야 한다(168조의3 1항).

⑷ 금융리스이용자의 공급자에 대한 권리행사에 협력할 의무　　금융리스물건이 공급계약에서 정한 시기와 내용에 따라 공급되지 아니한 경우 금융리스이용자는 공급자에게 직접 손해배상을 청구하거나 공급계약의 내용에 적합한 금융리스물건의 인도를 청구할 수 있다(168조의4 2항). 이때 금융리스업자는 금융리스이용자가 권리를 행사하는 데 필요한 협력을 하여야 한다(168조의4 3항).

(3) 공급자의 의무

1) 금융리스물건의 인도의무　　공급자는 공급계약에서 정한 시기에 그 물건을 금융리스이용자에게 인도(및 필요한 경우 지정장소에 설치)하여야 한다(168조의4 1항).

2) 금융리스이용자에 대한 손해배상의무 또는 인도의무　　금융리스물건이 공급계약에서 정한 시기와 내용에 따라 공급되지 아니한 경우 금융리스이용자는 공급자에게 직접 손해배상을 청구하거나 공급계약의 내용에 적합한 금융리스물건의 인도를 청구할 수 있는데(168조의4 2항), 공급자는 이에 대응하는 의무를 부담한다.

(4) 금융리스의 종료　　금융리스기간의 만료에 의하여 금융리스는 종료한다. 금융리스이용자가 금융리스료를 지급하지 않거나 금융리스물건의 관리를 소홀히 하는 등 금융리스이용자에게 책임 있는 사유가 있는 경우에 금융리스업자는 금융리스계약을 해지할 수 있다. 이 경우 금융리스업자는 잔존 금융리스료 상당액의 일시 지급 또는 금융리스물건의 반환을 청구할 수 있고(168조의5 1항), 이와 별도로 금융리스이용자에게 손해배상을 청구할 수 있다(168조의5 2항). 금융리스이용자의 해지에 관하여는 기술하였다.

IX. 가 맹 업

1. 가맹상과 가맹계약의 의의

가맹상(franchisee)은 자신의 상호·상표 등을 제공하는 것을 영업으로 하는 자(가맹업자, franchisor)로부터 그의 상호 등을 사용할 것을 허락받아 가맹업자가 지정하는 품질기준이나 영업방식에 따라 영업을 하는 자이다 (168조의6). 가맹상은 가맹업자의 상호·상표 등의 영업표지를 사용하여 영업을 하지만 그 자신이 독립한 상인이다. 따라서 가맹업자와 동업관계나 가맹업자의 지점이 아니며, 가맹업자의 상법상의 대리인(87조의 대리상 또는 101조의 위탁매매인)이나 상업사용인도 아니다. 가맹상이 위와 같은 영업을 하기 위하여 가맹업자와 사이에 체결하는 계약을 가맹계약 또는 프랜차이즈계약(franchise agreement)이라고 한다. 이는 가맹상(franchisee)이 가맹업자(franchisor)의 지도와 통제 하에 그의 상호·상표·서비스표 등의 영업표지를 가맹상 자신의 영업을 위하여 이용하고 이에 대하여 일정한 대가(royalty)를 지급할 것을 내용으로 하는 계약이다. 가맹계약의 법적 성질은 가맹업자와 가맹상 사이의 계속적 채권관계의 설정을 목적으로 하는 비전형혼합계약이다.

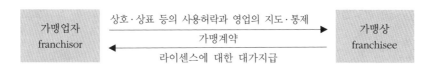

2. 가맹계약의 법률관계

(1) **내부관계**(가맹업자와 가맹상 사이의 관계)

1) **가맹업자의 가맹상에 대한 의무**

㈎ **영업지원의무**   가맹업자는 가맹상의 영업을 위하여 필요한 지원을 하여야 한다(168조의7 1항).

(내) **영업권보장의무**　　가맹업자는 다른 약정이 없으면 가맹상의 영업지역 내에서 동일 또는 유사한 업종의 영업을 하거나, 동일 또는 유사한 업종의 가맹계약을 체결할 수 없다(168조의7 2항).

(대) **영업양도동의의무**　　가맹상은 가맹업자의 동의를 받아 그 영업을 양도할 수 있는데(168조의9 1항), 이때 가맹업자는 특별한 사유가 없으면 영업양도에 동의하여야 한다(168조의9 2항).

2) 가맹상의 가맹업자에 대한 의무

(개) **가맹업자의 영업권존중의무**　　가맹상은 가맹업자의 영업에 관한 권리가 침해되지 아니하도록 하여야 한다(168조의8 1항).

(내) **가맹업자의 영업비밀준수의무**　　가맹상은 계약이 종료한 후에도 가맹계약과 관련하여 알게 된 가맹업자의 영업상의 비밀을 준수하여야 한다(168조의8 2항).

3) 계약해지　　가맹계약상 존속기간에 대한 약정의 유무와 관계없이 부득이한 사정이 있으면 가맹상과 가맹업자는 상당한 기간을 정하여 예고한 후 가맹계약을 해지할 수 있다(168조의10).

(2) 외부관계

1) 가맹상과 제3자의 관계　　가맹상과 제3자의 법률관계는 그들 사이의 계약이나 불법행위의 일반원칙에 의한다.

2) 가맹업자와 제3자의 관계　　가맹상은 자기의 명의와 계산으로 가맹업자와는 별개의 독립된 영업을 하는 것이므로 가맹업자는 이에 대하여 아무런 책임을 부담하지 않는 것이 원칙이다. 그러나 가맹상은 외형적으로 가맹업자와 동일한 영업체로 인식되며 내부적으로 가맹업자가 가맹상에 대한 지도 또는 통제를 가하고 있는 점에서 예외적으로 가맹업자가 제3자에게 책임을 져야 할 경우(예: 민법상 표현대리책임, 사용자책임 등)가 있을 수 있다.

X. 채권매입업

1. 채권매입업자와 채권매입계약의 의의

채권매입업자(factor)는 타인이 물건·유가증권의 판매, 용역의 제공 등에 의하여 취득하였거나 취득할 영업상의 채권(영업채권)을 매입하여 회수하는 것을 영업으로 하는 자이다(168조의11). 채권매입계약은 채권매입업자(factor)가 거래기업(client)으로부터 그의 채무자(customer)에 대한 매출채권(accounts receivable)을 양수하고, 매출채권의 회계관리와 회수 또는 매출채권평가액에 상응하는 금융제공을 내용으로 하는 채권매입업자와 거래기업 사이의 계약이다. 채권매입계약은 영업채권을 채무자로부터 회수하지 못하는 경우에 채권매입업자에게 거래기업에 대한 상환청구권을 인정하는가에 따라 상환청구권이 있는 채권매입계약과 상환청구권이 없는 채권매입계약으로 나뉘는데, 전자는 영업채권을 담보로 하는 소비대차, 후자는 채권의 매매로서의 성질을 가진다. 상법은 특약이 없는 한 영업채권의 채무자가 그 채무를 이행하지 아니하는 경우 채권매입계약의 채무자(거래기업)에게 그 영업채권액의 상환을 청구할 수 있다고 규정하여(168조의12) 상환청구권이 있는 채권매입계약을 기본형으로 입법하였다.

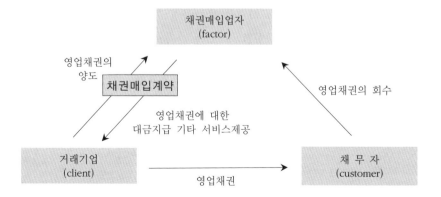

2. 채권매입계약의 법률관계

(1) **내부관계**(채권매입업자와 거래기업의 관계)

1) 채권의 양도　　거래기업의 영업채권을 채권매입업자에게 양도하는 것은 채권매입계약의 중요부분이다. 영업채권은 양도가 가능한 것이어야 한다(민 449조 1항 단서 및 2항 본문 참조). 양도되는 영업채권의 범위는 채권매입계약에서 정하여지며, 현존채권에 한하지 않고 장래의 채권도 양도의 대상이 된다. 채권의 양도는 개별적 또는 포괄적으로 가능하다. 채권매입업자가 채권추심을 하기 위하여는 대항요건을 갖추어야 한다.

2) 거래기업에 대한 금융　　채권매입은 원래 외상매출채권을 인수하는 단기금융의 한 형태로 시작된 것으로서 통상 거래기업에 대한 금융의 제공이 수반된다.

(2) **외부관계**(채권매입업자와 채무자의 관계)

1) 채무자의 이행　　채권매입업자가 채권양도의 대항요건을 구비한 경우에는 채무자는 채권매입업자에 대하여 대금지급채무를 이행하여야 한다.

2) 채무자의 항변권과 상계권　　채무자는 양도통지를 받을 때까지 거래기업에 대하여 생긴 사유로써 채권매입업자에게 대항할 수 있다(민 451조 2항). 그러나 채무자가 이의를 보류하지 아니하고 채권양도를 승낙한 경우에는 거래기업에 대항할 수 있는 사유로써 채권매입업자에게 대항하지 못한다(민 451조 1항 본문). 채무자가 거래기업에 대하여 가지는 채권을 가지고 채권매입업자의 채권추심에 대하여 상계를 할 수 있는가에 대하여 논의가 있으나 채무자가 이의를 유보함이 없이 승낙하지 않은 이상 가능하다고 본다.

제 4 절   보험·해상·항공운송

상법은 제2편 상행위편에 이어 국민경제에 지대한 영향을 미치는 상행위인 보험, 거대규모의 사업인 해상운송과 항공운송에 대하여 제4편, 제5편, 제6편에 이를 규정하고 있는바 아래에서 살펴보기로 한다.

I. 보 험

1. 보험법 통칙

(1) 총   설

1) 보험제도의 필요성   인간의 사회생활은 항상 화재·도난 등의 인위적 사고나 태풍·홍수와 같은 자연적 사고 등 불의의 위험 앞에 놓여 있다. 사람들은 개인적으로 저축이나 투자 등으로 이러한 위험에 대비하기도 하는데 보험은 다수인이 공동으로 우연적 사고에 대비하기 위한 제도이다.

2) 보험의 의의   보험은 동일한 우발적인 사고발생(보험사고)의 위험 하에 놓여 있는 다수인이 하나의 단체(위험단체)를 구성하여, 미리 통계적 기초(대수의 법칙)에서 산출된 금액(보험료)을 미리 갹출하여 공동재산을 만들어두고, 현실적으로 사고를 입은 사람에게 그 재산으로부터 일정한 금액(보험금)을 지급하는 제도이다.

* 대법원 2001. 11. 9. 선고 2001다55499,55505 판결

인보험계약에 의하여 담보되는 보험사고의 요건 중 '우연한 사고'라 함은 사고가 피보험자가 예측할 수 없는 원인에 의하여 발생하는 것으로서, 고의에 의한 것이 아니고 예견치 않았는데 우연히 발생하고 통상적인 과정으로는 기대할 수 없는 결과를 가져오는 사고를 의미하는 것이며, 이러한 사고의 우연성에 관해서는 보험금 청구자에게 그 입증책임이 있다.

3) 보험과 구별할 개념

(가) 저   축   저축도 경제생활의 불안에 대비하기 위한 제도이나, 우발적 위험에 대비하기 위한 것이 아니라는 점에서 보험과 구별된다.

(나) 공   제   공제는 동일 직장이나 직업 또는 지역에 속하는 사람들이 상호부조를 목적으로 단체를 구성하여 공동의 위험에 대비하는 것으로, 가입자가 한정되어 있고 영리를 목적으로 하지 않는다는 점에서 보험과 다르나 그 실체는 일종의 보험으로서 상호보험과 유사한 것이다(판례).

(다) 복   권   복권은 다수인이 갹출하여 일정한 금액을 형성하는 점에서 보험과 유사하나 지급사유가 우발적 사고가 아니라 우발적 사건인 점에서 차이가 있다.

(라) 자가보험   자가보험은 개인적으로 그의 재산에 대한 사고에 대비하여 일정액을 적립해두는 것으로 다수인이 하나의 위험단체를 구성하는 것이 아니라 개인에 의한 대비라는 점에서 차이가 있다.

4) 보험의 종류

(가) 공보험과 사보험   공보험은 국가 기타의 공법인이 공동경제적 목적으로 운영하는 보험(의료보험, 산업재해보상보험, 수출보험 등)이다. 이는 보험관계가 법률에 의하여 설정된다(예: 국민건강보험법, 산업재해보상보험법, 무역보험법 등). 사보험은 개인 또는 사법인이 사경제적 목적으로 운영하는 보험이다. 이는 영리성 유무에 따라 영리보험과 상호보험으로 나뉜다.

(나) 손해보험과 인보험   손해보험은 재산상의 사고에 대한 보험이고, 인보험은 사람의 생명·신체에 발생하는 사고에 대한 보험(예: 생명보험, 상해보험, 질병보험 등)이다.

(다) 원보험과 재보험   보험자가 보험금을 지급할 책임을 지는 경우의 손해에 대하여 다시 제2의 보험자가 보험을 인수하는 경우, 뒤의 보험을 재보험, 제1의 보험을 원보험이라고 한다.

(라) 개별보험과 집단보험   개개의 사람 또는 물건을 보험의 목적으

로 하는 것을 개별보험, 다수인 또는 다수의 물건을 보험의 목적으로 하는 것을 집단보험이라고 한다. 집단보험 중에서 사람의 집합체에 관한 보험을 단체보험, 물건의 집합체에 관한 보험을 집합보험이라고 한다.

㈐ **기업보험과 가계보험**   기업보험은 기업자가 그의 기업경제활동의 불안을 해소하기 위하여 이용하는 것으로 해상보험·운송보험·기업 건물과 시설에 대한 화재보험이 이에 속한다. 가계보험은 주로 개인이 가계경제의 불안에 대비하기 위하여 이용하는 것으로 생명보험·개인주거용주택의 화재보험이 이에 속한다. 기업보험과 달리 가계보험은 보험자에 대하여 약자인 보험계약자 보호의 필요성이 있는데 이는 가계보험의 편면적 강행법규화로 나타나게 된다.

㈑ **강제보험과 임의보험**   가입이 강제되어 있는지 여부에 의한 분류이다. 일반적인 보험은 임의보험이고, 강제보험은 특별법에 의하여 강제된다(예: 자동차손해배상보장법에 의한 자동차손해배상책임보험, 산업재해보상보험법에 의한 산업재해보상보험 등).

(2) **보 험 법**

1) **의   의**   보험법은 광의로는 보험에 관한 법규 전체를 말한다. 이 경우에는 사보험 외에 공보험에 관한 법규도 포함하고, 보험계약에 관한 법규만이 아니라 보험사업의 주체·운영·감독에 관한 법규인 보험업법도 포함한다. 협의로는 상법전 제4편의 보험, 즉 형식적 의의의 보험법을 의미한다. 이하 '보험법'은 협의의 것을 의미한다.

2) **지   위**   상법 제46조 제17호는 보험을 기본적 상행위로 규정하고 있다. 따라서 보험법은 상행위법이라 할 것이나 보통의 상행위와는 다른 보험제도의 특성(윤리성·사회성·단체성 등)으로 인하여 강행규정이 많다. 즉, 보험법은 형식적으로는 상행위법에 해당하나 실질적으로는 상법 체계에서 특수한 지위를 차지하고 있다.

3) **특   성**

㈎ **윤리성·선의성**   보험계약은 우연한 사고를 전제로 이루어지는

사행계약이므로 부당한 보험금 수령을 목적으로 악용될 소지가 있다. 이러한 위험을 방지하기 위하여 당사자의 윤리성과 선의성을 강하게 요청한다. 고지의무위반에 관한 주관적 요건(651조), 고의보험사고에 대한 면책(659조 1항), 사기로 인한 초과보험의 무효(669조 4항 본문)규정은 이를 전제로 하는 것이다.

(나) 기 술 성 보험은 위험단체를 기초로 대수의 법칙에 의하여 위험을 효율적으로 분산시키는 기술적 제도이므로, 보험법도 이에 바탕을 둔 기술법적 성격을 가진다.

(다) 단 체 성 하나의 보험계약만을 보면 보험자와 보험계약자 사이의 개인법적 채권계약일 뿐 다른 보험계약자와 사이에 아무런 법적 관계가 없다. 그러나 보험은 동일한 위험에 놓여있는 다수인이 모여 보험단체를 형성하게 되므로 보험법도 단체법적 성격을 갖게 된다. 고지의무위반으로 인한 계약해지(651조), 위험변경증가의 통지와 계약해지(652조)가 이와 관련이 있다.

(라) 공공성·사회성 보험료로 형성된 거대자본의 관리는 국민경제와 직결되고, 보험은 국민 대다수와 밀접한 관련을 가지므로 보험법은 공공성과 사회성을 띠게 된다. 이것이 국가의 감독권 행사의 근거가 된다.

(마) 편면적 강행법규성 사적자치의 원칙상 사인(私人)간의 계약인 보험계약의 내용도 원칙적으로는 임의로 정할 수 있으나 개인인 보험계약자와 보험자의 부대등한 관계를 고려하여 국가가 후견적 입장에서 상법전 제4편의 보험규정은 당사자 사이의 특약에 의하여 보험계약자측의 불이익으로 변경하지 못하도록 하고 있다(663조 본문). 이러한 편면적 강행법규성은 가계보험에 한정되는 것으로 재보험 및 해상보험 기타 유사보험(기업보험)에는 적용이 없다(663조 단서).

* 대법원 2006. 6. 30. 선고 2005다21531 판결 【보험금】

상법 제663조에 규정된 '보험계약자 등의 불이익변경 금지원칙'은 보험
계약자와 보험자가 서로 대등한 경제적 지위에서 계약조건을 정하는
이른바 기업보험에 있어서의 보험계약 체결에 있어서는 그 적용이 배
제된다.

4) 법   원

㈎ 총   설   보험법의 법원으로는 제정법과 관습법이 있다. 제정
법으로 가장 중요한 것은 상법전 제4편으로 보험계약에 관하여 이를 적
용하고 상법에 규정이 없으면 상관습법에 의하며 상관습법도 없는 경우
민법에 의한다(1조). 보험계약에 관한 상사특별법이 있는 경우에는 상법
에 우선하여 적용한다.

㈏ 보험약관

가) 의   의   보험계약은 다수인을 상대로 대량적으로 체결되므
로 계약내용을 보험계약자와 일일이 합의하는 것은 사실상 불가능하다.
따라서 보험자가 대량거래의 편의를 위하여 획일적으로 적용할 목적으로
미리 정형적인 계약조항을 작성하여 두고 특별한 경우가 아니면 그 조항
에 의하여 보험계약을 체결하는 것이 보통이다. 이 경우 보험자가 미리
정하여둔 계약조항을 보험약관(보통보험약관, 약관)이라고 한다. 보험계약은
전형적인 부합계약 중의 한 형태이다. 보험계약을 체결함에 있어서 필요
한 경우 당사자 사이에서만 적용되는 약정을 하는 경우가 있고 이를 특
별보험약관(부가약관)이라고 하나 이는 엄격한 의미에서의 약관이 아니라
특약조항인 것이다. 이하 '약관'이라 함은 보통보험약관을 의미한다.

나) 법적 성질(구속력의 근거)   보험약관은 보험계약의 당사자간에
반대의 특약이 없는 한 당사자를 구속하게 되는데 그 근거에 대하여 의
사설과 규범설이 대립한다. 생각건대 보험자가 일방적으로 작성하는 약
관이 법규범이 될 수는 없고, 보험계약자가 그 약관의 내용을 알지 못한

상태에서 계약을 하더라도 그 약관을 계약의 내용으로 하기로 하는 명시적 또는 묵시적 합의를 하였기 때문에 약관이 구속력을 가지는 것이다(판례, 의사추정설). 따라서 약관이 계약기간 중에 변경된 경우 개정부분은 보험계약자의 동의가 없는 한 소급효를 갖지 못한다.

다) 교부·명시의무　　보험자는 보험계약을 체결할 때에 보험계약자에게 보험약관을 교부하고 그 약관의 중요한 내용을 설명하여야 한다(638조의3 1항). 보험자가 이를 위반한 경우 보험계약자는 보험계약이 성립한 날부터 3개월 이내에 그 계약을 취소할 수 있다(638조의3 2항). 3개월은 제척기간이다. 보험계약자가 그 기간 내에 취소하지 않았다고 하더라도 보험자는 보험약관의 효력을 주장할 수 없다(판례).

> * 대법원 1996. 4. 12. 선고 96다4893 판결 【채무부존재확인】
> 상법 제638조의3 제2항에 의하여 보험자가 약관의 교부 및 설명의무를 위반한 때에 보험계약자가 … 행사할 수 있는 취소권은 보험계약자에게 주어진 권리일 뿐 의무가 아님이 그 법문상 명백하므로, <u>보험계약자가 보험계약을 취소하지 않았다고 하더라도 보험자의 설명의무 위반의 법률효과가 소멸되어 이로써 보험계약자가 보험자의 설명의무 위반의 법률효과를 주장할 수 없다거나 보험자의 설명의무 위반의 하자가 치유되는 것은 아니다.</u>

라) 해　석　　보험약관도 보통거래약관으로서 약관의 규제에 관한 법률의 적용을 받으므로, 위 법의 해석원칙이 적용된다. 약관은 신의성실의 원칙에 따라 공정하게 해석되어야 하며(신의성실의 원칙, 위 법 5조 1항 전단), 고객에 따라 다르게 해석되어서는 아니된다(통일적 해석의 원칙, 위 법 5조 1항 후단). 약관의 뜻이 명백하지 아니한 경우에는 고객에게 유리하게 해석되어야 한다(작성자불리해석의 원칙, 위 법 5조 2항). 약관에서 정하고 있는 사항에 관하여 사업자와 고객이 약관의 내용과 다르게 합의한 사항이 있을 때에는 그 합의사항은 약관보다 우선한다(개별약정우선의 원칙, 위

법 4조).

마) 규　　제　　　보험약관은 대부분 보험자에 의하여 일방적으로 작성되므로 보험계약자에게 부당하게 불리한 조항이 포함될 염려가 있다. 따라서 경제적 약자인 보험계약자를 보호하기 위하여 국가의 규제가 요청된다. 이에는 약관의 규제에 관한 법률에 의한 입법적 규제, 약관의 인가나 공정거래위원회의 시정조치와 같은 행정적 규제, 재판을 통한 사법적 규제가 있다.

(3) **보험계약**

1) 의　　의　　　보험계약은 당사자 일방이 약정한 보험료를 지급하고 재산 또는 생명이나 신체에 불확정한 사고가 발생할 경우에 상대방이 일정한 보험금이나 그 밖의 급여를 지급할 것을 약정함으로써 효력이 생기는 계약이다(638조).

2) 성　　질

㈎ 낙성불요식의 계약　　　보험계약은 당사자 쌍방의 의사의 합치에 의하여 성립하는 낙성불요식의 계약이다. 보험증권은 보험계약의 성립과는 무관한 증거증권에 불과하다.

㈏ 유상쌍무계약　　　우연한 불확정한 사고(보험사고) 발생시 당사자의 일방(보험자)이 상대방에게 일정한 급부를 할 것을 약속하고, 이에 대하여 상대방(보험계약자)은 대가(보험료)를 지급할 것을 약속하는 계약이다. 즉, 보험금의 지급과 보험료의 납입이 대가관계에 있다.

㈐ 영업적 상행위　　　보험은 영업적 상행위이다(46조 17호). 보험을 영업으로 할 때 당연상인이 된다(4조).

㈑ 사행계약　　　보험사고라는 우연한 사실의 발생에 의하여 보험금 지급의무가 생기므로 사행계약이다.

㈒ 선의계약　　　보험계약은 최대선의의 계약, 신의성실 위에 성립하는 계약이다. 이러한 특성은 고지의무(651조), 위험변경증가의 통지의무(652조) 등으로 구체화되고 있다.

(ㅂ) **부합계약**   보험계약은 다수의 보험계약자를 상대로 체결되고, 보험의 기술성·단체성으로 인한 정형성이 요구되기 때문에 그 내용은 보험자가 일방적으로 작성한 보험약관에 의하여 정하여진다. 즉, 부합계약이다.

(ㅅ) **계속적 계약성**   보험계약은 일정기간(보험기간)동안 보험관계가 지속하므로 계속적 계약이다. 따라서 계약을 해제할 수 있는 경우는 거의 없고, 해지가 인정된다.

(ㅇ) **무명계약**   보험계약은 민법상 전형계약의 어느 것에도 속하지 않는 무명계약이다.

3) 요   소

(가) **보험계약의 당사자**   보험계약의 당사자로서 보험자와 보험계약자, 피보험자와 보험수익자가 있다.

가) 보 험 자   보험계약의 당사자로서 보험계약자로부터 보험료를 받는 대신에 보험기간 중 보험사고가 발생한 경우에 피보험자 또는 보험수익자에게 보험금의 지급 기타의 급여를 할 의무를 부담하는 자이다. 보험업을 경영하기 위하여는 보험종목별로 금융위원회의 허가를 받아야 하는데 이 허가를 받을 수 있는 자는 주식회사, 상호회사 및 외국보험회사로 제한된다(보험업법 4조 1항·6항).

나) 보험계약자   보험계약의 당사자로서 자기명의로 보험자와 보험계약을 체결하고 보험료를 지급할 의무를 부담하는 자이다.

다) 피보험자   손해보험에 있어서는 피보험이익의 주체가 되는 자, 즉 손해의 보상을 받는 자이고, 인보험에 있어서는 보험사고가 발생할 객체가 되는 자연인이다. 피보험자의 뜻이 손해보험과 인보험의 경우 각각 다르기 때문에 보험계약자와 피보험자가 동일인인가 여부에 따라 손해보험에서는 자기를 위한 보험과 타인을 위한 보험(639조), 인보험에서는 자기의 보험과 타인의 보험(731조)으로 나눈다.

라) 보험수익자   보험수익자는 인보험에 있어서 보험금을 지급받

을 수 있는 자이다. 손해보험에서는 보상을 받는 자는 피보험자이므로 보험수익자라는 용어가 사용되지 않는다.

⒝ **보험계약의 관계자**   보험계약의 당사자는 아니면서 보험계약에 관여하는 자이다.

가) **보험대리점**   보험대리점은 보험회사를 위하여 보험계약의 체결을 대리하는 자로서 보험업법에 따라 등록된 자로서(보험업법 2조 10호, 87조) 상법은 '보험대리상'이라고 표현한다. 보험대리상은 ① 보험료수령권, ② 보험증권교부권, ③ 보험계약자로부터의 청약 등 의사표시수령권 및 ④ 보험계약자에 대한 보험계약의 체결 등 의사표시를 할 수 있는 권한을 가진다(646조의2 1항 1호~4호).

나) **보험중개사**   보험중개사는 독립적으로 보험계약의 체결을 중개하는 자로서 보험업법에 따라 등록된 자이다(보험업법 2조 11호, 89조). 보험증권교부권을 가지며, 보험자가 작성한 영수증을 보험계약자에게 교부하는 경우에 한하여 보험료수령권을 가진다(646조의2 3항).

다) **보험설계사**   보험설계사는 보험회사 · 보험대리점 또는 보험중개사에 소속되어 보험계약의 체결을 중개하는 자로서 보험업법에 따라 등록된 자이다(보험업법 2조 9호, 84조).

라) **보 험 의**   생명보험의 경우 보험회사가 보험계약을 체결하기 전 피보험자의 신체를 검사하여 전문적 의견을 제공하는 의사이다.

⒞ **보험의 목적**   보험의 목적은 보험계약에서 정한 사고발생의 객체가 되는 경제상의 재화(손해보험) 또는 사람(인보험)이다. 경제상의 재화는 주택, 운송물 등 유체물에 한하지 않고 채권이나 피보험자의 책임도 포함된다. 사망보험의 경우 15세 미만자, 심신상실자 또는 심신박약자는 보험의 목적인 피보험자가 될 수 없다(732조 본문). 손해보험에 있어서 개개의 물건을 목적으로 하는 경우를 개별보험, 집합된 물건(예: 주택 내의 모든 동산)을 목적으로 하는 경우를 집합보험(686조)이라고 하고, 집합보험 중에서 집합물건이 확정된 경우를 특정보험(686조), 집합물건의 교체가

예정된 것을 총괄보험(687조)이라고 한다. 보험의 목적은 손해보험에 있어서의 피보험이익을 말하는 '보험계약의 목적'과 구별하여야 한다.

(라) **보험사고**　　보험사고는 보험계약에서 정한 보험자의 책임을 구체화시키는 우연한 사고이다. 보험사고는 발생이 가능한 것이어야 하며, 이미 발생하였거나 발생할 수 없는 것인 때에는 그 보험계약은 무효로 한다(644조 본문). 그러나 보험자와 보험계약자 및 피보험자가 이를 알지 못한 때에는 유효하다(644조 단서). 보험사고는 특정되어야 한다(예컨대 건물에 대한 화재보험의 경우 그 건물의 범위를 명확히 하여야 한다).

(마) **보험금액·보험료·보험금**　　보험금액은 보험사고가 발생한 경우에 보험자가 지급하기로 계약에서 정한 금액으로서, 손해보험과 같은 부정액보험에서는 보험자가 책임을 져야 할 최고한도액을 말한다. 보험금액의 범위 내에서 사고발생시에 현실적으로 지급되는 금전을 보험금이라고 한다. 예컨대 자동차종합보험의 대물손해의 보상한도를 1억원으로 정하여 보험계약을 체결하였는데 보험사고가 발생하여 차량손해가 3천만원이 발생한 경우, '1억원'은 보험금액, '3천만원'은 보험금이 된다. 그러나 인보험과 같은 정액보험에서는 보험금액과 보험금이 일치한다(예컨대 질병사망보험의 경우 보험금액이 1억원인 경우 사망하면 1억원의 보험금을 지급한다). 보험료는 보험계약에서 보험자가 보험사고에 대하여 책임을 지는 것에 대한 대가로서 보험계약자가 지급하는 급액이다. 보험자의 책임은 당사자간에 다른 약정이 없으면 최초의 보험료의 지급을 받은 때로부터 개시한다(656조). 보험계약의 체결 당시에 지급하는 보험료를 제1회 보험료, 그 후에 지급하는 보험료를 계속보험료(650조 2항)라고 한다.

(바) **보험기간과 보험료기간**　　보험기간은 보험사고가 발생할 경우 보험자가 책임을 지는 기간으로, 책임기간 또는 위험기간이라고도 한다. 이 보험기간의 시기(始期)는 그 계약의 성립시점 이전으로 정할 수 있는데 이를 소급보험이라 한다(643조). 한편 보험료기간은 보험료를 산출하는 단위기간이다. 즉, 보험사고의 발생률에 근거한 위험률 측정의 단위기

간이다. 실무상 대부분 1년을 단위로 하여 보험료를 정한다. 보험기간과 보험료기간은 보험계약의 종류에 따라 일치할 수도 있고 아닐 수도 있다. 예컨대 1년을 보험기간으로 하는 화재보험에서는 양자가 일치하나 생명보험의 경우 10년 이상 되는 보험기간이 여러 개의 보험료기간으로 나뉘므로 양자는 일치하지 않는다. 하나의 보험료기간의 위험은 불가분적이므로 그 보험료기간 중에 보험계약이 해지 또는 실효된 경우 실제로는 보험자가 해지 또는 실효될 때까지의 위험만을 부담한 것이지만 보험자가 그 기간의 위험 전부를 인수한 것으로 보아 보험계약자는 그 보험료기간 전체에 대한 보험료를 모두 지급하여야 하고, 이미 지급을 완료한 경우에도 나머지 기간에 상응하는 보험료의 반환을 청구하지 못하는 것이 원칙이다. 이를 '보험료불가분의 원칙'이라고 한다(669조 1항 단서, 677조 참조). 그러나 실무상 약관으로 기지급된 보험료의 일부를 보험계약자에게 반환하는 경우가 많다(649조 3항 참조, 생명보험과 같이 매월 일정일에 보험료를 분할지급하는 보험계약에서는 해지나 실효 이후의 분할보험료의 지급면제와 아울러 기지급된 보험료의 일부도 반환하기로 약정하는 경우도 있다).

4) 보험계약의 체결

(가) **총 설**　　보험계약은 낙성·불요식의 계약이므로 보험자와 보험계약자 사이의 의사의 합치만 있으면 성립한다. 상법은 보험계약의 체결시에 보험계약자에게는 고지의무(651조)를 부과하고, 보험자에게는 보험증권의 교부의무(640조)를 부과하고 있다.

(나) **보험계약의 성립**

가) 보험계약의 청약　　청약은 서면, 구두 어느 방식으로도 가능하나 실무관행상 보험계약청약서에 의한다.

나) 보험계약의 승낙　　승낙의 방법은 청약의 경우와 같이 제한이 없다. 일반적으로 보험청약서를 작성하여 보험료의 전부 또는 일부와 함께 제출하면 보험자는 이를 검토하여(인보험에서는 신체검사를 시행한 결과까지 검토함) 승낙의 통지를 발송한다. 보험자가 승낙 여부에 대한 통지를 지체

하는 경우 보험계약자가 불이익을 입게 될 수 있음을 고려하여 보험자가 보험계약자로부터 보험계약의 청약과 함께 보험료 상당액의 전부 또는 일부의 지급을 받은 때에는 다른 약정이 없으면 30일(인보험계약의 피보험자가 신체검사를 받아야 하는 경우에는 신체검사를 받은 날부터 기산함) 내에 그 상대방에 대하여 낙부의 통지를 발송하여야 한다(638조의2 1항). 보험자가 그 기간 내에 낙부의 통지를 해태한 때에는 승낙한 것으로 본다(638조의2 2항). 상법은 더 나아가 위의 경우 보험자가 그 청약을 승낙하기 전에 보험계약에서 정한 보험사고가 생긴 때에는 그 청약을 거절할 사유가 없는 한 보험자는 보험계약상의 책임을 지도록 규정하고 있다(638조의2 3항 본문). 그러나 인보험계약의 피보험자가 신체검사를 받아야 하는 경우에 그 검사를 받지 아니한 때에는 제외한다(638조의2 3항 단서).

　㈐ 고지의무

　가) 의　의　　고지의무는 보험계약자 또는 피보험자가 보험계약의 체결 시에 보험자에 대하여 중요한 사항을 고지할 의무이다. 이에는 부실한 고지를 하지 않을 의무도 포함된다(651조 본문). 보험의 선의성과 윤리성의 구체적 발현이다.

　나) 법적 성질　　고지의무는 보험계약자 등의 고지의무부담자의 고지의무불이행에 대하여 이행을 강제하거나 손해배상을 청구할 수 있는 것이 아니라 의무위반의 효과로서 보험자가 보험계약을 해지할 수 있을 뿐이다. 즉, 자기의무 또는 간접의무이다.

　다) 고지의무의 당사자　　① 고지의무자는 보험계약상 보험계약자와 피보험자이다(651조 본문). 피보험자는 인보험 뿐 아니라 손해보험의 피보험자도 포함한다. 보험계약자가 수인인 경우에는 각자가 모두 이 의무를 부담한다. 보험계약이 대리인에 의하여 체결되는 경우에는 그 대리인도 고지의무를 부담하는데, 이때에는 본인이 알고 있는 사실뿐만 아니라 대리인 자신이 알고 있는 사실도 고지하여야 한다(646조, 민 116조 1항). ② 고지의 상대방은 보험자 및 그를 위하여 고지수령권을 가지는 자이다.

보험계약체결대리권이 있는 보험대리점에 대한 고지는 고지수령권을 가지나 체약대리권이 없는 보험중개인은 고지수령권이 없다. 생명보험의 경우 신체검사를 하는 보험의는 고지수령권을 가진다.

라) 고지사항　　　고지할 사항은 '중요한 사항'이다(651조 본문). 여기의 '중요한 사항'은 보험자가 그 사실을 알았더라면 보험계약을 체결하지 않았거나 또는 적어도 동일한 조건으로는 계약을 체결하지 않을 것으로 객관적으로 인정되는 사실을 말하며(판례), 위험측정상 중요한 사항을 뜻한다. 고지의무자는 전문가가 아닌 이상 무엇이 중요한 사항인지 여부를 판단하기 어려우므로 실무상으로는 보험자가 보험계약청약서에 미리 고지할 사항을 열거하여 둔 질문표에 답하는 형식을 취하고 있다. 이렇게 보험자가 서면으로 질문한 사항은 중요한 사항으로 추정된다(651조의2).

마) 고지의 시기와 방법　　　고지의 시기는 보험계약의 성립시까지 하여야 한다. 그러므로 계약의 성립 전까지는 청약시에 한 고지사항을 변경·철회·추가할 수 있다. 고지의 방법에는 제한이 없으나 실제에 있어서는 질문표에 의하므로 서면에 의하게 될 것이다.

바) 고지의무위반의 요건　　　① 주관적 요건으로서 고지의무자가 알면서도(고의) 또는 중대한 과실로 고지의무를 위반한 경우이어야 한다. ② 객관적 요건으로서 중요한 사항에 대한 불고지 또는 부실고지가 있어야 한다. ③ 입증책임은 고지의무위반으로 계약을 해지하고자 하는 보험자가 진다.

사) 고지의무위반의 효과　　　보험사고의 발생 전후를 불문하고 보험자는 보험계약을 해지할 수 있다(651조 본문). 이 해지권의 성질은 형성권이다. 이는 보험자가 그 사실을 안 날로부터 1월 내에, 계약을 체결한 날로부터 3년 내에 행사하여야 한다(제척기간). 그러나 보험자가 계약 당시에 그 사실을 알았거나 중대한 과실로 인하여 알지 못한 때에는 해지할 수 없다(651조 단서). 보험사고가 발생한 후 보험자가 고지의무위반에 따라 계약을 해지하였을 때에는 보험금을 지급할 책임이 없고 이미 지급한 보

험금의 반환을 청구할 수 있다(655조 본문). 다만, 그 의무를 위반한 사실이 보험사고 발생에 영향을 미치지 아니하였음이 증명된 경우에는 보험금을 지급할 책임이 있다(655조 단서). 또한 보험자가 보험계약의 중요한 내용에 대하여 교부·설명의무(638조의3)를 위반한 경우 보험계약자나 그 대리인이 그 약관에 규정된 고지의무를 위반하였다고 하더라도 계약을 해지할 수 없다(판례).

아) 고지의무위반과 민법상 착오·사기와의 관계　　상법상 고지의무위반이 동시에 민법상 보험자의 착오나 보험계약자측의 사기에 해당하는 경우 보험자는 고지의무위반에 따른 해지권 외에 민법상 착오 또는 사기에 의한 취소권을 행사할 수 있는지 여부에 대하여 학설이 대립하나 착오의 경우에는 민법의 특칙으로 볼 수 있으므로 민법의 적용을 배제하고, 사기의 경우에는 그 계약 자체가 무효가 된다고 보아야 하므로 적용이 가능하다고 본다(판례).

㈑ 보험약관의 교부·설명의무

가) 의　　의　　보험자는 보험계약을 체결할 때에 보험계약자에게 보험약관을 교부하고 그 약관의 중요한 내용을 설명하여야 한다(638조의3 1항). 이를 보험약관의 교부·설명의무라고 한다. 이는 보험계약의 중요한 내용을 미리 아는 상태에서 청약을 하도록 함으로써 보험계약자를 보호하고자 하는 차원에서 보험자에게 부과한 법정의무이다. 이 의무는 새로운 보험계약의 체결에만 적용되고, 기존의 보험계약을 갱신하는 경우에는 적용되지 않는다.

나) 교부·설명시기　　보험계약의 청약이 이루어지기 전에 약관을 교부하고 그 중요한 내용을 설명하여야 한다.

다) 입증책임　　이 의무의 이행에 대한 입증책임은 계약의 성립을 주장하는 보험자가 부담한다.

라) 의무위반의 효과　　보험자가 이 의무를 위반한 경우 보험계약자는 보험계약이 성립한 날부터 3개월 이내에 그 계약을 취소할 수 있다

(638조의3 2항).

㈜ **보험증권**

가) 의 의 보험증권은 보험계약의 성립과 내용을 증명하기 위하여 보험자가 법정사항을 기재하고 기명날인 또는 서명하여 보험계약자에게 교부하는 증권이다(640조, 666조). 보험증권은 보험계약에 관한 증거증권이며, 보험자가 보험금을 지급함에 있어서 증권을 제시하는 자에게 지급을 함으로써 책임을 면하는 면책증권이다. 그러나 계약성립의 요건이 아니고 계약서도 아니며 유가증권성도 부정된다. 보험증권의 기재사항은 손해보험에 공통되는 기재사항(666조)과 인보험에 공통되는 기재사항(728조) 및 각 보험에 따른 기재사항은 법정되어 있다(화재보험은 685조, 운송보험은 690조, 해상보험은 695조, 자동차보험은 726조의3, 상해보험은 738조).

나) 발 행 ① 발행·교부: 보험자는 보험계약이 성립한 때에는 지체없이 보험증권을 작성하여 보험계약자에게 교부하여야 한다(640조 1항 본문). 그러나 보험계약자가 보험료의 전부 또는 최초의 보험료를 지급하지 아니한 때에는 그러한 의무가 없다(640조 1항 단서). ② 증권기재내용에 대한 이의: 보험계약의 당사자는 보험증권의 교부가 있은 날로부터 일정한 기간(최소한 1월) 내에 한하여 그 증권내용의 정부(正否)에 관한 이의를 할 수 있음을 약정할 수 있다(641조). ③ 보험계약의 연장·변경과 보험증권: 기존의 보험계약을 연장하거나 변경한 경우에는 보험자는 그 보험증권에 그 사실을 기재함으로써 보험증권의 교부에 갈음할 수 있다(640조 2항). ④ 보험증권의 멸실·훼손과 재교부: 보험증권을 멸실 또는 현저하게 훼손한 때에는 보험계약자는 그의 부담으로 보험자에 대하여 증권의 재교부를 청구할 수 있다(642조).

5) 보험계약의 효과

㈎ **보험자의 의무**

가) 보험증권교부의무 보험자는 보험계약이 성립한 때에는 지체없이 보험증권을 작성하여 보험계약자에게 교부하여야 한다(640조 1항

본문).

나) 보험금지급의무　① 지급의무의 발생: 보험자는 보험사고 발생시 손해보험의 피보험자 또는 인보험의 보험수익자에게 보험금을 지급하여야 할 의무를 부담한다(638조). 이 책임은 당사자간에 다른 약정이 없으면 최초의 보험료의 지급을 받은 때로부터 개시한다(656조). ② 보험금의 지급시기: 보험자는 보험금액의 지급에 관하여 약정기간이 있는 경우에는 그 기간 내에, 약정기간이 없는 경우에는 보험사고 발생통지를 받은 후 지체없이 지급할 보험금액을 정하고 그 정하여진 날부터 10일 내에 피보험자 또는 보험수익자에게 보험금액을 지급하여야 한다(658조). ③ 시효: 보험금청구권은 3년간 행사하지 않으면 시효소멸한다(662조). ④ 면책사유: 보험사고가 전쟁 기타의 변란으로 인하여 생긴 한편 당사자간에 이를 보상한다는 약정이 없는 때(660조), 보험사고가 보험계약자 또는 피보험자나 보험수익자의 고의 또는 중대한 과실로 인하여 생긴 때(659조 1항) 및 보험약관에 정한 면책사유에 해당하는 때(663조 참조)에는 보험자는 보험금액을 지급할 책임이 없다.

* 대법원 1984. 1. 17. 선고 83다카1940 판결 【보험료】

보험계약의 보통약관 중 "피보험자에게 보험금을 받도록 하기 위하여 피보험자와 세대를 같이 하는 친족 또는 고용인이 고의로 사고를 일으킨 손해에 대해서는 보험자가 보상하지 아니한다"는 내용의 면책조항은 그것이 제3자가 일으킨 보험사고에 피보험자의 고의 또는 중대한 과실이 개재되지 않은 경우에도 면책하고자 한 취지라면 상법 제659조, 제663조에 저촉되어 무효라고 볼 수밖에 없으나, 동 조항은 피보험자와 밀접한 생활관계를 가진 친족이나 고용인이 피보험자를 위하여 보험사고를 일으킨 때에는 피보험자가 이를 교사 또는 공모하거나 감독상 과실이 큰 경우가 허다하므로 일단 그 보험사고 발생에 피보험자의 고의 또는 중대한 과실이 개재된 것으로 추정하여 보험자를 면책하고자 한 취지에 불과하다고 해석함이 타당하며, 이러한 추정규정으로

보는 이상 피보험자가 보험사고의 발생에 자신의 고의 또는 중대한 과
실이 개재되지 아니하였음을 입증하여 위 추정을 번복할 때에는 위 면
책조항의 적용은 당연히 배제될 것이므로 위 면책조항은 상법 제663조
의 강행규정에 저촉된다고 볼 수 없다. (중략) 위 면책조항을 추정규정
이라고 본 이상, 그에 열거된 친족 또는 고용인이라 함은 그들의 행위
가 피보험자의 고의 또는 중대한 과실에 기인한 것이라고 추정케 할
만큼 피보험자와 밀접한 생활관계를 가진 자에 국한된다고 보아야 하
므로 고용인도 세대를 같이 하는 자임을 요한다고 해석함이 타당하다.

Cf. 대표자책임이론: 보험사고의 발생에 고의 또는 중과실이 있는 자가
보험계약자나 피보험자 또는 보험수익자와 법률상 또는 경제상 특별한
관계에 있는 경우(예컨대 그 가족·피용인 등) 보험자는 면책된다는 독일의
이론이다. 위 판결은 이에 관한 것으로 보험계약자측에 고의 또는 중대
한 과실이 없는 한 보험자가 당연히 면책되는 것은 아니라는 취지이다.

다) 보험료반환의무   ① 보험계약의 전부 또는 일부가 무효이고
보험계약자와 피보험자(또는 보험수익자)가 선의이며 중대한 과실이 없는
때 보험자에 대하여 보험료의 전부 또는 일부의 반환을 청구할 수 있고
(648조), ② 보험사고 발생 전에 보험계약을 해지한 때에 당사자간에 다른
약정이 없으면 보험계약자는 미경과보험료의 반환을 청구할 수 있다(649
조 1항·3항). 미경과보험료는 보험계약의 해지시를 기준으로 남은 보험기
간에 해당하는 보험료이다. 생명보험에서는 적립금반환의무를 부담한다
(736조 1항). 이상의 보험료 및 적립금반환청구권은 3년의 시효로 소멸한
다(662조).

* 대법원 2021. 7. 22. 선고 2019다277812 전원합의체 판결
 보험계약자가 다수의 계약을 통하여 보험금을 부정 취득할 목적으로
 보험계약을 체결하여 그것이 민법 제103조에 따라 선량한 풍속 기타
 사회질서에 반하여 무효인 경우 보험자의 보험금에 대한 부당이득반환

청구권은 상법 제64조를 유추적용하여 5년의 상사 소멸시효기간이 적용된다고 봄이 타당하다. 상세한 이유는 다음과 같다. …(중략)… 상법 제662조에서는 보험계약자의 보험금 청구권이나 보험계약 무효 등으로 발생하는 보험료 반환채권에 대해서는 3년의 소멸시효기간이 적용된다고 정하고 있다. 이는 보험금의 신속한 지급 필요성과 함께 위와 같은 보험계약 무효의 특수성 등을 종합적으로 고려한 입법정책적 결단이라고 할 수 있다. …(중략)… 그러나 상법 제648조나 제662조는 그 문언상 보험자의 보험금반환청구권에는 적용되지 않음이 명백하고, 위 규정들이 보험계약 무효의 특수성 등을 감안한 입법정책적 결단인 이상 이를 보험자가 보험금 반환을 청구하는 경우에까지 확장하거나 유추하여 적용하는 것은 적절하지 않다. 그렇다고 해서 보험자의 보험금에 대한 부당이득반환청구권에 대해서 민사 소멸시효기간이 적용된다고 볼 수는 없고, 보험계약의 정형성이나 법률관계의 신속한 처리 필요성에 비추어 상사 소멸시효기간에 관한 규정을 유추적용하여야 한다. 통상 보험상품을 만들어 판매한 보험자는 보험계약의 이행에 관한 전문적 지식을 가진 자로서 보험계약자보다 우월한 지위에 있으며, 상법 제662조는 보험계약자의 보험료 반환채권에 관한 것이기는 하지만 보험계약의 무효로 인한 법률관계를 신속하게 해결할 필요가 있음을 전제로 하고 있다. 보험계약이 무효인 경우 보험금 반환청구권에 대하여 10년의 민사 소멸시효기간을 적용하는 것은 보험계약 당사자인 보험계약자와 보험자 사이의 형평에 부합하지 않는다. 이와 달리 공제회사가 선량한 풍속 기타 사회질서에 반하여 무효인 공제계약에 기초하여 지급한 공제금의 반환을 구하는 사안에서 부당이득반환청구권의 소멸시효기간을 10년이라고 본 대법원 2016. 10. 27. 선고 2014다233596 판결은 이 판결의 견해에 배치되는 범위에서 이를 변경하기로 한다.

(나) **보험계약자·피보험자·보험수익자의 의무**

가) 보험료지급의무   보험계약은 유상계약이므로 보험계약자는 보험자에 대하여 보험료를 지급할 의무가 있다(638조). ① 지급의무자: 보험료지급의무자는 보험계약자이나, 타인을 위한 보험의 경우에 보험계약자

가 파산선고를 받거나 보험료의 지급을 지체한 때에는 그 타인이 그 권리를 포기하지 아니하는 한 그 타인도 보험료를 지급할 의무가 있다(639조 3항 단서). ② 지급시기: 보험자의 책임은 당사자간에 다른 약정이 없으면 최초의 보험료의 지급을 받은 때로부터 개시하므로(656조), 보험계약자는 계약체결 후 지체없이 보험료의 전부 또는 제1회 보험료를 지급하여야 한다(650조 1항 전단). 2회 이후의 보험료는 약정한 지급기일에 지급하여야 한다(650조 2항 참조). ③ 보험료의 증감: 보험료는 보험계약에서 정하여지나 특별한 위험을 예기하여 보험료의 액을 정한 경우에 보험기간 중 그 예기한 위험이 소멸한 때에는 보험계약자는 그 후의 보험료의 감액을 청구할 수 있고(647조), 사고발생위험이 현저하게 변경 또는 증가하거나(652조) 그것이 보험계약자측의 고의 또는 중대한 과실에 기인하여 발생한 때(653조)에는 보험료의 증액을 청구할 수 있다. ④ 지급장소와 방법: 보험료의 지급장소에 대하여 상법에 정함이 없으므로 당사자 간에 약정이 없으면 민법에 따라 지참채무로서 보험자의 영업소에서 지급하여야 한다. 실제상 은행의 지로 또는 온라인으로 지급하거나, 보험자의 수금원이 방문수금하기도 한다. 보험료를 현금이 아닌 어음이나 수표로 지급하는 경우 그때 보험료의 지급이 있다고 볼 것인가에 대하여 학설이 대립한다. 현실에 있어서 보험자가 은행의 자기앞수표(또는 은행이 지급보증한 수표) 외에 약속어음이나 일반수표(특히 선일자수표)를 보험료로 수령하는 경우는 많지 않을 것이고, 있다고 하더라도 당사자간의 특별한 약정이 있을 것이므로 그에 따를 것이지만 만약 그러한 약정이 없다고 한다면 지급을 위하여 또는 담보하기 위하여 교부된 것으로 추정되므로 보험자가 추심절차를 게을리하지 않은 이상 결제된 때에 보험료의 지급이 있는 것으로 본다. 따라서 그때부터 보험자의 책임이 개시하므로 어음 · 수표의 수령 후 결제 전에 보험사고가 발생한 경우에는 보험자는 보험금지급의무를 지지 않는다. ⑤ 보험료지급해태의 효과: 보험계약자는 보험계약자가 보험료의 전부 또는 제1회 보험료를 지급하지 아니하는 경우 다른 약정이 없는 한 계약성립 후 2월이 경과하면 그 계약은 해제된 것으로 본다(650조 1항). 계속보험료가 약정한 시기에 지급되지 아니한 때에는 보험자는 상당한 기간을 정하여 보험계약자에게 최고하고 그 기간 내에 지급되지 아니한 때에는 그 계약을 해지할 수 있다(650조 2항). 특정한 타인을 위한 보험의 경우에 보험계약자가 보험료의 지급을 지체한 때에는 보험자는 그 타인에게도 상당한 기간을 정하여 보험료의 지급을 최고한 후가 아니면 그 계약을 해제 또는 해지하지 못한다(650조 3항).

나) 통지의무　　① 위험변경증가의 통지의무: 보험기간 중에 보험계약자 또는 피보험자가 사고발생의 위험이 현저하게 변경 또는 증가된 사실을 안 때에는 지체없이 보험자에게 통지하여야 하고, 이를 해태한 때에는 보험자는 그 사실을 안 날로부터 1월 내에 한하여 계약을 해지할 수 있고, 보험자가 그 통지를 받은 때에는 1월 내에 보험료의 증액을 청구하거나 계약을 해지할 수 있다(652조 1항·2항). ② 보험계약자 또는 피보험자나 보험수익자는 보험사고의 발생을 안 때에는 지체없이 보험자에게 그 통지를 발송하여야 하고, 이를 해태함으로 인하여 손해가 증가된 때에는 보험자는 그 증가된 손해를 보상할 책임이 없다(657조 1항·2항).

다) 위험유지의무　　보험계약자, 피보험자 또는 보험수익자는 보험기간 중에 그들의 고의 또는 중대한 과실로 인하여 사고발생의 위험을 현저하게 변경 또는 증가시키지 않을 의무를 부담하는데 이를 위험유지의무라 한다. 예컨대 화재보험의 목적인 사무용건물을 보험자의 동의 없이 화기를 다루는 공장으로 변경하거나 생명보험의 피보험자가 보험자의 동의 없이 사무직에서 고위험직종에 종사하는 행위를 해서는 안 되는 것이다. 이 의무에 위반한 경우 보험자는 그 사실을 안 날부터 1월 내에 보험료의 증액을 청구하거나 계약을 해지할 수 있다(653조).

6) 보험계약의 무효·변경·소멸·부활

㈎ 보험계약의 무효　　보험계약의 무효는 처음부터 무효인 경우와 취소에 의하여 무효가 되는 경우의 두 가지가 있다. ① 보험계약당시에

보험사고가 이미 발생하였거나 또는 발생할 수 없는 것인 때 무효이다 (644조 본문). 그러나 당사자 쌍방과 피보험자가 이를 알지 못한 때에는 유효하다(644조 단서). ② 보험계약자의 사기에 의한 초과보험(669조 4항 본문) 또는 중복보험(672조 3항)은 무효이다. 이 경우 보험자는 그 사실을 안 때까지의 보험료를 청구할 수 있다(669조 4항 단서, 672조 3항). ③ 15세미만자, 심신상실자 또는 심신박약자의 사망을 보험사고로 한 생명보험계약은 무효이다(732조 본문). ④ 보험자가 보험약관의 교부·설명의무에 위반하여 보험계약자가 보험계약을 취소한 경우(638조의3) 무효가 된다(민 141조 본문).

(ㄴ) **보험계약의 변경**   보험계약 체결 당시 고려하였던 위험의 변경·증감은 보험계약에 중요한 영향을 미치게 된다. ① 위험의 감소는 일반적으로 보험관계에 영향을 미치지 않지만 특별한 위험(예: 전쟁위험 등)을 예기하여 고액의 보험료를 약정한 경우 그 위험이 소멸하면 보험계약자는 장래에 향하여 보험료의 감액을 청구할 수 있다(647조). ② 보험계약자 또는 피보험자가 보험기간 중 위험이 현저하게 변경 또는 증가한 사실을 안 때에 지체없이 보험자에게 통지하여야 하고, 그 통지로부터 1월 내에 보험자는 보험료의 증액을 청구할 수 있다(652조 1항 전문·2항). ③ 보험기간 중에 보험계약자, 피보험자 또는 보험수익자의 고의 또는 중대한 과실로 인하여 사고발생의 위험이 현저하게 변경 또는 증가된 때에는 보험자는 그 사실을 안 날부터 1월 내에 보험료의 증액을 청구할 수 있다 (653조).

(ㄷ) **보험계약의 소멸**   당연소멸사유와 당사자의 계약해지에 의한 소멸사유가 있다.

가) **당연소멸사유**   ① 보험사고가 발생하면 원칙적으로 목적의 달성으로 소멸한다. 다만, 책임보험과 같이 성질상 보험기간의 만료시까지 소멸되지 않는 보험의 경우에는 소멸되지 않으며, 당사자의 약정에 의하여 유지할 수도 있다. 기타 ② 보험기간의 만료, ③ 보험목적의 멸실, ④ 보험료의 부지급(650조 1항), ⑤ 보험자의 파산(654조 2항)에 의하여 소멸한다.

나) 당사자의 계약해지에 의한 소멸　　① 보험계약자에 의한 해지로
서 임의해지(649조 1항 본문)와 보험자의 파산으로 인한 해지(654조 1항)가
있고, ② 보험자에 의한 해지로서 고지의무위반(651조), 계속보험료의 부
지급(650조 2항), 위험변경·증가(652조 1항·2항, 653조), 약관에 의한 해지가
있다.

　　㈃ **보험계약의 부활**　　보험계약의 부활은 보험계약자가 제2회 이후
의 계속보험료를 지급하지 아니함으로 인하여 보험계약이 해제되었거나
실효되었음에도 해지환급금이 지급되지 않은 경우에, 보험계약자가 일정
한 기간 내에 연체보험료에 약정이자를 붙여 보험자에게 지급하여 그 계
약의 부활을 청구하고 보험자가 이를 승낙함으로써 종전의 보험계약을
부활시키는 것이다(650조의2 전문). 보험자의 부활의 청약이 있으면 30일
내에 낙부의 통지를 발송하여야 하고, 그 기간 내에 낙부의 통지를 해태
한 때에는 승낙한 것으로 본다(650조의2 후문, 638조의2 1항 본문·2항). 보험계
약의 부활로 해지 또는 실효되기 전의 보험계약이 회복된다. 따라서 종
전의 보험계약에 존재하는 무효·해지 등의 사유를 부활 후에도 주장할
수 있으나, 종전의 계약에 대한 고지의무위반에 대하여는 이를 주장할
수 없다(부활계약 시에 고지의무를 부담한다).

7) 타인을 위한 보험계약

　　㈎ **의　　의**　　타인을 위한 보험계약은 보험계약자가 특정 또는
불특정의 타인을 위하여 자기명의로 체결한 보험계약이다(639조 1항 본문).
즉, 손해보험의 경우에는 보험계약자와 피보험자가 다르고, 인보험의 경
우에는 보험계약자와 보험수익자가 다른 것을 말한다. 법적 성질은 제3
자를 위한 계약(민 539조)의 일종이나 타인이 수익의 의사표시를 하지 않
더라도 당연히 보험상의 권리를 취득하는 점에서 차이가 있다.

　　㈏ **요　　건**　　① 타인을 위한다는 의사표시가 존재하여야 한다.
이는 명시적이든 묵시적이든 무관하다. 이 의사표시가 없으면 보험계약
자 자신을 위한 것으로 추정하여야 한다. ② 타인의 위임 여부: 타인의 위

임 여부는 이 보험계약체결의 요건이 아니다. 그러나 손해보험계약의 경우에 그 타인의 위임이 없는 때에는 보험계약자는 이를 보험자에게 고지하여야 하고, 그 고지가 없는 때에는 타인이 그 보험계약이 체결된 사실을 알지 못하였다는 사유로 보험자에게 대항하지 못한다(639조 1항 단서).

⒟ **효   과**   ① 보험계약자의 권리 · 의무: 보험계약자는 보험금액 기타의 급여청구권을 제외하고는 보험계약상의 권리(보험증권교부청구권, 보험료반환청구권 등)를 가지고, 보험계약의 직접당사자로서 보험료지급의무(639조 3항 본문) 외에 각종의 의무(통지의무, 위험유지의무 등)를 부담한다. ② 피보험자 · 보험수익자의 권리 · 의무: 피보험자 또는 보험수익자는 타인의 위한 보험계약의 속성상 그 수익의 의사표시를 하지 아니한 경우에도 당연히 그 계약의 이익을 받는다(639조 2항 본문). 피보험자 또는 보험수익자는 보험계약의 직접당사자가 아니므로 원칙적으로 보험료지급의무를 부담하지 않으나, 보험계약자가 파산선고를 받거나 보험료의 지급을 지체한 때에는 그 권리를 포기하지 아니하는 한 보험금지급의무를 부담한다(639조 3항 단서). 그 외 상법상 의무(통지의무, 위험유지의무 등)를 부담한다.

2. 손해보험

(1) 손해보험 통칙

1) 손해보험계약의 의의

⒜ **의   의**   손해보험계약은 당사자의 일방(보험자)이 보험사고로 인하여 생길 재산상의 손해를 보상할 것을 약정하고, 상대방(보험계약자)은 약정한 보험료를 지급할 것을 약정하는 계약이다(638조, 665조).

⒝ **인보험과의 차이**   손해보험계약은 손해의 발생을 요소로 하므로 손해발생의 기초가 되는 이익인 피보험이익이 불가결의 요소이나 인보험에는 그러한 관념이 없다. 손해배상보험은 부정액보험인데 반하여 인보험 중 생명보험계약은 정액보험이다(인보험 중 상해보험이나 질병보험계약은 부정액보험인 경우가 일반적이다).

2) 손해보험계약의 종류   상법에서 규정하고 있는 손해보험은 화재보험(683조~687조), 운송보험(688조~692조), 해상보험(693조~718조), 책임보험(719조~726조), 자동차보험(726조의2~726조의4), 보증보험(726조의5~726조의7)이 있다.

3) 손해보험계약의 요소

(가) 총   설   손해보험계약도 보험계약의 일종이므로 보험계약의 일반적 요소를 갖추어야 하나 손해보험계약에만 존재하는 보험계약의 요소로 피보험이익이 있다. 이하 피보험이익과 이와 관련된 보험가액과 보험금액에 대하여 살펴본다.

(나) 피보험이익

가) 개   념   피보험이익은 피보험자가 보험의 목적에 대하여 가지는 경제적 이익이다. 상법은 이를 '보험계약의 목적'이라고 표현한다(668조, 669조). 보험의 목적은 부보되는 경제상의 재화를 말하나 피보험이익은 그 재화에 대하여 가지는 경제적 이익이므로, 1개의 보험의 목적에 대하여 수개의 피보험이익이 존재할 수 있다(예컨대 같은 건물에 대한 소유자의 화재보험과 임차인의 화재보험).

나) 요   건   유효한 손해보험계약이 성립하기 위하여 피보험이익은 적법한 것이어야 하고, 금전으로 산정가능하여야 하며(668조), 적어도 보험사고가 발생할 때까지는 확정하거나 또는 확정할 수 있는 것이어야 한다.

다) 기   능   피보험이익은 보험자의 책임범위를 정하는 기준이 된다. 보험은 피보험이익의 손실을 보상하는 것이지 이득을 주는 제도가 아니므로 중복보험(672조)·초과보험(669조)은 규제되는데 피보험이익은 이를 판단하는 기준이 된다. 이 점에서 보험의 도박화를 방지하는 효용을 가진다. 그리고 보험은 보험의 목적에 따라 구별되는 것이 아니라 피보험이익에 따라 구별되는 것이므로 보험계약의 동일성을 구별하는 기준이 된다.

⑴ 보험가액과 보험금액

가) 보험가액   보험가액은 피보험이익의 평가액으로서 보험자의 손해보상액의 최대한도가 된다. 보험가액의 결정은 ① 당사자간에 정한 경우(기평가보험)에는 그 가액이 사고발생시의 가액을 현저하게 초과하지 않는 한 사고발생시의 가액으로 정한 것으로 추정하고(670조), ② 당사자간에 정하지 않는 경우(미평가보험)에는 사고발생시의 가액으로 한다(671조). 상법 제671조의 원칙에는 보험가액불변경주의와 신가보험의 두 가지 예외가 있다. 보험기간이 짧아 보험가액의 변동이 적은 보험이나 사고발생의 때와 장소를 확정하기 어려운 보험에 대하여 상법은 평가가 쉬운 일정한 때를 기준으로 하여 정한 보험가액을 보험기간 전체의 보험가액으로 정하는데(689조, 696조~698조) 이를 '보험가액불변경주의'라고 한다. 또 보험계약시에 당사자간의 약정에 의하여 보험사고 발생에 따른 손해를 신품가액에 의하여 보상하도록 하는 신가보험(676조 1항 단서)도 예외가 된다.

나) 보험금액   보험금액은 보험계약에 의하여 약정된 보험자의 급여의무의 최고한도로서 보험료 책정의 기준이 된다.

다) 보험가액과 보험금액의 관계   보험가액과 보험금액의 관계가 어떻게 되는가에 따라 초과보험 · 일부보험 · 중복보험의 문제가 발생한다.

① 초과보험   초과보험은 보험금액이 보험가액을 현저하게 초과한 보험이다(669조 1항 본문). 보험가액은 계약 당시의 가액에 의하여 결정하는 것이 원칙이나(669조 2항), 보험기간 중에 보험가액이 현저하게 감소된 때에는 그때의 보험가액에 의한다(669조 3항). 초과보험이 보험계약자의 사기로 인하여 체결된 때에는 그 계약은 무효로 하고, 보험자는 그 사실을 안 때까지의 보험료를 청구할 수 있다(669조 4항). 이와 달리 초과보험에 대하여 보험계약자에게 사기의 귀책사유가 없는 경우(단순초과보험)에는 보험자 또는 보험계약자는 보험료와 보험금액의 감액을 청구할 수 있고, 보험료의 감액은 보험료불가분의 원칙에 의하여 장래에 대하여서만 그 효력이 있다(669조 1항).

396 제4편 상 행 위

② 일부보험　　일부보험은 보험금액이 보험가액에 미달되는 보험으로, 이 경우 보험자는 보험금액의 보험가액에 대한 비율에 따라 보상할 책임을 진다(674조 본문). 예컨대 보험가액 천만원의 건물을 보험금액 500만원의 화재보험에 부보한 경우 600만원의 손해가 발생한 때에는 300만원(600×1/2)을 보험자가 부담한다. 이는 강행규정이 아니므로 당사자간의 약정으로 보험금액의 한도 내에서 그 손해 전부를 보상할 책임을 질 수 있다(674조 단서).

③ 중복보험　　중복보험은 광의로는 동일한 보험의 목적에 관하여 피보험이익과 보험사고가 동일하고 피보험자와 보험기간을 같이 하는 수인의 보험자와의 수개의 보험계약이 병존하는 경우를 말하고, 협의로는 그 중에서 각 보험계약의 보험금액의 합계가 보험가액을 초과하는 보험을 말한다. 예컨대 보험가액 천만원의 청자기에 대하여 보험자 A와는 9백만원, 보험자 B와는 3백만원의 보험계약을 각 체결한 경우이다. 각 보험금액의 합계가 보험가액에 미치지 못하는 경우에는 문제가 없으나 초과하는 경우에는 만약 그 보험금액을 모두 지급받게 되면 보험가액 이상의 이득을 취하는 것이 되어 보험의 취지에 어긋나므로 이를 제한한다. 상법은 보험계약자의 사기로 중복보험이 체결된 때에는 그 계약을 무효로 하고(672조 3항, 669조 4항), 그렇지 않은 경우에는 동시중복보험이든 이시중복보험이든 상관없이 각 보험자는 각 보험금액의 한도에서 보험금액의 비율에 따라 연대책임을 진다(672조 1항). 따라서 위의 예에서 청자기가 전손된 경우 A는 750만원(1000×900/1200), B는 250만원(1000×300/1200)을 지급하여야 한다. 중복보험은 중요한 고지사항이고, 연대책임의 문제가 발생하므로 보험계약자에 대하여 각 보험자에게 각 보험계약의 내용을 통지할 의무를 부과하고 있다(672조 2항). 그리고 보험계약자의 보험자 중 1인에 대한 권리포기는 다른 보험자에게 영향을 미치지 않는다(673조). 즉, 위의 예에서 A에 대하여 권리를 포기하더라도 B는 250만원의 책임만을 부담한다.

4) 손해보험계약의 효과

㈎ **총　설**　　손해보험에도 보험계약에 공통한 효력이 발생하지만 여기서는 손해보험계약에만 존재하는 효과인 손해보상의무, 손해방지의무 및 보험자대위에 대하여 살펴보기로 한다.

㈏ **보험자의 손해보상의무**(보험금지급의무)

가) 보험자의 손해보상의무의 발생요건　　① 보험기간 내에 보험사고가 발생하여야 한다. 보험사고가 보험기간 내에 발생한 이상 손해는 그 기간 이후에 발생하여도 무관하다. ② 재산상의 손해를 입어야 한다. ③ 보험사고와 손해 사이에 상당인과관계가 있어야 한다. 상당인과관계가 있는 손해인 이상 다른 원인과 경합한 경우에도 이 의무를 부담한다. 보험의 목적에 관하여 보험자가 부담할 손해가 생긴 경우에는 그 후 그 목적이 보험자가 부담하지 아니하는 보험사고의 발생으로 인하여 멸실된 때에도 보험자는 이미 생긴 손해를 보상할 책임을 면하지 못한다(675조).

나) 면책사유　　위의 요건에 해당되더라도 보험의 목적의 성질, 하자 또는 자연소모로 인한 손해는 보험자가 이를 보상할 책임이 없다(678조).

다) 손해의 보상　　손해액은 그 손해가 발생한 때와 곳의 가액에 의하여 보험자의 비용부담으로 산정한다(676조 1항 본문·2항). 신가보험의 경우에는 그 신품가액에 의하여 손해액을 산정할 수 있다(676조 1항 단서). 보험금액의 지급은 약정기간이 있는 경우에는 그 기간 내에, 약정기간이 없는 경우에는 보험사고의 발생통지를 받은 후 지체없이 보험자가 지급할 보험금액을 정하고 그 정하여진 날로부터 10일 내에 이루어져야 한다(658조). 이 의무의 소멸시효는 3년이다(662조). 보험사고로 인하여 상실된 피보험자가 얻을 이익이나 보수는 당사자간에 다른 약정이 없으면 보험자가 보상할 손해액에 산입하지 아니한다(667조).

Cf. 이익보험: 예컨대 공장건물화재보험의 경우 화재나 폭발로 인한 건물과 그 내부의 기계, 상품 등에 대한 직접적인 손해를 보상하는 것이 보통이다. 이익보험은 이와 달리 그 보험사고로 인하여 생산 또는 매출감소분 등 간접적 손해를 보상하는 것이다. 보험사고로 인하여 상실된 피보험자가 얻을 이익이나 보수(상실이익)는 보험자가 보상할 손해에 산입되지 않는 것이 원칙이나, 당사자간에 특약이 있는 경우에는 보험자가 보상할 손해액에 산입되는데(667조) 이를 이익보험이라고 한다. 이익보험은 책임보험에는 없고, 물건보험에만 인정된다. 무역거래에 있어서 매수인은 운송보험계약 체결시 수입물품의 상업송장금액의 110%를 부보하는 것이 보통인데 여기서 '10%'는 희망이익으로 본다(698조 참조).

⑷ 보험계약자·피보험자의 손해방지·경감의무　　보험계약자와 피보험자는 손해의 방지와 경감을 위하여 노력하여야 한다(680조 1항 본문). 이를 손해방지·경감의무라고 한다. 보험계약의 선의성의 구체적 발현이다. 이 의무는 보험사고 발생을 전제로 하는 의무이므로 그때로부터 부담하고, 보험계약자나 피보험자가 이 의무를 이행한 이상 그에 필요 또는 유익하였던 비용과 보상액이 보험금액을 초과한 경우라도 보험자가 이를 부담한다(680조 1항 단서). 이 의무위반에 대하여는 상법에 규정이 없다. 보험계약자 또는 피보험자가 고의 또는 중대한 과실로 인하여 이를 게을리한 때에는 상법상의 의무위반행위로서 보험자는 그와 상당인과관계 있는 손해에 대하여 배상을 청구하거나 손해보상액으로부터 공제할 수 있다고 본다.

⑸ 보험자대위

가) 의　　의　　보험자대위는 보험자가 보험금액을 지급한 때에 보험의 목적이나 제3자에 대하여 가지는 피보험자 또는 보험계약자의 권리를 당연히 취득하는 제도이다(681조, 682조).

나) 종　　류　　보험자대위에는 두 가지가 있다. ① 보험목적에 관한 보험대위(잔존물대위): 이는 보험의 목적의 전부가 멸실한 경우에 보험금액의 전부를 지급한 보험자가 그 목적에 대한 피보험자의 권리를 취득하는 것이다(681조 본문). 만약 일부보험의 경우에는 보험금액의 보험가액

에 대한 비율에 따라 권리를 취득한다(681조 단서). 이는 보험계약자나 피보험자의 부당이득을 방지하기 위한 것이다. ② 제3자에 대한 보험대위: 손해가 제3자의 행위로 인하여 발생한 경우에 보험금을 지급한 보험자는 그 지급한 금액의 한도에서 그 제3자에 대한 보험계약자 또는 피보험자의 권리를 취득한다(682조 1항 본문). 보험자가 보상할 보험금의 일부를 지급한 경우에는 피보험자의 권리를 침해하지 아니하는 범위에서 그 권리를 행사할 수 있다(682조 1항 단서). 이는 보험계약자나 피보험자의 이중이득을 방지하기 위한 것이다. 그러나 이때의 '제3자'가 보험계약자나 피보험자와 생계를 같이 하는 가족인 경우에는 그 손해가 그 가족의 고의에 인한 것이 아닌 한 보험자는 그 권리를 취득하지 못한다(682조 2항). 예컨대 같이 사는 가족(제3자)이 실수로 불을 내어 화재보험의 목적인 건물이 소실된 경우에는 실화자에 대한 손해배상청구권을 취득하지 못한다(방화의 경우에는 취득한다).

* 대법원 2020. 10. 15. 선고 2018다222921 판결

손해보험의 보험사고에 관하여 동시에 불법행위나 채무불이행에 기한 손해배상책임을 지는 제3자가 있어 피보험자가 그를 상대로 손해배상청구를 하는 경우, 피보험자는 보험자로부터 수령한 보험금으로 전보되지 않고 남은 손해가 있을 때 그 남은 손해의 전부 또는 일부에 관하여 제3자를 상대로 그의 배상책임을 이행할 것을 청구할 수 있고(대법원 2015. 1. 22. 선고 2014다46211 전원합의체 판결 등 참조), 보험금으로 손해가 모두 전보되었다면 보험자가 보험자대위에 의하여 제3자를 상대로 이를 청구할 수 있다. 하나의 사고로 보험목적물과 보험목적물이 아닌 재산에 대하여 한꺼번에 손해가 발생한 경우, 보험목적물이 아닌 재산에 발생한 손해에 대해서는 보험계약으로 인한 법률관계를 전제로 하는 상법 제682조의 보험자대위가 적용될 수는 없으므로, 보험자대위권 행사 범위는 보험목적물을 대상으로 산정하여야 한다(대법원 2019. 11. 15. 선고 2019다240629 판결 참조).

5) 손해보험계약의 변경·소멸

(가) 총   설   보험계약의 일반적 변경·소멸사유를 제외한 손해보험계약에 특유한 것으로는 보험가액의 변동, 피보험이익의 소멸 및 보험목적의 양도가 있다. 이 중에서 보험가액의 변동은 초과보험·일부보험의 문제로 이미 살펴보았으므로 나머지에 대하여만 설명한다.

(나) 피보험이익의 소멸   예컨대 운송보험에 있어서 운송계약이 취소된 경우와 같이 손해보험계약의 피보험이익이 소멸하면 그 보험계약은 무효가 된다. 피보험이익의 소멸이 보험기간 개시 전에 발생하면 보험계약자와 피보험자가 선의이며 중대한 과실이 없는 때에는 보험자에 대하여 보험료의 전부 또는 일부의 반환을 청구할 수 있고(648조 전문), 보험기간 개시 후에는 보험계약자는 당사자간에 다른 약정이 없으면 미경과보험료의 반환을 청구할 수 있다(649조 3항).

(다) 보험목적의 양도   피보험자가 보험의 목적을 양도한 때에 양도인인 피보험자는 피보험이익을 상실하게 되어 보험계약상의 권리를 잃게 된다고 할 경우 양수인이 무보험상태의 위험에 놓이게 되는 것을 방지하기 위하여 상법은 피보험자가 보험의 목적을 양도한 때에는 양수인은 보험계약상의 권리와 의무를 승계한 것으로 추정한다(679조 1항). 해상보험과 자동차보험에 있어서는 보험자의 동의 또는 승낙을 요한다(703조의2 1호, 726조의4 1항). 이 경우 보험의 목적의 양도인 또는 양수인은 보험자에 대하여 지체없이 그 사실을 통지하여야 한다(679조 2항). 통지방법에는 제한이 없다.

(2) 손해보험 각칙(개별손해보험계약)

1) 총   설   손해보험계약의 종류는 상당히 많은데 우리 상법은 그 중에서 이용도가 높은 화재보험·운송보험·해상보험·책임보험·자동차보험·보증보험에 대하여 규정을 두고 있다. 이러한 개별손해보험계약에는 보험법통칙규정과 손해보험통칙규정이 적용된다. 아래에서는 상법에 규정되어 있는 손해보험계약의 의의와 특칙을 중심으로 살펴보기로

한다.

2) 화재보험

⑺ 의 의 화재보험계약은 화재를 보험사고로 하는 손해보험계약이다(683조).

⑷ 요 소 화재보험계약에서의 보험사고는 '화재'이다. 화재는 사회통념상 화재라고 인정할 수 있는 성질과 규모를 가지고 독립한 연소력을 가진 화력의 연소작용이다. 화재보험계약의 보험의 목적은 상법에 규정되어 있는 건물과 동산(685조 1호 · 2호) 외에도 유체물이면 입목이나 명인방법을 갖춘 수목 등의 부동산도 보험의 목적이 된다고 본다. 동일한 화재보험에도 소유자로서의 피보험이익과 임차인으로서의 피보험이익이 다르므로 피보험이익이 불분명한 경우 소유자로서의 피보험이익으로 보아야 한다.

⑸ 특 칙

가) 화재보험증권 손해보험증권의 공통기재사항(666조 1호~9호) 외에 건물 또는 동산, 보험가액에 관한 사항을 기재하여야 한다(685조 1호~3호).

나) 보상책임 보험자는 화재로 인하여 생긴 손해에 관하여는 그 원인 여하를 불문하고 보상책임을 진다(위험보편의 원칙, 683조). 특약에 의하여 화재의 종류를 한정할 수 있다. 보험자는 화재의 소방 또는 손해의 감소에 필요한 조치로 인하여 생긴 손해를 보상할 책임이 있다(684조).

다) 집합보험의 경우 집합보험은 경제적으로 독립한 다수의 집합물을 일괄하여 보험의 목적으로 한 손해보험(686조)으로서 개별보험에 반대되는 개념이다. 이에는 보험의 목적이 특정된 특정보험과 보험의 목적의 전부 또는 일부가 보험기간 중에 교체될 것이 예정된 총괄보험이 있다. 특정보험의 경우 피보험자의 가족과 사용인의 물건도 보험의 목적에 포함된 것으로 하고, 이 경우 그 보험은 그 가족 또는 사용인을 위하여서도 체결한 것으로 본다(타인을 위한 보험계약, 686조). 총괄보험의 경우 그 목적에 속한 물건이 보험기간 중에 수시로 교체된 경우에도 보험사고의 발

생 시에 현존한 물건은 보험의 목적에 포함된 것으로 한다(687조).

3) 운송보험

(개) 의 의   운송보험은 운송물에 관하여 그 운송에 관한 사고에 의하여 생길 손해의 보상을 목적으로 하는 손해보험계약이다. 해상운송 보험계약에 대하여는 상법 제693조 내지 제718조에 따로 규정하고 있다.

(내) 요 소   운송보험의 목적은 운송물이다. 운송 중에 생긴 사고 라고 하더라고 여객의 생명·신체에 생긴 사고를 보험사고로 하는 보험 계약은 운송보험계약이 아니라 인보험계약이다. 또 운송에 사용되는 도 구(기차, 자동차 등)를 보험의 목적으로 한 경우는 운송보험이 아니라 차량 보험이다.

(다) 특 칙

가) 운송보험증권   손해보험증권의 공통기재사항(666조 1호~9호) 외 에 운송의 노순(路順)과 방법, 운송인, 운송물의 수령과 인도의 장소 등의 법정사항(690조 1호~5호)을 기재하여야 한다.

나) 보상책임   보험자는 다른 약정이 없으면 운송인이 운송물을 수령한 때로부터 수하인에게 인도할 때까지 생길 손해를 보상할 책임이 있다(688조). 보험사고가 송하인 또는 수하인의 고의 또는 중대한 과실로 인하여 발생한 때에는 보험자는 이로 인하여 생긴 손해를 보상할 책임이 없다(692조). 운송의 필요에 의하여 일시운송을 중지하거나 운송의 노순 또는 방법을 변경한 경우에도 다른 약정이 없는 한 보험계약은 그 효력 을 잃지 아니한다(691조).

4) 해상보험

(개) 의 의   해상보험은 해상사업에 관한 사고로 인하여 생길 손해를 보상할 것을 목적으로 하는 손해보험계약이다(693조). 해상보험에 있어서의 보험의 목적은 선박 또는 적하(積荷)이며, 운송보험과는 달리 운송물뿐만 아니라 운송수단인 선박도 보험의 목적이 된다.

⑷ 요   소

가) 보험사고   보험사고는 해상사업에 관한 사고이다. 따라서 해상사업에 고유한 사고뿐만 아니라 해상사업에 부수하는 육상위험도 포함한다.

나) 보험기간   기간보험의 경우는 문제가 없으나 항해보험의 경우에는 보험기간의 개시와 종료에 대하여 다툼이 있을 수 있으므로 특별규정을 두고 있다. ① 선박보험: 보험기간은 하물 또는 저하의 선적에 착수한 때에 개시하고(699조 1항), 도착항에서 하물 또는 저하를 양륙한 때에 종료한다(700조 본문 전단). ② 적하보험: 보험기간은 하물의 선적에 착수한 때에 개시한다. 그러나 출하지를 정한 경우에는 그 곳에서 운송에 착수한 때에 개시한다(699조 2항). 그리고 양륙항 또는 도착지에서 하물을 인도한 때에 종료한다. 그러나 불가항력으로 인하지 아니하고 양륙이 지연된 때에는 그 양륙이 보통 종료될 때에 종료된 것으로 한다(700조 본문 후단·단서). 하물 또는 저하의 선적에 착수한 후에 선박 또는 적하보험계약이 체결된 경우에는 보험기간은 계약이 성립한 때에 개시한다(699조 3항).

다) 보험가액   기평가보험의 경우에는 원칙적으로 그 가액을 보험가액으로 하나(670조 본문) 미평가보험에 있어서는 피보험이익을 달리함에 따라 여러 가지 경우로 나누어 살펴보아야 한다. ① 선박보험: 이는 보험의 목적인 선박의 소유자로서의 피보험이익에 관한 보험이다. 선박보험에서는 보험자의 책임이 개시될 때의 선박가액을 보험가액으로 한다(696조 1항). 이 경우 선박의 속구, 연료, 양식 기타 항해에 필요한 모든 물건은 보험의 목적에 포함된 것으로 한다(696조 2항). ② 적하보험: 이는 보험의 목적인 적하의 소유자로서의 피보험이익에 관한 보험이다. 적하보험의 경우 선적한 때와 곳의 적하의 가액과 선적 및 보험에 관한 비용을 보험가액으로 한다(697조). ③ 운임보험: 이는 운송인이 보험의 목적인 선박에 의한 운임에 관하여 가지는 피보험이익에 관한 보험이다(706조 1호 참조). 상법에 규정을 두고 있지 않다. ④ 희망이익보험: 이는 보험의 목적

인 적하의 도착으로 의하여 얻을 이익 또는 보수인 희망이익을 피보험이
익으로 한 보험이다(698조). 이때 계약으로 보험가액을 정하지 아니한 때
에는 보험금액을 보험가액으로 한 것으로 추정한다(698조).

(다) 특   칙

가) 해상보험증권   손해보험증권의 공통기재사항(666조 1호~9호) 외
에 선박 또는 적하를 보험에 붙인 경우 그 선박의 명칭 등과 보험가액을
정한 때에는 그 가액을 기재하여야 한다(695조 1호~3호).

나) 사정변경에 의한 보험관계의 변경·소멸   ① 항해변경의 효과:
선박이 보험계약에서 정하여진 발항항이 아닌 다른 항에서 출항한 때에
는 보험자는 책임을 지지 않고(701조 1항), 선박이 보험계약에서 정하여진
도착항이 아닌 다른 항을 향하여 출항한 때에도 같다(701조 2항). 또한 보
험자의 책임이 개시된 후에 보험계약에서 정하여진 도착항이 변경된 경
우에는 보험자는 그 항해의 변경이 결정된 때부터 책임을 지지 아니한다
(701조 3항). ② 이로(離路)의 효과: 선박이 정당한 사유 없이 보험계약에서
정하여진 항로를 이탈한 경우 보험자는 그때부터 책임을 지지 아니하는
데(701조의2 전문), 이는 선박이 손해발생 전에 원항로로 돌아온 경우에도
마찬가지이다(701조의2 후문). ③ 발항 또는 항해의 지연의 효과: 피보험자
가 정당한 사유 없이 발항 또는 항해를 지연한 때에는 보험자는 발항 또
는 항해를 지체한 이후의 사고에 대하여 책임을 지지 아니한다(702조). ④
선박변경의 효과: 적하보험의 경우에 보험계약자 또는 피보험자의 책임
있는 사유로 인하여 선박을 변경한 때에는 그 변경 후의 사고에 대하여
책임을 지지 아니한다(703조). ⑤ 선박의 양도 등의 효과: 선박보험의 경
우 보험자의 동의 없이 피보험자가 선박양도, 선박의 선급변경, 선박을
새로운 관리로 옮긴 때에는 보험계약은 종료한다(703조의2).

(라) 해상보험자의 손해보상의무

가) 보상하는 손해의 범위   해상보험자는 보험사고와 상당인과관
계에 있는 피보험이익에 관한 직접손해만을 보상할 책임을 부담하는 것

이 원칙이나 예외적으로 ① 공동해손분담액(694조), ② 구조료(694조의2) 및 ③ 보험의 목적의 안전이나 보존을 위하여 지급할 특별비용(694조의3)과 같은 간접손해에 대하여도 보상책임을 부담한다.

나) 보상책임의 범위　　선박 · 적하 등에 관한 피보험이익이 전부 멸실한 때, 즉 전손(全損)의 경우에는 보험가액의 전액이 보상하는 손해액이다. 그리고 손해산정비용(676조 2항)과 손해방지비용(680조 1항 단서)도 포함된다. 그러나 일부 멸실의 경우, 즉 분손(分損)의 경우에 대하여 ① 선박의 일부손해(707조의2), ② 적하의 일부손해(708조) 및 ③ 적하매각으로 인한 손해(709조)의 보상에 대한 특칙을 두고 있다.

다) 해상보험자의 면책사유　　해상사업으로 인한 손해범위의 광범위성으로 인하여 상법상 규정되어 있는 해상보험자의 면책사유 외에 약관에 의한 보상책임의 제한이 허용된다(663조 단서). ① 법정면책사유: 해상보험자는 보험법 통칙(659조, 660조) 및 손해보험법 통칙(678조) 규정에 의하여 면책되는 외에도 ㉠ 감항능력주의의무 해태로 인한 손해, ㉡ 용선자, 송하인 또는 수하인의 고의 또는 중대한 과실로 인한 적하손해 및 ㉢ 도선료, 입항료 등 항해 중의 통상비용에 대하여는 보상책임이 없다(706조 1호~3호). ② 약관에 의한 보상책임의 제한: 보험자의 입장에서는 보상책임의 범위를 명확히 하고, 보험계약자로서는 보험료를 절약하기 위한 필요에 의하여 영국의 관행에 따라 약관에 의하여 그 범위를 명확히 하는 것이 실무관행이다. 그러한 약관으로는 ㉠ 전손만의 담보[보험의 목적의 전부 또는 그에 준하는 경우에만 보상책임을 지는 것으로 영국의 TLO(total loss only), FAA(free of all average)에 해당한다], ㉡ 분손부담보[전손 외에는 공동해손에 대하여만 보상책임을 지는 것으로 단독해손, 즉 선박 또는 적하의 일방에 관한 손해는 책임지지 않는 것으로 영국의 FPA(free from particular average)에 해당한다] 및 ㉢ 분손담보[이는 전손은 물론 공동해손이든 단독해손이든 모든 분손에 대하여 보상책임을 지는 것으로 영국의 AR(all risks), WA(with average)에 해당한다] 등이 주로 이용되고 있다.

(마) 보험위부

가) 의   의   보험위부(abandonment)는 전손이 아니더라도 그와
동일하게 보아야 할 사유 또는 전손으로 추정되기는 하지만 이를 증명할
수 없는 경우에 법률상 전손으로 보아 피보험자가 그 보험의 목적에 대
한 모든 권리를 보험자에게 넘기고(위부) 보험자에게 보험금 전액을 청구
할 수 있는 해상보험 특유의 제도이다.

나) 입법취지   이는 위부의 원인이 된 사실의 발생으로 인하여 피
보험자가 경제상의 이익을 전부 상실함과 마찬가지 사정임에도 불구하고
보험사고에 대한 현실적 증명을 못하여 보험금을 수령하지 못하는 불공
평을 시정하여 보험계약관계를 원만하게 종료시키고자 하는 취지에서 만
든 규정이다.

다) 법적 성질   피보험자의 위부는 불요식의 법률행위로서 보험자
의 승낙을 요하지 않는 단독행위로서 일종의 형성권이다.

라) 원   인   ① 선박·적하가 회복불능인 때, ② 선박의 수선비
용이 과다한 때, ③ 적하의 수선비용이 과다한 때(710조 1호~3호) 및 ④ 선
박이 행방불명인 때(711조 1항·2항) 위부할 수 있다.

마) 요   건   보험위부가 피보험자의 편의를 위한 제도임에 비추
어 보험자를 보호하기 위하여 그 요건을 규정하고 있다. ① 위부의 통지:
피보험자가 위부를 하고자 할 때에는 상당한 기간 내에 보험자에 대하여
그 통지를 발송하여야 한다(713조 1항). ② 위부의 무조건성: 위부는 무조
건이어야 한다(714조 1항). ③ 위부의 범위: 위부는 보험의 목적의 전부에
대하여 하는 것이 원칙(714조 2항 본문)이나, ㉠ 위부의 원인이 그 일부에
대하여 생긴 때에는 그 부분에 대하여서만 할 수 있고(714조 2항 단서), ㉡
보험가액의 일부를 보험에 붙인 경우에는 보험금액의 보험가액에 대한
비율에 따라서만 위부를 할 수 있다(714조 3항, 이 경우 보험자와 피보험자가 보
험의 목적을 공유하게 된다). ④ 다른 보험계약 등에 관한 통지: 피보험자가
위부를 함에 있어서는 보험자에 대하여 보험의 목적에 관한 다른 보험계

약과 그 부담에 속한 채무의 유무와 그 종류 및 내용을 통지하여야 한다 (715조 1항). 보험자는 그 통지를 받을 때까지 보험금액의 지급을 거부할 수 있으며(715조 2항), 보험금액의 지급에 관한 기간의 약정이 있는 때에 는 그 기간은 그 통지를 받은 날로부터 기산한다(715조 3항).

　　바) 승인·불승인　　① 승인: 보험위부는 형성권이므로 피보험자의 일방적 의사표시에 의하여 효력이 발생하나 위부권을 행사하기 위하여는 위부원인을 증명하여야 한다. 그러나 보험자가 위부를 승인하면 피보험 자는 위부원인을 증명할 필요가 없고, 보험자는 그 위부에 대하여 이의 를 하지 못한다(716조). ② 불승인: 보험자가 위부를 승인하지 아니한 때 에는 피보험자는 위부의 원인을 증명하지 아니하면 보험금액의 지급을 청구하지 못한다(717조).

　　사) 효　　과　　① 보험자의 권리의무: 보험자는 위부로 인하여 그 보험의 목적에 관한 피보험자의 모든 권리를 취득한다(718조 1항). 위부원 인인 손해가 제3자의 행위에 의하여 발생한 경우에 피보험자가 제3자에 대하여 가지는 권리(예: 선박충돌로 인한 손해배상청구권, 공동해손분담청구권 등) 도 포함된다. 이러한 권리는 피보험자의 위부의 의사표시가 보험자에게 도달한 때 취득된다. 이는 보험자가 보험금을 지급하였는지 여부와 무관 하다(이 점에서 보험자대위와 구별된다. 681조, 682조). 그리고 위부의 의사표시 가 도달한 때의 상태 그대로 효력이 생긴다(예컨대 저당권이나 우선특권이 있 는 경우에는 그 부담이 있는 상태대로 취득한다). 보험자는 그에 따라 보험의 목 적에 관한 의무(예: 침몰선 제거의무 등)도 부담하는데 이러한 의무이행에 드 는 비용을 피보험자의 부담으로 하여 보험금에서 공제하기로 하는 약관 조항을 통하여 양자 사이의 형평을 기하기도 한다. ② 피보험자의 권리 의무: 피보험자는 원칙적으로 보험금액의 전부를 청구할 수 있다(710조 본 문). 예외적으로 위부원인이 일부에 생긴 때에는 그 부분에 해당하는 보 험금액(714조 2항 단서), 일부보험의 경우에는 보험금액의 보험가액의 비율 에 따른 금액(714조 3항)만을 청구할 수 있다. 피보험자가 위부를 한 때에는

보험의 목적에 관한 모든 서류를 보험자에게 교부하여야 한다(718조 2항).

(ㅂ) 예정보험

가) 의 의 예정보험계약은 그 계약내용의 전부 또는 일부를 미확정인 상태로 체결하는 보험계약이다. 이는 보험계약의 예약이 아니라 보험계약이 확정적으로 성립하는 것으로, 그 계약의 효력상 보험계약자가 미확정부분이 확정된 때 이를 보험자에게 통지할 의무를 부담하는 것이다. 이에 대하여 계약내용이 체결시에 전부 확정된 것을 확정보험계약이라고 한다. 예정보험은 선박보험에도 이용되나 실제로는 적하보험에 있어서 그 수량, 보험금액 또는 적재할 선박이 미정인 때에 체결하는 경우가 많다. 예정보험에는 개별적 예정보험과 포괄적(계속적) 예정보험이 있다. 포괄적 예정보험은 일정기간 내에 적재될 화물에 대하여 일정한 조건에 따라 포괄적·계속적으로 부보하는 것으로 실무상 이것의 효용이 더 크나 상법은 개별적 예정보험 중에서 선박미확정의 예정보험에 관하여만 규정하고 있다(704조).

나) 선박미확정의 적하예정보험 이는 보험계약의 체결 당시 하물을 적재할 선박을 지정하지 아니한 보험이다(704조 1항). 이는 개별적 예정보험의 일종이다. 보험계약자 또는 피보험자는 그 하물이 선적되었음을 안 때 지체없이 보험자에 대하여 그 선박의 명칭, 국적과 하물의 종류, 수량과 가액의 통지를 발송하여야 한다(704조 1항). 이는 간접의무이다. 이 통지를 해태한 때에는 보험자는 그 사실을 안 날부터 1월 내에 계약을 해지할 수 있다(704조 2항).

5) 책임보험

(개) 총 설

가) 의 의 책임보험은 피보험자가 보험기간 중의 사고로 인하여 제3자에게 배상할 책임을 진 경우에 이를 보상할 것을 목적으로 하는 손해보험계약이다(719조). 이것은 피보험자가 보험사고로 인하여 직접 입은 재산상의 손해를 보상하는 것이 아니라 제3자에게 손해배상책임을 짐

으로써 입은 간접손해를 보상하는 점에서 일반손해보험과 구별된다. 기업의 활동과 관련하여 입은 손해에 관하여 피해자 보호목적에서 기업에게 점점 더 엄격한 책임을 묻게 되는 근래의 상황 하에서 이 보험은 피보험자에게는 그 배상책임을 보험자에게 전가시킴으로써 안정된 기업생활을 가능하게 하고, 피해자에게는 손해배상액의 확보를 통하여 생활안정을 도모할 수 있게 하는 사회적 기능을 한다.

나) 종 류 이 보험은 피보험자의 배상책임의 객체에 따라 대인배상책임보험(예: 자동차보험 중 대인배상책임부분)과 대물배상책임보험(예: 자동차보험 중 대물배상책임부분)으로 나뉘고, 대인배상책임보험은 보험금의 한도 유무에 따라 유한책임보험과 무한책임보험으로 다시 나뉜다(대물배상책임보험은 항상 유한책임보험이다). 또 보험가입의 강제성 유무에 따라 강제책임보험(예: 산업재해보상보험, 자동차보험 중 자동차손해배상보장법에 의한 책임보험)과 임의책임보험(예: 자동차보험 중 자동차손해배상보장법에 의한 책임보험을 초과하는 대인배상부분)으로 분류된다.

(나) 요 소

가) 보험의 목적 이 보험의 목적은 피보험자가 제3자에 대하여 지는 배상책임이다. 피보험자가 제3자의 청구를 방어하기 위하여 지출한 재판상 또는 재판 외의 필요비용은 보험의 목적에 포함되고(720조 1항 전문), 영업책임보험의 경우에는 피보험자의 대리인 또는 그 사업감독자의 제3자에 대한 책임도 보험의 목적에 포함된다(721조).

나) 피보험이익과 보험가액 책임보험에서도 피보험이익이 존재하는데 이는 피보험자가 제3자에 대하여 재산적 급여를 하는 책임을 지는 사고가 발생하지 않음으로써 가지는 경제적 이해관계이다. 책임보험에 있어서는 피보험이익을 미리 평가할 수 없으므로 보험가액은 원칙적으로 존재하지 않는다. 따라서 초과보험 · 중복보험 · 일부보험의 관념이 없다. 예외적으로 물건보관자의 책임보험(725조)에 있어서 그 물건의 보험가액을 측정할 수 있는 경우에는 초과보험 · 중복보험 · 일부보험이 인정될 수 있

고(725조), 수개의 책임보험의 경우 중복보험이 인정될 수 있다(725조의2).

다) 보험사고 책임보험에서 보험사고는 피보험자가 제3자에 대하여 책임을 지는 것이다(719조). 이때의 '제3자에 대한 책임'에 대하여 상법이 그 개념을 정의하지 않을 뿐 아니라 '제3자에게 배상할 책임을 진 경우'(719조), '피보험자가 제3자로부터 배상청구를 받았을 때'(722조 1항), '채무가 확정된 때'(723조 1항), '제3자가 그 배상을 받기 전에는 보험금액의 전부 또는 일부를 피보험자에게 지급하지 못한다'(724조 1항) 등으로 불통일적으로 규정하고 있는 까닭에 사고발생시점, 제3자의 피보험자에 대한 배상청구시점, 피보험자의 법률상배상책임 부담시점, 피보험자의 제3자에 대한 채무확정시점, 배상의무 이행시점으로 학설이 대립하고 있다.

라) 손해배상책임 피보험자의 손해배상책임의 발생원인은 불문한다. 보통은 민사책임에 한하지만 예외적으로 자동차운전자의 운행과실에 대한 벌금과 같은 형사책임도 약관에 포함시키는 경우도 있다. 고의 또는 중대한 과실로 인한 손해에 대하여는 책임을 지지 않으나(659조 1항), 약관에 의하여 고의의 경우에도 책임을 부담하는 경우가 있으며(예: 자동차보험표준약관 5조 단서 등), 중대한 과실의 경우에는 일반적으로 보험자의 책임을 인정한다(예: 배상책임보험표준약관 11조 1호 참조). '제3자'는 피보험자 이외의 피해자를 말하는데 피보험자의 동거가족은 제외된다.

(다) 효 과

가) 보험자와 피보험자와의 관계 피보험자가 제3자로부터 배상청구를 받았을 때에는 지체없이 보험자에게 그 통지를 발송하여야 하고(722조 1항), 피보험자가 제3자에 대하여 변제, 승인, 화해 또는 재판으로 인하여 채무가 확정된 때에는 지체없이 보험자에게 그 통지를 발송하여야 한다(723조 1항). 보험자는 특별한 기간의 약정이 없으면 채무확정통지를 받은 날로부터 10일 내에 보험금액을 지급하여야 한다. 피보험자가 보험자의 동의없이 제3자에 대하여 변제, 승인 또는 화해를 한 경우에는 보험

자가 그 책임을 면하게 되는 합의가 있는 때에도 그 행위가 현저하게 부당한 것이 아니면 보험자는 보상할 책임을 면하지 못한다(723조 3항).

나) 보험자와 제3자와의 관계　　제3자는 책임보험계약의 당사자가 아니므로 보험자와 어떠한 법률관계도 없는 것이 원칙이나 상법은 제3자 보호차원에서 특칙을 두고 있다. 즉, 제3자는 피보험자가 책임을 질 사고로 입은 손해에 대하여 보험금액의 한도 내에서 보험자에게 직접 보상을 청구할 수 있다(724조 2항 본문). 이를 제3자의 보험자에 대한 직접청구권이라 하는데, 그 법적 성질은 손해배상청구권이다(판례: 따라서 그 시효는 3년이다, 민 766조). 보험자가 직접청구를 받은 때에는 지체없이 피보험자에게 이를 통지하여야 한다(724조 3항). 한편 보험자는 피보험자가 그 사고에 관하여 가지는 항변으로써 제3자에게 대항할 수 있고(724조 2항 단서), 이 경우 피보험자는 보험자의 요구가 있을 때에는 필요한 서류 · 증거의 제출, 증언 또는 증인의 출석에 협조하여야 한다(724조 4항).

㈑ 재 보 험　　재보험계약은 어떤 보험자가 자신이 인수한 보험계약상의 책임의 전부 또는 일부를 다른 보험자에게 인수시키는 보험계약이다(661조). 이 경우 최초의 보험계약을 원보험 또는 주보험이라고 한다. 이 재보험은 위험을 재분배하는 기능을 한다. 원보험계약과 재보험계약은 법률상 전혀 독립한 계약이므로 재보험계약은 원보험계약의 효력에 영향을 미치지 않는다(661조 후문). 재보험의 법적 성질은 책임보험의 일종으로 손해보험에 속한다고 본다. 상법도 이러한 점을 반영하여 책임보험에 관한 규정을 그 성질에 반하지 아니하는 범위에서 재보험계약에 준용한다(726조).

6) 자동차보험

㈎ 의　　의　　자동차보험은 피보험자가 자동차를 소유, 사용 또는 관리하는 동안에 발생한 사고로 인하여 피보험자에게 생긴 손해를 보상할 것을 내용으로 하는 보험계약이다(726조의2). 이는 자동차차량보험과 자동차책임보험이 복합된 보험으로서 흔히 자동차종합보험이라고 부른

다. 여기의 '자동차'는 자동차관리법의 적용을 받는 자동차와 건설기계관
리법의 적용을 받는 건설기계 중 대통령령으로 정하는 것을 말한다(자동
차손해배상 보장법 2조 1호, 위 법 시행령 2조 1호~7호). '소유'는 자동차등록부에
소유자로 등록된 것이고, '사용'은 소유자 자신 또는 다른 운전자에 의하
여 운행하는 것이며, '보관'은 소유자 자신 또는 다른 운전자 기타 수리
업자나 주차장업자 등에 의하여 보관되어 있는 것이다.

(나) 요 소

가) 보험사고   ① 차량보험의 경우: 차량의 멸실·훼손·도난 등
차량 자체에 생길 수 있는 모든 사고가 보험사고가 되나 훼손의 경우에
는 타인에 의한 것, 즉 타손(他損)은 보상하나 소유자 자신의 과실에 의한
자손(自損)은 특약이 있는 경우에 한한다. ② 책임보험의 경우: 피보험자
또는 운전자가 자동차의 운행으로 인하여 타인을 사망에 이르게 하거나
상해를 입힘으로써 피보험자에게 배상책임을 지게 한 사고(대인책임), 타
인의 차량을 훼손시킴으로써 피보험자에게 배상책임을 지게 한 사고(대물
책임)가 보험사고가 된다.

나) 보험가액   자동차책임보험은 책임보험이므로 보험가액은 없
고 보험금액만 있다.

(다) 특 칙

가) 자동차보험증권   자동차보험증권에는 상법 제666조에 게기한
사항 외에 자동차소유자 등의 인적 사항, 피보험자동차에 관한 사항 및
차량가액을 정한 경우 그 가액을 기재하여야 한다(726조의3 1호~3호).

나) 자동차의 양도   피보험자가 보험기간 중에 자동차를 양도한
때에는 양수인은 보험자의 승낙을 얻은 경우에 한하여 보험계약으로 인
하여 생긴 권리와 의무를 승계한다(726조의4 1항). 보험자가 양수인으로부
터 양수사실을 통지받은 때에는 지체없이 낙부를 통지하여야 하고 통지
받은 날부터 10일 내에 낙부의 통지가 없을 때에는 승낙한 것으로 본다
(726조의4 2항).

7) 보증보험

㈎ 총   설

가) 의   의   보증보험은 보험계약자가 피보험자에게 계약상의 채무불이행 또는 법령상의 의무불이행으로 입힌 손해를 보험자가 보상하기로 하는 내용의 보험계약이다(726조의5).

나) 법적 성질   보증보험은 채무의 보증을 목적으로 하는 보험으로서 보험성과 보증성의 양면의 성질을 가진 특수한 손해보험이다.

다) 종   류   보증보험은 계약상의 채무이행을 보증하는 보험(예: 이행보증보험, 할부판매보증보험, 지급계약보증보험, 신원보증보험, 사채보증보험 등)과 법령상의 의무이행을 보증하는 보험(예: 납세보증보험, 인허가보증보험 등)으로 나누어진다.

㈏ 특   칙

가) 당 사 자   보증보험의 당사자는 보험자, 보험계약자 및 피보험자이다. 보험계약자는 채무자이고, 피보험자는 채권자로서 보증보험계약은 형식상 타인을 위한 보험계약이 된다(639조). 통상의 타인을 위한 보험에서는 보험계약자와 피보험자가 상호협력관계에 있음에 반하여 보증보험의 경우에는 채무자와 채권자로서 상호이해대립관계에 있다.

나) 보험의 목적   보험의 목적은 계약 또는 법률에 의하여 발생하는 무형의 채권이다. 이 점에서 물건이 보험의 목적인 화재보험이나 운송보험과 구별되고, 피보험자가 제3자에 대하여 부담하는 배상책임으로 인한 손해를 보상하는 책임보험과 구별된다.

다) 보험자의 보상책임   보험자는 보험사고, 즉 채무불이행 또는 의무불이행이 발생함으로 인하여 손해가 발생한 경우 보상책임을 진다(726조의5). 보증보험의 경우 보험사고가 보험계약자의 고의 또는 중과실 등 인위적으로 발생하는 특징이 있다. 따라서 보험계약자의 고의 또는 중대한 과실로 인하여 손해가 야기된 경우에도 피보험자에게 책임이 있는 사유가 없으면 보험자의 책임은 인정된다(726조의6 2항). 또한 보험계약

자가 피보험자에게 계약상의 채무를 이행하거나 법령상의 의무를 이행한 경우에도 보험자에게 보험금의 지급을 청구할 수 없다(726조의6 1항). 보험자는 피보험자인 채권자에 대한 채무이행을 보증한다는 면에서 보증인과 유사한 점이 있으나(따라서 그 성질에 반하지 않는 범위에서 보증채무에 관한 민법의 규정을 준용한다, 726조의7) 보험자의 보상책임은 보험계약에서 생긴 것이지 보증계약에서 생긴 것이 아니므로 보증과 달리 최고·검색의 항변권도, 주채무에 대한 부종성도 없다.

라) 보험자의 대위와 구상　　　보증보험계약에서의 보험계약자는 보험료를 지급한 보험계약의 당사자이지 제3자로 볼 수 없고, 보험계약자의 채무불이행으로 인하여 생긴 피보험자의 손해를 보험자가 보상하면 보험계약자의 피보험자에 대한 배상책임은 이행된 것이므로 보험자의 대위권을 정한 상법 제682조는 적용될 여지가 없다. 그러나 변제자의 법정대위를 정한 민법 481조는 적용된다고 본다. 또한 보증보험계약에서는 보험자는 보험계약자로부터 보험료를 받고 피보험자에 대한 보증을 한 것이라고 할 수 있으므로 보험금을 지급한 보험자는 수탁보증인의 구상권을 정한 민법 제441조에 따라 구상할 수 있다고 본다. 보험계약자의 보험료지급과 보험자의 위험부담이 대가적으로 연결되어 있다고 하더라도 보증보험계약의 보험사고가 인위적 사고라는 특수성을 감안하면(특히 고의적 채무불이행의 경우) 보험계약자의 신의성실이나 보험계약의 선의성에 반하기 때문이다.

3. 인 보 험

(1) 인보험 통칙

1) 인보험계약의 의의　　　인보험계약은 보험자가 피보험자의 생명이나 신체에 관하여 보험사고가 발생할 경우에 계약으로 정하는 바에 따라 보험금이나 그 밖의 급여를 지급하기로 하는 보험계약이다(727조 1항). 인보험계약에는 생명보험계약, 상해보험계약 및 질병보험계약의 세 가지가

있다.

2) 인보험증권   인보험증권에는 상법 제666조에 게기된 사항 외에 보험계약의 종류, 피보험자의 인적 사항 및 보험수익자를 정한 때에는 그의 인적 사항을 기재하여야 한다(728조 1호~3호).

3) 인보험계약의 특성

(개) **보험의 목적**   인보험계약의 보험의 목적은 사람의 생명 또는 신체라는 점에서 물건 기타의 재산이 보험의 목적이 되는 손해보험계약과 다르다.

(내) **보험금액**   인보험 중에서 생명보험은 보험사고 발생시 보험계약에서 정한 보험금액을 지급하는 정액보험이고(보험금액이 자산운용결과에 따라 변동하는 변액보험의 예외도 있다), 상해보험이나 질병보험은 부정액보험이 대부분이나 손해보험은 항상 부정액보험이다.

(대) **피보험이익 관념의 부재**   인보험은 사람의 생명 · 신체에 관한 것이므로 이에 대한 금전적 평가가 있을 수 없어 피보험이익이나 보험가액의 관념은 있을 수 없다. 따라서 초과보험 · 중복보험 · 일부보험의 문제가 생길 수 없다(반대 있음).

(래) **보험자대위의 금지**   손해보험에는 보험자대위제도가 있으나(681조, 682조), 인보험에 있어서는 보험의 목적의 멸실이라는 관념이 없으므로 보험의 목적에 대한 보험자대위도 있을 수 없다(729조 본문). 그러나 상해보험계약의 경우에 당사자간에 다른 약정이 있는 때에는 보험자는 피보험자의 권리를 해하지 아니하는 범위 안에서 그 권리를 대위하여 행사할 수 있다(729조 단서).

(2) 인보험 각칙(개별인보험)

1) 생명보험

(개) **의   의**   생명보험은 보험자는 피보험자의 사망, 생존, 사망과 생존에 관한 보험사고가 발생할 경우에 약정한 보험금을 지급할 것을 약정하고, 보험계약자는 보험료를 지급할 것을 약정하는 계약이다(730조).

⑷ 종   류

가) 보험사고에 의한 분류   생명보험은 ① 피보험자의 사망을 보험
사고로 하는 사망보험, ② 피보험자의 보험기간까지의 생존을 보험사고
로 하는 생존보험, ③ 피보험자의 일정기간까지의 생존과 사망 양자를
보험사고로 하는 혼합보험으로 나뉜다.

나) 피보험자의 수에 의한 분류   ① 피보험자 1인의 생사를 보험사
고로 하는 단생보험, ② 부부·형제·동업자 등 2인 중 1인의 사망을 보
험사고로 하여 생존한 자가 보험금의 지급을 받는 연생보험, ③ 단체구
성원(예: 특정대학의 교직원, 특정회사의 임직원 등)의 전부 또는 일부를 포괄적
으로 피보험자로 하여 그의 생사를 보험사고로 하는 보험계약이다(735조
의3 1항). 단체보험은 구성원이 그 단체에 가입 또는 탈퇴함으로 인하여
당연히 피보험자의 지위를 취득하거나 상실하는 등의 피보험자의 교체가
예정됨에도 불구하고 보험계약이 동일성을 유지하는 특성을 가진다. 단
체생명보험계약의 체결에는 타인의 생명보험과 같은 그 타인의 서면에
의한 동의를 필요로 하지 않는다(735조의3 1항, 731조 1항). 그러나 단체생명
보험계약에서 보험계약자가 피보험자 또는 그 상속인이 아닌 자를 보험
수익자로 지정할 때에는 단체의 규약에서 명시적으로 정하는 경우 외에
는 그 피보험자의 서면 동의를 받아야 한다(735조의3 3항). 단체보험계약이
체결된 때에는 보험자는 보험계약자에 대하여서만 보험증권을 교부한다
(735조의3 2항).

다) 보험금액의 지급방법에 의한 분류   ① 일시금보험과 ② 연금보
험이 있고, 후자는 다시 지급기간에 따라 종신연금보험과 정기연금보험
으로 나뉜다.

⑶ 타인의 생명보험   타인의 생명보험은 보험계약자가 자기 이외
의 제3자를 피보험자로 한 생명보험이다. 이와 달리 보험계약자가 자신
을 피보험자로 한 생명보험을 자기의 생명보험이라고 한다. 타인의 생명
보험에는 일정한 제한을 필요로 하는데 이는 피보험자의 생명을 해하거

나 보험의 도박화의 위험이 있기 때문이다. 이에 ① 타인의 사망을 보험사고로 하는 보험계약(731조 1항)과 ② 타인의 생명보험계약으로 인하여 생긴 권리를 피보험자가 아닌 제3자에게 양도하는 경우(731조 2항) 및 ③ 보험계약 체결 후 보험계약자가 보험수익자를 지정 또는 변경하는 경우(734조)에는 그 타인의 서면(전자서명법 2조 2호에 따른 전자서명이 있는 경우로서 대통령령으로 정하는 바에 따라 본인 확인 및 위조·변조 방지에 대한 신뢰성을 갖춘 전자문서를 포함)에 의한 동의를 얻어야 한다(731조 1항). 이는 강행규정이므로 특약으로 배제하지 못한다. 동의는 보험계약에 이의가 없다는 의사표시로서 준법률행위로서 효력발생요건이다. 15세미만자, 심신상실자 또는 심신박약자는 동의능력이 없으므로 그의 사망을 보험사고로 한 보험계약은 무효로 한다(732조 본문). 단, 심신박약자가 보험계약을 체결하거나 단체보험(735조의3)의 피보험자가 될 때에 의사능력이 있는 경우에는 유효하다(732조 단서).

㈑ **타인을 위한 생명보험**

가) 의   의   타인을 위한 생명보험은 보험계약자가 자기 이외의 제3자를 보험수익자로 한 생명보험이다. 이는 타인을 위한 보험(639조)의 일종이다. 이와 달리 보험계약자가 자신을 보험수익자로 한 생명보험을 자기를 위한 생명보험이라고 한다. 생명보험에서는 피보험자 이외의 자를 보험수익자로 할 수 있는데 이는 손해보험에 있어서의 피보험이익의 관념이 존재하지 않는 까닭이다. 타인을 위한 생명보험에 있어서 보험계약자는 보험수익자의 지위결정에 관한 권리를 가진다.

나) 보험계약자의 보험수익자 지정·변경권   보험계약자는 보험계약을 체결할 때 보험수익자를 지정할 수 있고, 그 이후에 지정하거나 변경할 수 있다(733조 1항). 이 지정·변경권은 형성권이다. 보험계약자가 계약체결 후에 보험수익자를 지정 또는 변경할 때에는 보험자에게 통지하여야 하고, 이를 하지 않을 경우 보험자에게 대항하지 못한다(734조 1항). 보험계약자의 지정·변경과 보험수익자의 지위는 ① 보험수익자를 지정

하고 그 변경을 유보하지 않은 경우: 이때는 지정된 보험수익자의 권리가 확정이 된다. 보험수익자가 사망한 경우에는 보험계약자는 다시 보험수익자를 지정할 수 있다(733조 3항 전문). 이때 보험계약자가 보험수익자를 지정하지 않고 사망한 경우에는 보험수익자의 상속인을 보험수익자로 한다(733조 3항 후문). 보험계약자가 사망한 경우 그 승계인이 지정·변경권을 행사할 수 있다는 약정이 있는 경우가 아니면 보험계약자가 보험수익자를 지정하기 전에 피보험자가 사망한 경우에도 보험수익자의 상속인을 보험수익자로 한다(733조 4항). ② 보험수익자의 지정·변경을 유보한 경우: 이 경우 보험계약자는 언제든지 보험수익자를 지정·변경할 수 있다. 보험계약자가 보험수익자를 지정하지 않고 사망한 경우에는 피보험자가 보험수익자가 되고, 보험계약자가 보험수익자를 지정한 후 변경하지 않고 사망한 때에는 지정된 보험수익자의 권리가 확정된다(733조 2항 본문). 단, 보험계약자가 사망한 경우에는 그 승계인이 지정·변경권을 가진다는 약정이 있는 때에는 그에 따른다(733조 2항 단서). 보험계약자가 보험수익자의 지정·변경권을 행사하기 전에 피보험자가 사망한 경우에는 피보험자의 상속인을 보험수익자로 한다(733조 4항).

(마) **보험자의 의무**

가) 보험금지급의무　　보험사고 발생시에 보험자는 약정한 보험금액을 지급할 의무를 부담한다. 사망을 보험사고로 한 보험계약에서는 사고가 보험계약자 또는 피보험자나 보험수익자의 중대한 과실로 인하여 발생한 경우에도 보험자는 보험금을 지급할 책임을 면하지 못한다(732조의2 1항). 둘 이상의 보험수익자 중 일부가 고의로 피보험자를 사망하게 한 경우 보험자는 다른 보험수익자에 대한 보험금지급책임을 면하지 못한다(732조의2 2항).

나) 적립금반환의무　　보험자는 일정한 경우(649조, 650조, 651조, 652조~655조의 계약해지 및 659조와 660조의 면책사유) 보험금액지급책임이 면제된 때에는 보험자는 보험수익자를 위하여 적립한 금액을 보험계약자에게 지

급하여야 한다(736조 본문). 단, 보험사고가 보험계약자의 고의 또는 중대한 과실로 인하여 발생한 경우(사망보험의 경우에는 고의로 인하여 발생한 경우, 732조의2 1항 참조)에는 적립금반환의무가 없다(736조 1항 단서, 659조 1항). 그 시효는 3년이다(662조).

2) 상해보험

(개) **의 의**　　상해보험은 보험자가 피보험자의 신체의 상해에 관한 보험사고가 생길 경우에 보험금액 기타의 급여를 하기로 하는 인보험계약이다(737조). 여기의 '기타의 급여'는 치료 또는 의약품과 같은 현금 이외의 급여를 말한다. 상해보험의 경우 15세미만자, 심신상실자 또는 심신박약자도 보험의 목적이 될 수 있는 외에는 생명보험에 관한 규정을 준용한다(739조).

(내) **상해보험의 특성**　　상해보험계약은 보험의 목적이 '사람의 신체'라는 점에서 인보험계약에 속하고 재산상의 손해를 보상하는 손해보험계약과 다르나 상해보험계약에 따라 지급되는 의료비보험금(예: 치료비, 입원비 등)은 부정액으로 정액보험이 원칙인 생명보험과 차이가 있고 이 점에서 손해보험과 같은 성격을 가진다. 또한 생명보험계약에서의 보험사고는 발생시기만이 불확정한 데 반하여 상해보험계약에서의 보험사고는 그 발생 여부조차 불투명한 점에서 구별되며 이 점에서는 손해보험계약과 유사하다고 할 수 있다. 따라서 상해보험계약은 생명보험과 손해보험계약의 중간적 성격을 가진다고 할 수 있다.

(대) **상해보험증권**　　이는 생명보험증권과 기본적으로 같으나 피보험자와 보험계약자가 동일인이 아닐 때에는 피보험자의 성명·주소 및 생년월일에 갈음하여 피보험자의 직무 또는 직위만을 기재할 수 있다(738조, 728조 2호).

(라) **상해보험계약에 있어서의 보험사고**　　상해보험계약의 요소 중의 하나인 보험사고에 대하여 상법은 '피보험자의 신체의 상해'라고 규정하는(737조) 한편 실무상 사용되는 약관에는 이를 구체화하여 '급격하고도

우연한 외래의 사고'라고 규정하고 있다.

3) 질병보험　질병보험은 보험자가 피보험자의 질병에 관한 보험 사고가 발생할 경우 보험금이나 그 밖의 급여를 지급하기로 하는 인보험 계약이다(739조의2). 질병보험에 관하여는 그 성질에 반하지 아니하는 범위에서 생명보험 및 상해보험에 관한 규정을 준용한다(739조의3).

Ⅱ. 해상운송

1. 해상법의 의의 및 법원

(1) **해상법의 의의**　해상법도 두 가지로 정의된다. 즉, 실질적 의의의 해상법은 해상기업에 특유한 사법이고, 형식적 의의의 해상법은 상법전 제5편 해상을 말한다. 이는 해상기업조직과 선박담보(제1장 해상기업), 해상기업활동(제2장 운송과 용선) 및 해상기업위험(제3장 해상위험)으로 구성되어 있다.

(2) **해상법의 법원**　해상법의 법원에는 제정법으로서 형식적 의의의 해상법인 상법전 제5편과 선박법·해운법 등과 같은 특별법령 및 조약(해상법에 관하여 다수의 국제조약이 있다), 그리고 불문법으로서 상관습법(예: 하도지시서의 상관습 등)이 있다. 해상운송실무는 대부분 약관에 의하여 이루어지는데 이는 법원은 아니다.

2. 해상기업조직

(1) **총　설**　해상기업은 바다에서 선박에 의하여 영위되는 기업이다. 이는 기업의 물적 조직인 선박과 기업의 인적 조직인 주체와 보조자로 구성된다.

(2) **물적 조직**(선박)

1) **선박의 의의**　선박은 상행위나 그 밖의 영리를 목적으로 항해에 사용하는 선박이다(740조). 해상법상의 선박은 ① 상행위 그 밖의 영리를 목적으로 하는 선박이어야 하므로(영리선), 스포츠선·학술탐사선 등은

선박이 아니다. ② 해상법은 항해에 사용하는 선박, 즉 항해선에 적용되므로 영리선이라도 내수만을 항행하는 선박에는 해상법이 적용되지 않는다(한편 비영리선도 항해용선박이면 해상법을 준용한다, 741조 1항 본문). ③ 단정(短艇) 또는 주로 노 또는 상앗대로 운전하는 선박은 그 소규모성 때문에 해상법의 적용에서 제외한다(741조 2항).

2) 선박의 성질

(가) **합성물성**　　선박은 선체 · 기관 · 갑판 · 객실 등이 유기적으로 결합된 합성물이다. 선박 자체와 구별할 것으로 속구(屬具)가 있다. 속구는 선박의 일부분이 아닌 별개의 물건으로서 선박의 상용에 공하기 위하여 부속시킨 것으로 이에는 단주(端舟), 닻, 돛, 나침반, 구명구 등이 있으며, 일시적 소모품인 양식, 연료, 저하(ballast) 등은 속구가 아니다. 선박의 속구목록에 기재한 물건은 선박의 종물로 추정한다(742조).

(나) **부동산 유사성**　　선박은 원래 동산이나 높은 가격과 큰 부피로 인하여 법적으로 부동산에 준하여 취급한다. 따라서 일정한 기준에 해당하는 선박은 등기하도록 하고(선박 8조, 26조), 부동산과 같은 방법으로 강제집행하며(민집 172조~187조), 형법상 선박을 건조물과 같이 취급하고(형 319조), 국제법상 선박을 영토의 연장으로 보는 것이 그것이다.

(다) **인격자 유사성**　　선박은 선명(선박 11조) · 국적 · 선적항 · 선급 · 톤수 등으로 표시함으로써 마치 사람과 같이 개성이 식별된다. 그러나 선박은 그 자체 독립한 인격을 가지는 것이 아니며 해상기업주체가 보유하는 재산에 불과하다.

3) 선박소유권의 득실변경

(가) **선박소유권의 득실**　　선박소유권의 득실원인은 동산의 경우와 대체로 같다. 해상법상 특이한 원인으로 국제법상의 포획, 선박법위반에 기한 몰수(선박 32조 3항), 행정목적을 위한 수용, 보험위부(710조), 선박공유자의 지분매수청구(761조, 762조), 선박경매(753조) 등이 있다. 등기선박은 부동산과 같은 취급을 받으므로 선의취득(민 249조)의 대상이 되지 않

는다. 선박의 절대적 상실원인으로는 침몰, 해철(해체) 등이 있다.

(나) **선박소유권의 양도**　　총톤수 20톤 미만의 부선 등의 비등기선의 양도는 민법에 따라 인도로써 이전한다(민 188조). 등기 또는 등록선박의 경우에는 당사자 사이에는 합의만으로 소유권이 이전되고, 제3자에게 대항하기 위하여는 등기하고 선박국적증서에 기재하여야 한다(743조). 이는 민법의 부동산물권변동에 관한 민법 제186조에 대한 예외이다.

4) 선박에 대한 강제집행　　민사집행법 제172조 내지 제187조에 의한다. 총톤수 20톤 이상의 선박의 경우 항해의 준비를 완료한 선박과 그 속구는 압류 또는 가압류를 하지 못한다(단, 항해를 준비하기 위하여 생긴 채무는 제외한다, 744조).

(3) 인적 조직

1) 총　　설　　해상기업의 인적 조직은 기업주체와 기업보조자로 나뉜다. 해상기업주체로는 선박소유자, 선박공유자, 선체용선자(나용선자), 정기용선자, 항해용선자가 있고, 해상기업보조자로는 선장, 해원 등의 선원, 예선업자, 도선사, 적하감독인 또는 검수인 등이 있다. 그 외 육상보조자로서 지배인 기타 상업사용인, 운송주선인, 선박중개인, 선박대리점 등이 있다. 해상법은 선장에 관하여만 규정을 두고, 선원에 관하여는 선원법에 규정하며, 육상보조자는 상법총칙과 상행위편에 규정한다.

2) 해상기업의 주체　　선박소유자는 협의로는 단독으로 선박을 소유하는 자를 말하나, 광의로는 그 외에 선박공유자·선체용선자·정기용선자 등을 포함한다.

(가) **선박소유자**　　선박의 소유권을 가지고, 그 선박을 상행위 그 밖의 영리의 목적으로 자기의 해상기업에 이용하는 자이다(협의의 선박소유자).

(나) **선박공유자**　　선박공유자는 선박을 공유하여 이를 공동의 해상기업에 이용하는 자이다. 선박공유의 법적 성질은 단순한 민법상 공유관계가 아니라 공동기업형태의 하나이다. 선박공유는 ① 지분가격에 의한 다수결주의(756조 1항, 민 706조 2항), ② 지분의 자유양도(759조, 민 704조, 273

조 1항), ③ 지분가격의 비율에 따른 책임 및 비용의 분담과 손익분배(757
조, 758조, 민 711조), ④ 결의반대자의 지분매수청구권(761조) 등의 규정에서
민법상 조합과 차이가 있다. 선박공유자는 선박관리인을 선임하여야 한
다(764조 1항 전문). 선박관리인은 선박의 이용에 관한 재판상 또는 재판 외
의 모든 행위를 할 권한을 가지며(765조 1항), 그 대리권에 대한 제한은 선
의의 제3자에게 대항하지 못한다(765조 2항). 그러나 선박관리인이 ㉠ 선
박의 양도·임대 또는 담보제공, ㉡ 신항해 개시, ㉢ 선박의 부보, ㉣ 선
박 대수선, ㉤ 차재를 함에는 선박공유자의 서면에 의한 위임을 받아야
한다(766조 1호~5호). 선박관리인은 업무집행에 관한 장부를 비치하고 그
선박의 이용에 관한 모든 사항을 기재하여야 하며(767조), 매 항해의 종료
후에 지체없이 그 항해의 경과상황과 계산에 관한 서면을 작성하여 선박
공유자에게 보고하고 그 승인을 받아야 한다(768조).

　㈐ **선체용선자**(나용선자)　　선체용선자는 자신의 관리·지배 하에 선
박을 운항할 목적으로 선박소유자에게 용선료를 지급하기로 약정하고 선
박소유자로부터 선박을 제공받은 자이다(847조 1항). 선체용선자와 선박소
유자의 관계는 민법상 임대차계약관계이므로 선체용선계약은 그 성질에
반하지 아니하는 한 민법상 임대차에 관한 규정을 준용한다(848조 1항).
선체용선자는 선박소유자에 대하여 선체용선등기에 협력할 것을 청구할
수 있으며, 등기하면 그 때부터 제3자에 대하여 효력이 생긴다(849조 1항·
2항). 선체용선자는 영리목적으로 선박을 항해에 사용하는 경우 그 이용
에 관한 사항에는 제3자에 대하여 선박소유자와 동일한 권리의무가 있다
(850조 1항). 그리고 선박의 이용에 관하여 생긴 우선특권은 우선특권자가
그 이용이 계약에 반함을 알지 못하는 한 선박소유자에 대하여도 그 효
력이 있다(850조 2항). 선체용선계약에 관하여 발생한 당사자 사이의 채권
은 선박이 선박소유자에게 반환된 날부터 2년의 제척기간에 걸린다. 이
기간은 당사자의 합의에 의하여 연장할 수 있으며(851조 1항, 814조 1항 단
서), 단축하는 약정은 운송계약에 명시적으로 기재하지 않으면 효력이 없

다(851조 2항, 840조 2항).

(라) 정기용선자 정기용선자는 선박소유자에게 기간으로 정한 용선료를 지급하기로 약정하고 그로부터 선원이 승무하고 항해장비를 갖춘 선박에 대한 사용수익권을 얻어 이를 자신의 해상기업에 이용하는 자이다(842조). 선체용선의 경우 선박의 점유가 용선자에게 이전되는데 반하여 정기용선의 경우에는 선박소유자가 선장·해원을 통하여 간접점유하는 점이 다르다. 정기용선자는 선장지휘권(843조 1항)을 가지며, 선장 등이 정기용선자의 정당한 지시를 위반하여 손해를 입힌 경우 선박소유자에 대한 손해배상청구권(843조 2항)을 가진다. 이에 대하여 선박소유자는 ① 운송물유치권 및 경매권(844조), ② 용선료 연체시 계약해제·해지 등의 권리의무와 손해배상청구권(845조)을 가진다. 정기용선계약에 관한 당사자 사이의 채권의 제척기간에 관하여는 선체용선의 경우와 같다(846조).

(마) 항해용선자 항해용선자는 특정한 항해를 할 목적으로 선박소유자에게 운임을 지급하기로 약정하고, 선박소유자로부터 선원이 승무하고 항해장비를 갖춘 선박의 전부 또는 일부를 제공받아 물건운송 또는 여객운송에 이용하는 자이다(827조). 항해용선에서는 선박소유자가 선박의 지휘관리권과 선장 및 해원의 임면감독권을 가지고 제3자에 대하여 권리의무의 주체가 된다.

3) 선장(해상기업의 보조자)

(가) 의 의 선장은 광의로는 특정선박의 항해지휘자를 말하는데 이 경우 선박소유자 또는 선박공유자인 동시에 선장인 자(자선선장)도 포함된다. 협의로는 선박소유자의 피용자로서 특정선박의 항해를 지휘하고 그 대리인으로서 법률상 권한을 가진 자를 말한다. 선장의 지휘명령권(선원 6조) 등의 공법상의 직무권한을 선박권력이라고 한다.

(나) 지 위

가) 선박소유자에 대한 관계 ① 선임과 해임: 선장은 선박소유자가 선임 또는 해임한다(745조). ② 내부관계: 선장은 항해에 관한 중요한

사항을 지체없이 선박소유자에게 보고하여야 하며(755조 1항), 매 항해를 종료한 때에는 그 항해에 관한 계산서를 지체없이 선박소유자에게 제출하여 그 승인을 받아야 한다(755조 2항). 선장은 선박소유자의 청구가 있을 때에는 언제든지 항해에 관한 사항과 계산의 보고를 하여야 한다(755조 3항). 선박소유자가 정당한 사유 없이 선장을 해임한 때에는 선장은 이로 인하여 생긴 손해의 배상을 청구할 수 있다(746조). ③ 외부관계: 선적항에서는 선장은 특히 위임을 받은 경우 외에는 해원의 고용과 해고를 할 권한만을 가진다(749조 2항). 그러나 선적항 외에서는 항해에 필요한 재판상 또는 재판 외의 모든 행위를 할 권한을 가진다(749조 1항). 그리고 선박이 수선하기 불가능하게 되었을 때(754조 1항 1호·2호) 경매권도 가진다(753조). 선장의 대리권에 대한 제한은 선의의 제3자에게 대항하지 못한다(751조). 선장은 선박수선료·해난구조료, 그 밖에 항해의 계속에 필요한 비용을 지급하여야 할 경우 외에는 ① 선박 또는 속구의 담보제공, ② 차재, ③ 적하의 전부나 일부처분행위를 하지 못한다(750조 1항). 또 선장은 일정한 경우 자신의 책임으로 대선장을 선임할 수 있다(748조).

나) 적하이해관계인에 대한 관계　　선장이 항해 중에 적하를 처분하는 경우에는 이해관계인의 이익을 위하여 가장 적당한 방법으로 하여야 한다(752조 1항). 선장의 적하처분의 결과는 적하이해관계인에게 귀속한다. 이해관계인은 선장의 처분으로 인하여 생긴 채권자에게 적하의 가액을 한도로 하여 그 책임을 진다(752조 2항 본문). 다만, 그 이해관계인에게 과실이 있는 때에는 그 한도에 무관하게 책임을 진다(752조 2항 단서).

(4) 해상기업주체의 책임제한

1) 총　　설　　상법은 해상기업의 주체인 선박소유자 등에게 일정한 채무에 대하여 책임제한을 주장할 수 있도록 규정하고 있다(769조, 770조, 774조). 이러한 책임제한은 선적항 외에서의 선박소유자의 선장 및 해원에 대한 지휘감독의 곤란과 그 손해액의 대규모성을 감안하여 국민경제적 견지에서 해상기업을 보호하여야 한다는 점에 그 근거를 찾고 있다.

2) **책임제한의 주체**　　책임제한을 주장할 수 있는 자는 선박소유자와 ① 용선자·선박관리인 및 선박운항자, ② 법인인 선박소유자 및 ①에 규정된 자의 무한책임사원, ③ 자기의 행위로 인하여 선박소유자 또는 ①에 규정된 자에 대하여 유한책임의 대상이 되는 채권이 성립하게 한 선장·해원·도선사, 그 밖의 선박소유자 또는 ①에 규정된 자의 사용인 또는 대리인이다(774조 1항). 동일한 사고에서 발생한 모든 채권에 대한 선박소유자 등에 의한 책임제한의 총액은 선박마다 책임한도액(770조)을 초과하지 못한다(774조 2항). 선박소유자 등 위의 ① 내지 ③에 규정된 자의 1인이 책임제한절차개시의 결정을 받은 때에는 책임제한을 할 수 있는 다른 자도 이를 원용할 수 있다(774조 3항).

3) **책임제한채권**　　이는 ① 선박에서 또는 선박의 운항에 직접 관련하여 발생한 사람의 사망, 신체의 상해 또는 그 선박 외의 물건의 멸실 또는 훼손으로 인하여 생긴 손해에 관한 채권, ② 운송물, 여객 또는 수하물의 운송의 지연으로 인하여 생긴 손해에 관한 채권, ③ 선박의 운항에 직접 관련하여 발생한 계약상의 권리 외의 타인의 권리의 침해로 인하여 생긴 손해에 관한 채권, ④ 위 각 채권의 원인이 된 손해를 방지 또는 경감하기 위한 조치에 관한 채권 또는 그 조치의 결과로 인하여 생긴 손해에 관한 채권이다(769조 1호~4호). 위의 채권에 대하여는 청구원인의 여하에 불구하고 책임한도액(770조)으로 그 책임을 제한할 수 있다(769조 본문). 다만, 그 채권이 선박소유자 자신의 고의 또는 손해발생의 염려가 있음을 인식하면서 무모하게 한 작위 또는 부작위로 인하여 생긴 손해에 관한 것인 때에는 제한할 수 없다(769조 단서). 그리고 선장·해원의 선박소유자에 대한 채권 등 유한책임이 배제되는 채권이 있다(773조).

4) **책임한도액**　　책임의 한도액은 ① 여객의 사망 또는 신체의 상해로 인한 손해에 관한 채권(770조 1항 1호), ② 여객 외의 사람의 사망 또는 신체의 상해로 인한 손해에 관한 채권(770조 1항 2호), ③ 인적 손해를 제외한 채권(770조 1항 3호), ④ 인적 손해와 물적 손해가 경합하는 경우

(770조 4항), ⑤ 구조자(775조)로 나누어 규정되어 있다.

5) 책임제한절차   책임을 제한하고자 하는 자는 채권자로부터 책임한도액을 초과하는 청구금액을 명시한 서면에 의한 청구를 받은 날부터 1년 이내에 법원에 책임제한절차개시의 신청을 하여야 한다(776조 1항). 이 절차는 선박소유자 등의 책임제한절차에 관한 법률에 규정되어 있다.

3. 해상기업활동(해상운송)

2007년 상법 개정 이전에는 해상운송은 항해용선과 개품운송을 포함하는 개념으로 사용되었으나(2007. 8. 3. 개정 전 상법 780조) 현행 상법은 해상운송을 개품운송만을 의미하는 것으로 하고, 항해용선은 정기용선·선체용선과 함께 해상여객운송 다음에 따로 규정하고 있다. 이하 개품운송계약과 해상여객운송계약 및 해상운송증서에 대하여 살펴보기로 한다(용선에 대하여는 해상기업주체에서 이미 살펴보았다).

(1) **개품운송계약**(해상물건운송계약)

1) 의   의   개품운송계약은 운송인이 개개의 물건을 해상에서 선박으로 운송할 것을 인수하고, 송하인이 이에 대하여 운임을 지급하기로 약정함으로써 그 효력이 생기는 계약이다(791조).

2) 운송계약의 효력

⑺ **운송인의 의무**   ① 선적에 관한 의무로서 선박제공의무, 운송물수령·적부의무 및 선하증권교부의무(852조)를 부담한다. ② 항해에 관한 의무로서 감항능력주의의무(794조), 발항의무, 직항의무(796조 8호 참조), 운송물에 관한 주의의무를 부담한다. ③ 양륙에 관한 의무로서 입항의무, 양륙의무, 정당한 권리자에게 인도할 의무, 공탁의무(803조)를 부담한다.

⑻ **운송인의 책임**

가) 총   설   상법 개정 전에는 해상운송인의 책임을 금액한도로만 제한하였으나 2007년 개정시 금액한도를 상향(운송물의 매포장당 또는 선

428 제4편 상 행 위

적단위당 500 계산단위의 금액→666.67 계산단위의 금액)함과 아울러 중량에 따른
한도(중량 1킬로그램당 2 계산단위의 금액)를 도입하여 그 중 큰 금액을 한도로
제한하였다(797조 1항 본문). 해상운송인의 책임은 감항능력주의의무(794조)
위반 및 상업과실(795조 1항)의 경우에만 발생하고 항해과실 및 선박화재
(795조 2항)의 경우에는 원칙적으로 발생하지 않는 점(135조와의 비교) 및 배
상액이 정액배상보다 더 제한되어 있는 점(797조와 137조의 비교)에서 육상
물건운송인의 책임과 차이가 있다.

> Cf. 항해과실과 상업과실: 항해과실(해기과실, error in navigation or man-
> agement)은 상업과실에 대립한 개념으로 항해 또는 선박의 관리에 관한
> 선장 기타 해원의 과실을 말한다. 예로서 항해 중 해상주시를 소홀히
> 한 경우, 악천후에도 불구하고 피난항에 입항하지 아니한 경우, 항해
> 중 선박이 손상되었는데도 필요한 수선을 하지 아니한 경우 등이다.
> 이것은 직접적·필연적으로 적하(積荷)에 영향을 미치는 것이 아니어야
> 한다. 항해과실은 선박에 관한 기술적 사항으로서 운송인이 관여할 수
> 없는 영역이라는 점에서 운송인에게 책임을 묻지 않는다(795조 2항 본문,
> 운송인의 고의 또는 과실로 인한 화재의 경우는 제외한다. 795조 2항 단서). 한
> 편 상업과실(상사과실 또는 운송인과실, carrier's risk)은 운송물의 수령·선
> 적·적부·운송·보관·양륙·인도에 관한 과실, 즉 화물의 취급에 관한
> 과실이다. 환기장치의 조작의 잘못, 양하를 위한 기중기의 조작상의 과
> 실 등이 이에 해당한다. 이에 대하여는 운송인의 과실을 추정하여 화
> 물의 취급에 있어서 주의를 해태하지 아니하였음을 증명하지 않으면
> 손해배상책임을 부담하도록 규정하고 있다(795조 1항).

나) 책임발생원인　　① 감항능력주의의무 위반: 감항능력주의의무
는 운송인이 자기 또는 선원이나 그 밖의 선박사용인이 발항 당시 선박
의 항해능력(794조 1호)·운행능력(794조 2호)·감하능력(794조 3호)을 갖추기
위하여 상당한 주의를 기울일 의무이다. 이 의무를 위반하는 경우 운송
물의 멸실·훼손 또는 연착으로 인한 손해를 배상할 책임이 있다(794조).

② **상업과실**: 운송인은 자기 또는 선원이나 그 밖의 선박사용인이 운송물의 수령 · 선적 · 적부(積付) · 운송 · 보관 · 양륙과 인도에 관하여 주의를 해태하지 아니하였음을 증명하지 아니하면 운송물의 멸실 · 훼손 또는 연착으로 인한 손해를 배상할 책임이 있다(795조 1항).

다) 책임을 면하는 경우   해상운송인은 ① 선장 · 해원 · 도선사, 그 밖의 선박사용인의 항해 또는 선박의 관리에 관한 행위, 즉 항해과실로 인한 손해(795조 2항 본문 전단), ② 운송인의 고의 또는 과실로 인하지 않은 화재로 인한 손해(795조 2항 본문 후단 및 단서), ③ 해상사고, 불가항력 등의 사실이 있었고, 운송물에 관한 손해가 그 사실로 인하여 보통 생길 수 있는 것임을 증명한 때(796조 1호~11호)에는 면책된다.

라) 손해배상액   ① 정액배상주의: 해상운송인의 손해배상책임에 관하여 상법은 육상물건운송인과 같이 정액배상주의를 취한다(815조, 137조). ② 운송인의 개별적 책임제한: 해상운송인의 손해배상액에 대하여 다시 개별적으로 제한한다. 즉, 운송물의 멸실 · 훼손 또는 연착으로 인한 손해배상책임은 당해 운송물의 매 포장당 또는 선적단위당 666과 100분의 67 계산단위의 금액과 중량 1킬로그램당 2 계산단위의 금액 중 큰 금액을 한도로 제한할 수 있다(797조 1항 본문). 운송물의 포장 또는 선적단위의 수는 상법 제797조 제2항에 의하고, 계산단위는 국제통화기금의 1 특별인출권에 상당하는 금액을 말한다(770조 1항 1호). ③ 개별적 책임제한의 배제: ㉠ 운송물에 관한 손해가 운송인 자신의 고의 또는 손해발생의 염려가 있음을 인식하면서 무모하게 한 작위 또는 부작위로 인하여 생긴 것인 때(797조 1항 단서), ㉡ 운송인의 귀책사유로 인한 운송물의 멸실 · 훼손 또는 연착 이외의 손해(795조 1항 참조)에 대하여는 민법의 일반원칙(민393조)에 의하여 손해배상범위가 정하여지고, ㉢ 송하인이 운송인에게 운송물을 인도할 때에 그 종류와 가액을 고지하고 선하증권이나 그 밖에 운송계약을 증명하는 문서에 이를 기재한 경우에는 당해 문서에 기재된 가액에 따라 배상하여야 한다(797조 3항 본문).

마) 고가물에 대한 특칙　　　고가물에 대하여는 육상물건운송인에 대한 상법 제136조를 준용한다(815조). 송하인이 운송물의 종류 또는 가액을 고의로 현저하게 부실의 고지를 한 때에는 운송인은 자기 또는 그 사용인이 악의인 경우를 제외하고 운송물의 손해에 대하여 책임을 면한다(797조 3항 단서).

바) 불법행위책임과의 관계　　　육상물건운송인의 채무불이행책임과 불법행위책임은 경합하나(판례) 해상운송인의 경우 그 책임규정은 불법행위로 인한 손해배상책임에도 적용되므로(798조 1항), 양 책임은 법조경합관계가 된다.

사) 선주유한책임과의 관계　　　해상운송인의 책임제한에 관한 상법 제797조 제1항 내지 제3항의 규정은 선박소유자의 책임제한규정의 적용에 영향을 미치지 않으므로(797조 4항), 개개의 운송물에 대한 책임제한의 합계액에 다시 선주유한책임제한(770조)을 받게 된다.

아) 히말라야조항　　　운송물에 관한 손해배상청구가 운송인의 사용인 또는 대리인에 대하여 제기된 경우에 그 손해가 그 사용인 또는 대리인의 직무집행에 관하여 생긴 것인 때에는 그 사용인 또는 대리인은 운송인이 주장할 수 있는 항변과 책임제한을 원용할 수 있다(798조 2항 본문). 이는 여객선 히말라야(Himalaya)호 사건(1954년) 이래 운송계약의 당사자가 아닌 제3자가 운송인의 책임제한 등의 이익을 향유할 수 있도록 규정한 약관의 유효성의 문제로 논의되어 오던 것을 명문으로 허용한 것이다. 다만, 그 손해가 그 사용인 또는 대리인의 고의 또는 운송물의 멸실·훼손 또는 연착이 생길 염려가 있음을 인식하면서 무모하게 한 작위 또는 부작위로 인하여 생긴 것인 때에는 원용할 수 없다(798조 2항 단서).

자) 면책약관　　　해상운송인의 책임과 그 제한(794조~798조)에 관한 상법규정에 반하여 운송인의 의무 또는 책임을 경감 또는 면제하는 당사자 사이의 특약은 효력이 없다(799조 1항 전문). 운송물에 관한 보험의 이익을 운송인에게 양도하는 약정 또는 이와 유사한 약정도 또한 같다(799조

1항 후문). 예외적으로 ① 산 동물의 운송, ② 선하증권이나 그 밖에 운송 계약을 증명하는 문서의 표면에 갑판적(甲板積)으로 운송할 취지를 기재하여 갑판적으로 행하는 운송의 경우에는 면책특약은 유효하다(799조 2항).

차) 순차해상운송인의 책임　　순차운송인의 책임에 대한 상법 제 138조의 규정을 준용한다(815조).

카) 책임의 소멸　　운송인의 송하인 또는 수하인에 대한 채권 및 채무는 그 청구원인의 여하에 불구하고 운송인이 수하인에게 운송물을 인도한 날 또는 인도할 날부터 1년 이내에 재판상 청구가 없으면 소멸하나(814조 1항 본문), 이 기간은 당사자의 합의에 의하여 연장할 수 있다(814 조 1항 단서). 운송인이 인수한 운송을 다시 제3자에게 위탁한 경우, 즉 재운송의 경우에는 특칙이 있다(814조 2항·3항).

⑷ 해상운송인의 권리

가) 운임청구권　　운송계약은 도급계약이므로 운임청구권은 일의 완성(민 665조), 즉 운송물이 도착항에 도착하여야 발생하는 것이 원칙이다. 예외적으로 운송물이 도착하지 않은 경우에도 운임청구권을 행사할 수 있는 경우로서 ① 운송물의 전부 또는 일부가 그 성질이나 하자 또는 송하인의 과실로 인하여 멸실한 때(815조, 134조 2항), ② 선장이 법규정에 따라 적하를 처분하였을 때(813조) 운임의 전액을 청구할 수 있고, ③ 항해 도중의 선박의 침몰, 멸실, 수선불능, 포획의 경우(810조 2항, 1항 1호~3호), ④ 항해 도중에 항해 또는 운송이 법령을 위반하게 되거나 그 밖에 불가항력으로 인하여 계약의 목적을 달할 수 없게 되어 계약을 해지한 때(811조 2항·1항)에는 운송비율에 따른 운임을 청구할 수 있다. 운임의 액은 계약에 의할 것이나 ① 운송물의 중량 또는 용적으로 운임을 정한 때에는 운송물을 인도하는 때의 중량 또는 용적에 의하여(805조), ② 기간으로 운임을 정한 때에는 운송물의 선적을 개시한 날부터 그 양륙을 종료한 날까지의 기간에 의하여 그 액을 정한다(806조 1항).

나) 부수비용청구권 등　　해상운송인은 운송계약 또는 선하증권의

취지에 따라 운임·부수비용·체당금·체선료, 운송물의 가액에 따른 공동해손 또는 해난구조로 인한 부담액을 송하인에게 청구할 수 있고, 수하인이 운송물을 수령하는 때에는 수하인에게도 이를 청구할 수 있다(807조 1항). 이에 관하여 선장에게 유치권이 인정된다(807조 2항).

3) 해상운송계약의 종료

(가) **송하인의 임의해제·해지**　　① 발항 전 송하인은 ㉠ 다른 용선자와 송하인 전원과 공동으로 하는 경우에 한하여 편도항해의 경우 운임의 반액, 왕복항해의 경우 운임의 3분의 2를 지급하고 계약을 해제할 수 있고(833조 1항, 832조 1항·2항), ㉡ 그 외의 경우에는 발항 전에 계약을 해제 또는 해지한 때에도 운임의 전액을 지급하여야 한다(833조 2항). ② 발항 후 계약을 해지하기 위하여는 운임의 전액을 지급하여야 한다(837조).

(나) **불가항력에 의한 해제·해지**　　항해 또는 운송이 법령을 위반하게 되거나 그 밖에 불가항력으로 인하여 계약의 목적을 달할 수 없게 된 때에 ① 발항 전이면 각 당사자는 계약을 해제할 수 있고(811조 1항), ② 항해 도중에 그 사유가 생긴 경우에 계약을 해지한 때에는 송하인은 운송의 비율에 따라 운임을 지급하여야 한다(811조 2항).

(다) **법정종료사유**　　운송계약은 ① 선박이 침몰 또는 멸실한 때, ② 선박이 수선할 수 없게 된 때, ③ 선박이 포획된 때, ④ 운송물이 불가항력으로 인하여 멸실된 때 종료한다(810조 1항 1호~4호). 위 ①~③의 사유가 항해 도중에 생긴 때에는 송하인은 운송의 비율에 따라 현존하는 운송물의 가액의 한도에서 운임을 지급하여야 하고(810조 2항), ④의 경우에는 운임이 발생하지 않는다.

(2) 해상여객운송계약

1) 의　　의　　해상여객운송계약은 운송인이 특정한 여객을 출발지에서 도착지까지 해상에서 선박으로 운송할 것을 인수하고, 이에 대하여 상대방이 운임을 지급하기로 약정함으로써 그 효력이 생기는 계약이다(817조).

2) 성 립   해상여객운송계약의 당사자는 해상여객운송인과 여객으로, 이 계약은 낙성·불요식의 도급계약이다. 이 계약도 해상물건운송과 같이 약관에 의하여 체결되는 것이 보통이다. 그 약관 중에서 상법의 규정에 반하여 운송인의 의무 또는 책임을 경감 또는 면제하는 당사자 사이의 특약은 효력이 없다(826조 2항, 799조 1항 전문). 해상여객운송계약의 체결에 따라 교부되는 선표 중에서 기명식 선표는 타인에게 양도할 수 없다(818조).

3) 효 력

㈎ 해상여객운송인의 의무   해상운송인의 의무와 대부분 같으므로, 이를 많이 준용하고 있다(826조). 다만, 운송의 객체가 물건이 아니라 사람이므로 여객에 대한 승선의무, 식사·거처제공의무(819조), 휴대수하물무임운송의무(820조), 사망한 여객의 휴대수하물처분의무(824조), 상륙의무 등을 부담한다.

㈏ 해상여객운송인의 책임

가) 여객에 대한 책임   이에는 육상여객운송인의 책임규정이 준용된다(826조 1항, 148조). 해상여객운송인은 감항능력주의의무를 부담하므로 이에 관한 책임도 부담하고(826조 1항, 794조), 재운송에 대한 책임도 진다(826조 1항, 809조). 해상여객운송인의 책임을 경감 또는 면제하는 당사자간의 특약은 무효이다(826조 1항, 799조 1항 전문).

나) 수하물에 대한 책임   ① 탁송수하물에 대한 책임은 해상운송인의 책임과 같다(826조 2항, 134조, 136조, 149조 2항, 794조~801조, 804조, 807조, 809조, 811조, 814조). ② 휴대수하물에 대한 책임은 육상여객운송인의 책임규정이 준용된다(826조 3항, 150조). 이 책임에 관하여는 해상운송인의 책임에 관한 일부규정도 준용된다(826조 3항, 797조 1항·4항, 798조, 799조 1항, 809조, 814조).

㈐ 해상여객운송인의 권리   해상여객운송인은 운임청구권(817조), 승선지체시의 발항권(821조 1항)을 가진다. 운송청구권의 시효는 일반상사

시효와 같이 5년이고(64조 본문), 수하물에 관하여 발생한 채권의 제척기
간은 1년이다(826조 2항·3항, 814조).

    4) 종 료   해상여객운송계약은 운송의 완료에 의하여 종료하는
외에 여객의 임의해제(822조)와 법정사유에 의한 해제(823조) 및 법정종료
사유(825조, 810조 1항 1호~3호)에 의하여 종료된다.

    (3) 해상운송증서

    1) 총 설   상법은 해상운송증서로서 선하증권(전자선하증권)과 해
상화물운송장(전자해상화물운송장)에 대하여 규정하고 있다.

    2) 선하증권

    (개 의 의   선하증권(bill of lading, B/L)은 해상물건운송계약에 있
어서 운송인이 운송물을 수령 또는 선적하였음을 증명하고, 목적지에서
운송물을 증권의 정당한 소지인에게 인도할 의무를 표창하는 유가증권
이다.

    (내 법적 성질   선하증권은 운송 중의 물품을 표창하는 점에서 화
물상환증과 같다. 즉, 법률상 당연한 지시증권성(861조, 130조), 요식증권성
(853조 1항), 상환증권성(861조, 129조), 문언증권성(854조), 요인증권성(852조),
인도증권성(861조, 133조), 처분증권성(861조, 132조)을 가진다.

    (대 종 류   선하증권은 ① 그 발행시기가 운송물의 수령 후인가
아니면 선적 후인가에 따라 수령선하증권(received B/L, 852조 1항)과 선적선
하증권(shipped B/L, 852조 2항), ② 운송물에 대한 사고 유무의 기재 여부에
따라 고장선하증권(foul or dirty B/L)과 무고장선하증권(clean B/L), ③ 수하
인란에 화물의 수취인의 기재 여부에 따라 기명식선하증권(straight B/L)과
지시식선하증권(order B/L) 등으로 나뉜다. 그 외에도 해상운송인이 법령
또는 약관에 의하여 면책될 손해에 대하여도 책임을 지기로 특약하거나
해상운송인이 보험자의 대리인으로서 보험계약까지 체결하는 적선하증
권(red B/L), 선하증권 발행 후 21일이 경과하여 제시된 기간경과선하증권
(stale B/L), 화물의 운송이 해운과 육운의 두 경로를 통과하는 경우에 최

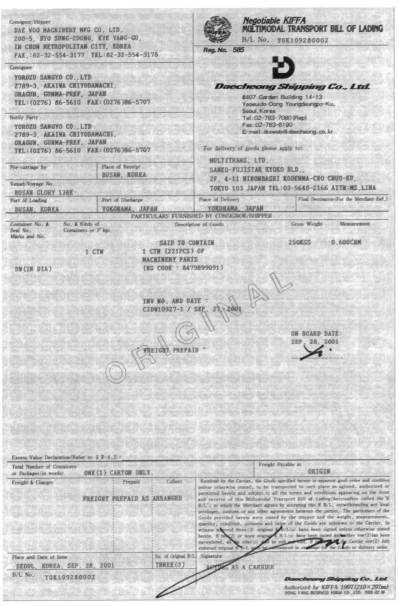

〈선하증권(예시)〉

초의 운송인과 송하인 간에 체결되는 운송계약에 의하여 발행하는 통선하증권(through B/L), 일단 선적된 계약상품을 선박의 사정에 따라 다른 선박에 환적할 경우 그 뜻을 증권 면에 기재한 환적선하증권(transshipment B/L) 등이 있다.

(라) **발행과 양도**　　　선하증권에는 선박의 명칭·국적 및 톤수, 송하인이 서면으로 통지한 운송물의 종류, 중량 또는 용적 등 운송물에 관한 법정사항(853조 1항 1호~12호)을 기재하고 운송인이 기명날인 또는 서명하여야 한다(853조 1항 본문). 선하증권은 송하인(852조 1항·2항) 또는 용선자(855조 1항)의 청구에 의하여 운송인(852조 1항·2항) 또는 선박소유자(855조 1항)가 발행한다. 기명식 또는 지시식선하증권은 배서에 의하여 양도된다(861조, 130조 본문). 그러나 기명식선하증권으로서 증권상에 배서를 금지하는 뜻을 기재한 때에는 배서에 의하여 양도할 수 없다(861조, 130조 단서). 무기명식 또는 소지인출급식선하증권은 단순한 교부에 의하여 양도한다(65조 1항, 민 523조). 선하증권의 배서의 효력은 화물상환증과 같이 권리이전적 효력(65조 1항, 민 508조)과 자격수여적 효력(65조 1항, 민 513조)은 있으나 담보적 효력은 없다.

(마) **효　　력**　　　채권적 효력(854조 1항, 855조 2항)과 물권적 효력(861조, 133조) 모두 화물상환증과 같다.

(바) **전자선하증권**　　　선하증권의 전자화의 요청에 따라 이에 관한 규정(862조)을 두었다.

　3) 해상화물운송장

(가) **의　　의**　　　해상화물운송장(seaway bill)은 운송인이 송하인의 청구에 의하여 선하증권 대신 발행하는 증서로서, 운송물을 수령 또는 선적하였음을 증명하는 서면이다(863조).

(나) **법적 성질**　　　이는 요인증권성(863조 1항 전문), 요식증권성(863조 2항), 면책증권성(864조 2항)은 인정되나, 지시증권성·상환증권성·문언증권성·인도증권성·처분증권성은 없다. 즉, 해상화물운송장은 유가증권

이 아니라 증거증권일 뿐이다.

(다) 발   행   해상화물운송장의 발행에는 해상화물운송장임을 표시하는 외에 선하증권의 기재사항(853조 1항 1호~12호)을 전부 기재하고, 운송인이 기명날인 또는 서명하여야 한다(863조 2항). 이는 용선자 또는 송하인의 청구에 의하여 운송인 또는 선박소유자가 발행한다(863조 1항 전문). 당사자의 합의에 따라 전자식으로 발행할 수 있다(전자해상화물운송장, 863조 1항 후문).

(라) 효   력   해상화물운송장이 발행된 경우 운송인이 그 운송장에 기재된 대로 운송물을 수령 또는 선적한 것으로 추정하고(추정적 효력, 864조 1항), 운송인이 운송물을 인도함에 있어서 수령인이 해상화물운송장에 기재된 수하인 또는 그 대리인이라고 믿을만한 정당한 사유가 있는 때에는 수령인이 권리자가 아니라고 하더라도 운송인은 그 책임을 면한다(면책적 효력, 864조 2항).

4. 해상기업위험

(1) 총   설   해상기업활동 중 해상위험에 처하였을 때 각 이해관계인의 경제적 손해를 적정하게 조정하기 위한 제도로 공동해손 · 선박충돌 · 해난구조가 있다(그 외 해상보험도 있으나 이는 보험법에서 살펴보았다).

(2) 공동해손

1) 의   의   공동해손은 선박과 적하의 공동위험을 면하기 위한 선장의 선박 또는 적하에 대한 처분으로 인하여 생긴 손해 또는 비용이다(865조). 공동해손의 법적 성질은 해상법상의 특수한 법률요건으로 파악하며, 공동의 이익을 위하여 선박 또는 적하를 처분한 결과로 발생한 손해를 그로 인하여 이익을 얻은 선박 또는 적하로 하여금 분담시키는 것이 공평의 이념에 합당하다는 것이 이 제도의 근거이다.

Cf. 해손(海損)의 개념: 선박이 항해하는 동안에 해상위험으로 인하여 선박과 적하(積荷)에 각종의 손해를 입은 경우 그 선박과 하물이 받은 일체의 가치감소를 넓은 의미의 해손(average)이라 한다. 이는 선박의 자연적 소모와 도선료, 입항세와 같은 항해에 보통 수반되는 손해인 소해손(petty average)과 좁은 의미의 해손으로 구분된다. 소해손은 해상 운임으로 해결하는 것이므로 법률상 문제가 되지 않으나 좁은 의미의 해손은 해상항행에 있어서의 사고로 인하여 발생하는 것으로 이에는 공동해손(general averge)과 단독해손(particular average)이 있다.

2) 요 건   공동해손의 요건으로는 ① 선박과 적하의 공동위험을 면하기 위하여 ② 선장의 고의에 의한 처분에 의하여 ③ 손해 또는 비용이 발생하고(865조) ④ 그 처분 후 선박 또는 적하의 일부가 잔존하여야 한다(866조).

3) 효 과

㈎ 공동해손채권

가) 채 권 자   공동해손의 채권자는 선장의 처분에 의하여 공동해손인 손해를 입거나 비용을 지출한 운송인 또는 적하이해관계인이다. 이 채권자가 공동위험단체에서 이익을 본 채무자에 대하여 가지는 청구권을 공동해손분담청구권이라 한다. 이에 대하여는 선박우선특권이 인정된다(777조 1항 3호).

나) 공동해손분담액의 범위   이는 원칙적으로 선장의 처분으로 인하여 생긴 선박 또는 적하에 대한 손해 또는 비용의 전액이다(865조). 그러나 속구목록에 기재하지 아니한 속구 등과 갑판적재하물은 제외된다(872조 1항·2항).

다) 공동해손의 손해액산정   공동해손의 액을 정함에 있어서는 선박의 가액은 도달의 때와 곳의 가액으로 하고, 적하의 가액은 양륙의 때와 곳의 가액으로 한다(869조 본문). 다만, 적하에 관하여는 그 손실로 인하여 지급을 면하게 된 모든 비용을 공제하여야 한다(869조 단서). 공동해손에 있어서 운임은 공제되지 않는다(813조 2호). 적하가격의 부실기재시

적하의 실가보다 고액을 기재한 경우에 그 하물이 보존된 때에는 그 기재액에 의하여 공동해손의 분담액을 정하고, 적하의 실가보다 저액을 기재한 경우에 그 하물이 손실된 때에는 그 기재액을 공동해손의 액으로 하며(873조 1항), 이는 적하의 가격에 영향을 미칠 사항에 관하여 거짓기재를 한 경우에 준용한다(873조 2항).

라) 채권의 소멸　　공동해손으로 인하여 생긴 채권 및 공동위험의 책임자에 대한 구상채권은 그 계산이 종료한 날부터 1년 이내에 재판상 청구가 없으면 소멸한다(875조 전문). 이 기간은 당사자의 합의에 의하여 연장할 수 있다(875조 후문, 814조 1항 단서).

(나) **공동해손채무**

가) 채 무 자　　공동해손의 채무자는 선장의 처분으로 인하여 그 위험을 면한 해상운송인 또는 적하이해관계인이다.

나) 채무액의 범위　　공동해손은 그 위험을 면한 선박 또는 적하의 가액과 운임의 반액과 공동해손의 액과의 비율에 따라 각 이해관계인이 이를 분담한다(866조). 선박에 비치한 무기, 선원의 급료, 선원과 여객의 식량·의류는 보존된 경우에는 그 가액을 공동해손의 분담에 산입하지 아니하고, 손실된 경우에는 그 가액을 공동해손의 액에 산입한다(871조).

다) 공동해손분담액의 산정　　공동해손의 분담액을 정함에 있어서는 선박의 가액은 도달의 때와 곳의 가액으로 하고, 적하의 가액은 양륙의 때와 곳의 가액으로 한다(867조 본문). 다만, 적하에 관하여는 그 가액 중에서 멸실로 인하여 지급을 면하게 된 운임과 그 밖의 비용을 공제하여야 한다(867조 단서). 적하가격의 부실기재에 대하여는 공동해손의 손해액산정과 같다(873조).

라) 채무자의 유한책임　　공동해손의 분담책임이 있는 자는 선박이 도달하거나 적하를 인도한 때에 현존하는 가액의 한도에서 책임을 진다(868조).

마) 책임있는 자에 대한 구상권　　선박과 적하의 공동위험이 선박

또는 적하의 하자나 그 밖의 과실 있는 행위로 인하여 생긴 경우에는 공동해손의 분담자는 그 책임이 있는 자에 대하여 구상권을 행사할 수 있다(870조).

(대) **공동해손의 정산**   공동해손의 정산은 특약 또는 다른 관습이 없는 한 선장이 이를 담당하여 항해종료 후 공동해손정산서를 작성하여야 한다(755조). 정산지는 최후의 적하의 양륙항이다(867조 본문 참조).

(래) **공동해손인 손해의 회복**   선박소유자·용선자·송하인, 그 밖의 이해관계인이 공동해손의 액을 분담한 후 선박·속구 또는 적하의 전부나 일부가 소유자에게 복귀된 때에는 그 소유자는 공동해손의 상금으로 받은 금액에서 구조료와 일부손실로 인한 손해액을 공제하고 그 잔액을 반환하여야 한다(874조). 이는 형평의 관념에서 인정된 제도이다. 반환된 금액은 소유자를 포함한 이해관계인 전원에게 그 분담율에 따라 분배되어야 한다.

(3) 선박충돌

1) 의 의   선박충돌은 2척 이상의 선박이 그 운용상 작위 또는 부작위로 선박 상호 간에 다른 선박 또는 선박 내에 있는 사람 또는 물건에 손해를 생기게 하는 것을 말하며, 직접적인 접촉의 유무를 묻지 아니한다(876조 2항).

2) 요 건   선박충돌의 요건으로서는 어떠한 수면에서든 무관하게 항해선 상호간 또는 항해선과 내수항행선간의 충돌로 인하여 선박 또는 선박 내에 있는 물건이나 사람에 관하여 손해가 발생하여야 한다(876조 1항).

3) 효 과

(가) **불가항력으로 인한 충돌**   선박의 충돌이 불가항력으로 인하여 발생하거나 충돌의 원인이 명백하지 아니한 때에는 피해자는 충돌로 인한 손해의 배상을 청구하지 못한다(877조).

(나) **일방의 과실로 인한 충돌**   선박의 충돌이 일방의 선원의 과실로

인하여 발생한 때에는 그 일방의 선박소유자는 피해자에 대하여 충돌로 인한 손해를 배상할 책임이 있다(878조). 이 경우 일방의 과실에는 도선사의 과실도 포함한다(880조). 과실 있는 일방은 선주유한책임(769조)을 주장할 수 있다.

㈐ **쌍방의 과실로 인한 충돌**   선박의 충돌이 쌍방의 선원의 과실로 인하여 발생한 때에는 쌍방의 과실의 경중에 따라 각 선박소유자가 손해배상의 책임을 분담한다(879조 1항 전문). 이 경우 쌍방의 도선사의 과실도 포함한다(880조). 그 과실의 경중을 판정할 수 없는 때에는 손해배상의 책임을 균분하여 부담한다(879조 1항 후문). 상법 제879조 제2항은 제3자의 사상에 대한 손해배상은 쌍방의 선박소유자가 연대하여 그 책임을 진다고 규정하나 이는 제3자의 재산상 손해에도 적용하여야 할 것이다.

㈑ **선박충돌채권의 소멸**   선박의 충돌로 인하여 생긴 손해배상의 청구권은 그 충돌이 있은 날부터 2년 이내에 재판상 청구가 없으면 소멸한다(881조 전문). 이 기간은 당사자의 합의에 의하여 연장할 수 있다(881조 후문, 814조 1항 단서).

(4) 해난구조

1) 의   의   해난구조는 항해선 또는 그 적하 그 밖의 물건이 어떠한 수면에서 위난에 조우한 경우에 의무 없이 이를 구조하는 것이다. 항해선과 내수항행선 간의 구조도 포함한다(882조). 해난구조의 법적 성질도 공동해손과 같이 해상법상의 특수한 법률요건이다.

Cf. 해난구조: 광의로는 해난에 조우한 인명, 선박 또는 적하 등의 물건에 대하여 한 모든 구조를 말하므로 이에는 계약 내지 사법상의 의무에 기하여 한 구조(887조 참조)를 포함하나, 협의로는 의무 없이 선박 또는 적하 등의 물건을 구조하는 경우만을 의미한다.

2) 요   건   해난을 당하여, 사법상의 의무 없이, 선박 또는 그

적하 그 밖의 물건이 구조되었어야 한다.

3) 효   과

㈎ 보수청구권

가) 보수청구권의 발생　　해난구조의 요건을 갖추면 그 결과에 대하여 상당한 보수청구권이 발생한다(882조).

나) 보수청구권자　　해난구조행위를 한 자이다(882조). 동일소유자에 속한 선박의 상호 간에 있어서도 구조에 종사한 자는 상당한 구조료를 청구할 수 있다(891조). ① 구조 받은 선박에 종사하는 자, ② 고의 또는 과실로 인하여 해난사고를 야기한 자, ③ 정당한 거부에도 불구하고 구조를 강행한 자, ④ 구조된 물건을 은닉하거나 정당한 사유 없이 처분한 자는 구조료를 청구하지 못한다(892조).

다) 보 수 액　　① 구조의 보수에 관한 약정이 없는 경우에 그 액에 대하여 당사자 사이에 합의가 성립하지 아니한 때에는 법원은 당사자의 청구에 의하여 구조된 선박·재산의 가액, 위난의 정도, 구조자의 노력과 비용, 구조자나 그 장비가 조우했던 위험의 정도, 구조의 효과, 환경손해 방지를 위한 노력, 그 밖의 제반사정을 참작하여 그 액을 정한다(883조). ② 당사자 사이에 구조계약이 있는 경우 보수액은 미리 약정한 바에 의하나, 해난 당시의 구조료 약정금액이 현저하게 부당한 때에는 법원은 위의 제반 사정을 참작하여 그 금액을 증감할 수 있다(887조 1항·2항).

라) 보수의 한도　　구조의 보수액은 다른 약정이 없으면 구조된 목적물의 가액을 초과하지 못하고(884조 1항), 선순위의 우선특권이 있는 때에는 구조의 보수액은 그 우선특권자의 채권액을 공제한 잔액을 초과하지 못한다(884조 2항).

㈏ 환경손해방지작업에 대한 특별보상

선박 또는 그 적하로 인하여 환경손해가 발생할 우려가 있는 경우에 손해의 경감 또는 방지의 효과를 수반하는 구조작업에 종사한 구조자는 구조의 성공 여부 및 구조료 보수의 한도(884조)와 상관없이 구조에 소요된 비용을 특별보상으로 청구할 수 있다(885조).

(다) 구조료의 분배

가) 공동구조자 간의 구조료 분배　　수인이 공동으로 구조에 종사한 경우에 그 구조료의 분배비율에 관하여는 보수의 결정에 관한 상법 제883조의 사정을 참작하여 정한다(888조 1항). 인명의 구조에 종사한 자도 그에 따라 구조료의 분배를 받을 수 있다(888조 2항).

나) 1선박 내부의 구조료 분배　　선박이 구조에 종사하여 그 구조료를 받은 경우에는 먼저 선박의 손해액과 구조에 들어간 비용을 선박소유자에게 지급하고 잔액을 절반하여 선장과 해원에게 지급하여야 한다(889조 1항). 해원에게 지급할 구조료의 분배는 선장이 각 해원의 노력, 그 효과와 사정을 참작하여 그 항해의 종료 전에 분배안을 작성하여 해원에게 고시하여야 한다(889조 2항).

(라) 구조료의 지급 · 그에 관한 선장의 권한　　선박소유자와 그 밖에

구조된 재산의 권리자는 그 구조된 선박 또는 재산의 가액에 비례하여 구조에 대한 보수를 지급하고 특별보상을 하는 등 구조료를 지급할 의무가 있다(886조). 선장은 구조료를 지급할 채무자에 갈음하여 그 지급에 관한 재판상 또는 재판 외의 모든 행위를 할 권한이 있다(894조 1항). 선장은 그 구조료에 관한 소송의 당사자가 될 수 있고, 그 확정판결은 구조료의 채무자에 대하여도 효력이 있다(894조 2항).

(마) 구조자의 우선특권　　구조에 종사한 자의 구조료 채권은 구조된

적하에 대하여 우선특권이 있다(893조 1항 본문). 다만, 채무자가 그 적하를 제3취득자에게 인도한 후에는 그 적하에 대하여 이 권리를 행사하지 못한다(893조 1항 단서). 위 우선특권에는 그 성질에 반하지 아니하는 한 우선특권에 관한 규정(777조)을 준용한다.

(바) 구조료청구권의 소멸　　구조료청구권은 구조가 완료된 날부터

2년 이내에 재판상 청구가 없으면 소멸한다(895조 전문). 이 기간은 당사자의 합의에 의하여 연장할 수 있다(895조 후문, 814조 1항 단서).

5. 선박담보

(1) **총   설**   상법은 법정담보물권인 선박우선특권과 약정담보물권인 선박저당권을 규정하고 있다.

(2) **선박우선특권**

1) **의   의**   선박우선특권은 일정한 법정채권(777조 1항 1호~4호)을 가진 자가 선박·그 속구, 그 채권이 생긴 항해의 운임, 그 선박과 운임에 부수한 채권에 대하여 다른 채권자보다 자기채권의 우선변제를 받을 권리이다(777조 1항·2항). 선박우선특권의 법적 성질은 해상법상의 특수한 담보물권이다. 부동산에 준하여 취급되는 선박에 대한 담보물권으로서 우선변제권이 인정된다는 점에서 민법상의 저당권과 유사하므로 선박우선특권에는 그 성질에 반하지 아니하는 한 민법의 저당권에 관한 규정을 준용한다(777조 2항 후문).

2) **선박우선특권 있는 채권**   ① 선박채권자의 공동이익을 위한 소송비용, 제세금 등의 채권(777조 1항 1호), ② 선원보호를 위한 고용계약으로 인한 채권(777조 1항 2호, 이는 고용계약 존속 중의 모든 항해로 인한 운임의 전부에 대하여 우선특권이 있다, 781조), ③ 선주유한책임에서 배제되는 해난구조료 채권과 공동해손분담채권(777조 1항 3호) 및 ④ 채권자보호를 위한 선박충돌 등의 손해배상채권(777조 1항 4호)이 선박우선특권을 발생시키는 채권이다.

3) **선박우선특권의 목적물**   선박·그 속구, 선박우선특권 있는 채권이 생긴 항해의 운임, 그 선박과 운임에 부수한 채권이다(777조 1항). 여기의 '운임'은 지급을 받지 아니한 운임 및 지급을 받은 운임 중 선박소유자나 그 대리인이 소지한 금액에 한한다(779조). '선박과 운임에 부수한 채권'은 ① 선박 또는 운임의 손실로 인하여 선박소유자에게 지급할 손해배상, ② 공동해손으로 인한 선박 또는 운임의 손실에 대하여 선박소유자에게 지급할 상금, ③ 해난구조로 인하여 선박소유자에게 지급할 구

조료를 말하고(778조 1호~3호), 보험계약에 의하여 선박소유자에게 지급할 보험금과 그 밖의 장려금이나 보조금은 이에 해당하지 않는다(780조).

4) 선박우선특권의 순위

(개) **선박우선특권 상호간의 순위** ① 동일항해로 인한 채권의 우선특권이 경합하는 때에는 그 우선의 순위는 상법 제777조 제1항 각 호의 순서에 따른다(782조 1항). 상법 제777조 제1항 제3호에 따른 채권의 우선특권이 경합하는 때에는 후에 생긴 채권이 전에 생긴 채권에 우선한다(782조 2항 전문). 동일한 사고로 인한 채권은 동시에 생긴 것으로 본다(782조 2항 후문). ② 수회의 항해에 관한 채권의 우선특권이 경합하는 때에는 후의 항해에 관한 채권이 전의 항해에 관한 채권에 우선한다(783조 1항). 선원 등의 고용계약으로 인한 채권에 따른 우선특권은 그 최후의 항해에 관한 다른 채권과 동일한 순위로 한다(783조 2항, 781조). ③ 동일순위의 우선특권이 경합하는 때에는 각 채권액의 비율에 따라 변제한다(784조).

(내) **선박저당권 등과 우선특권의 경합** 선박채권자의 우선특권은 질권과 저당권에 우선한다(788조).

5) 선박우선특권의 효력
선박우선특권은 목적물에 대한 경매권(민집 269조)과 우선변제권(777조 2항 전문)을 가지고, 추급권(785조)이 있다.

6) 선박우선특권의 소멸
선박채권자의 우선특권은 그 채권이 생긴 날부터 1년 이내에 실행하지 아니하면 소멸한다(786조). 선박우선특권은 당사자의 합의에 따라 이 기간을 연장할 수 없다.

7) 건조중의 선박에 대한 우선특권
선박담보에 관한 규정은 건조중의 선박에 준용한다(790조).

(3) 선박저당권

1) 의 의   선박저당권은 등기한 선박을 저당권의 목적으로 하여 설정되는 상법상 특수한 저당권이다(787조 1항). 선박의 저당권에는 민법의 저당권에 관한 규정을 준용한다(787조 3항). 등기되지 않는 선박은 질권(민 329조)을 설정할 수 있으나, 등기한 선박은 질권의 목적으로 하지 못

한다(789조).

2) 목 적 물   선박저당권의 목적물은 등기한 선박으로(787조 1항), 그 저당권은 그 속구에 미친다(787조 2항). 속구는 반드시 속구목록에 기재된 것에 한하지 않고, 선박에 대한 종물인가의 여부를 불문하며, 저당권을 설정할 때에 존재하는 것뿐만 아니라 저당권을 실행할 때에 존재하는 것도 포함된다. 등기된 선박의 공유지분도 선박관리인의 지분이 아닌 한 각각 저당권의 목적이 될 수 있다(759조 유추).

3) 순   위   선박저당권 상호간은 등기의 전후에 의한다(787조 3항, 민 370조, 333조). 선박저당권은 선박우선특권의 후순위이다(788조).

4) 효   력   선박저당권의 효력은 부동산저당권과 같다(787조 3항). 선박저당권자는 등기된 선박과 그 속구에 대하여 경매청구권(민 363조)과 우선변제권(민 356조)을 가진다.

5) 건조중의 선박에 대한 선박저당권   건조중의 선박에 대하여도 선박저당권의 설정이 인정된다(790조). 건조중의 선박에 대한 저당권설정은 선박등기규칙 제23조에 의하고 건조중에 저당권등기를 한 선박의 소유권보존등기는 위 규칙 제24조에 의한다.

Ⅲ. 항공운송

1. 항공운송법 통칙

(1) 항공운송법의 구성   2011년 상법 개정시 상법전 제6편 항공운송편을 신설하였는데, 이는 제1장 통칙, 제2장 운송(제1절 통칙·제2절 여객운송·제3절 물건운송·제4절 운송증서), 제3장 지상 제3자의 손해에 대한 책임으로 구성되어 있다.

(2) 항공기의 의의   항공운송법의 기본개념인 항공기는 상행위나 그 밖의 영리를 목적으로 운항에 사용하는 항공기로서 대통령령으로 정하는 초경량 비행장치는 제외한다(896조). 항공기에 대한 항공운송법의 정의에 불구하고 항공운송법은 비영리 운항용 항공기에 준용된다(다만, 국

유 또는 공유항공기로서 일정범위의 항공기는 제외한다, 897조).

(3) 운송인 등의 책임감면   항공운송법상의 운송인이나 항공기 운항자의 손해배상책임과 관련하여 손해배상청구권자의 과실 등 귀책사유가 손해를 발생시켰거나 손해에 기여하였다는 증명이 있는 경우 그에 따라 운송인이나 항공기운항자의 책임의 최저한도액(예컨대 여객 1명당 113,100 계산단위, 905조 1항) 이하로 책임을 감면할 수 있다(898조). 여기의 '운송인'은 여객운송인(904조)과 물건운송인(913조, 914조)을 의미하고, '항공기 운항자'는 지상 제3자에 대하여 손해배상책임을 지는 항공기 운항자(930조)를 뜻한다.

2. 항공운송

(1) 통   칙

1) 비계약적 청구에 대한 적용 등   운송인의 책임에 관한 규정은 운송인의 불법행위로 인한 손해배상의 책임에도 적용한다(899조 1항).

2) 히말라야조항   해상운송법상의 히말라야 조항(798조 2항 본문)과 동일한 규정이 항공운송법에 인정되고 있다(899조 2항). 이 경우에 운송인과 그 사용인이나 대리인의 여객, 수하물 또는 운송물에 대한 책임제한 금액의 총액은 각 항공운송인의 책임한도(905조, 907조, 910조, 915조)를 초과하지 못한다(899조 4항). 여객 또는 수하물의 손해가 운송인의 사용인이나 대리인의 고의로 인하여 발생하였거나 또는 여객의 사망·상해·연착(수하물의 경우 멸실·훼손·연착)이 생길 염려가 있음을 인식하면서 무모하게 한 작위 또는 부작위로 인하여 발생하였을 때에는 그 사용인이나 대리인은 운송인이 주장할 수 있는 항변과 책임제한을 원용할 수 없다(899조 3항).

3) 실제운송인에 대한 청구   실제운송인, 즉 운송계약을 체결한 운송인(계약운송인)의 위임을 받아 운송의 전부 또는 일부를 수행한 운송인이 있을 경우 순차운송에 해당하는 경우를 제외하고 실제운송인이 수행

한 운송에 관하여는 실제운송인에 대하여도 항공운송인의 책임에 관한
규정을 적용한다(900조 1항). 실제운송인이 여객·수하물 또는 운송물에
대한 손해배상책임을 지는 경우 계약운송인과 실제운송인은 연대하여 그
책임을 진다(900조 2항). 항공운송인의 책임과 의무 외에 운송인이 책임과
의무를 부담하기로 하는 특약 또는 운송인의 권리나 항변의 포기는 실제
운송인이 동의하지 아니하는 한 실제운송인에게 영향을 미치지 아니한다
(900조 4항).

4) 순차운송

㈎ **항공운송에 있어서의 순차운송의 의의**　　순차운송은 하나의 운송
객체(여객·수하물·운송물)에 대하여 둘 이상의 운송인이 순차로 운송하는
것이다. 이는 넓은 의미에서는 부분운송·하수운송·동일운송·공동운송
(연대운송)을 포함하나, 상법 제901조의 순차운송은 협의의 순차운송, 즉
공동운송(연대운송)을 의미한다. 순차운송의 경우 각 운송인의 운송구간에
관하여 그 운송인도 운송계약의 당사자로 본다(901조 1항).

㈏ **여객의 손해에 대한 순차운송인의 책임**

가) 여객의 사망·상해 또는 연착으로 인한 손해배상　　순차운송에서
여객의 사망, 상해 또는 연착으로 인한 손해배상은 그 사실이 발생한 구
간의 운송인에게만 청구할 수 있으나, 최초운송인이 명시적으로 전 구간
에 대한 책임을 인수하기로 약정한 경우에는 최초운송인과 그 사실이 발
생한 구간의 운송인이 연대하여 그 손해를 배상할 책임이 있다(901조 2항).
최초운송인이 여객의 사망, 상해 또는 연착에 대하여 손해를 배상한 경우
에는 사고가 발생한 구간의 운송인에 대하여 구상권을 가진다(901조 6항).

나) 여객의 수하물에 대한 손해배상　　순차운송에서 수하물의 멸실,
훼손 또는 연착으로 인한 손해배상은 최초운송인, 최종운송인 및 그 사실
이 발생한 구간의 운송인에게 각각 청구할 수 있다(901조 3항). 이 경우 각
운송인은 연대하여 그 손해를 배상할 책임이 있다(901조 5항). 최초운송인
또는 최종운송인이 손해를 배상한 경우에는 여객의 수하물의 멸실, 훼손

또는 연착이 발생한 구간의 운송인에 대하여 구상권을 가진다(901조 6항).

㈐ **물건운송에서 운송물의 손해에 대한 순차운송인의 책임** 순차운송에서 운송물의 멸실, 훼손 또는 연착으로 인한 손해배상은 송하인이 최초운송인 및 그 사실이 발생한 구간의 운송인에게 각각 청구할 수 있고, 수하인이 운송물의 인도를 청구할 권리를 가지는 경우에는 수하인이 최종운송인 및 그 사실이 발생한 구간의 운송인에게 그 손해배상을 각각 청구할 수 있다(901조 4항). 이 경우 각 운송인은 연대하여 그 손해를 배상할 책임이 있다(901조 5항). 최초운송인 또는 최종운송인이 손해를 배상한 경우에는 운송물의 멸실, 훼손 또는 연착이 발생한 구간의 운송인에 대하여 구상권을 가진다(901조 6항).

5) 항공운송인의 책임의 소멸 항공운송인의 여객, 송하인 또는 수하인에 대한 책임은 그 청구원인에 관계없이 여객 또는 운송물이 도착지에 도착한 날, 항공기가 도착할 날 또는 운송이 중지된 날 가운데 가장 늦게 도래한 날부터 2년 이내에 재판상 청구가 없으면 소멸한다(902조).

6) 계약조항의 무효 항공운송에 관한 규정에 반하여 운송인의 책임을 감면하거나 책임한도액을 낮게 정하는 특약은 효력이 없다(903조).

(2) **여객운송**

1) 항공여객운송인의 의무 운송인은 ① 여객의 사망 · 신체상해 항공기사고의 경우에 있어서 선급금의 지급의무(906조 1항), ② 휴대수하물의 무임운송의무(912조) 및 ③ 여객항공권 또는 위탁수하물표 교부의무(921조 1항, 922조)를 부담한다.

2) 항공여객운송인의 책임

㈎ **여객의 사망 또는 신체의 상해로 인한 손해배상책임** ① 여객의 사망 또는 신체의 상해로 인한 손해에 관하여는 그 손해의 원인이 된 사고가 항공기상에서 또는 승강(乘降)을 위한 작업 중에 발생한 경우에만 책임을 진다(904조). ② 여객 1명당 11만3천100 계산단위의 금액까지는 운송인의 배상책임을 면제하거나 제한할 수 없고(905조 1항), 위 금액 초

과부분에 대하여 ㉠ 그 손해가 운송인 또는 그 사용인이나 대리인의 과실 또는 그 밖의 불법한 작위나 부작위에 의하여 발생하지 아니하였다는 것 또는 ㉡ 그 손해가 오로지 제3자의 과실 또는 그 밖의 불법한 작위나 부작위에 의하여만 발생하였다는 것 중의 어느 하나를 증명하면 배상책임을 지지 아니한다(905조 2항). ③ 운송인이 지급한 선급금은 운송인이 손해배상으로 지급하여야 할 금액에 충당할 수 있는(906조 2항) 한편 선급금의 지급만으로 운송인의 책임이 있는 것으로 보지 아니한다(906조 1항 단서).

(나) **여객의 연착에 대한 손해배상책임** 운송인은 여객의 연착으로 인한 손해에 대하여 책임을 지나(907조 1항 본문), 운송인이 자신과 그 사용인 및 대리인이 손해를 방지하기 위하여 합리적으로 요구되는 모든 조치를 하였다는 것 또는 그 조치를 하는 것이 불가능하였다는 것을 증명한 경우에는 그 책임을 면한다(907조 1항 단서). 그 책임의 한도는 여객 1명당 4천694 계산단위로 하나 여객과의 운송계약상 그 출발지, 도착지 및 중간 착륙지가 대한민국 영토 내에 있는 운송의 경우에는 여객 1명당 1천 계산단위의 금액을 한도로 한다(907조 2항). 위의 책임한도는 운송인 또는 그 사용인이나 대리인의 고의로 또는 연착이 생길 염려가 있음을 인식하면서 무모하게 한 작위 또는 부작위에 의하여 손해가 발생한 것이 증명된 경우에는 적용하지 아니한다(907조 3항). 즉, 이 경우 연착으로 인하여 발생한 모든 손해를 배상하여야 한다.

(다) **여객의 수하물에 대한 손해배상책임**

가) **위탁수하물에 대한 책임**

① **멸실·훼손에 대한 책임** 운송인은 위탁수하물의 멸실 또는 훼손으로 인한 손해에 대하여는 그 손해의 원인이 된 사실이 항공기상에서 또는 위탁수하물이 운송인의 관리 하에 있는 기간 중에 발생한 경우에만 책임을 지고 그 손해가 위탁수하물의 고유한 결함, 특수한 성질 또는 숨은 하자로 인하여 발생한 경우에는 그 범위에서 책임을 지지 아니

한다(908조 1항).

② 연착에 대한 책임　　운송인은 수하물의 연착으로 인한 손해에 대하여 책임을 진다(909조 본문). 다만, 운송인이 자신과 그 사용인 및 대리인이 손해를 방지하기 위하여 합리적으로 요구되는 모든 조치를 하였다는 것 또는 그 조치를 하는 것이 불가능하였다는 것을 증명한 경우에는 그 책임을 면한다(909조 단서).

③ 위탁수하물의 일부 멸실·훼손 또는 연착의 경우의 통지의무와 그 효과　　여객이 위탁수하물의 일부 멸실 또는 훼손을 발견하였을 때에는 위탁수하물을 수령한 후 지체없이 또는 즉시 발견할 수 없는 경우에는 위탁수하물을 수령한 날부터 7일 이내에 그 개요를 운송인에게 서면 또는 전자문서로 통지를 발송하여야 하고, 위탁수하물이 연착된 경우에는 위탁수하물을 처분할 수 있는 날부터 21일 이내에 이의를 제기하여야 한다(911조 1항·2항). 위의 통지가 없는 경우에는 운송물이 멸실 또는 훼손 없이 수하인에게 인도된 것으로 추정하고(911조 3항, 916조 3항), 위탁수하물에 멸실 또는 훼손이 발생하였거나 그런 것으로 의심되는 경우에는 운송인과 수하인은 서로 운송물의 검사를 위하여 필요한 편의를 제공하여야 한다(911조 3항, 916조 4항). 위 기간 내에 통지나 이의제기가 없을 경우에는 운송인 또는 그 사용인이나 대리인이 악의가 아닌 한 수하인은 운송인에 대하여 제소할 수 없다(911조 3항, 916조 5항). 위 규정에 반하여 수하인에게 불리한 당사자 사이의 특약은 효력이 없다(911조 3항, 916조 6항).

④ 운송인의 손해배상책임의 한도액　　여객 1명당 1천131 계산단위의 금액을 한도로 한다(910조 1항 본문). 그러나 ㉠ 여객이 운송인에게 위탁수하물을 인도할 때에 도착지에서 인도받을 때의 예정가액을 미리 신고한 경우에는 운송인은 신고가액이 위탁수하물을 도착지에서 인도할 때의 실제가액을 초과한다는 것을 증명하지 아니하는 한 신고가액을 한도로 책임을 지고(910조 1항 단서), ㉡ 운송인 또는 그 사용인이나 대리인

의 고의로 또는 수하물의 멸실, 훼손 또는 연착이 생길 염려가 있음을 인식하면서 무모하게 한 작위 또는 부작위에 의하여 손해가 발생한 것이 증명된 경우에는 발생한 손해를 전부 배상하여야 한다(910조 2항).

나) 휴대수하물에 대한 책임　운송인은 휴대수하물의 멸실 또는 훼손으로 인한 손해에 대하여는 그 손해가 자신 또는 그 사용인이나 대리인의 고의 또는 과실에 의하여 발생한 경우에만 책임을 진다(908조 2항). 그 책임한도액은 위탁수하물과 같다(910조 1항 본문 및 2항, 910조 1항 단서는 위탁을 전제로 한 것이므로 휴대수하물에는 적용이 없다).

(3) 물건운송

1) 항공물건운송인의 책임

㈎ 운송물의 멸실·훼손의 경우

가) 책임원인　운송인은 운송물의 멸실 또는 훼손으로 인한 손해에 대하여 그 손해가 항공운송 중(운송인이 운송물을 관리하고 있는 기간을 포함)에 발생한 경우에만 책임을 진다(913조 1항 본문). 여기의 '항공운송 중'에는 공항 외부에서 한 육상, 해상 운송 또는 내륙 수로운송은 포함되지 아니하나 그 운송이 운송계약을 이행하면서 운송물의 적재(積載), 인도 또는 환적(換積)할 목적으로 이루어졌을 경우에는 항공운송 중인 것으로 추정한다(913조 2항). 또한 운송인이 송하인과의 합의에 따라 항공운송하기로 예정된 운송의 전부 또는 일부를 송하인의 동의 없이 다른 운송수단에 의한 운송으로 대체하였을 경우에는 그 다른 운송수단에 의한 운송은 항공운송으로 본다(913조 3항).

나) 면책사유　운송인이 운송물의 멸실 또는 훼손이 운송물의 고유한 결함 등의 사유(913조 1항 1호~5호)로 발생하였음을 증명하였을 경우에는 그 책임을 면한다(913조 1항 단서).

다) 통지의무 등　운송물의 일부 멸실 또는 훼손발견시에 그 즉시 발견가능성 여하에 따라 수하인이 지체없이 또는 수령일로부터 14일 이내에 통지를 발송하여야 하고(916조 1항), 그 통지가 없는 경우에는 멸실

또는 훼손 없이 인도된 것으로 추정하며(916조 3항), 통지가 없을 경우 운송인 또는 그 사용인이나 대리인이 악의가 아닌 한 수하인은 운송인에 대하여 제소할 수 없다(916조 5항).

(내) **운송물의 연착의 경우**　　운송인은 운송물의 연착으로 인한 손해에 대하여 책임을 진다(914조 본문). 다만, 운송인이 자신과 그 사용인 및 대리인이 손해를 방지하기 위하여 합리적으로 요구되는 모든 조치를 하였다는 것 또는 그 조치를 하는 것이 불가능하였다는 것을 증명한 경우에는 그 책임을 면한다(914조 단서). 운송물이 연착된 경우 수하인은 운송물을 처분할 수 있는 날부터 21일 이내에 이의를 제기하여야 하고(916조 2항), 이를 하지 않은 경우 제소권을 상실함은 멸실 · 훼손의 경우와 같다(916조 5항).

(대) **책임한도액**　　운송인의 손해배상책임은 손해가 발생한 해당 운송물의 1킬로그램당 19 계산단위의 금액을 한도로 한다(915조 1항 본문 전단). 이때의 중량은 해당 손해가 발생된 운송물의 중량을 말한다. 다만, 운송물의 일부 또는 운송물에 포함된 물건의 멸실, 훼손 또는 연착이 동일한 항공화물운송장(제924조에 따라 항공화물운송장의 교부에 대체되는 경우를 포함한다) 또는 화물수령증에 적힌 다른 운송물의 가치에 영향을 미칠 때에는 운송인의 책임한도를 결정할 때 그 다른 운송물의 중량도 고려하여야 한다(915조 2항). 그러나 ① 송하인과의 운송계약상 그 출발지, 도착지 및 중간 착륙지가 대한민국 영토 내에 있는 운송의 경우에는 손해가 발생한 해당 운송물의 1킬로그램당 15 계산단위의 금액을 한도로 하고(915조 1항 본문 후단), ② 송하인이 운송물을 운송인에게 인도할 때에 도착지에서 인도받을 때의 예정가액을 미리 신고한 경우에는 운송인은 신고가액이 도착지에서 인도할 때의 실제가액을 초과한다는 것을 증명하지 아니하는 한 신고가액을 한도로 책임을 진다(915조 1항 단서).

2) **항공물건운송인의 의무**　　항공물건운송인은 화물수령증의 교부의무(924조 2항), 운송물의 관리의무(913조 1항 본문 참조) · 처분의무(917조),

위험물의 처분의무(920조, 801조), 운송물인도의무(920조, 141조~143조) 등을 부담한다.

3) 항공물건운송인의 권리　　항공물건운송인은 송하인으로부터 운송물을 제공받을 권리(920조, 792조), 운송에 필요한 서류를 교부받을 권리(920조, 793조), 운송물에 대한 유치권(920조, 120조), 운임청구권(920조, 134조) 등을 가지며, 운송인의 송하인 또는 수하인에 대한 채권은 2년간 행사하지 아니하면 소멸시효가 완성한다(919조).

4) 불가항력에 의한 항공물건운송계약의 해제·해지

(가) 이륙·전의 임의해제　　이륙 전에 항공기의 운항 또는 운송이 법령을 위반하게 되거나 그 밖에 불가항력으로 인하여 계약의 목적을 달할 수 없게 된 때에는 각 당사자는 계약을 해제할 수 있다(920조, 811조 1항). 불가항력으로 인한 운송물의 멸실 또는 법령위반이나 불가항력이 운송물의 일부에 대하여 생긴 때에는 송하인은 운송인의 책임이 가중되지 아니하는 범위 안에서 다른 운송물을 선적할 수 있다(920조, 812조 1항). 송하인이 다른 운송물을 선적(해상운송만이 아니라 항공운송에서도 선적이라고 함)하고자 하는 때에는 지체없이 운송물의 양륙 또는 선적을 하여야 하고, 이를 게을리한 때에는 운임의 전액을 지급하여야 한다(920조, 812조 2항).

(나) 이륙 후의 임의해지　　법령위반이나 불가항력이 항해 도중에 생긴 경우에 계약을 해지한 때에는 송하인은 운송의 비율에 따라 운임을 지급하여야 한다(920조, 811조 2항).

(4) 항공운송증서

1) 총 설　　항공운송법은 항공여객운송에는 여객항공권과 수하물표, 항공물건운송에는 항공화물운송장과 화물수령증 및 운송물의 성질을 명시한 서류에 관하여 규정하고 있다.

2) 항공여객운송

(가) 여객항공권　　여객항공권은 운임의 지급을 증명하고 항공운송 채권을 표창하는 증서이다. 운송인이 여객운송을 인수하면 여객에게 개

인용 또는 단체용 여객항공권을 교부하여야 한다(921조 1항 본문). 여객항
공권에는 여객의 성명 또는 단체의 명칭 등의 법정사항(921조 1항 1호~6호)
을 기재하여야 한다. 여객항공권은 전자적 형태로 저장하거나 그 밖의
다른 방식으로 보존함으로써 그 교부에 갈음할 수 있다(921조 2항 전문). 운
송인이 여객운송권을 교부하지 않아도 운송계약의 효력 및 상법의 다른
규정의 적용에 영향을 미치지 아니한다(927조). 즉, 기명식여객항공권은
유가증권이 아니라 증거증권에 불과하다.

(내) **수하물표**   운송인은 여객에게 개개의 위탁수하물마다 수하물
표를 교부하여야 하나(922조), 이를 교부하지 않아도 운송계약의 효력 및
상법의 다른 규정의 적용에 영향을 미치지 아니한다(927조).

3) 항공물건운송

(가) **의   의**

가) 항공화물운송장   항공화물운송장은 운송인의 청구에 따라 송
하인이 운송에 관한 사항을 기재하여 작성한 서면(923조 1항 본문)으로서,
증거증권이다(927조).

나) 화물수령증   화물수령증은 운송인이 항공화물운송장에 기재
할 정보를 전자적 형태로 저장하거나 또는 그 밖의 다른 방식으로 보존
함으로써 항공화물운송장의 교부에 대체하는 경우 송하인의 청구에 따라
교부하는 서면(924조 1항·2항)으로서, 증거증권이다(927조).

다) 운송물의 성질을 명시한 서류   이는 세관, 경찰 등 행정기관이
나 그 밖의 공공기관의 절차를 이행하기 위하여 필요한 경우 운송인의
요청을 받아 송하인이 작성하여 운송인에게 교부하는 서류(926조 1항)로
이 또한 증거증권이다(927조).

(내) **작   성**

가) 항공화물운송장   송하인은 운송인의 청구를 받아 송하인과 수
하인의 성명 또는 상호를 비롯한 법정사항(923조 1항 1호~8호)을 적은 항공
화물운송장 3부를 작성하여 운송인에게 교부하여야 한다(923조 1항 본문).

운송인이 송하인의 청구에 따라 항공화물운송장을 작성한 경우에는 송하인을 대신하여 작성한 것으로 추정한다(923조 2항). 항공화물운송장 중 제1원본에는 '운송인용'이라고 적고 송하인이 기명날인 또는 서명하여야 하고, 제2원본에는 '수하인용'이라고 적고 송하인과 운송인이 기명날인 또는 서명하여야 하며, 제3원본에는 '송하인용'이라고 적고 운송인이 기명날인 또는 서명하여야 하는데(923조 3항), 이 서명은 인쇄 또는 그 밖의 다른 적절한 방법으로 할 수 있다(923조 4항). 운송인은 송하인으로부터 운송물을 수령한 후 송하인에게 항공화물운송장 제3원본을 교부하여야 한다(923조 5항).

나) 화물수령증　　기재사항은 항공화물운송장과 같다(924조 1항).

다) 운송물의 성질을 명시한 서류　　그 기재사항에 관하여 상법에 정함이 없으나 행정기관, 그 밖의 공공기관의 절차를 이행하기 위하여 필요한 사항을 기재하면 될 것이다(926조 1항).

(다) 효　　력

가) 항공운송증서기재의 효력　　항공화물운송장 또는 화물수령증이 교부된 경우 그 운송증서에 적힌 대로 운송계약이 체결된 것으로 추정한다(929조 1항). 운송인은 항공화물운송장 또는 화물수령증에 적힌 운송물의 중량, 크기, 포장의 종별·개수·기호 및 외관상태대로 운송물을 수령한 것으로 추정한다(929조 2항). 운송물의 종류, 외관상태 외의 상태, 포장 내부의 수량 및 부피에 관한 항공화물운송장 또는 화물수령증의 기재내용은 송하인이 참여한 가운데 운송인이 그 기재내용의 정확함을 확인하고 그 사실을 항공화물운송장이나 화물수령증에 적은 경우에만 그 기재내용대로 운송물을 수령한 것으로 추정한다(929조 3항).

나) 항공운송증서 등의 기재사항에 관한 책임

① 송하인의 책임　　송하인은 항공화물운송장에 적었거나 운송인에게 통지한 운송물의 명세 또는 운송물에 관한 진술이 정확하고 충분함을 운송인에게 담보한 것으로 본다(928조 1항). 송하인은 운송물의 명세

또는 운송물에 관한 진술이 정확하지 아니하거나 불충분하여 운송인이 손해를 입은 경우에는 운송인에게 배상할 책임이 있다(928조 2항). 이는 무과실책임이다.

② 운송인의 책임 　운송인은 항공화물운송장에 대체하기 위하여 전산정보처리조직에 의하여 저장·보존되는 운송에 관한 기록이나 화물수령증에 적은 운송물의 명세 또는 운송물에 관한 진술이 정확하지 아니하거나 불충분하여 송하인이 손해를 입은 경우 송하인에게 배상할 책임이 있다(928조 3항 본문). 이 또한 무과실책임이다. 다만, 송하인이 그 정확하고 충분함을 담보한 것으로 보는 경우에는 그러하지 아니하다(928조 3항 단서). 운송인은 송하인으로부터 교부받은 운송물의 성질을 명시한 서류에 관련하여 어떠한 의무나 책임을 부담하지 아니한다(926조 2항).

3. 지상 제3자의 손해에 대한 책임

(1) 총 설 　상법은 비행 중인 항공기 또는 항공기로부터 떨어진 사람이나 물건으로 인하여 신체나 재산상 손해를 입은 지상 제3자에 대하여 항공기 운항자에게 무과실의 유한책임을 지게 한다. 이는 상법이 정한 법정책임이다.

(2) **책임부담자** 　항공기 운항자, 즉 사고 발생 당시 항공기를 사용하는 자이다(930조 2항 본문). 항공기의 운항을 지배하는 자(운항지배자)가 타인에게 항공기를 사용하게 한 경우에는 운항지배자를 항공기 운항자로 본다(930조 2항 단서). 항공기등록원부에 기재된 항공기 소유자는 항공기 운항자로 추정한다(930조 3항).

(3) **책임발생원인** 　비행 중인 항공기 또는 항공기로부터 떨어진 사람이나 물건으로 인하여 지상(지하, 수면 또는 수중을 포함한다)의 제3자가 사망하거나 상해 또는 재산상 손해를 입은 경우 항공기 운항자는 이에 대하여 손해배상책임을 진다(930조 1항). 여기의 '비행 중'은 이륙을 목적으로 항공기에 동력이 켜지는 때부터 착륙이 끝나는 때까지를 말한다(930

조 4항). 2대 이상의 항공기가 관여하여 사고가 발생한 경우 각 항공기 운항자는 연대하여 책임을 진다(930조 5항). 운항지배자의 승낙없이 항공기가 사용된 경우 운항지배자는 이를 막기 위하여 상당한 주의를 하였음을 증명하지 못하는 한 승낙없이 항공기를 사용한 자와 연대하여 책임을 진다(930조 6항).

(4) **면책사유**　항공기운항자는 사망, 상해 또는 재산상 손해의 발생이 ① 전쟁, 폭동, 내란 또는 무력충돌의 직접적인 결과로 발생하였다는 것, ② 항공기 운항자가 공권력에 의하여 항공기 사용권을 박탈당한 중에 발생하였다는 것, ③ 오로지 피해자 또는 피해자의 사용인이나 대리인의 과실 또는 그 밖의 불법한 작위나 부작위에 의하여서만 발생하였다는 것, ④ 불가항력 중의 어느 하나에 해당함을 증명하면 책임을 지지 아니한다(931조 1호~4호).

(5) **책임의 제한**

1) **유한책임**　항공기운항자의 책임한도액은 항공기의 중량에 따른 총체적 책임한도액과 그 총체적 책임한도액 내에서 사망 또는 상해를 입은 사람 1명당 개별적 책임한도액으로 나누어 규정되어 있다.

(가) **총체적 책임한도액**　항공기운항자의 책임은 하나의 항공기가 관련된 하나의 사고에 대하여 항공기의 이륙을 위하여 법으로 허용된 ① 최대중량이 2천킬로그램 이하의 항공기의 경우 30만 계산단위의 금액, ② 최대중량이 2천킬로그램을 초과하는 항공기의 경우 2천킬로그램까지는 30만 계산단위, 2천킬로그램 초과 6천킬로그램까지는 매 킬로그램당 175 계산단위, 6천킬로그램 초과 3만킬로그램까지는 매 킬로그램당 62.5 계산단위, 3만킬로그램을 초과하는 부분에는 매 킬로그램당 65 계산단위를 각각 곱하여 얻은 금액을 순차로 더한 금액을 한도로 한다(932조 1항).

(나) **인적 손해에 대한 개별적 책임한도액**　하나의 항공기가 관련된 하나의 사고로 인하여 사망 또는 상해가 발생한 경우 항공기 운항자의 책임은 총체적 책임한도 범위에서 사망하거나 상해를 입은 사람 1명당

12만5천 계산단위의 금액을 한도로 한다(932조 2항).

2) 손해배상기준

㈎ **인적 손해의 합계가 총체적 책임한도액을 초과하는 경우** 하나의 항공기가 관련된 하나의 사고로 인하여 여러 사람에게 생긴 손해의 합계가 총체적 책임한도액을 초과하는 경우, 각각의 손해는 그 한도액에 대한 비율에 따라 배상한다(932조 3항).

㈏ **인적·재산적 손해가 경합한 경우** 하나의 항공기가 관련된 하나의 사고로 인하여 사망, 상해 또는 재산상의 손해가 발생한 경우 총체적 책임액의 한도에서 사망 또는 상해로 인한 손해를 먼저 배상하고, 남는 금액이 있으면 재산상의 손해를 배상한다(932조 4항).

3) **유한책임의 배제** ① 항공기 운항자 또는 그 사용인이나 대리인이 손해를 발생시킬 의도로 사고를 발생시킨 경우(항공기 운항자의 사용인이나 대리인의 행위로 인하여 사고가 발생한 경우에는 그가 권한 범위에서 행위하고 있었다는 사실이 증명되어야 한다, 933조 1항)와 ② 항공기를 사용할 권한을 가진 자의 동의 없이 불법으로 항공기를 탈취하여 사용하는 중 사고를 발생시킨 자는 발생한 손해의 전부를 배상하여야 한다(933조 2항).

4) **책임제한의 절차** 책임을 제한하려는 자는 채권자로부터 책임한도액을 초과하는 청구금액을 명시한 서면에 의한 청구를 받은 날부터 1년 이내에 법원에 책임제한절차 개시의 신청을 하여야 하며(935조 1항), 이 책임제한절차에 관하여는 성질에 반하지 아니하는 범위에서 선박소유자 등의 책임제한절차에 관한 법률의 예를 따른다(935조 2항).

⑹ **책임의 소멸** 항공기 운항자의 책임은 사고가 발생한 날부터 3년 이내에 재판상 청구가 없으면 소멸한다(934조).

제 5 편

어음법과 수표법

제1절 서론 ― 유가증권 일반

Ⅰ. 총 설

지금까지 기업의 주체인 상인(개인상인과 회사)과 상인의 영리활동인 상행위에 대하여 알아보았다. 이제 기업법의 마지막 내용으로 상인의 결제수단으로 고안되어 사용되고 있는 어음과 수표에 대하여 살펴보기로 한다. 어음과 수표는 완전유가증권으로서 세계 각국에서 사용되고 있어 일찍부터 어음과 수표의 세계통일적 규율을 위하여 어음법통일조약(1930년)과 수표법통일조약(1931년)이 체결되었고, 그에 따라 각국의 국내법이 제정되게 되었다(우리나라에도 어음법과 수표법이 있다). 아래에서는 어음과 수표를 포괄하는 유가증권과 어음과 수표에 공통한 법리(어음법·수표법 총론)를 알아본 다음 국제거래에서 이용하는 환어음과 국내거래에서 이용되는 약속어음 및 현금대용수단인 수표의 각각의 법리(어음법·수표법 각론)에 대하여 순서대로 살펴보기로 한다.

Ⅱ. 유가증권

1. 유가증권의 기능

경제의 발전으로 상거래의 목적물이 다양화됨에 따라 권리도 상거래의 대상이 되었는데 이러한 권리의 행사 편의와 원활한 유통을 위하여 유가증권이라는 기술적인 법제도를 만들게 되었다.

2. 유가증권의 의의

유가증권(Wertpapier, security)의 개념에 대하여는 여러 견해가 대립되어 있으나 재산적 가치가 있는 사권을 표창하는 증권으로서 그 권리의 발생·행사 또는 이전의 모든 경우 또는 일부의 경우에 증권의 소지를 요하는 것으로 정의할 수 있다.

3. 유가증권과 구별되는 개념

(1) **증거증권**　이는 영수증·차용증서 등과 같이 어떠한 사실을 증명하는 증서일 뿐 재산권을 표창하는 것이 아니다. 증거증권은 그 권리를 증명할 수 있으면 증권이 없더라도 권리를 행사할 수 있다. 유가증권도 증거증권적 성질을 가지나 증권 없이는 증권상의 권리를 행사할 수 없는 점에서 증거증권과 다르다.

(2) **면책증권**(자격증권)　이는 채무자가 증권소지인에게 채무를 이행함으로써 책임을 면하게 되는 증권이다. 그러나 채무자가 그 증권을 소지한 자에 대하여만 채무를 이행하여야 하는 것은 아니며, 이 점에서 유가증권과 차이가 있다. 즉, 면책증권의 경우 채권자는 증권 없이도 다른 방법으로 권리를 증명하면 그 권리를 행사할 수 있다. 휴대품보관증·신발표·철도수하물상환증·개찰 후의 승차권 등이 이에 속한다. 유가증권의 대부분은 면책증권이다.

(3) **금(액)권**　이는 특정한 재산권을 표창한 것이 아니라 증권 그

자체가 법률상 가치를 가지고 있는 것이다. 지폐·우표·수입인지 등이
있다.

4. 유가증권의 종류

우리 상법전상 유가증권은 ① 화물상환증, ② 창고증권, ③ 주권, ④
신주인수권증서, ⑤ 채권(債券), ⑥ 신주인수권증권, ⑦ 해상보험증권, ⑧
선하증권 등이 있고, 그 외 어음법상 ⑨ 환어음과 ⑩ 약속어음, 수표법상
⑪ 수표가 있다. 이들은 기준에 따라 다음과 같이 분류된다.

(1) **완전유가증권과 불완전유가증권**   증권과 그 표창하는 권리의
결합정도에 따른 분류이다. 완전유가증권(完全有價證券)은 증권상 권리의
발생·행사·이전·처분의 모든 경우에 증권의 점유가 필요한 증권으로
서 어음과 수표가 이에 속한다. 나머지 유가증권은 증권상 권리의 행사·
이전·처분 중의 일부에만 증권의 점유를 필요로 하는 불완전유가증권(不
完全有價證券)이다.

(2) **기명증권·지시증권·무기명증권·선택무기명증권**   권리자를
지정하는 방법에 따른 분류이다. 기명증권(記名證券)은 증권면에 특정한
권리자가 기재되어 있는 것으로 그 권리자만이 권리를 행사할 수 있는
증권이다. 지명증권(指名證券)이라고도 하며, 기명사채권(記名社債券)과 배
서금지어음 등이 이에 속한다. 지시증권(指示證券)은 증권면에 기재된 특
정한 권리자 및 그가 지시한 자가 권리를 행사할 수 있는 증권이다. 지시
는 배서에 의하므로 배서증권이라고도 하며, 통상의 어음·선하증권·창
고증권·화물상환증이 이에 속한다. 무기명증권(無記名證券)은 증권면에
권리자를 기재하지 않고 증권의 정당한 소지인을 권리자로 취급하는 증
권이다. 소지인출급증권이라고도 하며, 통상의 수표·채권(債券)·상품권
이 이에 속한다. 선택무기명증권(選擇無記名證券)은 증권면에 기재된 권리
자와 증권의 정당한 소지인이 권리자가 되는 증권이다. 지명소지인출급
증권 또는 선택소지인출급증권이라고도 한다. 이는 무기명증권과 동일한

효력을 가진다.

　(3) 채권적 유가증권·물권적 유가증권·사원권적 유가증권　　증권에 화체된 권리의 종류를 기준으로 한 구별이다. 채권적 유가증권은 약속어음·인수한 환어음·사채권(社債券)·상품권·화물상환증·선하증권·창고증권 등과 같이 특정한 채권(債權)이 표창된 증권이다. 물권적 유가증권은 독일의 저당증권과 같은 것으로 물건에 대한 지배권이 표창된 증권인데 우리나라에는 그 예가 없다. 사원권적 유가증권은 회사의 사원인 지위를 표창하는 증권으로 주권(株券)이 이에 속한다.

　　Cf. 채권(債權)과 채권(債券): 債權은 특정채권자가 특정채무자에 대하여 특정한 행위를 청구할 수 있는 권리인 한편 債券은 각종의 권리(예: 주주권, 금전지급채권, 물품인도청구권 등)를 담은 증서이다. 즉, 債權은 추상적·관념적인 것이고, 債券은 서면이다.

　(4) 유인증권·무인증권　　증권상의 권리와 증권을 만든 원인관계 사이의 관련에 따른 분류이다. 유인증권(有因證券)은 증권상의 권리가 그 원인관계인 법률관계와 관련되어 있어서 원인관계가 무효 또는 취소되면 증권상의 권리도 소멸하는 증권으로서, 화물상환증·선하증권·창고증권·주권·신주인수권증서·사채권·신주인수권증권 등이 이에 속한다. 요인증권(要因證券)이라고도 한다. 무인증권(無因證券)은 증권상의 권리가 그 원인관계와 단절되어 있어서 원인관계가 무효 또는 취소되더라도 증권상의 권리에 영향을 미치지 않는 증권으로서, 어음·수표가 이에 속한다. 추상증권(抽象證券)이라고도 한다.

　(5) 문언증권·비문언증권　　권리의 내용이 증권에 기재된 문언에 따라 정하여지는지 여부에 따른 분류이다. 문언증권(文言證券)은 증권에 화체된 권리의 내용이 증권의 기재에 따라 결정되므로 증권의 기재를 믿은 제3자는 증권에 기재된 그대로 권리를 취득하여 보호받게 되는 증권으로서, 어음·수표·화물상환증·창고증권·선하증권이 이에 속한다. 비

문언증권(非文言證券)은 증권상 권리의 내용이 실질적 권리관계에 의하여 정하여지므로 증권의 기재를 믿은 제3자가 보호받지 못하는 증권으로서, 주권(株券)이 이에 속한다.

(6) **설권증권·비설권증권**   권리의 발생에 증권의 작성을 요하는가 아니면 단지 기존의 권리를 표창하는 데 불과한 것인가에 따른 분류이다. 전자를 설권증권(設權證券)이라고 하고 어음·수표가 이에 속하며, 후자를 비설권증권(非設權證券)이라 하며, 화물상환증·창고증권·주권·신주인수권증서·사채권(社債券)·신주인수권증권·선하증권 등이 이에 속한다.

(7) **제시증권·비제시증권**   증권상의 채무이행에 있어서 증권의 제시를 요하는가에 따른 분류이다. 어음·수표와 상법상의 유가증권의 대부분은 제시증권(提示證券)에 속하나 주권(株券)은 비제시증권(非提示證券)에 속한다.

(8) **상환증권·비상환증권**   채무의 변제가 증권과 상환으로써만 이루어지는가에 따른 분류이다. 대부분의 유가증권은 상환증권(相換證券)이지만, 주권(株券)은 비상환증권(非相換證券)이다.

Cf. 상품으로서 거래되는 유가증권을 상업증권이라 한다. 어음·수표 및 상법상의 유가증권은 모두 상업증권이다.

〈유가증권의 분류〉

권리자의 증권상 표시방법	기명증권		기명채권, 배서금지어음(수표)
	지시증권		어음, 수표, 화물상환증, 창고증권, 선하증권
	무기명증권		무기명식 수표·화물상환증·창고증권·선하증권
화체된 권리의 종류	채권 증권	금전증권	어음, 수표, 채권
		물품증권	화물상환증, 창고증권, 선하증권

	물권증권	우리나라에는 없음(독일의 저당증권)
	사원권증권	주권
	권한증권	수표, 인수되지 않은 환어음
권리와 증권의 결합 정도	완전유가증권	어음, 수표
	불완전유가증권	그 밖의 유가증권
권리발생과 증권의 요부	설권증권	어음, 수표
	비설권증권	그 밖의 유가증권
원인관계와의 관련성	무인증권	어음, 수표
	유인증권	그 밖의 유가증권
문언성	문언증권	어음, 수표, 화물상환증, 창고증권, 선하증권
	비문언증권	주권, 기명사채권

5. 유가증권의 전자등록제도

2011년 상법 개정시 유가증권으로서 그 권리의 발생·변경·소멸을 전자등록하는 데에 적합한 유가증권에 대하여 전자등록기관의 전자등록부에 등록하여 발행할 수 있도록 근거규정을 마련하였고(상 65조 2항), 그에 따라 주식·사채 등의 전자등록에 관한 법률 및 시행령이 제정되어 2019년 9월 16일부터 시행되고 있다.

제 2 절   어음법·수표법 총론

I. 어음과 수표

1. 어음·수표의 개념

어음·수표는 일정한 금액의 지급을 목적으로 하여 발행된 유가증권이다. 어음에는 환어음과 약속어음의 두 가지가 있다.

(1) **환어음**(bill of exchange)　　발행인(drawer)이 수취인(payee) 또는 그

가 지시하는 자에게 일정한 날(만기)에 일정한 금액을 지급해줄 것을 지급인(drawee)에게 위탁하는 뜻을 기재한 증권을 말한다.

(2) **약속어음**(promissory note)   발행인 자신이 수취인 또는 그가 지시하는 자에게 일정한 날(만기)에 일정한 금액을 지급할 것을 약속하는 증권이다.

(3) **수표**(check)   발행인이 수취인 또는 그 이후의 취득자에게 일정한 금액을 지급할 것을 지급인에게 위탁하는 증권이다. 항상 일람출급증권이므로 만기라는 개념이 없다.

2. 어음·수표의 법적 성질

어음·수표는 완전유가증권성으로서 금전채권증권성, 무인(추상)증권성, 설권증권성, 요식증권성, 문언증권성, 지시증권성, 제시증권성, 상환(환수)증권성을 가진다.

3. 어음·수표의 경제적 기능

환어음은 지급·신용·송금·추심기능, 약속어음은 지급·신용·추심기능, 수표는 지급·송금·담보기능이 있다.

(1) **지급기능**   금전의 현실적 지급에 따르는 위험과 불편을 덜기 위한 것으로, 수표의 본질적 기능이다. 이 점에서 수표는 '현금의 대용물'이라고 한다.

(2) **신용기능**   금전의 지급을 즉시 하지 않고 일정기간 후에 하는 경우 신용수단으로서의 역할을 하게 된다. 수표는 신용증권화를 방지하고 있으나 선일자수표(수 28조 2항)로 사실상 신용의 도구로 사용하기도 한다.

(3) **송금기능**   다른 국가나 지역으로 금전을 보낼 필요가 생긴 때에 현금수송에 따르는 비용이나 위험을 방지하기 위하여 환어음이나 수표를 이용하게 된다.

(4) **추심기능**   환어음을 통하여 추심기능을 행하게 된다. 한국의

갑이 미국의 A에게 매도하기로 약정한 자동차 100대를 보내고 그 대금을 추심하려고 할 때 갑은 A를 지급인으로 하고 갑의 거래은행인 B은행을 수취인으로 환어음을 발행하여 B은행으로부터 환어음금을 할인받는 경우와 같다.

(5) **담보기능**　　수표의 경우 그 수표가 지급거절(소위 부도처리)되면 부정수표단속법에 의한 형사처벌을 받게 되므로 이 점에서 채권담보의 도구로써 기능하게 된다. 한편 약속어음이나 환어음의 경우 만기에 지급이 되지 않는 경우에도 단순히 민사채무불이행책임만을 부담하므로 담보기능은 없다.

4. 어음·수표의 이동(異同)

환어음과 약속어음 및 수표는 모두 유가증권으로서 지급기능을 공통으로 수행한다는 점 이외에 다음과 같은 차이가 있다.

〈환어음·약속어음 및 수표의 비교〉

	환어음	약속어음	수표
증권의 성격	지급위탁증권	지급약속증권	지급대용증권
기본당사자	발행인·수취인·지급인(3인)	발행인·수취인(2인)	발행인·수취인(필수 아님)·지급인(3인)
필요적 기재사항(밑줄부분은 3자 공통)	① 환어음문구 ② 무조건의 금액지급위탁 ③ 지급인 ④ 만기 ⑤ 지급지 ⑥ 수취인 ⑦ 발행일·발행지 ⑧ 발행인의 기명날인 또는 서명	① 약속어음문구 ② 무조건의 금액지급약속 ③ 만기 ④ 지급지 ⑤ 수취인 ⑥ 발행일·발행지 ⑦ 발행인의 기명날인 또는 서명	① 수표문자 ② 무조건의 금액지급위탁 ③ 지급인의 명칭 ④ 지급지 ⑤ 발행일·발행지 ⑥ 발행인의 기명날인 또는 서명
주채무자	인수인	발행인	없음
발행통수	복본(set)	단본	단본(국제간에는 복본)
지급기일(만기)	일람출급, 일람후 정기출급, 발행일자후 정기출급, 확정일출급(4가지)	환어음과 같음	일람출급

어음(수표) 행위의 종류	발행·배서·보증·인 수·참가인수	발행·배서·보증	발행·배서·수표보 증·지급보증
소구의무자	발행인·배서인·보증 인·참가인수인	배서인·보증인	발행인·배서인·지급 보증인
등본제도	인정	인정	불인정
복본제도	인정	불인정	인정
시효	① 인수인: 만기로부터 3년 ② 소구: 1년 ③ 재소구: 6개월	환어음과 같음	6개월
기타	담보서류 부착 가능		

5. 어음법·수표법

(1) **어음법·수표법의 의의**　　형식적 의의의 어음법·수표법은 현행 법전인 어음법(1961. 1. 20. 법률 제1001호)·수표법(1962. 1. 20. 법률 제1002호)을 말한다. 이는 1930년의 어음법통일조약과 1931년의 수표법통일조약의 내용에 따라 국내입법한 것이다. 실질적 의의의 어음법·수표법은 넓은 의미(광의)로는 어음·수표에 관한 모든 법규를 가리키고, 좁은 의미(협의)로는 어음·수표에 고유한 사법규정만을 의미한다. 광의의 어음법·수표법에는 어음법, 수표법 이외에도 어음·수표의 법률관계에 적용되는 민상법규정(민 508조~525조, 상 65조 등), 유가증권 위조·변조에 관한 형법규정(형법 214조~217조), 민사소송법 중 공시최고절차규정(민소 475조~497조), 민사집행법 중 어음에 관계되는 규정(민집 212조, 220조, 233조) 등을 포함한다.

(2) **어음법·수표법의 지위**　　어음법과 수표법은 원래 상인들의 관습 내지 관습법으로 존재하여 오던 것을 어음·수표거래의 안전을 위하여 조약의 형식으로 성문화하였고, 우리나라에서는 이를 상법전에서 분리하여 독립한 법전의 형식으로 국내입법하였다. 따라서 어음법·수표법은 상법전과 독립한 지위를 가진다. 또한 어음법과 수표법은 민법에 대

한 특별법으로서의 지위를 가진다. 예컨대 배서에 관한 어음법 제13조, 제14조와 수표법 제16조, 제17조는 민법 제450조의 지명채권양도의 대항요건에 대한 특칙이고, 선의취득에 관한 어음법 제16조 제2항, 수표법 제21조는 민법 제249조 내지 제251조의 동산의 선의취득에 대한 특칙이다. 따라서 어음법이나 수표법에 규정이 없는 부분에 대하여는 해당 민법규정이 보충적으로 적용된다.

(3) 어음법·수표법의 특성   어음·수표는 권리와 증권의 결합이라는 유가증권방식을 활용, 가장 합리적으로 기술화된 금전지급수단이므로, 이를 규율하는 어음법·수표법은 지급의 확실성과 증권의 유통보호를 기본이념으로 한다. 이를 위하여 어음법·수표법은 강행규정적 성질을 가지는 한편 세계적 통일성을 가진다.

II. 어음법·수표법 통칙

1. 어음(수표)행위

Cf. 이하 약속어음, 환어음, 수표에 공통한 행위는 '어음(수표)행위'로 표기한다.

(1) 의   의   어음(수표)행위는 형식적으로는 증권상에 기명날인 또는 서명을 요건으로 하는 요식의 서면행위이고, 실질적으로는 어음(수표)상의 채무의 발생원인이 되는 법률행위이다. 배서나 환어음의 발행은 채무부담을 직접적인 목적으로 하지는 않으나, 그 행위의 결과로 상환(소구)의무를 부담하게 되므로 어음상의 채무의 발생원인이 된다.

(2) 종   류   어음(수표)행위의 종류는 아래 표와 같다.

〈어음(수표)행위의 종류〉

	행위의 종류	방 식	내 용 (효력)
환 어 음	발 행	어 1조	어음의 창조 · 이전 소구의무(인수 · 지급의 담보책임)의 부담(어 9조 1항, 43조 이하) (예외: 인수무담보 기재가 있는 경우) (어 9조 2항 전문)
	(양도)배서	어 11조 이하	어음상의 권리의 이전(어 14조 1항) 소구의무(인수 · 지급의 담보책임)부담(어 15조 1항) (예외: 인수 · 지급무담보배서)(어 15조 1항)
	어음보증	어 30조, 31조	피보증인과 동일한 책임을 부담(어 32조)
	인 수	어 25조, 26조	주채무자로서의 지급의무부담(어 28조)
	참가인수	어 56조, 57조	피참가인의 후자에 대하여 피참가인과 동일한 의무를 부담(어 58조 1항)
약속어음	발 행	어 75조	환어음의 인수인과 동일한 의무를 부담(주채무자) (어 78조 1항)
	배 서	어 77조 1항 1호	환어음 배서와 동일
	어음보증	어 77조 3항	환어음 보증과 동일
수 표	발 행	수 1조	소구의무(지급담보책임) 부담(수 12조)
	배 서	수 14조~16조	수표상의 권리의 이전(수 17조 1항) 소구의무(지급담보책임, 수 18조 1항)(예외: 무담보배서, 수 18조 1항 참조)
	수표보증	수 26조	피보증인과 동일한 책임을 부담(수 27조)
	지급보증	수 53조, 54조	수표제시기간 전에 제시한 경우에 지급의무를 부담(수 55조 1항)

  (3) **성립요건**   어음(수표)행위가 유효하게 성립하기 위하여는, 어음(수표)권리능력이 있는 자가 어음(수표)행위능력을 가지고 유효한 의사표시로써(실질적 요건), 어음요건이 갖추어진 증권을 작성하고 기명날인 또는 서명하여(형식적 요건) 상대방에게 교부하여야 한다.
  1) **형식적 요건**   어음(수표)행위는 요식의 서면행위이므로 증권상

에 법정사항을 기재하고 행위자가 기명날인 또는 서명하여야 한다. 어음
(수표)행위는 어음(수표)증권 자체에 하는 것이 보통이나, 배서나 어음보증
은 보충지[보전(補箋)]나 등본에도 가능하다(어 13조 1항, 31조 1항). 각 어음
(수표)행위마다 법전에 방식이 기재되어 있으나 공통요건은 기명날인 또
는 서명이다. 기명날인은 어음(수표)행위자의 명칭을 표시하고 그 말미에
인장(종류는 불문)을 압날하는 것이고, 서명은 자필에 의한 성명의 표시이
다. 기명날인은 명의인의 의사에 따라 타인이 대신할 수 있다(기명날인의
대행). 무인이나 지장은 그 진부를 육안으로 식별할 수 없으므로 무효로
본다(판례). 기명만이 있는 경우 자서로 볼 수 있는 때에는 서명으로서 유
효한 것으로 보고, 그렇지 못한 경우(예: 타자, 고무인 등) 효력이 없다. 날인
만이 있는 경우 백지보충의사가 추단되지 않는 한 무효로 본다. 회사 기
타 법인의 어음(수표)행위에는 '주식회사 한국 대표이사 김서울'과 같이
대표기관이 법인을 위하여 어음(수표)행위를 하는 것을 표시하고 대표자
의 기명날인 또는 서명을 하여야 한다(현명주의). 조합이나 권리능력 없는
사단의 경우 법인격이 없으므로 전원이 기명날인 또는 서명하여야 하는
것이 원칙이나 그 대표자가 조합 등의 명칭과 대표자격을 표시하여 조합
원 등의 전원을 대리하여 기명날인 또는 서명하여도 유효하다.

　　2) 실질적 요건　　　어음(수표)행위가 유효하기 위하여는 그 행위가
어음(수표)능력자의 하자 없는 의사에 의하여 이루어져야 한다. 어음(수표)
능력에는 어음(수표)권리능력과 어음(수표)행위능력이 있으나, 이 점에 관
하여 어음(수표)법에 규정이 없으므로 민법과 상법에 의하게 된다(민 5
조~8조, 상 7조, 민 140조~142조, 107조~110조).

　　3) 어음(수표)의 교부　　　이는 어음(수표)행위의 본질에 관련된 것으
로, 어음(수표)의 발행과정을 작성과 교부의 두 단계로 나누어 작성만으로
어음(수표)행위가 성립하는가 아니면 작성과 교부행위가 있어야 하는가의
문제이다. 이에 따라 어음(수표)이 작성된 후 상대방(수취인)에게 교부되기
전에 분실 또는 도난당한 경우 또는 어음(수표)을 보관하는 자가 작성자

의 의사에 반하여 유통시킨 결과 제3자가 취득하게 된 경우(이를 '교부흠결'이라 한다) 그 어음(수표)의 소지인이 발행인(작성자)에 대하여 어음(수표)금 청구를 할 수 있는지 여부가 결정되는 것이다. 이에 대하여 계약설, 창조설, 발행설, 권리외관설이 대립한다. 어음(수표)행위가 성립하기 위하여는 어음의 작성 외에 교부가 필요하나 교부가 흠결된 경우에는 선의의 제3자 보호를 위하여 권리외관에 따른 보호를 인정할 필요가 있다(판례).

* 대법원 1999. 11. 26. 선고 99다34307 판결
어음을 유통시킬 의사로 어음상에 발행인으로 기명날인하여 외관을 갖춘 어음을 작성한 자는 그 어음이 도난·분실 등으로 인하여 그의 의사에 의하지 아니하고 유통되었다고 하더라도, 배서가 연속되어 있는 그 어음을 외관을 신뢰하고 취득한 소지인에 대하여는 그 소지인이 악의 내지 중과실에 의하여 그 어음을 취득하였음을 주장·입증하지 아니하는 한 발행인으로서의 어음상의 채무를 부담한다.

(4) 특   성   어음(수표)행위도 법률행위이나 어음(수표)금의 지급 및 유통성 확보를 위하여 민법의 일반원칙과는 다른 몇 가지 특성을 가진다. 이는 모두 권리와 증권이 밀접하게 결합된 어음(수표)의 서면성에서 유래하는 것이다.

1) 무인성(추상성)   어음(수표)행위는 매매나 금전소비대차와 같은 원인관계가 있어 그 이행을 위한 수단으로 이루어지는 것이 일반적이다(단, 융통어음과 같은 예외가 있다). 어음(수표)행위는 이렇게 원인관계를 전제로 하지만 일단 이루어진 이상은 그 원인관계의 부존재·무효·취소 등에 의하여 영향을 받지 않는 것이 원칙이다(어음관계와 원인관계의 분리). 이를 어음(수표)행위의 무인성 또는 추상성이라고 한다. 따라서 예컨대 A가 B로부터 컴퓨터를 1대 사고 그 대금의 지급을 위하여 약속어음을 발행하였고, B는 C로부터 물건을 사고 위 어음에 배서하여 교부한 후 A가 컴퓨터 불량을 이유로 B와의 컴퓨터매매계약을 적법하게 해제하였는데 만기

에 그러한 해제사실을 알지 못하는 C가 A에게 어음금을 청구한 경우 A
는 B와의 매매계약 해제를 이유로 어음금지급을 거절할 수 없다.

2) 요 식 성　　어음(수표)행위는 증권면상의 요식적 법률행위이다.
따라서 모든 어음(수표)행위는 어음(수표)법이 규정한 법정형식을 갖추어
야만 효력을 발생하는 것이 원칙이다[단, 백지어음(수표)의 예외가 있다].

3) 문 언 성　　어음(수표)행위의 내용은 어음(수표)면의 기재에 의하
여서만 정하여지고 어음(수표) 외의 실질관계에 의하여 영향을 받지 않
는다.

4) 독 립 성　　동일한 어음(수표)상에 수개의 어음(수표)행위가 이루
어진 경우 각 어음(수표)행위는 독립하여 효력을 발생하고, 그 전제가 되
는 선행어음(수표)행위가 형식적 흠결을 제외한 어떠한 사유에 의하여 무
효가 되더라도 이에 영향을 받지 않는다. 이를 어음(수표)행위독립의 원칙
이라고 한다. 어음(수표)의 신용을 높이고 그 유통성을 강화하여 어음(수
표)거래의 안전을 기하는 데 이론적 근거를 두고 있으며, 실정법적 근거
로는 어음법 제7조와 수표법 제10조가 대표적이다(그 외 어 32조 2항, 77조
3항 전문, 65조 1항 단서·2항, 69조, 77조 1항, 수 27조 2항, 49조 2항, 50조 참조). 이
원칙은 선행어음(수표)행위가 형식상 완전한 것을 전제로 하므로 발행과
같이 선행어음(수표)행위가 없거나, 선행어음(수표)행위가 형식적으로 무
효이거나 어음(수표)채무가 소멸한 경우에는 적용되지 않는다. 인수도 발
행을 전제로 하는 행위이므로 이 원칙이 적용되고, 유통성 보호를 위한
차원에서 배서에도 이 원칙이 적용되며, 악의취득자에게도 적용된다.

(5) 해　　석　　어음(수표)행위가 요식의 증권적 법률행위라는 점에
서 그 해석도 일반 법률행위와는 달리 행하여져야 한다.

1) 어음(수표)외관해석의 원칙　　어음(수표)채무의 내용은 어음(수표)
면의 기재에 의하여만 객관적으로 해석하여야 한다.

2) 어음(수표)유효해석의 원칙　　어음(수표)은 가급적 유효로 해석하
여야 한다는 원칙이다. 예컨대 '2월 30일'과 같이 달력에 존재하지 않는

날을 만기 또는 발행일로 기재한 경우 이를 2월 말일로 유효하게 해석하여야 한다(판례).

(6) 대　　리

1) 총　　설　어음(수표)행위는 재산법적 법률행위로서 대리인에 의하여 많이 이루어지고 있는 것이 실정이다. 타인에 의한 어음(수표)행위에는 ① 대리방식과 ② 기관방식(대행방식)이 있다. 권한 없이 대리한 경우 무권대리가 되고, 대행한 경우 위조가 되는데 위조에 대하여는 다음 항에서 살펴본다. 유효한 어음(수표)행위의 대리를 위하여는 형식적 요건으로서 대리방식을 갖추고, 실질적 요건으로서 대리권이 있어야 한다.

2) 형식적 요건(대리방식)　타인이 본인을 위하여 어음(수표)행위를 대리하는 경우 형식적 요건으로서 ① 본인의 표시, ② 대리관계의 표시, ③ 대리인의 기명날인 또는 서명이 필요하다. 따라서 예컨대 '이몽룡의 대리인 방자＋방자의 기명날인 또는 서명'(본인이 개인인 경우), '주식회사 조선 대표이사 이방원＋대표이사 직인날인 또는 대표이사의 서명'(본인이 회사인 경우)으로 이루어져야 한다. 민법이나 상법상 본인을 표시하지 않더라도 대리로서 효력이 있을 수 있으나(민 115조 단서, 상 48조 본문), 어음(수표)의 문언성의 특성상 어음(수표)행위에 본인이 표시되지 않은 경우에는 대리인만이 책임을 진다(절대적 현명주의).

3) 실질적 요건(대리권)　어음(수표)행위의 대리가 본인에게 효력이 생기기 위하여는 대리권이 있어야 한다. 어음(수표)행위의 대리권도 대리권 일반에 관한 법리와 같이 본인의 대리권수여행위(수권행위)에 의하여 발생하는 임의대리권과 법률규정 등에 의하여 발생하는 법정대리권이 있다. 본인이 어음(수표)행위의 대리권을 수여하거나 수여한 임의대리권 내에 어음(수표)행위의 대리권이 포함되어 있는 경우, 그리고 법정대리는 법률규정에 의하여 포괄적인 대리권이 인정되므로 어음(수표)행위를 할 수 있다. 그리고 임의대리인(대표)이기는 하나 선임만 되면 그 대리권(대표권)이 법정되어 있는 대표사원, 대표이사, 지배인은 포괄대리권(대표권)을 가

지므로 당연히 어음(수표)행위를 할 수 있고, 이에 대한 제한으로 선의의 제3자에게 대항하지 못한다(209조, 269조, 287조의19 5항, 389조 3항, 567조, 11조 1항·3항). 자기계약·쌍방대리를 금지하는 민법 제124조와 회사의 사원·이사 등의 자기거래를 제한하는 상법규정(199조, 269조, 287조의11, 398조, 564조 3항)이 어음(수표)행위에도 적용되는가에 대하여 견해가 대립한다. 적용부정설은 어음(수표)행위 자체는 수단적·무색적 성질을 가지므로 본인(회사)과 대리인(대표자) 사이에는 이익의 충돌이 없다는 것을 이유로 하나, 어음채무는 인적 항변의 절단 등으로 원인관계상의 채무에 비하여 채무자에게 더욱 불리하므로 적용하여야 할 것이다(판례).

4) 무권대리

(가) **총 설**　　어음(수표)행위의 무권대리는 대리권 없는 자가 대리형식으로 어음(수표)행위를 하는 것이다. 이는 다시 대리권이 없어 본인이 책임을 부담하지 않는 '협의의 무권대리'와 대리권은 수여하지 않았으나 본인이 표현책임을 부담하는 '표현대리'로 구분된다. 또 대리권은 부여되었으나 그 대리권의 범위를 넘어서 대리행위를 한 '월권대리'도 있다.

(나) **협의의 무권대리**　　협의의 무권대리가 성립하기 위하여는 ① 대리의 형식적 요건은 구비되었으나 ② 본인이 대리권을 수여한 바 없고, ③ 표현대리가 성립하지 않으며, ④ 본인의 추인이 없고, ⑤ 어음(수표)소지인이 선의이어야 하며, ⑥ 행위능력자이어야 한다(민 135조 2항). 이 경우 무권대리인은 그 어음(수표)에 의하여 의무를 부담하고, 그가 어음(수표)금액을 지급한 경우에는 본인과 같은 권리를 가진다(어 8조 1문·2문, 수 11조 1문·2문). 무권대리인이 약속어음을 발행하거나 환어음을 인수한 경우와 같이 본인이 어음상의 권리가 없어 아무런 손해를 입지 않는 경우에는 문제가 없으나 무권대리인이 본인의 어음을 타인에게 배서하여 본인이 어음을 상실한 경우 후일 무권대리인이 어음상의 의무를 이행하여 어음을 소지하게 된 경우 어음의 반환을 청구할 수 있다고 본다.

(다) **표현대리**　　어음(수표)행위의 무권대리에 있어서 본인은 어음(수

표)상의 책임을 지지 않는 것이 원칙이나 마치 대리권이 있다고 믿을 만한 사정이 존재하고, 본인에게도 그러한 사정을 야기한 책임이 있다고 인정되는 경우 민·상법의 표현대리규정(민 125조, 126조, 129조, 상 14조, 395조)에 따라 본인이 제3자에게 어음(수표)상의 책임을 진다. 한편 표현대리인은 무권대리인으로서 어음법 제8조(수 11조)에 의하여 그 어음(수표)에 의하여 의무를 부담한다. 즉, 어음(수표)행위의 표현대리가 성립하는 경우 본인과 표현대리인의 책임이 병존하게 되는데 이 경우 양자에 대하여 중첩적으로 책임을 추궁할 수 있다는 견해가 있으나 그에 의할 경우 요건이 다른 상이한 제도의 혜택을 동시에 누리는 불공평이 생기므로 어음(수표)소지인은 어느 일방에 대하여만 책임을 물을 수 있다는 택일설이 타당하다. 표현대리에 의하여 보호되는 '제3자'의 범위에 대하여 모든 어음(수표)취득자에게 확장된다는 견해가 다수설이나 판례는 민법상 어음(수표)행위의 표현대리의 경우에는 직접상대방에 한정하고(직접상대방에게 표현대리가 인정되는 경우 그 후의 어음소지인은 원용에 의하여 모두 보호받을 수 있게 된다), 상법상 표현대표이사의 어음(수표)행위의 경우에는 그 이후의 어음(수표)취득자를 포함한다고 한다(따라서 어음취득자별로 판단된다). 예컨대 을이 갑의 명의로 어음(수표)을 발행하여 병에게 교부하고, 병은 정에게 배서양도한 경우에 병에 대하여 갑의 표현책임이 인정되면 정은 보호를 받으나, 만약 병이 정당한 사유가 없어 표현책임이 부정되어도 다수설에 의하면 정에게 정당한 사유가 있는 경우 갑이 정에게 표현책임을 부담할 수 있는 반면 판례에 의하면 정은 보호될 수 없는 것이다.

(라) **월권대리**(越權代理)　　100만원을 한도로 어음(수표)행위(발행)를 하도록 대리권을 수여하였는데 120만원의 어음(수표)행위를 한 경우 초과한 20만원에 대하여 어음법 제8조 제3문(수 11조 3문)의 "권한을 초과한 대리인의 경우도 같다."는 규정과 관련하여 본인 및 월권대리인의 책임범위가 문제된다. 이 경우 어음의 문언성과 어음금액불가분의 원칙에 비추어 월권대리인은 어음금 전액에 대하여 책임을 부담하고, 본인은 수권범

위를 한도로 책임을 부담한다. 만약 민·상법상의 표현대리가 성립하는
경우에는 본인도 전액에 대하여 책임을 부담하여야 할 것이다.

(7) 위조와 변조

1) 위 조

㈎ **의 의**   위조(forgery)는 권한 없는 자가 타인의 명의를 위작하
여 그 타인이 어음(수표)행위를 한 것과 같은 외관을 작출하는 행위이다.
발행만이 아니라 배서, 인수, 보증 등의 행위를 하는 경우도 포함한다.
위조자의 고의·과실을 요하지 아니한다.

㈏ **구별개념**   위조의 경우에는 어음(수표)면에 피위조자의 기명날
인 또는 서명만 나타나는 반면 무권대리의 경우에는 무권대리행위자의
것만이 나타난다(무권대리와의 구별). 한편 위조는 어음행위의 주체를 속이
는 것인데 반하여 변조는 기명날인 또는 서명 외의 어음(수표)기재사항을
권한 없이 변경하는 것으로 어음채무의 내용을 속이는 것에 차이가 있다
(변조와의 구별).

㈐ **효 과**   피위조자는 누구에 대하여도 책임을 지지 않는다.
즉, 위조의 항변은 물적(절대적) 항변이다. 예외적으로 ① 피위조자에게
민·상법상의 표현책임을 지울 수 있는 경우, ② 위조자가 피위조자의 피
용인으로 사무집행에 관련하여 어음(수표)을 위조하여 사용자배상책임을
지는 경우(민 756조) 및 ③ 위조어음(수표)이 추인된 경우에는 책임을 부담
한다. 위조자는 그 자신의 명의로 어음(수표)면에 기명날인 또는 서명한
것이 아니므로 형법상 또는 민법상 책임(형 214조, 민 750조)은 별론, 어음
(수표)상의 책임을 지지 않는다(이에 대하여는 어음법 8조나 수표법 11조의 무권대
리인의 책임을 유추적용하여 책임을 물어야 한다는 반론이 있다). 위조된 어음(수표)
에 다른 어음(수표)행위를 한 자는 어음(수표)행위독립의 원칙에 의하여 어
음(수표)상의 책임을 부담한다.

㈑ **입증책임**   위조의 입증책임에 관하여 ① 피위조자입증설은 배
서가 연속된 어음소지인은 적법한 권리자로 추정되므로(어 16조 1항 1문, 수

19조 1문) 위조를 주장하여 책임을 면하려는 피위조자가 부담하여야 한다는 입장이다. ② 소지인입증설은 정당한 권리자로 추정한다는 뜻은 피위조자를 제외한 나머지에 대한 것이고, 위조의 항변은 물적 항변에 해당하므로 누구에게 대하여서도 어음(수표)상의 책임을 지지 아니하는 이상 피위조자에게 책임을 주장하는 자가 입증해야 하고 그렇게 하지 않을 경우 피위조자에게 가혹한 결과를 초래한다는 견해이다. 대법원은 전원합의체판결로 ①설에서 ②설로 변경하였다.

2) 변 조

(가) 의 의 변조(alteration)는 권한 없이 기명날인 또는 서명 외의 기존문언을 변경하는 것이다. 예컨대 금액을 '100만원'에서 '400만원'으로 고치거나 만기를 '2021. 3. 30.'에서 '2021. 8. 30.'로 고치는 것이다. 변조의 대상은 필요적·유익적·임의적 기재사항을 불문하나 무익적 기재사항을 변조하는 것은 어음의 효력에 영향을 미치지 않으므로 이에 해당하지 아니한다. 변조의 방법에는 제한이 없고, 변조자에게 고의·과실을 요하지 않는다. 변조로 인하여 어음(수표)요건이 흠결된 때에는 변조가 아니라 어음의 말소 또는 훼멸이 된다. 기명날인 또는 서명의 변경은 본래의 기명날인 또는 서명에 대하여는 변조, 새로운 기명날인에 대하여는 위조가 된다. 어음(수표)행위자의 동의를 받아 변경하는 것은 변조가 아니나 어음(수표)행위자라 하더라도 타인의 권리의무에 관련된 것인 때에는 설사 자신이 한 어음(수표)행위라 하더라도 유통 후의 변경은 변조가 된다.

(나) 효 과

가) 변조 전에 기명날인 또는 서명한 자의 책임 변조 전에 기명날인 또는 서명한 자는 원문언, 즉 기명날인 또는 서명 당시의 어음(수표)문언에 따라 책임을 부담한다(어 69조, 77조 1항 7호, 수 50조). 원문언의 책임이 변조 후보다 더 무거운 경우에도 역시 변조 전의 문언대로 책임진다. 변조로 인하여 어음(수표)요건이 결여되는 경우 어음(수표)소지인은 변조 전의 문언을 증명하여 변조 전의 어음(수표)채무자에게 책임을 물을 수 있다.

나) 변조 후에 기명날인 또는 서명한 자의 책임   변조 후에 기명날인 또는 서명한 자는 변조된 문언에 따른 책임을 진다(어 69조, 77조 1항 7호, 수 50조). 어음(수표)행위독립의 원칙의 취지가 여기에도 나타난다. 변조로 인하여 어음(수표)요건이 흠결된 이후의 어음(수표)에 기명날인 또는 서명한 자는 어음(수표)상의 책임이 없다.

(다) 변조자의 책임   변조자는 민법상의 불법행위나 형사책임을 지는 경우는 있으나 어음(수표)상의 책임은 지지 않는다(이에 대하여도 위조의 경우와 같이 무권대리인의 책임을 유추적용하여야 한다는 견해가 있다). 어음소지인이 변조를 한 경우 자신의 전자에 대하여는 변조 전의 문언에 의한 권리를 행사할 수 있다.

(라) 입증책임   변조의 입증책임에 대하여 ① 어음(수표)채무자가 변조사실을 주장하는 것은 소송법상 채무부담의 간접부인이므로 변조가 어음(수표)상으로 명백한지 여부와 상관없이 소지인이 변조되지 않았다는 사실 또는 어음(수표)행위자의 어음(수표)행위가 변조 후에 있었다는 사실을 입증해야 한다는 소지인입증설과 ② 변조가 명백한지 여부에 따라 명백한 경우에는 소지인이 어음(수표)채무자의 기명날인 또는 서명이 변조 후에 행하여졌다는 사실을 입증하여야 하고, 변조가 명백하지 않은 경우에는 변조가 없는 것으로 추정되므로 변조사실은 주장자가 입증하여야 한다는 구별설이 있다. 판례는 ②설을 취한다.

2. 어음(수표)상의 권리

(1) 총   설

1) 어음(수표)상의 권리의 의의   어음(수표)상의 권리는 어음(수표)의 목적인 어음(수표)금액의 지급을 달성하기 위하여 인정된 권리와 이에 갈음하는 권리이다. 이에는 환어음의 인수인 또는 약속어음의 발행인에 대한 어음금지급청구권(어 28조 1항, 78조 1항) 및 이에 갈음하는 권리로서 전자에 대한 상환청구권(어 47조 1항, 77조 1항 4호, 수 43조 1항)·어음(수표)보증

인에 대한 권리(어 32조 1항, 77조 3항, 수 27조 1항)·채무를 이행한 보증인이
주채무자 및 그 전자에 대하여 가지는 권리(어 32조 3항, 77조 3항, 수 27조 3
항)·참가인수인에 대한 지급청구권(어 58조 1항) 등이 있다. 이러한 권리
에 대응하는 의무가 어음(수표)채무 또는 어음(수표)상의 채무이다. 어음(수
표)상의 권리를 행사하기 위하여는 반드시 어음(수표)을 제시하여야 한다.

  2) 어음(수표)법상의 권리   어음(수표)상의 권리와 구별할 개념으로
어음(수표)법상의 권리가 있다. 이는 어음(수표)의 원활한 유통을 위하여
어음(수표)법이 인정한 보조적인 권리로서, 그 행사에 어음(수표)의 소지를
요하지 않는다. 이에는 어음(수표)의 악의취득자에 대한 어음의 반환청구
권(어 16조 2항 단서, 77조 1항 1호, 수 21조 단서)·소구통지를 하지 않음으로써
생기는 손해배상청구권(어 45조 6항 단서, 77조 1항 4호, 수 41조 6항 단서)·복본
교부청구권(어 64조 3항)·이득상환청구권(어 79, 수 63) 등이 있다.

  (2) 어음(수표)상의 권리의 취득

  1) 총   설   어음(수표)상의 권리의 취득방법으로서 배서(어 11조
1항, 77조 1항 1호, 수 14조 1항)·지명채권양도에 의한 방식(어 11조 2항, 77조 1
항 1호, 수 14조 2항)·단순한 어음 또는 수표의 교부(어 14조 2항 3호, 77조 1항
1호, 수 17조 2항 3호)·선의취득(어 16조 2항, 77조 1항 1호, 수 21)·어음 또는 수
표보증인의 보증채무이행으로 인한 취득(어 32조 3항, 77조 3항 전문, 수 27조
3항)·참가지급에 의한 취득(어 63조 1항) 외에 상속·회사의 합병·전부명
령 등 다른 법률의 규정에 의하여도 취득된다. 그 중 선의취득만 원시취
득이고, 나머지는 모두 승계취득의 방법이다. 여기서는 선의취득만 살펴
보고 나머지는 해당부분에서 설명하기로 한다.

  2) 선의취득

  ㈎ 의   의   어음(수표)의 선의취득은 어음(수표)의 취득자가 배서
에 의하여 양도받은 경우 그 배서가 무효일지라도 선의이고 중과실이 없
는 때에는 어음(수표)상의 권리를 원시취득하는 제도이다. 어음(수표)의 선
의취득제도(어 16조 2항, 77조 1항 1호, 수 21조)는 어음의 유통을 보호하기 위

하여 민법의 선의취득(민 249조)보다 그 요건이 완화되어 인정된다.

(나) 요 건

가) 어음(수표)법적 유통방법에 의하여 취득하였을 것 어음(수표)취득자는 배서나 교부 등 어음(수표)법이 정하는 어음(수표)상 권리의 통상의 양도방법에 의하여 어음(수표)을 취득하였어야 한다. 따라서 민법상 지명채권양도방법, 상속, 회사합병, 전부명령 등과 같은 법률의 규정에 의한 취득은 제외된다. 또한 지명채권양도의 효력밖에 없는 기한후배서(어 20조 1항 단서, 77조 1항 1호, 수 24조 1항), 일반채권양도의 방법으로만 양도할 수 있는 지시금지어음(수표)(어 11조 2항, 77조 1항 1호, 수 14조 2항), 피배서인에게 배서인의 대리권한을 부여하는 데 불과한 추심위임배서도 선의취득이 되지 않는다.

나) 형식적 자격자로부터의 취득(배서의 연속) 형식적 자격자는 배서가 연속되어 있는 어음(수표)의 마지막 피배서인을 말한다. 배서가 연속되어 있거나 최후의 백지식배서의 어음(수표)을 소지하고 있는 경우도 포함한다. 배서의 불연속의 경우 그 부분의 실질적 연속을 증명한 때에는 배서의 단절은 이어진다고 본다(가교설).

다) 무권리자로부터의 취득(배서의 실질적 하자) 종래에는 어음(수표)이 무권리자로부터 취득된 경우에 한하여 선의취득을 인정하였으나 판례는 무권대리까지 인정하며, 학설 중에는 무능력과 의사표시의 하자까지 확장하는 견해(무제한설)도 있다.

라) 취득자에게 악의 또는 중대한 과실이 없을 것 '악의'는 무권리자임을 알고 있는 것, '중대한 과실'은 그것을 모른 데 대하여 부주의의 정도가 현저한 것이다. 이는 어음(수표)취득 당시를 기준으로 판단하며, 그 입증책임은 어음(수표)의 반환을 청구하는 자에게 있다.

마) 거래행위로 인한 취득(취득에 관한 경제적 이득) 취득자가 독립된 경제적 이익을 가져야 한다. 따라서 무상으로 취득한 경우에는 선의취득이 인정되지 않는다. 추심위임배서의 경우에도 독립한 경제적 이익이 없

으므로 보호가치가 없다.

⒟ **효   과**

(예시)   A(발행인)→B(수취인)→C(분실자)···→D(무권리자)→E(선의취득자)
→F(피배서인)

가) 원시취득   위의 예시에서 선의취득요건을 구비한 어음(수표)취
득자(E)는 양도인(D)의 무권리에도 불구하고 어음(수표)상의 권리를 원시
적으로 취득하여 누구에게도 어음(수표)을 반환할 의무가 없다. 전소유권
자(C)는 그 소유권을 근거로 한 어음(수표)의 반환청구권을 가지지 못한
다. 즉, 자기의 의사에 반하여 어음(수표)의 점유를 잃은 어음상의 권리자
(C)는 그 권리를 상실하게 된다. 선의취득자 이후의 승계자(F)는 선의취득
의 사실을 알고 취득하더라도 적법하게 권리를 취득한다. 선의취득자(E)
는 어음(수표)채무자(발행인 A, 배서인 B)에 대하여 어음(수표)소지인으로서의
권리를 행사할 수 있다. 그리고 자신의 전자인 무권리자(D)에 대하여는
배서에 의한 취득의 경우 어음(수표)행위독립의 원칙에 의하여 어음(수표)
상의 책임을 물을 수 있다. 그러나 선의취득이라고 하여 원래부터 존재
하지 않은 권리를 창설하는 것은 아니므로 분실자(C)는 선의취득자(E)에
게 책임을 지지 않는 것이 원칙이나, 선의의 제3자 보호규정에 의하여 책
임을 질 경우는 있을 수 있다. 예컨대 C가 D의 사기에 의하여 어음(수표)
에 배서하였다가 취소한 경우 C는 E의 소구권행사에 대하여 대항할 수
없다(무제한설, 민 110조 3항).

나) 어음(수표)**항변과의 관계**   선의취득은 권리의 귀속문제이고, 항
변은 채무범위의 문제이므로 어음(수표)취득자가 반드시 완전한 어음(수
표)상의 권리를 취득하는가는 별개의 문제이다. 따라서 항변사유의 존재
를 알고 있었지만 양도인이 무권리자임을 알지 못하고 어음(수표)을 취득
한 경우에는 항변권이 붙은 어음(수표)상의 권리를 선의취득하게 된다.

(3) **어음**(수표)**상의 권리의 행사**[어음(수표)항변]

1) 총   설   어음(수표)소지인이 지급인(환어음·수표) 또는 발행인

(약속어음)에게 한 지급제시에 대하여 지급이 이루어지면 어음(수표)관계는 종결되나 만약 지급거절이 될 경우 상환청구(소구)권행사절차를 밟게 된다. 지급제시, 지급, 상환청구(소구)에 관하여는 후술하기로 하고 여기서는 어음(수표)항변에 대하여만 설명한다. 어음(수표)의 지급확실과 유통보호를 위하여 어음(수표)채무는 일반채무에 비하여 엄격한 규율을 하고 있는데 이를 어음(수표)엄정이라고 한다. 어음(수표)엄정은 형식적 엄정과 실질적 엄정으로 나뉘는데 전자는 어음에 특유한 간이소송절차(민소 462조~474조, 민집 56조)를 말하고, 후자는 어음(수표)채무의 추상성 또는 어음(수표)항변의 절단을 의미한다.

2) 어음(수표)항변

(가) 의　의　　어음(수표)항변은 어음(수표)채무자가 어음(수표)소지인의 청구를 거절하기 위하여 주장할 수 있는 사유를 총칭하는 것이다. 민법상 양도인은 자기가 가지는 권리 이상을 타인에게 양도할 수 없는 것이므로 양도인에게 주장할 수 있는 항변은 양수인에게도 대항할 수 있다. 그러나 이 원칙을 어음(수표)거래에 그대로 적용할 경우 어음(수표)의 양도가 거듭될수록 항변이 증대되어 양수인의 지위가 극히 불안하게 됨으로써 어음(수표)의 유통성이 저해될 수 있다. 이에 어음(수표)법은 항변 중에서 물적 항변을 제외한 인적 항변을 원칙적으로 제한하고 있다(어 17조, 77조 1항 1호, 수 22조). 어음(수표)항변의 제한은 선의취득, 선의지급의 면책력과 더불어 어음(수표)유통보호의 근간이 되는 제도이다.

(나) 종　류　　어음(수표)항변은 여러 가지로 분류되나 물적 항변과 인적 항변의 분류가 가장 큰 의미를 가진다.

가) 물적 항변　　이는 어음(수표)채무자가 모든 어음(수표)소지인에게 대항할 수 있는 항변으로서 항변의 제한(절단)이 인정되지 않는다. 이에는 ① 어음(수표)의 기재상의 항변으로 예컨대 어음(수표)요건의 불비, 유해적 기재사항, 어음(수표)만기일의 미도래, 배서금지의 기재, 지급면제의 기재, 무담보배서, 무담보인수, 시효의 완성 등이 있고, ② 어음(수표)

행위의 효력에 관한 항변으로 행위자의 의사무능력 또는 제한능력을 이유로 하는 무효 또는 취소, 대리권의 흠결, 위조·변조, 제권판결에 의한 어음(수표)의 무효 등이 있다.

나) 인적 항변　　이는 모든 또는 특정 어음(수표)채무자가 특정 어음(수표)소지인에게만 대항할 수 있는 항변이다. ① 모든 어음(수표)채무자가 특정소지인에게 주장할 수 있는 항변으로는 소지인이 무권리자라는 항변 등이 있고, ② 특정채무자가 특정소지인에게 주장할 수 있는 항변으로는 ㉠ 원인관계의 무효·취소 또는 해제의 항변, 불법원인에 의한 어음(수표)행위라는 항변, 융통어음(수표)의 항변 등과 같이 어음(수표)상의 권리 그 자체를 다투는 항변이 아니라 어음(수표)수수의 원인관계(실질관계)에 관한 항변과 ㉡ 교부흠결의 항변, 의사표시의 하자(착오·사기·강박)의 항변, 백지보충권남용의 항변, 어음(수표)과 상환하지 않은 지급의 항변, 채무면제의 항변 등과 같이 어음(수표)상의 권리의무에 관한 항변이 있다.

　　Cf. 융통어음(수표): 현실적인 상거래가 없이 오로지 자금융통의 목적을 위하여 발행된 어음(수표)을 말한다. 한편 상거래가 원인이 되어 발행되는 어음(수표)을 상업어음(수표)이라고 한다. 융통어음(수표)은 타인에게 금융을 받게 하거나 채무를 담보하기 위하여 제공되는 것으로 융통어음(수표)발행인의 신용을 이용하는 것이다. 예컨대 갑(피융통자)이 병(제3자)으로부터 물품을 구입하고 대금을 지급함에 있어서 신용이 좋은 정(융통자)이 갑을 수취인으로 발행한 약속어음을 병에게 배서·교부하는 것이다. 이 경우 갑이 병에게 약속한 대금을 지급하고 어음을 반환받아서 정에게 교부하면 문제가 없으나 만약 대금이 지급되지 않아 병이 정에게 어음금을 청구하는 경우가 문제된다. 대법원은 제3자인 병의 선의 여부와 무관하게 정은 어음상의 채무를 부담한다는 입장이다. 이 경우 피융통자 갑이 융통자 정에게 어음금을 청구하는 경우 정은 융통어음의 항변을 제출할 수 있다. 융통어음(수표)이라는 사실은 주장하는 자가 입증하여야 한다. 판례는 융통어음의 경우 수취인인 갑 이외의 소지인(예컨대 병)에게 대항할 수 없는 이유로 융통어음이라는 사실은 인적항변사유이지만 소지인의 해의(어 17조 단서)를 인정할 수 없기 때문이라고 하나 융통어음은 발행인이 어음채무를 부담하려는 의사에서 발행한 것이므로 성질상 처음부터 제3자에게는 대항할 수 없는 항변이라는 견해도 있다. 또한 판례는 융통어음과 교환하여 피융통자가 담보조로 융통자에게 어음을 교부하였는데 그 담보어음이 지급거절된 경우 이러한 사정을 알고 융통어음을 양수한 제3자에 대하여는 융통어음이라는 사실로 항변할 수 있다고 하고, 위의 예와 같은 상황에서 병이 정에게 위 융통수표를 사용한 후 원인관계를 해결하고 회수하였다가 갑의 승낙없이 다시 다른 사유로 정에게 배서양도하고 정은 이러한 사정을 알고 취득한 경우 갑은 정에게 융통어음의 재도사용의 항변으로 대항할 수 있다고 한다.

㈐ 인적항변의 제한(절단)

가) 원   칙   어음(수표)채무자는 어음(수표)금청구에 대하여 발행인이나 종전의 소지인에 대한 인적 항변으로 어음(수표)소지인에게 대항하지 못한다(어 17조 본문, 77조 1항 1호, 수 22조 본문). 인적항변은 특정소지인에게만 주장할 수 있는 것이므로 그 소지인이 선의의 어음(수표)소지인에게 어음(수표)을 양도한 경우에는 선의의 어음(수표)소지인에게는 그 항변의 제출이 제한, 즉 절단되는 것이다.

나) 예   외   다음의 경우에는 인적항변이 절단되지 않는다.

① **악의의 항변**   악의의 항변은 어음(수표)소지인이 그 채무자를 해할 것을 알고 어음(수표)을 취득한 경우 그 소지인에게 대항할 수 있는 항변이다(어 17조 단서, 77조 1항 1호, 수 22조 단서). 이때의 어음(수표)소지인을 '해의(害意)의 취득자'라고 한다. 어음(수표)법이 인적항변을 절단하는 이유는 항변사실의 존재를 모르는 선의의 소지인을 보호하기 위함이므로 악의의 취득자를 보호할 필요가 없다. '해의'의 의미는 소지인이 전자의 항변사유를 인식하는 것 이외에 자신의 어음(수표)취득으로 인하여 항변이 절단되어 채무자가 해를 받게 된다는 사실을 아는 것이다. 해의의 존

재는 어음(수표)을 취득한 때를 기준으로 하고, 그 증명책임은 어음(수표)채무자에게 있다. 그리고 양도인(B)이 자신의 전자(A)에 대한 채무자(D)의 항변의 존재사실을 모르고 취득한 선의자인 경우 인적항변이 절단되므로, 소지인(양수인, C)이 그 사실을 알고 어음(수표)을 취득하였더라도 C는 양도인 B의 권리를 승계취득한 자이므로 악의의 항변이 인정되지 않는다.

> Cf. '악의의 항변'과 반대로 어음항변의 당사자가 아닌 어음채무자가 다른 어음채무자의 항변사유로써 어음소지인에게 항변을 제출할 수 있는가 하는 이론상의 문제가 있다. 이를 '제3자의 항변'이라고 하는데 이에는 '후자의 항변'과 '전자의 항변'이 있다. 예컨대 갑이 을에게 약속어음을 발행하고 을이 이를 병에게 배서양도하여 병이 현재 소지인인 경우에, 갑이 을에 대하여 주장할 수 있는 항변으로 병에게 대항하는 것이 '악의의 항변'이고, 갑이 자신의 후자인 을이 병에게 주장할 수 있는 항변(예: 을과 병 사이의 원인관계 소멸 등)으로 병에게 대항하는 것이 '후자의 항변'이며, 을이 자신의 전자인 갑이 병에게 주장할 수 있는 항변(예: 갑의 채무소멸)으로 병에게 대항하는 것을 '전자의 항변'이라고 한다. 제3자의 항변을 인정할 것인지 여부에 대하여는 학설이 대립한다. 판례는 이를 권리남용의 법리로써 해결하고 있다. 또한 갑과 을 간의 원인관계와 을과 병 간의 원인관계가 모두 소멸되었음에도 불구하고 병이 갑에게 어음금지급청구를 하는 경우 갑이 자신의 항변으로써 병에게 대항할 수 있는 것을 이중무권의 항변이라고 한다.

② 비어음(수표)법적인 방법에 의한 취득   인적항변의 절단은 어음(수표)의 고유의 유통방법인 배서 또는 교부에 의한 양도에 한하여 인정되는 것이므로 민법상의 지명채권의 양도 또는 상속, 합병, 경매, 전부명령 등과 같이 비어음(수표)법적인 방법으로 유통되는 경우에는 적용되지 않는다.

③ 기한후배서·교부   기한후배서(어 20조, 77조 1항 1호, 수 24조)의 경우에는 지명채권양도의 효력만이 있으므로 인적항변이 절단되지 않

488 제 5 편 어음법과 수표법

는다.

④ 소지인에게 독립된 경제적 이익이 없는 경우 추심위임배서의
피배서인은 배서인의 대리인에 불과하므로 독립된 경제적 이익이 없기
때문에 인적항변이 절단되지 않는다.

(4) 어음상의 권리의 소멸

1) 총   설

(개) 일반적 소멸원인 어음(수표)상의 권리는 지급(변제)·대물변제·
상계·경개·면제·공탁(어 42조, 77조 1항 3호) 등의 일반적 채권소멸원인으
로 인하여 소멸하나 환배서가 인정되는 까닭에 혼동에 의하여는 소멸하지
않는다(어 11조 3항, 77조 1항 1호, 수 14조 3항). 다만 어음(수표)은 상환증권이
므로(어 39조, 77조 1항 3호, 수 34조) 지급 등을 하더라도 어음(수표)을 회수하
거나 어음(수표)면에 기재하지 않으면(어 39조 1항, 77조 1항 3호, 수 34조 1항)
인적 항변사유가 될 뿐, 선의의 취득자에게 대항하지 못한다.

(내) 특유한 소멸원인 어음(수표)상의 권리에 특유한 소멸사유로는
보전절차의 흠결(어 53조, 77조 1항 4호, 수 39조)·어음(수표)금액의 일부지급
의 거절(어 39조 2항, 77조 1항 3호, 수 34조 2항)·참가지급의 거절(어 61조, 77조
1항 5호)·거절할 수 있는 참가인수의 승낙(어 56조 3항)·참가지급의 경합
이 있는 경우 자기보다 우선하는 참가지급인이 있는 것을 알고 한 참가
지급(어 63조 3항, 77조 1항 5호) 등이 있다.

2) 어음(수표)시효(단기소멸시효)

(개) 서   설 어음(수표)거래의 조속한 완결과 어음(수표)채무의 엄
격성에 대한 완화차원에서 어음(수표)법은 단기시효를 규정하고 있다.

(내) 시   효

가) 환어음의 인수인과 약속어음의 발행인에 대한 청구권 3년이다
(어 70조 1항, 78조 1항). 한편 수표의 지급보증인에 대한 청구권은 지급제시
기간부터 1년이다(수 58조).

나) 소 구 권 소지인의 전자(배서인·환어음의 발행인)에 대한 소구권

은 거절증서작성날짜부터, 또는 그 면제의 경우(어 46조)에는 만기일부터 1년이다(어 70조 2항, 77조 1항 8호). 수표의 경우 소지인의 배서인, 발행인, 그 밖의 채무자에 대한 소구권은 제시기간부터 6개월이다(수 51조 1항).

다) 재소구권　　　어음(수표)을 환수한 날 또는 제소된 날부터 6개월이다(어 70조 3항, 77조 1항 8호, 수 51조 2항).

라) 보증인 및 참가인수인에 대한 청구권　　　보증인에 대한 채권의 시효는 주채무자에 대한 채권의 시효와 같고, 참가인수인에 대한 채권의 시효기간은 소구권·재소구권의 경우에 준한다.

마) 어음(수표)상의 권리가 판결, 재판상 화해, 조정 등에 의하여 확정된 때에는 그 소멸시효는 10년이다(민 165조 1항·2항).

⑷ **시효기간의 계산**　　　시효기간에는 그 첫날은 산입하지 아니한다(어 73조, 77조 1항 9호, 수 61조). 시효기간의 말일이 법정휴일이면 말일 이후의 제1거래일까지 기간을 연장하고, 기간 중의 휴일은 그 기간에 산입한다(어 72조 2항, 77조 1항 9호, 수 60조 2항).

⑷ **시효의 중단**　　　시효중단에 관하여 어음(수표)법은 소송고지만을 규정하고 있다(어 80조, 수 64조). 따라서 나머지는 민법의 시효중단사유에 의한다(민 168조). 시효중단을 위한 청구에는 재판상이든 재판 외이든 막론하고 어음(수표)의 제시는 요하지 않는 것으로 본다. 시효의 중단은 그 중단사유가 생긴 자에 대하여만 효력이 생기며 다른 자에게는 효력이 없다(어 71조, 77조 1항 8호, 수 52조).

⑷ **시효완성의 효과**　　　주채무자에 대한 권리가 소멸한 때에는 어음소지인 기타 후자는 전자에 대한 소구권을 상실한다. 그러나 상환청구권(소구권)이 먼저 시효로 소멸하더라도 주채무자에 대한 채권에는 영향이 없다.

3) 어음(수표)의 말소·훼손·상실

⑺ **어음(수표)의 말소**　　　어음(수표)의 말소는 어음(수표)의 기명날인 또는 서명 기타 기재사항을 도말·삭제·화학적 부식·첨부 등의 방법으로 제거하는 것이다. 말소의 방법에는 제한이 없으며, 어음(수표)의 동일

성을 해할 정도의 말소는 어음(수표)의 상실이 된다. 말소가 권한 있는 자
에 의하여 이루어진 경우에는 어음(수표)상의 권리가 변경 또는 소멸된다.
그러나 권한 없이 어음(수표)의 기재사항을 말소하는 것은 변조가 된다.
말소의 효과는 변조와 같다(어 69조, 77조 1항 7호, 수 50조). 말소한 배서는
배서의 연속에 관하여는 배서를 하지 아니한 것으로 본다(어 16조 1항 3문,
77조 1항 1호, 수 19조 3문). 그 말소가 정당한 권리자에 의한 것인지 여부나
고의 또는 과실에 기인한 것이냐를 불문한다.

　(내) **어음(수표)의 훼손**　　어음(수표)의 훼손은 절단, 마멸 기타의 방법
에 의한 어음(수표)증권 일부의 물리적 손상이다. 훼손의 효과는 말소의
경우에 준한다. 어음(수표)의 동일성을 해칠 정도의 훼손은 어음(수표)의
상실이 된다.

　(대) **어음(수표)의 상실과 제권판결절차**

　가) 어음(수표)의 상실의 의의　　어음(수표)의 상실은 소실 등의 물리
적 멸실, 유실·도난으로 인한 소재불명 또는 어음(수표)의 동일성을 잃을
정도의 말소·훼손된 경우를 말한다. 어음(수표)은 제시증권이므로 그 권
리행사를 위하여는 어음(수표)의 소지를 요하나, 어음(수표)을 상실하였다
고 하여 어음(수표)상의 권리까지 상실하는 것은 아니다. 그렇다고 하여
어음(수표)이 상실된 경우에 아무런 조치 없이 어음(수표)상의 권리를 행사
하게 하거나 재발행한다면 어음(수표)의 선의취득자를 보호할 수 없게 된
다. 이에 민사소송법은 공시최고에 의한 제권판결절차(민소 475조~497조)를
두어 상실된 어음(수표)에 대하여 무효선언이 이루어진 후에 증권 없는
권리행사와 어음(수표)의 재발행청구가 가능하도록 규정하고 있다.

　나) 공시최고　　공시최고는 자기의 의사에 반하여 증권의 점유를
상실한 자가 있을 경우에 일정기간을 정하여 그 사실을 공지하고 그 증
권에 대한 권리를 주장하는 자에게 신고할 것을 최고하는 절차로서 민사
소송법에 의한다(민소 475조~481조). 공시최고기간 중에도 어음(수표)의 선
의취득이 가능하다.

〈어음분실 공고(예시)〉

〈제권판결 공고(예시)〉

〈공시최고(예시)〉

다) 제권판결　　공시최고의 기간까지 권리신고가 없으면 제권판결 (민소 487조)을 선고한다. 제권판결에서는 어음(수표)의 무효를 선고하여야 한다. 제권판결 이후에는 어음(수표)의 선의취득이 불가능하다. 제권판결 취득자와 제권판결 이전의 선의취득자가 경합하는 경우에 있어서 선의취득자우선설과 제권판결취득자우선설(판례)이 대립한다.

(5) 이득상환청구권

1) 의　　의　　어음(수표)에서 생긴 권리가 권리보전절차의 흠결로 인하여 소멸하거나 또는 소멸시효가 완성한 경우에 소지인이 어음(수표) 상의 채무자(발행인, 인수인, 배서인, 지급보증인)에 대하여 그가 받은 이익의 한도 내에서 이익의 상환을 청구할 수 있는 권리이다(어 79조, 수 63조). 어음(수표)상의 권리에 대하여 단기소멸시효와 엄격한 권리보전절차가 규정되어 있음으로써 자칫하면 어음(수표)소지인이 어음(수표)상의 권리를 잃기 쉬운 반면 어음(수표)채무자는 원인관계 또는 자금관계에서 그가 받은 대가 또는 자금을 그대로 보유하게 되어 불공평한 결과가 발생한다. 이를 시정하기 위하여 이득상환청구권을 인정하고 있다.

2) 법적 성질　　이득상환청구권의 법적 성질에 대하여는 민법상 손해배상청구권설, 부당이득반환청구권설도 있으나 대부분 지명채권설과

잔존물설을 취하고 있다. ① 지명채권설(판례)은 이 청구권이 법이' 형평
의 관념에서 특별히 인정한 것으로 민법상 지명채권의 일종이라고 한다.
이 견해에 의하면 이 청구권의 행사나 양도에 있어 증권(어음 또는 수표)의
소지를 요하지 않는다. ② 잔존물설은 어음(수표)상 권리의 잔존물로 파
악한다. 따라서 그 행사나 양도시에 증권(어음 또는 수표)의 제시나 상환이
필요하게 된다.

  3) 당 사 자

  ㈎ 권 리 자   어음(수표)상의 권리가 소멸할 당시의 정당한 소지인이
다. 소지인인 이상 최후의 피배서인뿐만 아니라 상환의무를 이행하고 어음
(수표)을 환수한 소지인, 기한후배서에 의하여 어음(수표)을 양수한 자도 포
함하며, 상속·합병·지명채권양도·전부명령·경락 등에 의한 이전으로 권
리를 취득한 자도 포함한다. 어음(수표)상의 권리가 소멸될 당시 배서가 연
속되지 않은 어음(수표)을 소지하였으나 실질적인 권리자였다면 권리자가
된다고 본다. 어음(수표)상의 권리의 소멸을 요건으로 하므로 미보충으로 아
직 권리를 취득하지 않은 백지어음(수표)의 소지인은 권리자가 되지 못한다.

  ㈏ 의 무 자   어음의 경우는 발행인·인수인 또는 배서인이고 수
표의 경우에는 발행인·배서인 또는 지급보증을 한 지급인이다. 보증인·
참가인수인·지급인·지급담당자는 의무자가 될 수 없다.

  4) 발생요건

  ㈎ 어음(수표)상 권리의 존재   어음(수표)상의 권리가 유효하게 존재
하였어야 한다. 따라서 불완전한 어음(수표)이나 미보충의 백지어음(수표)
은 제외된다. 수표에 관하여 제권판결이 있는 경우 소지인은 그 수표상
의 권리를 행사할 수 없는 자이므로 이득상환청구권이 발생할 수 없다.

  ㈏ 어음(수표)상의 권리의 소멸   어음(수표)상의 권리가 절차의 흠결
로 소멸하거나 또는 소멸시효가 완성하였음을 요한다. 소지인의 과실 유
무를 불문한다.

  ㈐ 구제수단의 부존재   소지인이 따로 구제수단을 가지지 못한 경

우이어야 한다. 이 점에 대하여 ① 이득상환청구를 하려는 상대방에 대한 어음(수표)상의 권리가 소멸한 것으로 족하다는 견해, ② 모든 어음(수표)채무자에 대한 어음(수표)상의 권리가 소멸하였어야 한다는 견해 및 ③ 민법상의 구제방법도 없는 경우이어야 한다는 견해(판례)가 대립한다. 이득상환청구권의 예외성(최후성)에 비추어 볼 때 판례의 입장이 타당하다.

(라) **어음(수표)채무자의 이득**   어음(수표)채무자가 이득을 한 경우이어야 한다. 여기의 '이득'은 어음(수표)상의 채무를 면한 것을 의미하는 것이 아니라 어음(수표)수수의 기본관계에 있어서 현실적으로 받은 이익을 말하며 대가로서 적극적으로 금전을 취득한 경우이든 소극적으로 기존채무를 면한 경우이든 불문한다. 이득이 현존할 필요도 없고, 소지인의 손실로 인한 이득일 필요도 없다.

5) 행   사

(가) **어음(수표)의 소지 여부**   잔존물설의 입장에서는 어음(수표)상의 권리에 준하는 것으로 보기 때문에 어음(수표)을 점유하고 있어야 한다고 해석하나 지명채권설에 의하면 이득상환청구권은 어음(수표)상의 권리와 무관하므로 어음(수표)상의 권리의 소멸 당시 권리자였다는 입증으로 족하고 어음(수표)을 점유하고 있을 필요까지는 없다.

(나) **입증책임**   그 성립요건은 권리자측에서 모두 입증해야 한다. 자기앞수표의 경우에는 이득이 추정된다(판례).

(다) **이행장소**   이 청구권은 어음(수표)상의 권리가 아니므로 어음(수표)면에 기재된 지급지 또는 지급장소를 이행지 또는 이행장소로 할 수 없으며, 채무자의 영업소 또는 주소가 그 이행장소가 된다.

(라) **채무자의 항변**   어음(수표)채무자가 어음(수표)상의 채무가 소멸한 뒤에 더 불리한 지위에 선다는 것은 형평에 어긋나기 때문에 이득상환의무자는 어음(수표)상의 권리자에 대해서 가지고 있던 항변권을 이득상환청구권자에게도 행사할 수 있다.

(마) **담보권의 이전 여부**   어음(수표)상의 권리를 위하여 설정된 질

권·저당권·보증 등의 담보권은 당사자 간의 특약이 없는 한 이득상환
청구권을 담보하지 않는다(지명채권설의 입장).

(ㅂ) **소멸시효**　　어음(수표)상의 권리도 아니고 상행위로 인한 채권도
아니므로 그 시효기간은 10년이다. 그 기산점은 어음(수표)상의 권리가
소멸한 날이 된다. 수표의 경우 아래 6)항에서 따로 본다.

6) 수표의 이득상환청구권의 발생시기　　수표의 경우 지급제시기간
이 경과한 후에도 발행인의 지급위탁취소가 없는 한 지급인(은행)은 유효
한 지급을 할 수 있으므로(수 32조 2항), 이득상환청구권이 언제 발생하는
가에 대하여 ① 지급제시기간의 경과 후 지급이 거절되거나 지급위탁이
취소된 때 수표상의 권리가 소멸하여 이득상환청구권이 발생한다는 정지
조건설과 ② 지급제시기간의 경과로 바로 이득상환청구권이 발생하고
그 후 유효한 지급이 있으면 소멸한다는 해제조건설(판례)이 대립한다. 지
급을 할 수 있다는 것은 권한이지 의무가 아니므로 ②설이 타당하다.

7) 양　　도　　이 청구권의 법적 성질을 이해하는 방식에 따라 양도
방법에 관하여 차이가 있다. 지명채권설에 의하면 양도인의 채무자에 대
한 통지 또는 채무자의 승낙이 있어야 하고(민 450조 1항), 양도에 있어 어
음(수표)의 교부를 요하지 않으며, 선의취득이 인정되지 않는다. 판례는
자기앞수표에 한하여는 수표의 양도방법에 의하여 양도된다고 한다.

3. 어음(수표)의 실질관계

* 어음(수표)관계: 어음(수표)상의 법률관계
* 실질관계: 어음(수표)관계의 이면에 있는 관계로서 원인관계와 자금관계가
있다. 이는 어음(수표)법의 문제가 아니라 사법(私法)의 문제이다.
 － 원인관계(대가관계): 매매, 채무담보 등 어음(수표)수수의 원인이 되는 법

률관계(어음·수표에 존재)
  – 자금관계: 발행인과 지급인 간의 관계(환어음과 수표에만 존재)

(1) 총   설   어음(수표)관계는 추상적인 법률관계이나 그 이면에는 대개 어음(수표)을 수수하게 된 관계가 있는데 이를 실질관계라고 한다. 어음(수표)관계와 실질관계는 독립하여 존재하지만 서로 밀접한 관계를 가진다. 어음(수표)의 실질관계에는 그 준비단계인 어음(수표)예약, 어음(수표)수수의 직접당사자간의 원인관계(대가관계) 및 발행인과 지급인간의 인수 또는 지급의 기초가 되는 자금관계가 있다.

(2) 어음(수표)예약   어음(수표)예약은 어음(수표)행위를 하기 전에 앞으로 일정한 어음(수표)행위를 할 것을 약정하는 계약이다. 어음(수표)예약에서 당사자간에 수수될 어음(수표)의 종류·금액·만기 등 지급에 관한 사항·대가 등을 정하게 된다. 이는 서면 또는 구두로도 무방하나, 서면에 의한 어음(수표)예약을 가어음(수표)이라고 한다. 어음(수표)관계는 반드시 어음(수표)예약이 있어야 유효한 것은 아니며, 이를 위반하여 발행된 어음(수표)도 유효하다(당사자간의 인적항변사유가 될 뿐이다).

(3) 원인관계

1) 의   의   원인관계는 어음(수표)수수의 원인이 되는 법률관계이다. 어음(수표)수수에는 반대급부, 즉 대가가 있는 것이 보통이므로 대가관계라고도 한다. 원인관계의 예로는 매매계약, 증여, 손해배상채무, 소비대차계약 등이 있다. 융통어음에는 원인관계가 존재하지 않는다.

2) 어음(수표)관계와 원인관계와의 관계

㈎ 원인관계와 어음(수표)관계의 분리원칙[어음(수표)관계의 추상성]
원인관계의 존부 또는 유·무효는 어음(수표)상의 권리에 영향을 미치지 않는 것이 원칙이다. 이를 어음(수표)의 무인성 또는 추상성이라고 하며, 유통성 확보를 위한 것이다. 한편 어음(수표)은 원인관계의 처리수단이므로 어음(수표)의 유통성을 해하지 않는 범위 내에서 예외적으로 양자 사이의 영향을 인정한다.

⑷ 원인관계가 어음(수표)관계에 미치는 영향

가) 인적 항변의 허용　　어음(수표)거래의 직접당사자간에는 어음(수표)의 유통성을 보호한다는 명분이 없으므로 공평의 견지에서 인적 항변을 허용한다(어 17조, 77조 1항 1호, 수 22조 참조).

나) 소 구 권　　어음(수표)소지인이 전자에 대하여 가지는 소구권(어 43조, 77조 1항 4호, 수 39조)은 원인관계를 바탕으로 한 담보책임을 어음(수표)법화한 것이다.

다) 이득상환청구권　　이득상환청구권(어 79조, 수 63조)도 원인관계와 자금관계를 고려하여 어음(수표)법의 형식적 엄격성을 완화하기 위하여 인정된 제도이다.

⑸ 어음(수표)관계가 원인관계에 미치는 영향

가) 당사자의 의사가 명확한 경우　　어음(수표)은 기존채무의 이행수단으로 수수된다. 어음(수표)의 수수가 기존채무에 어떠한 영향을 미치는가에 관하여 세 가지 경우를 상정할 수 있다.

① 기존채무의 지급에 갈음하여(지급 그 자체로서) 어음(수표)을 수수한 경우　　기존의 채무에 갈음하여 또는 지급으로서 어음(수표)을 수수하는 것이므로 어음(수표)의 수수와 동시에 기존의 채무는 소멸하고 어음(수표)채무가 이를 대신하게 된다. 따라서 특약이 없는 한 기존채무에 부착하였던 질권·저당권 등은 그 효력을 잃게 되며 채권자는 어음(수표)에 의하여서만 그 권리를 행사할 수 있다. 이때의 어음(수표)수수의 법적 성격은 대물변제이다. 은행의 자기앞수표나 은행의 지급보증이 있는 수표를 교부한 경우 지급에 갈음한 것으로 추정한다(판례).

② 기존채무의 지급을 위하여(지급의 방법으로서) 어음(수표)을 수수한 경우　　이 경우 기존채무와 어음(수표)채무는 병존한다. 어음(수표)이 기존채무의 지급방법으로 선택되었으므로, 채권자는 먼저 어음(수표)에 의하여 채권의 만족을 얻어야 하고 그로써 변제받지 못한 경우에 기존채권을 행사하여야 한다.

③ 기존채무의 담보를 위하여(지급을 확보하기 위하여) 어음(수표)을 수수한 경우   이 경우 기존채권과 원인관계가 병존하고, 어느 권리에 의하여 채권의 만족을 얻을 것인가는 오로지 채권자의 자유이다. 다만, 채권자가 원인채권을 먼저 행사하는 경우 어음(수표)을 반환하여야 하는가 하는 문제가 있는데 이때 채무자는 어음(수표)과 상환으로 지급한다는 항변권을 가지게 된다.

나) 당사자의 의사가 명확하지 않은 경우   어음(수표)의 경우 원인관계상의 채무자가 어음(수표)상 유일한 채무자인 경우(예컨대 갑이 을로부터 물품을 산 대가로 약속어음을 발행하여준 경우)에는 기존채무의 담보를 위한 것으로 추정하고, 원인관계상의 채무자가 어음(수표)상 유일한 채무자가 아닌 경우(예컨대 갑이 을로부터 물품을 산 대가로 병이 발행한 약속어음을 배서양도하여준 경우)에는 기존채무의 지급을 위하여 어음(수표)을 수수한 것으로 추정한다. 수표의 경우에는 지급담보를 위한 것으로 추정하나 은행의 자기앞수표나 지급보증이 있는 수표의 경우에는 지급에 갈음한 것으로 볼 수 있다.

(4) 자금관계

1) 의   의   자금관계는 환어음과 수표의 지급인과 발행인 사이의 인수나 지급의 기초가 되는 실질관계이다. 약속어음에서는 발행인 자신이 지급의무자이기 때문에 자금관계는 없고 환어음과 수표에서만 존재한다. 또한 환어음과 수표이더라도 지급인과 발행인이 동일한 자기앞환어음 또는 자기앞수표에는 자금관계가 존재하지 않는다.

2) 자금관계와 어음(수표)관계와의 관계

㈎ 자금관계와 어음(수표)관계의 분리   양자는 분리되어 어음(수표)관계가 자금관계에 의하여 영향을 받지 않는 것이 원칙이다. 어음(수표)은 자금 없이 발행되거나 인수되어도 유효하며, 발행인이 지급자금을 지급인에게 제공한 경우에도 발행인으로서의 어음(수표)상의 의무를 면하는 것이 아니다. 그리고 환어음의 인수를 한 이상 자금을 받지 아니하였음을 이유로 하여 어음(수표)금의 지급을 거절할 수 있는 것이 아니고 반대로 자

금을 받고 있어도 인수를 하여야 할 어음(수표)상의 의무를 부담하는 것은 아니다. 자금이 없이 발행한 수표도 유효하나(수 3조 단서), 부정수표단속법에 의한 형사처벌의 대상이 될 수 있다(부정수표단속법 2조 참조).

(나) **자금관계와 어음(수표)관계와의 관계**　　　예외적으로 어음(수표)관계에 있어서도 자금관계를 어느 정도 고려한 것이 있다. 어음(수표)관계의 직접당사자간의 인적 항변의 허용(어 17조, 77조 1항 1호, 수 22조 참조), 환어음의 발행인이 인수인에게 대하여 가지는 상환청구권(어 28조 2항 후문), 이득상환청구권(어 79조, 수 63조) 등이 그것이다.

(5) **어음할인**　　　어음할인은 만기가 도래하지 않은 어음을 소지인이 은행 등의 금융업자에게 배서양도하고, 어음금액에서 만기까지의 이자 및 기타 비용을 공제한 대가를 받는 거래이다. 어음할인의 법적 성격에 대하여는 매매설과 소비대차설이 대립한다. 실무상 할인어음이 지급거절되거나 어음채무자의 신용이 약화된 경우 할인은행에게 할인의뢰인에 대하여 할인어음의 환매를 청구할 수 있는 권리(환매청구권)가 인정되는데 이는 재매매의 예약으로 본다.

(6) **어음개서**　　　어음의 개서(改書)는 기존의 어음채무에 관하여 새로운 어음을 발행하는 것이다. 통상 기존어음의 만기를 연장할 목적으로 이루어진다. 어음개서의 경우 ① 구어음이 회수된 경우 구어음은 소멸하고 신어음상의 채무만 존속하고, 반대의 특약이 없는 한 구어음채무에 대한 담보는 신어음채무를 위하여 존속하며, ② 구어음이 회수되지 않는 경우에는 신·구 양 채무는 병존하게 되므로 신어음에 의한 권리행사에 대하여 구어음에 대한 항변을 제출할 수 있으나, 구어음에 대한 담보는 신어음에 이전되지 않는다.

* 대법원 2003. 10. 24. 선고 2001다61456 판결

　　단순히 어음상 채무의 만기를 연기하기 위한 당사자 사이의 어음개서 계약에 따라 구어음을 회수하고 신어음을 발행하여 교부하는 경우 구어음상의 채무는 소멸한다고 할 것이지만 구어음상의 채무와 신어음상

의 채무가 실질적으로 동일한 때에는, 특별한 사정이 없는 한, 구어음
상의 채무에 대한 담보나 민사상 보증은 신어음상의 채무에 대하여도
그대로 존속한다.

(7) **하환어음**   하환(荷換)어음은 격지자간의 매매에서 물품의 매도
인이 매수인을 지급인으로 하여 발행한 환어음으로서, 운송중의 물품에
의하여 그 환어음의 지급 또는 인수가 담보된 어음이다. 운송중의 물품
을 표창하는 유가증권인 선하증권 또는 화물상환증이 첨부된 환어음이라
고 하여 하환어음[무역실무에서는 보통 화환(貨換)어음이라고 쓴다]이라고 부르
는 것일 뿐 별개의 환어음의 종류가 있는 것이 아니다.

제 3 절   어음법·수표법 각론

I. 환 어 음

1. 환어음의 구조

환어음은 발행인이 지급인에게 일정한 어음금액의 지급을 위탁하는
것이므로, 발행인·지급인·수취인의 기본 3당사자가 필요하다. 지급인
은 인수를 한 때에 주채무자가 된다.

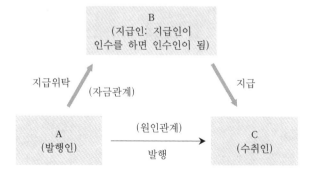

〈환어음(예시)〉

내국신용장용

환 어 음

내국신용장 번 호
내국신용장개설일자

___(지급인)___ 귀하

금_____

위의 금액을 이 환어음과 상환하여 (수취인) 또는 그 지시인에게 지급하여 주십시오.

┌──────────────┐
│ 거절증서 작성불요 │
└──────────────┘

발행일 년 월 일
발행지

지급지   주 소
지급장소 외환은행 ○○지점   발행인   (인)

〈국제결제용(예시)〉

2. 발   행

(1) 총   설

1) 발행의 의의   환어음의 발행은 발행인이 환어음이라는 증권을 작성하여 수취인에게 교부하는 것이다. 환어음을 작성함에는 증권에 필

요적 사항을 기재하고 기명날인 또는 서명하여야 한다(어 1조). 이러한 법
정사항과 발행인의 기명날인 또는 서명을 '어음요건'이라 하고 이렇게 발
행된 어음을 '기본어음'이라고 한다. 또한 발행행위는 다른 어음행위의
기초가 되므로 '기본적 어음행위'라고 한다. 어음용지나 작성도구에는 제
한이 없다.

2) **발행의 법적 성질**　　환어음의 발행은 발행인이 지급인에 대하여
지급인의 명의와 발행인의 계산으로 어음금액을 지급할 수 있는 권한을
수여하는 동시에 수취인에 대하여는 그의 명의로 어음금액을 수령할 수
있는 권리를 수여하는 이중의 수권행위이다(이중수권설).

3) **발행의 효력**

(가) **본질적 효력**(의사표시상의 효력)　　환어음의 발행에 의하여 지급인
은 발행인의 계산으로 지급할 권한을 가지고, 소지인은 자기명의로 지급
을 받을 권리를 가진다. 지급인은 자기를 지급인으로 하여 어음이 발행
되었다고 하여 당연히 지급의무를 부담하는 것이 아니라 인수를 함으로
써 지급의무를 지게 되는 것이다.

(나) **부수적 효력**(법률상의 효력)　　발행인은 환어음을 발행함으로써 그
어음의 인수와 지급을 담보할 책임을 진다(어 9조 1항). 즉, 지급인이 인수
나 지급을 거절한 때에는 발행인 자신이 지급하여야 한다. 발행인이 지
는 인수·지급담보책임에 의하여 어음의 유통성이 확보된다. 발행인은
인수를 담보하지 않는다는 면책문구를 기재함으로써 인수담보책임은 면
할 수 있으나, 지급담보책임은 면하지 못한다(어 9조 2항). 그 외 복본교부
의무(어 64조 3항)와 이득상환의무(어 79조)도 진다.

(다) **지급위탁의 철회**　　수표의 경우 명문규정(수 32조)이 있는 한편
환어음에는 이에 관한 규정이 없어서 논의가 있으나 지급이 있기 전까지
는 언제든지 어음 외의 의사표시로써 철회할 수 있다고 본다.

(2) **어음**(수표)**의 기재사항**　　어음(수표)의 기재사항에는 ① 유효한
어음(수표)이 되기 위하여 반드시 기재되어야 할 사항인 필요적 기재사항

[어음(수표)요건], ② 기재하지 않아도 어음(수표)의 효력에는 영향이 없으나 기재하면 기재된 대로 효력이 발생하는 유익적 기재사항, ③ 기재하여도 아무런 효력이 없고, 어음(수표) 자체에도 영향을 미치지 않는 무익적 기재사항 및 ④ 기재하면 어음(수표) 자체의 효력을 상실하게 하는 유해적 기재사항이 있다. 이하 환어음에 관하여 본다.

1) 필요적 기재사항(어음요건)　　환어음의 경우 8개의 필요적 기재사항이 기재되지 않을 경우 환어음으로서의 효력이 없다(어 2조 본문). 그러나 어음법은 어음의 유통보호를 위하여 세 가지 경우에는 구제규정을 두고 있는데, ① 만기가 적혀 있지 않은 경우에는 일람출급환어음으로 보고, ② 지급지가 적혀 있지 않은 경우에는 지급인의 명칭에 부기한 지를 지급지 및 지급인의 주소지로 보며, ③ 발행지가 적혀 있지 않은 경우 발행인의 명칭에 부기한 지를 발행지로 본다(어 2조 1호~3호). 어음요건이 구비되지 않은 어음은 뒤에서 보는 백지어음이 아닌 한 무효가 되고, 기본적 어음행위인 발행이 형식적 하자로 인하여 무효가 된 경우에는 그 뒤의 어음행위도 모두 무효가 된다(어음행위독립의 원칙이 적용되지 않는다).

(개) 환어음문구(어 1조 1호)　　그 증권의 본문 중에 그 증권의 작성에 사용하는 국어로 환어음임을 표시하는 글자를 적어야 한다. 이를 환어음문구라고 한다. '증권의 본문'은 지급위탁문구를 말한다. '환어음임을 표시하는 글자'는 환어음, 환어음증권, Bill of Exchange 등을 말한다.

(내) 조건 없이 일정한 금액을 지급할 것을 위탁하는 뜻(어 1조 2호)　　환어음과 약속어음의 중핵이 되는 문구이다. 어음에 조건을 붙이는 것은 유해적 기재사항으로서 어음이 무효가 된다. '일정한 금액'은 어음이 금전채권만을 표창할 수 있는 것을 의미한다. 외국통화의 표시도 가능하다(어 41조). 금액이므로 단순한 숫자의 표시만으로는 부족하고 통화단위가 기재되어야 하며, 일정한 금액이므로 단일·확정되어야 한다. 같은 금액을 두 곳 이상에 기재하는 것은 변조방지 차원에서 많이 쓰이나, 그 금액이 상이한 경우에는 유효해석의 원칙에 따라 보충규정을 두고 있다. 즉,

글자와 숫자로 적은 경우에 그 금액에 차이가 있으면 글자로 적은 금액, 글자 또는 숫자로 중복하여 적은 경우에 그 금액에 차이가 있으면 최소 금액을 어음금액으로 한다(어 6조 1항·2항).

㈐ **지급인의 명칭**(어 1조 3호)　　동일성을 인식할 수 있는 한 성명·상호·별명 등도 무방하며, 법인의 경우 법인의 명칭만으로 족하고 대표자의 성명을 기재할 필요까지는 없다. 지급인은 실존인이 아니어도 무방하므로 허무인이나 사자(死者)를 기재한다고 하여 무효가 되지 않는다(이 경우 발행인이 담보책임을 지므로 어음의 유통가치는 존재한다). '지급인 A, B'와 같은 중첩적 기재나 '제1지급인 A, 제2지급인 B'와 같이 순차적 기재는 허용되나 '지급인 A 또는 B'와 같은 선택적 기재나 수인의 지급인에 의한 분할지급기재, 각 지급인이 만기를 달리하는 기재는 모두 무효이다. 발행인, 수취인, 지급인의 3자 중에서 동일인이 2당사자 이상을 겸병할 수 있다. 발행인과 지급인의 겸병을 자기앞환어음(어 3조 2항), 발행인과 수취인의 겸병을 자기지시환어음(어 3조 1항)이라고 한다. 그 외 수취인과 지급인의 겸병 및 3당사자의 겸병도 인정된다.

㈑ **만기**(어 1조 4호)　　만기는 어음면에 어음금액이 지급될 날로 기재된 날짜이다. 이는 어음법 제70조 제1항의 '만기일'과 같으나, 제38조 제1항과 제44조 제3항의 '지급을 할 날' 또는 제41조 제1항 후문의 '지급하는 날'과는 다르다. '지급을 할 날'은 보통 만기와 일치하나 만기가 법정휴일(어 81조)이 되는 때에는 이에 이은 제1의 거래일이 '지급을 할 날'이 되므로 차이가 있게 된다. '지급하는 날'은 현실적으로 지급이 이루어지는 날을 가리킨다. 실제에서는 '만기' 대신에 '지급일' 또는 '지급기일'이라는 표현을 쓴다. 만기는 단일하여야 하므로 분할출급의 어음은 무효이고(어 33조 2항 후단), 확정하여야 하므로 어음 자체에 의하여 알 수 없는 불확정한 날을 만기로 정한 어음은 무효이다. 어음법 제33조는 만기를 명확히 하기 위하여 일람출급·일람후정기출급·발행일자후정기출급·확정일출급 네 가지만을 규정하고 그 외의 만기는 무효로 하고 있다(어 33조 2

항 전단). 전2자는 확정할 수 있는 만기이고, 후2자는 확정된 만기이다.

(마) **지급지**(어 1조 5호)　　　지급지는 어음금액이 지급될 일정한 지역이다. 여기서 지급을 위한 제시, 소구권보전절차 등이 이루어져야 한다. 지급장소는 유익적 기재사항으로서 지급지 내에서 지급이 이루어질 특정한 장소이다. 예컨대 '서울특별시'는 지급지이며, '서울특별시 중구 소공동 ○○은행 소공동지점'은 지급장소의 기재가 된다. 지급장소가 지급지 내에 없는 경우 지급장소만이 무효가 된다. 지급지의 기재가 없이 지급장소만 기재되어 있는 경우 대법원은 지급장소로부터 일정한 행정구역이 추지될 수 있는 경우(예: 중소기업은행 능곡지점→경기 고양시)에는 지급지를 보충할 수 있다는 입장이다.

(바) **지급받을 자 또는 지급받을 자를 지시할 자의 명칭**(어 1조 6호)　　　이는 어음의 제1취득자인 수취인을 뜻한다. 어음법이 이와 같이 표현한 것은 제1취득자인 수취인이 반드시 지급을 받는 것이 아니며 타인을 지시할 경우가 있기 때문이다. 발행인이 지급을 받을 자의 명칭을 기재한 것을 기명식어음이라 하고, 지급을 받을 자를 지시할 자의 명칭을 기재한 것을 지시식어음이라 한다. 어음은 지시식으로 발행된 경우뿐만 아니라 기명식으로 발행된 경우에도 배서에 의하여 양도할 수 있다(법률상 당연한 지시증권성, 어 11조 1항, 77조 1항 1호).

(사) **발행일과 발행지**(어 1조 7호)　　　발행일은 어음을 발행한 날로서 어음면에 기재된 날짜이다. 실제 어음을 발행하는 날짜를 의미하는 것이 아니다. 발행일은 발행일자후정기출급어음에서는 만기를 정하는 기준이 되고(어 36조 1항·2항), 일람후정기출급어음에서 인수제시기간의 기산점이 된다(어 23조 1항). 발행지는 어음을 발행한 장소로서 어음면에 기재된 지역을 말한다. 실제 어음이 발행된 지역과 달라도 무방하다. 발행지 자체는 특별한 법률상 의미를 가지지 않기 때문에 대법원은 국내어음은 발행지가 기재되지 않아도 유효라고 판시하였다.

(아) **발행인의 기명날인 또는 서명**(어 1조 8호)　　　발행인은 발행이라는

어음행위를 하는 자이다. 발행인은 환어음에서는 제1의 담보의무자이다. 발행인의 기명날인 또는 서명은 어음의 앞면에 하여야 한다. 발행인은 보통 1인이나 2인 이상이 중첩적으로 발행할 수 있다(공동발행). 선택적 기재나 순차적 기재는 어음의 단순성을 해하므로 무효이다. 공동발행의 경우 발행인 각자는 독립하여 어음금액 전부의 지급의무를 부담한다(합동책임, 어 47조 1항, 77조 1항 4호).

  2) 유익적 기재사항   어음법상 유익적 기재사항으로 다음과 같은 것이 있다.

  ㈎ 제3자방지급문구   제3자방지급문구는 지급장소와 지급담당자의 기재를 일괄한 것이다. 환어음은 지급인의 주소지에 있든 다른 지에 있든 관계없이 제3자방에서 지급하는 것으로 할 수 있다(어 4조, 77조 2항). 예컨대 '지급장소 ○○은행 ○○지점'과 같이 은행을 제3자방으로 한 어음을 은행도어음이라 하는데, 이는 어음의 지급사무의 편의를 도모할 수 있어 많이 활용되고 있다. 제3자방지급문구를 기재할 수 있는 자는 환어음의 발행인 또는 지급인이다. 지급인은 발행인이 지급인의 주소지와 다른 지급지를 환어음에 적은 경우에 제3자방에서 지급한다는 내용을 적지 아니하였으면 인수를 함에 있어 그 제3자를 정할 수 있다(어 27조 1항 전문).

  ㈏ 이자문구   일람출급 또는 일람후정기출급의 환어음에 대하여 이자약정 내용을 적을 수 있다(어 5조 1항 전문). 발행일자후정기출급 및 확정일출급어음은 사전에 이자를 반영하여 어음금액을 기재할 수 있으므로 이자문언의 기재가 불필요하다. 그럼에도 불구하고 이자문언을 기재한 경우 기재가 없는 것으로 본다(무익적 기재사항, 어 5조 1항 후문, 77조 2항). 이율은 반드시 어음에 적어야 하며, 이율기재가 없는 때에는 이자를 약정하지 않은 것으로 본다(어 5조 2항, 77조 2항). 특정한 날짜가 적혀 있지 아니한 경우에는 어음발행일로부터 이자를 계산한다(어 5조 3항, 77조 2항).

  ㈐ 배서금지문구   어음은 당연한 지시증권이므로 배서에 의하여 양도할 수 있으나, 발행인이 환어음에 '지시 금지'라는 글자 또는 이와

같은 뜻이 있는 문구를 적은 경우에는 그 어음은 지명채권의 양도방식으로만, 그리고 그 효력으로써만 양도할 수 있다(어 11조 2항, 77조 1항 1호). 배서금지문구는 주로 수취인에 대한 어음항변을 보유할 목적으로 기재된다.

㈜ 기 타   지급인의 명칭에 부기한 지(어 2조 2호), 발행인의 명칭에 부기한 지(어 2조 3호, 76조 3호), 인수무담보문언(어 9조 2항 전문), 인수제시의 명령 또는 금지(어 22조), 인수제시기간의 단축 또는 연장(어 23조 2항), 지급제시기간의 단축 또는 연장(어 34조 1항 3문), 일정기일 전의 지급제시금지문언(어 34조 2항 전문), 준거할 세력(歲曆)의 지정(어 37조 4항), 외국통화환산율의 지정(어 41조 2항 단서), 외국통화현실지급문언(어 41조 3항), 거절증서작성면제(무비용상환)문언(어 46조), 역어음발행금지문언(어 52조 1항), 예비지급인의 지정(어 55조 1항), 복본의 번호(어 64조 2항), 복본불발행문언(단일어음문구, 어 64조 3항 1문) 등이 있다.

3) 무익적 기재사항   어음법에 규정된 무익적 기재사항으로는 위탁어음문언(어 3조 3항), 일람출급 또는 일람후정기출급의 환어음에 있어서의 이율의 기재가 없는 이자의 약정(어 5조 2항 후문), 일람출급 또는 일람후정기출급 이외의 환어음에 있어서의 이자의 약정(어 5조 1항 후문), 환어음발행인의 지급무담보문언(어 9조 2항 후문), 지시문언(어 11조 1항), 상환문언(어 39조 1항), 파훼문언(어 65조 1항) 등이 있고, 어음법에 기재되지 않은 무익적 기재사항으로는 대가문언, 자금문언, 제시문언, 번호, 관할법원의 합의 등이 있다.

4) 유해적 기재사항   어음법에 규정되어 있는 사항으로서 4종의 만기와 다른 만기와 분할출급의 기재는 어음 자체를 무효로 한다(어 33조 2항). 그리고 어음법에 규정되지 아니한 사항으로서 어음의 본질에 반하는 사항(예컨대 "매매대금의 변제로서 지급하여 주십시오."라는 문구)은 어음 자체를 무효로 한다.

(3) 백지어음(수표)

1) 총   설

㈎ 의   의   백지어음(수표)은 후일 그 소지인으로 하여금 어음(수표)요건의 전부 또는 일부를 보충시킬 의사로써 이를 기재하지 않은 상태의 백지 그대로 기명날인 또는 서명하여 유통상태에 둔 미완성어음(수표)이다(어 10조, 77조 2항, 수 13). 백지어음(수표)은 보충이 예정되어 있는 미완성어음(수표)이므로, 어음(수표)요건이 흠결되어 무효인 불완전어음(수표)과 구별하여야 한다(단, 어 2조, 76조에 해당하는 경우는 제외).

㈏ 경제적 효용   어음(수표)의 원인관계상 어음(수표)의 금액 또는 어음의 만기 또는 수취인 등을 어음(수표)교부 시에는 확정할 수 없는 경우에 이용되어 상관습으로 인정되어 오다가 제네바통일어음(수표)조약 이후 각국의 법에서 성문화되었다.

㈐ 종류와 준백지어음(수표)   백지어음(수표)에는 발행인의 기명날인 또는 서명만이 있는 백지발행, 인수인의 기명날인 또는 서명만이 있는 백지인수, 배서인의 기명날인 또는 서명만이 있는 백지배서, 보증인의 기명날인 또는 서명만이 있는 백지보증 등이 있다. 한편 어음(수표)요건(필요적 기재사항)은 모두 기재하였으나 유익적 기재사항을 소지인으로 하여금 보충시킬 의사로써 기재하지 않고 유통시킨 어음(수표)을 준백지어음(수표)이라고 하는데 이에 대하여 어음(수표)법 제10조를 유추적용한다.

Note: 백지배서는 배서인의 기명날인 또는 서명만이 있는 것으로 어음법 제13조 제2항(수 16조 2항)의 피배서인을 지명하지 아니한 백지식배서와 구별하여야 한다.

㈑ 법적 성질   백지어음(수표)은 유통에 있어서는 완성어음(수표)과 마찬가지로 취급되나 완전한 어음(수표)이 아니므로 백지보충없이 지급제시하더라도 효력이 없다. 즉, 백지어음(수표)은 완성어음(수표)이 될 수 있

는 기대권과 백지보충권이 표창되어 있는 특수한 유가증권이다.

2) 요　건

㈎ **백지어음(수표)행위자의 기명날인 또는 서명**　　백지어음(수표)이 되려면 적어도 1개의 기명날인 또는 서명이 있어야 한다. 어음법 제10조의 "미완성으로 '발행'한 환어음"이라는 문구(수 13조)에 착안하여 발행인의 기명날인 또는 서명에 한한다는 견해가 있으나 반드시 발행인의 것에 한하는 것이 아니고, 인수인·배서인·보증인 등의 것이라도 무방하다. 따라서 발행행위보다 앞서 지급인이 백지상태에서 인수의 기명날인 또는 서명을 할 수도 있다.

㈏ **어음(수표)요건 전부 또는 일부의 흠결**　　요건 흠결의 정도에는 제한이 없다. 만기가 백지인 경우 일람출급어음으로 간주되나(어 2조 1호, 76조 1호) 흠결이 아니라 보충권이 수여된 경우라면 백지어음이 될 수 있다.

㈐ **백지보충권의 존재**　　어음(수표)요건을 구비하지 않은 어음(수표)의 전부가 백지어음(수표)이 되는 것이 아니며 백지어음(수표)이 되기 위해서는 흠결된 어음(수표)요건을 보충할 권리(백지보충권)를 타인에게 수여하여야 한다. 이 보충권의 수여 여부에 따라서 백지어음(수표)과 불완전어음(수표)이 구별된다. 보충권의 수여 여부에 대하여 ① 보충권의 유무를 기명날인 또는 서명자의 의사를 기준으로 하여 결정한다는 주관설, ② 기명날인 또는 서명자의 주관(구체적 의사)을 불문하고 어음(수표)의 외관만을 기준으로 판단하여야 한다는 객관설, ③ 주관설의 바탕 위에 어음(수표) 외관상 흠결된 요건의 보충이 예견되어 있는 것으로 인정될 경우에는 백지어음(수표)이 된다는 절충설이 대립한다. 보충권은 백지어음(수표)행위자가 수여하는 것이므로 그의 의사를 존중할 필요가 있는 동시에 어음(수표)외관을 신뢰한 유통과정에서의 선의의 취득자를 보호할 필요도 있으므로 절충설이 옳다. 부동문자로 인쇄된 어음(수표)용지에 요건의 내용부분을 기재하지 않은 채 기명날인 또는 서명하여 교부한 경우에는 특별한 사정이 없는 한 보충권을 부여한 것으로 추정하는 것이 합리적일 것이다

(판례). 따라서 이 경우에는 백지어음(수표)이 아니라고 주장하는 자가 보충권의 부존재를 입증하여야 한다.

㈜ **백지어음(수표)의 교부**   백지어음(수표)은 미완성상태에서 기명날인자 또는 서명자가 상대방에게 교부하여 유통상태에 둔 것이어야 한다.

3) 백지보충권

㈎ **보충권의 의의 및 성질**

가) 보충권의 의의   백지어음(수표)의 백지를 보충하여 완전한 어음(수표)으로 만들 수 있는 권능 또는 자격이다. 이는 백지어음(수표)의 행위자와 그 상대방과의 어음(수표) 외의 명시 또는 묵시에 의한 보충계약에 의하여 부여된다. 보충위탁의 철회는 보충권자와의 합의를 요한다. 수취인이 백지인 경우 특별한 사정이 없으면 누구라도 보충할 수 있으므로 자기 자신을 수취인으로 기재할 수도 있다.

나) 성   질   미완성어음(수표)을 완성어음(수표)으로 만드는 것이므로 그 성질은 형성권이다.

㈏ **보충권의 범위**   보충권의 범위는 보충계약에 의하여 정하여진다. 보충계약에서 정함이 없는 경우에는 어음(수표)수수의 원인관계, 거래의 관습 등을 고려하여 신의성실의 원칙에 따라 보충하여야 한다. 그리고 백지어음(수표)의 기명날인 또는 서명자는 그 흠결된 요건이 보충되었을 때 완성된 어음(수표)상의 책임을 지게 된다.

㈐ **보충권의 남용**(부당보충)   어음(수표) 외의 관계인 보충권수여계약에서 정한 범위를 넘어서 소지인이 부당보충을 한 경우 그 보충된 어음(수표)[완성어음(수표)]을 다른 사람이 선의이고 또 중과실 없이 양수하였다면 그 선의의 취득자는 어음(수표)거래의 안전을 위하여 당연히 보호받아야 한다(어 10조, 77조 2항, 수 13조). 부당보충에 관하여 어음(수표)취득자에게 악의 또는 중과실이 있었다는 것은 백지어음(수표)행위자가 입증하여야 하고, 그 경우에는 정당하게 보충되었더라면 생겼을 어음(수표)상의

책임을 진다. 부당보충 후의 기명날인 또는 서명한 자는 보충된 문언에 따라서 책임을 진다. 어음(수표)을 취득한 자의 선의·악의는 불문한다. 부당보충된 문언을 내용으로 어음(수표)행위를 한 것이기 때문이다.

㈃ 보충의 시기   백지어음(수표)의 보충시기는 백지어음(수표)행위자가 한정한 경우에는 보충권자는 이에 따라야 하며 만약 한정된 시기를 지나서 보충한 때에는 보충권의 남용이 된다.

가) 만기가 기재된 경우   ① 주채무자에 대한 어음상의 권리를 행사하기 위하여는 주채무가 만기로부터 3년의 시효로 소멸하므로 이 기간 내에 백지를 보충하여야 한다. 즉, 확정일출급 또는 발행일자후정기출급의 어음에 있어서는 소정의 만기일부터 3년 내에 보충권을 행사하여야 한다. 일람출급어음에 있어서는 지급제시기간 내의 지급제시일부터 3년 내에, 일람후정기출급의 어음은 인수일자 또는 거절증서의 일자 후 일정기간 경과로부터 3년 내에 보충하여야 한다. ② 배서인 등 소구의무자에 대한 관계에서는 완성어음을 제시하여 소구권보전절차를 취하여야 하므로 지급 또는 인수제시기간 내에 보충권이 행사되어야 한다. 즉, 확정일출급어음 또는 발행일자후정기출급의 어음에는 지급을 할 날에 이은 2거래일 내에, 일람출급어음에 있어서는 지급제시기간 내에(발행일부터 1년, 어 34조, 77조 1항 2호), 일람후정기출급어음에 있어서는 인수제시기간 내에(발행일부터 1년, 어 23조 1항, 78조 2항) 보충권을 행사하지 않으면 백지보충권이 시효로 소멸한다.

나) 만기가 백지인 경우   이 경우 보충권의 소멸시효기간에 대하여 여러 학설이 대립한다. 백지어음은 미완성어음이므로 완성어음과 동일하게 취급할 수는 없으나 그 유통에 있어서는 완성된 어음과 같이 취급되는 것이므로 이 점에서 보충권의 소멸시효기간은 통상의 어음의 시효기간에 준하여 취급하는 것이 타당할 것이다.

* 대법원 2002. 2. 22. 선고 2001다71507 판결

백지약속어음의 보충권 행사에 의하여 생기는 채권은 어음금 채권이고, 어음법 제77조 제1항 제8호, 제70조 제1항, 제78조 제1항에 의하면 약속어음의 발행인에 대한 어음금 채권은 만기의 날로부터 3년간 행사하지 아니하면 소멸시효가 완성되는 점 등을 고려하면, 발행일을 백지로 하여 발행된 약속어음의 백지보충권의 소멸시효기간은 백지보충권을 행사할 수 있는 때로부터 3년으로 봄이 상당하다.

Cf. 대법원 2003. 5. 30. 선고 2003다16214 판결은 만기를 백지로 하여 발행된 약속어음에 대하여 그 백지보충권의 소멸시효기간은 백지보충권을 행사할 수 있는 때로부터 3년으로 보아야 한다고 판시하였다.

(마) **보충의 효과**　　흠결된 어음(수표)요건이 보충권자에 의하여 보충된 때에는 백지어음(수표)은 완전한 어음(수표)이 되고 어음(수표)소지인은 어음(수표)상의 권리를 행사할 수 있게 된다. 보충권행사의 효력이 어음(수표)행위시로 소급하는가에 대하여 학설은 대립하고, 판례는 기한후배서에 관하여 어음(수표)행위의 성립시를 기준으로 판단하였다(소급설). 백지어음의 보충시기와 별도로 어음(수표)행위의 성립시기는 그 행위시이므로 어음(수표)행위자의 권리능력·행위능력·대리권의 유무 등은 백지어음(수표)행위시를 기준으로 한다.

4) **백지어음(수표)의 효력**

(가) **백지어음(수표)에 의한 권리행사**　　백지어음(수표)은 완성된 어음(수표)이 아니므로 그에 의하여는 주채무자나 소구의무자에 대하여 어음(수표)상의 권리를 행사할 수 없고, 그 어음(수표)의 정당한 소지인이 백지를 보충한 후에야 권리행사가 가능하다. 다만 백지어음(수표)에 의한 청구나 승인에 시효중단의 효력은 인정한다(판례). 시효중단은 권리자가 권리행사의 의사를 가지고 있는가 여부의 문제이기 때문이다. 백지어음(수표)으로 소를 제기할 경우 사실심의 변론종결시까지 백지를 보충하여야 한다.

(나) **백지어음(수표)의 양도**   백지어음(수표)도 어음(수표)과 동일한 방법에 의하여 양도할 수 있다. 따라서 배서 또는 수취인 백지의 어음(수표)인 경우 인도에 의하여 양도할 수 있고, 지명채권양도방법에 의할 수도 있으며, 상속이나 합병에 의하여 양도될 수 있다. 백지어음(수표)의 유통보호와 거래안전을 위하여 선의취득과 인적항변의 절단 및 공시최고절차에 의한 제권판결이 인정된다.

3. 배 서

(1) 총 설

1) 배서의 의의와 성질   배서는 어음(수표)의 유통을 위하여 법이 인정한 방법으로서 수취인 또는 기타의 자가 어음(수표)의 뒷면에 일정한 사항을 기재하고 기명날인 또는 서명하여 타인에게 교부하는 행위를 말하고 이것에 의하여 피배서인은 어음(수표)상의 권리를 취득하게 된다. 배서는 권리이전 자체의 요건이며 단순한 대항요건이 아니다. 어음(수표)의 양도배서의 성질은 채권양도이다. 배서는 어음(수표)상 채권을 양도할 목적으로 행하여지는 양도배서와 채권양도 이외의 목적으로 행하여지는 특수배서로 나눌 수 있다.

2) 배서 이외의 방법에 의한 어음(수표)상의 권리의 이전   어음(수표)상의 권리의 이전방법은 배서 외에도 상속·회사합병·전부명령·경매 등에 의하여도 이전될 수 있다. 또한 민법의 지명채권양도방법으로도 이전할 수 있다(어 11조 2항, 77조 1항 1호, 수 14조 2항).

3) 배서금지어음(수표)   배서금지어음(수표) 또는 지시금지어음(수표)은 발행인이 어음(수표)에 '지시금지', '배(이)서금지', '○에 대하여만'이라는 글자 또는 이와 같은 뜻이 있는 문구를 적은 어음(수표)이다(어 11조 2항, 77조 1항 1호, 수 14조 2항). 배서금지어음(수표)과 배서금지배서는 구별되어야 한다. 전자는 어음(수표)상의 권리를 배서에 의하여 양도할 수 없으나(지시성의 박탈), 후자는 배서인이 자기의 피배서인에 대하여만 담보

책임을 부담하고 그 이후의 어음(수표)취득자에 대하여는 담보책임을 부담하지 않는 것일 뿐 배서는 계속하여 이루어질 수 있는 것이다. 이 어음(수표)은 지명채권양도방식으로만 그리고 그 효력으로써만 양도할 수 있다. 따라서 인적항변의 절단이나 선의취득이 인정되지 않는다. 그러나 배서금지어음(수표)도 어음(수표)이므로 지급을 위하여는 제시하여야 하고(어 38조, 77조 1항 3호, 수 29조 1항), 채무자가 어음(수표)금을 지급하면 어음(수표)을 회수하여야 한다(상환증권).

(2) 배서의 방식

1) 일반적 방식   배서는 어음(수표)이나 이에 결합한 보충지[보전] 또는 어음의 등본(어 67조 3항)에 일정한 사항을 적고 배서인이 기명날인 또는 서명함으로써 하는 서면행위이다(어 13조 1항, 77조 1항 1호, 수 16조 1항). 배서는 보통 어음(수표)의 뒷면에 이루어지므로 배서(背書) 또는 실무상 이서(裏書)라고 부르나 백지식배서(어 13조 2항 후문, 77조 1항 1호, 수 16조 2항 후문)를 제외하고는 어음(수표)앞면에 하여도 무방하다.

2) 피배서인의 표시방법에 따른 분류

(개) 기명식배서   이는 배서문구와 피배서인의 성명 또는 상호를 기재하고 배서인이 기명날인 또는 서명한 배서이다. 정식배서 또는 완전배서라고 한다.

(내) 백지식배서   백지식배서(무기명배서·약식배서)는 피배서인을 지정하지 않은 배서로서 이는 다시 ① 배서문언의 기재는 있고 피배서인의 기재만 없는 것과 ② 배서문언의 기재도 없고 단지 배서인의 기명날인 또는 서명만이 있는 경우(이를 간략백지식배서라고 한다)로 나뉜다. ②의 간략백지식배서의 경우에는 어음(수표)의 뒷면(어음등본의 뒷면 포함)이나 보충지에만 이를 기재할 수 있다(어 13조 2항 후문, 77조 1항 1호, 수 16조 2항 후문). 이는 백지어음(수표)행위로서 하는 백지배서와 구별하여야 한다. 백지식배서는 단순한 인도로 쉽게 이전할 수 있고, 상환의무를 부담하지 않는다는 장점이 있는 한편 분실의 경우 선의취득의 가능성이 높아지는 단점이

있다. 백지식배서인 경우에 소지인은 자기 또는 타인의 명칭으로 백지를 보충할 수 있고, 백지식으로 또는 타인을 표시하여 다시 어음(수표)에 배서할 수 있으며, 백지를 보충하지 아니하고 또 배서도 하지 아니하고 어음(수표)을 교부만으로 제3자에게 양도할 수 있다(어 14조 2항 1호~3호, 77조 1항 1호, 수 17조 2항 1호~3호).

(다) **소지인출급식배서**　　이는 어음(수표)의 소지인에게 지급하여 달라는 뜻을 기재한 배서이다. 이는 소지인출급의 문언이 기재되어 있는 점에서 백지식배서와 다르지만 특정된 피배서인의 기재가 없는 점에서 백지식배서와 같기 때문에 어음(수표)법은 백지식배서와 동일한 효력을 인정하고 있다(어 12조 3항, 77조 1항 1호, 수 15조 4항).

(라) **선택무기명식배서**(지명소지인출급식배서)　　이는 "A 또는 소지인에게 지급하여 주십시오."라는 뜻을 기재한 배서로서 그 취지는 지정된 A나 그 밖의 어떠한 소지인이라도 지급받을 수 있다는 것이다. 이는 소지인(지참인)출급식배서로 본다(수 5조 2항 참조).

3) 배서의 기재사항

(가) **유익적 기재사항**　　배서는 무조건이어야 하나(어 12조 1항 전문, 77조 1항 1호, 수 15조 1항 전문) 소지인출급의 배서문구(어 12조 3항, 77조 1항 1호, 수 15조 4항), 무담보문구(어 15조 1항, 77조 1항 1호, 수 18조 1항), 배서금지문구(어 15조 2항, 77조 1항 1호, 수 18조 2항), 추심위임문구(어 18조 1항, 77조 1항 1호, 수 23조 1항), 입질문구(어 19, 77조 1항 1호), 배서일자(어 20조 2항, 77조 1항 1호, 수 24조 2항), 인수제시명령(어 22조 4항), 인수제시기간의 단축(어 23조 3항, 53조 3항), 지급제시기간의 단축(어 34조 1항 3문 후단), 배서인의 처소(어 45조 3항, 77조 1항 3호, 수 41조 3항), 거절증서의 작성면제(어 46조 1항, 77조 1항 3호, 수 42조 1항), 예비지급인(어 55조 1항, 77조 1항 5호), 등본에만 배서할 것(어 68조 3항, 77조 1항 6호) 등의 기재는 그 내용에 따른 효력이 생긴다.

(나) **무익적 기재사항**　　배서에 붙인 조건(어 12조 1항 후문, 77조 1항 1호, 수 15조 1항 후문), 대가문구, 지시문구 등은 어음(수표)상에 기재하여도 효

력이 생기지 않는다.

⒟ **유해적 기재사항**　어음(수표)금액의 일부에 대한 배서(일부배서)는 무효이다(어 12조 2항, 77조 1항 1호, 수 15조 2항). 어음(수표)상의 권리는 어음(수표)과 분리할 수 없기 때문이다. 그러나 지급에 있어서는 일부지급이 인정되어 있으므로(어 39조 2항, 77조 1항 3호, 수 34조 2항) 일부금액의 지급이 있은 후 그 잔액에 대하여 한 배서는 유효하다.

⑶ **배서의 효력**

1) **총　설**　통상의 배서(양도배서)는 권리이전적 효력, 담보적 효력 및 자격수여적 효력이 있다. 권리이전적 효력은 의사표시상의 배서의 본질적 효력이고 나머지 효력은 당사자의 의사와 무관하게 어음(수표)의 유통강화를 위하여 어음(수표)법에 의하여 인정되는 효력이다(정책설).

2) **권리이전적 효력**

⒢ **의　의**　배서에 의하여 어음(수표)상의 모든 권리는 어음(수표)과 함께 배서인으로부터 피배서인에게 이전된다(어 14조 1항, 77조 1항 1호, 수 17조 1항). 배서의 본질적 효력이다.

⒩ **인적 항변의 절단**　일반채권양도와 달리 배서의 경우에는 배서인에 대한 인적 관계에 기한 항변으로 선의의 피배서인에게 대항할 수 없게 되는 항변의 절단이 인정되므로(어 17조, 77조 1항 1호, 수 22조) 이 점에서 배서는 일반채권양도보다 더 강한 효력을 가진다.

⒟ **어음(수표)상의 권리에 부종하는 질권 등의 이전 여부**　일반채권양도에 있어서는 채권에 부종하는 질권·저당권·보증채권·위약금의 약속 등은 양수인에게 이전하게 되나 배서의 이전적 효력은 어음(수표)상의 권리에 한정되므로 그에 부수하는 권리는 이전하지 않는 것으로 본다.

3) **담보적 효력**

⒢ **배서인의 담보책임**　배서인은 배서로 인하여 자기의 모든 후자에 대하여 환어음의 인수 및 어음(수표)의 지급을 담보할 의무를 부담하게 된다(어 15조 1항, 77조 1항 1호, 수 18조 1항). 이를 배서의 담보적 효력이라

고 한다.

(내) 담보적 효력이 없는 배서　　담보적 효력은 모든 배서에 있어서 생기는 것은 아니며, 기한후배서(어 20조, 77조 1항 1호, 수 24조)·추심위임배서(어 18조, 77조 1항 1호, 수 23조)·무담보배서(어 15조 1항, 77조 1항 1호, 수 18조 1항)의 경우에는 배서인은 그 후자 전원에 대하여, 그리고 배서금지배서의 경우의 배서인은 그 직접 피배서인을 제외한 후자에 대하여 담보책임을 지지 않는다(어 15조 2항, 77조 1항 1호, 수 18조 2항).

4) 자격수여적 효력(배서의 연속)

(가) 의　의　　어음(수표)소지인이 배서의 연속에 의하여 그 권리를 증명한 때에는 적법한 소지인으로 추정되는데(어 16조 1항 1문, 77조 1항 1호, 수 19조 1문), 이를 배서의 자격수여적 효력이라고 한다. 민법상 권리행사자는 자신이 진정한 권리자임을 입증하여야 하는 것이 원칙으로 이를 어음(수표)거래에도 적용할 경우 어음(수표)거래의 원활과 신속을 기할 수 없다. 따라서 어음(수표)법은 형식상 연속된 배서에 의하여 어음(수표)을 소지한 자는 실질적인 권리자임을 증명할 필요없이 간편하게 어음(수표)상의 권리를 행사할 수 있는 자격을 인정하고 있다. 자격수여적 효력은 양도배서에 한하지 않고 모든 배서에 인정된다.

(나) 배서의 **연속**　　배서의 연속은 어음(수표)상으로 수취인이 제1배서의 배서인이 되고, 제1피배서인이 제2배서의 배서인이 되는 방식으로 현재의 소지인에 이르기까지 배서가 중단됨이 없이 연속되어 있는 것이다. 최후의 배서가 백지식인 경우에도 어음(수표)소지인은 적법한 권리자로 추정된다(어 16조 1항 2문, 77조 1항 1호, 수 19조 2문). 말소한 배서는 배서의 연속에 관하여는 배서를 하지 아니한 것으로 본다(어 16조 1항 3문, 77조 1항 1호, 수 19조 3문). 배서가 말소된 사유나 시기 및 방법은 불문한다.

(다) 배서의 **자격수여적 효력의 내용**(배서연속의 효력)　　배서가 연속한 어음(수표)의 소지인은 적법한 권리자로 추정되므로 자신이 실질상 권리자임을 증명하지 않고도 어음(수표)상의 권리를 행사할 수 있다(권리추정력:

어 16조 1항, 77조 1항 1호, 수 19조). 따라서 소지인이 실질상의 권리자가 아니라는 입증책임은 어음(수표)채무자가 부담한다. 양도인이 무권리자인 경우에도 어음(수표)상의 권리를 선의취득할 수 있고(선의취득: 어 16조 2항, 77조 1항 1호, 수 21조), 그러한 어음(수표)소지인에게 어음(수표)금을 지급한 경우에는 면책될 수 있다(선의지급: 어 40조 3항, 77조 1항 3호, 수 35조).

(4) **특수배서**

1) **무담보배서**　　무담보배서는 배서인이 어음(수표)상에 담보책임(소구의무)을 부담하지 않는다는 뜻을 기재한 배서이다(어 15조 1항, 77조 1항 1호, 수 18조 1항 참조). 배서인은 환어음의 경우 인수담보책임과 지급담보책임을 부담하고, 약속어음과 수표의 경우 지급담보책임을 부담하는데, 배서인이 두 책임의 전부 또는 일부에 대하여 무담보의 문구를 기재하여 담보책임을 면할 수 있고, 또 어음(수표)금액의 전부 또는 일부에 대하여 무담보의 문구를 기재하여 담보책임을 면할 수 있다. 무담보배서의 배서인은 자기의 직접 피배서인을 포함하여 후자 전원에 대하여 담보책임을 지지 않는다.

2) **배서금지배서**　　배서금지배서 또는 금전배서(禁轉背書)는 배서인이 배서를 할 때에 다시 하는 배서를 금지하는 뜻을 기재한 배서이다(어 15조 2항, 어 77조 1항 1호, 수 18조 2항). 배서금지배서는 배서금지어음(수표)과는 달리 배서에 의하여 양도할 수 있으나 배서인은 직접 피배서인에 대하여만 담보책임을 진다.

3) **환(역)배서**　　환배서 또는 역배서는 어음(수표)상의 채무자(발행인·인수인·배서인·보증인·참가인수인)를 피배서인으로 한 양도배서이다(어 11조 3항, 77조 1항 1호, 수 14조 3항). 어음(수표)을 인수하지 아니한 지급인은 채무자가 아니지만 어음(수표)법은 같이 취급하고 있다(어 11조 3항 2호). 이는 민법상 혼동의 법리를 배제하는 것이다. 환배서를 받은 소지인은 다시 양도배서함으로써 재발행의 수고와 비용을 줄임과 동시에 전자의 신용을 이용할 수 있다는 장점이 있다. 환배서를 받은 피배서인은 어음(수표)상의

권리를 취득하게 되고 다시 타인에게 배서양도할 수 있다. ① 환어음발행인에 대한 환배서의 경우 인수인에 대하여만 어음(수표)상의 권리를 행사할 수 있고, ② 배서인에 대한 환배서의 경우 인수인·발행인 및 자신의 전자인 배서인에 대하여 소구권을 행사할 수 있으며, ③ 인수인에 대한 환배서의 경우 어음(수표)상의 권리를 행사하지 못하나 어음(수표)상의 권리는 소멸하지 않으므로 다시 배서양도할 수 있고, ④ 참가인수인·보증인에 대한 환배서의 경우 피참가인 또는 주채무자의 후자에 대하여는 어음(수표)상의 권리를 행사할 수 없다. ⑤ 인수를 하지 않는 지급인에 대한 환배서의 경우 보통의 어음소지인과 같다. 수표의 경우 지급인에 대한 배서는 원칙적으로 영수증의 효력만 있다(수 15조 5항 본문).

4) 기한후배서　　　기한후배서는 지급거절증서(수표의 경우 거절증서나 이와 같은 효력이 있는 선언) 작성 후 또는 그 작성기간(수표의 경우 제시기간) 경과 후에 한 배서이다(어 20조 1항 단서, 77조 1항 1호, 수 24조 1항). 만기후배서라고 하여 모두 기한후배서가 아니고, 지급거절증서(수표의 경우 거절증서나 이와 같은 효력이 있는 선언) 작성 전 또는 그 작성기간(수표의 경우 제시기간) 경과 전의 배서는 만기전배서와 같은 효력이 인정된다(어 20조 1항 본문, 77조 1항 1호, 수 24조 1항의 반대해석). 기한후배서인가의 여부는 어음(수표)에 기재된 배서일자에 의하지 않고, 실제로 배서한 때를 기준으로 한다. 다만, 배서에 일자가 없는 경우에는 지급거절증서(수표의 경우 거절증서나 이와 같은 효력이 있는 선언) 작성 전 또는 그 작성기간(수표의 경우 제시기간)이 지나기 전에 한 것으로 추정한다(어 20조 2항, 77조 1항 1호, 수 24조 2항). 기한후배서의 입증책임은 그 효과를 주장하는 어음(수표)채무자에게 있다. 기한후배서는 지명채권양도의 효력만 있다(어 20조 1항 단서, 77조 1항 1호, 수 24조 1항). 따라서 기한후배서에 의하여도 어음(수표)상의 권리가 이전되나, 지명채권양도의 효력밖에 없으므로 인적항변의 절단은 인정되지 않는다. 또한 유통기간이 지난 어음(수표)이므로 유통보호를 목적으로 하는 선의취득이나 담보적 효력이 인정되지 않는다. 그러나 기한후배서에도 최소한의 효

력인 자격수여적 효력은 인정되어 배서가 연속되어 있는 어음(수표)의 소지인은 적법한 소지인으로 추정되어, 선의지급의 면책력이 인정된다.

* 대법원 2012. 3. 29. 선고 2010다106290,106306,106313 판결

어음법 제20조 제1항은 "만기 후의 배서는 만기 전의 배서와 같은 효력이 있다. 그러나 지급거절증서가 작성된 후에 한 배서 또는 지급거절증서 작성기간이 지난 후에 한 배서는 지명채권 양도의 효력만 있다."고 규정하고 있다. 여기서 어음법 제20조 제1항 후문의 지명채권 양도의 효력만 있다는 규정은 단지 그 효력이 지명채권 양도의 그것과 같다는 취지일 뿐이므로, 민법상 지명채권의 양도·양수절차인 채권양도인의 통지 또는 채무자의 승낙을 필요로 하는 것은 아니다.

5) 추심위임배서　　　추심위임배서는 배서인이 피배서인에게 어음(수표)상의 권리를 행사할 대리권을 부여할 목적으로 하는 배서이다(어 18조, 77조 1항 1호, 수 23조). 추심위임배서에는 공연한 추심위임배서와 숨은 추심위임배서가 있는데, 어음(수표)법은 전자만을 규정하고 있다. 추심위임배서는 어음(수표)상의 권리를 이전하는 것이 아니므로 배서금지어음(수표)의 경우에도 가능하다.

㈎ **공연한 추심위임배서**　　　이는 배서인이 배서에 '회수하기 위하여', '추심하기 위하여', '대리를 위하여' 그 밖에 단순히 대리권을 준다는 내용의 문구를 기재하여 피배서인에게 어음(수표)상의 권리를 행사할 대리권을 부여한다는 것을 명시한 배서이다. 추심위임배서의 피배서인은 어음(수표)상의 권리자가 아니므로 양도배서를 할 수 없고, 어음(수표)상의 권리에 관한 면제·화해·포기 등과 같은 권리의 처분행위를 하지 못한다. 그러나 재추심위임배서를 할 수는 있는데(어 18조 1항 단서, 77조 1항 1호, 수 23조 1항 단서) 그 법적 성질은 복대리인의 선임이다. 이 배서에는 권리이전적 효력이 없으므로, 어음(수표)채무자는 배서인에게 대항할 수 있는 모든 인적항변사유로써 피배서인에게 대항할 수 있다(어 18조 2항, 77조 1항

1호, 수 23조 2항). 담보적 효력은 없으나, 자격수여적 효력은 인정되므로 권리추정력과 선의지급의 면책력은 인정된다.

㈔ 숨은 추심위임배서　　이는 배서의 당사자 사이에는 추심위임의 목적으로 하면서도 형식적으로는 양도배서의 방식을 취한 배서이다. 이 배서의 법적 성질에 대하여 다툼이 있으나 어음(수표)상의 권리는 피배서인에게 이전하고 어음(수표)에 나타나지 않은 추심위임의 합의는 당사자 간의 인적항변사유가 될 뿐이라는 신탁양도설이 타당하다. 신탁양도설에 의할 경우 권리이전적 효력과 자격수여적 효력이 인정되나 담보적 효력은 없다.

6) 입질배서　　입질배서는 배서인이 자기 또는 제3자의 채무를 담보하기 위하여 어음상의 권리에 질권을 설정할 목적으로 하는 배서이다 (어 19조, 77조 1항 1호). 이는 유통기간이 짧은 수표에는 인정되지 않는다. 입질배서에도 공연한 입질배서와 숨은 입질배서가 있는데, 어음법은 전자만을 규정한다.

㈎ 공연한 입질배서　　이는 배서인이 배서에 '담보하기 위하여', '입질하기 위하여' 그 밖에 질권설정을 표시하는 문구를 기재한 배서이다(어 19조 1항, 77조 1항 1호). 입질배서는 어음상의 권리 위에 질권을 설정하는 것이므로 권리이전적 효력은 없으나, 질권자인 피배서인은 어음상의 권리에 대하여 질권을 취득한다. 피배서인은 어음으로부터 생기는 모든 권리를 행사할 수 있다(어 19조 1항 본문, 77조 1항 1호). 즉, 지급제시, 어음금지급수령, 소구, 어음금청구의 소 제기 등을 할 수 있다. 그러나 양도배서 또는 새로운 입질배서를 할 수는 없다. 입질배서의 피배서인이 한 배서는 대리를 위한 배서로서의 효력만 있다(어 19조 1항 단서, 77조 1항 1호, 즉 추심위임배서의 효력만 있다). 입질배서의 피배서인은 독립적인 경제적 이익을 가지고 있으므로 인적항변의 절단이 인정된다(어 19조 2항, 77조 1항 1호). 그리고 입질배서는 피배서인이 어음금을 추심하여 우선변제를 받기 위한 것이므로 지급이 거절되면 배서인이 담보책임을 부담하여야 한다. 피배

서인에게 권리추정력과 선의지급이 인정된다.

(나) 숨은 입질배서　　　이는 형식상으로는 통상의 양도배서이나 그 실질은 어음상의 권리에 대한 질권의 설정을 목적으로 하는 배서이다. 그 법적 성질도 어음의 신탁적 양도로 본다. 그러나 숨은 추심위임배서와 달리 이 배서의 피배서인인 질권자는 독립된 경제적 이익을 가지고 있으므로 어음의 형식대로 효력이 발생된다. 즉, 권리이전적 효력 외에 담보적 효력도 인정된다. 배서인과 피배서인간의 입질합의는 인적항변사유에 불과하다. 자격수여적 효력, 인적항변의 절단과 선의취득이 인정된다.

〈특수배서의 효력 비교〉

	권리이전적 효력	담보적 효력	자격수여적 효력	인적항변의 절단	선의취득 가부
무담보배서	○	×	○	○	○
배서금지배서	○	×(피배서인에게만 ○)	○	○	○
환(역)배서	○	○	○	○	○
기한후배서	○	×	○	×	×
(공연한) 추심위임배서	×	×	○	×	×
숨은 추심위임배서	○	○	○	○	○
(공연한) 입질배서	×(질권 취득)	○	○	○	○
숨은 입질배서	○	○	○	○	○

4. 인　　수

(1) 인수의 의의와 성질

1) 인　　수　　　환어음의 인수는 환어음의 지급인이 어음금액의 지급채무를 부담할 것을 목적으로 하는 어음행위로서 환어음에 특유한 제도이다. 환어음의 지급인은 어음에 지급인으로 기재된 것만으로 지급채무를 부담하는 것이 아니라 인수를 함으로써 비로소 환어음의 주채무자가

되는 것이다. 약속어음에서는 발행인이 인수인과 동일한 지위를 겸하고 있으므로 인수제도가 필요 없고, 수표의 경우 지급증권성에 반하므로 인수를 인정하지 않는다(수 4조).

2) 법적 성질   인수는 환어음채무의 부담을 목적으로 하는 지급인의 단독행위이다. 인수의 효력은 인수인이 어음을 소지인에게 교부하였을 때 생기고, 이로 인하여 환어음의 주채무자가 확정된다.

(2) 인수제시

1) 의   의   인수제시는 어음소지인이 지급인에게 어음을 제시하여 어음의 인수를 청구하는 행위이다.

2) 필 요 성   인수를 통하여 환어음의 주채무자가 되는 것이므로 환어음의 신용을 높이기 위하여 어음소지인이 만기 전에 지급인에게 인수제시를 할 필요가 있다. 한편 지급인도 인수제시를 받음으로써 지급준비를 할 수 있고, 일람후정기출급환어음의 경우에는 만기를 확정하기 위하여 필요하다.

3) 당 사 자   인수제시는 어음소지인 외에 어음의 단순한 점유자도 할 수 있다(어 21조). 인수는 단독행위이므로 제시자가 누군지는 중요하지 않기 때문이다. 피제시자는 지급인이다. 지급담당자의 기재가 있는 경우에도 같다. 수인의 지급인이 기재되어 있는 경우에는 그 전원에게 제시하여야 한다. 그 중 1인이라도 인수거절이 있는 경우에는 만기전소구를 할 수 있다.

4) 시   기   인수제시는 원칙적으로 발행한 때로부터 만기의 전일까지 하여야 한다(어 21조). 발행인이나 배서인이 인수제시기간을 정할 수도 있고(어 22조), 기간이 법정된 경우도 있다(어 23조). 이 기간 내에 인수제시를 요한다는 것은 인수거절이 있는 경우에 전자에 대하여 소구권을 행사하기 위한 경우이므로(어 44조 2항) 그 기간 경과 후 제시에 대한 인수도 유효하다.

5) 유예기간(숙려기간·고려기간)   유예기간은 지급인이 인수를 할 것

인가 여부를 결정하기 위하여 부여된 일정한 고려기간이다. 지급인이 인수제시를 받은 때에는 첫 번째 제시일의 다음날에 두 번째 제시를 할 것을 청구할 수 있고(어 24조 1항 전문) 이 경우 제시자는 두 번째 제시를 하지 않으면 소구권을 행사하지 못한다. 지급인이 두 번째 제시를 청구한 때에는 제시자는 첫 번째 제시에 관하여 인수거절증서를 작성하게 하고 지급인은 두 번째 제시의 청구를 한 뜻을 기재한다(어 24조 1항 후문). 두 번째 제시에서 인수가 거절된 때에 다시 두 번째 거절증서를 작성하여야 만기전의 상환청구(소구)권을 행사할 수 있다.

  6) 장 소   인수제시장소에 대하여 어음법은 지급인의 주소라고 규정하나(어 21조), 지급인에게 영업소가 있으면 영업소, 없는 경우 지급인의 주소 또는 거소에서 인수제시를 하여야 한다. 타지지급어음이나 제3자방지급어음의 경우에도 같다. 지급인의 주소를 찾을 수 없는 때에는 지급지에서 인수거절증서를 작성하여 만기전소구권을 행사할 수 있다.

  Cf. 타지지급어음: 지급지와 지급인의 주소지가 같은 어음을 동지지급어음, 다른 어음을 타지지급어음이라고 한다. 타지지급어음의 경우 발행인이 지급지 내에 지급담당자(지급장소로서 보통 은행)를 기재하는 것이 보통이나 만약 발행인이 지급담당자를 기재하지 않은 경우에는 지급인이 인수를 할 때에 기재할 수 있다(어 27조 1항 전문). 타지지급어음은 제3자방지급어음과 구별되어야 한다. 제3자방지급어음은 동지지급어음이나 타지지급어음을 불문하고 지급인의 주소지가 아니라 제3자의 주소(지급장소 또는 지급담당자로서 보통은 은행)에서 지급되는 어음을 말한다.

  7) 방 법   인수제시의 목적물인 환어음은 원본에 한하고(복본 포함) 등본 또는 사본으로 해서는 안 된다. 인수제시는 지급인에게 현실로 환어음을 제시함으로써 하여야 하고, 지급인이 인수거절의 의사를 명백히 표시한 때에는 지급인에게 어음을 보이는 것만으로 족하다. 소지인은 인수를 위하여 제시한 어음을 지급인에게 교부할 필요가 없다(어 24조

2항).

8) 인수제시의 자유와 제한

㈎ **인수제시의 자유**   환어음의 소지인은 만기에 이르기까지 언제든지 인수를 위하여 어음을 제시할 수 있다(어 21조). 이에는 예외가 있다.

㈏ **예   외**

가) 인수제시의 명령   인수제시는 원래 어음소지인의 권리이며 의무는 아니지만 환어음의 발행인 또는 배서인은 어떠한 종류의 어음이든 기간을 정하거나 또는 정하지 않고 어음에 인수를 위한 제시를 하여야 할 뜻을 기재할 수 있다(어 22조 1항·4항). 발행인이 인수제시명령을 기재한 경우에는 기본어음의 내용이 되어 모든 어음행위자에 대하여 효력이 있으며 이 경우 소지인은 그 기간 내에 인수제시를 하지 않으면 발행인·배서인·보증인 등 모든 소구의무자에 대한 인수거절로 인한 소구권뿐만 아니라 지급거절로 인한 소구권도 상실한다(어 53조 2항 본문). 그러나 배서인이 인수제시명령을 기재한 경우에는 그 배서인에 대해서만 효력이 있으며 따라서 소지인이 그 기간 내에 인수제시를 하지 않으면 그 배서인에 대한 인수거절로 인한 소구권과 지급거절로 인한 소구권을 상실한다(어 53조 3항).

나) 인수제시의 금지   환어음의 발행인은 인수를 위한 어음의 제시를 금지하는 내용을 어음에 적을 수 있다(어 22조 2항 본문). 이러한 기재가 있는 어음을 인수제시금지어음이라 한다. 다만 ① 제3자방지급어음, ② 타지지급어음 및 ③ 일람후정기출급어음의 경우에는 제시를 금지하지 못한다(어 22조 2항 단서). 또한 발행인은 일정 기일 전에는 인수제시를 금지하는 내용을 어음에 적을 수 있다(어 22조 3항). 인수제시금지는 발행인만 기재할 수 있고 배서인은 기재할 수 없다. 이러한 문구가 있는 경우에 소지인이 그 기재에 위반하여 인수제시를 한 때에는 인수가 거절되어도 인수거절로 인한 소구권을 행사할 수 없다.

다) 일람후정기출급환어음   이 어음은 만기확정을 위하여 발행한 날부터 1년 내에 인수를 위한 제시를 하여야 한다(어 23조 1항). 발행인은

이 기간을 신축할 수 있고(어 23조 2항) 배서인은 위 기간을 단축할 수 있다(어 23조 3항).

(3) 인수방식

1) 인수의 요건(필요적 기재사항)   인수는 환어음에 '인수' 또는 그 밖에 이와 같은 뜻이 있는 글자로 표시하고 지급인이 기명날인 또는 서명을 함으로써 한다(정식인수, 어 25조 1항 전문). 그러나 어음의 앞면에 지급인의 단순한 기명날인 또는 서명이 있으면 이를 인수로 보며 이를 약식인수라고 한다(어 25조 1항 후문). 인수는 어음 자체에 하여야 하며, 보충지나 등본에 하지 못한다(어 25조 1항 전문).

2) 임의적 기재사항

(개) 인수일자의 기재   인수일자의 기재는 인수의 요건이 아니나 일람후정기출급환어음과 인수제시명령에 의하여 일정한 기간 내에 인수제시를 하여야 하는 어음에 있어서는 인수한 날짜를 적어야 한다(어 25조 2항 전문). 날짜가 적혀 있지 아니한 경우 소지인은 배서인과 발행인에 대한 상환청구권을 보전하기 위하여는 적법한 시기에 작성시킨 거절증서로써 그 기재가 없었음을 증명하여야 한다(어 25조 2항 후문). 인수일자의 기재가 없고 거절증서도 작성하지 아니한 경우에 인수인에 대한 관계에서는 인수제시기간의 말일에 인수한 것으로 본다(어 35조 2항).

(나) 제3자방지급 또는 지급장소의 기재   발행인이 지급인의 주소지와 다른 지급지를 환어음에 적은 경우에 제3자방에서 지급한다는 내용을 적지 아니하였으면 지급인은 인수를 함에 있어 그 제3자를 정할 수 있다. 그에 관하여 적은 내용이 없으면 인수인은 지급지에서 직접 지급할 의무를 부담한 것으로 본다(어 27조 1항). 지급인의 주소에서 지급될 어음의 경우 지급인은 인수를 함에 있어 지급지 내에 위치한 지급장소를 정할 수 있다(어 27조 2항).

(다) 부단순인수(不單純引受)

가) 부단순인수의 의의   부단순인수는 환어음의 어음금액 이외의

기재사항에 변경을 가하거나(변경인수) 또는 조건을 붙여서 하는 인수(조건 부인수)이다.

나) 부단순인수의 효력　　인수는 무조건이어야 한다(어 26조 1항 본문). 부단순인수는 인수거절로 본다(어 26조 2항 본문). 그러나 소지인과 전자의 이익을 해하지 않는 한 부단순인수를 항상 무효라고 할 필요는 없다. 그러므로 부단순인수는 전자에 대한 관계에서는 인수거절로서의 효력을 가지는 것으로 하여 어음소지인으로 하여금 거절증서를 작성하게 하여 소구권을 행사할 수 있도록 하였으나, 인수인 자신에 대한 관계에서는 그 인수는 유효한 것이며, 인수인은 인수의 문언에 따라서 책임을 지게 하였다(어 26조 2항 단서).

다) 배서금지인수　　이 경우에도 인수인은 그 문언에 따라서 책임을 진다. 그리고 이 어음도 배서할 수 있는데 다만 배서양도된 경우 인수인은 소지인의 후자에 대하여는 소지인에 대하여 대항할 수 있는 것과 동일한 항변으로 대항할 수 있다.

라) 일부인수　　지급인은 어음금액의 일부만을 인수할 수 있다(어 26조 1항 단서). 어음금액의 일부에 대한 인수도 유효하며 소지인은 인수되지 아니한 잔액에 대하여만 인수거절에 의한 소구권을 행사할 수 있다.

마) 초과인수　　어음금액 이상의 금액에 대하여 하는 인수, 즉 초과인수의 경우에는 어음금액의 범위 내에서 인수의 효력이 있고 초과부분에 대하여는 기재가 없는 것으로 본다(무익적 기재사항).

(4) 인수의 효력

1) 인수인의 어음상의 채무부담　　지급인은 인수를 함으로써 어음상의 주채무자가 되며, 만기에 환어음금액을 지급할 의무를 진다(어 28조 1항). 이러한 인수인의 의무는 배서인이나 환어음발행인의 제2차적 담보의무와 달리 제1차적인 무조건의 절대적이고 최종적인 의무이다. 또 보전절차의 흠결로 인하여 소멸하는 것도 아니다.

2) 채무의 한도　　인수인이 지급할 금액은 만기에는 어음금액과 이

자(어 5조)이며, 만기에 지급하지 않을 경우에는 상환금액(어 48조, 49조)과 동일한 금액이다.

3) 인수인에 대한 어음채권자   인수인의 위 의무는 어음의 최후소지인에 대하여만 아니라 상환을 함으로써 어음을 환수한 모든 전자에 대하여도 부담하는 것이며 소구의무를 이행한 발행인에 대해서도 같다. 다만, 발행인에 대하여는 자금관계상의 항변을 가지는데 그친다.

(5) 인수의 말소(철회)

1) 인수철회의 허용   환어음의 인수인은 인수를 철회할 수 있다. 환어음에 인수를 기재한 지급인이 그 어음을 반환하기 전에 인수의 기재를 말소한 때에는 인수를 거절한 것으로 본다(어 29조 1항 전문).

2) 인수말소의 시기와 말소시기의 추정   인수한 어음을 반환하기 전에 하여야 하며 반환 후에 말소한 때에는 변조가 된다. 말소는 어음의 반환 전에 한 것으로 추정한다(어 29조 1항 후문).

3) 말소의 효과   인수를 거절한 것으로 본다. 따라서 어음소지인은 인수거절증서를 작성시켜서 상환의무가 있는 전자에게 소구를 할 수 있게 된다.

4) 인수통지를 한 경우의 책임   지급인이 위와 같이 말소한 경우에도 지급인이 소지인 또는 어음에 기명날인 또는 서명한 자에게 서면으로 인수의 통지를 한 때에는 통지한 상대방에 대하여 인수의 문구에 따라 책임을 진다(어 29조 2항).

5. 어음(수표)보증

(1) 총   설

1) 의   의   어음(수표)보증은 주된 어음(수표)상의 채무를 담보할 목적으로 하는 부속적 어음행위이다. 이는 인적 담보를 부가하는 것으로서, 주채무를 전제로 하므로 종된 채무이다. 주채무가 존재하지 않은 때에는 어음(수표)보증도 무효가 되나, 주채무가 형식상 하자만 없으면 되

고, 실질적으로 유효할 것을 요하지는 아니한다[어음(수표)보증의 독립성: 어
32조 2항, 77조 3항 전문, 수 27조 2항]. 또한 후에 성립할 주채무를 위한 보증
도 인정된다.

    2) 경제적 기능과 법적 성질   어음(수표)보증은 어음(수표)의 신용을
높이는 기능을 하며, 그 법적 성질은 단독행위이다.

    3) 구별개념   ① 숨은 어음(수표)보증은 사실상 어음(수표)보증을
목적으로 하면서 형식상 발행·배서·인수 등의 어음(수표)행위를 하는 것
인데 이 경우 어음(수표)행위자는 발행인, 배서인, 인수인으로서의 책임을
지는 것일뿐 어음(수표)보증인으로서 책임을 지는 것이 아니다. ② 어음
(수표)보증과 민법상 보증의 차이는 아래 표와 같다.

〈어음(수표)보증과 민법상 보증의 비교〉

	민법상 보증	어음(수표)법상 보증
법적 성질	계약	단독행위
주채무자 특정 요부(要否)	대인적 관계이므로, 주채무자가 특정되어야 하고 불분명할 때는 보증계약 불성립	대어음적 관계이므로, 주채무자가 불분명해도 성립하고, 그 경우 발행인을 주채무자로 간주(어 31조 4항, 77조 3항 전문, 수 26조 4항)
주채무의 성립	보증채무의 성립요건	어음보증의 독립성(어 32조 2항, 77조 3항 전문, 수 27조 2항)
방식	낙성불요식으로 가능	요식행위
부보대상	특정채무자에 대하여만 보증채무 부담함	피보증인의 모든 후자인 불특정인에 대하여 보증채무를 부담함
최고·검색의 항변권	가짐(민 437조)	없음(어 32조 1항, 77조 3항 전문, 수 27조 1항)
공동보증인의 분별의 이익	가짐(민 439조)	없음(어음금액 전액에 대한 합동책임: 어 47조 1항, 77조 1항 4호, 수 43조 1항)
소멸시효	10년	주채무에 따라 3년, 1년, 6개월(어 70조, 77조 1항 8호, 수 51조)

(2) 요   건

1) 당 사 자

⑺ **보 증 인**   어음(수표)보증인의 자격에는 제한이 없으므로, 피보
증인 외에는 모두 어음(수표)보증인이 될 수 있다. 제3자는 물론 인수인이
나 배서인 등 어음(수표)에 기명날인하거나 서명한 자도 가능하다(어 30조
2항, 77조 3항 전문, 수표의 경우 지급인은 제외, 수 25조 2항).

⑻ **피보증인**   어음(수표)상의 채무자(발행인·인수인·배서인·참가인수
인 등)만 피보증인이 될 수 있다. 따라서 환어음의 지급인이나 지급담당자
를 피보증인으로 하는 경우에는 무효이다.

2) **방식**(정식보증·약식보증)   정식보증은 어음(등본에도 가능, 어 67조
3항)이나 수표 또는 보충지에 '보증' 또는 이와 같은 뜻이 있는 문구 및
피보증인을 표시하고 보증인이 기명날인하거나 서명한다(어 31조 1항·2
항·4항 전문, 77조 3항·1항 6호, 수 26조 1항·2항·4항 전문). 약식보증은 어음(수
표)의 앞면에 단순한 기명날인 또는 서명만을 한 경우 또는 피보증인 표
시가 없이 보증문구와 함께 기명날인 또는 서명만을 한 경우이다. 전자
의 경우 어음(수표)보증으로 보며(어 31조 3항 본문; 단, 지급인 또는 발행인의 그
것은 제외한다. 지급인의 것은 인수, 발행인의 것은 발행으로 보기 때문이다, 어 31조 3
항 단서, 25조 3항 후문, 77조 3항 전문, 수 26조 3항 전문), 후자의 경우 발행인을
위하여 보증한 것으로 본다(어 31조 4항 후문, 77조 3항 전문, 수 26조 4항 후문).
어음(수표)의 앞면에 한 경우만을 보증으로 보는 이유는 간략백지식배서
와의 구별을 위한 것이다.

3) **시   기**   어음(수표)법에 규정이 없으나, 만기 후 또는 거절증
서작성 후에도 어음(수표)채무의 시효완성 전에는 가능하다고 본다.

4) **기   타**

⑺ **일부보증**   어음(수표)보증은 어음(수표)금액의 전부에 대하여 하
는 것이 원칙이나 일부에 대하여도 가능하다(어 30조 1항, 77조 3항 전문, 수
25조 1항). 이 경우 보증금액을 기재하여야 하고, 그 기재가 없는 경우에는

전부보증으로 본다. 이 점에서 인수와 같고(어 26조 1항 단서), 배서와 다르다(어 12조 2항, 77조 1항 1호, 수 15조 2항).

(내) **조건부보증**　　　어음(수표)보증인이 어음(수표)보증을 하면서 예컨대 "지급일까지 어음을 제시한 경우에 한하여 인수인의 책임을 보증한다."와 같은 조건을 기재한 경우의 효력에 대하여 어음(수표)법에는 그에 관한 규정이 없고 학설은 대립하나 부단순인수와 같이 유익적 기재사항으로 보는 것이 타당하다(판례).

* 대법원 1986. 3. 11. 선고 85다카1600 판결 【보증채무금】

어음법상 보증의 경우에는 발행 및 배서의 경우와 같이 단순성을 요구하는 명문이 없을 뿐 아니라, 부수적 채무부담행위인 점에서 보증과 유사한 환어음 인수에 불단순인수를 인정하고 있음에 비추어 어음보증에 대하여 환어음 인수의 경우보다 더 엄격하게 단순성을 요구함은 균형을 잃은 해석이고 또 조건부 보증을 유효로 본다고 하여 어음거래의 안전성이 저해되는 것도 아니므로 조건을 붙인 불단순보증은 그 조건부 보증문언대로 보증인의 책임이 발생한다고 보는 것이 타당하다. 이와 달리 구태여 어음보증의 단순성을 강조한 나머지 조건을 무효로 하여 조건이 없는 단순보증이라고 보는 견해는 보증인의 명시적 의사에 반하는 해석이어서 채용할 수 없다.

(대) **기타 유익적 기재사항**　　　어음보증인은 거절증서작성면제와 예비지급인을 적을 수 있다(어 46조 1항, 55조 1항, 77조 1항 4호·5호). 수표보증인도 거절증서작성을 면제할 수 있다(수 42조 1항).

(3) **효　　　과**

1) **보증인의 책임**

(가) **어음(수표)채무의 부종성**　　　어음(수표)보증인은 피보증인인 주채무자와 동일한 책임을 부담한다(어 32조 1항, 77조 3항 전문, 수 27조 1항). 따라서 피보증인이 발행인인가 배서인인가에 따라 어음(수표)보증인의 책임이

다르며, 주채무가 지급·면제·상계 등으로 소멸하면 보증채무도 소멸한
다. 이를 부종성이라 한다.

(나) 어음(수표)채무의 독립성   어음(수표)보증에도 독립성이 인정되
는 결과 어음(수표)보증채무의 부종성은 민법상 보증보다 약화된다. 즉,
어음(수표)보증채무는 주채무가 그 방식에 흠이 있는 경우 외에는 어떠한
사유로 무효가 되더라도 그 효력을 가진다(어 32조 2항, 77조 3항 전문, 수 27
조 2항).

(다) 어음(수표)보증과 인적항변   어음(수표)행위독립의 원칙상 어음
(수표)보증인은 주채무자가 소지인에 대하여 가지는 인적항변, 즉 원인관
계의 무효·취소·해제 등의 사유를 가지고 소지인에게 대항할 수 없다.
그러나 어음(수표)소지인이 어음(수표)채무를 변제받고도 어음(수표)을 반
환하지 않고 이를 이용하여 어음(수표)보증인에게 어음(수표)상의 청구를
하는 경우 권리남용의 항변으로 대항할 수 있다(판례).

(라) 어음(수표)보증채무의 합동성   어음(수표)보증인은 주채무자와 합
동하여 책임을 부담한다(어 47조 1항, 77조 1항 4호, 수 43조 1항). 소지인은 주
채무자와 보증인에 대하여 개별적으로 또는 동시에 청구할 수 있으며,
어음(수표)보증인에게는 최고·검색의 항변권이 인정되지 않는다. 수인의
어음(수표)보증인이 있는 경우 각자 전액에 대하여 책임을 부담한다.

  2) 보증채무이행의 효과

(가) 주채무의 소멸   보증인의 보증채무이행이 있는 경우 보증채무
와 주채무는 소멸한다.

(나) 어음(수표)상의 권리의 취득   보증인이 어음(수표)의 지급을 하면
피보증인과 그의 어음(수표)상의 채무자에 대하여 어음(수표)으로부터 생
기는 권리를 취득한다(어 32조 3항, 77조 3항 전문, 수 27조 3항). 이는 어음(수
표)법에 의한 원시적·독립적 권리취득이므로 어음(수표)채무자는 어음(수
표)소지인에 대하여 가지는 인적항변으로 보증인에게 대항하지 못한다.
공동어음(수표)보증의 경우 1인이 보증채무를 이행한 때에는 어음(수표)법

상으로는 다른 공동보증인들에 대한 구상권이 없고, 민법의 일반원칙에
따라 구상권을 가진다(민 448조).

6. 지   급

(1) 의   의   좁은 의미의 지급은 환어음의 지급인 또는 인수인·
약속어음의 발행인 및 수표의 지급인(또는 지급담당자)이 하는 어음(수표)관
계를 완전히 소멸시키는 변제를 말하고, 넓은 의미로는 환어음의 발행
인·배서인·보증인·참가인수인 등이 하는 지급을 포함하나 이는 어음
(수표)관계를 완전히 소멸시키지 못하고 지급한 자의 구상을 위하여 어음
(수표)관계가 잔존하게 되므로 아래에서 말하는 지급에는 제외된다.

(2) 지급제시

1) 의   의   지급제시는 어음(수표)소지인이 어음(수표)금을 지급받
기 위하여 지급인·인수인(약속어음의 경우에는 발행인) 또는 지급담당자에게
어음(수표)을 제시하는 것이다. 어음(수표)채무는 추심채무이므로 어음(수
표)소지인은 지급제시기간 내에 지급제시를 하여야만 전자에 대한 소구
권을 보전할 수 있고, 어음(수표)채무자에 대하여 이행지체책임을 물을 수
있다.

2) 당 사 자

(가) 제 시 인   지급제시인은 원칙적으로 배서가 연속되어 있는 어
음(수표)소지인이다. 배서의 연속에 의하여 형식적 자격을 증명하지 못한
어음(수표)소지인의 경우에는 그가 실질적 권리자임을 입증한 경우에 한
하여 지급제시를 할 수 있다. 지급제시인의 사자(使者)나 대리인도 지급제
시할 수 있다. 어음(수표)의 단순한 점유자는 인수제시와는 달리 지급제시
를 할 수 없다.

(나) 피제시인   피제시인은 환어음의 경우에는 지급인·인수인 또는
지급담당자, 약속어음의 경우에는 발행인 또는 지급담당자이다. 어음교환
소에서의 제시도 지급을 받기 위한 제시로서의 효력이 있다(어 38조 2항).

3) 지급제시기간

⑺ **주채무자에 대한 지급제시기간**　환어음의 인수인 또는 약속어음의 발행인(주채무자)에 대하여는 만기일부터 3년간이다(어 70조 1항, 77조 1항 8호). 기간계산은 초일불산입이며, 그 기간의 말일이 법정휴일인 경우에는 만기 이후의 제1거래일까지 연장된다(어 72조 1항·2항). 거래일은 법정휴일 이외의 날을 말하며, 법정휴일은 국경일, 공휴일, 일요일 기타의 일반휴일을 이른다(어 81조).

⑻ **상환청구권(소구권)의 보전을 위한 지급제시기간**　확정일출급·발행일자후정기출급·일람후정기출급 어음의 경우에는 지급을 할 날 또는 그날 이후의 2거래일 내에 지급제시를 하여야 한다(어 38조 1항, 77조 1항 3호). 일람출급어음인 경우에는 발행일로부터 1년 내에 지급제시를 하여야 하고, 발행인은 이 기간을 신축할 수 있고, 배서인은 단축만 할 수 있다(어 34조 1항). 발행인은 일정한 기일 전에는 지급제시를 금지할 수 있으며, 이 경우 제시기간은 그 기일부터 시작한다(어 34조 2항). 은혜일, 즉 어음채무자를 위하여 지급유예를 허용하는 기간은 법률상으로든 재판상으로든 인정하지 않는다(어 74조).

4) **지급제시장소**　지급지 내의 지급장소의 적법한 기재가 있는 경우에는 그 장소에서 하여야 하고, 그 기재가 없는 경우에는 지급지 내의 지급인의 영업소·주소 또는 거소에서 하여야 한다(민 516조, 19조). 어음교환소에서의 제시도 유효하다(어 38조 2항·3항).

5) **지급제시방법**　지급제시는 완전한 어음(수표)을 현실로 제시하여야 한다. 따라서 백지어음(수표)은 보충되어야 하며, 등본에 의한 지급제시도 효력이 없다(어 67조 3항 참조). 지급인의 지급거절이 명백한 경우에도 지급제시를 하여야 한다. 그러나 제시장소에 갔으나 피제시인이 없어 현실의 제시를 하지 못한 경우에는 제시한 것으로 본다.

6) **지급제시의 효력**　지급제시에 의하여 어음(수표)소지인은 어음(수표)금을 적법하게 수령할 수 있고, 지급이 거절된 경우에는 ① 어음(수

표)채무자에게 이행지체책임이 발생하며, ② 어음(수표)소지인은 소구의무
자에 대하여 소구권을 행사할 수 있다.

7) 지급제시의 면제   ① 재판상 어음금청구를 하는 경우, ② 인수
거절증서를 작성한 경우(어 44조 4항), ③ 불가항력이 만기로부터 30일을
넘어 계속되는 경우(어 54조 4항, 수표의 경우 배서인에게 통지한 날부터 15일, 수
47조 4항)에는 지급제시 없이 소구권을 행사할 수 있다. 그리고 ④ 어음(수
표)의 지급인 등과 어음(수표)소지인 간의 지급제시면제의 특약은 당사자
간에서만 유효하다.

8) 지급제시 없이 지급제시기간이 도과한 경우   이 경우에도 어음상
의 채무가 소멸되기 전까지는 채무자(환어음의 인수인, 약속어음의 발행인)의
현재의 영업소 또는 주소에서 어음을 제시하여 어음금의 지급청구를 할
수 있다. 다만, 이 청구는 소구권을 보전하는 효력이 없고(어 53조 1항 본문,
77조 1항 4호), 어음의 주채무자에 대한 지연손해금은 그 청구한 날부터 기
산하게 된다. 이 청구도 어음채무자에 대한 어음채권의 시효중단의 효력
이 있다.

(3) 지급시기

1) 만기 전의 지급   어음소지인은 만기 전에는 지급청구를 할 수
없고, 지급을 받을 의무도 없다(어 40조 1항). 만기 전에 지급을 하는 지급
인은 자기의 위험부담으로 하는 것으로 한다(어 40조 2항). 즉, 소지인이
진정한 권리자가 아닌 경우에 지급인은 면책되지 않는다.

2) 만기의 지급   만기에는 어음소지인은 지급인 또는 인수인에 대
하여 지급청구를 할 수 있으며(만기가 법정휴일인 경우 만기 이후의 제1거래일),
지급을 한 지급인 또는 인수인은 자금의무자(발행인)에게 보상청구를 할
수 있다. 만기 후에도 만기 이후의 2거래일 내에는 소지인이 지급청구를
할 수 있으므로(어 38조 1항), 이때의 지급도 만기의 지급이다.

3) 만기 후의 지급   지급제시기간 경과 후의 지급을 말한다. 지급
인이 인수를 한 때에는 지급제시기간 경과 후에도 시효완성 전에는 지급

의무를 부담하므로 지급을 하고 발행인에게 보상청구를 할 수 있으나, 인수를 하지 않은 경우에는 특약이 없는 한 보상청구를 하지 못한다. 만기 후의 지급은 만기의 지급과 달리 선의지급의 보호를 받지 못하므로 소지인이 무권리자일 경우 위험부담은 지급인이 진다.

4) **지급유예 또는 연기**　　어음금의 지급은 만기를 기준으로 하나, 당사자의 의사나 법률의 규정에 의하여 지급이 연기되는 경우가 있는데 이를 지급유예 또는 연기라고 한다. 당사자의 의사에 의하는 경우로는 ① 어음개서, ② 어음관계자의 동의에 의한 만기의 변경 및 ③ 어음소지인과 특정어음채무자간의 지급유예의 특약이 있다. ③의 경우 인적항변사유에 불과하다. 법률의 규정에 의한 경우로는 불가항력(어 54조, 77조 1항 4호)이 있다.

⑷ **지급인의 조사의무**

1) **총　　설**　　원래 채무는 진정한 권리자에게 변제하지 않으면 그 효력이 없으므로, 채무자는 채권자가 진정한 권리자인가의 여부를 확인하여 지급하여야 이중지급의 위험을 피하게 된다. 그런데 어음(수표)에 있어서도 소지인이 정당한 권리자임을 확인하여야 유효한 변제가 된다고 하면 그 조사로 인하여 어음(수표)지급의 신속성이 저해되므로 어음(수표)거래의 원활을 위하여 일반채무의 변제의 경우보다 지급인의 조사의무를 경감하고 있다. 어음법 제40조 제3항은 "만기에 지급하는 지급인은 사기 또는 중대한 과실이 없으면 그 책임을 면한다. 이 경우 지급인은 배서의 연속이 제대로 되어 있는지를 조사할 의무가 있으나 배서인의 기명날인 또는 서명을 조사할 의무는 없다."라고 규정한다(어 77조 1항 3호, 수 35조 1항에도 어 40조 3항 후문과 같은 내용이 규정되어 있다).

2) **조사의무의 내용**(형식적 자격의 조사)　　지급인은 만기에 지급을 함에 있어서 형식적 자격만을 조사하면 된다. 법문에는 '배서의 연속'만을 규정하고 있으나 그 외에도 어음(수표)방식의 적합성과 자기의 기명날인 또는 서명의 진정 여부를 조사할 의무를 부담한다. 이는 동시에 지급인

의 권리이므로 이들에 대한 조사의 기회를 주지 않으면 지급할 의무가
없다.

　　3) 지급인의 면책요건　　　지급인은 어음(수표)의 제시자가 진정한 권
리자인가, 어음(수표)상 기재되어 있는 자와 동일한가, 배서가 진정한 것
인가 등에 대한 실질적인 자격에 대한 조사의무는 없으나 지급의 결과
면책되기 위하여는 실질적 무자격에 대한 사기 또는 중대한 과실이 없
어야 한다(소극적 의무). 여기의 '사기'는 제시자가 지급수령권이 없음을
알고 있을 뿐 아니라 용이하게 이를 입증할 수 있는 증거방법을 가지고
있음에도 불구하고 지급한 경우를 말한다. 제시자가 무권리자임을 알더
라도 확실한 증거방법이 없이 경솔하게 지급을 거절하는 경우 부도처분
에 따른 여러 가지 불이익을 입을 수 있으므로 충분한 입증수단이 없는
경우 무권리자에게 지급하여도 책임을 면하게 된다. 여기의 '중대한 과
실'은 지급인이 보통의 조사를 하면 제시자가 무권리자임을 알고 또한
이를 입증할 수 있는 증거방법을 입수하였을 터인데도 이 조사를 하지
않음으로써 무권리자임을 모르고 지급한 경우이다. 따라서 여기의 '사
기'와 '중대한 과실'은 어음법 제16조 제2항의 '악의' 또는 '중대한 과실'
과 다른 개념이다. 사기 또는 중과실의 입증책임은 지급의 효력발생을
방해하는 소극적 요건이므로 사기 또는 중과실의 존재를 주장하는 자가
부담한다.

　　4) 지급면책의 효과　　　지급인이 사기 또는 중대한 과실 없이 형식
적 자격자에게 지급한 경우에는 가령 그가 진정한 권리자가 아니어도 그
지급이 유효하므로 이중지급의 위험을 부담하지 않는다. 구체적인 효과
는 지급인이 누구이냐에 따라 다르다. ① 주채무자인 환어음의 인수인이
나 약속어음의 발행인이 지급한 경우에는 모든 어음채무자가 진정한 권
리자에 대하여 부담하는 어음상의 채무가 소멸한다. 환어음의 인수인은
그 결과를 발행인의 계산으로 귀속시킬 수 있다. ② 소구의무자가 지급
한 경우에는 그 자 및 그 후자가 진정한 권리자에게 부담하는 어음(수표)

상의 채무가 소멸한다. ③ 지급담당자나 환어음의 지급인이 지급한 경우에는 지급의 결과를 발행인의 계산으로 돌릴 수 있다. 다만, 인수를 하지 아니한 지급인은 발행인으로부터 만기에 있어서의 지급을 위탁받았을 뿐이므로, 만기 후에 지급한 경우에는 그 결과를 발행인에게 귀속시키지 못한다.

　　5) 지급인의 실질적 조사권　　지급인은 어음(수표)소지인의 실질적 자격에 대하여 조사의무는 없으나, 권리까지 없는가에 대하여 학설의 대립이 있다(민 518조 참조). 소지인이 무권리자임을 의심할만한 합리적인 근거가 있다면 지급인의 위험부담 하에 조사권이 인정된다고 본다.

　　6) 위조·변조된 어음(수표)의 지급에 있어서의 손실부담　　형식적 자격을 가진 위조·변조된 어음(수표)에 대하여 지급을 한 경우에 그 손실을 지급인이 부담할 것인가 아니면 피위조자인 발행인이 부담할 것인가에 관하여 학설이 대립한다. 어음법 제40조 제3항(수 35조 1항)의 선의지급은 어음 자체의 진정을 전제로 한 규정이므로 위조·변조된 어음(수표)의 지급의 경우에는 적용이 없으므로 결국 지급인이 손실을 부담하게 된다.

　　(5) 지급방법

　　1) 지급의 목적물　　지급의 목적물은 일정액의 금전이다. 내국통화로 어음(수표)금액을 지정한 경우에는 지급인의 선택에 따라서 각종의 통화(만원권, 오만원권 등)로 지급할 수 있고(민 377조 1항), 외국통화로 지정한 경우에는 내국통화로 지급할 수 있는 것을 원칙으로 하나, 외국통화현실지급문구가 있는 경우에는 기재된 통화로 지급하여야 한다(어 41조 1항·3항, 77조 1항 3호, 수 36조 1항·3항). 발행국과 지급국에서 명칭은 같으나 가치가 다른 통화로써 어음(수표)의 금액을 정한 경우에는 지급지의 통화로 정한 것으로 추정한다(어 41조 4항, 77조 1항 3호, 수 36조 4항).

　　2) 일부지급　　지급인이 전액인수한 경우에도 어음금의 일부지급을 할 수 있으며, 소지인은 이를 거절하지 못한다(어 39조 2항, 77조 1항 3호, 수 34조 2항). 일부지급의 경우 지급인은 소지인에게 어음(수표)의 교부를

청구할 수 없고, 그 지급 사실을 어음(수표)에 적고 영수증을 교부할 것을 청구할 수 있다(어 39조 3항, 77조 1항 3호, 수 34조 3항). 어음(수표)소지인은 그 잔액에 대하여 소구권을 행사할 수 있다.

3) 상환증권성　　어음(수표)의 지급인은 지급을 할 때에 소지인에게 그 어음(수표)에 영수(領受)를 증명하는 뜻을 적어서 교부할 것을 청구할 수 있다(어 39조 1항, 77조 1항 3호, 수 34조 1항). 이는 이중지급의 위험을 피하거나 환어음(수표)의 경우 발행인과의 자금관계상의 문제에 대비하기 위한 것이다.

4) 지급 이외의 어음채무소멸　　어음채무는 지급 이외에 상계·경개·대물변제 등의 일반채무소멸원인으로 인하여, 또는 어음채무의 시효완성·보전절차의 흠결·어음금액의 공탁(어 42조)으로도 소멸한다.

7. 상환청구(소구)

(1) 의　　의　　상환청구(소구, 이하 '소구'라고 쓴다)는 어음(수표)이 만기(수표의 경우 지급제시기간 내)에 지급거절되거나 또는 만기 전에 환어음의 인수거절·지급인의 파산 또는 약속어음의 발행인의 파산으로 인하여 지급가능성이 현저하게 감소된 경우에 어음(수표)소지인이 전자에 대하여 어음(수표)금액과 이자 및 기타 비용의 지급을 청구하는 것이다. 우리 어음법은 인수거절과 지급거절 및 그에 준하는 경우에 모두 소구권을 인정하는 입법주의(일권주의)를 채택하였다[어음채무자의 신용악화 단계에는 담보청구권만을 인정하거나(이권주의) 소구권과 담보청구권 양자를 선택(선택주의)하게 하는 법제도 있다. 한편 수표에는 인수가 없으므로 지급거절로 인한 소구만 있다. 수 39조 이하]. 소구는 민법상 하자담보책임과 같은 취지에서 어음(수표)법이 어음(수표)의 유통성을 확보하기 위하여 어음(수표)관계자에게 어음(수표)금지급의 담보책임을 규정한 것이다.

Cf. 어음의 지급거절, 즉 부도시 어음소지인의 구제방법으로는 어음법상의 소구 이외에 ① 어음교환소의 거래정지처분, ② 할인어음의 경우 환매청구, ③ 어음발행이 형법상 사기 등의 구성요건에 해당하는 경우에는 고소 또는 고발, ④ 어음금청구소송 제기, ⑤ 원인관계상의 채권행사 등이 있다. 한편 수표의 부도시에는 부정수표단속법위반의 형사상 제재가 있다.

(2) 소구당사자

1) 소구권자　　1차적으로는 최후의 정당한 소지인이고(어 43조, 77조 1항 4호, 수 39조), 2차적으로는 소구의무를 이행하고 어음(수표)을 환수하여 새로이 어음(수표)소지인이 된 자이다(어 47조 3항, 49조, 77조 1항 4호, 수 43조 3항, 45조).

2) 소구의무자　　환어음과 수표의 경우 발행인·배서인 및 이들을 위한 보증인이고, 약속어음의 경우 배서인 및 그의 보증인이다. 소구의무자는 주채무자(환어음의 인수인, 약속어음의 발행인)와 함께 어음소지인에 대하여 합동하여 어음채무를 부담한다(어 47조 1항, 77조 1항 4호, 수 43조 1항).

〈연대책임과 합동책임의 비교〉

	연대책임	합동책임
책임발생원인과 범위	전채무자에 대하여 같음	각 채무자마다 다름
채무자(공동발행인) 중 1인에 대한 청구	채무자 전원에 대한 청구로서 효력 있음	다른 어음(수표)채무자에게 영향 없음
채무자(공동발행인) 중 1인에 대한 시효의 완성·시효의 중단·경개·혼동·상계의 효력	채무자 전원을 위하여 효력 있음	다른 어음(수표)채무자에게 영향 없음 단, 인수인의 채무소멸은 채무자 전원의 채무소멸이 되고, 소구의무자의 채무소멸은 그 후의 채무자의 채무만을 소멸시킴
채무의 부담부분	있음	없음

(3) 소구요건

1) 만기 전의 소구

(가) 실질적 요건(소구원인)   만기 전 소구의 실질적 요건으로는 ①
인수의 전부 또는 일부의 거절이 있는 경우, ② 지급인의 인수 여부와 관
계없이 지급인이 파산한 경우, 그 지급이 정지된 경우 또는 그 재산에 대
한 강제집행이 주효(奏效)하지 아니한 경우, ③ 인수를 위한 어음의 제시
를 금지한 어음의 발행인이 파산한 경우 중의 어느 하나에 해당하는 경
우이어야 한다(어 43조 1호~3호).

(나) 형식적 요건(거절증서 작성 등)   ① 인수거절의 경우 거절증서 작
성이 면제되지 않은 한(어 46조 1항) 인수거절증서를 작성시켜야 하고(어 44
조 1항~3항), ② 지급인이 지급을 정지하거나 그 재산에 대한 강제집행이
주효하지 않은 경우 지급인에 대한 지급제시를 하고 거절증서작성이 면
제되지 않은 한(어 46조 1항) 지급거절증서를 작성시켜야 하며(어 44조 5항),
③ 지급인 또는 인수제시를 금지한 환어음의 발행인의 파산의 경우 파산
결정서의 제출이 요구된다(어 44조 6항). 환어음에 지급지에 있는 예비지급
인을 기재한 경우 어음소지인은 예비지급인에게 어음을 제시하였으나 그
자가 참가인수를 거절하였음을 거절증서로 증명하여야 예비지급인을 기
재한 자와 그 후자에 대하여 만기 전에 상환청구권을 행사할 수 있다(어
56조 2항). 약속어음의 경우 인수제도가 없으므로 인수거절로 인한 만기 전
소구는 없으나 나머지 사유에 의한 만기 전 소구가 가능하다고 본다(어 77
조 1항 4호).

2) 만기 후의 소구

(가) 실질적 요건(소구원인)   어음소지인이 적법한 지급제시기간 내에
지급제시를 하였음에도 지급인으로부터 어음금액의 전부 또는 일부의 지
급을 받지 못한 경우이어야 한다(어 43조 1문). 여기의 '지급을 받지 못한
경우'는 지급인의 지급거절뿐만 아니라 지급인 부재 또는 소재불명 기타
의 사유로 지급을 받지 못한 모든 경우를 말한다. 수인의 지급인이 있는

경우에는 그 전원의 지급거절이 있어야 한다. 참가인수인 또는 예비지급인이 존재하는 경우에도 마찬가지이다(어 60조 1항).

(나) **형식적 요건**(거절증서 작성 등)　　　어음소지인은 적법한 지급제시를 하여야 하며(지급거절증서작성이 면제되어 있는 경우 포함), 지급거절을 증명하기 위하여 지급거절증서를 작성하여야 한다(어 44조 1항). 다만, ① 거절증서의 작성이 면제된 경우(어 46조), ② 인수거절증서를 작성한 경우(어 44조 4항), ③ 불가항력이 만기로부터 30일 이상 계속되는 경우(어 54조 4항)에는 지급거절증서의 작성이 필요없다. 참가인수인 또는 예비지급인이 존재하는 경우 지급제시기간의 다음 날까지 필요가 있는 경우에는 참가지급거절증서를 작성시켜야 한다(어 60조 1항).

3) 불가항력　　　불가항력은 외부적 원인으로 인하여 어음(수표)상의 권리보전절차가 방해되는 일반적 사건으로서 예컨대 전쟁, 내란, 지진, 홍수 등의 천재지변이나 교통단절, 파업 등으로 인한 거절증서작성기관의 직무휴지 등을 말한다. 어음법 제54조 제1항(수 47조 1항)은 이를 '피할 수 없는 장애'라고 표현하며, 국가법령에 따른 금제도 포함한다. 어음(수표)소지인 또는 그로부터 어음(수표)의 제시 또는 거절증서작성의 위임을 받은 자의 단순한 인적 사유(예: 소지인의 급사, 수임인의 질병 등)는 해당되지 않는다(어 54조 6항, 77조 1항 4호, 수 47조 5항). 불가항력은 어음(수표)상의 권리보전절차기간의 종기에 존재하여야 한다. 불가항력이 발생하면 소지인은 자기의 배서인에게 지체없이 그 사실을 통지하고 어음(수표) 또는 보충지에 통지를 하였다는 내용을 적고 날짜를 부기한 후 기명날인하거나 서명하여야 한다(어 54조 2항, 77조 1항 4호, 수 47조 2항). 그리고 불가항력이 사라지면 소지인은 지체없이 인수 또는 지급을 위하여 어음(수표)을 제시하고 필요한 경우에는 거절증서를 작성시켜야 한다(어 54조 3항, 77조 1항 4호, 수 47조 3항). 즉, 불가항력기간동안 권리보전절차를 밟을 기간이 연장된다. 그러나 이 기간의 연장은 소멸시효기간의 계산과는 무관하다.

4) 거절증서　　　거절증서는 어음(수표)상의 권리의 행사 및 보전에

필요한 행위를 한 것과 그 결과를 증명하는 공정증서이다. 어음(수표)법이 규정하는 거절증서 중 가장 중요한 것으로 인수거절증서(환어음에만 해당)와 지급거절증서(어 44조 1항, 77조 1항 4호, 수 39조 1호)가 있고, 그 작성절차는 거절증서령에 규정되어 있다. 이 거절증서는 소구의무자에 의하여 그 작성이 면제될 수 있는데 이는 작성비용을 면하고, 인수 또는 지급거절 사실이 알려지는 것을 방지하기 위하여 인정된다. 면제의 방법은 면제권자(발행인·배서인·보증인)가 '무비용상환', '거절증서 불필요' 또는 그와 같은 뜻을 가진 문구를 어음(수표)에 적고 기명날인 또는 서명함으로써 한다(어 46조 1항, 77조 1항 4호, 수 42조 1항). 면제문구가 있는 경우에는 어음(수표)소지인은 거절증서를 작성하지 않고 소구권을 행사할 수 있으나, 그 문구가 있다고 하여 법정기간 내의 제시나 소구통지의무까지 면하는 것은 아니다.

(4) 소구통지

1) 총 설   소구권의 행사를 위하여는 먼저 소구권자가 자기의 전자에 대하여 소구원인의 발생을 통지하여야 한다(어 45조, 77조 1항 4호, 수 41조). 이를 소구통지 또는 거절통지라고 한다. 소구통지는 소구의무자로 하여금 상환의 준비를 하도록 함으로써 상환비용의 증가를 막기 위한 제도이다.

2) 통지를 요하는 경우   인수거절(환어음에만 해당) 또는 지급거절의 경우이다(어 45조 1항 전문, 77조 1항 4호, 수 41조 1항 전문). 어음법상 규정은 없으나 지급인의 지급정지나 강제집행의 부주효의 경우에도 통지를 요한다고 본다.

3) 통지당사자   통지의무자는 최후의 어음(수표)소지인과 후자로부터 통지를 받은 배서인이고(어 45조 1항, 77조 1항 4호, 수 41조 1항), 통지를 받는 자는 발행인, 배서인 및 이들의 보증인이다(어 45조 1항·2항, 77조 1항 4호, 수 41조 1항·2항). 즉, 어음(수표)소지인은 그 직전의 자에게, 통지를 받은 배서인은 다시 그 직전의 자에게 통지하는 동시에(순차통지), 그 전자의

보증인과 발행인에게도 동일한 통지를 하여야 한다. 배서인이 그 처소를 적지 아니하거나 그 기재가 분명하지 아니한 경우에는 그 배서인의 직전 (直前)의 자에게 통지하면 된다(어 45조 3항, 77조 1항 4호, 수 41조 3항).

    4) 통지기간   소지인은 거절증서작성일 또는 무비용상환문구가 있는 경우에는 어음(수표)제시일 이후의 4거래일 내에, 배서인은 그 통지를 받은 날 이후 2거래일 내에 통지하여야 한다(어 45조 1항, 77조 1항 4호, 수 41조 1항).

    5) 통지의 방법과 내용   통지의 방법에는 제한이 없으며 구두나 서면으로 할 수 있고, 어음(수표)을 반환하는 것으로도 할 수 있다(어 45조 4항, 77조 1항 4호, 수 41조 4항). 통지의 내용은 인수 또는 지급이 거절된 사실을 알리는 것이면 되고, 통지를 받은 배서인은 전(前) 통지자 전원의 명칭과 처소를 표시하고 자기가 받은 통지를 자기의 배서인에게 통지하여야 한다(어 45조 1항 전문, 77조 1항 4호, 수 41조 1항 전문). 통지의무자는 적법한 기간 내에 통지를 하였음을 증명하여야 하는데, 이 기간 내에 통지서를 우편으로 부친 경우에는 그 기간을 준수한 것으로 본다(어 45조 5항, 77조 1항 4호, 수 41조 5항).

    6) 통지의무해태의 효과   통지의무를 해태하여도 소구권을 상실하는 것은 아니다. 다만, 과실로 인하여 손해가 생긴 경우에는 어음(수표)금액의 한도 내에서 배상할 책임을 진다(어 45조 6항, 77조 1항 4호, 수 41조 6항).

    (5) 소구금액   어음소지인이 인수 또는 지급거절로 인한 손해를 개별적으로 산정하여 소구할 경우 어음거래의 원활을 해치게 되므로 어음법은 소구금액을 정형화하였다.

    1) 만기 후의 소구금액   ① 인수 또는 지급되지 아니한 어음금액과 이자가 적혀 있는 경우 그 이자, ② 연 6퍼센트의 이율로 계산한 만기 이후의 이자, ③ 거절증서의 작성비용, 통지비용 및 그 밖의 비용을 청구할 수 있다(어 48조 1항, 77조 1항 4호).

    2) 만기 전의 소구금액   할인에 의하여 어음금액을 줄인다. 그 할

인은 소지인의 주소지에서 상환청구하는 날의 공정할인율(은행률)에 의하여 계산한다(어 48조 2항, 77조 1항 4호).

(6) 소구의무의 이행방법(상환방법)

1) 상환의 원칙　　상환의 방법에는 제한이 없으므로, 소구금액의 현실지급 외에 대물변제, 상계 등에 의할 수도 있다. 상환의무자는 지급과 상환으로 거절증서, 영수를 증명하는 계산서와 그 어음(수표)의 교부를 청구할 수 있다. 소구의무를 이행하여 어음(수표)을 환수한 배서인은 자기의 배서와 후자의 배서를 말소할 수 있다(어 50조, 77조 1항 4호, 수 46조).

2) 일부인수가 있는 경우　　일부인수 후에 상환청구권을 행사하는 경우에 인수되지 아니한 어음금액을 지급하는 자는 이를 지급한 사실을 어음에 적을 것과 영수증을 교부할 것을 청구할 수 있다. 소지인은 그 후의 상환청구를 할 수 있게 하기 위하여 어음의 증명등본과 거절증서를 교부하여야 한다(어 51조).

3) 소구의무자의 상환권　　어음(수표)법상 규정은 없으나 소구의무자에게 상환권이 인정된다고 본다. 즉, 소구의무자는 자기에게 소구되기 전에 자진하여 소구의무를 이행할 수 있다. 소구의무자가 상환권을 행사한 경우에는 어음(수표)소지인은 이를 거절하지 못하며, 거절한 경우에는 수령지체가 된다.

4) 역 어 음　　어음소지인 또는 소구의무를 이행한 배서인이 자신을 수취인으로 하고 그 전자 중 1인을 지급인으로 하여 그 자의 주소에서 지급할 일람출급의 새 어음을 발행함으로써 소구권을 행사할 수 있는데 이때의 새 어음을 역어음이라 한다. 역어음은 발행인은 소구권자이고, 지급인은 소구의무자이며, 지급지는 소구의무자의 주소지이고(제3자방지급으로 하지 못한다), 만기는 일람출급이어야 하며, 발행지는 본어음의 지급지 또는 소구권자의 주소지이어야 하고, 어음금액은 상환금액 이외에 그 역어음의 중개료 및 인지세를 가산한 금액이며, 역어음의 발행이 금지되지 않아야 하는 요건을 갖추어야 한다(52조 1항·2항, 77조 1항 4호).

(7) 재소구(재상환청구)

1) 의의와 법적 성질　　재소구는 어음(수표)소지인 또는 자기의 후자에 대하여 소구의무를 이행하여 어음(수표)을 환수한 자가 다시 그의 전자에 대하여 소구하는 것이다. 재소구권의 법적 성질에 대하여 ① 어음(수표)상의 권리는 배서에 의하여 어음(수표)의 환수를 해제조건으로 하여 이전되는 것이라고 보고, 재소구권자는 자기가 이전에 가지고 있었던 어음(수표)상의 권리를 회복한 것이라고 보는 권리회복설과 ② 어음(수표)상의 권리는 배서에 의하여 확정적으로 피배서인에게 이전되는 것으로 보고, 배서인이 어음(수표)을 환수하면 어음(수표)법의 규정에 의하여 어음(수표)상의 권리를 재취득하는 것이라는 권리재취득설이 대립한다.

2) 요　건

㈎ 실질적 요건　　소구의무자가 그 의무를 이행하여 어음(수표)을 환수하여야 한다. 따라서 무담보배서인이 상환을 하거나 소구의무가 시효 등으로 인하여 소멸한 후에 상환을 한 경우 전자에 대하여 재소구를 하지 못한다.

㈏ 형식적 요건　　재소구를 하기 위하여는 어음(수표), 거절증서, 영수를 증명하는 계산서를 교부받아야 하여, 이를 다시 재소구의무자인 전자에게 교부하여야 한다(어 50조 1항, 77조 1항 4호, 수 46조 1항).

3) 재소구금액　　재소구의무를 이행하여 어음(수표)을 환수한 자는 그 전자(前者)에 대하여 ① 지급한 총금액, ② 총금액에 대하여 연 6퍼센트의 이율로 계산한 지급한 날 이후의 이자, ③ 지출한 비용의 지급을 청구할 수 있다(어 49조, 77조 1항 4호, 수 45조).

4) 재소구권의 행사　　재소구권자도 소구권자와 같이 도약적 소구및 변경권이 인정된다(어 47조 3항·2항, 77조 1항 4호, 수 43조 3항·2항).

5) 상환자의 지위　　소구의무를 이행하여 어음(수표)을 환수한 자는 어음(수표)상의 권리를 행사할 수 있게 된다. 이 경우 인적항변의 대항문제에 관하여 권리회복설은 재소구권자는 자기의 전자로부터는 원래의 인

적항변사유로써 대항받게 되나 후자의 인적항변사유는 이전되지 않으므로 선의·악의를 불문하고 대항받지 않는다고 하고, 권리재취득설에서는 자기의 후자가 선의인 경우 원래의 인적항변사유로써 대항받지 않으나, 후자가 악의인 경우 대항받는다고 한다.

8. 참   가

(1) 총   설

1) 참가의 의의와 종류　　참가는 소지인이 소구권을 행사할 수 있는 경우에 제3자가 어음관계에 개입하여 인수 또는 지급을 함으로써 소구권행사를 저지하는 제도이다. 어음의 신용제고를 위한 점에서는 어음보증과 비슷하나 어음보증이 예방적인 데 반하여 참가는 사후적 조처라는 점에서 차이가 있다. 참가는 어음에 특유한 제도로서 수표에는 없다. 참가에는 참가인수와 참가지급이 있다. 어음법은 약속어음에 있어서 참가지급에 관한 규정만을 준용하고 있으나(어 77조 1항 5호), 참가인수가 만기 전의 소구권행사를 저지하기 위한 제도라는 점에서 볼 때 약속어음에도 이를 인정하여야 한다는 견해가 많다.

2) 참가의 당사자

(개) 참 가 인　　참가의 자격에는 제한이 없다. 따라서 순수한 제3자뿐만 아니라 지급인 또는 어음상의 소구의무자인 환어음의 발행인, 배서인 및 그 보증인도 참가할 수 있다. 그러나 인수인과 약속어음의 발행인 및 그들의 보증인은 그 성질상 참가인이 될 수 없다(어 55조 3항, 77조 1항 5호). 참가인에는 어음의 기재에 의하여 참가가 예정된 예비지급인(어 56조 2항, 60조 1항, 77조 1항 5호)과 예정에 없는 제3자가 참가하는 협의의 참가인이 있다.

(내) 피참가인　　소구의무자 또는 그 보증인은 모두 피참가인이 될 수 있다. 따라서 인수인, 약속어음의 발행인, 무담보배서인은 피참가인이 될 수 없다.

3) **참가의 통지**　　참가인은 피참가인에 대하여 2거래일 내에 참가 하였음을 통지하여야 한다. 참가인이 이 기간을 지키지 아니한 경우에 과실로 인하여 손해가 생기면 그 참가인은 어음금액의 한도에서 배상할 책임을 진다(어 55조 4항, 77조 1항 5호). 이 통지는 피참가인으로 하여금 먼저 소구의무를 이행할 기회를 주기 위한 것이다.

4) **참가시기**　　참가인수는 소구요건이 구비된 후 만기까지의 사이 에(어 56조 1항), 참가지급은 소구요건이 구비된 후 지급거절증서작성기간 의 최종일의 다음 날까지 하여야 한다(어 59조 3항, 77조 1항 5호).

(2) **참가인수**

1) **의　　의**　　참가인수는 만기 전의 소구를 저지하기 위하여 어음 의 지급을 약속하는 어음행위이다. 그 법적 성질은 소구의무의 인수이다. 참가인수인의 책임은 어음금의 지급이 되지 않는 경우에 피참가인의 후 자에 대하여만 지급의무를 부담하고, 소지인의 소구권보전절차의 흠결로 인하여 소멸되는 점에서 인수인의 책임과 다르다.

2) **요　　건**　　만기 전 소구권을 행사할 수 있는 모든 경우에 할 수 있다(어 56조 1항). 그러나 인수제시금지어음에 대하여는 참가인수를 하 지 못한다(어 56조 1항).

3) **방　　식**　　참가인수는 어음행위이므로 어음에 참가인수문구를 기재하고 참가인이 기명날인 또는 서명하여야 한다(어 57조 전문). 또한 피 참가인을 표시하여야 하나, 그 표시가 없는 경우에는 환어음의 발행인을 위한 것으로 본다(어 57조 후문). 일부참가인수는 허용되지 않는다(어 59조 2 항 참조).

4) **참가인수의 선택**　　어음소지인은 원칙적으로 참가인수를 거절할 수 있다(어 56조 3항 전문). 그러나 지급지에 있는 예비지급인의 기재가 있 는 경우에는 그 자의 참가를 거절하지 못하며, 소지인은 예비지급인에게 어음을 제시하였으나 그 자가 참가인수를 거절하였음을 거절증서에 의하 여 증명하지 않으면 예비지급인을 기재한 자와 그 후자에 대하여 만기

전의 소구권을 행사하지 못한다(어 56조 2항). 참가인수를 할 자가 수인 있는 경우에는 지급지에 있는 예비지급인이 우선하고, 이러한 예비지급인이 수인 있는 경우에는 가장 많은 소구의무자를 면책시키는 자가 우선한다.

5) 효력 참가인수인은 소지인과 피참가인의 후자에 대하여 피참가인과 같은 의무를 부담한다(어 58조 1항). 어음소지인이 참가인수를 승낙한 때에는 피참가인과 그 후자에 대하여 만기 전의 소구권을 상실한다(어 56조 3항 후문). 피참가인의 전자는 참가인수가 있어도 소구의무를 면할 수 없고 피참가인도 만기 전에만 소구의무를 면하는 것이므로 피참가인과 전자는 참가인수에 불구하고 소구금액을 지급하고 어음을 환수할 수 있다(어 58조 2항 전문).

(3) 참가지급

1) 의의 참가지급은 만기 또는 만기 전의 소구권행사의 요건이 구비되었을 경우 그 소구를 저지하기 위하여 인수인 또는 약속어음의 발행인 이외의 자가 하는 지급이다. 이는 어음상의 기명날인을 요하지 않으므로 어음행위가 아니고, 소구권의 소멸을 목적으로 하는 변제 유사의 행위이다. 또한 지급이기는 하나 피참가인의 후자의 의무만을 소멸시키는 점에서 지급과 다르다(어 63조 2항, 77조 1항 5호).

2) 요건 만기나 만기 전의 소구원인이 발생하여야 하며(어 59조 1항, 77조 1항 5호), 그 사실이 거절증서에 의하여 입증되어야 한다(거절증서작성면제의 경우 제외).

3) 참가지급인

(개) **자격** 인수인과 약속어음의 발행인을 제외하고 누구나 참가지급인이 될 수 있다(어 55조 3항, 77조 1항 5호).

(내) **참가인수인 또는 예비지급인의 기재가 있는 경우** 지급지에 주소가 있는 자가 참가인수를 한 경우 또는 지급지에 주소가 있는 자가 예비지급인으로 기재된 경우에는 소지인은 늦어도 지급거절증서를 작성시킬 수 있는 마지막 날의 다음 날까지 그들 모두에게 어음을 제시하고 필요

할 때에는 참가지급거절증서를 작성시켜야 한다. 위 기간 내에 거절증서가 작성되지 아니하면 예비지급인을 기재한 자 또는 피참가인과 그 후의 배서인은 의무를 면한다(어 60조, 77조 1항 5호).

(대) **제3자의 참가지급의 거절불가**　　위와 같은 기재가 없는 경우에 소지인은 즉시 소구할 수 있으나, 제3자가 참가지급을 하는 경우에는 소지인은 참가인수와 달리 이를 거절하지 못하고, 만약 거절한 때에는 피참가인의 후자에 대하여 소구권을 잃게 된다(어 61조, 77조 1항 5호).

(라) **참가지급인의 경합**　　참가지급이 경합하는 경우에는 가장 많은 수의 어음채무자의 의무를 면하게 하는 자가 우선하며, 이러한 사정을 알고도 이 규정을 위반하여 참가지급을 한 자는 의무를 면할 수 있었던 자에 대한 소구권을 잃는다(어 63조 3항, 77조 1항 5호).

4) **시기·금액·방식**　　참가인수인은 원칙적으로 지급거절증서작성 기간의 다음날까지 참가지급을 하여야 하고, 예비지급인 기타 제3자는 만기의 전후를 불문하고 참가지급을 할 수 있으나 지급거절증서를 작성시킬 수 있는 최종일의 다음 날까지는 하여야 한다(어 59조 3항, 60조 1항, 77조 1항 5호). 참가지급금액은 피참가인이 지급할 전액이다(어 59조 2항, 77조 1항 5호). 일부참가지급은 허용되지 않는다. 참가지급이 있으면 어음에 피참가인을 표시하고 그 영수를 증명하는 문구를 적어야 하며, 그 표시가 없을 때에는 발행인을 위하여 지급한 것으로 본다. 소지인은 어음을 참가지급인에게 교부하여야 하며, 거절증서를 작성시킨 경우에는 그 거절증서도 교부하여야 한다(어 62조, 77조 1항 5호).

5) **효　력**　　참가지급으로 인하여 어음소지인의 어음상의 권리는 모든 어음채무자에 대한 관계에서 소멸한다. 참가지급으로 인하여 피참가인의 후자는 소구의무를 면한다(어 63조 2항, 77조 1항 5호). 참가지급인은 피참가인과 그 전자 및 인수인에 대하여 어음상의 권리를 취득한다(어 63조 1항 본문, 77조 1항 5호). 이는 어음법에 의한 취득이다. 그러나 참가지급인은 다시 그 어음에 배서하지 못한다(어 63조 1항 단서, 77조 1항 5호).

9. 복본과 등본

(1) 복   본

1) 의   의   복본(複本)은 하나의 환어음 또는 수표상의 권리를
표창하기 위하여 발행된 여러 통의 증권이다. 환어음의 경우 보통 2통이
발행되는데 이는 모두 정본이고, 원본과 등본의 경우와 같이 주종의 구
별이 없다. 복본은 환어음의 인수 또는 수표의 유통을 위하여 타지에 송
부할 때의 상실위험에 대비하기 위한 것이다. 이는 환어음과 수표에만
인정되고 약속어음에는 인정되지 않는다.

2) 발   행   복본은 발행인만이 발행할 수 있다. 복본의 각통은
내용이 동일하여야 하며(어 64조 1항), 증권의 본문 중에 번호를 붙여야 하
고, 번호를 붙이지 아니한 경우에는 그 여러 통의 복본은 별개의 환어음
으로 본다(어 64조 2항). 어음에 한 통만을 발행한다는 내용을 적지 아니한
경우에는 소지인은 자기의 비용으로 복본의 교부를 청구할 수 있다. 이
경우 소지인은 자기에게 직접 배서한 배서인에게 그 교부를 청구하고 그
배서인은 다시 자기의 배서인에게 청구를 함으로써 이에 협력하여 차례
로 발행인에게 그 청구가 미치게 한다. 각 배서인은 새 복본에 배서를 다
시 하여야 한다(어 64조 3항).

3) 효   력

(가) 복본일체의 원칙   복본은 각통마다 어음의 효력을 가지나, 동일
한 어음채권을 표창하므로 수통의 복본을 소지하더라도 그 소지인은 하
나의 권리를 취득할 뿐이다. 그리고 발행인과 배서인은 수통의 복본에
기명날인 또는 서명하여도 1개의 어음채무를 부담하는 데 그치며, 어음
의 제시나 상환청구도 1통으로 하면 된다. 이를 복본일체의 원칙이라 한
다. 그러므로 복본의 1통에 대한 지급이 있는 때에는 이 지급이 다른 복
본을 무효로 한다는 뜻의 기재(파훼문구)가 없는 경우에도 그 책임을 면한
다(어 65조 1항 본문).

(나) 예 외   수통의 복본에 인수한 지급인은 지급시에 복본 모두를 환수하여 두지 않으면 반환을 받지 아니한 복본에 대하여 책임을 진다(어 65조 1항 단서). 이는 선의의 소지인을 보호하기 위한 것이다. 또 여럿에게 각각 복본을 양도한 배서인과 그 후의 배서인은 그가 기명날인하거나 서명한 각 통의 복본으로서 반환을 받지 아니한 것에 대하여 책임을 진다(어 65조 2항).

4) 인수를 위한 복본의 송부   인수를 위하여 복본 1통을 송부한 자는 다른 각 통의 복본에 이 1통의 복본을 보유하는 자의 명칭을 적어야 한다. 송부된 복본을 보유하는 자는 다른 복본의 정당한 소지인에게 그 복본을 교부할 의무가 있다(어 66조 1항). 복본 교부를 거절당한 소지인은 거절증서로 ① 인수를 위하여 송부한 한 통의 복본이 소지인의 청구에도 불구하고 교부되지 아니하였다는 것과 ② 다른 한 통의 복본으로는 인수 또는 지급을 받을 수 없었다는 사실을 증명하지 아니하면 소구권을 행사하지 못한다(어 66조 2항).

(2) 등 본

1) 의 의   등본은 어음의 원본을 등사한 것이다. 어음원본의 상실위험을 피하기 위한 것으로 어음소지인이 임의로 작성할 수 있다.

2) 방 식   등본에는 배서된 사항이나 그 밖에 원본에 적힌 모든 사항을 정확히 다시 적고 끝부분임을 표시하는 기재를 하여야 한다(어 67조 2항). 등본에는 원본보유자를 표시하여야 한다(어 68조 1항 전문).

3) 효 력   등본은 그 자체로는 어음으로서의 효력이 없으나, 그 위에 배서·보증을 할 수 있다(어 67조 3항). 어음상의 권리주장은 원본으로써 하여야 한다.

4) 원본의 반환청구권과 등본소지인의 소구권   원본을 송부한 경우에는 등본에 그 원본의 소지자를 기재하여야 하며, 그 등본의 정당한 소지인은 원본소지자에 대하여 그 반환을 청구할 수 있다(어 68조 1항). 반환이 거절되는 경우 등본소지인은 원본반환거절증서를 작성시켜 등본에 배

서·보증한 자에 대하여 소구권을 행사할 수 있다(어 68조 2항).

5) 원본에 의한 배서금지　　등본 작성 전에 원본에 한 최후의 배서의 뒤에 '이 후의 배서는 등본에 한 것만이 효력이 있다' 또는 그와 같은 뜻의 문구를 적은 경우에는 원본에 한 그 후의 배서는 무효로 한다(어 68조 3항). 이 기재는 배서 이외의 방법에 의한 양도까지도 무효로 한다.

Ⅱ. 약속어음

1. 약속어음의 구조

약속어음은 발행인이 일정금액의 지급을 무조건적으로 약속하는 형식의 어음이다. 약속어음의 발행인 자신이 지급을 약속한다는 점에서 제3자에 대하여 지급을 위탁하는 환어음과 본질적으로 구별된다. 환어음에서는 발행인과 지급인이 분리되나 약속어음에서는 발행인이 주채무자인 지급인이므로 분리되지 않는다.

지급각서

금: 1,000,000원

채무자 갑은 채권자 병에게 위 금원을 3개월 후인 2021년 9월 30일에 지급할 것을 정히 약속합니다.

2021. 6. 30.
채무자 갑 (인)

채권자 병 귀하

〈약속어음 앞면〉

약 속 어 음

병(수취인) 앞
일금1,000,000원

지급기일 2021. 9. 30.　　발행일 2021. 6. 30.
상기 금액을 귀하 또는 귀하의 지시인에게 이 약속어음과 상환으로 지급하겠습니다.

지급지
지급장소
발행지　　　　　　　　　　발행인　갑 (인)

일정금액의 지급약속

갑 ─────────────────────→ 병
(발행인＝지급인)　　발 행　　(수취인)

〈약속어음 이면〉

앞면에 적은 금액을 정 또는 그의 지시인에게 지급하여 주십시오. (거절증서작성을 면제함)   2021. 7. 10.   주소   성명　　　　병　　(인)
앞면에 적은 금액을 무 또는 그의 지시인에게 지급하여 주십시오. (거절증서작성을 면제함)   2021. 8. 30.   주소   성명　　　　정　　(인)
앞면에 적은 금액을　　　　또는 그의 지시인에게 지급하여 주십시오. (거절증서작성을 면제함)   20 ．　．　．   주소   성명
앞면에 적은 금액을 틀림없이 영수하였습니다.   2021. 9. 30.   주소   성명　　　　무　　(인)

Cf. 지급각서와 약속어음의 차이를 설명하기 위하여 갑이 병에게 금 100만원의 채무를 부담하고 있다고 전제한다(이는 물품을 매매한 대금일 수도 있고, 차용금일 수도 있다). 병의 갑에 대한 채권은 민법상 지명채권, 즉 채권자가 특정되어 있는 채권이다. 이 경우 갑이 지급각서(또는 차용증 기타 명칭은 불문한다)라는 증서를 작성하여 병에게 교부할 경우 3개월 후 갑에게 금100만원을 청구할 수 있는 사람은 병뿐이다. 만약 병

이 정에게 100만원의 채무가 있어서 갑이 정에게 직접 위 채무를 갚도록 조처하려고 하면(정의 동의가 있는 것을 전제로 한다) 병의 갑에 대한 위 채권을 정에게 양도하는 방법을 이용하여야 하는데 이때 민법 제450조에 따라 양도인인 병이 채무자인 갑에게 채권양도사실을 통지하거나 채무자인 갑이 이를 승낙하여야 효력이 발생하며, 갑 외의 제3자에게 채권양도로써 대항하려고 하면 확정일자 있는 증서에 의하여야 한다. 이러한 절차는 번잡함과 동시에 병이 같은 채권을 정 외의 제3자에게 이중양도한 경우에는 확정일자 있는 증서로 그 우열관계를 비교해보아야 하고 경우에 따라서는 채권을 잃게 되는 위험도 따를 수 있게 된다. 이러한 점을 감안하여 채권을 물권과 같이 무색투명하게 대세적으로 효력을 가지게 만들어 필요에 따라 손쉽게 양도할 수 있는 방안을 강구하게 되었는데 이것이 약속어음제도이다. 위의 예에서 갑과 병 사이에 약속어음으로 거래하기로 합의하여 갑이 병에게 채무의 성격(여기서는 차용금이나 그 외에 매매대금, 보증금 등 다양한 성격이 있을 것이다)을 배제하고 단순히 금100만원에 대한 채무를 부담함과 아울러 3개월 후에 약속어음을 제시하는 자에게 그 돈을 갚겠다는 의미를 담은 약속어음을 그 엄격한 형식(어 75조)에 따라 발행한 경우에는 병이 금100만원의 갑에 대한 채권을 정에게 양도하고자 할 때 단순히 약속어음의 뒷면에 양도한다는 뜻을 기재하면 채권이 양도되게 되고 그런 방법으로 수차에 걸쳐 양도함으로써 채권을 유통시킬 수 있게 되는 것이다. 이러한 양도방법을 배서(背書)라고 하는데 이는 약속어음의 뒷면에 기재한다는 뜻을 담은 표현이고, 실거래계에서는 이서(裏書)라고도 한다. 이와 같이 개인간의 채권을 증권을 통하여 유통할 수 있는 채권으로 변환시키는 수단 중의 하나가 약속어음인 것이다.

2. 환어음과의 차이

환어음과 약속어음은 모두 완전유가증권으로서 그 법적 성질이 같으므로 어음법은 약속어음에 관하여는 3개조문(어 75조, 76조, 78조)의 고유규정을 두고, 그 외에는 모두 환어음에 관한 규정을 준용하고 있다(어 77조). 환어음과 약속어음은 모두 신용수단, 지급수단으로 이용되나 환어음의

경우 국제거래에서 송금과 환전의 수단으로 이용됨에 반하여 약속어음은
주로 국내거래에서 이용되는 것으로 경제적 기능에서 차이가 있다.

(1) **어음의 기본당사자와 어음행위**   약속어음은 지급약속증권이
고, 환어음은 지급위탁증권이므로 약속어음의 기본당사자는 발행인과 수
취인 2인이나, 환어음의 기본당사자는 발행인·지급인·수취인 3인이다.
또한 약속어음에 있어서는 발행·배서·보증의 세 가지 어음행위가 있으
나, 환어음에는 이외에 인수·참가인수의 다섯 가지의 어음행위가 있다
(단, 이론상으로는 약속어음에도 참가인수가 가능하다고 본다).

(2) **발행인의 의무**   약속어음의 발행인은 주채무자이나, 환어음의
발행인은 주채무자가 아니라 소구의무자일 뿐이다. 환어음의 주채무자는
인수인이고, 인수 전에는 주채무자가 없다.

(3) **자금관계**   환어음에는 발행인과 지급인간의 지급위탁의 원인
이 되는 자금관계가 존재하나, 약속어음에는 이러한 법률관계가 없다.

(4) **인수제도**   환어음에서는 지급인이 인수를 함으로써 어음상의
주채무자가 되므로 인수제도가 필요하며, 지급인이 인수를 거절하는 경
우 만기 전의 소구 및 참가인수가 인정된다. 한편 약속어음에서는 발행
인이 주채무자이므로 인수제도가 없다. 그러나 약속어음에 있어서도 발
행인의 자력불확실로 인한 만기 전의 소구 및 이를 저지하기 위한 참가
지급이 인정된다고 본다.

(5) **복 본**   환어음은 국제거래에 주로 이용되므로 인수를 위한
타지 송부시의 분실에 대비하기 위하여 복본을 인정하나 약속어음에는
복본이 인정되지 않는다.

〈약속어음 견본〉

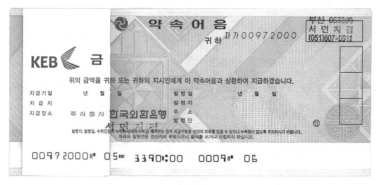

(앞면)

(뒷면)

3. 약속어음에 관한 특칙

(1) 발   행

1) 어음요건(어 75조 1호~7호)

⑺ 증권의 본문 중에 그 증권을 작성할 때 사용하는 국어로 약속어음임을 표시하는 글자

⑷ 조건 없이 일정한 금액을 지급할 것을 약속하는 뜻

⑸ 만   기   일람후정기출급의 약속어음은 제23조에 따른 기간 내에 발행인이 일람할 수 있도록 제시하여야 한다. 일람 후의 기간은 발

행인이 어음에 일람하였다는 내용을 적고 날짜를 부기하여 기명날인하거나 서명한 날부터 진행한다. 발행인이 일람 사실과 날짜의 기재를 거절한 경우에는 거절증서로써 이를 증명하여야 한다. 그 날짜는 일람 후의 기간의 첫날로 한다(어 78조 2항).

㈑ **지 급 지** 지급지의 기재가 없으면 발행지를 지급지 및 발행인의 주소지로 본다(어 76조 2호).

㈒ **지급받을 자 또는 지급받을 자를 지시할 자의 명칭** 어음은 수취인의 기재가 필요적 기재사항이므로 무기명식 또는 지명소지인출급식은 인정되지 않는다. 그러나 수취인백지어음의 발행으로 같은 효과를 얻을 수 있다.

㈓ **발행일과 발행지** 발행지의 기재가 없으면 발행인의 명칭에 부기한 지를 발행지로 본다(어 76조 3호).

㈔ **발행인의 기명날인 또는 서명**

2) 발행의 성질과 효력 약속어음의 발행도 어음증권을 작성하여 수취인에게 교부함으로써 성립하는 어음행위이며, 발행인은 어음의 수취인과 그 이후의 정당한 소지인에 대하여 주채무자로서 어음금지급채무를 부담한다(어 78조 1항).

(2) 환어음에 관한 규정의 준용 약속어음에는 환어음에 관한 규정 중 인수·인수거절의 경우의 소구·참가인수·복본에 관한 규정을 제외하고 모두 준용된다(어 77조, 이론상 참가인수의 유추적용 가능성에 대하여는 기술하였다).

(3) 전자어음 전자어음은 전자문서로 작성되고 전자어음관리기관에 등록된 약속어음이다. 전자어음을 발행·유통하고 어음상의 권리를 행사할 수 있도록 하기 위하여 전자어음의 발행 및 유통에 관한 법률이 제정·시행되고 있다. 전자어음에 관하여 위 법률에서 규정한 것 외에는 어음법의 규정에 의한다(위 법률 4조). 위 법률 제7조 제5항은 전자어음의 총배서횟수를 20회로 제한하고, 제7조의2 제1항은 일부배서의 무효를 규

정한 어음법 제12조 제2항에 불구하고 전자어음을 발행받아 최초로 배서하는 자에 한하여 총 5회 미만으로 어음금을 분할하여 각 분할부분에 관하여 각각 배서할 수 있도록 규정하고 있다.

Ⅲ. 수　표

1. 수표의 구조

수표(check)는 발행인이 지급인(은행)에 대하여 수취인 기타 증권의 정당한 소지인에게 일정한 금액을 지급할 것을 위탁하는 증권이다. 수표는 지급위탁증권인 점에서 약속어음과 다르고, 인수 전의 환어음과 유사하다. 환어음과 수표는 그 법률적 성질과 형식이 비슷하여 양자에 대한 규정은 유사한 것이 많다. 그러나 어음은 신용증권인 데 반하여 수표는 지급증권이다. 수표의 신용증권화 방지를 위하여 ① 일람출급만을 인정하고(수 28조 1항), ② 이자의 지급을 인정하지 않으며(수 7조), ③ 인수와 참가제도가 없고, ④ 제시기간은 10일로 단기이며(국내수표, 수 29조 1항), ⑤ 시효기간을 단축하는(수 51조) 등 여러 규정을 두고 있다.

수표는 어음과 같이 완전유가증권으로서 금전채권성·설권증권성·요식증권성·무인증권성·문언증권성·지시증권성·제시증권성·상환증권성을 가지므로 어음과 여러 가지 규정이 공통된다. 수표행위독립의 원

〈당좌수표 견본〉

칙(수 10조), 위조와 변조(수 50조), 수표행위의 대리(수 11조), 백지수표(수 13
조), 선의취득(수 21조), 수표의 인적항변의 절단(수 22조), 시효(수 51조, 52
조), 은혜일의 불허(수 62조), 이득상환청구권(수 63조), 기간계산(수 60조, 61
조) 등은 환어음의 경우와 거의 같다.

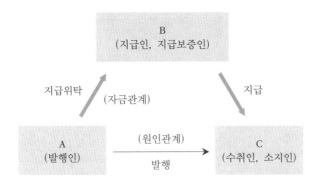

2. 수표와 환어음 및 약속어음의 차이

(1) 수표와 환어음의 비교

1) 인수제도의 금지   수표에는 인수제도가 없다. 따라서 수표에 한
인수는 기재하지 않은 것으로 본다(수 4조). 환어음과 달리 장기간의 유통
을 전제로 하지 않기 때문이다. 수표는 환어음과 달리 주채무자가 없는
상태에서 발행인의 신용만에 의하여 유통되므로, 수표지급의 불확실성을
담보하기 위하여 지급보증제도를 두고 있다(수 53조~58조).

2) 지급인의 자격제한   수표의 지급인은 은행에 한정되며, 제3자
방출급의 수표의 제3자도 마찬가지이다(수 3조, 8조). 수표지급의 확실성과
전문성을 고려한 것이다.

3) 자금관계   수표의 발행인은 지급인인 은행에 그가 처분할 수
있는 자금이 있어야 하고, 그 자금을 수표에 의하여 처분할 수 있는 명시

적 또는 묵시적 계약(수표계약)에 따라서만 발행할 수 있다(수 3조 본문). 이에 위반한 때에는 과태료의 제재가 있는(수 67조) 외에 부정수표단속법에 의하여 처벌될 수 있다. 환어음에는 없는 제한이다.

4) 일람출급   수표는 일람출급(一覽出給)으로 한다. 이에 위반되는 모든 문구는 적지 아니한 것으로 본다(수 28조 1항). 선일자수표가 발행일자 전에 제시된 때에도 지급하여야 한다(수 28조 2항). 수표에는 만기제도가 없다.

5) 소지인출급성   수표는 어음과 달리 기명식·지시식 외에 소지인출급식, 지명소지인출급식, 무기명식의 발행이 인정된다(수 5조). 수취인의 기재는 수표요건이 아니다.

6) 횡선제도   수표의 소지인출급성으로 인한 도난·유실의 위험을 방지하기 위하여 수표에만 인정된다(수 37조, 38조).

7) 지급위탁의 취소   수표의 지급증권성에 비추어 사기로 인한 수표의 발행이나 분실 등에 대처하기 위하여 지급위탁취소제도가 수표에는 인정되어 있으나(수 32조) 환어음에는 그러한 제도가 없다.

8) 이자기재의 불인정   수표에는 이자문구의 기재가 허용되지 않는다(수 7조). 수표는 언제든지 지급제시하여 현금화할 수 있으므로 이자문구의 기재가 불필요하고, 이를 허용할 경우 신용증권화할 가능성이 있기 때문이다.

9) 지급인의 배서와 보증금지   지급인의 배서는 무효로 한다(수 15조 3항). 지급인은 수표보증인이 될 수 없다(수 25조 2항 전문). 이를 인정할 경우 수표의 인수금지규정의 탈법행위가 될 수 있기 때문이다. 그러나 지급인의 지급보증은 가능하다(수 53조 1항).

10) 입질배서의 불인정   수표의 제시기간이 10일이어서 담보에 부적당하기 때문이다.

11) 참가제도의 불인정   수표에는 참가제도가 없다. 조속한 현금화의 필요가 있고, 지급이 간이하기 때문이다.

12) **등본의 불인정과 복본의 제한**   수표에는 등본제도가 인정되지 않는다. 이는 수표가 장기간 유통되는 것이 아니기 때문이다. 또한 복본도 국제간 또는 원격지에 송부하는 경우에만 허용되며, 소지인출급식수표에는 인정되지 않는다(수 48조 본문).

13) **제시기간·시효기간**   국내수표의 제시기간은 10일(수 29조 1항)이나 일람출급환어음은 1년이다(어 23조 1항). 수표의 시효기간도 환어음보다 짧은 6개월이다(수 51조).

14) **거절증명의 간이화**   수표의 경우 지급인의 선언 또는 어음교환소의 선언으로써 거절증서를 대신하는 간편한 방법이 있다(수 39조 2호·3호).

⑵ **수표와 약속어음의 비교**

1) **발행형식**   약속어음은 지급약속증권임에 반하여 수표는 지급위탁증권이다.

2) **기본당사자와 어음·수표행위**   약속어음의 기본당사자는 발행인과 수취인 2인이고, 수표의 경우 발행인·지급인·수취인 3인이다(수표는 소지인출급식 또는 무기명식으로 발행할 수 있으므로 수취인의 기재는 하지 않아도 된다. 수 5조 1항 3호·3항). 약속어음에는 발행·배서·보증의 세 가지 어음행위가 있고, 수표에는 그 외에 지급보증이 있어 네 가지 수표행위가 있다.

3) **발행인의 의무**   약속어음의 발행인은 주채무자이나 수표의 발행인은 주채무자가 아니고 지급인이 지급거절한 경우의 소구의무자이다. 수표에는 인수제도가 없으므로 주채무자가 존재하지 않는다. 수표의 지급인이 지급보증을 하여도 지급제시기간 내에 지급제시가 있는 경우에만 지급의무를 부담할 뿐이다.

4) **자금관계**   수표에는 발행인과 지급인인 은행간의 자금관계가 존재하나 약속어음에서는 지급위탁이 아니므로 자금관계가 없다(다만, 은행도 약속어음과 같이 지급담당자가 기재되어 있는 경우에는 준자금관계가 존재한다).

5) **복 본**   약속어음에는 복본이 없으나, 수표에는 제한적으로

인정된다(수 48조, 49조).

3. 수표의 종류

자기지시수표, 자기앞수표, 백지수표, 선일자수표, 횡선수표 등은 해당부분에서 살펴볼 것이고, 여기서는 일상에서 쓰이는 수표 몇 가지를 설명한다.

(1) **당좌수표**　　은행과 당좌거래가 있는 개인 또는 법인이 발행하는 수표로서 자기앞수표(보증수표)에 대한 개념이다. 수표법에서 말하는 전형적인 형태의 수표이다.

(2) **여행자수표**(traveller's check)　　해외여행자가 현금휴대의 위험성과 번잡을 피하기 위하여 여행지에서 그곳의 화폐로 교환할 수 있는 유가증권이다. 여행자수표의 제1차적인 기능은 현금대용물로서의 지급수단으로 이용되는 것이 아니라 현금화하는 데 있는 것이 수표와 구별되는 점이다.

(3) **가계수표**　　개인이 은행과 가계당좌거래계약을 체결하고 은행에 있는 수표자금의 범위 내에서 발행하는 수표이다. 개인이 발행하고, 수표금액에 제한이 있는 점이 당좌수표와 구별되나 그 법적 성질은 일반수표와 같다.

(4) **우편**(대체)**수표**　　우편대체계좌에 가입한 자가 그 우체국을 지급인으로 발행한 수표(우편대체법 14조)로서 그 법적 성질은 일반수표와 같으나 우편대체법 등이 수표법에 우선하여 적용되는 차이가 있다(위 법 14조 4항).

4. 발　　행

(1) **의　　의**　　수표의 발행은 은행과 수표계약을 체결한 자가 은행으로부터 교부받은 수표용지에 수표요건을 기재하여 상대방에게 교부하는 행위이다. 수표발행행위의 성질은 지급제시가 있을 경우 지급인에 대

하여 수취인에게 일정한 금액을 지급할 것을 지시하는 요식적 단독행위이다. 수표발행인은 지급에 대한 담보책임을 지며, '지급무담보'와 같은 뜻의 모든 문구는 적지 아니한 것으로 본다(수 12조). 수표를 발행한 후 발행인이 사망하거나 무능력자가 된 경우에도 그 수표의 효력에 영향을 미치지 아니한다(수 33조).

(2) **수표요건**(수 1조 1호~6호)

1) 증권의 본문 중에 그 증권을 작성할 때 사용하는 국어로 수표임을 표시하는 글자

2) 조건 없이 일정한 금액을 지급할 것을 위탁하는 뜻

3) **지급인의 명칭**　　지급인은 은행이어야 하나(수 3조 본문), 이와 동일시되는 사람 또는 시설(예: 우체국, 각종 협동조합 또는 협동조합중앙회 등)을 포함한다(수표법 적용 시 은행과 동일시되는 사람 또는 시설의 지정에 관한 규정 1호~10호). 발행인 자신을 지급인으로 할 수 있다(자기앞수표, 수 6조 3항).

4) **지 급 지**

5) **발행일과 발행지**　　발행일은 사실상 발행일과 일치하여야 하는 것은 아니므로, 선일자수표 또는 후일자수표 모두 유효하다.

6) 발행인의 기명날인 또는 서명

(3) **유익적 기재사항**

1) **수 취 인**　　어음과 달리 수취인의 기재는 수표요건이 아니나 기재하면 효력이 있다. 수취인의 표시방식도 기명식, 지시식, 기명식으로 지시금지의 뜻을 기재한 것, 소지인출급식, 지명소지인출급식(기명식 수표에 '또는 소지인에게'라는 뜻의 문구를 기재한 것), 무기명식(수취인의 기재가 없는 것)의 6가지가 있다. 기명식은 배서금지가 없는 한 법률상 당연히 배서양도할 수 있으므로(수 14조 1항·2항) 지시식과 동일한 효력이 있다. 또 지명소지인출급식 및 수취인의 기재가 없는 수표는 소지인출급식수표로 본다(수 5조 2항·3항). 발행인을 수취인으로 한 자기지시수표도 인정된다(수 6조 1항).

〈자기앞수표 견본〉

2) **제3자방지급문구**   발행인은 지급장소와 지급담당자의 기재를
할 수 있다. 이 경우 제3자는 반드시 은행이어야 한다(수 8조).

3) **기타 유익적 기재사항**   수표법상 ① 지급인의 명칭에 부기한
지(수 2조 1호), ② 발행인의 명칭에 부기한 지(수 2조 3호), ③ 배서금지문구
(수 14조 2항), ④ 환산율의 기재(수 36조 2항 단서), ⑤ 외국통화현실지급문구
(수 36조 3항), ⑥ 거절증서작성면제(수 42조 1항), ⑦ 횡선수표(수 37조, 38조),
⑧ 복본의 번호(수 48조) 등이 있다.

(4) **무익적 기재사항**   수표법상 ① 이자약정의 기재(수 7조), ② 발
행인의 지급무담보문구(수 12조 후문), ③ 일람출급 이외의 만기의 표시(수
28조 1항 후문), ④ 위탁수표문구(수 6조 2항), ⑤ 인수문구(수 4조 후문) 등이
있다. 수표법에 규정되지 않은 사항으로서 위약금문언, 손해배상액의 예
정, 예비지급인의 기재, 수표금의 발행한도(예: 자기앞수표의 '100만원 이하'와
같은 문구), 관할법원의 합의 등이 있다.

(5) **유해적 기재사항**   수표법상의 유해적 기재사항은 없고, 수표
법 외의 것은 환어음과 같다. 즉, 수표의 지급을 원인관계와 결부시키거
나 조건부로 하는 등의 수표의 본질에 반하는 기재는 수표 자체를 무효
로 한다.

(6) **수표발행의 제한**   수표는 제시한 때에 발행인이 처분할 수 있는 자금이 있는 은행을 지급인으로 하고, 발행인이 그 자금을 수표에 의하여 처분할 수 있는 명시적 또는 묵시적 계약(수표계약)에 따라서만 발행할 수 있다(수 3조 본문). 수표계약의 법적 성질은 수표의 지급사무를 위탁하는 위임계약이다. 그러나 이 규정을 위반하는 경우에도 수표로서의 효력에 영향을 미치지 아니한다(수 3조 단서).

5. 양   도

(1) 소지인출급식수표의 양도

1) **인도에 의한 양도**   소지인출급식수표는 당사자의 합의와 수표의 교부에 의하여 양도된다. 교부는 수표상의 권리이전의 성립요건이다. 교부에 의한 양도의 경우에도 배서양도와 같이 선의취득·인적항변의 절단이 인정되고, 배서의 연속과 무관하게 증권의 소지만으로 정당한 권리자로서 추정을 받는다.

2) **배서에 의한 양도**   소지인출급식수표는 교부에 의하여 양도되므로 배서가 요건은 아니나 수표법은 이에 배서한 자에 대하여 상환의무를 부담하게 하여 배서의 담보적 효력을 인정하고 있다(수 20조 본문). 그러나 이로 인하여 그 수표가 지시식 수표로 변하는 것은 아니다(수 20조 단서). 즉, 소지인출급식수표의 배서는 담보적 효력은 있어도 권리이전적 효력과 자격수여적 효력은 없다.

(2) **지시식수표의 양도**   수표는 당연한 지시증권이므로 어음과 같이 지시식은 물론 기명식이라도 배서에 의하여 양도할 수 있다(수 14조 1항). 따라서 수표의 배서는 어음의 배서와 거의 같다. 다만, ① 지급인은 배서할 수 없고(수 15조 3항, 어 11조 3항 1호·2호 참조), ② 지급인에 대한 배서는 원칙적으로 영수증의 효력만이 있으며(수 15조 5항 본문, 어 11조 3항 1호·2호 참조), ③ 수표에는 입질배서가 인정되지 않고(어 19조 참조), ④ 수표의 배서인은 지급담보책임만을 부담하며(수 18조 1항, 어 15조 1항 참조),

⑤ 수표에는 등본이 인정되지 않으므로 등본에 대한 배서가 없고(어 67조 3항 참조), ⑥ 수표에는 참가제도가 없으므로 예비지급인을 기재하지 못하는 점(어 55조 1항 참조)에서 차이가 있다.

6. 수표보증과 지급보증

(1) **수표보증**　　　수표보증은 어음보증과 같으나(수 25조~27조) 지급인이 보증인이 될 수 없다는 점만 차이가 있다(수 25조 2항, 어 30조 2항 참조).

(2) **지급보증**

1) **의　　의**　　지급보증은 수표의 지급인이 지급제시기간 내에 지급제시가 있을 때에 그 지급을 할 것을 약속하는 수표행위이다. 수표에는 인수제도가 없고, 지급인의 배서와 보증이 허용되지 않으므로 수표지급의 확실성을 보장하여 유통의 원활을 꾀하기 위하여 수표에만 지급보증제도가 인정되고 있다. 환어음의 인수와 수표보증과의 각각의 차이는 아래의 표와 같다.

〈환어음의 인수와 수표의 지급보증의 차이〉

	환어음의 인수	수표의 지급보증
의무의 성질	무조건의 지급의무 (인수인은 절대적 주채무자)	조건부·상대적 지급의무 (지급보증인은 상대적 채무자)
요구권한 유무	환어음소지인은 인수제시권 있음	수표소지인은 지급보증청구권 없음
거절의 효과	인수거절시 소구권 발생	지급보증거절시 소구권 발생 않음
일부행사	일부인수 가능	일부지급보증 불가
어음채무의 소멸시효	3년	1년
유예기간	인정(1일)	부인

〈수표보증과 수표의 지급보증의 차이〉

	수표보증	수표의 지급보증
방식	수표 또는 보충지에, 날짜 기재 불요(수 26조 1항)	수표의 앞면에만, 날짜 부기하여야(수 53조 2항)
피보증인의 표시	표시하여야 하고, 표시가 없는 경우 발행인을 위한 것으로 간주(수 26조 4항)	피보증인 없음
의무의 내용	지급인 이외의 타인의 채무 보증(수 25조 2항 전문)	지급인으로서 독립한 수표금액지급의무
자격	지급인을 제외하고 제한 없음(수 25조 2항 전문)	지급인만 가능(수 53조 1항)
독립성 여부	발행인 또는 배서인의 주채무의 존재를 전제로 하므로 종속성 인정	지급인 자신의 독립된 수표행위
채무이행의 효력	피보증인 및 그 전자에 대한 권리 취득(27조 3항)	지급인은 수표의 최종의무자이므로 권리 취득 없음

　　2) 방　　식　　　지급보증은 지급인이 수표의 앞면에 '지급보증' 또는 그 밖에 지급을 하겠다는 뜻을 적고 날짜를 부기하여 지급인이 기명날인하거나 서명함으로써 한다(수 53조 1항·2항). 피보증인의 표시는 필요가 없다. 지급보증은 조건 없이 하여야 하며(수 54조 1항), 지급보증에 의하여 수표의 기재사항을 변경한 부분은 이를 변경하지 아니한 것으로 본다(수 54조 2항). 따라서 수표금액의 일부에 대한 지급보증은 전액의 지급보증이 된다. 이 점에서 환어음의 인수와 다르다(어 26조 참조).

　　3) 효　　력

　　㈎ 지급보증인의 의무　　　지급보증을 한 지급인은 제시기간이 지나기 전에 수표가 제시된 경우에만 지급할 의무를 부담한다(수 55조 1항). 지급보증인은 타인의 부지급을 조건으로 하지 않는 제1차적인 의무이나, 인수인의 의무와 같이 절대적인 것은 아니고, 지급제시기간 경과 전에 지급제시가 있는 경우에만 지급할 의무를 부담한다. 따라서 수표소지인이 지급제시기간 경과 후에 지급보증인에게 지급을 청구하려면 제시기간

내에 지급제시를 하였다는 것을 거절증서 또는 지급거절선언에 의하여
증명하여야 한다(수 55조 2항, 39조).

(나) **발행인 등의 책임**   지급보증은 지급이 아니므로 지급보증으로
인하여 발행인 기타 수표상의 채무자가 그 책임을 면하는 것이 아니다(수
56조). 따라서 수표상의 채무자는 지급보증인과 합동하여 이행책임을 진
다(수 43조).

(다) **소멸시효기간**   지급보증인에 대한 수표상의 청구권의 소멸시효
기간은 제시기간 경과 후 1년이다(수 58조).

7. 제시와 지급

(1) 지급제시

1) 수표의 일람출급성

(가) **만기의 부존재**   수표는 지급수단으로서 현금대용물이므로 어음
과 달리 항상 일람출급으로 발행되며, 이에 반하는 문구는 기재되지 않
은 것으로 본다(수 28조 1항). 따라서 수표소지인은 언제라도 수표를 제시
하여 지급청구를 할 수 있다.

(나) **선일자수표**

가) 의 의   선일자수표는 실제 발행일보다 후일을 발행일자로
기재한 수표이다. 연수표라고도 한다. 수표의 발행일자는 발행인의 의사
에 의하여 결정되는 것이므로 실제 발행일과 다르다고 하여 수표로서의
효력에는 영향이 없다. 따라서 선일자수표도 유효하다. 선일자수표는 발
행 당시에는 지급할 자금이 없으나 수표에 기재한 발행일자(선일자)까지
자금을 마련할 수 있는 상황에서 단기 신용을 얻고자 하는 경우 등에 이
용된다.

나) 선일자수표의 지급제시와 소구   선일자수표를 발행하는 경우
발행인과 수취인간에는 선일자 이전에는 지급제시를 하지 않는다는 약정
을 하게 될 것으로 이러한 약정을 무효라고 할 수는 없다. 그러나 이러한

약정에 따라 기재된 발행일자 전에 이루어진 지급제시를 무효라고 한다면 수표가 약속어음과 같이 신용증권화하는 탈법을 막을 수 없다. 따라서 수표법은 선일자수표가 기재된 발행일이 도래하기 전에 지급제시된 경우에도 그 제시된 날에 이를 지급하여야 한다고 규정한다(수 28조 2항). 그리고 소지인은 지급이 거절된 때 보전절차를 밟아 소구권을 행사할 수 있는 한편 수표발행인은 수표법에 의한 과태료의 제재(수 67조)와 부정수표단속법에 의한 형사처벌의 대상이 될 수 있다.

다) 부제시특약의 효력　　발행인과 수취인간의 기재된 발행일 전에는 지급제시하지 않기로 한 약정은 유효하므로 발행인은 수취인에 대하여 채무불이행으로 인한 손해배상을 청구할 수 있다.

2) 지급제시기간

⑺ 법정기간　　국내에서 발행하고 지급할 수표는 10일 내에 지급을 받기 위한 제시를 하여야 한다(수 29조 1항). 지급지의 국가와 다른 국가에서 발행된 수표는 발행지와 지급지가 동일한 주에 있는 경우에는 20일 내에, 다른 주에 있는 경우에는 70일 내에 이를 제시하여야 한다(수 29조 2항). 기간은 수표에 적힌 발행일부터 기산하며(수 29조 4항) 첫날은 산입하지 않는다(수 61조).

⑼ 제시기간경과의 효과　　수표소지인이 지급제시기간 내에 지급제시를 하지 아니한 때에는 전자에 대한 소구권을 상실한다. 그리고 지급위탁취소의 효력이 발생한다(수 32조 1항). 지급위탁의 취소가 없으면 지급인은 제시기간이 지난 후에도 지급을 할 수 있다(수 32조 2항).

3) 지급제시장소　　수표의 지급제시는 원칙적으로 지급인의 영업소, 제3자방지급의 경우에는 그 제3자의 영업소에서 하여야 한다. 어음교환소에서 한 수표의 제시는 지급을 받기 위한 제시로서의 효력이 있다(수 31조).

⑵ 지　　급

1) 총　　설　　수표의 지급방법(수 34조), 지급할 화폐(수 36조) 등은

환어음의 경우와 같으나, 수표에는 공탁에 관한 규정이 없고(어 42조 참조), 만기가 없으므로 만기 전 지급도 없다.

2) 지급인의 조사의무   수표지급인의 조사의무에 관하여는 환어음과 같다(수 35조, 어 40조 3항·4항). 다만, 배서금지수표의 경우에는 진정한 권리자에 대하여만 지급하여야 하므로 소지인의 실질적 자격에 관하여 조사할 의무가 있다. 그리고 어음법 제40조 제3항 전문의 "만기에 지급하는 지급인은 사기 또는 중대한 과실이 없으면 그 책임을 면한다."는 규정이 수표법 제35조 제1항에는 없으나 유추적용하여야 할 것이다.

(3) 지급위탁의 취소

1) 의   의   지급위탁의 취소는 발행인의 계산으로 수표를 지급할 수 있는 지급인의 권한을 발행인이 철회하는 것이다. 지급위탁의 취소는 수표계약의 취소와는 다르다. 자기앞수표는 발행인과 지급인이 동일한 은행이어서 수표계약 없이 발행되는 것이므로 지급위탁의 취소가 있을 수 없다.

2) 취소방법   지급위탁의 취소는 발행인이 지급인에 대한 의사표시로 하며, 그 방법은 제한이 없으나 실무상 사고계를 제출한다. 이 의사표시는 지급인에게 도달한 때 효력이 발생한다.

3) 취소의 효력   지급위탁의 취소는 지급제시기간이 지난 후에만 그 효력이 생긴다(수 32조 1항). 이는 소지인의 이익과 수표의 유통성 보호를 위한 강행규정이다. 지급제시기간이 경과하더라도 지급위탁의 취소가 없으면 지급인은 제시기간이 지난 후에도 지급을 할 수 있다(수 32조 2항).

8. 횡선수표

(1) 의   의   횡선수표는 수표의 표면에 두 줄의 평행선을 그은 수표로서 은행 또는 지급인의 거래선에 대하여서만 지급할 수 있는 수표이다. 수표는 일람출급이고, 대부분 소지인출급식으로 발행되므로 도난·분실의 경우 부정소지인에게 지급될 위험이 있으므로, 수표금의 수령자

〈일반 횡선수표 견본〉

격을 제한하기 위하여 고안된 제도이다.

(2) 종   류   일반횡선수표와 특별횡선수표의 두 가지가 있다

1) 일반횡선수표   이는 수표의 표면에 2줄의 평행선(=)을 긋고, 그 횡선 내에 아무런 지정을 하지 않거나 또는 '은행' 또는 이와 같은 뜻의 문구를 적은 것이다(수 37조 3항 전단).

2) 특정횡선수표   이는 수표의 표면에 2줄의 평행선을 긋고, 그 횡선 내에 특정은행의 명칭을 적은 것이다(수 37조 3항 후단).

(3) 횡선의 기재

1) 횡선권자   수표에 횡선을 그을 수 있는 자는 발행인과 소지인이다(수 37조 1항 전문). 발행인이 횡선을 하면 발행 당시부터 횡선수표가 되고, 소지인이 횡선을 하면 그때부터 횡선수표가 된다.

2) 횡선의 변경과 말소   일반횡선은 특정횡선으로 변경할 수 있으나, 특정횡선은 일반횡선으로 변경하지 못한다(수 37조 4항). 횡선 또는 지정된 은행의 명칭의 말소는 하지 아니한 것으로 본다(수 37조 5항). 횡선수표를 절취 또는 습득한 자가 횡선을 말소하여 지급받는 것을 방지하기 위함이다.

(4) 효   력

1) 일반횡선수표   일반횡선수표의 지급인은 은행 또는 지급인의 거래처에만 지급할 수 있다(수 38조 1항). 여기의 '거래처'는 은행과 거래가 있는 자로서 신원이 확인된 자를 말한다.

2) 특정횡선수표   특정횡선수표의 지급인은 지정된 은행에만 또는 지정된 은행이 지급인인 경우에는 자기의 거래처에만 지급할 수 있다. 그러나 지정된 은행은 다른 은행으로 하여금 추심하게 할 수 있다(수 38조 2항).

3) 취득 또는 추심의 제한   은행은 자기의 거래처 또는 다른 은행에서만 횡선수표를 취득할 수 있다. 은행은 이 외의 자를 위하여 횡선수표의 추심을 하지 못한다(수 38조 3항).

4) 수개의 특정횡선이 있는 수표의 효력   여러 개의 특정횡선이 있는 수표의 지급인은 이를 지급하지 못한다(수 38조 4항 본문). 그러나 2개의 횡선이 있는 경우에 그 하나가 어음교환소에 제시하여 추심하게 하기 위한 것일 때에는 무방하다(수 38조 4항 단서).

5) 위반의 효과   위 규정을 준수하지 아니한 지급인이나 은행은 이로 인하여 생긴 손해에 대하여 수표금액의 한도 내에서 배상할 책임을 진다(수 38조 5항). 이는 수표법상의 무과실책임이다. 손해액이 수표금보다 많은 경우 그 초과분에 대하여 민법상 손해배상청구를 할 수 있다.

(5) 외국발행 한국지급의 계산수표   발행인 또는 소지인이 증권의 표면에 '계산을 위한'의 문자 또는 이와 동일한 의의가 있는 문구를 기재하고 현금의 지급을 금지한 수표로서 외국에서 발행하여 대한민국에서 지급할 것은 일반횡선수표의 효력이 있다(수 65조).

9. 소구(상환청구)

(1) 총   설   수표의 소지인이 지급제시기간 내에 수표를 제시하였으나 지급받지 못한 경우 전자에 대하여 소구할 수 있다(수 39조 본문).

소구를 위하여는 ① 제시기간 내에 지급제시를 하고, ② 거절증서, 지급인 또는 어음교환소의 선언에 의하여 지급거절을 증명하여야 한다. 수표의 소구는 환어음의 소구와 다음과 같은 차이가 있다.

(2) **환어음의 소구와의 차이**

1) **소구원인**   환어음에는 만기 전의 소구, 인수거절로 인한 소구가 있으나, 수표에는 지급거절로 인한 소구만 있다.

2) **지급거절의 증명방법**   환어음에는 지급거절증서에 의한 방법만 인정되나, 수표의 경우에는 그 외에 지급인의 선언 또는 어음교환소의 선언의 방법도 인정된다. 그리고 거절증서의 작성기간에 있어서 어음은 지급제시기간 내이나(어 44조 3항), 수표는 그 날 이후 제1거래일까지이다(수 40조 2항).

3) **불가항력의 존속기간**   환어음의 경우 어음의 제시 또는 거절증서의 작성 없이 소구권을 행사할 수 있는 불가항력의 존속기간이 30일이나(어 54조 4항), 수표의 경우 15일이다(수 47조 4항).

4) **소구금액**   환어음의 경우 이자의 기재가 있는 경우에는 소구금액에 이자가 포함되나(어 48조 1항 1호), 수표의 경우 이자가 포함되지 않는다(수 44조 1호 참조).

5) **역 어 음**   환어음의 경우 소구의 방법으로 역어음(어 52조)이 인정되나, 수표에는 인정되지 않는다.

6) **소구권의 시효**   어음의 경우 거절증서의 날짜 또는 만기일로부터 1년이고, 재소구권은 어음을 환수한 날 또는 제소된 날부터 6개월이나(어 70조 2항·3항), 수표의 경우 소구권은 제시기간, 재소구권은 수표를 환수한 날 또는 제소된 날부터 모두 6개월이다(수 51조 1항·2항).

7) **기   타**   수표에는 인수제도가 없으므로 수표법에는 인수거절의 통지, 인수거절증서작성의 면제, 만기 전 소구의 상환금액, 일부인수의 경우의 소구 등의 규정이 없다.

10. 복   본

(1) 복본의 필요성   수표도 어음과 같이 원격지 송부의 경우를 대비하여 복본이 필요하다. 등본은 인정되지 않는다.

(2) 복본을 발행할 수 있는 수표   수표의 복본은 발행지와 지급지가 타국간 또는 본국과 해외영토간인 경우 소지인출급식이 아닐 것을 조건으로 인정된다. 즉, ① 한 국가에서 발행하고 다른 국가나 발행국의 해외영토에서 지급할 수표, ② 한 국가의 해외영토에서 발행하고 그 본국에서 지급할 수표, ③ 한 국가의 해외영토에서 발행하고 같은 해외영토에서 지급할 수표, ④ 한 국가의 해외영토에서 발행하고 그 국가의 다른 해외영토에서 지급할 수표만 복본으로 발행할 수 있다(수 48조 1호~4호).

(3) 복본의 작성   복본은 발행인이 작성하되, 그 증권의 본문 중에 번호를 붙여야 한다. 만약 번호를 붙이지 아니한 경우에는 그 여러 통의 복본은 별개의 수표로 본다(수 48조 본문). 환어음의 경우와 달리 소지인은 복본의 교부를 청구할 수 없다(어 64조 3항 참조).

(4) 복본의 효력   복본의 한 통에 대하여 지급한 경우 그 지급이 다른 복본을 무효로 한다는 뜻이 복본에 적혀 있지 아니하여도 의무를 면하게 한다(수 49조 1항). 여럿에게 각각 복본을 양도한 배서인과 그 후의 배서인은 그가 기명날인하거나 서명한 각 통의 복본으로서 반환을 받지 아니한 것에 대하여 책임을 진다(수 49조 2항).

11. 시효 · 이득상환청구권 등

(1) 시   효   소지인의 소구권의 시효기간은 제시기간경과 후 6개월이고(수 51조 1항), 지급보증인에 대한 청구권은 제시기간경과 후 1년이다(수 58조).

(2) 이득상환청구권   수표의 이득상환청구권도 어음과 대체로 같으나 다음 두 가지 점에 차이가 있다.

1) 수표의 이득상환청구권의 발생시기　　수표는 어음과 달리 주채무자가 없고, 지급보증인이 있는 경우에도 지급제시기간 내에 지급제시가 있을 것을 조건으로 지급채무를 부담할 뿐이다. 따라서 수표소지인은 지급제시기간 내에는 소구권(지급보증인이 있는 경우 그에 대한 지급청구권)을 갖게 된다. 한편 수표의 지급제시기간이 경과한 후에도 지급위탁의 취소가 없는 한 지급인은 지급할 수 있고, 이 경우 소지인은 수표금수령권을 가진다. 여기서 수표법 제63조의 '수표에서 생긴 권리'에 위 수표금수령권이 포함되는가의 문제가 있으나 이는 소극적인 수령권일뿐 적극적인 청구권이 아니므로 포함되지 않는다. 따라서 수표상의 권리는 지급제시기간의 경과로 인하여 확정적으로 소멸하나, 지급제시기간 경과 후 지급위탁의 취소가 없어 유효한 지급이 이루어진 때에는 지급제시기간 경과를 기준으로 발생하였던 이득상환청구권도 소멸한다고 본다(해제조건설).

2) 자기앞수표의 이득상환청구권

㈎ 입증책임의 전환　　자기앞수표의 발행은행은 수표금액만큼 이득을 취한 것으로 추정되므로(판례), 자기앞수표의 소지인은 발행은행의 이득을 입증하지 않아도 된다.

㈏ 양도방법　　판례는 자기앞수표와 일반수표를 구별하여 자기앞수표의 이득상환청구권은 수표의 교부에 의하여 양도할 수 있다고 한다.

* 대법원 1976. 1. 13. 선고 70다2462 전원합의체 판결 【수표금】

은행 또는 기타 금융기관 발행의 자기앞수표는 제시기간 내는 물론 제시기간 후에도 발행은행에서 또는 그 외의 금융기관에서 쉽게 지급받을 수 있다는 거래상의 확신에 의해서 현금과 같이 널리 유통되고 있고 또한 수표의 양도는 거래의 일반적인 인식으로서는 수표에 표시된 액면상당의 금원을 발행은행으로부터 지급받을 수 있는 권리가 수표상의 권리이던 또는 이득상환권이던 간에 구별 없이 또 이를 구별하려고도 않고 양도 양수한다는 거래의 실정에 비추어 볼 때 수표소지인이 수표법상의 보전절차를 취함이 없이 제시기간 도과 후에 수표상의 권리가 소멸된 수표를 양도하는 행위는 수표금액의 지급수령권한과 아울러 특별한 사정이 없는 한 수표상의 권리의 소멸로 인해서 소지인에게 발생한 이득상환청구권까지도 이를 양도하는 동시에 그에 수반해서 이득을 한 발행인인 은행에 대하여 소지인을 대신해서 그 양도에 관한 통지를 할 수 있는 권능을 부여하는 것이라고 하여야 할 것이고 위 양도받은 수표를 양수인이 다시 제3자에게 양도하는 행위는 이와 같이 양도받은 수표금액의 지급수령권한 및 이득상환청구권을 위 소지인으로부터 수권된 이득을 한 채무자인 발행은행에 대한 통지의 권능이 수반된 상태로 이전하는 행위라 할 것이고 이와 같은 수표의 정당한 소지인은 발행은행에 대하여 그가 받은 이익의 한도에서 이득상환청구권을 행사할 수 있고 또 채무자인 발행은행도 동수표의 소지인에게 변제함으로써 유효하게 동 채무를 면하게 된다.

(3) 기   타   그 밖에 위조·변조·거절증서·기일·기간·휴일 등도 환어음의 경우와 같다.

(4) **부정수표단속법**   수표는 어음과는 달리 현금의 대용물(지급증권)로서 부도시에는 국민경제에 미치는 영향이 지대하므로 수표의 부도에 대하여는 수표법상의 제재(수 67조) 외에 부정수표단속법상의 형벌규정을 두고 있다. 즉, 가공인물의 명의로 수표를 발행하는 등의 부정수표의 발행 또는 수표 발행 후 예금부족 등의 사유로 부도처리되게 한 경우 5년 이하의 징역 또는 수표금액의 10배 이하의 벌금에 처하고(부정수표단속법 2조 1항·2항), 과실의 경우에도 3년 이하의 금고 또는 수표금액의 5배 이하의 벌금에 처한다(위 법 2조 3항). 이는 소지인의 명시적 의사에 반하여 공소를 제기할 수 없는 반의사불벌죄이다(위 법 2조 4항).

색　　인

저자소개

약 력

연세대학교 법과대학 졸업, 법학박사
미국 Indiana University Bloomington, Maurer School of Law 졸업(LL.M.)
사법시험 합격(제25회, 1983년), 사법연수원 수료(제15기, 1985년)
한국 변호사, 미국 뉴욕주 변호사
한국상사법학회 회장
한국국제거래법학회 회장
대한변호사협회 법학전문대학원 평가위원회 평가위원
대한상사중재원 국제중재인
KB국민은행 이사회 의장(사외이사)
산업통상자원부 출자자문위원회 위원
한국전력공사 해외사업리스크심의위원회 심의위원
한국철도공사 사업개발분야 전문심의·평가·자문위원
법조협회 「법조」 편집위원
출제위원(변호사시험 · 사법시험 · 입법고시)

연세대학교 법과대학 학장(前)
연세대학교 법학전문대학원 · 법무대학원 원장(前)
연세대학교 학생복지처장 · 여학생처장 · 대외협력처장 · 신문방송편집인 · 연세춘추 주간(前)
교육부 로스쿨인가기준위원회 위원(前)
감사원 국민감사청구심사위원회 위원(前)
KB국민은행 감사위원장(前)
서울서부지방법원 민사조정위원(前)
한국법학교수회 부회장(前)
한국회계정책학회 부회장(前)

연세대학교 법학전문대학원 교수(국제거래법 및 상법 담당)
연세대학교 경영전문대학원 겸직교수(국제계약법 담당)

저 서

상법총칙 · 상행위법(박영사, 2023년, 제8판)
로스쿨 국제거래법(박영사, 2024년, 제10판)

논 문

신용장에 대한 법적 고찰(박사학위논문)
상법상 특별이해관계인의 의결권 제한에 관한 검토 — 입법론을 포함하여
주식회사 이사의 제3자에 대한 책임
개정상법에 있어서의 상업등기의 효력
상법상 영업의 개념과 영업양도
상법 제69조와 불완전이행책임 — 대법원 2015. 6. 24. 선고 2013다522 판결을 중심으로
상호계산의 효력에 관한 고찰

상사중개에 관한 몇 가지 논의
Vote-buying
소수주주에 의한 이사해임의 소의 목적과 피고적격
설립중의 회사
표현대표이사
표현대표이사와 대표권제한위반행위의 효력
이득상환청구권의 예외성에 대한 검토
보험료 납입 전의 보험증권의 발행과 타인을 위한 보험계약의 증권소지인의 지위
신용장사기의 성립요건에 대한 재검토 — 미국 Ohio대법원의 Mid-America Tire사건을
  중심으로
신용장의 독립·추상성
신용장거래에 있어서의 엄격일치의 원칙
UNIDROIT국제상사계약원칙에 있어서의 Hardship
FOB개념의 유연성과 Incoterms 2000의 FOB조건에 있어서의 인도와 비용부담의 문제
국제해상물품매매계약상 CIF조건의 확정기매매의 표지성 여부 외

제 4 판
기 업 법

초판발행   2015년 7월 30일
제 4 판발행   2024년 3월 5일

지은이   안강현
펴낸이   안종만·안상준

편 집   김선민
기획/마케팅   조성호
표지디자인   이수빈
제 작   우인도·고철민

펴낸곳   (주) **박영사**
             서울특별시 금천구 가산디지털2로 53, 210호(가산동, 한라시그마밸리)
             등록 1959. 3. 11. 제300-1959-1호(倫)
전 화   02)733-6771
f a x   02)736-4818
e-mail   pys@pybook.co.kr
homepage   www.pybook.co.kr
ISBN   979-11-303-4702-8 93360

정 가   29,000원